BASTIAN CONRAD, 1941 in Marburg/Lahn geboren, studierte Medizin in Göttingen und Freiburg, habilitierte sich in Ulm, betrieb einige Jahre Grundlagenforschung in Neuroscience an der University of Western Ontario, London, Kanada und war ein Jahrzehnt Abteilungsleiter und Professor für Klinische Neurophysiologie an der Universität Göttingen. Die letzten 20 Jahre seines aktiven Berufslebens leitete er die Neurologische Klinik der Technischen Universität München (Rechts der Isar).

Er veröffentlichte zahlreiche wissenschaftliche Artikel und war Autor und Herausgeber verschiedener Fachbücher. Er ist heute freiberuflich tätig und lebt in München. Seit vielen Jahren beschäftigt er sich mit der Urheberschaft der Shakespeareschen Werke.

Bastian Conrad

Christopher Marlowe

Der wahre Shakespeare

Weitere Informationen über den Verlag und sein Programm unter:
www.buchmedia.de

Juni 2011
© 2011 Buch&media GmbH, München
Umschlaggestaltung: Colin Conrad, München
Printed in Europe · ISBN 978-3-86520-374-8

Inhalt

Vorwort 11

1. Wer war William Shakespeare?

Eine unendliche Geschichte des Zweifels 13
Unvorstellbar: Mozart ohne musikalischen Nachlass 20
Paradigma der Identität und die Theorie der Nicht-Identität 21
Ist die Urheberschaftsdebatte eine Verschwörungstheorie? 23
Mythos Shakespeare 24
Illustre Reihe von Skeptikern 26

2. Der größte Dichter aller Zeiten – ein Kaufmann aus Stratford?

Die vier Argumente pro Shakspere 31
Die »First Folio« (1) 32
Heminges und Condell (2) 33
Das Stratford-Monument (3) 34
Shakspere – Shakespeare (4) 34

3. Warum war Shakspere nicht Shakespeare?

Negative kumulative Evidenz 37
Der Kaufmann William Shakspere 39
Referenzen aus seiner Lebens- und Schaffenszeit 40
Die »verlorenen Jahre« 43
Venus und Adonis 44
Zu später künstlerischer Schaffensbeginn 46
Fehlende Quellen über Shakspere überragende Bildung 49
Shakspere Testament 55
Keine Hinweise auf Beziehung zu Hof und Adel 59
Shakspere Tod, ein »Nicht-Ereignis« 61
Fehlende Quellen über Theaterkarriere 63

Shakspreres Handschrift – Indiz für fehlendes Schreibtraining 68
Shakspreres »Monument« und Grabplatte 70
Shakespeares früheste Porträts 74
Shakespeares Sonette 79
Die Schreibweise des Namens Shakespeare 83
Die Schlüsselrolle der »First Folio« 87

4. Die zeitgenössische Urheberschaftskontroverse

Das »Shake-scene«-Indiz 97
John Davies of Hereford 103
Der Autor W. C. 110
Joseph Hall 111
Richard Brathwaite? 114
Francis Beaumont 116
John Marston 117
Parnassus-Stücke 119
Ben Jonson 120
William Drummond of Hawthornden 126
Henry Chettle 129
Philip Sidney 130
Robert Chester 131
Francis Bacon 137
George Wither 138

5. »Tödliches« Argument gegen Marlowes mögliche Autorschaft

Idealer Kandidat für Autorschaft 141
Marlowes zwei vermeintlich letzte Lebensmonate 145
Vermeintlicher Todeshergang am 30. Mai 1593 152
Marlowes Rufmord 160
Rufmord bis ins 21. Jahrhundert 164
Kurze Historie der Marlowe-Theorie 167

6. Warum aus Marlowe Shakespeare wurde

Zwischenstand 170
Vorstellungsgrenzen und Verschwörungstheorien 171
Ausgebliebene historische Gesamtbilanzierung 171
Wozu ein maskierender Strohmann aus Stratford? 173
Marlowe, der Vorläufer (»predecessor«) von Shakspere? 174
Ausbildung und Erziehung 183
Kontakte zu Hof und Adel 187
Beziehungen zu Anthony Bacon, Thomas Walsingham
und den Brüdern Ferdinando und William Stanley 195
Einfluss auf das Theater 196
Das Grabmonument in Stratford 199
Geniale Persönlichkeit zu Lebzeiten 204
Warum Nachrufe nur auf Marlowe? 207
Marlowes Handschrift 211
Marlowe-Porträts 217
Marlowes »dialektische« Lebensdevise 217
Stilverwandtschaft zwischen Marlowe und Shakespeare? 222

7. Marlowes Schicksal in Shakespeares Sonetten

Die Wirkungsgeschichte 229
Sonette 25–37 241
Sonette 44–50, 71–76, 81, 86 263
Sonette 109–112, 116, 121, 125 280

8. Marlowes Werke sind die Frühwerke Shakespeares

Marlowe nicht der »Wegbereiter« von Shakespeare! 294
Marlowes Übersetzungen der Ovid-Elegien – Wiederkehr in
Shakespeares Werken 296
Marlowes Übersetzung von Lucanus' »Pharsalia« 303
Hero und Leander 307
Dido, Königin von Karthago 318

Tamerlan (Teil 1 und 2) 321
Massaker von Paris 329
Der Jude von Malta 330
Doktor Faustus 336
Edward II. 348
Lust's Dominion 353

9. Marlowes Fingerabdrücke in Shakespeares Stücken

Lucretia 356
Der Sturm – Frühwerk oder Spätwerk? 361
Heinrich VI. und Richard III. 365
Titus Andronicus 369
Edward III. 372
Hamlet 375
Viel Lärm um Nichts 379
Wie es euch gefällt 381
Maß für Maß 387
Der Widerspenstigen Zähmung 391
Julius Caesar 396
Romeo und Julia 397
König Lear 401
Ende gut, alles gut 411
Zwei Herren aus Verona 415
König Johann 421
Antonius und Cleopatra 424
Die lustigen Weiber von Windsor 426
Othello 431

10. Marlowes Biografie in Shakespeares Werken

Der Widerspenstigen Zähmung 435
Das Wintermärchen 447
Cymbeline 463

Perikles, Prinz von Thyrus	474
Coriolanus	486
Heinrich VIII.	497
Timon von Athen	498
Verlorene Liebesmüh	504
Was ihr wollt	511

11. Marlowes »zweites« Leben nach seinem Tod

»Willobie His Avisa« von H. W.	522
»Polimanteia« von W. C.	535
Peter Colse (P. C.)	552
Bartholomew Griffin (B. G.)	558
Richard Barnfield (R. B.)	563
John Bodenham (J. B.)	573
William Basse (W. B.)	579
Gervase Markham (G. M.)	603
Le Doux	608
Marlowes Aufenthalt in Spanien	612
Nicholas Breton	614
Thomas Shelton	630
Tobie Matthew	649
George Wither	667
Weitere Pseudonyme oder Tarnnamen	672

12. Schlussbetrachtungen ... 678

Anhang

Literatur (Auswahl)	686
Personen- und Werkverzeichnis	693

Vorwort

Ich bin durch eine Vielzahl bekannter und neuer eigener Argumente und Befunde zur Gewissheit gelangt, dass Christopher Marlowe (offiziell: 1564–1593) der Autor der Werke gewesen sein muss, die William Shakespeare (1564–1616) zugeschrieben werden. Die hier dargestellten Beweismittel und Indizien werden unweigerlich auf Widerstand stoßen und man dürfte gegen sie polemisieren. Aber ihre kumulative Signifikanz ist zu eindeutig. Man wird die hier dargestellten Einsichten und Argumente weiter modifizieren, verbessern und zum Teil korrigieren müssen, aber ignorieren oder diskreditieren wird man sie schwerlich können. Ihre vollständige Missachtung würde von einer starken Verdrängungskunst bei Repräsentanten der Literaturwissenschaft zeugen.

Das Buch unterstützt die These, dass William Shakspere aus Stratford (zu den Schreibweisen des Nachnamens s. S. 83) ein Geschäftsmann aus einfachen Verhältnissen war, der sich zu Lebzeiten bereit erklärte, als maskierende Person für den der Todesstrafe durch Staat und Kirche entronnenen Dichter Christopher Marlowe zu fungieren, sodass dieser weiter schreiben konnte. Die hier zusammengestellten literarisch-historischen Befunde wollen sich als Grundlage einer zukünftigen sachorientierten Debatte verstehen.

Die Sichtung bereits bekannter und die Auswertung bisher nur unzureichend gewürdigter Texte und Quellen erlaubt nur einen Schluss: Mit William Shakspere aus Stratford lässt sich der Dichter William Shakespeare nur unter Aufgabe jeglicher Plausibilitätskriterien, mit Christopher Marlowe hingegen unmittelbar charakterisieren. Die Argumente und Gründe sind überwiegend so einsichtig, dass zu diskutieren bleibt, warum die Shakespeare-Forschung es bis heute vermocht hat, sie so völlig unbeachtet zu lassen.

Die Argumente kontra Shakspere sind in den Kapiteln eins bis vier, die Argumente pro Marlowe in den Kapiteln fünf bis zwölf dargestellt. Das einzige, aber »tödliche« Argument gegen Marlowe hat bei tiefer gehender Beschäftigung mit den historischen und literarischen Fakten keinen logischen Bestand. Auf andere häufig genannte Kandidaten der Urheberschaftsdebatte, insbesondere auf Francis Bacon und Edward de Vere, Earl of Oxford, wurde aus Platzgründen, aber auch aufgrund ihrer fehlenden literarisch-dramatischen Genialität nicht eingegangen. Bevor wir uns dem 16. Jahrhundert und der Welt Shakespeares und Marlowes nähern, einige wichtige Vorbemerkungen zur formalen Vorgehensweise:

1. **Fehlende Konjunktive.** Da die Epoche Shakespeares 400 Jahre zurückliegt und viele Fragen schwierig zu klären sind, könnte manch kritischer Leser anmerken, zahlreiche Annahmen dieses Buches hätten eher im Konjunktiv formuliert werden sollen (»Nehmen wir an, es wäre so gewesen, dass ...«), was für den Leser aber sehr ermüdend gewesen wäre. Außerdem hätte das Buch angesichts der Fakten, die für eine Autorenschaft Marlowes sprechen, mit dieser Art zu schreiben an Glaubwürdigkeit verloren.

2. **Schreibweise Shak – Shake.** Entgegen der Meinung einiger Experten wie David Kathmann gibt es sehr wohl einleuchtende Gründe, in den unterschiedlichen Schreibweisen »Shakspere« (Nachname des Stratford-Manns) und »Shakespeare« (Werkeverfasser) Indizien für ein Urheberschaftsproblem zu erkennen (s. S. 83). Dies allein wäre allerdings kein ausreichender Grund, in diesem Buch konsequent unterschiedliche Schreibweisen zu verwenden. Diese Unterscheidung erfolgte hier primär zur Verdeutlichung der Problematik.

   Wenn in diesem Buch die Person aus Stratford gemeint ist, wird die phonetisch kurze erste Silbe Shak verwendet, wie sie ausnahmslos in allen die Familie betreffenden Quellen (Taufregister, Hochzeitsregister, Sterberegister, Testament) erscheint. Für den Autor der Werke wird die phonetisch lange erste Silbe Shake (Shakespeare oder »Shake-speare«) verwendet, wie sie von Beginn an auf den Werken (Quartos und Folios) erschien. Dies entspricht der Vorgehensweise der meisten Bücher, die sich mit der Urheberschaftsfrage beschäftigt haben.

3. **Ein Sachbuch und kein Fachbuch.** Dies ist ein Sachbuch, das ein Thema auch für Nicht-Experten und Laien verständlich machen will, und kein Fachbuch, das sich primär an die Fachspezialisten richtet. Eine der Vorgehensweisen war das wörtliche Übersetzen von englischen Passagen, die sich im Deutschen dadurch viel weniger poetisch als im Original anhören, aber nur dadurch ihren reinen Inhalt zeigen.

4. **Quellen.** Die mit Abstand wichtigsten Quellen für dieses Buch waren das freie »Internet Archive« (http://www.archive.org/) und »Early English Books Online – EEBO« (http://eebo.chadwyck.com/home). Für Letzteres benötigt man eine Zugangserlaubnis, Einzelpersonen mit ständigem Wohnsitz in der Bundesrepublik Deutschland können sich für einen kostenlosen Zugriff registrieren lassen, falls ihnen der Zugang über ein Universitätsnetz oder eine wissenschaftliche Bibliothek nicht zur Verfügung steht (E-Mail-Adresse für Rückfragen: nationallizenzen@ub.uni-frankfurt.de).

1. Wer war William Shakespeare?

Eine unendliche Geschichte des Zweifels

Seit Jahrhunderten gibt es eine lange Reihe von Skeptikern, die es nicht für möglich halten, dass William Shakspere aus Stratford mit dem Autor der Werke William Shakespeares identisch war. Das Porträt, das sieben Jahre nach Shakspperes Tod, 1623 die erste Ausgabe seines Gesamtwerkes, die sogenannte »First Folio« (mehr dazu auf S. 87 ff.), schmückte, ist längst bereits Gymnasiasten bekannt und weist anscheinend unzweifelhaft auf jenen Mann aus Stratford hin. Die meisten Leser und Theaterfreunde können nicht verstehen, warum noch immer eine Urheberschaftsdebatte geführt wird, die einmalig ist in der Literaturgeschichte, zumindest für Autoren der Neuzeit.

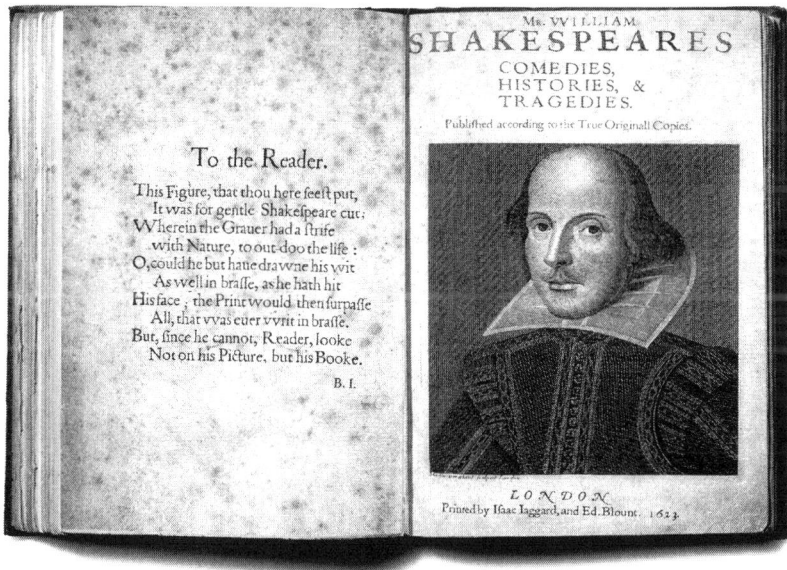

Die »First Folio«, erste Gesamtausgabe der Werke William Shakespeares, 1623

Vielen Bewunderern der Werke Shakespeares ist diese Debatte lästig geworden. Das Werk als solches sei wichtig, argumentieren sie, die Identität des Autors vergleichsweise irrelevant. Andere leben mit der Annahme, dass es dieses Problem gab, dass es aber inzwischen gelöst sei. Damit wird gleichzeitig der Eindruck vermittelt, es gebe eben noch ein paar »Verrückte«, die ihre Jagdleidenschaft (»The Happy Hunting-Ground«)[1] befriedigen müssten, wie der Präsident der Deutschen Shakespeare-Gesellschaft Andreas Höfele in seiner Rede zum Shakespeare-Tag 2002 in Weimar formulierte. Das Infragestellen von William Shakspere aus Stratford als Autor hat sich längst zu einem Sakrileg entwickelt. Zweifel anzumelden gleicht einer Blasphemie, eine Tatsache, die sich historisch nicht nur mit dem über die Jahrhunderte gewachsenen Shakespeare-Mythos erklären lässt (s. S. 24). Auch ökonomische Interessen spielen eine wichtige Rolle – schließlich bildet die britische »Heritage Industry« einen nicht zu unterschätzenden Wirtschaftsfaktor.[2]

Bei der großen Zahl an Personen, die über die Jahrhunderte als mögliche Kandidaten für die Autorschaft erkannt wurden, wird jedes weitere Buch, das die Identität der Person Shakespeare anzweifelt, nur noch belächelt. Der Großteil der Bücher zur Urheberschaftsfrage ist im englischen Sprachraum erschienen. Im deutschen Sprachraum gibt es keine zusammenhängenden Übersichten. Das mag ein Grund dafür sein, dass zwar die meisten hierzulande wissen, dass offenbar ein Plausibilitätsproblem vorliegt, aber nicht, worin es im Einzelnen besteht.

Die heutigen Zweifler reihen sich nahtlos in die Reihe früherer Skeptiker ein und befinden sich in illustrer Gesellschaft. Im 19. und 20. Jahrhundert beteiligten sich zahlreiche angesehene Persönlichkeiten explizit an dieser Diskussion und formulierten ihre Skepsis, wie beispielsweise Otto von Bismarck, Marjorie Bowen, Charlie Chaplin, Georg Cantor, Charles Dickens, Benjamin Disraeli, Daphne du Maurier, Ralph Waldo Emerson, Sigmund Freud, John Galsworthy, Charles de Gaulle, Henry James, James Joyce, John Keats, Helen Keller, Vladimir Nabokov, Friedrich Nietzsche, Mark Twain[3], Orson Welles, Walt Whitman und viele andere.

Heutige Skeptiker haben seit einigen Jahren damit begonnen, sich in ge-

---

[1] Andreas Höfele: »The happy hunting-ground«. Shakespearekult und Verfasserschaftstheorien, in: Shakespeare-Jahrbuch, Volume 139 (2003).
[2] Jährlich besuchen etwa 5,5 Millionen Touristen Stratford.
[3] Monologisierte Theaterfassung von Mark Twains »Is Shakespeare dead?« (erstmals 1909 in New York erschienen) auf: http://video.google.com/videoplay?docid=700494263872 9319523, aufgerufen am 19.1.2011.

wissen Koalitionen⁴ zusammenzuschließen. Sie wollen damit erreichen, dass der ihnen berechtigt erscheinende Zweifel nicht mehr lächerlich gemacht wird und dass der freie Austausch von Meinungen und die Zugänglichkeit aller relevanten Quellen mithilfe der neuen Medien dazu führt, den Diskurs auf höherem Niveau und umfassender wieder aufzunehmen.

Doch eine emotionsfreie, sachlich begründete Debatte wird nur gelingen, wenn man bereit ist, eine innere Haltung mit einer gewissen Gelassenheit und einem Abstand zu Zeit und Personen einzunehmen. Das literarische Werk Shakespeares selbst wird, unabhängig von der Urheberschaft, ein unsterbliches Geschenk für die Menschheit bleiben.

Die meisten jener, die es vergnüglich oder erbaulich finden, das Werk des Dichters zu studieren oder zu erleben, haben weder die Muße noch das Interesse, sich bilanzierend mit der Menge der Argumente zugunsten des einen oder anderen möglichen Autors auseinanderzusetzen. Sie leben mit der vorgefassten Meinung, die in William Shakspere aus Stratford den Dramatiker und Dichter Shake(-)speare erkennt. Wer sich hingegen die Zeit nimmt, die Fakten, Quellen, Argumente und Indizien sine ira sed studio anzueignen, der wird sich der Einsicht kaum verschließen können, dass die These vom aufgezwungenen Identitätswechsel Marlowes und der Fortbestand seiner Werke unter dem Pseudonym Shake(-)speare ein so hohes Maß an Stichhaltigkeit erreicht hat, dass sie eigentlich zum Ende der bizarren und historisch einmaligen Urheberschaftsdebatte führen müsste.

Die inzwischen jahrhundertealte Urheberschaftsdebatte begann mit Argumenten gegen einen William Shakspere aus Stratford als Autor der Werke William Shakespeares und nicht mit Beweisführungen für einen anderen Kandidaten. Die Einsicht, dass die Person aus Stratford schwerlich mit einem der größten Dichter der Weltliteratur identisch war, löste erst allmählich eine Fahndung nach anderen möglichen »Kandidaten« aus.

Die Betroffenheit darüber, dass das gigantische Werk mit der Biografie eines William Shakspere aus Stratford nicht in Übereinstimmung zu bringen war, erklärt die Kontinuität der Versuche, andere Personen zu identifizieren, die nachvollziehbarer an diejenige Stelle passen würden, die bisher William Shakspere innehat. Vermeintliche Spezialisten sind ohne erkennbare Logik übereingekommen, dass diese Betroffenheit nicht gerechtfertigt sei.

Das größte Problem bestand in dem anscheinend aussichtslosen Versuch der Zuordnung der Biografie eines Kandidaten zu Inhalten von Shakespeares

---

4 Zum Beispiel in der »Coalition of Reasonable Doubts«: http://www.doubtaboutwill.org/, aufgerufen am 19.1.2011.

Werk, da Ähnlichkeiten und Parallelen zwischen Leben und einzelnen Komponenten des Gesamtwerks für alle diskutierten Kandidaten (zum Beispiel de Vere, Stanley, Bacon, Marlowe) ableitbar waren.

Wie konnte es passieren, dass niemand William Shakespeare, einem der wirkungsmächtigsten Dichter aller Zeiten (hier ist nicht der Geschäftsmann gemeint!), zu seinen Lebzeiten in London begegnet war, wo er immerhin ein Vierteljahrhundert verbracht haben soll? Wir wissen von niemandem, der, als Shakspere starb, eine Träne geweint, sein Dahinscheiden bemerkt oder »literarisch« betrauert hätte (s. S. 61 ff.).

1623, als Shakspere immerhin schon sieben Jahre tot war, ließ ein Konsortium von Investoren (vorrangig der Verleger Edward Blount, daneben die Verleger und Drucker Jaggard, Smithweeke, Aspley und andere) unter literarischer Hilfestellung des Dichters Ben Jonson das dichterische Gesamtwerk eines William Shakespeare (»First Folio«) zum ersten Mal drucken. Mit diesem Gesamtwerk und dem zeitgleichen Errichten einer Büste in der Wand der Dreifaltigkeitskirche von Stratford (s. S. 35) wurde erstmals eine sichtbare Verbindung zwischen William Shakspere aus Stratford und dem Verfasser der Werke William Shakespeares hergestellt.

Herausgeber und Verleger der ersten »Gesamtausgabe« mussten den Dichter schon wegen des erhofften Absatzes vorstellen und dafür sorgen, dass sich das Werk mit einer leibhaftigen Person, einem Gesicht und einer Vita in Verbindung bringen ließ. Gleichermaßen brauchte man auch einen Ort, wo dieser vermeintlich »dahingegangene« Dichter seine letzte Ruhestätte fand.

Die Büste in der Dreifaltigkeitskirche von Stratford zeigt einen spitzbärtigen, glatzköpfigen Bürger, dem manche so gar nicht das überragende Genie abnehmen wollen. Wichtiger war damals in jedem Fall, dass die Stratforder Kirchgänger ihren sieben Jahre zuvor verstorbenen Mitbürger wiedererkannten. Denn schließlich hatte er hier die letzten fünf Jahre seines Lebens bis zu seinem Tod (1616) ohne nachweisbare Produktivität verbracht.

Auf der anderen Darstellung Shakspseres aus dem Jahr 1623, dem Kupferstich der »First Folio«, in der nicht die Stratforder Bürger, sondern England, die Welt und die Käufer des Buches von dem Dichtergenie Kenntnis nehmen sollten, wirkt er anders, schmaler, intellektueller, gebildeter, aber auch manierierter und künstlicher. Der Spitzbart fehlt (Abb. S. 75).

Dieser Mann hatte also jenen großen Werkekanon geschrieben, von dem bei Erscheinen seines Gesamtwerks noch nicht einmal die Hälfte seiner Werke das Licht der Öffentlichkeit erblickt hatte. Was unterhalb der Büste in der Kirche von Stratford zu lesen war, das konnte ohnehin keiner der Stratforder Bürger entziffern oder deuten (s. S. 199).

Man begriff erst allmählich, aber dann umso nachdrücklicher, was da wohl für ein Jahrtausendgenie existiert haben musste. Aber zugleich konnte die wachsende Zahl der Bewunderer Shakespeares die Person aus Stratford nur als einen geschäftstüchtigen Kaufmann, Grundstückkäufer und Anteilseigner an Theatern und nicht einmal wirklich als Schauspieler, geschweige denn als Dichter und Künstler ausfindig machen und erkennen. Diese Person soll alle Theaterstücke selbst konzipiert und geschrieben, aber nie auf der Bühne erkennbar als »regieführender« Dichter und Schriftsteller eingegriffen haben, und das bei der Persönlichkeit jenes übermächtigen Dramatikers und »Theatermanns« William Shakespeare?

So wuchs früh eine immense Literatur zu der Frage heran, wer und was für ein Mensch dieser William Shakespeare wohl gewesen sei. Der 21-jährige Martin Droeshout stellte 1623 im Auftrag des Konsortiums für die »First Folio« ein in Kupfer gestochenes Konterfei her. Er musste es anfertigen von einer Person, die er selbst nicht kannte, da sie schon sieben Jahre zuvor gestorben war. Ben Jonson scheint es bewusst gewesen zu sein, dass die Darstellung Shakespeares auf dem Kupferstich nichts mit der Realität zu tun hatte, denn er ließ neben dem Bild drucken: »*... Reader, looke, Not on his Picture, but his Booke!*« (s. Abb. S. 13).

Dieser Satz weist bereits auf ein Plausibilitätsproblem hin: Die Notwendigkeit, einen solchen Satz überhaupt zu drucken, wird nur verständlich, wenn Ben Jonson verdeckt zum Ausdruck bringen wollte, dass das Porträt nicht mit dem Werkeautor übereinstimmt.

Weil Shakespeare, der zu Lebzeiten so gut wie nicht als Person, sondern nur in seinem Werk zu erkennen war, posthum mehr und mehr glorifiziert wurde, entwickelte sich eine zunehmend aggressiv-emotionale und polemische Einstellung gegenüber Menschen, die seine wahre Identität infrage stellten.

Man kann in der Literatur über Shakespeare beobachten, in welchem Ausmaß Zweifler lächerlich gemacht wurden. Richmond Crinkley hat 1985 diese Form der Unterdrückung einer Urheberschaftsdebatte mit den ideologischen Hasstiraden von Rassisten verglichen:

> »*As one who found himself a contented agnostic Stratfordian at the Folger, I was enormously surprised at what can only be described as the viciousness toward anti-Stratfordian sentiments expressed by so many otherwise rational and courteous scholars. In its extreme forms the hatred of unorthodox was like some bizarre mutant racism.*«[5]

Gedankentiefe, thematische Vielfalt und zunehmende Reife der Werke des Dichters Shakespeare waren zu offensichtlich inkongruent mit den Lebens-

---

[5] Richmond Crinkley: New perspectives on the authorship question, in: Shakespeare Quarterly, Vol. 36, 1985, S. 518.

umständen des William Shakspere aus Stratford. Hier deutete sich eine Kluft an, eine Zerreißprobe, wenn man beides – Lebensdaten des vermeintlichen Autors und den Inhalt seiner Werke – nicht in einer Art Befreiungsschlag unter einen Hut gebracht hätte. Denn mit dieser Diskrepanz konnten nur noch wenige gut leben. Man wich dem Dilemma aus, indem man ihm einen Riegel in Form eines Dogmas vorschob. Das Dogma lautete, die beiden Williams seien dieselbe Person. Roma locuta, causa finita. Warum auch nicht? Shakspere und Shakespeare hatten (fast) denselben Namen und irgendwie mit dem Theater zu tun. Sie wurden, wenn auch erst posthum, vereinigt. Die Selbstverständlichkeit, mit der dies geschah und mit der auch die Vereinigung akzeptiert wurde, erschwerte das nachträgliche Bloßlegen dieser Fragwürdigkeit.

Diejenigen, die Shakspere Autorenschaft bezweifelten, merkten beispielsweise an, dass die Schulbildung Shakspere in Stratford kaum Grundlage für das extrem breite humanistische und politische Wissen des Dichters gewesen sein konnte. Die Antwort lautete, dass in einem 1500-Seelen-Ort wie Stratford die Schule (mit nur einem oder zwei Lehrern) natürlich eine angemessene Bildung vermittelt hätte.[6] Warum sollte William seine immense höfische Bildung (einschließlich Altgriechisch, Lateinisch, Französisch, Italienisch, Spanisch, Holländisch) hier nicht bezogen haben?

Es gebe Dichter, die nachweislich keine Bücher oder Texte besaßen, die sie in ihrem Testament vermachten, warum sollte das nicht auch bei William Shakspere der Fall gewesen sein? Verwies man mit Erstaunen darauf, dass weder seine Eltern noch seine Frau noch seine Töchter lesen und schreiben konnten, wurde erwidert, dass dieser Sachverhalt zu jener Zeit nicht unüblich gewesen sei.[7]

Aber auch wenn man stets versuchte, jedes plausible Argument gegen eine Autorschaft von Shakspere mit einem Gegenargument zu neutralisieren, ließ sich irgendwann die Gesamtsumme der negativen kumulativen Evidenz als ein eigenes ernstes Problem nicht mehr wegerklären.

Da die Zweifel nicht nur blieben, sondern sich eher verdichteten, hätte man eigentlich annehmen dürfen, dass sich im Lauf der Zeit Fragen herauskristallisieren, denen man sich mit neuen Forschungsmethoden nähern könnte. Dies ist aber bei der Shakespeare-Forschung erkennbar nicht der Fall. Seit Jahrzehnten haben die Anglisten und Literaturhistoriker die Urheberschaftsdebatte praktisch als beendet erklärt. Heute wäre es für Wissenschaftler, die sich ungelösten Fragen der Urheberschaftsdebatte annähmen, schwer bis unmöglich, in entsprechenden Fachzeitschriften zu publizieren. Wie sehr Fragen zur Urheberschaft

---

[6] E. K. Chambers: William Shakespeare: A study of Facts and Problems, Vol. 1, Kap. 1; Onlineversion: http://www.archive.org/stream/williamshakespea017475mbp#page/n7/mode/2up, aufgerufen am 19.1.2011.

[7] Vgl. ebd.

als Tabuverletzung wahrgenommen und geahndet werden, zeigte der Umgang mit der 2002 verstorbenen englischen Literaturhistorikerin A. D. Wraight, deren durchweg originelle Bücher zu diesem Thema von der Fachwelt bis zu ihrem Tod im Alter von 81 Jahren ignoriert oder unterdrückt wurden.

Wie jedem Tabu wurde dem Thema lange praktisch kein Platz mehr im öffentlichen Raum des literarischen Bezugssystems gewährt. Da auch die Medien sich an der Ausgrenzung des Themas beteiligten, hat sich ein mächtiger kollektiver Verdrängungsmechanismus entwickelt.

Erst mit dem Wandel der Informationsübermittlung durch die Neuen Medien beginnt sich dies gegenwärtig langsam zu ändern. Man muss hoffen, dass das Dickicht an Unplausibilitäten von der jüngeren Generation dank des verbesserten Quellenzugangs aufgebrochen werden wird, um die Urheberschaftsfrage langsam wieder gesellschaftsfähig zu machen.

Die Urheberschaftsdebatte lebt vom anhaltenden Zweifel, der bei vielen »gläubigen« Menschen eine emotionale Unsicherheit erzeugt. »Zweifeln« bedeutet, »zwiespältige« Gefühle zu haben. Sie entstehen aufgrund einer Urteilsunentschiedenheit zwischen zwei Möglichkeiten. Die bemerkenswerte Zahl von Kandidaten, die man im Lauf der Zeit jeweils als Autor der shakespeareschen Werke entdeckt zu haben glaubte, kennzeichnet eine einmalige historische Situation. Ein solcher Zweifel an der Identität eines Autors ist in Bezug auf keinen anderen großen Dichter der Weltliteratur seit dem Mittelalter bekannt. Allein die intellektuelle Kapazität und Anzahl der Skeptiker müssten diesen Zweifel am angeblichen Autor Shakspere aus Stratford als ausreichend begründet erscheinen lassen. Bei einem Mindestmaß an intellektueller Redlichkeit kommt niemand an der Frage vorbei, ob nicht ein zu Lebzeiten entwickeltes (konspiratives) Identitätskonstrukt zwischen Shakspere aus Stratford und dem wahren Verfasser des Werkekanons (einschließlich der erzählenden Versepen und der Sonette) hergestellt worden sein könnte.

Eine nie zuvor da gewesene historische *Situation* muss auch eine einmalige, nie zuvor da gewesene historische *Ursache* gehabt haben, die die Vorstellungskraft der meisten Zeitgenossen und Nachfahren überstieg.

Diese historische Situation, ihre Ursachen und Folgen sollen in diesem Buch erläutert werden. Die Rahmenbedingungen (Datierungen, Zeitfenster, historische Ereignisse, Sonette, Persönlichkeitsprofile und vieles mehr) gelangen damit in das Raster einer plausiblen Argumentation, mit der sich die bisher unüberbrückbaren und »hoffnungslosen« Schwierigkeiten und Unerklärbarkeiten auflösen lassen. Dieses Buch erkennt in Christopher Marlowe den Dichter Shake(-)speare. So abwegig dies für den Unkundigen auch klingen mag, es bietet nach Maßgabe aller in diesem Buch zusammengetragenen Fakten die einzige überzeugende und mögliche (Auf-)Lösung des jahrhundertealten Problems.

Unvorstellbar: Mozart ohne musikalischen Nachlass

Bei der Diskussion der shakespeareschen Urheberschaft können sich viele das Ausmaß an Ungereimtheiten nicht wirklich vorstellen. Zum besseren Verständnis dieser (psychologischen) Ebene mag ein Vergleich mit einer fiktiven Situation dienen, auch wenn Kritiker einwenden mögen, sie sei mit den Vorfällen in England 200 Jahre zuvor nicht vergleichbar – darauf möge es im Moment nicht ankommen.

Wie betroffen wäre ein Musikliebhaber, wenn er erführe, dass erst posthum, sieben Jahre nach Wolfgang Amadeus Mozarts Tod, der größte, bis zu diesem Zeitpunkt unbekannt gebliebene Teil seiner Noten gedruckt worden wäre? Wie bestürzt wäre er, wenn zu Lebzeiten Mozarts nichts über sein musikalisches Wirken in Wien oder in seiner Geburtsstadt Salzburg bekannt gewesen und über seine Persönlichkeit nichts dokumentiert worden wäre. Wenn nicht eine einzige zeitgenössische Quelle von ihm selbst oder über sein musikalisches Genie in irgendeiner Form existierte. Wenn niemand in Wien oder Salzburg je davon berichtet hätte, dem Komponisten begegnet zu sein, wenn niemand sein Aussehen beschrieben hätte. Wenn dagegen verschiedene Quellen belegen würden, dass seine Eltern des Lesens und Schreibens unkundig gewesen seien, er selbst Immobilien gekauft, Handel getrieben und Prozesse geführt hätte, wohlhabend geworden sei, eine acht Jahre ältere schwangere Bauerstochter (ebenfalls Analphabetin) geheiratet hätte und so weiter. Wenn in seinem Testament an keiner Stelle die Rede von Musik (Instrumenten, Noten etc.), von einem musikalischen Nachlass, von die Musik betreffenden Korrespondenzen etc. die Rede gewesen wäre. Wenn das alles der Fall wäre, müssten wir uns heute Mozart und seine Person ausschließlich aus seiner verbliebenen Musik heraus vorstellen. Dies entspricht der Situation, die wir bei Shakespeare vorfinden.

Man kann davon ausgehen, dass William Shakspere aus Stratford dafür honoriert wurde, dass er für das gleich alte, von der englischen Inquisition akut bedrohte Dichtergenie Christopher Marlowe mit seinem maskierenden Namen William Shake(-)speare für die Nachwelt eine Platzhalterfunktion einnahm. Diese Theorie gilt für die offiziöse »Shakespeare-Szene« bis heute als Unsinn. Stanley Wells, Vorsitzender des millionenschweren Shakespeare Birthplace Trust, bezeichnete alle, die die Urheberschaft infrage stellen, als »crackpots« (Verrückte).

Derartige Wortwahl erinnert an die Debatte um die Theorie der Unverrückbarkeit der Kontinente, die der fachexterne Alfred Wegener Anfang des 20. Jahrhunderts infrage stellte. Wegener meinte, dass die Kontinente nicht immer an der gleichen Stelle der Erdkruste existiert, sondern im Laufe der Erdgeschichte ihre Lage verändert hätten. Seine Theorie von den wandernden Kontinenten widersprach allem, was in der damaligen (Geo-)Wissenschaft als gesichert galt. Er löste einen Skandal von fast galileischen Ausmaßen aus. Die Reaktion in Wissenschaftlerkreisen erinnerte in vieler Hinsicht an die Empörung bei Veröffentlichungen von unorthodoxen Argumenten der Shakespeare-Urheberschaftsdebatte. Wegener rüttelte an den Grundfesten des zur damaligen Zeit herrschenden Weltbilds. Er stieß jahrzehntelang auf Ablehnung, setzte sich beißendem Spott und wüsten Beschimpfungen aus. Die Mehrheit der Wissenschaftlerkollegen weigerte sich, Wegeners Theorie überhaupt ernst zu nehmen und bezeichnete sie als Ideen eines »inkompetenten Quereinsteigers« (Wegener war Geophysiker und Meteorologe). Der Präsident der Amerikanischen Philosophischen Gesellschaft Rollin Chamberlin, Geologe der Chicagoer Universität, bezeichnete sie 1910 als »völligen Blödsinn« und als Hypothese der »eher oberflächlichen Sorte«. Die meisten Geowissenschaftler belegten Wegeners Theorie mit einem Bann, der mehr als ein halbes Jahrhundert anhalten sollte. Bis in die 60er-Jahre des 20. Jahrhunderts hinein favorisierten die tonangebenden Gesellschaften und Forscher die Theorie der Landbrücken, trotz ihrer Defizite und Mängel.

Längst ist Wegeners Theorie der Kontinentaldrift zur selbstverständlichen Wahrheit avanciert. Man kann sich heute nicht mehr vorstellen, dass seine Thesen einst auf eine so resolute Ablehnung stießen. Warum wehrte sich die wissenschaftliche Welt so lange und vehement gegen scheinbar einleuchtende Erklärungen? Es war nicht nur die zu große Zahl ungelöster Rätsel, sondern die Tatsache, dass die Theorie zu sehr an den Grundfesten eines fixierten Weltbildes rüttelte. Keinem alten Erklärungsversuch war es gelungen, die immer neuen Fragen und Erkenntnisse zufriedenstellend zu erklären. Nur mit immer neuen Beobachtungen und Forschungsergebnissen konnte sich dies langsam ändern.

Beweisführungen sind in der Geisteswissenschaft generell und damit auch in der Geschichtswissenschaft oft noch schwerer – und damit ungleich langwieriger. Da genügt es, dass sich von zwei unterschiedlichen Menschen (Marlowe und Shakspere) der eine, Marlowe, vorsätzlich das Pseudonym oder den maskierenden Tarnnamen Shakespeare zulegt und die Menschheit dauerhaft einem konspirativ erdachten Verschmelzungsprozess zweier fast gleicher Namen aufsitzt.

Paradigma der Identität und die Theorie der Nicht-Identität

Bis heute gilt als Lehrmeinung uneingeschränkt, dass William Shakspere aus Stratford und William Shakespeare, der Werkeverfasser, die gleiche Person, also identisch, sind. Nachdem der Mann aus Stratford zu seinen Lebzeiten nicht als Dichtergenie erkennbar, posthum aber dafür ausgegeben wurde, musste sich unweigerlich eine Gegentheorie der Nicht-Identität entwickeln. Dafür war es unabdingbar, eine zeitgenössische Person ausfindig zu machen, bei der sich – im Gegensatz zu Shakspere – eine literarische und intellektuelle Herausgehobenheit dokumentieren ließ.

Den Boden für jene eifrige Fahndung nach geeigneteren Kandidaten hat also fraglos die kumulative negative Evidenz für Shakspere aus Stratford geebnet. Die Suche hat dazu geführt, dass über die Jahrhunderte bis heute circa 50 (!) Kandidaten (unter Einschluss von Königin Elisabeth I.) diskutiert wurden. Bei welchem anderen Dichter hat es jemals einen solchen Zweifel an seiner Autorschaft gegeben?

Mit dieser absurden Zahl an Kandidaten ließ sich das Paradigma der Identität (Shakspere = Shakespeare) erstaunlicherweise am stärksten stabilisieren und die Theorie der Nicht-Identität lächerlich machen. Die bizarre These lautete: »Wenn es so viele gewesen sein können, kann es keiner gewesen sein / ist es keiner gewesen.« Man unterstellte, dass die Inflation von Kandidaten die Folge eines weltweit aktiven Heeres von Laien, Amateuren, Dilettanten oder historischen Hobbydetektiven sei. Zugleich wurde stetig der Eindruck verfestigt, dass Außenseiter keine Legitimation besäßen, das Thema seriös zu reflektieren. Auch deswegen hat die (anglistische) Literaturwissenschaft das Problem früh als nicht real existierend unter Quarantäne gestellt.

Die allgemeine Diskreditierung der Urheberschaftsfrage hat ihrer wissenschaftlichen Behandlung immens geschadet und die wissenschaftliche Evidenz gegen Shakspere als Ursprung der Debatte weitgehend verschüttet.

Der bekannte Shakespeare-Biograf Stephen J. Greenblatt kommt in seinem Buch »Will in the World«[8] zu der ihn erstaunenden Erkenntnis, dass Shakespeare (in seinen Werken) immer und immer wieder auf eine unvorhergesehene Katastrophe hinweist, die seinem zuvor aufstrebenden Leben urplötzlich reales Unglück, erhebliche Angst und echten Verlust und, noch niederschmetternder, einen Verlust seiner Identität, seines Namens und seines sozialen Status bescherte:

> »Again and again in his plays an unforeseen catastrophe. (…) turns smooth sailing into a disaster, terror and loss. The loss is obviously and immediately material, but it is also, and more crushingly, <u>a loss of identity</u> (…) this catastrophe is often <u>epitomized by the deliberate alteration or disappearance of the name</u>, and with it, the alteration or disappearance of social status.«[9]

Es muss als Ausdruck eines Verdrängungsmechanismus Greenblatts gewertet werden, wenn er für seine so zutreffende und souveräne Wahrnehmung (einer

---

[8] Stephen J. Greenblatt: Will in the World. How Shakespeare became Shakespeare, New York 2004.
[9] Ebd., S. 85.

persönlichen Katastrophe mit Verlust von Identität, Namen und sozialem Status) die finanziellen Nöte der Familie Shakspere in den 70er- und 80er-Jahren des 16. Jahrhundert als wesentliche Erklärung anführt und nicht einmal im Ansatz bereit ist, eine gedankliche Auseinandersetzung mit der buchstäblich deckungsgleichen Katastrophe des Schicksals Marlowes zu wagen.

Ist die Urheberschaftsdebatte eine Verschwörungstheorie?

Die Urheberschaftsdebatte wird von Widersachern gerne unter dem negativ besetzten Begriff der »Verschwörungstheorie« subsumiert. Mit einer Verschwörungstheorie bezeichnet man im weitesten Sinn jeden Versuch, ein Ereignis oder eine Entwicklung durch ein zielgerichtetes konspiratives Wirken von Personen zu einem bestimmten Zweck zu erklären.

Während Wissenschaftler ihre Hypothesen überprüfbar explizieren müssen, entziehen sich Verschwörungstheorien zumeist jeder Überprüfbarkeit. Hierin liegt in besonderem Maß die Schwierigkeit, die Marlowe-Theorie zu akzeptieren.

Es ist erstaunlich, dass bei einer Veranstaltung in Form einer »fiktiven« Appellationsgerichtsverhandlung über die Autorschaftsdebatte im November 1987 Justice Stevens, Richter des Obersten US-Gerichtshofes, in seinem Abschlussplädoyer sagte, dass er nicht zögern würde, die Urheberschaftsproblematik als eine Verschwörung zu bezeichnen, die das Bedürfnis unterstütze, eine wahre Autorschaft zu verheimlichen. An dieser Verschwörung, die nicht unbedingt negativ zu sehen sei, müssten Ben Jonson, Leonard Digges, John Heminges und Henry Condell (siehe später) sicher beteiligt gewesen sein. Nach seiner Einschätzung müsse wegen der schwierigen Frage nach der Motivlage die Verschwörung der »Order« der Monarchin Elisabeth oder ihres Premierministers William Cecil, Lord Burghley entstammen. Eine solche Verschwörungstheorie erfordere die plausible, aber schwer zu beweisende Annahme, dass die Königin beziehungsweise William Cecil entschieden hätten:

»We want this man [stay alive and] to be writing plays under a pseudonym.«[10]

Bekanntlich haben zahlreiche Schriftsteller und Dichter nicht unter ihrem Geburtsnamen, sondern unter einem Pseudonym (wie zum Beispiel Amery, Apollinaire, von Arnim, Bernardt, Christie, Conrad, Enzensberger, Gorki,

---

[10] The Shakespeare Mystery Frontline From the »Who wrote Shakespeare« moot-court debate at Amrican University Washington, DC (1987); Onlineversion: http://www.pbs.org/wgbh/pages/frontline/shakespeare/debates/americanudebate.html, aufgerufen am 19.1.2011.

von Hofmannsthal, Huch, Molière, Mörike, Novalis, Paul, Remarque, Twain, Voltaire, um nur einige zu nennen) geschrieben. Die Leser hatten keine Probleme damit, diese Personen mit ihrem Pseudonym zu assoziieren, da die dahinterstehende Persönlichkeit bekannt war. Hingegen konnte eine wegen Todesbedrohung notwendig gewordene völlige »physische« Identitätsaufgabe und Auslöschung einschließlich Namensänderung von der Nachwelt praktisch nicht angenommen werden. Dies dürfte damit zusammenhängen, dass hier eine konzertierte Täuschung endgültig und dauerhaft aufrechterhalten wurde und werden sollte und – anders als bei oben genannten Beispielen – eine reale Person (Shakspere) als ein notwendiges maskierendes Bindeglied zu Hilfe genommen wurde. Dies übersteigt die Vorstellungskraft der meisten Menschen.

Mythos Shakespeare

Je intensiver und hartnäckiger sich die Forschung bemühte, den Mensch und das Phänomen Shakespeare zu erklären, umso mehr schien er sich allen Aufklärungsversuchen zu entziehen. Das Rätselhafte um Shakespeares Person führte mangels Quellen dazu, dass sich im Laufe der langen Shakespeare-Rezeption ein religiöser Mythos entwickelte, der den großen Dramatiker der Weltliteratur ins Titanenhafte entschwinden ließ. Ein Mythos, der längst etabliert und bindend war, als man schließlich 200 Jahre später, ab etwa 1850, mit großem Forschungsaufwand daran ging, die zahllosen ungelösten Fragen auf eine empirische Basis stellen zu wollen.

Erst dadurch, dass sich Shakespeare zu einer nationalen Ikone entwickelt hatte und man von seinem gigantischen Werk auf einen Charakter mit den Qualitäten eines Genies zurückschloss, das sich in den Gedichten und Stücken manifestiert, wurde es möglich, den Mythos seiner Urheberschaft aufrechtzuerhalten. Durch diesen Zirkelschluss konnte die negative Evidenz des »zweitrangigen« Charakters des Mannes Shakspere aus Stratford bequem umgangen werden und der göttliche »William« auf seinem Thron bleiben.

In Deutschland begann die Shakespeare-Verehrung bereits mit Lessing (siehe die »Hamburgische Dramaturgie«, 1767), bevor Herder, Goethe und Schiller das Werk in den Olymp erhoben. Seine schier erdrückende literarische Größe, die sich in seinen Bühnenwerken, Dichtungen und Sonetten manifestierte, ließ ihn früh zu einem »prometheischen Menschenbildner« werden.[11]

---

[11] Vgl. Helmut Russegger: William Shakespeare (1564–1616). Mythos und Mysterium; Onlineversion: http://viellaermumnichts.theater-kgr.com/autor.html, aufgerufen am 19.1.2011.

Die zahlreichen, legendär gewordenen Gestalten von Shakespeares Dramen haben zu einem vergleichslosen weltweiten Ruhm des Verfassers geführt, der bis heute unvermindert die Literatur und die Spielpläne der Bühnen der Welt beherrscht. Auch Goethe trug erheblich zum Mythos Shakespeare bei, indem er über ihn schrieb:

> »Er wetteiferte mit dem Prometheus, bildete ihm Zug vor Zug
> seine Menschen nach, nur in kolossalischer Größe;
> darin liegt's, dass wir unsere Brüder verkennen;
> und dann belebte er sie alle mit dem Hauch
> seines Geistes, er redet aus allen,
> und man erkennt ihre Verwandtschaft.«[12]

Seit Generationen kursieren Witze über Shakespeare und das Urheberschaftsproblem. Ein Cartoon im »New Yorker« im Jahre 2000 zeigt beispielsweise eine Dame auf einer Cocktailparty, die einen Experten um seine Meinung fragt:

> *»I'm confused now. Was Shakespeare somebody else or was somebody else Shakespeare?«*

Die Realität der Urheberschaftsdebatte entspricht diesem Witz. Die Werke Shakespeares wurden von »somebody else« (Marlowe) geschrieben, der wegen akuter Lebensbedrohung 1593 Name und Identität endgültig aufgeben und seine Dramen unter dem Namen Shakespeare veröffentlichen musste. Der Deckname wurde gewählt, weil ein real existierender William Shakspere aus Stratford sich bereit erklärte, ihn im Rahmen einer honorierten Vereinbarung dauerhaft zu maskieren, eine aufgrund der Fakten hochwahrscheinliche, aber den meisten unvorstellbar und absurd erscheinende Situation.

Auf ihrer Webseite der seit fast 150 Jahren bestehenden Deutschen Shakespeare-Gesellschaft finden sich zur wissenschaftlichen Problematik der Urheberschaftsdebatte jenseits von zwei lapidaren Absätzen keine Auseinandersetzungen mit der großen Zahl ungelöster Fragen. Die Gesellschaft hat die Zweifel längst zum Tabu erklärt, sie führt die Urheberschaftsfrage fast schon gezielt ad absurdum, wenn sie Königin Elisabeth I. zur Urheberkandidatin erklärt und die Urheberschaftstheorien – auch wenn sie wissenschaftlich nicht haltbar seien – »nichtsdestotrotz« als hochinteressant darstellt (2008).

---

[12] Johann Wolfgang von Goethe: Zum Shakespeare-Tag, in: Kunst und Literatur, Bd. 12. Hg. v. Erich Trunz und Hans Joachim Schrimpf, München 1981.

Illustre Reihe von Skeptikern

Theorien darüber, dass der Mann aus Stratford nicht der Verfasser der Werke Shakespeares war, entstanden in den letzten Jahrhunderten in übergroßer Zahl. Den Verfechtern solcher Theorien, zumeist originellen Persönlichkeiten, fiel früh auf, dass an der »Authentizität« des Werkeverfassers Shakespeare etwas nicht stimmen könne, ja dass regelrecht etwas faul sei.[13]

Bereits 1770 soll James Wilmot (1726–1808), ein englischer Geistlicher, im Rahmen seiner Vorbereitungen für eine Monografie die Lebensdaten von Shakespeare erforscht haben[14]. Er bereiste während circa einer Dekade die Region um Stratford und suchte innerhalb eines Radius von fünfzig Meilen in sämtlichen Büchereien von Landhäusern, Schlössern etc. nach Aufzeichnungen, Büchern, Korrespondenzen, aber auch nach regionalen Ereignissen, Sagen und Mythen etc., die mit der Person Shakspere oder dessen Werk in Zusammenhang stehen könnten. Weil er keinerlei Quellen finden konnte, gelangte er nach etwa zehn Jahren zu der Überzeugung, dass Shakspere nicht der Autor des Werkekanons gewesen sein könne. Da James Wilmot philosophische Schriften von Shakespeares Zeitgenossen Francis Bacon kannte, kam er zu der Schlussfolgerung, dass Bacon der reale Autor des shakespeareschen Kanons gewesen sein müsse. Er vertraute dies James Corton Cowell an, der dies 1805 in einem Referat vor der Ipswich Philosophical Society mitteilte. (Cowells Manuskript wurde erst 1932 wiederentdeckt.)[15]

1819/20 schlug eine anonyme Person »Y« (später identifiziert als William Taylor of Norwich) im »Monthly Review« die Theorie vor, dass Shakespeare und Marlowe identisch seien:

> »(...) pretends that Christopher *Marlowe is a non-entity; and that this pseudonymous appellation was assumed by the great Shakspeare himself, when he first went to London to try his luck as an actor and a dramatist. No doubt, the disappearance of Shakspeare for nearly five years, which are exactly coincident with Marlowe's period of celebrity, is a plausible argument. The ill-attested story of Marlowe's assassination, just at the moment of Shakspeare's emerging into conspicuity, under his real name, may tend to excite suspicion. Yet the reality appear to be strong, Marlowe published at Middleburg, without date, an obscene translation of the Elegies of Ovid, which was ordered to be burnt, in 1599, by the bishop of London. This visit to Middleburg accounts for the use which Marlowe was able to make of a play. in writing his Faustus. But no knowledge of high or low Dutch can*

---

[13] Vgl. Ignatius Donnelly: The Sakespeare Myth, in: The North American Review, Nr. 367, Boston 1887, S. 572–582.
[14] Von J. Shapiro (2010) als Fälschung bezeichnet.
[15] Allardyce Nicoll: The First Baconian, in: The Times Literary Supplement vom 25.2.1932, S. 128.

> be traced to Shakspeare. <u>Marlowe</u> published in 1587 a god translation of Coluthus's Rape of Helen;. Neither Shakspere nor his friend Henry Wriothesley can at that period have had the learning requisite to make such a translation.«[16]

1824 musste Norwich im Auftrag des Herausgebers seine Theorie widerrufen, nachdem im Kirchenregister in Deptford der Todeseintrag Marlowes entdeckt worden war, allerdings mit dem Namen eines Mannes, der mit dem Namen des 1925 im »Coroner's Report« aufgedeckten Mannes nicht übereinstimmt (»Christopher Marlow slain by Francis Archer, sepultus 1 of June [1593]«).

In welchem Ausmaß sich bekannte Dichter und Schriftsteller[17] in der zweiten Hälfte des 19. Jahrhunderts und Anfang des 20. Jahrhunderts an der Urheberschaftsdiskussion beteiligten, ist heute weitgehend in Vergessenheit geraten. Als möglicher Alternativkandidat stand zu Anfang – auch in Deutschland[18] – Francis Bacon ganz im Vordergrund.

Charles Dickens schrieb in einem Brief vom 13. Juni 1847 an seinen Freund William Sandys:

> »It is a Great Comfort, to my way of thinking, that so little is known concerning the poet. The life of Shakespeare is a fine mystery; and I tremble every day lest something should come out (...).«[19]

Ralph Waldo Emerson formulierte 1880 nach langem Studium:

> »I cannot marry this fact to his verse. Other admirable man have led lives in some sort of keeping with their thoughts.«[20]

Henry James brachte es in einem Brief an Violet Hunt 1903 auf die Formel:

> »I am ›a sort of‹ haunted by the conviction that the divine William is the biggest and most successful fraud ever practised on a patient world (...) It bristles with difficulties, and I can only express my general sense by saying that I find it almost

---

[16] The Monthly Magazine, Vol. 48 (1819), S. 492.
[17] Wilbur G. Zeigler: It was Marlowe. A story of the secrets of three centuries, Chicago 1895; Onlineversion: http://www.archive.org/stream/itwasmarloweastoozeiggoog#page/n9/mode/2up, aufgerufen am 19.1.2011.
[18] Edwin Bormann: Der Shakespeare-Dichter. Wer war's? und Wie sah er aus? Eine Überschau alles Wesentlichen der Bacon-Shakespeare-Forschung, ihrer Freunde und ihrer Gegnerschaft, Leipzig 1902; Onlineversion: http://www.archive.org/stream/dershakespearedoobormgoog#page/n22/mode/2up, aufgerufen am 19.1.2011.
[19] The Complete Works of Charles Dickens, New York 2010.
[20] Ralph Waldo Emerson: Representative Men. Seven Lectures, Boston 1888, S. 208; Onlineversion: http://www.archive.org/stream/representativemexooemer#page/208/mode/2up, aufgerufen am 19.1.2011.

as impossible to conceive that Bacon wrote the plays as to conceive that the man from Stratford, as we know the man from Stratford, did.« [21]

Mark Twain schrieb 1909:

»*We are The Reasoning Race, and when we find a vague file of chipmunk tracks stringing the dust of Stratford village, we know by our reasoning powers that Hercules has been along there. I feel that our fetish is safe for three centuries yet.*« [22]

1848 veröffentlichte Joseph C. Hart (1798–1855) in seinen Reiseberichten »The Romance of Yachting« einen literarischen Essay[23] mit einer der frühesten schriftlich fixierten Urheberschaftsanalysen, in der er Zweifel an dem Autor der shakespeareschen Werke formulierte.

1857 erschienen William Henry Smiths »Bacon and Shakespeare«[24] und Delia Bacons »The Philosophy of the Plays of Shakespeare unfolded«[25].

Kuno Fischer stellte in einem Festvortrag auf der Generalversammlung der Deutschen Shakespeare-Gesellschaft in Weimar am 23. April 1895 fest, dass die Zahl der Schriften, die sich mit der Bacon-Shakespeare-Kontroverse beschäftigten, im Jahr 1884 auf 255 angestiegen sei. Davon waren 161 amerikanischen, 69 englischen Ursprungs; 117 hatten sich für die Autorschaft Shaksperes erklärt, 73 dagegen. Im Jahre zuvor waren allein 61 Schriften über die Urheberschaftsfrage erschienen.

Auch Anfang des 20. Jahrhunderts erfolgten zahlreiche umfangreiche, seriöse und kritische Monografien über die Urheberschaftszweifel, so George Greenwoods »The Shakespeare Problem Restated«[26] (1908) und »Is there a

---

[21] Percy Lubbock (Hg.): The letters of Henry James, Vol. 1, New York 1929, S. 424, Onlineversion: http://www.archive.org/stream/lettershenryjames01jamerich#page/n465, aufgerufen am 19.1.2011.

[22] Mark Twain: Is Shakespeare dead? From my Autobiography, New York/London 1909, S. 131; Onlineversion: http://www.archive.org/stream/isshakespearedea00twaiuoft#page/130, aufgerufen am 19.1.2011.

[23] Joseph C. Hart: The Romance of Yachting. Voyage the First, New York 1848, S. 214ff; Onlineversion: http://www.archive.org/stream/romanceofyachtin48hart#page/214/, aufgerufen am 19.1.2011.

[24] William Henry Smith: Bacon and Shakespeare. An Inquiry touching Players, Playhouses, and Play-Writers in the Days of Elizabeth, London 1857; Onlineversion: http://www.archive.org/stream/baconandshakespooneligoog#page/n4/mode/2up, aufgerufen am 19.1.2011.

[25] Delia Bacons: The Philosophy of the Plays of Shakespeare unfolded, London 1857; Onlineversion: http://www.archive.org/stream/philosophyofplay00bacorich#page/n5/mode/2up, aufgerufen am 19.1.2011.

[26] George Greenwood: The Shakespeare Problem Restated, New York 1908; Onlineversion: http://www.archive.org/stream/shakespearepobl00greeuoft#page/n3/mode/2up, aufgerufen am 19.1.2011.

Shakespeare Problem?«[27] (1916), Robert Frazers »The Silent Shakespeare«[28] (1915) und Greenwoods »Ben Jonson and Shakespeare«[29] (1921). Auch die Werke von Vertretern der Bacon-Theorie, zum Beispiel von Nathaniel Holmes[30] (1875) oder J. P. Baxter[31] (1915), sind heute zugänglich. Baxter vereinigte in einer 700-seitigen Monografie zahlreiche Fakten, die in den vorausgehenden 100 Jahren zusammengetragen wurden, mit einer Bibliografie von bereits circa 1000 Arbeiten! Andrew Lang war einer der Ersten, der in »Shakespeare, Bacon and the great Unknown«[32] (1915) den großen Unbekannten jenseits von Francis Bacon zu suchen begann.

Wenn man die große Zahl von Experten betrachtet, die in dieser frühen Zeit ihren Zweifel an der Autorschaft Shakspseres aus Stratford formuliert haben, so dürften sie die Zahl der Experten weit übertreffen, die explizit für die Stratford-Hypothese stritten und sie argumentativ zu bekräftigen suchten. Diese Experten gingen – als »Gläubige« – einfach davon aus, dass trotz der immensen Widersprüche die Identität von Shakspere selbstverständlich und bedenkenlos gesichert sei und die Zweifler eine naive Kategorie von Menschen darstellten. All die gewaltigen gedanklichen Anstrengungen, Kontroversen und Auseinandersetzungen der Vergangenheit kennt heute praktisch niemand mehr. Der Zweifel wurde als ein eigenes Übel endgültig zu Grabe getragen und ein »unbefriedigender« Frieden hergestellt.

In welch beispiellose Dimensionen diese Kontroverse in jüngster Zeit abgeglitten ist, sei am Ende dieses Kapitels erwähnt. Dem Vorschlag[33], das gewachsene Wissen um die Urheberschaftsproblematik in zukünftige Lehr-

---

[27] George Greenwood: Is there a Shakespeare Problem, London und New York 1916; Onlineversion: http://www.archive.org/stream/cu31924013153535#page/n7/mode/2up, aufgerufen am 19.1.2011.

[28] Robert Frazer: The Silent Shakespeare, Philadelphia 1915; Onlineversion: http://www.archive.org/stream/silentshakspeaoofrazgoog#page/n4/mode/2up, aufgerufen am 19.1.2011.

[29] George Greenwood: Ben Jonson and Shakespeare, Hartford 1921; Onlineversion: http://www.archive.org/stream/benjonsonshakespoogreerich#page/n7/mode/2up, aufgerufen am 19.1.2011.

[30] Nathaniel Holmes: The Authorship of Shakespeare, Cambridge 1887; Onlineversion: http://www.archive.org/stream/authorshipshake02holmgoog#page/n6/mode/2up, aufgerufen am 19.1.2011.

[31] J. P. Baxter: The Greatest of literary Problems. The Authorship of the Shakespeare Works, Boston und New York 1915; Onlineversion: http://www.archive.org/stream/greatestofliteraooba#page/n9/mode/2up, aufgerufen am 19.1.2011.

[32] Andrew Lang: Shakespeare, Bacon and the great Unknown, London 1912; Onlineversion: http://www.archive.org/stream/shakespearebaconoolanguoft#page/n9/mode/2up, aufgerufen am 19.1.2011.

[33] William S. Niederkorn: The Shakespeare Code, and Other Fanciful Ideas From the Traditional Camp, in: The New York Times vom 30. September 2005; Onlineversion: http://www.nytimes.com/2005/08/30/books/30shak.html?_r=2, aufgerufen am 19.1.2011.

pläne über Shakespeare einzubeziehen, entgegnete der Harvard Professor und Shakespeare-Experte 1995 Greenblatt in einem Brief[34] an die »New York Times« mit tiefer Empörung. Eine Nichtanerkennung des Stratford Mannes entspräche dem Vorschlag, die »Nichtanerkennung des Holocaust« zu einem Bestandteil des Standard Curriculums zu machen:

> »*In both cases an overwhelming scholarly consensus, based on a serious assessment of hard evidence, is challenged by passionately held fantasies whose adherents demand equal time. The demand seems harmless enough until one reflects on its implications. Should claims that the Holocaust did not occur also be made part of the standard curriculum?*«

---

[34] Stephen Greenblatt: Shakespeare Doubter, in: The New York Times vom 30. August 2005; Onlineversion: http://www.nytimes.com/2005/09/04/opinion/l04shakespeare.html?n=Top%2fOpinion%2fEditorials%20and%20Op-Ed%2fLetters, aufgerufen am 19.1.2011.

2. Der größte Dichter aller Zeiten – ein Kaufmann aus Stratford?

Vier Argumente pro Shakspere

Kapitel 2 fasst die vier Hauptargumente »pro« Shakspere zusammen, die bis heute dafür verantwortlich sind, dass die Welt in William Shakspere aus Stratford den Autor der Werke William Shakespeares erkennt, obwohl es – trotz der dauerhaften Beteuerung einer Expertengemeinde – keinen Beweis für Shakspere literarisches Wirken zu seinen Lebzeiten gibt. Es existiert damit eine tiefe, unüberbrückbare Kluft zwischen den Lebensdaten des vermeintlichen Autors und den Inhalten seiner Werke. Man mag dies drehen oder wenden, aber diese Kluft besteht und sie hat sich nicht grundlos aufgetan.

Alles deutet darauf hin: Shakspere sollte zum maskierenden Strohmann und Decknamen sowie Verfasser der dichterischen Werke Marlowes unter seinem neuen Dramatiker-Tarnnamen Shakespeare umfunktioniert werden (siehe später). Nur mittels eines solchen notwendig gewordenen konspirativen Komplotts, angeordnet von höchster Stelle, konnte das Leben des vom Tod bedrohten Dichtergenies Christopher Marlowe gerettet werden. Die Verschwörung wurde zu einem dauerhaften Erfolg, konnte letztlich aber nicht, wie dieses Buch zu zeigen versucht, hermetisch abgedichtet werden.

Man kann die Voraussage wagen: Nur wenn man die festgetretenen Denkpfade verlässt, wird die bizarre Urheberschaftsfrage in Zukunft lösbar. Es ist erfreulich, dass im 21. Jahrhundert zwei Universitäten, die Brunel Universität in London und die Concordia Universität in Portland, Oregon, USA, das Masterprogramm »Shakespeare Authorship Studies« eingeführt haben.

Die meisten Menschen glauben heute, dass Shakspere die Werke Shakespeares geschrieben hat, auch wenn es hierfür keine zeitgenössischen Quellen gibt. Die Argumentation für seine Autorschaft beruht weitgehend auf der »First Folio«. Im Widerspruch hierzu stehen die Quellen für die Lebenszeit von Shakspere, die die Evidenzen der posthumen Aussagen in der »First Folio« nirgends bekräftigen beziehungsweise bestätigen können. Um Shakspere als Werkeverfasser zu akzeptieren, bedürfte es aber eindeutiger Belege aus Shakspere eigener Lebenszeit. Diese sind trotz großer Anstrengungen nie gefunden worden. Die Argumente, die bis heute zu der Ansicht führten (und führen sollten), dass William Shakspere aus Stratford die Werke schrieb, werden in diesem Kapitel betrachtet. Sie sind in sich aber keineswegs schlüssig und überzeugend.

Die folgenden vier Hauptgründe lassen auf den ersten Blick ein anscheinend ausreichendes argumentatives Gebäude erkennen, das zur Annahme einer Autorschaft Shakspers berechtigt. Jedoch ist jeder dieser vier Hauptgründe bei näherem Hinsehen in sich fragwürdig und problematisch.

Die »First Folio« (1)

Die sieben Jahre nach dem Tod Shakspers (1616) erschienene Gesamtausgabe der Werke William Shakespeares, die sogenannte »First Folio«[1] (oft als FF oder F1 bezeichnet), weist zum ersten Mal mit nur zwei äußerst kleinen lobenden Anspielungen (Jonson: »Sweet Swan of Avon«; Digges: »Thy Stratford Moniment« – beide haben sich zu Shakspers Lebzeiten nie positiv über ihn geäußert) darauf hin, dass der Autor aus Stratford kam. Vom Titelblatt der »First Folio« allein wäre nicht sicher herzuleiten, dass der dort gedruckte Name des Dichters Shakespeare einen Bezug zu Shakspere herstellt.

Erst mit Erscheinen der »First Folio« 1623 begannen die Fragen zur leibhaftigen Person und damit die Debatten. Es war für die Nachlebenden kaum zu verstehen, warum in Bezug auf einen so übermächtigen Dichter ausschließlich posthume, aber keine zu Lebzeiten entstandenen Quellen existieren.

Ben Jonson erwähnt in seinem Hauptwerk »The Workes of Ben Jonson« (1616, kurz nach Shakspers Tod erschienen), dass Shakespeare in zwei seiner Stücke, in der Komödie »Every Man in His Humor« (Aufführung 1598) und in der Tragödie »Sejanus« (Aufführung 1603) zu den Hauptdarstellern (»principall Comedians« und »principall Tragoedians«) gehörte. Es ist auffällig, dass die ungewöhnlich plazierten Bezugnahmen zu Shakespeare als Schauspieler 13 beziehungsweise 18 Jahre nach den Aufführungen der Stücke erfolgten. Warum geschah dies nicht bereits in den Quartos »Every Man in his Humor« (1601) und »Sejanus« (1605)? Ben Jonson muss 1616 bereits von der Vollendung des Komplotts und von seinem bevorstehenden Auftrag, einen Zueignungstext für Shakespeares »First Folio« zu verfassen, gewusst haben.

Jenseits ihrer zwei späten posthumen Anspielungen auf Shakspere lieferten Jonson und Digges, zum Bedauern der Nachwelt, in der »First Folio« keiner-

---

[1] Internet Shakespeare Editions: First Folio; Onlineversion: http://internetshakespeare.uvic.ca/Library/facsimile/book/SLNSW_F1/3/?size=small&view_mode=normal&content_type=, aufgerufen am 19.1.2011.

lei zusätzliche Informationen, die die Person Shakspeare erkennbarer machten oder identifizierten.

Die »First Folio« liefert keine Hinweise auf das Geburts- oder Todesdatum von Shakspere, auf den Namen eines Familienmitgliedes oder auf irgendein Detail aus seinem Leben. Das ist – auch wenn wir vom 17. Jahrhundert sprechen – nicht leicht nachzuvollziehen.

Zugleich werden in der »First Folio« all die fehlenden spezifischen persönlichen Fakten durch allgemeine Superlative ersetzt, die den Autor der Werke Shakespeares (»*Soul of the Age*«), nicht aber die Person Shakspere beschreiben. Es ist rational schwer nachvollziehbar, warum in den immerhin sieben Jahren zwischen Shakspseres Tod und der Veröffentlichung »seiner« Werke nicht eine der Bedeutung und Größe des Dichters angemessenere und spezifischere Würdigung auch seiner Person entwickelt wurde beziehungsweise werden konnte.

Heminges und Condell (2)

Als stärkste (posthume) Verbindung zwischen dem Werkverfasser und Shakspere aus Stratford werden seit jeher die Vorworte von Shakspseres Theaterkollegen John Heminges und Henry Condell in der »First Folio« gewertet. Generationen von Experten erkannten in der »First Folio« die eindeutige Handschrift Ben Jonsons und gingen davon aus, dass die Theateranteilseigner und Schauspieler Heminges und Condell nicht in der Lage waren, die ihnen zugeschriebenen Zueignungstexte (»The Epistle Dedicatorie«) zu verfassen. Die Tatsache, dass in Shakspseres Testament das Vermächtnis von Geld zugunsten von Condell und Heminges (für den Kauf von Freundschaftsringen) nicht unmittelbar bei der ersten Abfassung des Testaments (Januar 1616), sondern nachträglich im Rahmen eines handschriftlichen Ein- oder Nachschubs (März 1616?) erfolgte, ist äußerst dubios. Vermutlich erfolgte der verspätete Einschub bereits im Zusammenhang mit der Vorbereitung der Drucklegung der Vorworte von Heminges und Condell für die »First Folio« durch Ben Jonson.

Die meisten Shakespeare-Experten scheinen von der mangelnden Spezifizierung der Stratford-Person in der »First Folio«, von den Anpreisungen, von den vielen Doppeldeutigkeiten (»*You art a moniment without a tomb*«; s. S. 87 ff.) und der unklaren Rolle, die Shakspere gespielt hat, nicht berührt worden zu sein (siehe später). Man fragt sich allerdings, warum die erste Gesamtausgabe anscheinend bewusst so unbestimmt geblieben ist und warum solch eine Lobrede erst sieben Jahre nach seinem Tod anlässlich der Vermarktung und Drucklegung der ersten Gesamtausgabe, nicht aber zu Shakspseres Lebzeiten oder anlässlich seines Todes zustande kam.

Das Stratford-Monument (3)

Das Grabmonument in der Kirche von Stratford zeigt heute einen Mann mit einem Schreibutensil in der Hand, einem Gänsekiel, also einen vermeintlichen Schriftsteller. Aber die Figur hat nicht mehr das gleiche Aussehen wie zu ihrer Errichtung um 1623. Die Zeichnung des Antiquars William Dugdale aus dem Jahr 1634 zeigte einen Mann mit einem fallenden Schnurrbart, der einen Getreidesack im Schoß hält (Details s. S. 70 f), aber keine Schreibwerkzeuge oder ein Papier. Unterlagen zeigen, dass die Grabbüste später von Grund auf restauriert wurde und erst danach auf einen Schriftsteller hindeutete.

Aus den seltsamen, im wahrsten Sinne des Wortes »rätselhaften« Zeilen unter der Büste, in der die Kirchgänger der Gemeinde Stratford Shakspere erkennen sollten, ist nicht herauszulesen, dass er ein Dichter war. Der Inhalt der Zeilen unter der Büste konnte so gut wie nicht gedeutet werden. Die Zeilen nennen keine Namen oder Auszüge aus seinen Stücken, sie erwähnen keine Verse, keine Dichtkunst, keine Dramen oder etwas vom Theater.

Die meisten Shakespeare-Experten können mit den Zeilen kaum etwas anfangen. Die Grabinschriften vergleichbarer zeitgenössischer Schriftsteller weisen den Verstorbenen eindeutig als Dichter oder Schriftsteller aus. Warum nicht auch bei Shakspere?

Die Argumentation, dass der extrem »geschraubte« Text des Grabmonuments Methode habe und eine verschlüsselte Botschaft, ein in sich zu entzifferndes Rätsel (»*riddle*«) enthält, erscheint evident. Eine plausible Interpretation für einen verschlüsselten Text lieferte Peter Farey im Jahr 2007 (s. S. 200).

Shakspere – Shakespeare[2] (4)

Der wesentlichste Grund für die Annahme, dass Shakspere und Shakespeare identisch seien, wurde naturgemäß darin gesehen, dass der Bürger aus Stratford und der Werkeverfasser den (annähernd) gleichen Namen trugen. Wie könnte es sein, so die Lehrmeinung, dass dies nicht identische Personen waren? Ausgehend vom Namen auf der Titelseite der Gesamtausgabe erscheint es aber, wie später im Detail (s. S. 83) zu zeigen sein wird, keineswegs zwingend, den Werkeverfasser Shakespeare und die Person Shakspere aus Stratford gleichzusetzen.

Die erste Silbe von Shakspere aus Stratford wurde phonetisch kurz (als

---

[2] Einzelheiten s. S. 83.

Die Shakespeare-Büste in der Seitenwand der Dreifaltigkeitskirche in Stratford

*Shak*spere, *Shax*pur, *Shax*per, *Shags*per etc.) ausgesprochen, sodass man ihn mit dem phonetisch lang ausgesprochenen *Shake*speare weder gleichsetzte noch verwechselte. Während der Name der Shakspere aus Stratford in den aufgefundenen »familiären« Dokumenten (entstanden bei Anlässen wie Taufe, Hochzeit, Tod, Testament, Signaturen) auf verschiedene Art, aber stets phonetisch kurz (Shak) geschrieben wurde, erscheint der Name des Dichters und Dramatikers auf den bereits zu Lebzeiten gedruckten Werken und Gedichten fast einheitlich als *Shake*speare oder *Shake*-speare.[3] Warum wurde lebenslang zwischen dem »Familien«- (Details s. S. 83 ff.) und dem »Dichter«-Namen unterschieden?

Auffällig ist, dass der gedruckte Name des Dichters William Shakespeare in etwa der Hälfte der Fälle mit Bindestrich geteilt wird, was zur damaligen Zeit in England eine absolute Rarität darstellte[4] und was nicht ohne Bedeutung sein kann. Die Experten sind bis heute darüber eine plausible Interpretation schuldig geblieben. Shakspere Name wurde in den circa 60 nicht-literarischen Dokumenten, in denen er auftaucht, niemals geteilt geschrieben.

Der künstlich mit Bindestrich aufgetrennte Name lässt in erster Linie an einen »Kunstnamen«, ein Pseudonym denken. Die Auftrennung des Namens Shake-speare, wie er zu seinen Lebzeiten in zahlreichen sogenannten Quarto-Einzelausgaben gedruckt wurde, erschien aber nicht nur erneut in verschiedenen Lobreden der »First Folio« (von J. M. – James Mabbe? – und Leonard Digges), sondern auch noch Jahrzehnte nach dem Tod Shakspere auf späten Quarto-Ausgaben. Die Frage ist – warum?

---

[3] Bis auf drei früh korrigierte Ausnahmen.
[4] Naturgemäß wurden auch hier als Gegenargumente seltene Namenstrennungen so lange gesucht, bis sie gefunden wurden, zum Beispiel auffälligerweise bei Buchdruckern wie Walde-greve, All-de, siehe: http://shakespeareauthorship.com/name1.html, aufgerufen am 19.1.2011.

3. Warum war Shakspere nicht Shakespeare?

Negative kumulative Evidenz

Die Urheberschaftsdebatte wäre wegen einzelner Argumente, das heißt schwacher Bausteine in der Beweiskette für Shakspseres historische und dichterische Existenz, allein wohl nicht entstanden und denkbar. Erst die kumulative negative Evidenz hält diese Debatte zwangsläufig aufrecht. Die mit der Zeit zusammengetragenen zeitgenössischen Belege und aufgefundenen Quellen – man denke nur an das Testament Shakspseres –, all die über Jahrhunderte dokumentierten Argumentationen, Ableitungen und Widersprüche sind ein ununterbrochener und wachsender Appell an zu viele nicht beantwortete Fragen.

Kapitel 3 des Buches fasst die wichtigsten Argumente »kontra« Shakspere« zusammen. Bis heute geht nur aus wenigen posthumen Quellen, nicht aber aus Quellen, die aus der Lebenszeit Shakspseres stammen, hervor, dass er die Werke von Shakespeare geschrieben hat. Die nicht zufriedenstellende Standardantwort der Experten auf die Tatsache, dass der Stratforder Bürger Shakspere zu seinen Lebzeiten nie erkennbar den Anspruch erhoben hatte, die übermächtige Dichterperson Shakespeare zu sein, lautete stets, dass es Zeitgenossen gebe, bei denen Mängel dieser Art ebenfalls vorkämen oder dass die Plausibilitäten von heute nicht die Plausibilitäten von damals seien.

Erst der rätselhafte Befund, dass die Person Shakspere, die über ein Vierteljahrhundert in London, einer der größten Metropolen Europas, gelebt und kommuniziert haben müsste, an keiner Stelle als das mächtige Universalgenie, als Dramatiker und Kommunikator wahrgenommen, erkannt oder beschrieben wurde, hat die Debatte über die Urheberschaft und die Suche nach ihren Gründen entstehen lassen. Denn auch unter Berücksichtigung damaliger Maßstäbe ist nicht nachvollziehbar, warum ein Mensch wie Shakespeare, ausgestattet mit einer universellen Bildung und Kommunikationsfähigkeit, im elisabethanischen Zeitalter, einem der blühendsten Zeitalter der Literatur, zu seinen Lebzeiten nicht beschrieben wurde.

Erst wenn die Urheberschaftsfrage nicht mehr, wie seit einem Jahrhundert, zu einer Tabuzone (vgl. J. Denham Parsons, 1919, »*Shakspere of Stratford upon Avon as by assumption identical with the poet Shakespeare*«)[1] erklärt

---

[1] J. Denham Parsons: The great Taboo in Englisch Literary Circles, London 1919;

wird und wenn die Gründe dafür verstanden und in das Bewusstsein der Öffentlichkeit vorgedrungen sind, wird die abstruse Urheberschaftsdebatte zu ihrem Ende kommen.

Wie schwer das Problem heute zu vermitteln ist, sei an einem Beispiel demonstriert. Im angesehenen »English Journal«[2] wurde 2002 anhand eines Multiple-Choice-Quiz das Basiswissen von Anglistikstudenten, die sich mit Shakespeare beschäftigten, überprüft. Bei Frage vier sollten die Studenten die ihrer Meinung nach richtige Antwort ankreuzen. (Antwort d wurde am Schluss als die richtige angegeben.)

The theory that someone other than Shakespeare wrote the plays that are attributed to him is
a) promoted by people called anti-Stratfordians
b) a modern idea – during his own age no one questioned Shakespeare's authorship
c) impossible to discredit, but lacks any solid evidence
d) all of the above

Es wird bereits die Annahme vorweggenommen, dass der Mann aus Stratford identisch mit William Shakespeare sei und wer diese These anzweifle, die moderne Idee einer Antiposition einnehme (Anti-Stratfordianer).
    Unter b) wird suggeriert, dass zu Shakspseres Lebzeiten niemand an seiner Autorschaft gezweifelt habe. Dies tat in der Tat niemand, aber aus einem ganz simplen Grund: Da von Shakspere zu Lebzeiten als Dichterperson nicht die Rede war, konnte niemand an ihm zweifeln, das geschah erst posthum.
    Die Aussage c), dass die Anti-Stratford-Theorie nicht widerlegt werden könne, obwohl es für sie keinerlei solide Evidenzen gäbe, entbehrt, wie dieses Buch aufzuzeigen vermag, jeder Grundlage.

    Onlineversion: http://www.archive.org/stream/boycottedshakespooparsrich#page/n25/mode/2up, aufgerufen am 19.1.2011.
[2] M. L. Isaac: Shakespeare's World: A Quiz with Questions and Answers, in: English Journal, Nr. 92 (2002), S. 53.

Der Kaufmann William Shakspere

Es haben sich auch nach 400 Jahren intensivster Recherchen zur Lebenszeit von William Shakspere (1564–1616) keine Dokumente finden lassen, die eine schriftstellerische oder künstlerische Tätigkeit belegen. Man hätte bei dem einflussreichsten Dichter aller Zeiten zumindest erhalten gebliebene »literarische« Rudimente erwartet wie Prosatexte, Gedichte, Korrespondenzen, Briefe, Eintragungen, Manuskripte, Tagebücher, Nekrologe, Aufträge, Berichte seiner Freunde, zeitgenössische Charakterkennzeichnungen, Hinweise auf ein Patronat oder ein Mäzenatentum und so weiter, anhand derer man hätte vermuten können, dass Shakspere mit dem Genie der Weltliteratur Shakespeare identisch war und dass er in der Lage war, die ihm zugeschriebenen Werke zu verfassen. Während fast alle zeitgenössischen Dramatiker solche Spuren hinterlassen haben, steht Shakspere in dieser Hinsicht einsam und allein da.[3] Die Kapitel 6 bis 11 können dieses Problem weitestgehend auflösen.

Es ließ sich für die gesamte Lebenszeit von Shakspere weder ein Beleg dafür finden, dass der Verfasser der literarischen Werke aus Stratford kam, noch dafür, dass Shakspere aus Stratford je eine Verbindung zu irgendeiner dichterischen Aktivität hatte. Shakspere selbst hat sich nie als Autor, Dramatiker und Dichter ausgegeben und er wurde von seiner Umwelt nie als solcher wahrgenommen, beschrieben oder dargestellt. Zeitgenössische Quellen speziell über die Geschichte von Stratford liefern keine Informationen darüber, dass der ansässige Shakspere dort als Dichter oder Dramatiker bekannt war.

Zeitgenossen aus den über 50 zu Lebzeiten Shaksperes aufgefundenen Quellen haben ihn nur als Unternehmer, Geschäftsmann, Grundstückkäufer, als Immobilienbesitzer und -makler, Anteilseigner an Theatern und Geldverleiher, als Steuerhinterzieher, Prozessführer, Warenhändler und als einen Mann mit einer Familie wahrgenommen, keinesfalls aber als einen Dichter und Dramatiker.

Auch Shakspere 25 Londoner Jahre sind nicht dokumentiert: Es gibt – wie bereits erwähnt – keine Erinnerungen von ihm selbst oder anderen, die diese Epoche seines Lebens belegen: Keine Korrespondenzen (nicht ein einziger Brief!), keine Berichte, Gesprächsnotizen, Anekdoten oder Darstellungen über Begegnungen mit ihm. Es lässt sich niemand – kein zeitgenössischer Schriftsteller, Tagebuchschreiber oder Chronist – ausfindig machen, der jemals berichtet hätte, dass er einem Schriftsteller, Dichter, Dramatiker namens William Shakspere begegnet sei, der mit ihm auf irgendeine Weise kommuniziert und seine Persönlichkeit in irgendeiner Form beschrieben hat. Dies ist

---

[3] Vgl. Diana Price: Shakespeare's Unorthodox Biography, Santa Barbara 2001.

aus verschiedenen Gründen nicht plausibel, allein, wenn man die damalige Popularität seiner Theaterstücke berücksichtigt.

Shakespeare wirkt aus heutiger Sicht wie jemand, der in seiner Leibhaftigkeit der eigenen Zeit vollständig enthoben war oder ihr dauerhaft abhandenkam, der als künstlerisches Individuum vor seiner eigenen Zeit förmlich verborgen blieb oder dem man die Gelegenheit entzogen hatte, auf irgendeine Weise sichtbar zu bleiben. Diese Situation kann erst einsichtig werden, wenn man Shakespeare durch Marlowe ersetzt.

Zahlreiche aufgefundene Dokumente aus den frühen 90er-Jahren des 16. Jahrhunderts zeigen hingegen, dass Shakspere so viele finanzielle Einnahmen erzielte, dass er Personen Anleihen und Darlehen von mehreren Tausend Dollar (nach heutigem Wert) geben konnte und diese von den Schuldnern oder deren Bürgen über Gerichte eintrieb. Shaksperes erkennbarer Beitrag zur Theatergesellschaft war in erster Linie finanzieller beziehungsweise unternehmerischer Art.

Es ist bis heute unbegreifbar, ja unlogisch, warum eine überragende geistige und dynamische Person über den Zeitraum eines Vierteljahrhunderts der Gesellschaft der Stadt London nicht in irgendeiner Form einen »Stempel« aufdrückte und warum sich sein Bedürfnis nicht niedergeschlagen hat, über sein immenses Wissen mit der Gesellschaft zu kommunizieren. Die (Literatur-)Wissenschaft ist bis heute uneingeschränkt eine Antwort und Erklärung schuldig geblieben, warum nicht ein einziges literarisches Schriftstück erhalten geblieben ist.

Es ist nicht plausibel, warum er herausragenden und einflussreichen Repräsentanten seiner Zeit unbekannt oder von ihnen unerwähnt blieb (wie zum Beispiel von Raleigh, Spenser, Francis Bacon, Anthony Bacon, Barnes, Basse, Bastard, Brandon, Brathwaite, Breton, Brome, Browne, William Cecil, Robert Cecil, Clapham, Clerke, Coke, Camden, Drake, Drayton, Donne, Gibbon, Gosson, Griffins, Harvey, Herriot, Hobbes, Jones, Herbert of Cherbury, Hampden, Hooker, Laud, Lupton, Markham, Mathew, Middleton, Munday, Overbury, Peele, Pym, Sackville, Selden, Shelton, Smith, Tofte, Francis Walsingham, Thomas Walsingham, Warner, Wither, Walton, Wotton und vielen anderen).

Referenzen aus seiner Lebens- und Schaffenszeit

Bis heute gefundene, dokumentierte und publizierte Referenzen zu Shakspere/Shakespeare aus seiner Lebens- und Schaffenszeit (1593–1616) lassen sich aufteilen in 120, die sich auf das (sein?) Werk beziehen und sieben, die in irgendeiner Form auf die Person Shakspere selbst eingehen. Diese wenigen Quellen sind als Beleg für einen »literarisch aktiven« Shakspere bei näherem Hinsehen nicht geeignet:

Beispiele:

1) ROBERT GREENE (1558–1592)
Viele Experten haben eine Bemerkung von Robert Greene aus dem Jahr 1592 als wichtige Quelle und Beweis für eine dichterische Aktivität Shakspseres gewertet, die bereits vor dem vermeintlichen Tod Marlowes (1593) stattgefunden hat. In dieser Quelle ist die Rede von einem »Shake-scene«, der sich für den besten Schauspieler im Lande halte. Da aus dem Jahr 1592 von Shakspere als Schauspieler nichts bekannt ist, erscheint es ungleich plausibler, dass hier der damals berühmteste Schauspieler Londons und »Bühnenerschütterer« Edward Alleyn gemeint gewesen ist, der die großen Rollen in Christopher Marlowes damals erfolgreichen Theaterstücken (»Tamburlaine«, »Der Jude von Malta«, »Dr. Faustus« etc.) verkörperte (Details s. S. 101).

2) THOMAS NASHE (1567–1601?)
In Thomas Nashes Werk ist der Dichtername Shakespeare kein einziges Mal erwähnt. Eine scheinbare Referenz entstammt Nashes Vorrede (»To the Gentlemen Students of Both Universities«) zu Robert Greenes Romanze »Menaphon« (1589):

> »(...) yet English Seneca read by candlelight yeelds many good sentences, as ›Blood is a beggar‹, and so forth; and if you intreate him faire in a frostie morning, hee will afford you whole Hamlets, I should say handfuls of Tragical speeches.«[4]

Es wird darin aber nur auf die Existenz des Stücks »Hamlet« angespielt. Eine andere Referenz ist in »Pierce Pennilesse«[5] (1592) enthalten, die sich wohl auf »Heinrich VI.« bezieht, ein Drama, an dem nach Meinung einiger Experten, wie zum Beispiel E. K. Chambers und Walter W. Greg, Shakespeare keinen Anteil hatte. Es sind bei Nashe nur verdeckte Anspielungen auf einen Dichter Shakespeare zu finden, vornehmlich in den Pamphleten »Strange News«[6] (1592) und »Have With You to Saffron Walden« (1596), aber der Name Shakespeare wird darin nicht genannt.
Viele Sätze in Nashes Vorwort zu Robert Greenes »Menaphon« sind merk-

---

[4] Robert Greene: Camila's alarm to slumbering Euphues in his melancholy cell at Silexedra, London 1589, S.25; Onlineversion: http://www.archive.org/stream/cu31924013129790#page/n25/mode/2up, aufgerufen am 19.1.2011.

[5] The Works of Thomas Nashe, ed. by Ronald B. McKerrow, London 1904, S. 8; Onlineversion: http://www.archive.org/stream/worksthomasnasho0mckegoog#page/n10/mode/2up, aufgerufen am 19.1.2011.

[6] The complete Works of Thomas Nashe, London 1883/84; Onlineversion: http://www.archive.org/stream/completewerksth02nashgoog#page/n15/mode/1up, aufgerufen am 19.1.2011.

würdig und wahrscheinlich bewusst dunkel gefasst. Zugleich scheint es eher unwahrscheinlich, dass sein Satz:

> »But herein I cannot so fully bequeath them to folly, as their idiot Art masters, that intrude themselves to our ears as the Alcumists of eloquence, who (mounted on the stage of arrogance) thinke to outbrave better pennes with the swelling bumbast of bragging blanke verse«[7]

mit dem Schauspieler Shakspere zu tun hat (ähnlich der »Shake-scene« von Robert Greene (s. S. 97 ff.). Gemeint ist hier, dass ein Schauspieler sich anmaßt, eigene Textstellen in Stücke einzuschieben. Jemand, der dies tat, war nicht Shakspere, sondern erneut Edward Alleyn.

3) John Manningham (?–1622)
Die Eintragung in Manninghams Tagebuch[8] ist eine Allerweltsanekdote ohne empirischen Wert:

> »March 1601 Vpon a tyme when Burbidge played Richard III. there was a citizen grone soe farr in liking with him, that before shee went from the play shee appointed him to come that night vnto hir by the name of Richard the Third. Shakespeare ouerhearing their conclusion went before, was intertained and at his game ere Burbidge came. Then message being brought that Richard the Third was at the dore, Shakespeare caused returne to be made that William the Conqueror was before Richard the Third. Shakespeare's name William. (Mr. Touse.)«

4) John Davies of Hereford (1565–1618)
John Davies of Herefords Epigramm aus dem Jahr 1610 – Erscheinungsjahr von »*The Scourge of Folly*«[9] – bezieht sich auf den Dichter Shake-speare (»*To Our English Terence*«). Darin weist er in aller Deutlichkeit auf das Urheberschaftsproblem hin (Details s. S. 103 ff.).

Die wenigen und nirgends eindeutigen Bezugnahmen auf die »literarische« Person Shakespeare werfen unweigerlich die Frage auf, warum es – völlig anders als bei dem altersgleichen Marlowe! – zu Shakspere Lebzeiten nie einen Hinweis auf sein gewaltiges literarisches Potenzial gegeben hat.

---

[7] S. S. 41, Ref. 6.
[8] Diary of John Manningham of the Middle Temple, and of Bradbourne, Kent, Barrister-at-Law, London 1868, S. 39; Onlineversion: http://www.archive.org/stream/johnmanningdioocamduoft#page/38/mode/2up/search/Shakespeare, aufgerufen am 19.1.2011.
[9] The complete Works of John Davies, London 1878, S. 94, Onlineversion: http://www.archive.org/stream/completeworksjo03grosgoog#page/n94/mode/2up, aufgerufen am 19.1.2011.

Alle Verbindungen zwischen Shakspere aus Stratford und dem Werkeverfasser Shakespeare sind nicht zu Shakesperes Lebzeiten, sondern – wie erwähnt – posthum hergestellt worden. Sie entstammen den einleitenden Begleittexten der »First Folio« und den Inschriften des Monuments in Stratford, die etwa zur gleichen Zeit entstanden.

Die »verlorenen Jahre«

Erst durch die einflussreiche Publikation des Literaturexperten Ernst A. J. Honigmann[10] »*Lost years*« wurde einer breiteren Öffentlichkeit bewusst, dass man über Shakesperes literarisch entscheidende Jahre in London (1583 bis 1593, also zwischen seinem 19. und 29. Lebensjahr) überhaupt nichts wusste und keine Quelle, auch keine »merkantile«, existierte. Der Begriff »lost years«, der wie eine Entschuldigung durch die gesamte anglistische Literatur geistert, zeigt zugleich, was Begriffe anrichten können. Er unterstellt unausgesprochen, dass man über das künstlerisch-literarische Schaffen Shakesperes der übrigen Zeit wesentlich mehr wisse. Dies ist aber keineswegs der Fall. So weiß man beispielsweise über die ersten 20 Jahre seines Lebens bis auf die bei allen Menschen durch Kircheneinträge dokumentierten Ereignisse (Taufe, Geburten, Hochzeit, Todesfall etc.) so gut wie nichts. Die ersten 20 Jahre müssen aber eine absolut prägende Zeit für Shakespeare gewesen sein. Auch diese Jahre könnten als »lost years« beschrieben werden. Der Begriff »verlorene literarische Jahre« müsste über dem gesamten Leben Shakesperes stehen.

In Ermangelung fundierter Kenntnisse sind umso mehr Legenden entstanden, die sich zum Teil auf von Zeitgenossen überlieferte Anekdoten zurückführen lassen. So übernahm John Aubrey[11] (1626–1697) in seinen über Shakespeare erhalten gebliebenen Notizen die von William Beeston (1606?–1682) überlieferte Bezeugung, dass Shakspere, wenn aufgefordert, zu schreiben, in Not geriet:

> »He was not a company keeper; lived in Shoreditch; wouldn't be debauched, and (...) if invited to writ he was in pain (...).« (Diese Notiz wurde erstmalig 1823 veröffentlicht!)

Es ist schwierig, über den Wahrheitsgehalt dieser Anekdote zu urteilen. Entgegen der weitverbreiteten Meinung, dass Shakspere eine prominente öffent-

---

[10] Ernst A. J. Honigmann: The Lost Years, Manchester/New York 1998 5.
[11] Andrew Clark (Hg.): »Brief lives«, chiefly of contemporaries, set down by John Aubrey, between the years 1669 & 1696; London/Edinburgh/New York 1898, S. 97; Onlineversion: http://www.archive.org/stream/cu31924088005628#page/n119/mode/2up/search/Shoreditch, aufgerufen am 19.1.2011.

liche Figur des Londoner Zeitgeschehens gewesen sei, gibt es keinerlei zeitgenössische Quellen, aus denen dies hervorgeht. Er zeigte oder exponierte sich niemals öffentlich, weder als Person noch als Dichter und Schriftsteller, wenn man von den zwei frühen Zueignungstexten eines »Shakespeare« in »Venus und Adonis[12]« (1593) und »Lucrece«[13] (1594) an Henry Wriothesly absieht.

Es liegen auch keinerlei Quellen vor, die belegen, dass die Regenten Elisabeth I. oder Jakob I. Shakspere je begegnet wären, mit ihm gesprochen oder seinen Namen geschrieben hätten, obwohl verschiedene Stücke von Shakespeare nachweislich am Hof aufgeführt wurden (zum Beispiel »Mitsommernachtstraum«, »Was ihr wollt«, »Maß für Maß«, »Kaufmann von Venedig«).

Sogar nachdem eines seiner Stücke als Teil der »Essex Rebellion« aufgeführt wurde (»Richard II.«), wurde Shakspere nicht erwähnt. Auffällig und einmalig unter den zeitgenössischen Dichtern ist es, dass Shakespeare nach dem Tod von Elisabeth I. (1603) stumm blieb. Während der frühen Regentschaft von Jakob I. lassen einige Quellen den Aufenthalt von Shakspere in Stratford erkennen, während zur gleichen Zeit die Stücke Shakespeares am Hof gespielt wurden. Es bleibt die Frage, warum der angeblich führende Dramatiker und Schauspieler Shakspere nicht Teil dieser Ereignisse war?

Venus und Adonis

Das Werk »Venus und Adonis« (am 18. April 1593 anonym, also ohne Autorname bei der Druckergilde eingereicht) erschien im September 1593 wenige Wochen nach Marlowes »vermeintlichem« Tod als William Shakespeares sogenanntes Opus 1[13] (»*first heir of my invention*«). In der Zueignung weist sich der Autor erstmals als »William Shakespeare« aus. Bis zu diesem Zeitpunkt existiert keine Quelle in London, die Shakespeare jemals in irgendeiner Form, geschweige denn als Dichter oder Schauspieler hat erkennen lassen. Es ist – bei Berücksichtigung aller biografischer Quellen – kaum akzeptabel, dass Shakspere ohne entsprechend nachgewiesene Vorbildung relativ spät, in seinem 30. Lebensjahr, eine der höchststehenden literarischen Dichtungen, »Venus und Adonis«, aus dem absoluten Nichts heraus geschaffen haben könnte.

»Venus und Adonis« wurde 1593 von dem Jahre zuvor aus Stratford nach London gezogenen Richard Field in London gedruckt. Er hatte bereits William Cecils »The Copy of a Letter sent out of England to Don Bernadin Men-

---

[12] William Shakespeare: Venus y Adonis, New York 1912, S.4; Onlineversion: http://www.archive.org/stream/venusyadonis00shakgoog#page/n58/mode/2up, aufgerufen am 19.1.2011.

[13] William Shakespeare: Lucrece, London 1594, S. 59; Onlineversion: http://www.archive.org/stream/lucrece00leeuoft#page/n63/mode/2up, aufgerufen am 19.1.2011.

doza« im sogenannten Armada-Jahr 1588 veröffentlicht. Zwischen dem Drukker Richard Field und William Cecil müssen engere Verbindungen bestanden haben. Dies geht bereits daraus hervor, dass Richard Field in »The Arte of English Poesie« im Jahr 1589 William Cecil eine Zueignung[14] schrieb. Dass der vermeintliche Autor dieses Buches, ein gewisser George Puttenham, nicht der reale Autor gewesen sein dürfte – ähnlich wie übrigens später »John Bodenham«, (s. S. 573), Gervase Markham (s. S. 603), John Clapham (s. S. 230 f.) und viele andere – wurde von Walter Begley[15] 1905 mit plausibler Argumentation analysiert. Er schrieb als Resümee:

> »To sum up the case for the Puttenhams It seems as if George could not possibly be be responsible for ›The Arte of English Poesie‹ (...) I therefore suggest Bacon as a working hypothesis, <u>until the veritable author be clearly discovered</u>.«

(Daran, dass der »veritable Autor« Christopher Marlowe sein könnte, konnte bis heute nicht gedacht werden.)
Von Bedeutung dürfte auch sein, dass Richard Field acht Werke für Edward Blount druckte, der engere Verbindungen zu Marlowe hatte (s. S. 313 f.).

Im April/Mai 1593, auf dem Zenit seines Erfolges, geriet Christopher Marlowe in akute Lebensgefahr. Er war wegen Blasphemie, Häresie und Hochverrat (Einzelheiten s. S. 140 ff.) angeklagt, aber noch auf freiem Fuß, und hatte sich täglich vor dem Kronrat zu melden (ab 18. Mai 1593). Tage später gelangten noch massivere Anklagen (unter anderem von Richard Baines) gegen Marlowe auf den Tisch von William Cecil, und nur drei Tage später war Marlowe endgültig und dauerhaft von der Bildfläche verschwunden und Gerüchten nach in einem Wirtshaus erstochen worden. Dieses extrem enge zeitliche Aufeinanderfolgen brisanter Ereignisse ist von den Experten erstaunlicherweise die längste Zeit als reine Koinzidenz bezeichnet worden. Diese Abfolge ist theoretisch möglich, aber in höchstem Maße unwahrscheinlich.

Wie in Kapitel 5 eingehender ausgeführt, erscheint es ungleich plausibler, dass der bereits seit mehr als einem Jahrzehnt als Genie anerkannte Christopher Marlowe wegen der ausweglosen, lebensgefährlichen Situation, in der er sich befand (s. S. 145 f.), nur mit neuer Identität und unter Pseudonym als Autor weiter existieren konnte. Falls er – wie bereits sein Dichterfreund Tho-

---

[14] Edward Arber u. a. (Hg.): The Arte of English Poesie, London 1869; Onlineversion: http://www.archive.org/stream/arteenglishpoeso00unkngoog#page/n23/mode/1up, zuletzt aufgerufen am 19.1.2011.
[15] Walter Begley (Hg.): Bacon's nova resuscitatio; or, The unveiling of his concealed works and travels, London 1905; Onlineversion: http://www.archive.org/stream/baconsnovaresusc01begl#page/108/mode/2up, zuletzt aufgerufen am 18.9.2010.

mas Kyd – auf der Streckbank gelandet wäre, wäre nicht kalkulierbar gewesen, was er erzwungenermaßen über seine politisch einflussreichsten Gönner William Cecil und seinen Sohn Robert Cecil, Thomas Walsingham, Robert Devereux und andere ausgesagt hätte.

Das Risiko musste unter allen Umständen vermieden werden. Nach Marlowes Vorladung und Belassung noch auf freiem Fuß gab es einen äußerst engen Zeitrahmen, in dem Marlowe vor dem Galgen gerettet werden konnte. In der Woche, die der Vorladung Marlowes vor dem »Kronrat« (Privy Council) am 20. Mai 1593 folgte, tagte der Privy Council drei Mal (am 23., 25. und 29. Mai 1593). Nur Tage danach war Marlowe »beurkundet und amtlich« tot; die Beurkundung wurde allerdings erst 1925, also 332 Jahre später, entdeckt.

Auf die Frage, was Shakspere 1593 nach London geführt haben könnte, erscheint die Antwort, dass er in Zeiten einer ökonomischen Depression auf Arbeitsuche in der Großstadt London gewesen sei, ebenso plausibel wie die Möglichkeit, dass er den ihm aus Stratford bekannten Drucker Richard Field, der mit Shaksperes Vater John bekannt war, als Anlaufstelle aufsuchte. Field schickte sich – wie schon erwähnt – exakt in jener Zeit an, das registrierte Epos »Venus und Adonis« zu drucken, als der zur gleichen Zeit vom Tod bedrohte Marlowe (oder Menschen aus seinem Umfeld) der Person Shakspere aus Stratford, höchstwahrscheinlich zufällig, begegnete. Zwischen Richard Field und William Cecil bestand aufgrund ihrer bereits erwähnten verlegerischen Zusammenarbeit ein Vertrauensverhältnis. Man dürfte mit Shakspere einen »Deal« ausgehandelt haben, der darin bestand, dass er den tödlich bedrohten Dichter Christopher Marlowe nach dessen vorgetäuschtem Tod dauerhaft mit seinem Namen maskierte und für sein Schweigen einschließlich der posthumen Vereinigung beider Namen (Shakspere und Shakespeare) entlohnt wurde. Hierdurch konnte gesichert werden, dass Hintermänner in der »Theaterszene« (zu dieser Zeit wütete die Pest in London und die Theater waren lange geschlossen) nach außen formal eine maskierende Person vorschieben konnten, der die Gedichte oder Theaterstücke eines »neuen« Dichters Shake-speare liefern und der am Ende seines Lebens für den Dichter eine identifizierende Grabstätte zur Verfügung stellen konnte.

Zu später künstlerischer Schaffensbeginn

Die mittlere Lebenserwartung um die Wende vom 16. zum 17. Jahrhundert betrug in den meisten Teilen Europas kaum mehr als 40 Jahre. Dies bedeutet unzweifelhaft, dass die Menschen zur damaligen Zeit ihr Leben anders einteilten (zum Beispiel frühere Heirat, früheres Studium, früherer Eintritt in den Beruf etc.), als dies bei späteren Generationen der Fall war.

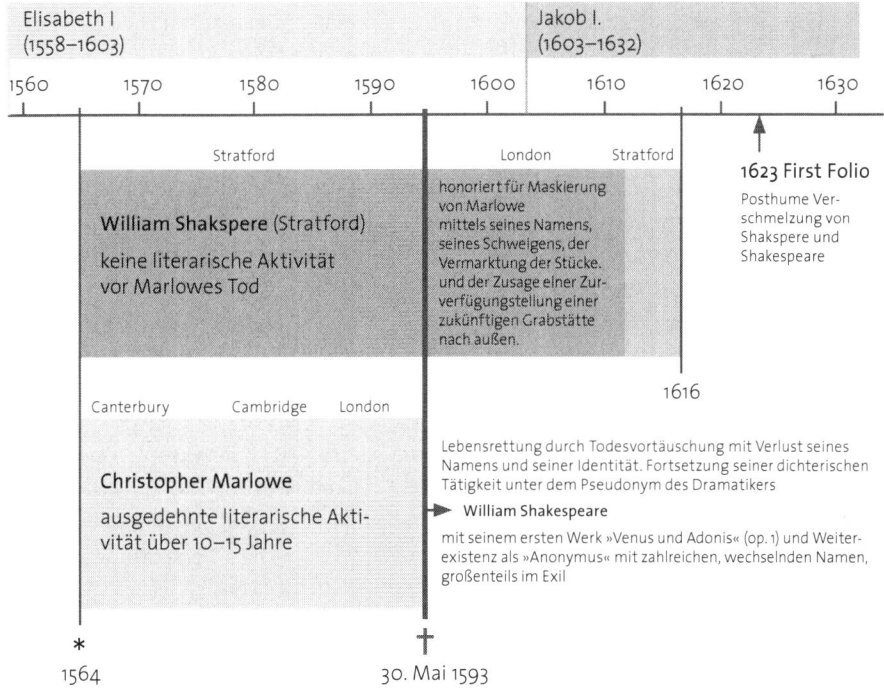

Zeittafel von William Shakspere und Christopher Marlowe (alias Shakespeare)

Bei Betrachtung der obigen Zeitskala sind zwei Beobachtungen in keiner Weise nachvollziehbar und akzeptabel. Zum einen ist es nicht vorstellbar, ja abstrus, dass zwei altersgleiche geniale Dichter, die beide in London lebten, sich in ihrer literarischen Produktivität keinen einzigen Tag überlappt haben, sondern Shakspere Marlowe im Mai/Juni 1593 nahtlos und innerhalb von Wochen ablöste, dass also das eine Genie aufhörte zu existieren, bevor das andere Genie auf den Plan trat.

Zum anderen ist nur theoretisch denkbar, dass Shakespeare, das Genie der Weltliteratur, bis zum Ende seines dritten Lebensjahrzehnts, also in den ersten drei Vierteln (Fünfteln?) seines Lebens literarisch komplett stumm geblieben sein soll und bis dahin keine literarischen Frühwerke und damit verbunden keine erkennbaren literarischen Entwicklungsstufen sichtbar wurden. Es erscheint (aus heutiger Sicht) nicht plausibel, dass eine so überragende Figur wie Shakespeare sich in seinen Entwicklungsjahren (15. bis 30. Lebensjahr) niemals in Wort und Schrift gemeldet haben sollte. Ohne eine entsprechende stetige geistig-psychische Auseinandersetzung (insbesondere als Dramatiker) und Entwicklung ist ein Genie – mit 30 aus dem Nichts kommend – nur theoretisch vorstellbar. Es sei wiederholt: Es ist in hohem Maß unwahrscheinlich, ja unmöglich, dass ein Genius vom Typus Shakespeare in seinen ersten 30 Lebensjahren »literarisch« vollständig stumm geblieben sein soll.

Bis zum Erscheinen von »Venus und Adonis« im September 1593, sind über ihn nicht nur keine literarischen Fakten belegt, sondern es ist auch kein literarisches Werk und kein Drama von ihm veröffentlicht. (Nach »Venus und Adonis«, 1593, und »Lucretia«, 1594, folgten erneut vier Jahre Pause bis zur ersten Veröffentlichung eines Theaterstückes.) Umgekehrt verhält es sich bei Marlowe, der bis zu seinem 30. Lebensjahr bereits ein eindrucksvolles Lebenswerk (s. S. 178 ff.) als Übersetzer, Dichter und Dramatiker geschaffen hatte, wie man es eigentlich für Shakespeare hätte erwarten dürfen und müssen.

Dieser absurde nahtlose Übergang von Marlowe zu Shakespeare ohne jede zeitliche Überlappung steht im Gegensatz zu Robert A. Logans Buch »Shakespeare's Marlowe« 2007, der in extenso »ungewöhnlich mächtige ästhetischen Bindungen« (»*uncommonly powerful aesthetic bonds*«) zwischen beiden Personen erkennt und analysiert und dies in dem Titelbild mit zwei ineinander verschmolzenen Köpfen symbolisiert. Logan steht paradigmatisch für ganze Expertengenerationen, die nicht in der Lage waren, das Paradigma (Shakspere = Shakespeare) zugunsten einer realistischeren Annahme (Shakespeare = Marlowe) zu überprüfen.

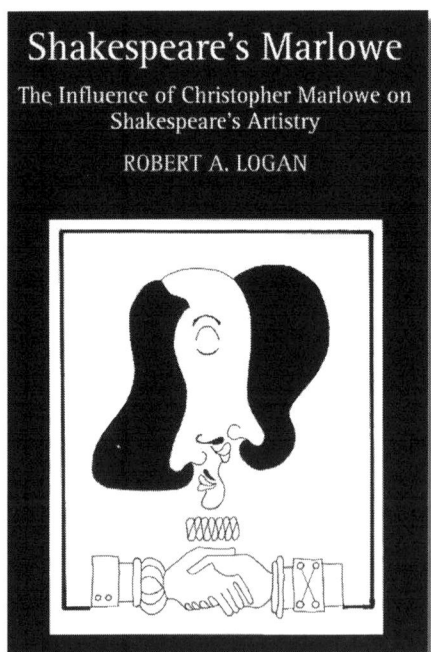

Robert Logans »Shakespeare's Marlowe«, 2007

Die meisten Shakespeare-Biografen gehen davon aus, dass sich Shakspere 1611 endgültig und wohlhabend in das kleine ländliche Stratford zurückzog und in den letzten fünf Jahren seines Lebens nicht mehr erkennbar künstlerisch aktiv war, also kein Theaterstück, kein Gedicht, keinen Brief oder ein anderes Schriftstück verfasste. Es gibt auch keine Quellen, die besagen, dass er jemals in Stratford ein Stück zur Aufführung gebracht oder dass irgendein Bürger Stratfords ihn jemals als Dichter wahrgenommen habe.

Dies würde bedeuten, dass die Kreativität Shakespeares bereits in seinem 48. Lebensjahr zum Erliegen gekommen war. Dies ist bei seiner Persönlichkeit nicht vorstellbar und wäre nur bei Vorliegen einer fortschreitenden Erkrankung denkbar. Das ist jedoch nicht anzunehmen, wenn man den Ausdruck »in perfect health« anlässlich der Abfassung seines Testaments[16], Januar 1616, berücksichtigt. Dieser Ausdruck war keine reine juristische Formel. Kein seriöser Anwalt hätte ihn zur damaligen Zeit verwendet, wenn er nicht der Wahrheit entsprochen hätte. Die Bezeichnung hätte dann zumindest geheißen »*being sick in body, but of whole and perfect memory*«.

Fehlende Quellen über Shaksperes überragende Bildung

Es steht außer Zweifel, dass Shakespeare als Autor eines der gewaltigsten Werkekanons der Weltliteratur ein Mann von überragender Bildung und Intelligenz gewesen sein muss. Wie kein Zweiter war er mit zahlreichen Sachgebieten (s. S. 51 ff.) vertraut und verfügte über ein für seine Zeit enzyklopädisches Wissen.

Seine Werke verraten eine Weisheit und Größe, die bei einer Person ohne lange und exzellente Ausbildung (zum Beispiel an einer Universität) und ohne frühe Kontakte zum höfischen Leben, ohne Reisen ins Ausland und entsprechende Polyglottie nur theoretisch denkbar sind.

Obwohl viele vermuten, dass Shakspere die Stratford Grammar School bis zu seinem 13. Lebensjahr besuchte, liegen hierfür keinerlei direkte oder indirekte Belege vor. Doch selbst wenn er es getan haben sollte und die Lateinschule noch so gut gewesen sein mag, erscheint es auch bei wohlwollender Argumentation praktisch ausgeschlossen, dass er sich in einer mittelenglischen Kleinstadt sein gewaltiges Wissen (über Philosophie, Rechtswesen, klassische Literatur, Geschichte, Zeitgeschichte, Mythologie, Mathematik, Astronomie, Kunst, Musik, Pflanzen, Münzwesen, Militär, Seefahrt, höfische Etikette, höfischen Zeitvertreib wie Falkenjagd, Pferdesport und Tennis, Frankreich, Dänemark, Italien, Kryptografie, Freimaurertum, jüdische Sitten etc.) aneignen konnte.

Obwohl ein Großteil seines Wissens, das in seinen Werken zum Ausdruck kommt, unzweifelhaft der Sphäre der »Oberschicht« entstammt, gibt es nicht eine einzige Quelle, die zeigt, dass sich Shakspere – und wenn auch nur für kurze Zeit – jemals im Umfeld von höfischer Politik und Adel aufgehalten hat.

---

[16] Vgl. J. O. Halliwell-Phillips: Outlines of the Life of Shakespeare, London 1887, S. 391; Onlineversion: http://www.archive.org/stream/outlineslifeshaoounkngoog#page/n395/mode/2up/search/will, aufgerufen am 19.1.2011.

Shakespeares Werke verweisen auf ein Sprachvermögen, das sich aus Büchern in französischer, italienischer, spanischer, lateinischer und griechischer Sprache speiste, die zu Lebzeiten Shaksperes größtenteils noch nicht ins Englische übersetzt waren. Aus den Quellen wird nicht ersichtlich, wie und wo Shakspere seine Kenntnis und seine Vertrautheit mit diesen Sprachen und deren intrinsischen Weisheiten erworben hat, ohne die er seine literarischen Werke nicht geschaffen haben kann. Shakspere, der niemals eine Universität besucht hat, kann all dieses Wissen beim besten Willen nicht in Stratford erworben haben.

Eine gehobene Bildung von Shakspere muss auch deshalb in Zweifel gezogen werden, weil es keine Quellen gibt, die Auskunft darüber geben, dass er Bekanntschaften oder Freundschaften zu »Intellektuellen« pflegte, also Verbindungen unterhielt, die seine gewaltige Ausstrahlung als einen hochgebildeten Menschen erkennen ließen.

Aus den immerhin 50 vorhandenen zeitgenössischen Quellen[17], zum Beispiel über verschiedene beurkundete Erwerbungen Shaksperes, ist nur erkennbar, dass er ein wohlhabender Geschäftsmann war, der möglicherweise lesen und schreiben konnte.

Shaksperes Tochter Judith und seine Eltern John Shakspere und Mary Arden waren Analphabeten und unterschrieben stets mit einem Zeichen. Geht man von ihrer Unterschrift aus, so war auch die ältere Tochter Susanna Hall kaum des Schreibens mächtig. Der englische Militärarzt James Cooke besuchte sie während des englischen Bürgerkriegs 1642 in Stratford. Nachdem sie ihm keinerlei Bücher oder Manuskripte zeigen konnte, die ihrem Vater gehörten, notierte Cooke mit Überraschung und Enttäuschung, dass die Tochter Shaksperes überhaupt nichts über ihren Vater als Dichter wusste. Das einzige schriftliche Material, allerdings ohne jeglichen Bezug zu Shakspere, stammte aus dem Nachlass von Susannas Mann, dem Arzt Dr. John Hall, den sie 1607, zu Lebzeiten ihres Vaters William Shakspere, geheiratet hatte.

Die Vorstellung, dass die Tochter des größten Dichters der Geschichte Analphabetin war, ist für viele heute nicht nachvollziehbar, ja schwer denkbar, auch wenn Experten dies als nicht ungewöhnlich oder erstaunlich darstellen.[18]

Auch die Heirat des 18-jährigen Shakspere mit der acht Jahre älteren, im dritten Monat schwangeren, des Lesens und Schreibens unkundigen Bauerntochter Anne Hathaway ist schwerlich mit den Grundhaltungen und Idealen eines Extrembegabten und Höchstgebildeten beziehungsweise mit geistigen Inhalten seines Versepos »Venus und Adonis« vereinbar (nur aus heutiger

[17] Siehe William Shakspere Documentary Evidence: http://fly.hiwaay.net/~paul/shakspere/evidence1.html, aufgerufen am 19.1.2011.
[18] Vgl. Samuel Schoenbaum: William Shakespeare: A Compact Documentary Life, Oxford 1987.

Sicht?). Im Gegensatz zu Shakspere ist für fast alle englischen Dichter und Dramatiker des 16. Jahrhunderts belegt, dass sie eine Universitätsausbildung erhalten hatten oder Söhne des Landadels waren.

In Oxford studierten unter anderem: John Lyly (1553–1606), Walter Raleigh (1554–1618), George Peele (1558–1596), George Chapman (1559–1634), Samuel Daniel (1562–1619), John Marston (1576–1634), John Ford (1586–1639), Philip Maßinger (1583–1640), Thomas Middleton, Thomas Watson (1557?–1592), George Wither (1588–1667) und andere.

In Cambridge studierten unter anderem: Francis Beaumont (1584–1616), Stephen Gosson (1554–1624), Robert Greene (1558–1592), Christopher Marlowe (1564–1593?), Thomas Nashe (1567–1600?), John Heywood (1497–1580), John Fletcher (1579–1625); Giles Fletcher (1585–1623), Phineas Fletcher (1582–1650), John Day (1574–1640?), Edmund Spenser (1552–1599), Thomas Randolph (1605–1635), Gabriel Harvey (1545–1630) und andere.

Die vorhandenen Quellen, in denen der Kauf- und Geschäftsmann Shakspere zu Lebzeiten in verschiedenen Prozessen und Gerichtsverfahren bezüglich Geldforderungssachen und Immobiliengeschäften sichtbar wird, stehen in auffälligem, nicht überbrückbarem Gegensatz zu den Bildungsidealen und Grundhaltungen des Autors der shakespeareschen Stücke und Gedichte.

Experten haben das Wunder der überragenden Bildung und Persönlichkeit Shakspere seinem genialen Geist zugeschrieben. Im Zeitalter des Geniekults galt eine solche Persönlichkeit als angeboren: Das Genie, ausgestattet mit exzellenten Anlagen, habe es kaum noch nötig, sich Wissen anzueignen. Diese abwegige Ansicht entsprach einem Zeitgeist, der heute als überholt betrachtet wird. Einer der führenden Experten im Bereich Kreativität, Genie und Genialität, Dean Keith Simonton, empfindet es angesichts dessen, was wir über die Herkunft und Ausbildung Shakspere wissen, nicht vorstellbar, dass er die Werke Shakespeares geschrieben hat.[19] Aus den Quellen über Shakspere lässt sich nicht der Ansatz eines in Stratford oder London herangereiften Genies herausdestillieren.

Man muss davon ausgehen, dass die Extrembegabung Shakespeares (Marlowes) – ähnlich wie bei Mozart – früh aufgefallen ist und er als Wunderkind (»prodigy«) galt.

Samuel Blumenfeld geht aufgrund indirekter Hinweise und Quellen so weit zu vermuten, dass Marlowe bereits als Kind für Jahre den jugendlichen Dichter Philip Sidney auf seiner mehrjährigen Europareise als »Page« begleitet haben dürfte. Diese Annahme wird durch Quellen in Kapitel 11 gestützt (s. S. 590).

---

[19] Siehe Dr. Simontons Homepage: http://psychology.ucdavis.edu/simonton/, aufgerufen am 19.1.2011.

Sidney weilte in der englischen Botschaft in Paris, als sich am 24. August 1572 die »Bartholomäusnacht« (vgl. Marlowes Drama »Das Massaker von Paris«) ereignete. Dies würde damit übereinstimmen, dass Marlowe verhältnismäßig spät ein Stipendium der King's School in Canterbury aufnahm und ebenfalls verhältnismäßig spät (mit 17 Jahren) sein Parker-Stipendium der Universität Cambridge antrat.

Länderkunde und Geografie

Obwohl der Autor Shakespeare mit fremden Sprachen und Ländern außerordentlich vertraut gewesen sein muss und Tausende von englischen Wörtern aus lateinischer und griechischer Ableitung her prägte, konnte nie belegt werden, dass Shakspere sich in seinen prägenden Jahren jemals außerhalb des Umfelds zwischen Stratford und London aufgehalten hatte, geschweige denn im Ausland gereist war und die alten Sprachen Latein und Griechisch oder neue Fremdsprachen wie Französisch, Italienisch, Spanisch beherrschte.

Die shakespeareschen Werke müssen ohne jede Frage von einem welterfahrenen, weit gereisten, polyglotten Mann konzipiert worden sein, da viele von ihnen auf spezifische Kenntnisse über verschiedene europäische Regionen (wie zum Beispiel Schottland, Frankreich, Spanien, Italien, Dänemark) schließen lassen. Fast ein Drittel seiner Stücke spielt in Italien! Experten entgegnen stets, dass zahlreiche Stücke von anderen Dramatikern dieser Epoche ebenfalls in entfernte Regionen verlegt wurden und dass Shakespeare oft den Ort nicht erfand, sondern ihn aus Quellen entnahm, die er für die Handlung brauchte.

Sogar jenseits der reinen Urheberschaftsfrage gibt es eine Diskussion über das Ausmaß geografischen Wissens, das Shakespeare gehabt haben muss. So wurde beispielsweise festgestellt, dass in »Der Kaufmann von Venedig« der Begriff »traghetto« für Schiffstransporte und der Name »Gobbo« verwendet wurde, der damals nur in Venedig auftrat. Böhmen mit einer Küstenlinie könnte der Realität entsprochen haben, da während einer kürzeren Zeitspanne das damalige Königreich Böhmen in der Adriatischen Region in der Tat eine Küste besaß.

In »Romeo und Julia« existiert eine St.-Peters-Kirche in Verona, in »Othello« die Skulptur eines Bogenschützen als »The sagittary« (il Sagittario) in Venedig[20], über die man schwerlich ohne Ortskenntnisse hätte schreiben können. Viele sind davon überzeugt, dass nur eigene Reisen zu diesem Wissen geführt haben können. »Stratfordianer« meinen dagegen, dass ein Autor derartige Informationen auch aus Büchern oder aus Konversationen erlangt haben könnte.

---

[20] Eingehende Diskussion des »Sagittary« in: William Shakespeare: Othello (= A new Variorum of Shakespeare, Vol. 6. ed. by Horace Howard Furness), Philadelphia 1886, S. 26.

Beim Lesen von »Der Kaufmann von Venedig« bemerkt man, dass der Autor viel über die Verhältnisse vor Ort, über die Beziehungen zwischen aschkenasischen und sephardischen Juden sowie über die Marranen gewusst haben muss. In »Liebes Leid und Lust« (Akt 4, Szene 2) ruft Holofernes aus:

>*»Venetia, Venetia, chi non ti vede, non ti pretia!«*
>(»Venedig, Venedig, wer dich nicht gesehen hat, der schätzt dich nicht!«)

Dieser Ausspruch besagt unumwunden, dass Shakespeare Venedig gesehen hat und Italienisch beherrschte. Beides trifft für Shakspere nicht zu.

Rechtswissenschaft und Medizin

Shakespeares Stücke und Gedichte weisen auf ein extensives und detailliertes Wissen im Bereich der Rechtswissenschaft[21] und Medizin[22] hin. Shakespeare bedient sich so häufig juristischer Metaphern, dass manche Experten sich in ihrer Erklärungsnot die Überzeugung zu eigen machten, dass Shakspere in seinen »Londoner Jahren« als Anwaltsgehilfe gearbeitet haben müsse. Hierfür gibt es keine Belege. Das Buch »Shakespeare's Legal Language: A Dictionary« von B. J. Sokal und Mary Sokal[23] füllt über 400 Seiten mit einer detaillierten Diskussion von Shakespeares juristischen Termini und Konzepten. Es seien einige wenige Begriffe erwähnt:[24]

> *»Double Vouchers, Fee, Entail, Aedificium, Credit sole, Reversion, Enfeoffed, Fine and Recovery, In capite, Deed of Gift, Conveyance, Mortgage and Lease, Succession, Uses and Trusts, Convenants, Tripartite Identures, Recognizances, Forfeiture, Statutes, Bonds, Absque hoc, Acquittance, Jointure, Indictment, Arraignment, Accessory, Bail, To Enlarge, The Form of Oath etc.«*

Shakespeare benutzt mehr als 600 juristische Fachausdrücke, davon allein 70 bis 80 in den Sonetten. Er muss mit den Sitten und Gebräuchen der Mitglieder der Gerichtshöfe in London (Court of Innes) außerordentlich vertraut

---

[21] Vgl. George Greenwood: Shakespeare's Law, London 1920; Onlineversion: http://www.archive.org/stream/shakespeareslaw00greeuoft#page/n5/mode/2up, aufgerufen am 19.1.2011.
[22] Hier nicht dargestellt. Für Interessierte siehe: J. Portman Chesney: Shakespeare as a Physician, Chicago/St. Louis/Atlanta 1884; Onlineversion: http://www.archive.org/stream/shakespeareasphy00ochs#page/n7/mode/2up, aufgerufen am 19.1.2011.
[23] B. J. und Mary Sokal: Shakespeare's Legal Language: A Dictionary, London 2000.
[24] Vgl. James Phinney Baxter: The greatest of literary problems, the authorship of the Shakespeare works; an exposition of all the points at issue, Boston/New York 1915; Onlineversion: http://www.archive.org/stream/greatestoflitera00ba#page/22/mode/2up/search/jointure, aufgerufen am 19.1.2011.

gewesen sein. George Greenwood, Shakespeare-Forscher und Rechtsanwalt, formulierte, dass es ungleich plausibler sei, eine andere unbekannte Person in Shake(-)speare zu vermuten als William Shakspere aus Stratford, der dieses extensive Wissen nicht in Stratford erworben haben könne. Kapitel 11 kann zeigen, dass zahlreiche und signifikante Verbindungen zwischen Marlowe und den Londener Gerichtshöfen (Court of Innes) bestanden.

Fremdsprachen

In »Heinrich V.« kommen lange Passagen mit rein französischen Texten vor. Auf die Bemerkung des Königs *»Then I will kisse your Lippes, Kate«*, antwortet Katherine: *»Les Dames & Damoisels pour ester baiser devant leur nopcese il net pas le costume en Fraunce.«* Da der König Katherines Worte nicht versteht, bittet er ihre Dame um Übersetzung. Diese antwortet verwirrt: *»I cannot tell wat is buisse en Anglish«*, wobei der König die Situation dadurch entkrampft, dass er »buisse« als küssen versteht.

Der Autor Shakespeare muss über ein großes Wissen der französischen Sprache verfügt haben, das Shakspere nicht gehabt hat. Völlig anders sieht dies bei Christopher Marlowe aus, der früh im Auftrag der Krone nach Frankreich (zum Beispiel 1586 nach Reims) entsandt worden war.

Seefahrt

Shakespeares erstaunliches Wissen über große Details der Seefahrt und Nautik ist mindestens seit der Veröffentlichung von »Shakspeare's sea terms explained« von W. B. Whall im Jahr 1910[25] genauer bekannt. Nach Whall beziehungsweise auch nach Alexander Falconer[26] (1964) können viele Sätze, Redewendungen und Passagen in Shakespeares Stücken nur von jemandem geschrieben worden sein, der sich häufig an Bord von Schiffen aufgehalten hat.

Wenn in »Die lustigen Weiber von Windsor« (Akt 2, Szene 2) Pistol Worte spricht wie *»fights«* (ein Ausdruck für seitliche Abhängungen am Schiff, um Kämpfer vor dem Feind zu verdecken und zu schützen), *»give fire«* (ein exakter Seebefehl), *»prize«* (eroberte Kriegsbeute auf See), *»to whelme«* (vollständig mit Wasser bedecken), so zeugt das nach Meinung von Fachleuten von einer profunden Kenntnis der Seefahrt.

Der Experte Falconer ist sich darüber so sicher, dass er formulierte, dass Shakspere vor 1590 länger bei der Royal Navy gedient haben müsse. Von

---

[25] W. B. Whall: Shakspeare's sea terms explained, London u. a. 1910.
[26] Alexander Frederick Falconer: Shakespeare and the Sea, London 1964.

Shakspere ist nicht bekannt, dass er jemals den ländlichen Bereich zwischen Stratford und London verlassen und auch nur für eine einzige Reise ein Schiff bestiegen hat.

Shaksperes Testament[27]

Der Eintrag von Shaksperes Tod im Kirchenregister in Stratford kennzeichnet ihn nicht als einen Dichter, Dramatiker oder Schauspieler, nicht als einen Master of Art, sondern als einen »Gent« (»*gentlemen*«). Allein die Problematik hinsichtlich des Testaments Shaksperes dürfte genügen, die jahrhundertelange Urheberschaftsdebatte nicht nur am Leben zu erhalten, sondern stets von Neuem zu entfachen. Auch unter Berücksichtigung der anders gelagerten Situation im England des ausgehenden Mittelalters und der heute stärker auf das Individuum fokussierten Sichtweise des Menschen ist die überragende Künstlerpersönlichkeit William Shakespeares inhaltlich in diesem Testament nicht nur nicht erkennbar, sondern das Testament würde das Werk Shakespeares, nähme man an, er sei identisch mit der Person aus Stratford, verhöhnen und verspotten.

Man kann nur mit Fassungslosigkeit feststellen, dass das gesamte Testament Shaksperes in Hinblick auf Wertmaßstäbe, Ethik, Moral, Erfahrungshorizont und Persönlichkeit des Werkeverfassers Shakespeare eine geradezu monströse Abstrusität einer Kleinkrämerseele darstellt. Man vergleiche dies mit Bacons Testament.[28]

Es erstaunt deshalb nicht nur in höchstem Maß, wie sich die Experten mit diesem Faktum »anstandslos« abgefunden zu haben scheinen, sondern auch, dass sie bei dieser Sachlage davon ausgehen können, dass die Urheberschaftsdebatte zu einem Ende kommen könnte …

Shakspere machte zwei Testamente, ein erstes im Januar 1616, ein zweites modifiziertes und endgültiges zwei Monate später, am 25. März 1616, das er auf den drei Seiten jeweils am unteren Ende signierte. Einen Monat später, am 24. April 1616, starb er. Am 25. März 1616 war nur die erste Seite des ersten Testaments neu geschrieben worden. Für die zwei anderen Seiten des endgültigen Testaments wurden die zwei ursprünglichen Seiten des Testaments vom Januar 1616 verwendet und Streichungen und Einfügungen zwischen den Zeilen vorgenommen (Details siehe unten).

---

[27] Vollständiger englischer Text des Testaments siehe: http://fly.hiwaay.net/~paul/shakspere/shakwill.html, aufgerufen am 19.1.2011.

[28] The Works of Francis Bacon in ten Volumes, Vol. VI, London 1819, S. 411; Onlineversion: http://www.archive.org/stream/worksfrancisbac15bacogoog#page/n442/mode/2up, aufgerufen am 19.1.2011.

Letzte Seite von Shakespeares dreiseitigem Testament mit der eigenhändigen Unterschrift »William Shakspere« (Pfeil)

Ausschnitt aus dem Testament (Nachträgliche Einfügung für Hemings, Burbage und Condell)

Die erste Fassung des Testaments enthielt nicht eine einzige Stelle, die auf Shakspere als einen Schauspieler oder Anteilseigner an einem Schauspielerensemble schließen ließ. Im leicht revidierten endgültigen Testament wurde dies auffälligerweise wie ein nachträglich als notwendig erkannter Regieeinfall insofern korrigiert, als auf Seite zwei zwischen den Zeilen der Satz eingefügt wurde: »Weiter gebe und vermache ich meinen ›fellows‹, John Hemings, Richard Burbage und Henry Condell je 36 Shilling und 8 Pence, um sich einen Ring zu kaufen.«

In dem Testament werden neben exakt spezifizierten Geldsummen zwar akribisch alle Besitztümer eines im Leben erfolgreichen Bürgers aufgelistet (wie Ländereien, Wohnhäuser, Obstplantagen, Gärten, Bekleidung, Möbel, Schmuck, ein Schwert, eine vergoldete Bowle, das »zweitbeste Bett« für seine Frau etc.), von einem literarischen Vermächtnis, von Büchern, einer Bibliothek, von persönlichen Papieren, von Korrespondenzen, von veröffentlichten beziehungsweise unveröffentlichten Manuskripten und Entwürfen, Musikinstrumenten etc. ist an keiner Stelle die Rede. Zum Zeitpunkt von Shakspeares Tod war die Mehrzahl der 36 Theaterstücke Shakespeares noch nicht veröffentlicht. Es findet sich keinerlei Direktive hinsichtlich weiterer Verfahrensweisen mit diesen Stücken oder mit Kopien der Versepen und Sonette.

Das Testament muss als ungewöhnlich betrachtet werden, da normalerweise in Testamenten der Terminus »fellowes« nur für Erbnehmer von Umlaufvermögen (zum Beispiel Einnahmebeteiligungen) verwendet wurde, was hier nicht der Fall war. Der nachträglich eingefügte Hinweis auf Heminges, Burbage und Condell kann als »post festum«-Einschub gewertet werden, da er nichts über Anteile am Globe oder Blackfriars Theatre enthielt und Shakspeares Erben keinerlei Entgelte oder Zahlungen in Aussicht gestellt wurden. Zwei der drei mit Geld zum Kauf von Ringen bedachten »fellows«, Heminges und Condell, Mitglieder der Theatergruppen Chamberlain's und King's Men, schrieben in der Folge bei der Herausgabe der »First Folio« (1623) neben Ben Jonson einen Zueignungstext an die Brüder Herbert und einen vorwortähnlichen Text, in dem sie über die Entstehung des Gesamtwerks berichteten.

Ein gewisser John Ward[29] trat in dem gleichen Jahr, in dem Shakspeares Tochter Judith starb (1622), seine Pastorenstelle in Stratford an. Sein erhalten gebliebenes Notizbuch kann als eines der frühesten zeitgenössischen Do-

---

[29] Vgl. Robert Detobel: Wie aus William Shaxper William Shakespeare wurde, Buchholz in der Nordheide 2005.

kumente mit lokalen Informationen gewertet werden. Ein Tagebucheintrag aus dem Jahr 1663 lässt Schlüsse auf Shaksperes Tod und seinen angeblichen Wohlstand zu. Der Eintrag lautet:

> »I have heard yt Mr. Shakspeare was a natural wit, without any art at all; hee frequented ye plays all his younger time, but in his elder days lived at Stratford: and supplied ye stage with two plays every year, and for yt had an allowance so large, yt hee spent att the rate of 1,000li a-year, as I have heard.
> (...) Shakespeare, Drayton, and Ben Jonson, had a merie meeting, and itt seems drank too hard, for Shakespear died of a feavour there contracted.«

Es gibt keinen wirklichen Grund, diese historische Quelle als eine zeitgenössische Information abzulehnen. Der letzte Satz legt nahe, dass das nachträglich noch geänderte Testament ebenso die Handschrift Ben Jonsons trägt wie später die »First Folio« und das Grabmonument. Kurt Kreiler stellte sogar die Vermutung an, dass Jonson und Drayton bei dem dargestellten »Saufgelage« mit Shakspere zu einem beschleunigten Ableben Shaksperes durch Alkohol nachgeholfen haben könnten. Jonson muss in jedem Fall anlässlich der Abfassung des Testaments mit dem Einschub der Vermachung von Ringen an Heminges und Condell in Stratford gewesen sein (s. S. 55). Auch John Wards Kennzeichnung Shaksperes (»*without any art at all*«) erinnert ungemein an Ben Jonsons Kennzeichnung von Shakspere 1618 anlässlich seines Besuchs bei Drummond in Schottland (»*Shakspere wanted* [lacked] *arte*« s. S. 126).

Es wurde bisher völlig unzureichend erklärt, warum Shakspere in seinem Testament mit keinem Wort den Wunsch zum Ausdruck brachte, dass seine Familie von seinen mehrheitlich unveröffentlichten Werken finanziell profitieren sollte, und warum er selbst nicht den Ansatz eines »höheren« Vermächtnisses an die Nachwelt hinterließ. Dies ist bei Kenntnis von Shakespeares »ethischen« Grundhaltungen und aufgrund des Inhaltes seiner Sonette nicht akzeptabel.

Eine Argumentation ist bis heute absolut unsinnig: Es seien deshalb keine literarischen Spuren in Shaksperes Testament zu finden, weil er alle seine Manuskripte seiner Theatergruppe, den King's Men, überlassen hätte. Zu jener Zeit war es üblich, dass die einer Theatergruppe zugedachten Stücke im Besitz des Autors und der Gruppe waren.

Letztlich bleibt auch völlig unverständlich, warum Shakspere weder Ben Jonson erwähnt, der sein Freund gewesen sein soll und der für seinen Nachruhm sorgte, noch seinen »vermeintlichen« Patron Henry Wriothesley, Earl of Southampton, der selbst keinerlei Notiz von Shaksperes Tod genommen hat.

Es muss nicht nur einem Menschen der heutigen Zeit suspekt erscheinen, wenn ein Dichter vom Format eines William Shakespeare sein Testament mit dem Namen »Shakspere« unterschreibt, während auf den gedruckten Werken (zu Lebzeiten und posthum) sein Name einheitlich mit »Shake« erschien. Der sprachgewaltige Shakespeare dürfte sich angesichts seines Todes bewusst gewesen sein, was er unter welchem Namen der Nachwelt überlassen wollte. Warum nicht William Shakspere?

Es erscheint unter Berücksichtigung von Shakespeares Persönlichkeitsprofil undenkbar, dass dieses Testament den Autor der Sonette widerspiegelt.

Keine Hinweise auf Beziehung zu Hof und Adel

Es finden sich, anders als bei Zeitgenossen wie zum Beispiel Ben Jonson, keine Quellen über engere Beziehungen zwischen Shakspere und inneren Zirkeln des Königshofs oder Adels. Aufgrund der Zueignungen an Adelige (zum Beispiel an Henry Wriothesley, Earl of Southampton) beziehungsweise von Einblicken in die Welt des Adels und der Aristokratie in Shakespeares Werken wäre das zu vermuten gewesen. Es finden sich auch keine Quellen, die auf Verbindungen zu einflussreichen, staatstragenden und politischen Persönlichkeiten hinweisen.

Es erscheint auch bei bestmöglicher Argumentation unakzeptabel, dass Shakspere sein detailliertes Wissen über höfisches Leben erworben haben könnte, ohne nicht länger in den entsprechenden Kreisen verkehrt zu haben. Es gibt keine Quelle, die erkennen lässt, dass sich Shakspere je im Bereich der »Oberschicht« aufgehalten hat – nicht einmal für kürzeste Zeit.

Die Zueignungstexte der ersten, unter dem Namen Shakespeare gedruckten Dichtungen »Venus und Adonis« und »Lucretia« (»To The Right Honorable Henry Wriothesley, Earl of Southampton) lassen annehmen, dass der Autor direkt oder indirekt mit dem Earl beziehungsweise seiner Familie (hierzu gehörte William Cecil!) verbunden war. Obwohl Wissenschaftler und Literaten in England buchstäblich jeden Zettel und jedes Buch umgedreht haben, um Verbindungen zwischen Southampton und dem Mann aus Stratford herzustellen, haben sich keine finden lassen. Eine Verbindung von Marlowe zu Henry Wriothesley lässt sich unmittelbar herstellen. Marlowes enges Verhältnis zu William und Robert Cecil ist ebenso belegbar wie Henry Wriothesleys, Edward de Veres und Philip Sidneys enge Verbindung zu William Cecil (Details s. S. 180).

Es steht außer Frage, dass der Dichter und Dramatiker Shakespeare die Innenwelt der englischen Adelsgesellschaft im Allgemeinen und die des Hofes von Elisabeth I. und anschließend von Jakob I. im Besonderen gekannt haben muss. Wenn »Shakspere« Hof und Adel gekannt hat, müssen auch Hof und Adel ihn gekannt oder von ihm gewusst haben, doch dafür gibt es keine Belege. Man kann daraus nur schließen, dass die damals herrschende Oberschicht den Dramatiker und Dichter unter einem anderen Namen gekannt beziehungsweise mit einer anderen Person identifiziert hat oder eine andere außergewöhnliche Situation vorgelegen hat. Hierfür wurde Kapitel 4 hinzugefügt mit der Darstellung jenes kaum beachteten zeitgenössischen Wissens um die aussergewöhnliche Situation des Dichters (zum Beispiel John Davies of Hereford s. S. 103 ff).

Es sei wiederholt: Die Vertrautheit des Dramatikers Shakespeare mit dem Leben, den Gewohnheiten und Sitten am Hof, mit den Gepflogenheiten des Adels ist nicht vereinbar mit dem Hintergrund von Shakspers Leben in Stratford und London und den Quellen, die wir über sein Leben besitzen.

Der Dramatiker William Shakespeare muss Beziehungen verschiedenster Art zu den Stanleys, den Cecils, den Herberts, den Walsinghams und anderen unterhalten haben. Im Rahmen seines kometenhaften Aufstiegs muss er sich ohne jeden Zweifel im Umfeld des sogenanten »Derby-Southampton-Oxford-Kreises«[30] aufgehalten haben. In diesem Kreis stieg der Dramatiker empor, zuerst bei den Lord Strange's Men, danach in Lord Chamberlains Theatergesellschaft. In frühen Stücken wie »Verlorene Liebesmüh« und »Mitsommernachtstraum« – Letzteres wurde wahrscheinlich anlässlich der Vermählung des 6th Earl of Derby mit der Tochter Edward de Veres geschrieben beziehungsweise aufgeführt – sind aristokratische Verbindungen unverkennbar.

Es erstaunt deshalb in höchstem Maß, dass über Verbindungen und Beziehungen Shakspers zu dieser Welt nie etwas bekannt geworden ist. Hierfür muss es eindeutig tiefere Gründe geben. Bei Annahme, dass Marlowe unter seinem eigentlichen Namen nicht mehr existieren konnte, sondern nur noch unter Pseudonym und Tarnnamen, wird die ungewöhnliche Situation sofort verständlich! Das Gleiche gilt auch für Folgendes: Es ist höchst ungewöhnlich, dass Shakspeare anlässlich des Tods von Königin Elisabeth I. (1603) keine Zeile, keine Elegie, kein Epigramm schrieb beziehungsweise hinterließ. Dieser Umstand bedarf einer Erklärung. Warum führte er offenbar ein solch einsiedlerhaftes Leben, verglichen mit gleichrangigen Personen des damaligen literarischen und Theaterlebens?

Shakspere hinterließ als der größte Dichter seiner Zeit nicht einmal minimale Spuren, die auf eine Bekanntschaft mit einem adeligen Schutzpatron

---

[30] Diary of the Rev. John Ward, Vicar of Stratford-upon-Avon, London 1839; Onlineversion: http://www.archive.org/stream/diaryrevjohnwar01sevegoog#page/n8/mode/2up, aufgerufen am 19.1.2011.

oder einem Förderer oder Mäzen am Hofe etc. schließen ließen. Bei vielen zeitgenössischen Dichtern und Schriftstellern gibt es diese Verbindungen nachweislich.

Shaksperes Tod, ein »Nicht-Ereignis«

Während der Regentschaft von Elisabeth I. war es üblich, Elegien oder Lobreden anlässlich des Todes berühmter Personen zu schreiben. Als William Shakspere am 23. April 1616 in Stratford starb, folgten keine Nachrufe, Briefe, Lobpreisungen, Nekrologe, wie sie bei der Größe des Dichters hätten angenommen werden können und wie sie zum Beispiel auch bei Ben Jonson, Edmund Spenser, Anthony Munday, Thomas Heywood, Robert Greene, Thomas Watson, Christopher Marlowe, Francis Beaumont und anderen erfolgten.

Experten argumentieren wie stets, dass es genügend Beispiele von anderen zeitgenössischen Dichtern gebe, nach deren Tod ebenfalls keine Nachrufe entstanden oder erhalten seien (sogenannte Negativbeispiele). Warum aber gehört der angeblich alle überragende »Autor« Shakspere, der mit Abstand mächtigste aller Dichter, stets zu den Negativ- und niemals zu den Positivbeispielen?

Keiner der zahlreichen zeitgenössischen Dichter und Dramatiker hinterließ 1616 über Shakspere eine Zeile, die sein Dahinscheiden beklagt oder sein literarisches Talent pries. Sein Tod war praktisch ein »Nicht-Ereignis«. Sogar der öffentlich verfemte Marlowe wurde nach seiner »vermeintlichen« Ermordung (1593) von zahlreichen Dichterkollegen erwähnt, gelobt und getadelt. Nur über Shakspere verlor man kein Wort. Das bedarf einer rationalen Erklärung. Mit einigem Recht kann gefolgert werden, dass die Welt sich keines Verlusts bewusst war, als Shakspere starb, weil sie ihn nicht mit dem Dichter der shakespeareschen Werke gleichsetzte.

Warum hat Ben Jonson keinerlei Notiz von Shaksperes Tod genommen, sondern erst posthum, sieben Jahre später, unter dem besonderen Auftrag eines Konsortiums, die Erstausgabe der »First Folio« »herausgeberisch« zu begleiten? Und warum sind über Jonsons eigenen Tod (1637) mehr als 50 Bezugnahmen überliefert? Das völlige, nicht nur literarische Schweigen, das Shakspere bei seinem Tod umgab, kontrastiert auffallend zu den Grabreden und Lobsprüchen anlässlich des Tods von Jonson. Bei Jonson gab es einen lautstarken Chor von literarischen Lobreden. Innerhalb von sechs Monaten erschienen gesammelte Gedichte in Latein und Englisch über ihn und er wurde mit großer Zeremonie in Westminster Abbey beerdigt, ähnlich wie Beaumont oder Spenser, Fletcher, Maßinger oder Chapman, die bei ihrem

Tod mit vielen Versen bedacht wurden. Auch als Francis Bacon 1626 starb, zehn Jahre nach Shakspere, wurden 32 Nachrufe über ihn gedruckt.

In den Annalen für das Jahr 1616 des zeitgenössischen englischen Historikers William Camden[31] (1551–1623) fehlt jegliche Erwähnung des Todes von Shakspere aus Stratford. Daraus muss gefolgert werden, dass Camden nicht auf die Idee gekommen war, dass der Autor Shakespeare und der Mann aus Stratford die gleiche Person waren. William Camden war über Personen und Geschehnisse seiner Zeit präzise informiert. Er bezieht sich in seiner historischen Dokumentation »Britannia«[32] (1610) mehrfach auf Stratford-on-Avon, aber nie auf Shakspere oder Shaksper. Dass er von Shakespeares Stücken wusste, ist gesichert, da er sie lobend beschrieben hatte. Die Stücke oder den Autor hat er aber in keiner Weise je mit Stratford in Zusammenhang gebracht. In der Liste der »Stratford Worthies« von 1605 nennt Camden den Mann aus Stratford nicht, obwohl er ihn zuvor im Rahmen der Bewerbung um ein Familienwappen erwähnt hatte.

Der Verfasser des in Versform gehaltenen Nachrufs auf Shake-speare in der »First Folio«, J. M. (hier wird James Mabbe, ein Freund von Leonard Digges, oder John Marston vermutet), wundert sich auffälligerweise nicht nur über Shake-speares »frühen« Tod (»*We wondred that thou went'st so soone*«), sondern er formuliert auch explizit, dass er ihn tot geglaubt hatte (»*we thought thee dead*«).

Diese vordergründigen Feststellungen sind bemerkenswert und müssen eine hintergründige spezifische Bedeutung haben: Unter Berücksichtigung des damaligen durchschnittlichen Lebensalters kann von einem frühen Tod Shakespeares (er verstarb im 53. Lebensjahr) nicht die Rede sein. Meinte J. M. einen anderen, vermeintlich früh verstorbenen Dichter (Marlowe)?

Es ist auch nicht verständlich, wie man anlässlich eines Nachrufs schreiben kann, dass man die Person tot glaubte. Dies kann nur mit den unvermeidlichen Schwächen, das heißt den »undichten Stellen« des Komplotts erklärt werden. Experten haben sich um die notwendige Auflösung solch frappanter Widersprüche nie ernsthaft bemüht, zum Beispiel durch die versuchsweise Entwicklung anderer Hypothesen.

Auch die Anspielung von Hugh Holland in der »First Folio« auf einen so frühen »Weggang« (»*his line of life went soone about*«) ist bis heute auf eine andere Weise nicht hinreichend erklärbar. Logisch wird sie nur, wenn auf den

---

[31] The Philological Museum: William Camden, Annales Rerum Gestarum Angliae et Hiberniae Regnante Elizabetha (1615 and 1625); Onlineversion: http://www.philological.bham.ac.uk/camden/, aufgerufen am 19.1.2011.

[32] The Philological Museum: William Camden, Britannia (1607): http://www.philological.bham.ac.uk/cambrit/, aufgerufen am 19.1.2011.

»vermeintlich« früh ums Leben gekommenen Marlowe angespielt wird. Zugleich fällt auf, dass Hugh Holland den Begriff »Thespian Spring« (»*Dry'd is the Thespian Spring*«, Thespis ist der erste große griechische Tragödiendichter) aufgreift, den bereits Michael Drayton (1593) anlässlich des vermeintlichen Tods von Marlowe verwendete: (»*Neat Marlowe, bathed in the Thespian springs, Had in him those brave translunary things that the first poets had*«.) Es fällt schwer, dies als eine reine Koinzidenz anzusehen.

Fehlende Quellen über Theaterkarriere

Außer wenigen Dokumenten, die marginale finanzielle Verbindungen mit dem Theater beweisen, existieren aus Shaksperes Lebzeiten keine signifikanten Quellen oder Aufzeichnungen, die ihn mit Londoner Theatern, mit Rollen (die er gespielt haben mag) oder mit regieähnlicher Tätigkeit sicher in Verbindung bringen lassen.

Es existieren nur drei bis vier dokumentierte dürftige Hinweise auf einen Will Shakspere als einen Schauspieler, die sich alle auf den Zeitraum zwischen 1598 und 1603 beziehen. Zwei dieser Bezugnahmen sind zudem posthum: 1616 wird Shakespeare – wie bereits erwähnt – in Ben Jonsons Hauptwerk (»The Workes of Ben Jonson, 1616«) als Hauptdarsteller (»*principall Tragoedian*«/»*principall Comoedian*«) am Ende von zwei Stücken erwähnt, in der Komödie »*Every Man in his Humor*«[33] und in der Tragödie »*Sejanus*«, die 1598 beziehungsweise 1603 aufgeführt wurden.

Die Charakterisierung Shakespeares als »principall Tragoedian« geschah zu einer Zeit, in der Jonson bereits an den Vorbereitungen für die Herstellung der »First Folio« beteiligt und in der »literarischen« Vollendung des Komplotts involviert gewesen sein dürfte. Jonsons Charakterisierung Shakespeares erinnert stark an die Kennzeichnung Shakespeares an vorderster Stelle in der »First Folio« als »*The Principall Actors in all his Playes*« (s. S. 65).

Diese zwei »späten« Platzierungen des Namens Shakespeare in Jonsons eigenen Werken und die beiden anderen Erwähnungen, dass Shakspere finanziell an der Theatergesellschaft The King's Men beteiligt war und zu den Empfängern einer Kleidung für die Krönung von König James I. gehörte, reichen keineswegs aus, um von einem Beweis dafür zu sprechen, dass Shakspere

---

[33] Zumal Jonson den wahren Dichter in »Every Man in his Humor« kennzeichnete, wenn er Carlo Buffone über Master Mathew (s. auch S. 652 f.) sagen lässt: »*[be] 'ware how you offend him; he carries oil and fire in his pen, will scald where it drops: his spirit is like powder, quick, violent; he'll blow a man up with a jest: I fear him worse than a rotten wall does the cannon; shake an hour after at the report. Away, come not near him.*«

zu seinen Lebzeiten überhaupt eine Reputation als Schauspieler (geschweige denn als Dichter) auf den Londoner Bühnen oder an anderen Theatern besaß oder überhaupt ein Schauspieler war.

```
The principall Comœdians were.        The principall Tragœdians were,

WILL SHAKESPEARE.   RIC. BVRBADGE.    RIC. BVRBADGE.   WILL. SHAKE-SPEARE.
AVG. PHILIPS.       IOH. HEMINGS.     AVG. PHILIPS.    IOH. HEMINGS.
HEN. CONDEL.        THO. POPE.        WILL. SLY.       HEN. CONDEL.
WILL. SLYE.         CHR. BEESTON.     IOH. LOWIN.      ALEX. COOKE.
WILL. KEMPE.        IOH. DVKE.
```

Jonsons Liste (1616) der Schauspieler, die in seinen Stücken »Every Man in his Humor« (links) und in »Sejanus« (rechts) mitwirkten

Philip Henslowe

Der wichtigste englische Theatermanager und -direktor des elisabethanischen Zeitalters war der Londoner Philip Henslowe (1550–1616). Er leitete das Rose Theater und das Fortune Theater und brachte in den Jahren 1593 bis 1596 55 Stücke auf die Bühne. Da seine erhalten gebliebenen, akribisch geführten Tagebücher[34] einen detaillierten Einblick in die elisabethanische Theaterpraxis geben, erscheint es äußerst merkwürdig, dass die Namen Shakespeare, Shakspere, Shaxspur, Shagsper etc. niemals in diesen Tagebüchern auftauchen, während 27 andere bekannte Dramatiker derselben Zeit (wie zum Beispiel Ben Jonson, Christopher Marlowe, Thomas Middleton, Robert Greene, Henry Chettle, George Chapman, Thomas Dekker, Anthony Munday, Henry Porter, John Day, John Marston, Michael Drayton und John Webster) hinsichtlich Kauf oder Produktion von Stücken, Kommissionierung oder Entlohnung etc. aufgeführt werden. Hingegen werden die Namen verschiedener Werke Shakespeares ohne Autorname aufgelistet. Die einleuchtende Erklärung dafür wäre die, dass Shakspere kein Dichter war, Shakespeare aber ein Deck- oder Tarnname für eine andere, verfemte Dichterperson, die nicht mehr genannt werden durfte.

Hieraus kann zugleich der Schluss gezogen werden, dass Henslowe zu

---

[34] Henlowe's Diary. Edited by Walter W. Greg. London 1904; Onlineversion: http://www.archive.org/stream/henslowesdiary00unkngoog#page/n12/mode/2up, aufgerufen am 19.1.2011.

keiner Zeit an irgendjemanden mit dem Namen Shakspere, Shakespeare oder ähnlich einen Penny bezahlt haben kann. Experten erklären dies damit, dass Shakspere nicht an Henslowes Theatern spielte, was nicht den gesamten Tatsachen entspricht.

Wenn Shakspere die unter dem Namen Shakespeare erschienenen Stücke wirklich geschrieben hätte und nie nachweisbar dafür honoriert wurde, so steht dies in unauflösbarem Gegensatz zu vorhandenen Quellen, in denen man Shakspere aus Stratford verschiedene Schuldner wegen kleiner Summen verklagen sieht und in denen er damit als »merkantil«, sogar als »knauserig« erkennbar wird.

Henslowes Schwiegersohn und Partner Edward Alleyn, ein bekannter Theatermanager, Theaterbesitzer und Schauspieler, notierte in seinen Büchern die Namen aller Personen, die eine Entlohnung für Produktionen am Fortune Theater, am Blackfriars Theater oder an anderen Bühnen erhielten. Auch hier fällt auf, dass zu keinem Zeitpunkt der Name Shakspere erwähnt wurde.

Auch der Theatermanager und Theaterkenner Robert Keysar, der sich 1608 als Partner an dem Ensemble der Blackfriar's Boys[35] beteiligte, dessen Manager seit den frühen 1580er-Jahren Henry Evans war, scheint von dem Anteilseigner William Shakspere keine Notiz genommen zu haben. 1610 klagte er gegen die Anteilseigner des Blackfriars Theater (*»Richard Burbage, Cuthbert Burbage, John Hemings, Henry Condell and others«*). Mit den »anderen« waren die beiden übrigen Teilhaber Thomas Evans und William Shakspere gemeint, von dem Keysar entweder nichts zu wissen schien oder den er unter »ferner liefen« einordnete.

Liste der wichtigsten Schauspieler in der »First Folio«

---

[35] 1566 in London gegründetes Theater, in dem Jugendliche spielten (Children of the Chapel Royal, Children of the Blackfriars Theatre u. a.).

In der »First Folio« steht William Shakespeare an oberster Stelle aller namentlich genannten Schauspieler (»The Names of the Principall Actors«, s. Bild). Er sollte damit offenbar als der Hauptagierende in allen 36 gedruckten Stücken (»in all these Playes«) kenntlich gemacht werden.

Shakspere müsste nach dieser Listung unter den Schauspielern, die in seinen Stücken agiert haben, der herausragendste gewesen sein. Für diese »absurde« Platzierung gibt es keinerlei Belege, und sie kann schon deshalb nicht stimmen, weil die Hälfte der Theaterstücke in der »First Folio« zum Zeitpunkt ihres Erscheinens noch nie gedruckt und zahlreiche Stücke noch nie aufgeführt worden waren. Diese Liste allein macht bereits augenscheinlich, dass mit der »First Folio« die Nachwelt ostentativ und mit gezielter Absicht getäuscht werden sollte. Das Komplott um den Identitäts- und Namenswechsel Marlowes sollte nach dem Tod des dafür honorierten Strohmanns Shakspere aus Stratford endgültig »eingeschweißt und versiegelt« werden.

Von Shakespeares Stücken erschienen als Quarto-Ausgaben »Titus Andronicus« (1594), »Romeo und Julia« (1597), »Heinrich IV, Teil 1« (1598), »Heinrich V«. Es ist nicht verständlich, warum diese Werke anonym veröffentlicht wurden und warum der aufstrebende Dramatiker Shakspere keine Publizität anstrebte. Ähnlich schwer nachvollziehbar ist es, dass auf den Titelseiten der als Quarto veröffentlichten Werke »Richard II.«, »Richard III.« (1597), »Der Kaufmann von Venedig« (1600), »Heinrich IV.« (Teil I, 1604, 3. Auflage) zwar der Name Shakespeare steht, dieser aber mit einem Bindestrich verfremdet wurde (Shake-speare). Wenn Shakspere einer Leserschaft bekannt werden wollte, so bleibt das Motiv für die Verwendung eines solch artifiziell verfremdeten Namens so lange unklar, bis man es nicht mit der Urheberschaftsproblematik verknüpft.

Bis heute sind nur wenige Beispiele gefunden worden, bei denen ein normaler Familienname, der nicht von vorneherein aus zwei Namen zusammengesetzt war, auf die Art und Weise geteilt wurde, wie dies mit Shake-speare geschah. Der mit Bindestrich geteilte Name erschien bei den Sonetten sowie unter dem Gedicht »The Phoenix and Turtle« (im Sammelband »Love's Martyr«, 1601, 1611) und bei fünf Stücken in 16 verschiedenen Ausgaben.

Noch einmal auf den Punkt gebracht: Es existiert keine zeitgenössische Quelle, die zeigt, dass der Dramatiker und Dichter William Shakespeare in einem einzigen seiner zahlreichen Theaterstücke, die er nach Meinung der Experten alle geschrieben hat, selber spielte. Keine Quelle zeigt, dass er jemals selber Regie führte oder in die Produktion seiner eigenen Stücke eingriff, obwohl er doch nach Lehrmeinung die ganzen Jahre selbst vor Ort in London verbrachte. Dies alles ist in sich nicht plausibel.

»Partner in the Profits«

Auch eine andere signifikante zeitgenössische Quelle[36] lässt sich nur interpretieren, wenn man von zwei unterschiedlichen Identitäten William Shakespeares (dem Geschäftsmann William Shakspere aus Stratford und dem Dramatiker und Dichter mit Pseudonym William Shake-speare) ausgeht:

Cuthbert und Winifred Burbage (Witwe von Cuthberts Bruder, dem Schauspieler Richard Burbage) überreichten im Jahr 1635 eine Petition an Philip Herbert, Earl of Pembroke und Montgomery, der zusammen mit seinem bereits verstorbenen Bruder William Herbert, Earl of Pembroke das »*incomparable pair of bethren*« gebildet hatte, dem 1623 die »First Folio« zugeeignet worden war. In dieser Petition forderten die Burbages die Anerkennung finanzieller Rechte an dem zu jener Zeit gefährdeten Globe Theater. Bezugnehmend auf die Vergangenheit der Londoner Theater und auf beteiligte Schauspieler und Anteilnehmer erwähnte ihre Petition zweimal Shakspere:

> »(...) *We built the Globe, and to ourselves we joyned those deserving men Shakspere, Hemings, Condall, Phillips, and others, partners in the profits (...)*«

> »(...) *placed men players, which were Heminge, Condall, Shakspere, etc (...)*« (das Black Friar Theater[37] betreffend)

Die ehemaligen Theaterkollegen Cuthbert und Winifred Burbage beschreiben hier den seit 19 Jahren toten William Shakspere aus Stratford keinesfalls als den ihnen und Lord Chamberlain bekannten, unsterblichen Dichter Shakespeare (»*not of an age but for all times*«), nicht als den Autor von »Venus und Adonis«, »Romeo und Julia« und »Hamlet«, sondern als einen ihnen gleichrangigen, verdienstvollen Geschäftspartner (»*deserved men*«) und Anteilseigner (»*partner in the profits*«) des Globe Theater beziehungsweise als einen, der früher am Blackfriar Theater angesiedelt war.

Es erscheint schlicht ausgeschlossen, dass die Burbages Philip Herbert, Earl of Pembroke eine Petition präsentierten, die die poetische Ausnahmefigur Shakespeare ausschließlich als »a deserving man« und als »partner in the profits« beschrieben hätte, nachdem Herbert bereits zwölf Jahre zuvor das Gesamtwerk des überragenden Dichters Shakespeare zugeeignet worden war. Phillip Herbert dürfte in letzter Instanz auch der finanzierende Patron der dramatischen Literatur des Dichtergenius und der »First Folio« gewesen sein.

In den meisten englischen Städten sind aus dem elisabethanischen Zeital-

---

[36] The complete Shakespeare Authorships Works of Sir George Greenwood. Part Three – Ben Jonson and Shakespeare, siehe: http://www.sourcetext.com/greenwood/jands/04.htm, aufgerufen am 19.1.2011.

[37] Das Blackfriar Theatre, das früher für Aufführungen der »Children of the Chapel« gemietet wurde und das sie 1608 für ihre eigene Theatergesellschaft zurückgefordert hatten.

ter Aufzeichnungen erhalten geblieben, wann und welche Schauspielertruppen dort gastierten. Es gab nicht eine Theatertruppe, die damals nicht fast alle englischen Grafschaften bereiste. In der Hoffnung, auf diesem Wege irgendwelche »Fußspuren« Shakespeares zu entdecken, durchforstete einer der seriösesten und höchstrangigen Shakespeare-Forscher überhaupt, James O. Halliwell-Phillipps[38], persönlich fast alle englischen Städte und Orte wie:

> »*Marlborough, Wells, Bath, Plymouth, Totnes, Andover, Basingstoke, Dartmouth, Godalming, Salisbury, Exeter, Arundel, Lymington, Romsey, Shaftesbury, Warwick, Bewdley, Dover, Lydd, Banbury, Shrewsbury, Oxford, Worcester, Hereford, Gloucester, Tewkesburj', Rochester, Guild-ford, Hastings, Saffron Walden, Abingdon, Carnarvon, Beaumaris, Oswestry, Liverpool, Chester, Reading, Conway, Gravesend, Bridgewater, Evesham, Droitwich, Kidderminster, Campden, Maidstone, Faversham, Southampton, Newport, Bridport, Yeovil, Weymouth, Lewes, Coventry, Bristol, Kingston-on-Thames, I-, yme Regis, Dorchester, Canterbury, Sandwich, Queenborough, Ludlow, Stratford-on-Avon, Leominster, Folkestone, Winchelsea, New Romney, Barnstaple, Rye, York, Seaford, Newcastle-on-Tyne, Leicester, Hythe, St. Alban's, Henley-on-Thames and Cambridge.*«

In keinem einzigen Fall gelang es ihm, auch nur eine isolierte aktenkundige Aufzeichnung oder Notiz über den Dichter Shakspeare selbst aufzufinden.

Shaksperes Handschrift[39] – Indiz für fehlendes Schreibtraining

Die einzig überlieferten Zeugnisse, die Shaksperes Handschrift zeigen, sind sechs schwer leserliche, anscheinend mit unsicherer Hand geschriebene, sich allesamt unterscheidende Unterschriften auf Dokumenten aus den letzten vier Jahren seines Lebens.

Drei der Unterschriften befinden sich unter dem Testament, zwei unter Übereignungsurkunden auf einem Pergamentstreifen eines Blackfriars-Siegels, eine unter einer eidlichen Aussage in einem Prozess zwischen zwei Männern, die das Gericht niederen Charakters befand. Shakspere hatte 1604 mit einer dieser Personen zusammengewohnt. Robert Detobel hat die Signaturen einer eingehenden Analyse unterzogen.[40]

---

[38] Vgl. James O. Halliwell-Phillipps: Outline of the Life of Shakespeare, London/New York 1889; Onlineversion: http://www.archive.org/stream/outlineslifesha03hallgoog#page/n8/mode/2up, aufgerufen am 19.1.2011.

[39] Vgl.: George Greenwood: Shakespeare's Handwriting, London/New York 1920; Onlineversion: http://www.archive.org/stream/shakespereshandw00greeuoft#page/2/mode/2up, aufgerufen am 19.1.2011.

[40] Robert Debotel: The Shakespeare »Signatures« Deconstructed, siehe: http://www.shake-

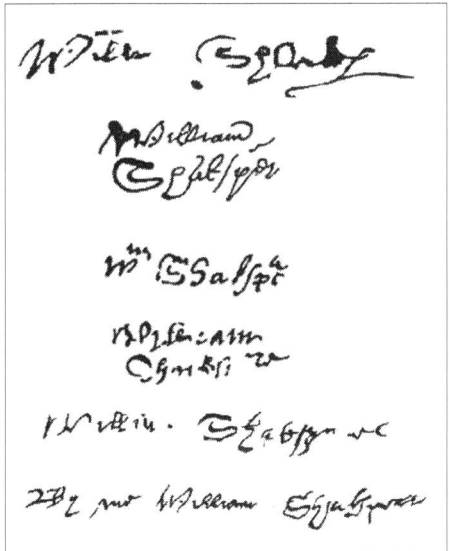

Erhaltene Signaturen Shakspere

Er geht so weit anzunehmen, dass Shakspere nicht wirklich schreiben konnte.[41] Jemand müsse ihn gedrängt haben, unter dem ursprünglich verfassten Testamentstext »*I have thereunto put my Seale*« nachträglich die Änderung »*I have thereunto put my ~~Seale~~ hand*« zu unterschreiben, seine Schreibunkundigkeit sonst offenbar geworden wäre. Die Unterschriften über dem Siegel seien als Unterschrift nicht akzeptabel und eher Abkürzungen eines Schreibers.

Alle sechs existierenden Unterschriften tragen die Silbe »Shak«, während der Autorname auf den veröffentlichten Stücken und Gedichten durchgehend mit »Shake« geschrieben wurde.

Die krakeligen, verzitterten Unterschriften Shakspere wurden begreiflicherweise dahingehend interpretiert, dass sie nur von einem Manne stammen könnten, der im Leben nicht viel geschrieben habe und damit nicht der Verfasser des shakespeareschen Werkekanons sein könne, insbesondere wenn man bedenkt, welch ungeheure manuelle Schreibleistung Shakespeare bei seinem gewaltigen Opus vollbracht haben muss.

Es wurde eingewandt, dass diese Unterschriften auf engem Raum geschrieben werden mussten und zumeist aus den letzten Lebensjahren stammten, in denen Shakespeare schon ernsthaft erkrankt gewesen sein könnte. Andererseits konstatiert der Anfang des Testaments, dass sich Shakspere bei guter Gesundheit (»*in perfect health and memory*«) und erst im 53. Lebensjahr befand.

Intuitiv würden die meisten – auch ohne grafologische Expertise – der mächtigen und großzügigen Unterschrift Christopher Marlowes (s. S. 211 – hier Marley) die Persönlichkeitseigenschaften eines William Shakespeare eher zuschreiben als dem unsicheren und zaghaften Schriftzug Shakspere.

spearefellowship.org/virtualclassroom/stateofdebate/detobel%20signatures.htm, aufgerufen am 19.1.2011.
[41] Ebd.

Shaksperes »Monument« und Grabplatte

Diejenigen, die das Gesamtwerk eines mächtigen Dichters wie Shakespeare erstmals druckten, mussten – wie bereits erwähnt – dafür sorgen, dass sich das Werk endgültig mit einer realen Person verbinden lässt. Zugleich musste die Person einen ehrenhaften Ort erhalten, an dem der Dichter seine letzte Ruhestätte fand. Diese Ruhestätte ließ das für die »First Folio« verantwortliche Konsortium in Form einer Büste in der Kirchenwand und einer Grabplatte im Boden der Dreifaltigkeitskirche von Stratford errichten. Der exakte Zeitpunkt der Errichtung der Büste steht zwar nicht fest, sie muss aber spätestens mit oder kurz vor der erstmaligen Herausgabe der »First Folio« 1623 angebracht worden sein, weil sie dort in der Lobpreisung von Leonard Digges erwähnt wird (als »*Stratford Moniment*«).

Das heutige Denkmal (s. S. 35) entspricht nicht mehr dem Original. Ein Kupferstich, der das Denkmal erstmals illustrierte, erschien 1656 in Sir William Dugdales »Antiquities of Warwickshire Illustrated.«[42] Er wurde von Wenceslaus Hollar oder seinem Assistenten Richard Gaywood nach einer Skizze von Dugdale aus dem Jahr 1634 hergestellt.

Der Stich zeigt Shakspere mit einem hängenden Schnurrbart, Glatze und einem Getreidesack im Schoß. Der erste Shakespeare-Biograf Nicholas Rowe (1709) illustrierte die Büste in gleicher Weise wie Dugdale, mit offenen Händen, einen Sack oder ein Kissen haltend.

1747, in der Phase einer wachsenden Popularität von Shakespeare, wurde die Büste restauriert beziehungsweise durch diejenige Büste ersetzt, die heute in der Kirche zu besichtigen ist. Das Gesicht wurde verändert, Shakspere hält nun einen Gänsekiel und ein Schreibtablett in der Hand, der Getreidesack wurde durch ein Quastenkissen ersetzt.

Diese späteren »manipulativen« Veränderungen an dem Denkmal haben nicht unerheblich zur Urheberschaftsdebatte beigetragen. Sie wurden als Teil der Entwicklung des Shakespeare-Mythos und eines Komplotts gesehen, der die Menschen glauben machen sollte, dass ein Geschäftsmann von niedriger Bildung in der Lage war, die shakespeareschen Werke zu schreiben.

Seltsam, beunruhigend, schwer interpretierbar und letztlich ein Hinweis auf eine maskierende Person war der Wortlaut der Inschrift von Monument

---

[42] Vgl. The Antiquities of Warwickshire illustrated: from records, leiger-books, manuscripts, charters, evidences, tombes, and armes: beautified with maps, prospects, and portraictures, London 1656, S. 521; Onlineversion: http://www.archive.org/stream/antiquitiesofwaroodugd#page/520/mode/2up/search/Stratford, aufgerufen am 19.1.2011.

Das Stratford-Monument (Ausschnitt) im Jahr 1656 (links) und heute (rechts)

und Grabplatte, die Shakspere geschrieben haben soll. Die Inschrift der steinernen Grabplatte lautet:

> GOOD FREND FOR IESVS SAKE FORBEARE,
> TO DIGG THE DVST ENCLOASED HERE
> BLEST BE Ỹ [THE] MAN Ỹ [THAT] SPARES THES STONES,
> AND CVRST BE HE Ỹ [THAT] MOVES MY BONES.

Zwei der vier Zeilen erscheinen wie eine Paraphrase auf Marlowes »Hero und Leander«:

> »And thus bespake him: ›Gentle youth, forbear
> To touch the sacred garments which I wear.‹«

Für viele erscheint es bis heute kaum vorstellbar, ja schwer erträglich, dass der Autor von »Hamlet«, »King Lear« oder »Macbeth« so befremdliche und eher peinliche Knittelverse als Grabinschrift verfasst und keine anderen, tiefgründigeren letzten Worte für sein Dahinscheiden hinterlassen haben soll.

Die Texte der Grabplatte bekommen erst dann einen Sinn, wenn sie zusammen mit den ebenfalls rätselhaften Zeilen unter der Büste (»*Read if you canst*«) eine von Shakespeare/Marlowe erdachte Botschaft bilden sollen, die, wie damals nicht selten, auf Anhieb nicht erkennbar und nur für Eingeweihte verständlich sein sollte (s. S. 70 ff. und 199 ff.). Eine durchdachte Deutung für den kryptischen Text stammt von Peter Farey[43] (2005).

Über den Text unter der Marmorbüste, bestehend aus einem zweizeiligen Epitaph in Latein und einem sechszeiligen Gedicht in Englisch, wurde im Rahmen der Urheberschaftsdebatte viel gerätselt. Drei eingravierte Namen gewichtiger historischer Figuren werden zur Unterstützung shakespearescher Unsterblichkeit aufgeführt, obwohl die Namen nicht zu Shakespeare und seinem Werk zu passen scheinen: »Nestor«, ein geehrter Weiser von Troja, »Socrates«, ein Philosoph und kein Dramatiker, und »Virgil«, der »falsche Dichter«, da Ovid den größten Einfluss auf Shakespeare hatte. All dies scheint Methode zu haben.

Der Text lautet (in moderner englischer Schreibweise):

> *A Pylus*[44] *in judgement, a Socrates in genius, a Maro*[45] *in art*
> *The earth buries him, the people mourn him, Olympus possesses him*
> *Stay, passenger, why goest thou by so fast?*
> *Read, if thou canst, whom envious Death hath placed*
> *Within this monument: Shakspeare, with whom*
> *Quick nature died, whose name doth deck this tomb*
> *Far more than cost, sith [since] all that he hath writ*
> *Leaves living art, but page, to serve his wit.*

Auf den Zeilen unter der Büste wird nirgends festgestellt, dass Shakspere ein Dichter oder der Autor William Shakespeare war, auch wurde kein Vorname angegeben. Die sechs in Englisch unterlagerten Zeilen zitieren keine Namen oder Texte aus seinen Stücken, sie erwähnen keine Verse, keine Dichtkunst, Dramen oder etwas auf das Theater Bezogenes. Einheimische Kirchgänger der Gemeinde Stratford, die Shakspeare auf der Büste erkennen sollten, und Besucher, die etwas über den Dichter erfahren wollten, konnten aus den Zeilen nichts dergleichen ablesen. Die Mehrzahl der Shakespeare-Experten empfindet die Zeilen als ungewöhnlich und rätselhaft. Die Grabinschriften ver-

---

[43] Peter Farey's Marlowe Page: http://www2. prestel. co.uk/rey//, aufgerufen am 19.1.2011.
[44] Nestor war der König von Phylus.
[45] Virgils ganzer Name lautete Publius Vergilius Maro.

gleichbarer zeitgenössischer Schriftsteller weisen den Verstorbenen eindeutig als Dichter oder Schriftsteller aus. Warum nicht auch bei Shakespeare?

Die Quartos und die »First Folio« wurden durchweg[46] unter dem Namen William Shakespeare beziehungsweise Shake-speare gedruckt. Bei allem Wissen um die unterschiedlichen, damals phonetisch bestimmten Schreibweisen muss es dennoch einen Grund dafür geben, warum auf der Inschrift der Büste in Stratford nicht die phonetisch lange Schreibweise beibehalten, sondern die phonetisch kurze Form »Shak« in Stein gemeißelt wurde.

```
IVDICIO PYLIVM, GENIO SOCRATEM, ARTE MARONEM,
TERRA TEGIT, POPVLVS MÆRET, OLYMPVS HABET

STAY PASSENGER WHY GOEST THOV BY SO FAST?
READ IF THOV CANST, WHOM ENVIOVS DEATH HATH PLAST,
WITH IN THIS MONVMEN SHAKSPEARE: WITH WHOME,
QVICK NATVRE DIDE: WHOSE NAME DOH DECK Y TOMBE,
FAR MORE, THEN COST: SIEH ALL, Y HE, HATH WRITT,
LEAVES LIVING ART, BVT PAGE, TO SERVE HIS WITT.
                                    OBIIT AÑO DO̅ 1616
                                    ÆTATIS · 53 DIE 23 AP·
```

Der Text unter der Shakespeare-Büste

Die sinnvollste Erklärung ist die, dass in der Kirche in Stratford *Shak*speare für die Ortsansässigen erkennbar bleiben und an diesem Ort explizit und für alle Zeiten mit dem Dichter *Shake*speare »vereinigt« werden musste. Der äußerst vage konzipierte Text auf Grabblatte und Büste sollte von den Einheimischen in Stratford offenbar nicht eindeutig interpretiert werden können.

Es bleibt ungewöhnlich, dass die Inschrift der Grabbodenplatte nicht den Namen Shakespeares trägt. In aller Regel trug die Grabplatte nur dann keinen Namen des Beerdigten, wenn dieser unbekannt war. Der einzige Name, der auf der Grabplatte in Stratford erwähnt wird, ist Jesus. Nach Peter Farey war dies wesentlich zur (Auf-)Lösung des Grabrätsels.[47]

---

[46] Bis auf rasch korrigierte Ausnahmen.
[47] Peter Farey: Hoffman and the Authorship, siehe: http://www2.prestel.co.uk/rey/hoffman.htm, aufgerufen am 19.1.2011.

Während auf römischen Gräbern auf der Grabinschrift häufiger eine mögliche Beschädigung des Grabes »angeprangert« wurde, ließen sich solche Inhalte auf englischen Gräbern des 17. Jahrhunderts niemals finden. Das Grab von Shakespeare (»*sake forbear, to dig the dust enclosed here*«) bildet also in dieser Hinsicht eine Ausnahme. Möglicherweise war es eine wirksame Art, den Inhalt und die Schriftzüge der Grabinschrift zu erhalten, um das Weiterbestehen des »Rätsels« zu sichern.

Charlton Ogburn, ein wichtiger Vertreter der Oxford-Theorie (nach der Edward de Vere, 17. Earl of Oxford, der Autor der shakespeareschen Werke ist), geht meines Erachtens mit Recht so weit zu formulieren, dass die Fiktion der shakspereschen Autorschaft sich nie hätte festsetzen können und dass Shakspere der Nachwelt nie bekannt geworden wäre, wenn man nicht das Grabmal für »Shakespeare« errichtet hätte.

Shakespeares früheste Porträts

Im Rahmen der Urheberschaftsdebatte wurde häufig die Frage diskutiert, warum von einem Genie wie Shakespeare – anders als bei verschiedenen Autoren seiner Zeit – keine Darstellungen, keine Gemälde existieren. Obwohl heute verschiedene Porträts über Shakespeare in Umlauf sind, ist von keinem dieser Bilder gesichert, dass sie während Shakspere Lebenszeit angefertigt wurden. Die bis heute Shakespeare am eindeutigsten zuzuordnenden Darstellungen (Droeshout Kupferstich und Stratford-Büste) wurden posthum anlässlich der Drucklegung der First Folio (1623) und der Errichtung des Monumentes in Stratford (1623) hergestellt.

Cobbe-Porträt, Overbury-Potät: Vorlage für Droeshout-Porträt?

MARTIN DROESHOUTS (1601–1651) berühmter, posthum gefertigter Kupferstich von William Shakspere wurde von der Mehrzahl der Experten eher als eine Groteske, von manchen sogar als fehlproportionierte »Monstrosität« bezeichnet. Da Droeshout, als Shakspere 1616 starb, erst 14 Jahre alt war und er Shakspere zu dieser Zeit kaum gekannt haben kann, muss er 1522, im Alter von 21 Jahren, das Kupferstich-Porträt nach einer Vorlage hergestellt haben[48]. Obwohl nicht bekannt ist, welche Vorlage ihm für den Droeshout-

---

[48] John M. Rollett: Shakespeare's Impossible Doublet: Droeshout's Engraving Anatomized, siehe: http://www.briefchronicles.com/ojs/index.php/bc/article/view/56/86, aufgerufen am 19.1.2011.

Rechts Mitte: Droeshout-Porträt (1623);
Links Oben: Cobbe-Porträt (um 1610);
Links Unten: Overbury-Porträt (?) (ca 1614)

Kupferstich Shaksperes (links), von Martin Droeshout für die First Folio (1623) gefertigt, sowie Ausschnittvergrößerung (rechts)

Kupferstich diente, gibt es gute Gründe anzunehmen, dass es das Cobbe-/Janssen-Porträt und/oder das Overbury-Porträt gewesen ist, allein wenn man erkennt, dass gewisse Details (Proportionen des Kragens, ungewöhnlich unterschiedliche Wams-Ärmel-Begrenzung links und rechts) auffallend ähnlich erscheinen. Nach Dr. Tarnya Cooper von der National Porträt Gallery stellen das Cobbe- und das Janssen-Porträt den Dichter Thomas Overbury dar, dessen Name ein Tarnname von Marlowe/Shakespeare gewesen sein muss. Thomas Overburys sehr erfolgreiches Versepos »A Wife, now a Widow«[49] (1614) wurde im 17. Jahrhundert mehr als 20 Mal wieder aufgelegt und textlich immer wieder verändert. Wenn man um Marlowes Schicksal und seine

[49] Sit Thomas Overbury His Wife, 1616, Onlineversion: http://www.archive.org/stream/miscellaneousw002rimbgoog#page/n80/mode/1up, aufgerufen am 7.1.2011.

»posthumen Inhaftierungen« in London unter Jakob I. weiß (s. Kap. 11), lassen sich zwischen Marlowe und Overburys »A Wife« unmittelbar auffällige und unübersehbare Zusammenhänge herstellen (in diesem Buch nicht weiter vertieft, s. Kap. 11). Overbury kann eigentlich nicht, wie die Enzyklopädien voneinander abschreiben, 1613 gestorben sein.

Auf dem Droeshout-Kupferstich sind die beiden Körperhälften der Person auffallend asymmetrisch gestaltet. Dies kann keineswegs zufällig passiert sein. Hier wurde offenbar der eher misslungene Versuch unternommen, eine »janusköpfige« zweigeteilte Person zu symbolisieren. Man erkennt (erst auf den zweiten Blick) eine merkwürdige Linie links vom Ohr zum Kinn: Hier wurde offensichtlich einer verborgenen Person, dem wahren Autor (Marlowe/Shakespeare), eine Maske, das heißt, eine falsche Identität (Shakspere) vorgehalten. Auf der rechten Körperseite des Betrachteten wäre danach die mit Maske versehene Vorderansicht einschließlich des kurzen Haarschnitts und des Brustteils des Wams (gerader Ärmelansatz und abstehende Bordüre), auf der linken Körperseite des Betrachteten die nach rückwärts schauende (also in Wahrheit auch rechte Körperseite), somit nicht erkennbare, wahre Dichterperson (mit Rückteil von Wams; runder Ärmelansatz und anliegende Bordüre) und langen rückwärtigen Haaren.[50]

Für die Sichtweise, dass das Droeshout-Porträt eine vordergründige, maskierende und eine hintergründige, maskierte, verdeckte Person darstellen sollte, spricht auch das zeitgenössische Gedicht-Emblem-Buch von Thomas Combe (1614) »The Arte of Fine devices containing an hundred Morall Emblemes« (s. Kap. 11, S. 667 f.).

Gedicht und Emblem Nr. 6 in Thomas Combes »Theater of Fine Devices« gedruckt von Richard Field, 1614

Masks will be more hereafter in request,
And grow more deare than they did heretofore
They serv'd then only but in play and iest,
For merriment, and to no purpose more:
Now be they used in ernest of the best,
And of such Maskerd there abound such store.
That you shall finde but few in any place.
That carrie not sometimes a double face.

[50] Vgl. »10 Fragen zur Autorschaft von Shakepeares Werken«: http://shake-speare-today.de/index.87.0.1.html, aufgerufen am 19.1.2011.

Dieses hat mit dem 20 Jahre später (1635) erschienenen Gedicht-Emblem-Buch »A Collection of Emblems von George Wither« so vieles gemeinsam, dass sich hinter den vermeintlichen Autoren Thomas Combe und George Wither die gleiche Person, der unerkannte Dichter, verborgen haben muss. Wither, der in Kapitel 11 als Tarnname für Marlowe erkannt wird, greift das Thema der Maskierung in seinem Gedicht und Emblem (Buch 4, Emblem 21, »The Fourth Lotterie«) wieder auf:

> *Fine Clothes, faire Words, entising Face*
> *With Maskes of Pietie and Grace,*
> *Oft,cheat you,with an <u>outward show</u>,*
> *Of that, which proveth nothing so*
> *Therefore, your Emblems Morall read;*
> *And, ere too farre you doe proceed,*
> *Thinke, whom you deale withall, to day,*
> *<u>Who by faire showes, deceive you may</u>*

Emblem »XXI, Buch 4« in George Withers »A collection of Emblems« (1634)

Die 1623 errichtete, bemalte Kalksteinbüste (Monument) in der Dreifaltigkeitskirche von Stratford, die man Gerard Johnson zuschreibt (sogenannte Johnson-Skulptur)

Das andere frühe Porträt Shakspseres ist die bemalte Kalksteinbüste in der Dreifaltigkeitskirche von Stratford, die man Gerard Johnson zuschreibt (sogenannte Johnson-Skulptur). Obwohl der genaue Aufstellungszeitpunkt nicht feststeht, muss sie spätestens 1623 an ihrem Platz in der Kirche von Stratford fixiert gewesen sein. Die Büste ist mehrfach restauriert worden, sie soll 1793 weiß ausgesehen haben, 1861 wurden die unterlagerten Farben restauriert. Die Johnson-Skulptur hat nach Meinung von Experten nicht als Vorlage für den Droeshout-Kupferstich gedient.

Nach meiner Überzeugung sollte der Droeshout-Kupferstich eine Chimäre (siehe Kleidung, Haare und Kragen) darstellen, die sich aus dem glatzköpfigen Shakspere und dem verborgenen Dichter Shakespeare zusammensetzt. So abwegig, wie manche eine solche Vorstellung wahrscheinlich empfinden, ist diese Spekulation keineswegs!

Shakespeares Sonette

Eine eingehende inhaltlich-biografische Analyse und Interpretation der shakespeareschen Sonete erfolgt in Kapitel 7. Bis heute gehören die 154 Sonette zu den »großen Rätseln der Weltliteratur«, deren biografische Hintergründe man nicht einmal ansatzweise mit Shakspere aus Stratford in Verbindung bringen kann.

Bereits 1899 kam Jesse Jonson[51] nach Analyse der Sonette zu der festen Überzeugung, dass sowohl die Sonette als auch die in derselben Kategorie anzusiedelnden großen Dramen nicht Shakspere sondern einem ebenso großen Unbekannten zuzuordnen seien:

> »*my answer is this: I believe he* [Shakspeare] *did not write the Sonnets; and if the Sonnets are the work of another, I think it fairly follows that the great dramas, considered as mere poetry, are so clearly in the same class as the Sonnets, that we must ascribe the authorship of the greater Shakespearean dramas to the same great unknown.*«

Shakespeares Sonette und seine Versepen »Venus und Adonis« und »Lucretia« kennzeichnen ihn als einen der größten Lyriker aller Zeiten und übertreffen alle zeitgenössischen Dichter sowie die meisten, die vor und nach ihm geschrieben haben. Diese Erkenntnis schließt einen größeren Teil der Kandidaten, einschließlich Shakspere, für eine Autorschaft aus.

Die im Jahr 1609 als »Shake-speares Sonnets« veröffentlichten 154 Gedichte liefern einen einzigartigen Einblick (allerdings nicht den einzigen, s. S. 434 ff.) in die Biografie des Autors. Dieser Einblick trägt direkt oder indirekt zur Erkennung der Identität und Persönlichkeit von Shake-speare und damit auch zur Autor- und Urheberschaftsdiskussion bei.

Die Sonette wurden etwa zwei Jahre vor Shakperes Rückzug nach Stratford veröffentlicht. Thomas Thorpes Quarto (Widmung signiert mit T. T.) war die einzige vollständige Veröffentlichung der Sonette während Shakperes Lebenszeit. Auffällig ist, dass das Büchlein rasch nach Erscheinen wieder verschwand und jede weitere Veröffentlichung ganz offensichtlich »unterdrückt« wurde. Man kann dies aufgrund fehlender Wiederauflagen (vgl. zum Beispiel mit »Venus und Adonis«), weitgehend fehlender zeitgenössischer Bezugnahmen, fehlender Besprechungen oder Erwähnungen in literarischen Zirkeln annehmen. Thomas Torpe dürfte mit der vom Autor oder anderen wohl nicht sanktionierten Veröffentlichung der enthüllenden

---

[51] Jesse Jonson: Testimony of the Sonnets as to the Authorship of The Shakespearean Plays and Poems, New York/London 1899; Onlineversion: http://www.archive.org/stream/testimonysonnet00johngoog#page/n4/mode/2up, aufgerufen am 19.1.2011.

autobiografischen Selbstbekenntnisse ein zu großes Risiko eingegangen sein.

Thomas Thorpe spricht in seiner Zueignung der Sonette von dem Urheber der Sonette 1609 als »*OVR.EVER-LIVING.POET*«. Eingehende Recherchen zu dem Wort »ever-living« in der zeitgenössischen Literatur haben ergeben, dass damit ausnahmslos jemand gemeint war, der nicht mehr am Leben war (»unser unsterblicher Dichter«). Shakspere konnte damit 1609 keinesfalls gemeint sein, aber auf Marlowe ließe sich der Begriff »ever-living« anwenden, da er – obwohl noch lebend – für die Welt gestorben war. Es kann sich nur beziehungsweise es sollte sich um einen in den Augen der Öffentlichkeit »gestorbenen Dichter« (Marlowe) handeln oder, wie die »Oxfordianer« behaupten, um den 1604 verstorbenen Edmund de Vere, Earl of Oxford.

Der mit Bindestrich geteilte Begriff »ever-living« findet sich auffälligerweise in dem häufig Marlowe zugeschrieben Shakespeare-Drama »Heinrich VI.«, Teil 1 (Akt 4, Szene 3), in dem des verstorbenen Monarchen Heinrich VI. gedacht wird.

Die biografischen Rückschlüsse, die man aus den Sonetten ziehen kann, können – das sei noch einmal betont – bis heute nicht ansatzweise mit den spärlichen biografischen Informationen über Shakspere aus Stratford in Übereinstimmung gebracht werden. Speziell die »Einsichten« in eine erzwungene Abwesenheit und in einen Skandal, das heißt, ein fatales, schändliches und schicksalhaftes Geschehen stimmen mit den belegten biografischen Fakten über Shakspere aus Stratford an keiner Stelle überein (Details s. S. 229).

Notgedrungen ist die Mehrzahl der sogenannten Shakespeare-Experten seit Langem dazu übergegangen, autobiografische Aspekte in Shakespeares Sonetten weitgehend zu leugnen. Sie argumentieren, die Sonette hätten rein fiktive Inhalte und mit dem wahren Leben des Verfassers nichts oder wenig gemein. Wie abwegig und unkritisch diese Annahme ist, geht in starkem Maß aus Kapitel 10 hervor.

Plausibler klingt das, was Dolly Wraight[52] und andere überzeugend analysierten: Die Sonette seien in Wirklichkeit eine Sammlung beziehungsweise Zusammenstellung von Gedichten aus unterschiedlichen Jahren (vor 1600), die in unterschiedlichen Teilen verschiedenen Personen (mindestens dreien) zugedacht waren. Sie wurden 1609 erstmals zusammengestellt, das heißt in einem gedruckten Werk vereint, das einem »Mr. W. H.« zugeeignet wurde, der in der Widmung als der einzige Erzeuger/Vater, als »*the only begetter*«, beschrieben wird. Eine Widmung an den Erzeuger der Sonette selbst kann

---

[52] Dolly Wraight: The Story that the Sonnets tell, London 1994.

nur bedeuten, dass es eine Widmung des Verlegers Thomas Torpes an den Autor der Sonette selbst war. Am häufigsten werden als die vermeintlich angesprochenen Personen mit den Initialen W. H. fälschlicherweise William Herbert, 3rd Earl of Pembroke, und Henry Wriothesley, 3rd Earl of Southampton, genannt, dem bereits 1593/94 »Venus und Adonis« und »Lucretia« zugeeignet worden waren, seltener auch William Hatcliffe (s. S. 231). Aufgrund der Hinzufügung des Titels »Mr.« (Master) zu W. H. erscheint es mehr oder weniger ausgeschlossen, dass die Widmung William Herbert oder Henry Wriothesley galt, da man Persönlichkeiten aus dem Hochadel wohl niemals in dieser Weise angesprochen hätte.

Keine biografischen Analogien zu Shakspéres Leben

Die biografischen Inhalte der Sonette lassen sich auffallenderweise eindeutiger einordnen und verstehen, wenn man die Texte unter der Annahme analysiert, dass sie von dem unter neuer Identität lebenden Christopher Marlowe alias Shake-speare geschrieben wurden (siehe Kapitel 7).

Der Harvard-Professor Stephen Greenblatt lieferte in einem Interview mit der »Süddeutschen Zeitung« vom 22. Juni 2006 folgende Kernaussage: »Sich jeder Kontrolle zu entziehen, war die Strategie von Shakespeares Leben.« Greenblatts Schlussfolgerungen sind fast nicht verständlich. Er habe »eine schmerzhafte Lücke« festgestellt »zwischen dem, was Shakespeare geschrieben hat, und dem, was er gelebt hat«. Das müsste er erklären, ebenso wie seine Erkenntnis, dass »Shakespeare wild entschlossen« gewesen sein müsse, »nicht ins Gefängnis zu kommen«.

Alle Aussagen Greenblatts bekämen unmittelbar Sinn, wenn er die Marlowe-Shakespeare-Hypothese als begründbare Theorie mit einbezogen hätte, nach der Marlowe am 20. Mai 1593 angeklagt und mit hoher Wahrscheinlichkeit zum Tode verurteilt worden wäre, wenn er nicht mithilfe seiner Gönner einen Wechsel von Name und Identität (siehe Sonette) vorgenommen hätte.

Verräterisches in der Zweitauflage der Sonette

Ein gewisser John Benson brachte 31 Jahre nach dem Erstdruck der Sonette (1609) und 17 Jahre nach Erscheinen der »First Folio« (1623) eine zweite Auflage der neu arrangierten Sonette (*»Poems: Written by Will. Shakespeare, Gent 1640«*) heraus, mit einer seltsamen Abwandlung des Droeshout-Kupferstiches von William Marshall. Manche, die um die Entstehung der »First Folio« wussten, haben zu dieser Zeit noch gelebt.

Die Zeilen unter Marshalls Kupferstich wirken wie eine Persiflage auf das

This Shadowe is renowned Shakespear's Soule of th'age
The applause? delight? the wonder of the Stage.
Nature her selfe, was proud of his designes
And joy'd to weare the dressing of his lines;
The learned will Confess, his works are such,
As neither man, nor Muse, can prayse to much.
For ever live thy fame, the world to tell,
Thy like, no age, shall ever paralell.

Kupferstich von Shakespeare in der zweiten Auflage der Sonette (1640)

Begleitwort von Ben Jonson in der »First Folio«.

Während Jonson den Droeshout-Stich« (1623) mit dem Vers »*This Figure, that thou here seest put/ it was for gentle Shakespeare cut*« versah, scheint die Beschreibung von Bild und Text der zweiten Auflage der Sonette (1640) den Mann auf dem Bild eher zu verspotten. Aussagen der »First Folio« werden hier plötzlich infrage gestellt (»*delight?*«, »*applause?*«, »*renownded Shakespear's?*«), wobei Experten – wie stets – ein Gegenargument hervorbrachten und mit einer gewissen Leichtigkeit die Fragezeichen des Textes (siehe Bild) zu Ausrufezeichen zurechtrationalisierten.

Vom berühmten Shakespeare nur der helle Schatten des Kopfes?

Der Droeshout-Stich in der »First Folio« zeigte keinerlei Schatten hinter dem Kopf Shakespeares. Beim Kupferstichporträt der Zweitauflage der Sonette wurde festgestellt, dass (nur?) der »Schatten« von dem berühmten Dichter stamme (»*This Shadowe is renowned Shakespear's*«) – und damit augenscheinlich nicht der Kopf. Unverständlich bleibt, warum – entgegen aller physikalischen Prinzipien – der berühmte Schatten ein helleres und kein dunkleres Licht wirft, wie das Schatten normalerweise zu tun pflegen. Das Bild ist zudem in der »First Folio« seitenverkehrt, das heißt, »satirisch« dem neuen Herausgeber der zweiten Auflage der Sonette (1640) »John Benson« angepasst, der in der »First Folio« 1623 noch »Ben Jonson« hieß. Diese sprachlichen und bildlichen Possen können nicht völlig ohne Bedeutung sein. Es ist zu vermuten, dass es dem Herausgeber darum ging, stärker herauszuheben, dass sich nicht hinter der falschen (seitenverkehrten) Figur, sondern hinter seinem falschen, ungewöhnlich hellen Schatten der eigentliche, der berühmte (»*renowned*«) Dichter Shakespeare verbarg. Diese eher despektierliche Geringschätzung des Porträts lässt darauf schließen, dass die Kundigen wussten, dass hier nicht der wahre Dichter abgebildet war.

Dem Begriff Natur, der sich bereits auf dem Grabmonument in Stratford eindeutig auf Shakspere beziehen ließ (s. S. 72 f, »*with whom quick nature died*«), würden die Bensonschen Zeilen

>»*Nature herself ... joyd to weare the dressing of his lines*«

die Bedeutung beimessen, dass Shakspere sich gefreut haben dürfte, als Dekoration und Verblendung der Zeilen des Dichters zu existieren.

Der Herausgeber John Benson scheint sich über den kurz zuvor (1637) verstorbenen Ben Jonson« lustig zu machen, wenn er dessen persönliches Eingeständnis in der »First Folio« (»*While I confess thy writings to be such,/As neither Man nor Muse can praise too much*«) als Geständnis aller Wissenden in der zweiten Auflage der Sonette (1640) fast exakt wiederholt:

>»*The learned will confess his works are such
>As neither man nor muse can prayse to much*«.

Auch die Begleitsätze (»*To The Reader*«) von John Benson enthalten verschiedene Rätselhaftigkeiten. Benson wünscht dem Dichter Ruhm (»*glory to the deserved Author*«). Sprachwissenschaftler haben darauf hingewiesen, dass man einen Autor »deserving« nennen könne, aber es bleibt unverständlich, was mit einem »deserved Author« gemeint sein soll. (Kann damit nicht nur der Autor gemeint sein, der es verdient hat, erwähnt zu werden?)

Die Feststellung, dass die 1609 veröffentlichten shake-speareschen Sonette nicht das Glück hatten, wegen Shake-speares frühem Tod so berühmt zu werden (»*... had not the fortune by reason of their Infancie in his death ...*«) kann nur besagen, dass die Gedichte *vor* dem (»vermeintlichen«) Tod des Dichters fertiggestellt worden sein müssen. Dies trifft keinesfalls für Shakspere zu, der 1609 noch lebte, sondern nur für Marlowe/Shake-speare, der »offiziell« als verstorben galt.

Die Schreibweise des Namens Shakespeare

Im elisabethanischen England gab es noch keine standardisierte Orthografie von Namen, sondern man schrieb sie phonetisch, das heißt, wie sie klangen.

Sechs eigenhändige Unterschriften von Shakspere aus Stratford sind uns – wie bereits erwähnt – auf Dokumenten erhalten geblieben, die alle mit »Shaksper« beziehungsweise »Shakspere« gezeichnet sind. Die kurz gesprochene erste Silbe deutet bereits daraufhin, dass der Name *Shak*spere von dem des Poeten und Stückeschreibers *Shake*speare beziehungsweise *Shake*-speare abgegrenzt wurde.

Dieser Differenzierung wurde von einigen Experten[53] stets heftig widersprochen, da sie zu suggerieren versuche, dass der Name des Mannes aus Stratford und der des Dramatikers Shakespeare stets unterschiedlich buchstabiert worden sei, was in Wirklichkeit nicht durchweg der Fall sei.

Der Dichtername Shakespeare beziehungsweise Shake-speare, der zweifellos ein geeigneter Name für Zwecke des Theaters war, wurde lang als »Shake«, ausgesprochen und von Zeitgenossen fast ausnahmslos als Shakespeare gedruckt[54], während alle Mitglieder der Familie Shakspere[55] ausnahmslos mit »Shak« geschrieben und auch entsprechend ausgesprochen wurden.[56] Die zweite Silbe »spere« wurde höchstwahrscheinlich als »spur« ausgesprochen.[57]

»*Shag*spere« (phonetisch kurz) war der Name, unter dem William aus Stratford Anne Hathaway heiratete. Eine Erlaubnis zur Heirat mit Anne Whateley wurde ihm am Vortag für den Namen »Wm *Shax*pere« (phonetisch kurz) ausgestellt. In seiner Heimatstadt Stratford beziehen sich alle familiären Dokumente auf William »*Shak*spere«: Shakspere eigener Taufeintrag, die Taufeinträge seiner drei Kinder Susanna, Judith und Hamnet, der Todeseintrag seines Sohnes (»*August 11 Hamnet filius, William* Shak*s*pere«) und der Hochzeitseintrag seiner jüngsten Tochter. Seine ältere Tochter heiratete als »Susanna *Shax*spere« (5. Juni 1607), seine Tochter Judith als »Judith *Shak*spere« (10. Februar 1616). Seine Mutter findet sich im Sterberegister (9. September 1608) als »Mayry *Shax*pere«. Auch Shakspere Nachkommen in Stratford kannten ihn nur mit der phonetisch kurzen Aussprache Shakspere:

---

[53] The Shakespeare Authorship Page: http://shakespeareauthorship.com/#3, aufgerufen am 19.1.2011.

[54] John Louis Haney: The Name of William Shakespeare, Philadelphia 1906; Onlineversion: http://www.archive.org/stream/nameofwilliamshaoohane#page/n5/mode/2up, aufgerufen am 19.1.2011.

[55] Prof.Geoffrey M. Hodgson Webseite (http://www.geoffrey-hodgson.info/p1.htm) –Hier:The only documented facts of the life of William Shakspere of Stratford-upon-Avon http://www.geoffrey-hodgson.info/user/image/shaksperefacts.pdf

[56] Vgl. E. K. Chamber: William Shakespeare. A Study of Facts and Problems, Vol. II, Oxford 1930, S. 354; Onlineversion: http://www.archive.org/stream/williamshakespea0174 75mbp#page/n7/mode/2up, aufgerufen am 19.1.2011.

[57] G. G. Greenwood: In re Shakespeare. Beeching v. Greenwood, New York/London 1909, S. 26; Onlineversion: http://www.archive.org/stream/inreshakespeareboogreeuoft#page/26/mode/2up, aufgerufen am 19.1.2011.

So wurde sein Enkel, der von Shaksperes Tochter Judith vermutlich zu Ehren des Großvaters William genannt wurde, unter »*Shak*sper Quyny« getauft (23. November 1616) und unter »*Shak*spere Quyny« begraben (8. Mai 1617). Shaksperes Großneffe wurde unter »*Shak*spere Hartt« am 19. November 1666 getauft und unter »*Shak*sper Hartt« am 10. April 1694 getraut. Sein jüngerer Bruder, der in der »Coram Rege Rolls« 1597 als Gilbert »*Shack*spere« aufgeführt wird, wurde als Gilbert »*Shak*spere« im Februar 1612 beerdigt.

Wenn Shakspere aus Stratford 1593/1594 die Versepen »Venus und Adonis« und »Lucretia« wirklich schrieb, warum hat er seinen Zueignungstext nicht mit seinem eigenen, dem Namen William Shakspere, drucken lassen? Auch der in Marmor gemeißelte Name (1623) auf dem Monument in der Dreifaltigkeitskirche in Stratford lautet *Shakspeare*.

Mit dieser Tatsache hängt zusammen, dass zu Lebzeiten eines veröffentlichenden und veröffentlichten Dichters Shakespeare niemand je auf die Idee gekommen wäre, den Dichternamen mit dem des Bürgers William Shakspere aus Stratford gleichzusetzen, etwa wie »Bakestone« und »Baxton«.

Dokumente, in denen die Person aus Stratford als »Shakespeare« geschrieben wird, behandeln Finanzgeschäfte (Genehmigung der Führung eines Wappens, Kauf von Land und Immobilien wie New Place, Finanzierung und Erträge als Teilhaber am Globe Theater), bei denen der schwerreiche Patron William Herbert Regie geführt haben dürfte.

Künstliche Auftrennung in Shake-speare: Indiz für ein tarnendes Pseudonym

Einer der einflussreichsten und präzisesten Shakespeare-Forscher, Sir Edmund Kerchever Chambers, kam bei seinen Recherchen zu den Schreibweisen des Namen Shakspere (nicht bezogen allein auf den Mann aus Stratford) zu der Erkenntnis, dass die große Mehrheit die erste Silbe des Namens mit einem kurzen »a« aussprach. Er fand bei den insgesamt 83 dokumentierten Variationen des Namens Shakespeare in England niemals eine Trennung der beiden Silben in Shake-speare, wie sie in Shakespeares ersten Versepen, in den Sonetten, in vielen Quartos, aber auch noch sieben Jahre nach seinem Tod in der »First Folio« auftaucht.

Die hier abgebildeten, mit Bindestrich gedruckten Namen entstammen durchweg den Frontseiten zeitgenössischer Shakespeare-Werke (unter anderem »Heinrich IV./1«, »Heinrich IV./2«, »Heinrich VI./1«, »Heinrich VI./2«, »König Lear«, »Verlorene Liebesmüh«, »Die lustigen Weiber von Windsor«, »Perikles«, *Richard II.*«, »Richard III.«, »Titus Andronicus«, Sonette, »First Folio«).

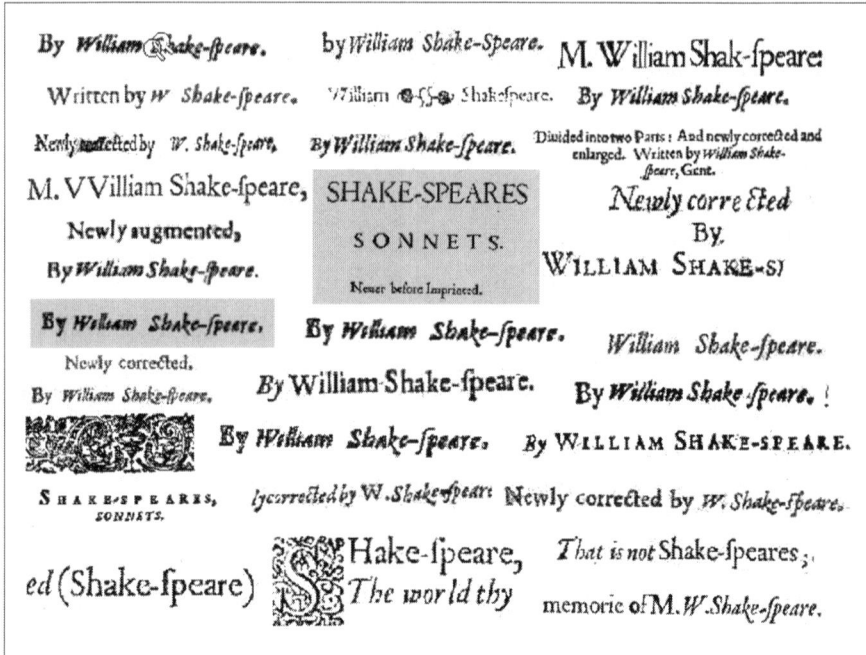

Geteilter Name Shakes-speare auf Frontseiten zeitgenössischer Quartos

Auch Ben Jonson ließ in der Folio-Ausgabe seiner eigenen Werke (1616) den Namen des Schauspielers Shake-speare in getrennter Schreibweise drucken. Sieben Jahre nach dem Tod Shakspere verwendeten zwei der fünf Vorwortschreiber in der »First Folio« (J. M. und L. Digges) den Namen Shake-speare (s. u.). Eine überzeugende andere Erklärung für die geteilte Schreibweise als die eines Pseudonyms gibt es bis heute nicht.

1637, 21 Jahre nach Shakespeares Tod, wurde »Romeo und Julia« zum fünften Mal als Quarto (Q5) und zum ersten Mal nicht anonym, sondern mit Angabe des Autornamens (!) gedruckt, erstaunlicherweise weiterhin mit dem »verfremdeten«, mit Bindestrich getrennten Shake-speare (»*Written by W. Shake-speare*«).

Die verfremdete Schreibweise von Shakespeare erscheint auch in verschiedenen posthumen Neudrucken der Quartos, wie gut am Beispiel von »Richard III.« demonstrierbar.[58] Unter den Druckern muss es eine Diskussion über die Schreibweise des Autors und die dahinterliegende Problematik gegeben haben. Während Q1 noch ohne Autor gedruckt wurde, erscheint in

[58] British Library: Treasures in Full. Shakespeare in Quartos: http://special-1.bl.uk/treasures/SiqDiscovery/ui/search.aspx, aufgerufen am 19.1.2011.

Q3 der Name Shakespeare zusammengeschrieben. In Q4 (1605) erscheinen Shake und speare getrennt, aber ohne Trennzeichen (später entfernt?). 1612, 1629 und 1637 wurde erneut der mit Bindestrich geteilte Name verwendet.

Die Aussage David Kathmans[59], dass es keine Evidenz dafür gebe, dass die unterschiedlichen zeitgenössischen orthografischen Schreibweisen Shakspere den phonetischen Differenzen entsprächen, entbehrt der wissenschaftlichen Grundlage. In seiner Untersuchung verglich Kathman ausschließlich die Namen des »merkantilen« Stratforder William mit dem »literarischen« William Shakespeare und ignorierte die Namen der Stratforder Familie. All das eminente familiäre Material, das zum Verständnis von orthografischer und phonetischer Schreibweise von entscheidender Bedeutung ist, wurde von Kathman offenbar bewusst ausgeblendet.

Vor Herausgabe der »First Folio« existierten insgesamt 55 Quarto-Ausgaben, die den Namen Shakespeare entweder auf der Titelseite oder, wie in »Venus und Adonis« und in »Lucretia«, am Ende der Zueignung trugen. Von diesen 55 Ausgaben entsprach die gedruckte Orthografie nur in drei Fällen nicht immer exakt dem Name Shakespeare: In »Verlorene Liebesmüh« (1596, Q1), »König Lear« (1608, Q1) und in »Yorkshire Tragödie« (1608, Q1) erschienen die Namen Shakspere, Shak-speare und Shakspeare. Diese wenigen Ausnahmen wurden rasch korrigiert.

Wenn man die extrem vielfältige Schreibweise des Namens bedenkt, bleibt es ungewöhnlich und auffällig, dass über einen Zeitraum von 30 Jahren bei den verschiedenen Druckereien, Druckern und Helfern größte Sorgfalt darauf verwendet wurde, den Namen Shake(-)speare immer gleich zu drucken. Angesichts dieser Tatsache muss man sich fragen, warum der vermeintliche Autor aus Stratford mit seinem extrem ausgeprägten Sprachbewusstsein seinen literarischen Namen nicht ein einziges Mal entsprechend der gedruckten Werke buchstabierte?

Vermutlich lag es daran, dass die zeitgenössischen Drucker davon ausgingen, dass William Shakspere aus Stratford nicht der Mann war, dessen Name auf den Titelseiten der Quartos prangte.

Die Schlüsselrolle der »First Folio«

Erst das Erscheinen der »First Folio« mit ihren Begleittexten hat die Grundlage für die heute als gesichert dargestellte Annahme geschaffen, dass der Bürger William Shakspere aus Stratford mit dem in seiner Zeit nicht sichtbar

---

[59] David Kathman: The Spelling and Pronunciation of Shakespeare's Name: http://shakespeareauthorship.com/name1.html, aufgerufen am 19.1.2011.

gewordenen Dichter und Werkeverfasser William Shakespeare identisch war.

Die Planung und Durchführung der den Bühnenstücken vorausgehenden Zueignungstexte der »First Folio« umgibt zahlreiche ungelöste Rätsel. Die Drucklegung der »Folio« wurde am 21. Oktober 1621 aus nicht bekannten Gründen gestoppt[60], nachdem bereits alle »Comedies« mit Ausnahme des »Wintermärchens« gedruckt waren. Im Frühjahr 1622 wurde die Herausgabe der »First Folio« im »Frankurt Book-fair Catalogue«[61] erneut angekündigt. Der Druckvorgang wurde im November 1622 wieder aufgenommen und das Werk am 8. November 1623 in »Stationers' Register« eingetragen, »Troilus und Cressida« und die Vorworte fehlten noch. Das erste gebundene Werk wurde Anfang 1624 an Prinz Charles gesandt, der Anfang 1625 als Karl I. Nachfolger von König Jakob I. wurde.

Die Begleittexte tragen nach Meinung der meisten Experten die Handschrift Ben Jonsons[62], der in Diensten der Brüder Herbert stand. Zahlreiche erkennbare Diskrepanzen und Unstimmigkeiten bei Analyse und Bewertung der Begleittexte haben die Zweifel bekräftigt, dass das posthum erstmalig William Shakspere aus Stratford zugeschriebene Gesamtwerk der »First Folio« nicht von ihm verfasst wurde und worden sein kann.

Bereits die Überschrift der Lobrede Ben Jonsons stellte in merkwürdiger Form den Autor (»*To the Memory of my beloved, The Author Mr. William Shakespeare*«) als den expliziten Adressaten voraus und heraus, als ob er gegenüber einer anderen Instanz (einer Person) differenziert und behauptet werden müsse.

Der Anfang der Lobrede auf Shakespeare beginnt mit einer Art Vorspann von 17 Zeilen. Erst danach beginnt Jonson mit seiner eigentlichen Laudatio (*I therefore will begin:*)

To the memory of my beloved,
The AUTHOR
Mr. WILLIAM SHAKESPEARE:
AND
what he has left us.

---

[60] Book Review: The Shakespeare First Folio. Its Bibilographical and Textual History By W. W. Greg (Clarendon Press, Oxford 1955), siehe: http://www.sourcetext.com/sourcebook/library/bowen/reviews/1greg.htm, aufgerufen am 19.1.2011.

[61] Vgl. E. K. Chamber: William Shakespeare. A Study of Facts and Problems, Vol. I, Oxford 1930, S. 139; Onlineversion: http://www.archive.org/stream/williamshakespea017475mbp#page/n177/mode/2up/search/frankfort, aufgerufen am 19.1.2011.

[62] Vgl. George Greenwood: Ben Jonson und Shakespeare, Hartford 1922; Onlineversion: Shakespearehttp://www.archive.org/stream/benjonsonshakesp00greerich#page/n9/mode/2up, aufgerufen am 19.1.2011.

> *To draw no envy (Shakespeare) on <u>thy name</u>,*
> *Am I thus ample to thy book and fame;*
> *While I confess thy writings to be such,*
> *As neither Man nor Muse can praise too much.*
> *Tis true, and all men's suffrage. But these ways*
> *Were not the paths I meant unto thy praise;*
> *For seeliest ignorance on these may light,*
> *Which, when it sounds at best, but echoes right;*
> *Or <u>blind affection</u>[63], which doth ne'er advance*
> *The truth, but gropes, and urgeth all by chance;*
> *Or crafty malice might pretend this praise,*
> *And think to ruin where it seemed to raise.*
> *These are, as some infamous bawd or whore*
> *Should praise a matron; what could hurt her more?*
> *But thou art proof against them, and, indeed,*
> *Above the ill fortune of them, or the need.*
> *I therefore will begin:*

Man kann annehmen, dass Jonson mit diesem seltsamen Vorspann eine klare Aussage machen wollte. Anders ist es nicht erklärbar, warum er sich in der ersten Zeile seiner Lobpreisung zuvorderst mit dem Dichternamen beschäftigt und auf höchst dubiose Weise bekräftigt, dass er nicht den Neid (des Namens Shakespeare) auf seinen (des wahren Autors) Name ziehen möchte (*»To draw no envy (Shakespeare) on thy name«*) und deshalb ausgiebig über das Werk berichten werde. Jonson beginnt also mit einer erkennbaren Differenzierung zwischen Name und Werk. Wenn hier nicht das eminente Problem der Urheberschaft bestanden hätte, hätte es keinen Grund gegeben, diesen Vorspann zu schreiben und so kryptisch beginnen zu lassen.

Was den literarischen Ruhm des Werks selbst (also nicht des Namens!) betrifft, könnten alle Menschen zustimmen (*»While I confess thy writings to be such, As neither Man nor Muse can praise too much. Tis true, and all men's suffrage«*).

Aber was den »leibhaftigen« Dichter anbetreffe, da müssten die Menschen letztlich – wenn sie nur wüssten! (*»for seeliest ignorance!«*) – einen anderen Weg gehen: *»But these ways Were not the paths I meant unto thy praise; For seeliest ignorance on these may light, Which, when it sounds at best, but echoes right; Or blind affection, which doth ne'er advance.«* Das Unwissen um die Doppelnatur des Namens Shakspeare/Shakespeare bedeute im besten Falle,

---

[63] In Kapitel 11 (s. S. 535) wird als Autor von »Polimanteia« Marlowe/Shakespeare erkannt. Man kann vermuten, dass Jonson die dortige Selbstkennzeichnung Shakespeares/alias Marlowe (1595) »*and if either there be folly in me for to love so much (…) let then blame me of too blind affection*« für seine Laudatio in der FF aufgriff.

dass der Dichtername sich gleich anhöre wie der des Mannes aus Stratford (*Which, when it sounds at best, but echoes right*).

Dieser 17-zeilige »Vor-Anfang« von Jonsons Lobrede besitzt ohne jeden Zweifel eine hochsignifikante Bedeutung und er offenbart, dass Jonson ein Problem hatte. Er durfte zwar das Werk loben, lief aber – wie erwähnt – Gefahr, sich mit dem Lob der Person den Neid (und Ärger) des noch lebenden Autors zuzuziehen. Wenn ein sieben Jahre zuvor (1616) verstorbener Shakspere aus Stratford dieser Autor und Dichter gewesen wäre, wäre eine solche Aussage nicht logisch und der ganze Vorspann nicht notwendig. Wenn aber der wahre, noch lebende Dichter (Shake-speare) unter Pseudonym schreiben musste und Shakspere als maskierender Strohmann zu fungieren hatte, wird diese Textpassage unmittelbar plausibel.

Auch der speziellen Passage, in der sich Jonson auf die reine Wertschätzung und die blinde Zuneigung zum Autor (»*Or blind affection*[64], *which doth ne'er advance The truth, but gropes, and urgeth all by chance*«) bezieht, kommt eine besondere Bedeutung zu. Der Schlüssel zur Interpretation dieser Passage dürfte in einem »ähnlichen« Gedicht Ben Jonsons aus dem Jahr 1616 liegen, das in gleicher Weise an einen ungenannten Autor gerichtet ist (»*To His Much and Worthily Esteemed Friend, The Author*«), ohne dass unmittelbar eindeutig wird, wer hier gemeint ist.

> *XIX. – To His Much and Worthily Esteemed Friend, The Author.*
> *Who takes thy volume to his virtuous hand,*
> *Must be intended still to understand:*
> *Who bluntly doth but look upon the same,*
> *May ask, what author would conceal his name?*
> *Who reads may rove, and call the passage dark,*
> *Yet may as blind men sometimes hit the mark.*
> *Who reads, who roves, who hopes to understand,*
> *May take thy volume to his virtuous hand:*
> *Who cannot read, but only doth desire*
> *To understand, he may at length admire.*

Die Zeile »*Yet may as blind men sometimes hit the mark*« erinnert thematisch stark an die Zeile neun des Vorspanns der »First Folio« (»*Or blind affection ...*«) von Shakespeare. Es ist höchst unwahrscheinlich, dass dies reiner Zufall ist. In seinem Gedicht will Jonson offenbar deutlich machen, dass er über »einen Au-

---

[64] Man kann annehmen, dass Ben Jonson das Werk »Polimanteia« und die Selbstkennzeichnung des Autors W. C. (der Marlowe/Shakespeare gewesen sein muss, s. S. 535) kannte: »*and if either there be folly in me for to love so much or fault it in you to deserve so little let then blame me of too blind affection; and accuse you of not deserving; and so speedily from Fames book will I cancel out your praise*«.

tor« schreibt, dessen Namen er nicht enthüllen kann (»... *author would conceal his name«*). Die Ähnlichkeit beider Gedichte (1616/1623) macht es glaubwürdig, dass unter »the Author« in beiden Fällen die gleiche Person zu verstehen war, die ihren Namen nicht enthüllen durfte und wollte (Marlowe/Shake-speare).

Es erstaunt, dass, ähnlich wie im Titel der »First Folio«, Jonson in diesem Gedicht Nr. XIX im Titel von seinem »*Much and Worthily Esteemed Friend, The Author*« [Shakespeare] spricht. Die ungewöhnliche Reihung in der Überschrift der »First Folio«, zuerst der Autor und dann der Name, muss eine Bedeutung besitzen, wenn man bedenkt, dass Jonson den Dichterfreund Georg Chapman im unmittelbar folgenden Gedicht Nr. XX keineswegs mit dieser doppelten Titulatur, sondern mit »*my Worthy and Honored Friend, Master George Chapman*« anredete. Warum tat er dies nicht auch bei Shakespeare?

Es gibt noch ein weiteres kurzes Gedicht von Jonson, in dem eine Person angesprochen wird, die sich offenbar sorgt, dass Jonson nicht genug darauf bedacht sein könnte, ihren Namen zu verbergen. In allen drei genannten Fällen erscheint es einleuchtend und logisch, dass immer die gleiche Person (Shake-speare/Marlowe) gemeint war.

> *LXXVII. — To One that desired not to name him*
> *Be safe, nor fear thyself so good a fame,*
> *That, any way, my book should speak thy name:*
> *For, if thou shame, rank'd with my friends, to go,*
> *I am more ashamed to have thee thought my foe.*

Jonsons eigentliche Würdigung von Shakespeare in der »First Folio« beginnt nach der 17-zeiligen Klarstellung und Definition, wer der eigentliche Autor ist, mit:

> *I, therefore will begin. Soule of the Age!*
> *The applause! delight! the wonder of our Stage!*
> *My Shakespeare, rise; I will not lodge thee by*
> *Chaucer, or Spenser, or bid Beaumont lye*
> *A little further, to make thee a roome:*
> *Thou art a Moniment, without a tombe,*
> *And art alive still, while thy Booke doth live,*
> *And we gave wits to read, and praise to give.*

Jonson nennt den Autor »*a Moniment without a tombe*«, wobei verschiedene Experten diesen schwer verständlichen Ausdruck damit zu erklären versuchten, dass Shakespeare nicht wie andere Dichtergrößen in der Poet's Corner von Westminster Abbey begraben wurde, wie das bei seiner Berühmtheit eigentlich zu erwarten gewesen wäre.

Eine rationale Erklärung hierfür kann eigentlich nur sein, dass mit dem

Autor nicht Shakspere gemeint sein konnte, der ja ein Monument und ein Grab in Stratford bekam, sondern Marlowe, der kein Grabmonument bekommen konnte und in seinem Sonett 81 bitter formuliert: »*Though, I once gone, to all the world must die. The earth can yield me but a common grave.*«

Hierzu passt die plausible Hypothese, dass der reale Autor (Marlowe/Shake-speare) bei der Drucklegung der »First Folio« (1621–1622) noch am Leben war (»*And art alive still, while thy Booke doth live*«). Des Autors (Marlowes) dichterisches Werk ist das einzige Monument, das wir von seinem Leben zurückbehalten (siehe auch »Timon von Athen«, s. S. 498 ff.).

Ben Jonson hat die Äußerungen seiner Theaterkollegen Heminges und Condell in ihrem Vorwort in den »First Folio« (»*Epistle To The Great Variety of Readers*«) korrigiert. Dieser Text impliziert, dass man bei Shakespeare davon ausging, dass er seine Stücke in »einem Guss« schrieb und dass wegen seiner phänomenalen »Fehlerlosigkeit« keine Notwendigkeit bestanden hätte, die Texte zu editieren und zu korrigieren:

> »*His mind and hand went together: And what he thought, he uttered with that easinesse, that wee have scarse received from him a blot in his papers.*«

Da Ben Jonson als ein praktizierender Schriftsteller diesen Äußerungen bereits auf der nächsten Seite, aber noch heftiger in späteren Schriften widersprach, ist viel darüber gerätselt worden, ob Heminges und Condell hier wider besseres Wissen schrieben, bewusst die Unwahrheit sagten, oder der Text dem Kopf Jonsons entsprang. Jonson in der »First Folio«:

> »*Who casts to write a living line, must sweat,*
> *(Such as thine are) and strike the second heat*
> *Upon the Muses anvile: turne the same,*
> *(And himselfe with it) that he thinkes to frame;*
> *Or for the lawrell, he may gaine a scorne,*
> *For a good Poet's made, as well as borne.*
> *And such wert thou.*«

Auch wenn Shakespeare möglicherweise einen Großteil seiner Texte dank seines phänomenalen Gedächtnisses (ähnlich wie Mozart, der die gesamte »Linzer Sinfonie« an einem Wochenende ohne Korrekturen niederschrieb) im Kopf konzipierte und behalten konnte, besteht doch aufgrund der zahlreichen Veränderungen von Passagen des gleichen Stückes im Verlauf von Jahren wenig Zweifel, dass er intensiv korrigiert und redigiert hat.

Wahrscheinlich haben Heminges und Condell – da sie selbst keine Schriftsteller und sich der künstlerischen Prozesse weniger bewusst waren – keinen Grund gesehen, daran zu zweifeln, dass Shakspere der Verfasser der »fehlerlosen« handschriftlichen Texte war, die sie erhalten hatten, auch wenn sie möglicherweise von einem Schreiber sauber abgeschrieben waren. Es erstaunt, dass Heminges und Condell jahrhundertelang mehr geglaubt wurde als Jonson.

Christopher Marlowe, der wegen der gegen ihn gerichteten Anklagen unter Königin Elisabeth und dem Erzbischof John Whitgift auf die Todesliste von Staat und Kirche gelangt war, hätte unter seinem Namen niemals wieder veröffentlichen können. Er war in den Augen Englands gestorben, und nur durch die Mithilfe des ihn maskierenden »Strohmanns« William Shakspere aus Stratford gelang es, seine neuen Stücke zu drucken und sein künstlerisches Werk fortzusetzen. Die Stücke hätten über einen längeren Zeitraum nicht anonym gedruckt werden können, da die Zensur über kurz oder lang zumindest deklarieren musste, woher die Stücke kamen beziehungsweise von welchem Verfasser sie stammten. Edward Blount, dessen Verbindungen zu Christopher Marlowe und Thomas Walsingham gut belegt sind, gelang es zusammen mit Ben Jonson, Shakspere, dessen Geschäftspartnern Heminges und Condell und anderen, die Theaterstücke zu drucken, weil die Zensur bei dem gedruckten Namen »Shakespeare« von einem existierenden »Autor« ausgehen konnte.

Second Folio

In der zweiten Folio-Gesamtausgabe (»Second Folio«), die 1632, also nur neun Jahre nach der ersten (1623), erschien, setzen drei neu hinzugefügte Zueignungsgedichte ohne Frage die Indizien fort, die bereits in der »First Folio« für ein Autorschaftsproblem sprechen:

a) *»Upon the Effigies of my worthy Friend, the author Master William Shakespeare, and his Workes«* (unsigniert)
b) *»An Epitaph on the admirable Dramaticke Poet, W. Shakespeare.«* (unsigniert, erschien später in John Miltons Poems, 1645, datiert mit 1630)
c) *»On Worthy Master Shakespeare and his Poems!«* (signiert mit I. M. S.)

Die Gedichte lassen ein zweigeteiltes Leben des Dichters und ein Problem mit seinem wahren Namen erkennen:
Zu a)
Um das »wahrere« und »eigentlichere« Bild des Autors zu erkennen, solle man das Buch lesen (*»To see The truer image and a livelier he turne Reader«*). Da man Gegensätzliches (*»thou find'st two contraries«*) in dem Buch finde (Lustiges, Trauriges, Komödien, Tragödien), werde man zwei verschiedene Leidenschaften in ihm entdecken, wer allein könnte solch

Wundersames bewirkt haben (*»who alone effect such wonders could«*), das heißt, den außergewöhnlichen Shake-speare in seinem Leben solle man betrachten, [nicht aber den auf dem Bilde] (*»Say, Rare Shake-speare to the life thou dost behold«*).

Zu b)
Er, der Ruhmreiche (*»Great heir of fame«*), was brauche er solch eine dumme Bezeugung seines [wahren] Namens (*»What needst Thou such dull witnesse of the Name?«*).
   Wer sich hier nicht eines Identitätsproblems bewusst ist, für den kann weder die Frage um des Dichters Namen noch die logische Sinnhaftigkeit dieser Aussagen verständlich werden.

Zu c)
Auch in dem 77-zeiligen Gedicht wird eine Unterscheidung zwischen einem verstorbenen ungehobelten »Hirnlosen« (*Churl, without braine* [Shakspere]) und einem lebenden Dichter (*Royal Ghost* [Shakespeare]) deutlich. Man solle die eisernen Verliese von Tod und Vergessen öffnen (*Blow open the iron gates of death and Lethe*), wo (verwirrend!) [nur] ein Haufen verfallener Sterblichkeit [Shakspere] liege (*where (confused) lye great heapes of ruinous mortality*). In diesem tiefen, düsteren Verlies einen königlichen Geist [Shakespeare] von einem Grobian (*Churles*) [Shakspere] zu unterscheiden (*In that deepe duskie dungeon to discerne; A royall Ghost from Churles*) [ließe sich] mittels der Kunst in Erfahrung bringen, wie das Gesicht an seinem Schatten (*By arte to learne the physiognomie of shades*) plötzlich erkennbar werde (*and give them suddaine birth*).

Edward Blount

Edward Blount gehörte zu Beginn des 17. Jahrhunderts zu den »Büchermachern« im gehobenen Bereich der englischen Belletristik und Literatur. Er war (ähnlich noch William Ponsonby oder ggf. Nicholas Lynge oder Cuthbert Burby) ein Verleger, an den sich ein herausgehobener Dichter und Literat zur Veröffentlichung seines Werkes gewandt hätte. Die Liste seiner gedruckten Autoren zeugt für sein damaliges Ansehen und schließt Persönlichkeiten ein wie Sir William Alexander, William Camden, Sir W. Cornwallis, Samuel Daniel, John Earle, John Florio, Ben Jonson, John Lyly, Christopher Marlowe, Sylvester, Cervantes (Übersetzer Thomas Shelton alias Shakespeare/Marlowe, s. S. 630 ff.). Edward Blount war im Jahre 1623 einer der hauptverantwortlichen Herausgeber des shakespeareschen Gesamtwerks.

Es ist von Bedeutung, dass der Verleger Edward Blount, ein Verehrer des Dichters Christopher Marlowe es mit dem Tode von William Cecil 1598, fünf Jahre nach Marlowes vermeintlichem Tod, bereits wagen konnte, Marlowes Werk »Hero und Leander« mit einem eindrucksvollen Vorwort an Marlowes Freund und Gönner Thomas Walsingham zu veröffentlichen. Dies geschah zu einer Zeit, als wegen des Rufmords Marlowes kaum einer seinen Namen zu nennen wagte und jedermann den Charakter des Dichters von »Hero und Leander« noch herabwürdigte. Seine Veröffentlichung dürfte zum Ausdruck bringen, mit welch persönlicher Zuneigung er das Dichtergenie Christopher Marlowe schätzte und wie stark sein Wunsch gewesen sein muss, dass ihm »eine Wiedergutmachung« widerführe.

Die engen Verbindungen zwischen Marlowe (Shakespeare) und Edward Blount ziehen sich damit von Beginn an bis zum Ende wie ein roter Faden durch ihr Leben. Für Christopher Marlowe ergäbe sich damit eher ein Indiz, der Verfasser der First Folio zu sein als für Shakspere aus Stratford, für den keinerlei Verbindungen zu dem Herausgeber des Gesamtwerkes des Werkekanons hergestellt werden können.

Unternehmen »First Folio«

Es steht bis heute zwar nicht sicher fest, wer die treibende und finanzielle Kraft hinter dem Unternehmen »First Folio« war. Alles deutet aber auf die wohlhabenden Brüder William and Phillip Herbert, die Söhne von Mary Herbert Sidney, hin, denen die »First Folio« zugeeignet war. Ein Indiz dürfte auch in der Zueignung von George Withers (»A Collection of Emblems«, 1634) an Phillip, Earle of Pembroke and Mountgomerie, erkennbar werden.

Dort schreibt der Dichter in fortgeschrittenem Alter (Ausschnitt):

> »Though, Worthless in my own repute I am;
> And (though my Fortune, so obscures my Name
> Beneath my hopes; that, now, it makes me seeme
> As little worth, In other mens esteeme,
> As in mine owne)
> (...)
> To Mee, so freely, of his owne accord
> It pleased Him, his Favours, to afford;
> That, when our learned, and late Sov'raigne Prince
> (by others mis-informed) tooke offence
> At my Free Lines. Hee found'd such Meanes and Places
> To bring, and reconcile mee to his Grace
> That, therewithall, his Majestie bestow'd
> A gift upon mee, which his Bountie show'd.«

George Wither dürfte, wie Kapitel 11 zeigen wird, einer der vielen Tarnnamen gewesen sein, unter denen Christopher Marlowe (alias Shakespeare) nach seinem vermeintlichen Tod 1593 schrieb.

Experten gehen davon aus, dass etwa 500 Exemplare der First Folio gedruckt wurden und Edward Blount möglicherweise einen Teil des finanziellen Risikos auf sich nahm. Blount dürfte wegen seiner verschiedenen nachgewiesenen Kooperationen mit Marlowe am ehesten über die Mehrzahl der zahlreichen, bis dato unveröffentlichten Werke Shakespeares verfügt haben. Nur unter der Annahme, dass Marlowe als Werkeverfasser noch lebte, bleibt es überzeugend, dass er selbst größtes Interesse hatte, dass sein Werk mit zahlreichen unveröffentlichten Stücken und ausgiebigen späten Korrekturen noch zu seinen Lebzeiten in Druck gelangte.

Eines muss man sich vergegenwärtigen: Neben den in der »First Folio« festgestellten erheblichen textlichen Veränderungen im Vergleich zu früheren Quartos wurden in den Jahren 1619–22 noch erhebliche Textmodifizierungen in späteren Quartos vorgenommen, die unzweifelhaft den Stil Shakespeares verraten: zum Beispiel Hinzufügung von 1081 Zeilen zu »Die lustigen Weiber von Windsor« sowie Neuschreibung von Teilen; Hinzufügung von 1139 Zeilen zu »Heinrich V., Teil 2« sowie neuer Titel und 2000 Einzelkorrekturen beziehungsweise Verbesserungen); Hinzufügung von 906 Zeilen zu »Heinrich VI.«, Teil 3« sowie ein neuer Titel; Hinzufügung von 1100 Zeilen sowie einer neuen Szene zu »König Johann«; Hinzufügung von 193 Zeilen zu »Richard III.« sowie 2000 Einzelkorrekturen beziehungsweise Verbesserungen; Hinzufügung von 160 neuen Zeilen zu »Othello« sowie Veränderungen im Text.

Da zur Zeit der Drucklegung der »First Folio« (1623) Shakspere sieben Jahre tot war und in den circa fünf Jahren vor seinem Tod keine literarische Produktivität nachweisbar ist, würde dies bedeuten, dass die ausgiebigen textlichen Änderungen in den Quartos und der »First Folio« – wenn sie von Shakspere stammten – bereits ein Jahrzehnt zuvor abgeschlossen gewesen sein müssten und dann lange Zeit geruht hätten. Dies erscheint nicht wahrscheinlich und logisch.

Die einzig vernünftige Erklärung kann nur sein, dass nicht Shakspere die Korrekturen und Änderungen (1619–1623) vorgenommen hat, sondern Christopher Marlowe, der den ihn maskierenden Strohmann Shakspere um Jahrzehnte überlebte.

4. Die zeitgenössische Urheberschaftskontroverse

Der eilige Leser mag dieses Kapitel getrost überspringen. Es macht auf kaum bekannte Indizien aufmerksam, dass sich bereits zu Lebzeiten Shakespeare Zeitgenossen darüber bewusst waren, dass es mit dem Dichter und seinem Namen eine ungewöhnliche Bewandtnis hatte, hinter der sich die Urheberschaftsfrage verbarg.

Das »Shake-scene«-Indiz

Das erste Dokument, das als Beleg gewertet wird, dass Shakspere sich in London aufhielt, stammt von dem Schriftsteller Robert Greene, der 1592 in seinem sogenannten »Groathsworth«-Pamphlet[65] eine Person als Emporkömmling (»*upstart crow*«) diffamierte, die sich Dinge anmaßte, die ihr nicht zustünden, da sie nicht wie die angesehenen Dichter ihrer Zeit ihre Kunst an der Universität gelernt hätte. Das Wortspiel »*Shake-scene*« werten die meisten Shakespeare-Biografen dabei bis heute unkritisch als wichtige und früheste Anspielung (1592!) auf Shakspere und widmeten ihm fast immer ein ganzes Kapitel.

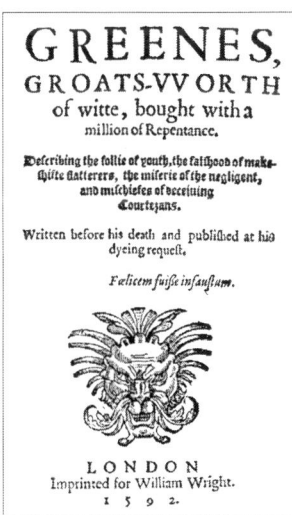

Robert Greenes »Groats-Worth of witte«, 1592

Kurz nach Greenes Veröffentlichung entschuldigte sich Henry Chettle im Vorwort des von ihm herausgegeben »Kind-Heart's Dream« beim »gebildeten« Marlowe (»*whose learning I reverence*«), der sich massiv darüber beschwert hatte, dass in Greenes Pamphlet über ihn in solcher Weise zu lesen war.

Chettle: »*(...) I am as sory, as if the originall fault had beene my fault, because myselfe haue seene his demeanor no lesse civill than he exclent in the qualitie he professes: (...) For the first* [Marlowe], *whose learning I reverence, and, at the perusing of Greenes booke,*

---

[65] Robert Greene: Groats-Worth of witte, bought with a million of repentance, London 1592, Onlineversion: http://www.archive.org/stream/groatsvvorthofwi00greeuoft#page/n7/mode/2up, aufgerufen am 19.1.2011.

stroke out what then, in conscience I thought, he in some displeasure writ: or had it beene true, <u>yet to publish it was intollerable:</u> him I would wish to use me no worse than I deserve.«[1]

Aus dem Pamphlet wurde irrigerweise gefolgert, dass Shakespeare 1592 in London bereits bekannt gewesen sein müsse und einflussreiche Gönner hatte. Diese Schlussfolgerung entbehrt jeder Logik.

In den nachfolgenden Abschnitten dieses Kapitels wird dargelegt, dass es zahlreiche erstaunliche Quellen und Hinweise gibt, die eindeutig auf einen Urheberschaftsdisput bereits zu Lebzeiten Shakspheres hinweisen. Diese Hinweise und Quellen tauchen in fast keiner der zahllosen Shakespeare-Biografien auf. Sie wurden schlicht ignoriert oder gelegentlich in ihrer Beweiskraft mit allen Mitteln entwertet, da sie sich nicht in das fixierte Bild der Shakespeare-Urheberschaft einfügen ließen.

Ich wage die Behauptung, dass die Anzahl der in diesem Kapitel dargestellten Indizien, die für ein zeitgenössisches Bewusstsein der historischen Täuschung (Identitätswechsel von Marlowe zu Shakespeare) sprechen, den wenigsten Shakespeare-Experten bekannt sind. Stattdessen konzentrierte sich das Interesse über Jahrhunderte hinweg auf ein einziges, zudem noch irrtümliches Indiz (»Shake-scene«), das zu Anfang dieses Kapitels noch einmal ausführlicher dargestellt werden soll.

Ohne dieses Indiz des Kronzeugen Robert Greene wäre »Venus und Adonis« (1593) der erste eindeutige literarische Hinweis auf das Auftauchen des bis dato unbekannten, niemals zuvor erwähnten Dichters und Dramatikers Shakspere. Das Opus 1 des damals fast 30-Jährigen wäre danach also erst nach dem vermeintlichen Tod Marlowes gedruckt worden.

Diese zeitliche Abfolge, zuerst der Tod Marlowes und dann das erstmalige literarische Auftauchen eines gleich alten neuen Genies Shakspere, ist nicht nachvollziehbar, unplausibel und damit in höchstem Maß suspekt.

Der Dramatiker Robert Greene, der wie der acht Jahre jüngere Marlowe in Cambridge studiert hatte, stand zu jener Zeit in London in literarischem Wettbewerb zu ihm. Er bezog aus seinen Theaterstücken sein einziges Einkommen. Auf dem Sterbebett (1592) wandte er sich in »The Groatsworth of Wit« zum letzen Mal an seine Leser. Ein Teil dieses Pamphlets enthält – neben einer wüsten Beschimpfung eines Schauspielers – eine Reihe von Ermahnungen an drei namentlich nicht genannte Schriftsteller, bei denen es sich um Christopher Marlowe (*»thou famous gracer of Tragedians«*), um Thomas

---

[1] Henry Chettle: Kind-Hart's Dreame, in: Early English Poetry Ballads and popular Literature of the Middle Ages. Herausgegeben von der Percy Society, London 1861, S. 3–31, hier S. IV; Onlineversion: http://www.archive.org/stream/kindheartsdreamoosmitgoog#page/n32/mode/2up/search/intollerable, aufgerufen am 19.1.2011.

Nashe (»*Yong Juvenall, that biting satirist*«) sowie weniger sicher um George Peele (»*no less deserving than the other two*«) gehandelt haben muss.

Die folgende deutsche Übersetzung (modifiziert nach Robert Detobel) enthält einen Ausschnitt dieses Textes. (Erläuternde Ergänzungen in eckigen Klammern beziehungsweise Unterstreichungen erscheinen nicht im Original!):

»Und deshalb, während es mir das Leben noch erlaubt, werde ich eine Warnung an meine alten Kameraden schicken, die ebenso drauf losgelebt haben wie ich; obwohl ich vor Schwäche kaum noch schreiben kann, werde ich doch folgende wenige Zeilen an meine Mitakademiker richten, die sich im Gebiet dieser Stadt [London] aufhalten.

An jene Gentlemen, seine einstigen Bekannten, die ihre geistigen Fähigkeiten darauf verwenden, Bühnenstücke zu schreiben; ihnen wünscht R. G. einen besseren Gebrauch davon und Weisheit, damit sie seine Maßlosigkeit vermeiden mögen. Wenn, Gentlemen, schmerzliche Erfahrung Euch dazu bewegen kann, auf der Hut zu sein, oder unerhörtes Elend Euch Vorsicht zu lehren vermag, dann zweifle ich nicht daran, dass Ihr auf das Leben, das ihr bisher verbracht habt, in Trauer zurückblicken werdet, um das Leben, das kommen wird, in Reue zu verbringen.

[an Christopher Marlowe] Wundere Dich nicht – denn mit Dir, berühmter Beglücker der Tragödien [»*thou famous gracer of Tragedians*«], will ich beginnen –, dass Greene, der gleich Dir (wie die Toren in ihrem Herzen) gesagt hat ›Es ist kein Gott‹, nun dem Herrn Ehre gibt, denn alldurchdringend ist seine Macht, die Hand des Herrn liegt schwer auf mir, er hat mit donnernder Stimme zu mir gesprochen und ich habe gespürt, dass er ein Gott ist, der Feinde bestrafen kann. Warum sollte Dein hervorragender Geist [»*thy excellent wit*«], des Herrn Gabe, so verblendet sein, dass er dem Gebet keine Ehre gäbe? Ist es abscheuliche machiavellistische Politik, die Du [Marlowe] gelernt hast? Oh irrlichternder Wahn! [»*oh peevish folly*«]. Was sind dessen Vorschriften anders als wirre Narreteien, dazu angetan, in kurzer Zeit das Menschengeschlecht zu tilgen. Denn wenn »Sic volo, sic jubeo« in denen, die zu befehlen berufen sind, und wenn es, einerlei ob gut oder böse, rechtmäßig wäre, das zu tun, was einem Nutzen bringt, dann sollten nur Tyrannen das Erdreich besitzen und in gegenseitiger Überbietung an Tyrannei einander niedermetzeln, bis der stärkste von ihnen alle anderen überlebt und der letzte Schlag dem Tod vorbehalten bleibt, um mit diesem einen Schlag das Ende der Menschheit zu besiegeln. Der Erfinder dieses teuflischen Atheismus [Machiavelli] ist tot, und in seinem Leben fand er nie das Glück, nach dem er trachtete, sondern da er mit List anfing, lebte er in Furcht und endete in Verzweiflung. Wie unerforschlich sind Gottes Wege! Dieser Mörder vieler Brüder, ihm ward wie Kain das Gewissen versengt, dieser Verräter dessen, der sein Leben für ihn opferte, erbte Judas' Teil, dieser Apostat siechte dahin wie Julian, und willst Du, mein Freund [Marlowe], sein Schüler sein? Schau nur auf mich, der ich von ihm zu dieser Freizügigkeit verführt wurde, und Du [Marlowe] wirst es als höllische Sklaverei empfinden. Ich weiß, dass die geringste meiner Mis-

setaten dieses elende Sterben verdient, aber mutwilliges Eifern gegen bekannte Wahrheit übertrifft alle Heimsuchungen meiner Seele. Zögere nicht wie ich bis zu dieser äußersten Grenze, denn wenig weißt Du darüber, was Dich am Ende erwartet.
(...)
Niedriger Gesinnung seid Ihr alle drei [Marlowe, Nashe, Peele], wenn Euch mein Elend keine Warnung ist; denn diese Kletten [»*those burres to cleave*«] beabsichtigten nicht, an einem von Euch oder an mir kleben zu bleiben; diese Puppen [er meint Schauspieler], meine ich, die aus unserem Munde sprechen, diese mit unseren Farben geschmückten Fratzen [»*Anticks garnisht*«]. Ist es nicht merkwürdig, dass ich, zu dem sie alle dankbar aufschauten: ist es nicht wahrscheinlich, dass Ihr, zu denen sie alle dankbar aufblicken, in der Lage wäret, in der heute ich bin, wie ich – von ihnen fallengelassen würdet? (...) Nein, traut ihnen [den Schauspielern] nicht: denn da ist eine emporsteigende Krähe [»*upstart crow*«], geschmückt mit unseren Federn, mit seinem Tigerherzen, in Schauspielerhaut gesteckt [»*Tygers hart wrapt in a Players hyde*«], die glaubt, genauso gut einen Blankvers vollstopfen [»*bombast*«] zu können wie der beste von Euch: und dieser absolute Wichtigtuer [»*Johannes factotum*«] in seiner eigenen Eingebildetheit [»*own conceit*«] dünkt sich selbst der einzige Bühnenerschütterer [»*Shake-scene*«] im Lande.«
(...)
Robert Greene.«[2]

Die »Tygers hart«-Zeile erschien erstmals 1595 in dem Shakespeare zugeschriebenen Quarto »*The True Tragedie of Richard Duke of Yorke*«[3], aus dem aber damals, da ohne Namen eines Autors veröffentlicht, nicht hervorging, wer das Theaterstück verfasst hatte. Dies bedeutet de facto, dass der erste gesicherte Hinweis, dass die Zeile von Shakespeare stammt, frühestens der »First Folio« (1623) entnommen werden konnte, die erstmalig diese Zeile dem Namen Shakespeare in »Heinrich VI.«, Teil 3, zuordnete. Eine frühere Referenz zu dieser Zeile kann also keineswegs und automatisch einen Bezug zu William Shakespeare hervorgerufen haben.

Greenes Text, der vor allem an das dramatische Genie Christopher Marlowe (»*thou famous gracer of Tragedians*«, »*thy excellent wit*«) gerichtet war, warnt die drei Dichter vor Schauspielern im Allgemeinen und mit hoher Wahr-

[2] Robert Greene: Groats-Worth of witte, bought with a million of repentance, London 1592, S. 42–46; Onlineversion: http://www.archive.org/stream/groatsvvorthofwioogreeuoft#page/42/mode/2up, aufgerufen am 19.1.2011.
[3] Robert Greene: Groats-Worth of witte, bought with a million of repentance. London 1592, S. 46–47; Onlineversion (http://www.archive.org/stream/groatsvvorthofwioogreeuoft#page/46/mode/2up), aufgerufen am 19.1.2011.

scheinlichkeit vor dem damals berühmtesten Schauspieler Edward Alleyn (Schwiegersohn von Philip Henslowe), den Greene als »Bühnenerschütterer« (»Shake-scene«) bezeichnet und der zwischen 1587 und 1593 alle großen Hauptrollen in Marlowes Stücken (zum Beispiel »Tamerlan«, »Dr. Faustus«, »Barrabas«) verkörperte.

Mit dem Bild einer Krähe hatte Greene bereits zwei Jahre zuvor, 1590, seine Abneigung gegen Alleyn zum Ausdruck gebracht, als er unter Zuhilfenahme des großen römischen Schauspielers Roscius verdeckt auf ihn anspielte (Klammern und Unterstreichungen erscheinen nicht im Original):

> *»Why Roscius [Alleyn], art thou proud with Aesop's crow [!], being pranct with the glory of others' feathers? Of thyself thou canst say nothing, and if the <u>Cobbler</u> [Marlowe] <u>hath taught thee to say Ave Caesar</u>, disdain not thy tutor because thou Pratest in a King's Chamber.«*

(»Warum, Roscius, bist du stolz mit Aesops Krähe, die sich mit den Federn anderer schmückt? Von dir kannst du nichts sagen, und wenn der Schuster [Marlowe war Sohn eines Schusters] dich lehrte, Ave Caesar auszurufen, verachte nicht deinen Lehrer [Marlowe], weil du in der Kammer eines Königs schwätzen darfst.«)

Greene macht deutlich, dass sich der berühmte Schauspieler Alleyn mit fremden Federn schmückte, wenn er aus Monologen in Marlowes Stücken zitierte. »Ave Caesar« bezieht sich hier auf Akt 1, Szene 1 des Stücks »Edward III.«[4]

Die Einschätzung, dass es sich bei dem Wort *»upstart crow«* um eine Anspielung auf Alleyn gehandelt haben muss und keineswegs um Shakspere, wird zusätzlich durch ein Epigramm Ben Jonsons an Alleyn aus dem Jahr 1616 bekräftigt:

> *»If Rome so great, and in her wisest age*
> *Feared not to boast the glories of her stage*
> *As skillfull Roscius and grave Aesop, men,*
> *You crowned with honours as with riches then (...).«* [5]

Zwei von Greenes eigenen Stücken, »Friar Bacon and Friar Bongay« und »The History of Orlando Furioso«, wurden 1591 von den Lord Strange's Men aufgeführt. Verschiedene zeitgenössische Zeugnisse belegen, dass der damals

---

4   Siehe Quarto 1: http://special-1.bl.uk/treasures/SiqDiscovery/ui/PageMax.aspx?strResize=yes&strCopy=106&page=-2, aufgerufen am 19.1.2011.
5   Ein anonymes, wahrscheinlich frühes Stück von Shakespeare, das weder in der »First Folio« noch in der Auflistung aller Shakespeare-Werke von Francis Mere aus dem Jahr 1598 erwähnt wird; vgl. auch Eric Sams: Shakespeare's Edward III: An Early Play Restored to the Canon, New Haven 1996.

26-jährige Alleyn zu jener Zeit mit dieser Schauspieltruppe in Verbindung stand und fast alle Heldenhauptrollen spielte, fremde Stücke veränderte, modifizierte und möglicherweise selbst versuchte, Stücke zu schreiben.

Dass Greene in seinem »Groatsworth« in der »Tygers heart«-Zeile (»*Tygers hart wrapt in a Players hyde*«) das Wort »*women*« durch »*player*« ersetzte, lässt erkennen, dass er die frühe Fassung von »Heinrich VI.-Teil 3« (»*The True Tragedie of Richard Duke of Yorke*«) kannte und das »woman« in »player« umwandelte, was sich auf Edward Alleyn, keineswegs aber auf den unbekannten Shakspere beziehen lässt.

Die »Tygers hart«-Zeile entstammt der Szene 41 im ersten Akt, in der York (von Edward Alleyn gespielt) die Königin Margaret rüde und grausam denunziert (»*Tygers hart wrapt in a Players hyde*«). Der Text belegt, dass die Frühfassung des späteren »Heinrich VI./Teil 3« mindestens 1591/92 aufgeführt worden sein muss.

Es gibt keinen Beleg, dass Shakspere sich bereits 1591/92 in London aufhielt. Er gehörte weder dem »Raleigh-Zirkel«[6], noch den Northumberland's Men[7] noch den »University Wits«[8] an. Seine wichtigsten schöpferischen Jahre, die nach der Geburt seiner Zwillinge Judith und Hamneth im Jahr 1585 beginnen und 1593 enden – nähme man an, er wäre der Werkeverfasser –, sind nicht durch Quellen belegt. Es bleibt unverständlich, warum die meisten Shakespeare-Biografen nicht viel mehr hinterfragen, wann und wo Shakspere vor 1593 alle drei Teile von »Heinrich VI.« geschrieben haben soll (noch vor »Venus und Adonis«) und wie er an die umfangreichen historischen Quellen (»Holinshed's Chronicle«, »Hall' Chronicle« etc.) für diese Stücke gelangte.

Es bleibt schwer zu verstehen, wie der »Groatsworth«-Text von Robert Greene aus dem Jahr 1592, in dem er sich erkennbar über einen »absahnenden« Schauspielerstar und Emporkömmling (»*upstart crow*«) ärgert, als Hinweis auf Shakspere gewertet werden kann. Wenn Greene 1592 nicht das Wort »Shake-scene« verwendet hätte, wäre niemand je auf die Idee gekommen, dass in dem Pamphlet ein William Shakespeare angesprochen wird, der 1592 in London existierte. Es entfiele der einzige vermeintlich gesicherte Beweis, dass Shakspeare bereits vor dem Verschwinden Marlowes als Dichter in London

---

[6] Zitiert nach: Robert Chambers: The Book of Days. A Miscellany. London/Edinburgh 1869, S. 615.
[7] The Marlowe Society: http://www.marlowe-society.org/marlowe/life/freethinkers1.html, aufgerufen am 19.1.2011.
[8] Henry Percy, 9th Earl of Northumberland, soll zu einer »geheimen« Vereinigung (auch als »School of Night« bezeichnet) von Intellektuellen, ausgewählten Mitgliedern des fortschrittlichen Adels und gebildeten Bürgern gehört haben.

lebte. Der »Shake-scene«-Stelle kommt eine zentrale Rettungsankerfunktion zu, die eine zeitgenössische Urheberschaftsproblematik als nicht berechtigt erscheinen lassen soll.

Den nachfolgend in diesem Kapitel dargestellten Dokumenten und Quellen, die ohne Zweifel eine zeitgenössische Urheberschaftsproblematik und -diskussion erkennen lassen, werden bis heute keine annähernd ähnliche Bedeutungen beigemessen, wie sie der »Shake-scene«-Stelle von Robert Greene allenthalben zukommt. Warum eigentlich nicht?

John Davies of Hereford

In der Gedichtsammlung »The Scourge of Folly« (1610?) von John Davies of Hereford[9] finden sich unter den Gedichten über Personen, die er verehrte oder bewunderte, Epigramme[10], in denen er sich an »Shakespeare« wendet (*»To our English Terence, Mr. Will. Shake-speare«*). Das Epigramm 159 wird stets als eine (der wenigen) Quelle zitiert, die eine zeitgenössische Existenz von Shakespeare belegt. Aber auffälligerweise wird so gut wie nie auf einen Zusammenhang zwischen diesem Epigramm 159 und den zwei nachfolgenden (160 und 161) eingegangen (nicht einmal von einem der größten Shakespeare-Forscher überhaupt, James Orchard Halliwell-Phillipps[11]). Die Epigramme gehören aber ohne Zweifel zusammen und weisen auf eine unterlagerte Urheberschaftsproblematik hin. Sie unterscheiden sich von den übrigen Epigrammen auf erstaunliche Weise, auch wenn sie alle ähnlich beginnen. Beispielhaft seien die Titel der Epigramme Nr. 155–165 aufgelistet (Unterstreichungen und Fettdruck nicht im Original):

> Epigramm 155: *To my worthily-disposed friend Mr. Sam. Daniell.*
> Epigramm 156: *To my well-accomplish'd friend Mr. Ben. Iohnson.*
> Epigramm 157: *To my much esteemed Mr. Inego Iones, our English Zeuxis and Vitruuius.*

[9] Internet Shakespeare Editions: »The University Wits«: http://internetshakespeare.uvic.ca/Library/SLT/drama/greene.html, aufgerufen am 19.1.2011.
[10] Er darf nicht mit dem namensgleichen Sir John Davies (1569–1626) verwechselt werden, zu dessen frühen Veröffentlichungen seine Epigramme (1595?) gehörten, die zusammen mit Christopher Marlowes Übersetzungen von Ovids Elegien gedruckt wurden. Dieses Buch gehörte zu den Büchern, deren Verbannung (Verbrennung) 1599 vom Erzbischof von Canterbury und dem Bischof von London angeordnet wurde.
[11] The Complete Works of John Davies of Hereford. Herausgegeben von Alexander B. Grosart. Edinburgh 1878, S. 26; Onlineversion: http://www.archive.org/stream/completeworksjo03grosgoog#page/n112/mode/1up/search/159, aufgerufen am 19.1.2011.

Epigramm 158: *To my worthy kinde friend Mr. Isacke Simonds.*
Epigramm 159: *To our English Terence Mr. Will: Shake-speare.*
Epigramm 160: *To his most constant, though most vnknowne friend; No-body.*
Epigramm 161: *To my neere-deere wel-knowne friend; Some-body.*
Epigramm 162: *To my much regarded and approued good friend Thomas Marbery Esquire.*
Epigramm 163: *To my right deere friend, approued for such, Iohn Panton Esquire.*
Epigramm 164: *To my most deere pupill, Mr. Henry Maynwarring.*
Epigramm 165: *To my beloued friend Mr. Doctor Gwin.*

Es fällt auf, dass John Davies alle Epigramme jeweils an einen Freund (»my friend«) adressiert, während der geteilt geschriebene Shake-speare mit »an unseren« (»*our*«) »englischen Terence« (159) zugleich mit einem geteilt geschriebenen »*No-body*« (160) und einem geteilt geschriebenen »Some-body« (161) angesprochen wird. Das lässt erkennen, dass hier eine außergewöhnliche Situation vorlag, die eine Bedeutung haben muss und einer Interpretation bedarf. Davies deutet mit »*our English Terence*« an (Terence in Anlehnung an den römischen Dichter Terentius; mehr dazu auf S. 108), dass er sich an einen »nationalen« Poeten wendet. Das Epigramm erweckt für viele den Eindruck, als ob hier zwei unterschiedliche Personen gleichzeitig beschrieben würden. Epigramm 159 lautet:

> *To our English Terence Mr. Will: Shake-speare*
> *Some say good Will (which I, in sport*[12]*, do sing)*
> *Had'st thou not plaid some Kingly parts in sport*[13]
> *Thou had'st bin a companion for a King,*
> *And, beene a King among the meaner sort.*
> *Some others raile; but, raile as they thinke fit,*
> *Thou hast no rayling, but, a raigning Wit:*
> *And honesty thou sow'st, which they do reape;*
> *So, to increase their Stocke which they do keepe.*

Die hier angesprochene Person – mit ihrem ungewöhnlichen Titel »unser englischer Terence« und dem geteilten Namen Shake-speare – ist ohne Zweifel die wahre Dichterperson Shakespeare. In den Zeilen fünf und sechs vergleicht Davies Shakespeare mit den übrigen zeitgenössischen Schriftstellern, die

---

[12] Outlines of the Life of Shakespeare. Herausgegeben von J. O. Halliwell-Phillips. London 1886, S. 152/153, Onlineversion: http://www.archive.org/stream/outlineslifeshaoounkngoog#page/n159/mode/2up/search/John+Davies, aufgerufen am 12.7.2010.

[13] Shorter Oxford English Dictionarry (SOED): »*sport*«: a theatrical performance; 1593: a passage or piece of writing.

zwar witzig spotten könnten (»*raile*«), aber hinter Shakespeares quasi königlicher Überlegenheit zurückblieben. Die abschließenden Zeilen offenbaren seine intellektuelle Redlichkeit beziehungsweise Ehrenhaftigkeit (»*honesty*«) insofern, als er so freimütig seinen übermächtigen Geist (»*raigning wit*«) für andere ausbreitete, sodass die Epigonen ihn als Teil ihrer eigenen Schöpfung verstünden. Auch wird Shake-speare mit »*Mr.*« (Master) angeredet, wobei nur Marlowe, nicht aber Shakspere einen solchen Titel erworben hat.

Das unmittelbar folgende, ungewöhnlich kurze Epigramm 160, dessen Person eindeutig mit Shake-speare in Zusammenhang steht (»*To his most constant, though most vnknowne friend; No-body*«) muss bei Kenntnis der Marlowe-Situation (erzwungener Identitätswechsel) als einzigartige, verdeckte, nur Eingeweihten verständliche »zeitgenössische Kennzeichnung der Urheberschaftsproblematik« interpretiert werden. Epigramm 160 lautet:

> *To his most constant, though most vnknowne friend; No-body.*
> *YOU shall be serv'd; but not with numbers now:*
> *You shall be servd with nought: that's good for you.*

Das Epigramm 160 kennzeichnet als ständigen (»*most constant*«) Begleiter von Shake-speare eine Nicht- oder Unperson, einen »*No-body*« (mit geteilter Schreibweise), der so gut wie unbekannt ist (»*most unknown*«). Hinter diesem »*No-body*« kann bei Kenntnis der Urheberschaftsproblematik nur der real existierende Christopher Marlowe erkannt werden, der ab Juni 1593 gezwungen war, als ein Niemand (»*Nobody*«) unter unbekanntem Namen weiterzuleben und dessen Theaterstücke unter dem Pseudonym Shake-speare (Epigramm 159) veröffentlicht wurden. Seine Zeit würde erst kommen; er werde deshalb gegenwärtig mit nichts (»*nought*«) bedacht, das heißt, seine wahre Identität werde geheimgehalten (»*You shall be served with nought*«) – in seinem eigenen Interesse (»*good for you*«).

Das ebenfalls kürzere Epigramm 161 wendet sich an eine dritte zu diesem Komplex gehörende Person, an einen »*Some-body*«, wobei die Trennung mit Bindestrich unzweifelhaft die beabsichtigte Fortsetzung von Shake-speare und No-body darstellt. Epigramm 161 lautet:

> *To my neere-deere wel-knowne friend; Some-body*
> *YOU looke that as myselfe I you should vse;*
> *I will, or else myselfe I should abuse;*
> *And yet with rimes I but my selfe vndoo,*
> *Yet am I some-body with* much adoo*.*

»*Some-body*« stellt eine Verbindung zwischen Shakspere aus Stratford und dem Stück »Viel Lärm um Nichts« (»*Much Ado about Nothing*«) her, er sei ein Mann mit viel Getue (»*some-body* with much *adoo*«). John Davies of Hereford scheint diesen Some-body neben sich selbst als unbedeutend abzutun und spricht ihm die Fähigkeit zur Dichtkunst ab (»*And yet with rimes I but my selfe vndoo*«). Das Wort »*neere-deere*« in der Widmung dürfte als ein Wortspiel zu verstehen sein und könnte entweder ein in der Nähe (»*neere*«[14]) hausendes Kleintier wie etwa eine Ratte (»*deere*«[15]) oder eine niemals (»ne'er« = never) liebenswerte (»*deare*«) Person meinen.

Der gesamte Tonfall dieser bisher nie im Zusammenhang bewerteten Epigramme 159 bis 161 kann nur als eine eindrucksvolle, verdeckte zeitgenössische Beschreibung der Urheberschaftsproblematik interpretiert werden. Der »künstliche« Name Shake-speare ist das Pseudonym eines Dichters, nicht der echte Name einer realen Person. Der getrennt geschriebene (hyphenierte) »No-body« ist der maskierte, reale Autor (Marlowe), Some-body der vorgeschobene maskierende William Shakspere aus Stratford.

Es liegt nahe, das anonyme, nicht datierte Theaterstück »No-Body, and Some-Body«[16] aus dem elisabethanischen Zeitalter sowie auch dem essayistischen Dialog »No-Body his Complaint«[17] zwischen einem Master »No-Body« und einem Doktor »Some-Body« (von einem gewissen George Baron) im gleichen Kontext zu bewerten. Die eindrücklichen Inhalte (siehe kurze Ausschnitte) sowie die geteilt geschriebenen Akteure No-Body und Some-Body lassen kaum eine andere Bewertung zu.

Prolog des Theaterstücks:

> *A subject, of no subject, we present,*
> *For No-body is Nothing:*
> *Who of nothing can something make?*
> *It is a worke beyond the power of wit,*
> *And yet invention is rife:*
> *A morrall meaning you must then expect*
> *Grounded on lesser than shadowes shadow:*
> *Promising nothing where there wants a toong;*
> *And deeds as few, be done by No-bodie:*
> *Yet something out of nothing we will show*
> *To gaine your loves, to whome ourselves we owe.*

[14] SOED: »Neer«: a) obsolet für »near« b) »ne'er«: never a, not a.
[15] Ebd.: »Deer«: Quadrupeds, Mice and Rats and such small Deare.
[16] Vgl. Richard Simpson (Hg.): The School of Shakespeare, London 1878, S. 274/75; Onlineversion: http://www.archive.org/stream/schoolofshakspero1simpuoft#page/274/mode/2up, aufgerufen am 19.1.2011.
[17] George Baron: No-Body his Complaint. A Dialogue between Master No Body, and Doctour Some-Body. A delightfull discourse, London 1652.

Titelcover von »NO-BODY and SOME-BODY« (unbekannter Autor [Marlowe?] des elisabethanischen Zeitalters) und »No-Body his Complaints« von George Baron, 1652

Szenenausschnitt (NO-BODY und der Clown):

>»NO-BODY:
> Come on, myne owne servaunt, some newes, some newes,
> what report have I in the country? how am I talkt on in the Citty,
> and what fame beare I in the Court?
>
> CLOWNE: Oh Maister, you are halfe hangd.
>
> NO-BODY:
> Hangd, why man?
>
> CLOWNE:
> Because you have an ill name: a man had as good

*almost serve no Maister as serve you. I was carried afore the
constable but yesterday, and they tooke mee up for a stravagant:
they askt me whom I served; I told them Nobody: they presently
drew me to the post, and there gave me the law of armes.«*

John Davies, über den Verbindungen zu den adeligen Kreisen um William Herbert, 3rd Earl of Pembroke, und seinem Bruder Philip Herbert, 4th Earl of Pembroke[18], zu Königin Elisabeth I., Robert Cecil, Edward Cooke (Attorney General), Henry Percy, 1st Earl of Northumberland, Thomas Egerton und Francis Bacon überliefert sind, war über Strömungen und Gerüchte am Hof gut informiert. Er widmete sein erstes großes Werk, »*Mirum in Modum*«, William Herbert.

Davies bezieht sich in seinem Epigramm 159 – wie bereits erwähnt – mit »Terence« auf den römischen Dichter Publius Terentius Afer, genannt Terentius (ca. 190–158 v. Chr.), der neben Plautus als der bedeutendste römische Komödiendichter galt. Nachdem Terentius seine sechs Komödien verfasst hatte, verschwand er im Alter von 25 Jahren aus Rom und kehrte nie wieder zurück. Einige römische Schriftsteller tendierten zu der Annahme, dass er auf hoher See umgekommen war. Er wurde im elisabethanischen Zeitalter als einer der größten Dramatiker aller Zeiten angesehen, deshalb wohl seine Gleichsetzung mit Shake-speare. Ein berühmtes Zitat aus seinem Stück »Heauton Timorumenos« lautet: »Homo sum, humani nil a me alienum puto« – »Ich bin ein Mensch, nichts Menschliches ist mir fremd«. Diese tolerante Weltsicht von Terentiuskönnte auch erklären, warum John Davies »Terence« als Name für Shake-speare wählte (»*raigning wit*«), während die anderen nur schmähen (»*raile*«).

Im Anhang von Davies »The Scourge of Folly« befindet sich seine poetische Satire »Papers Complaint, compild in ruthfull Rimes/Against the Paper-spoylers of these Times«[19], in der verschiedene, bis heute nicht analysierte Bezugnahmen auf Marlowe/Shakespeare erkennbar sind. Am direktesten ist wohl die Passage mit dem Hinweis auf den Dichter von »Venus und Adonis«, die ganz unzweifelhaft auf Marlowe/Shakespeare und die zeitgenössische Urheberschaftsproblematik hinweist:

»[..]

---

[18] Jenes Bruderpaar, dem die »First Folio« zugeeignet wurde.
[19] The Complete Works of John Davies of Hereford. Edited by Alexander B. Grosart. Edinburgh 1878, Anhang, o. S.; Onlineversion: http://www.archive.org/stream/completeworksjo03grosgoog#page/n160/mode/2up/search/Papers+plCom, aufgerufen am 19.1.2011.

Whose lines shall circumscribe vncompast Times:
And, <u>past the wheeling of the Speares</u>, his Rimes

Shall runne (as right) to immortallity,
And praisd (as proper) of Posterity.
Yet sith his wit was then with <u>Will</u> annoyd.
And I enforct to beare what Wit did void,
(…)
Another (ah Lord helpe) mee vilifies
With Art of Loue, and how to subtilize,
Making lewd <u>Venus</u>, with eternall Lines,
To tye Adonis to her loues designes:
<u>Fine wit is shew'n therein: but finer twere
If not attired in such bawdy Geare.</u>
But be it as it will: the coyest Dames,
(…)
And thou (O Poet) that dost pen my Plaint,
Thou art not scot-free from my iust complaint:
For, <u>thou hast plaid thy part, with thy rude Pen</u>,
To make vs both ridiculous to men.«

Davies erkennt uneingeschränkt das überragende Talent des eindeutig identifizierbaren unsterblichen Dichters Shakespeare an (»*Whose lines shall circumscribe vncompast Times:/And, past the wheeling of the <u>Speares</u>, his Rimes/Shall runne (as right) to immortallity,/And praisd (as proper) of Posterity*«). Aber er lässt durchblicken, dass des Dichters Esprit durch das Komplott mit »Will [Shakspere]« zutiefst in Misskredit geraten sei (»*Yet sith*[20] *his wit was then with Will annoyd*«[21]) und er [Davies] das mit zu tragen habe, was Shakespeares »Verstand« so verdorben und entwertet hätte *(»And I enforct to beare what Wit did void«).*

Im Klartext: Hinter dem unsterblichen Gedicht »Venus und Adonis« (»*with eternall Lines*«) verberge sich ein geistreicher Autor (»*Fine wit is shew'n therein*«), für den es besser gewesen wäre, wenn er nicht in eine solch üble Affäre hineingezogen worden wäre *(»but finer twere/If not attired in such bawdy Geare«).*

Die Deutung dieser Zeilen ist unabweisbar: Der Autor von »Venus und Adonis« (Marlowe/alias Shakespeare) geriet wegen der massiven Anklagen und Verleumdungen gegen ihn in jene furchtbare Lage (»*such bawdy Geare*«). Die tödliche Bedrohung zwang ihn, unter dem Namen »Shakespeare« neu zu beginnen (*the wheeling of his Spears, his Rimes*), »Venus und Adonis« als »Erstlingswerk«

---

[20] SOED: »Sith«: then, thereupon, afterwards, since.
[21] SOED: »annoyd«: to injure, to molest, abso. ME.

zu veröffentlichen und mithilfe seiner Gönner und Unterstützer seinen endgültigen Verlust von Namen und Identität durch Todesvortäuschung herzustellen.

Der Autor W. C.

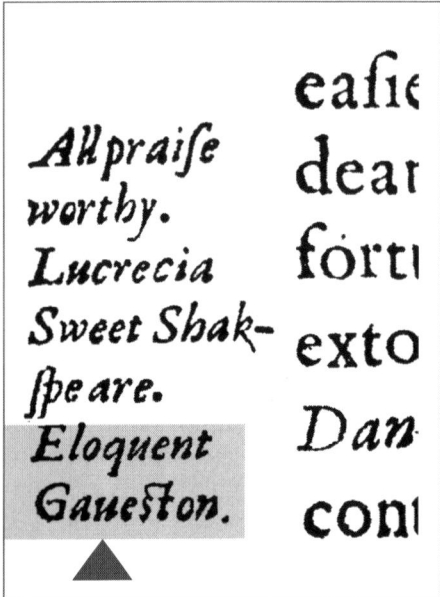

Erwähnung von »Shak-speare« als Marginalie in »Polimanteia«, 1595

In dem Essayband »Polimanteia«[22] aus dem Jahr 1595 wird in einer Marginalie am Seitenrand auf Shakespeares »Lucretia« (1594) und merkwürdigerweise in Zusammenhang mit dem »redegewandte Gaveston« hingewiesen. Diese Hinzufügung von Gaveston muss als ein früher zeitgenössischer Hinweis auf die Urheberschaftsproblematik gesehen werden (Details s. auch S. 348).

Der Autor (W. C.), ein Graduierter der Universität Cambridge, setzt sich in »Polimanteia« mit wichtigen Begriffen und bedeutsamen Personen der britischen und Weltgeschichte auseinander. Dabei kommt er auf angesehene Literaten seiner Zeit zu sprechen (unter anderem auf Thomas Nashe, Gabriel Harvey, Earl of Oxford, Edmund Spenser, Samuel Daniel). Dass er dabei eine nicht graduierte Person, einen damals noch völlig unbekannten Shakspeare herausgehoben am Rand erwähnt, ist in sich wenig plausibel und logisch (s. S. 535).

Die höchst erstaunliche Gleichsetzung des Dichters mit dem redegewandten Gaveston (»*Eloquent Gaveston*«) soll Eingeweihten zu erkennen geben, dass sich hinter Shakspeare Christopher Marlowe verbirgt. Denn zwischen Gaveston und Marlowe bestehen erhebliche Verbindungen, zwischen Gaveston und Shakspere dagegen nicht. In Marlowes Königsdrama »Eduard II.«

---

[22] Polimateia, in: Occasional issues of unique or very rare Books. Edited by Alexander B. Grosart, London 1881, S.1ff; Onlineversion: http://www.archive.org/stream/elizabethanengloooatmgoog#page/n12/mode/2up, aufgerufen am 19.1.2011.

tritt die edle Figur des Piers Gaveston auf, die eindeutig autobiografische Züge trägt. Der historische Gaveston kam bereits 1300 als Kind (wie vermutlich auch Marlowe, s. S. 496) an den königlichen Hof, wo er ein Freund von Prinz Eduard wurde, der von seinem Witz und seinem Geistreichtum angetan war. König Eduard I. verbannte Gaveston daraufhin nach Frankreich, der erst nach dem Tod des Regenten zu seinem Freund Eduard II. zurückkehren konnte. Gaveston machte sich durch politisch ungeschicktes Handeln Feinde, unter ihnen Plantagenet. Lancaster zwang den König, Gaveston wieder ins Exil nach Irland zu schicken.

Warum die in »Polimanteia« aufgezeigte Assoziation zwischen Shakspeare und »*Eloquent Gaveston*« [Marlowe] in keiner der zahllosen Biografien über Shakespeare (einschließlich der von Sir Sidney Lee) diskutiert oder zumindest erwähnt wird, wird einleuchtend, wenn man erkennt, dass jeder Shakespeare-Biograf erhebliche argumentative Schwierigkeiten bezüglich der Urheberschaft bekommen hätte, da sich nie irgendwelche Verbindungen von Shakspere zu englischen Universitäten, zu Gaveston oder zu Eduard II. hätten herstellen lassen. Ganz anders sieht dies bei Marlowe/alias Shake-speare aus. (Warum »Polimanteia« der Feder Marlowes entstammt sein muss, erläutert Kap. 11, S. 535 ff.)

Joseph Hall

Der englische Schriftsteller und Geistliche (später Bischof) Joseph Hall (1574–1656), einer der ersten englischen Satiriker, veröffentlichte im Jahr 1597/98 als Student in Cambridge sechs satirische Schriften:[23] Den ersten drei anonym gedruckten, nicht registrierten Büchern im Jahr 1597 – »Virgidemiarum.[24] First three Bookes. Of Toothlesse Satyrs (1), Poeticall (2), Moral (3)« – folgten 1598 drei weitere anonyme, aber registrierte Bücher (»Virgidemiarum. The three last bookes. Of byting Satyres«) und 1599 eine revidierte verbesserte komplette Auflage. »Virgidemiarum« bedeutet im Lateinischen ein »Bündel voll Ruten« (übertragen: Satiren).

In Buch 4, Satire 1[25] gibt es eine Passage, die man als eine verdeckte zeitge-

---

[23] Joseph Hall: Virgidemiarum: Satires. London 1825.
[24] Virgidemiarum, in: Occasional issues of unique or very rare Books. Edited by Alexander B. Grosart, London 188; Onlineversion: http://www.archive.org/stream/occasionalissu e00grosgoog#page/n49/mode/2up, aufgerufen am 19.1.2011.
[25] Vgl. The Labeo-Shakespeare Evidence. Edited by J. Denham Parsons, London 1920. Onlineversion: http://www.archive.org/stream/boycottedshakespooparsrich#page/n9/mode/2up, aufgerufen am 19.1.2011.

nössische Offenbarung einer existenten Urheberschaftsdebatte verstehen muss: Joseph Hall macht in dieser Quelle darauf aufmerksam, dass ein mit »Labeo«[26] bezeichneter (nicht genannter) Dichter (plausiblerweise Shakespeare/Marlowe, siehe »Venus und Adonis« sowie »Raub der Lucretia«) unter dem Namen einer anderen Person (Shakespeare) schreibt (und schreiben muss?).

> »Labeo is whip't, and laughs me in the face
> Why? for I smite and hide the galled place.
> Gird but the Cynicks Helmet on his head
> Cares he for Talus, or his flayle of lead?
> Long as the craftie Cuttle lieth sure
> In the blacke Cloude of his thicke vomiture;
> <u>Who list complane of wronged faith or fame</u>
> <u>When hee may shift it to anothers name?</u>
> Caluus can scratch his elbow, and can smile.«

Freie Übersetzung der letzten fünf Zeilen:

> »Solange die schlaue Krake sicher liegt
> in der schwarzen Wolke ihres fetten Übels;
> wer notiert da die Beschwerde eines falschen Glaubens oder Ruhmes,
> wenn dieser sich auf eines anderen Namen abwälzt?
> Der Glatzkopf kann seinen Ellbogen kratzen und kann lächeln.«

Hier wird mit hoher Wahrscheinlichkeit auf eine reale Situation zwischen 1594 und 1597 Bezug genommen: Ein gerissener (»*craftie*«), dickbäuchiger (»*thicke vomiture*«) Glatzkopf (»*Caluus*« = Shakspere) konnte sich des Namens und Ruhms eines anderen (Marlowe) bemächtigen (»*of wronged faith or fame, / When hee may shift it to anothers name?*«) und brauchte keine Angst zu haben, entdeckt zu werden (»*Caluus* [Shakspere] *can scratch his elbow, and can smile*«).

Auch William Bastards Epigramme (1598 – siehe auch Kap. 11) erinnern unschwer an die zweigeteilte Natur des Dichters, zum einen an Shakspere, (z.B. Epigramm Buch I/Epigr. 23 – Buch II/Epigr. 10, 11):

> »Caluus hath hayre neither on head or brow
> Yet he thanks God, that witt he hath enowe
> The witt may stand although the hayre do fall
> Tis true, but Caluus had no witt at all?«

zum anderen an Marlowe/alias Shakespeare (z.B. Buch I/Epigr. 1, 2, 3, 4, 5, 8, 10, 11, 12, 24, 25, 31, 40 usw.)

[26] Ebd., S. 50.

Aus Buch 4, Satire 4 stammt folgender Text:

> »*Can I not touch some vpstart carpet-shield*
> *Of Lolio's sonne, that neuer saw the field,*
> *Or taxe wild Pontice for his Luxuries,*
> *But straight they tell mee of Tiresias eyes?*
> *Or lucklesse Collingborns feeding of the crowes, (…)*«

Ohne den Text interpretieren zu wollen, fällt auf, dass die Begriffe »*upstart*« und »*crow*«, die unmittelbar an Robert Greenes »The Groatsworth of Wit« (s. S. 97 ff.) erinnern, in einem engen Zusammenhang auftreten, der jenseits einer reinen Zufallswahrscheinlichkeit liegen dürfte.

Aus Buch 6, Satire 1 entstammt folgender Text:

> »*As I true Poet am, I here avow*
> *(So solemnly kist he his Laurell bow)*
> *If that bold Satyre unrevenged be*
> *For this so saucy and foule iniurie.*
> *So Labeo weens it my eternall shame*
> *To prove I never earnd a Poets name*
> *But would I be a Poet if I might*
> *To rub my browes three daies, & wake three nights,*
> *(…)*
> *Tho Labeo reaches right: (who can deny?)*
> *The true straynes of Heroicke Poesie:*
> *For he can tell how fury reft his sense*
> *And Phoebus fild him with intelligence,*
> *He can implore the heathen deities*
> *To guide his bold and busie enterprise;*
> *Or filch whole Pages at a clap for need*
> *From honest Petrarch, clad in English weed;*
> *While bigge But ohs*[27] *ech stranzae can begin,*
> *Whose trunke and tayle sluttish and hartlesse bin;*
> *He knows the grace of that new elegance,*
> *Which sweet Philisides fetch't of late from France,*
> *That well beseem'd his high-stil'd Arcady*[28],
> *Tho others marre it with much liberty,*
> *In Epithets to ioyne two wordes in one,*
> *Forsooth for Adiectives cannot stand alone;*
> *As a great Poet could of Bacchus say,*

---

[27] Gemeint sind die sehr zahlreichen »Oh's« in den Versepen »Der Raub der Lucretia« und »Venus und Adonis«.
[28] Der jung gefallene Dichter Philip Sidney war der Autor von »Arcadia«; Philisides ist darin der Name eines jungen melancholischen Schäfers (Marlowe?).

That he was Semele-femori-gena.
Lastly he names the spirit of Astrophel [Philip Sidney]:
Now hath not Labeo done wondrous well?«

Joseph Hall macht auf den »englischen Petrarca«, einen zeitgenössischen Dichter mit Namen »Labeo« aufmerksam, hinter dem sich ganz zweifellos der Dichter Shakespeare/alias Marlowe verbirgt (»*while bigge but ohs each stanza can begin*«). Dieser geriet trotz seines unsterblichen Ruhmes in eine üble garstige Injurie (»*For this so saucy and foule iniurie*«). Darin sah Labeo [Marlowe] es als seine »unsterbliche Schande« an, nie jemals nachweisen zu können, dass er den Namen eines Dichters verdiente (»*So Labeo weens it my eternall shame To prove I never earnd a Poets name*«).

Hall echauffiert sich über die Dreistigkeit dieses nie geahndeten oder aufgedeckten Urheberschaftsverwirrspiels (»*bold Satyre unrevenged*«). Der unbekannte Dichter Labeo wird in seiner ganzen Genialität (»*true Poet*«, »*Heroicke Poesie*«, »*fild [him] with intelligence*« etc.) als der Dichter Shakespeare mit seinen Verbindungen zu Philip Sidney erkennbar gemacht durch seinen sehr häufigen Gebrauch von »*But*« und »*Oh*«, mit denen er seine Stanzas (vor allem »Lucrectia«) beginnt, und durch seine mit Bindestrich getrennten (»hyphenierten«) und hinzugefügten Wörter (Epitetons – besonders in »Venus und Adonis«).

Richard Brathwaite?

Die Tatsache, dass bis heute ein Zweifel an der Autorschaft Shakespeares zu einer mehr oder weniger abartigen Geisteseinstellung degradiert wird, hat dazu geführt, dass zahlreiche zeitgenössische Quellen, die eine Urheberschaftsproblematik widerspiegeln, nicht wahrgenommen werden konnten oder wurden.

In »The Strappado for the Devill« 1614 schrieb ein gewisser Richard Brathwaite (1588–1673) in seiner Satire »Upon the Generall Sciolists or Poettasters of Britannie. A Satyre«[29]:

> »(...) *honoured of mee,*
> *Who bear a part, like honest faithfull swains*
> *On witty Wither never-withring plaines,*
> *For these (though seeming Shepheards) haue deserv'd,*
> *To have their names in lasting Marble carv'd:*

[29] Richard Brathwaite: A Strappado for the Devill, Boston 1878, S. 20f.; Onlineversion: http://www.archive.org/stream/astrappadofordioobratgoog#page/n70/mode/2up, aufgerufen am 19.1.2011.

> *Yea this I know I may be bold to say,*
> *Thames ner'e had swans that song more sweet than they.*
> *It's true I may avow't, that nere was song,*
> *Chanted in any age by swains so young,*
> *With more delight then was perform'd by them,*
> *Pretily shadow'd in a borrowed name.*
> *And long may Englands Thespian springs be known«*
> *»By lovely Wither and by bonny Browne«*³⁰

Insgesamt ist es schwer zu übersehen, dass es sich hier um eine zeitgenössische Anspielung auf das Urheberschaftsproblem handelt. Zwei Jahre vor Shaksperes Tod bringt Brathwaite (1614) zum Ausdruck, dass dem Schäfer (»Shepherd« – als Synonym für Christopher Marlowe, man denke an sein berühmtestes Gedicht »The Passionate Shepherd to His Love«) das Verdienst zustehe, dass des Dichters Name dauerhaft in Marmor gemeißelt werden müsse (»*To have their names in lasting Marble carv'd*«), dass London niemals zuvor solch einen Dichter hervorgebracht habe (»*Thames never had swans that song more sweet*«), dass sein Name »hübsch« von einem geliehenen Name beschattet werde (»*Pretily shadow'd in a borrowed name*«) und dass er hoffe, dass Englands dichterische Quelle lange bekannt bleiben möge (»*long may Englands Thespian springs be known*«).

Die Kennzeichnung Marlowes mit der Thespischen Quelle könnte auf Michael Drayton zurückgehen, der Marlowe anlässlich seines »Todes« mit der Quelle von Thespis verglich (»*Neat Marlowe, bathed in the Thespian springs, Had in him those brave translunary things that the first poets had*«, s. auch S. 208).

Die Tatsache, dass Richard Brathwaite den Dichter als »*swain*«³¹ (»*Chanted in any age by swains so young*«) bezeichnet, weist zum einen darauf hin, dass es sich bei dem wahren Urheber der Werke nicht um eine Person des Adels oder Hofes (wie zum Beispiel Edward de Vere, Earl of Oxford), sondern um einen Angehörigen eines tieferen Standes gehandelt haben muss, zum andern, dass es sich, geht man von Marlowes berühmtestem Gedicht »*The Passionate Shepherd to His Love*« aus, unzweideutig um Christopher Marlowe gehandelt haben muss. Die letzten vier Zeilen des Gedichts lauten:

> *»The shepherds's swains shall dance and sing*
> *For thy delight each May morning:*
> *If these delights thy mind may move,*
> *Then live with me and be my love.«*

³⁰ Zusammen mit buchstäblich Hunderten von anderen Signifikanzen in »The Strappado for the Devill« lässt diese Zeile erkennen, dass der Autor (Richard Brathwaite?) unter »George Wither« und »William Browne« bekannt war, was die Liste der anzunehmenden Pseudonyme (Kapitel 11) für Marlowe/alias Shakespeare weiter erhöht (s. S. 672).

³¹ SOED: »swain«: a man of low degree, frequently a shepheard, a countryman, rustic.

Die Satire Brathwaites enthält noch weitere eindrucksvolle, nie analysierte Bezugnahmen zur Urheberschaftsproblematik, auf die hier aus Platzgründen nicht eingegangen werden kann.

Der Hinweis, dass der Dichter (*Englands Tespian springs*) lange bekannt bleiben möge durch [George] Wither und [William] Browne, unterstützt die in Kapitel 11 entwickelte These, dass Wither und Browne zu den vielfach wechselnden Pseudonymen Marlowe/Shakespeares gehört haben müssen (»*on witty Wither never-withring plaines*«, »*be known by lovely Wither and by bonny Browne*«).

Francis Beaumont

Francis Beaumont (1584–1616) und John Fletcher (1579–1625) galten zur Zeit der englischen Restauration als führende Vertreter des Dramas und schrieben bis zu Beaumonts Tod gemeinsam zahlreiche, zum Teil witzig-geistreiche und stilistisch ausgefeilte Lustspiele und Tragikomödien. Den größten Teil des Stücks »The Woman Hater«[32] (1606) schrieb Beaumont aber wahrscheinlich allein.

In »The Woman Hater« kommt in Akt 1, Szene 3 eine äußerst direkte Anspielung auf Shakspere vor, auf die Shakespeare-Forscher Andrew Gurr im Jahr 2002 aufmerksam gemacht hat. Sie kann keinesfalls unbeabsichtigt oder zufällig sein und weist ohne Zweifel auf ein zeitgenössisches Bewusstsein für die Urheberschaftsproblematik hin.

Es wird auf die Beine von Personen (»*you shall see many legges too*«) angespielt, die man auseinanderhalten müsse. Auf der einen Seite sollte man eine Person (»*you shall behould one payre*«) betrachten, die in früher Zeit von niedrigem Stande war (»*sockeless*«), aber mit dem Wandel der Zeit zu einem edlen Mann und Höfling (»*the legges of a Knight and a Courtier*«) wurde. Auf der anderen Seite werde man eine Person sehen (»*another payre you shall see*«), deren Beine einem Handschuhmacher (»*Glover*«) gehörten und die bald hofften, die soziale Leiter hinaufzusteigen, wenn sie gestorben seien. Der Mund zu diesen Beinen (»*the mouthe to these legges will seeme to offer you some Courtship*«), also die Sprache, das gesprochene Wort, stamme von einer anderen Person (Shakespeare), die ihm (Shakspere) bald höfische Aufmerksamkeit einbringen werde.

»*(...) you shall see many legges too; amongst the rest you shall behould one payre,*

---

[32] Francis Beamont: The Woman Hater, in: The Works of Francis Beamont and John Fletcher. New York 1963, S. 71–143; Onlineversion: http://www.archive.org/stream/worksoffrancisbe1obeau#page/70/mode/2up, aufgerufen am 19.1.2011.

the feete of which, were in times past sockelesse, but ar now through the change (that alters all thinges) very strangely become the legges of a Knight and a Courtier; another payre you shall see, that were heire apparend legges to a Glover, these legges hope shortly to bee honourable; when they passé by they will bowe, and the mouth to these legges, will seeme to offer you some Courtship (...).«[33]

Wie sonst sollte man den Vergleich dieser unterschiedlichen Beinpaare interpretieren? Der satirische Ausspruch »*legges to a Glover, these legges hope shortly to bee honourable*« ist in seiner ganzen Dimension ungeheuerlich: Die Beine eines Handschuhmachers (Shakspere Vater war ein Handschuhmacher) hofften berühmt zu werden. Wenn sie dahingegangen seien, würden sie sich verbeugen.

Im Klartext: Es wird – und das war zumindest für Eingeweihte bereits zu Lebzeiten Shakspere erkennbar – darauf angespielt, dass Shakspere, der Sohn des Handschuhmachers, erst nach seinem Tode zur Berühmtheit gelangen werde, da dann alle dramatischen Werke Shakespeares unter des Stratfords-Mannes Namen erscheinen würden. Die Sprache (der Mund) zu diesen Beinen werde Shakspere höfische Aufmerksamkeit erbringen (»*and the mouth* [von Marlowe/Shakespeare] *to these legges, will seeme to offer you some Courtship*«).

Aus dieser Anspielung geht eindeutig hervor, dass eingeweihte zeitgenössische Schriftsteller wie der Dramatiker Beaumont (und wahrscheinlich sehr viele mehr) im Jahr 1606 trotz der allgemeinen Verschwiegenheit um die komplexe Problematik des Urheberschaftskomplotts sehr genau gewusst haben müssen.

Wahrscheinlich war sich der Kreis der Mitwisser der Gefahren für den Dichter Shake-speare/Marlowe bewusst, die jede breitere Offenlegung des Geheimnisses verboten.

John Marston

In John Marstons (um 1576–1634) literarischem Opus »The Metamorphosis of Pygmalion's Image and Certain Satyres«[34] aus dem Jahr 1598 wird, wie in John Halls Satiren »Virgidemiarum« (ebenfalls 1598), die Andeutung des Urheberschaftsproblems erkennbar, wobei erneut »Labeo« mit dem Autor der Werke Shakespeares gleichzusetzen ist.

---

[33] Ebd., S. 77, siehe: http://www.archive.org/stream/worksoffrancisbe10beau#page/76/mode/2up/search/glover, aufgerufen am 19.1.2011.

[34] Vgl. The Satire of John Marston. Edited by Morse S. Allen, New York 1920; Onlineversion: http://www.archive.org/stream/satirejohnmars100allegoog#page/n4/mode/2up, aufgerufen am 19.1.2011.

> *»So Labeo did complaine his love was stone,*
> *Obdurate, flinty, so relentless none;*
> *Yet Lynceus knows, that in the end of this*
> *He wrought as strange a metamorphosis.*
> *Ends not my poem thus surprising ill?*
> *Come, come, Augustus, crowne my laureat quill.«* [35]

Zum Vergleich die Zeilen 200 und 201 aus William Shakespeares »Venus und Adonis«:

> *»Art thou obdurate, flintie, hard as steele?*
> *Nay more then flint, for stone at raine relenteth.«*

Die ersten beiden Zeilen der hier erwähnten Textstelle von Marston beziehen sich ohne Frage auf die Zeilen 200 und 201 des Versepos »Venus und Adonis«, das 1593 als erstes gedrucktes Werk des bis dato unbekannten, 30-jährigen Dichters Shakespeare erschien (Einzelheiten dazu s. S. 44). »Venus und Adonis« wurde laut Druckerregister im April 1593 anonym (!) zum Druck eingereicht und wenige Wochen nach dem vermeintlichen Tod Christopher Marlowes (30. Mai 1593) unter der Zueignung eines »William Shakespeare« gedruckt, wobei die Zueignung an Henry Wriothesley das Werk dezidiert als das erste Erbe seiner Schöpferkunst (»*the first heire of my invention*«), also als Op. 1 bezeichnet.

John Marston vergleicht die übrigen Zeilen seiner Metamorphosen mit denen von »Venus und Adonis«. Als Autor des Versepos nennt er aber nicht den damals seit einigen Jahren als solchen bekannten William Shakespeare, sondern Labeo. Dies dürfte einen Grund gehabt haben. Es ist zu vermuten, dass Marston um den wahren Autor (Marlowe) wusste, ihn aber nicht mit dem Tarnnamen beziehungsweise »Außenrepräsentanten« Shakspere aus Stratford gleichgesetzt wissen wollte. Marstons Verwendung des Namens Labeo ist wohl eine »spitze« Anspielung auf die bekannte römische Figur Marcus Antistius Labeo (ca. 54 v. Chr.–11 v. Chr.), der wegen gegensätzlicher Meinung die Gunst des Kaisers Augustus verlor. Weil Labeo Jurist war, behaupteten die »Baconianer« stets, dass Marston mit »Labeo« den Juristen Francis Bacon gemeint und ihn für den Werkverfasser gehalten habe.

---

[35] The works of John Marston. Edited by A. H. Bullen, London 1887, S. 262; Onlineversion: http://www.archive.org/stream/worksjohnmarstoo1marsgoog#page/n276/mode/2up/search/labeo, aufgerufen am 19.1.2011.

Parnassus-Stücke

Unter den sogenannten »Parnassus-Stücken« (engl. »Parnassus plays«[36]) versteht man die drei anonym zwischen 1598 und 1602 erschienenen Theaterstücke »The Pilgrimage to Parnassus«, »The First Part of the Return from Parnassus« und »The Second Part of the Return from Parnassus«. Inhaltlich handeln die Stücke Nr. 2 und 3 von den Versuchen verschiedener Dichter, bei der Theatertruppe Lord Chamberlain's Men eine Anstellung zu finden.

Die Autoren der Stücke sind unbekannt, es wird vermutet, dass der Dramatiker John Day der Autor des zweiten und dritten Stücks ist. Das dritte Stück war das einzige, das zeitnah auch in Druck gelangte (für den Druck registriert 1605).

Im folgenden Szenenausschnitt aus »The Second Part of the Return from Parnassus« verkörpern zwei Schauspieler die damals bekanntesten zeitgenössischen Theaterfiguren, den tragischen Richard Burbage und den komödiantischen William Kempe. Sie geben Ratschläge, wie man als Schauspieler erfolgreich sein kann. Die Szene lässt in hohem Maß vermuten, dass hier ein Missverhältnis zwischen zwei Personen bestehen muss (Shakespeare/Shakspere?):

Burbage: *Now, Will Kemp, if we can entertain these scholars at a low rate, it will be well, they have oftentimes a good conceit in a part.*

Kempe: *It's true indeed, honest Dick, but the slaves are somewhat proud, and besides, it is a good sport in a part to see them never speak in their walk, but at the end of the stage, just as though in walking with a fellow we should never speak but at a stile, a gate, or a ditch, where a man can go no further.*
I was once at a Comedie in Cambridge, and there I saw a parasite make faces and mouths of all sorts on this fashion.

Burbage: *A little teaching will mend these faults, and it may bee besides they will be able to pen a part.*

Kempe: *Few of the university pen plaies [plays] well, they smell too much of that writer Quid [Ovid], and that writer Metamorphosis, and talke too much of Proserpina & Juppiter. Why heres our fellow Shakespeare puts them all downe, I and Ben Jonson too. Oh that Ben Jonson is a pestilent fellowe, he brought up Horace, giving the Poets a pill, but our fellow Shakespeare hath given him a purge that him bewray [betray?] his credit.*

Burbage: *It's a shrew'd fellow indeed.«*[37]

[36] The Return from Paranassus or the Scourge of Simony, London 1606; Onlineausgabe: http://www.archive.org/stream/returnfromparnas00ameruoft#page/n11/mode/2up, aufgerufen am 19.1.2011.

[37] Ebd., S. 113: http://www.archive.org/stream/returnfromparnas00ameruoft#page/n113/mode/2up, aufgerufen am 19.1.2011.

Die wichtigste Feststellung, die sich aus dieser Szene ableiten lässt, ist, dass mit der erwähnten äußerst negativ gezeichneten Person Shakspere nicht der Dichter William Shakespeare gemeint gewesen sein kann.

Viele Experten haben bis heute darüber gerätselt, was mit »*hath given him a purge*« gemeint sein mag, also was hier jener Shakspere Jonson »verabreicht« haben könnte. In jedem Fall muss es etwas Negatives, »Anstößiges« gewesen sein. Kempes Worte verraten uns auch, dass einer der »geistreichen Köpfe« der Universität Cambridge für die Bühne geschrieben haben muss (»*Few of the university pen plaies [plays] well*«) – damit kann eigentlich nur Marlowe gemeint sein. Mit dem Dramatiker kann der hier genannte Shakspere (»*a shrewd fellow*«) (aus Stratford?) keinesfalls gemeint gewesen sein, da er nie die Universität besucht hat. Kempe fügt hinzu, dass diese »*university wits*« zu sehr nach dem Schriftsteller Ovid und jenem Schriftsteller (der) »Metamorphosen« riechen, was mächtig auf den Ovid-Übersetzer Marlowe hinweist. Da Kempe die Vertrautheit mit Ovid den »Geistesleuten« der Universität und keineswegs dem hier erwähnten Shakespeare zuschreibt, wird diese Textpassage nur plausibel, wenn hier von zwei unterschiedlichen Personen die Rede ist: zum einen vom Werkverfasser Marlowe/Shakespeare (»*university wit*«, »*they smell too much of that writer Quid, and that writer Metamorphosis, and talke too much of Proserpina & Jupiter*«), zum anderen vom Theateragent Shakspere (»*the slaves ... somewhat proud ... see them never speak ... a parasite ... make faces and mouths of all sorts on this fashion*«; »*a shrew'd fellow indeed*«).

Kempe macht sich fraglos lustig über diesen »Shakespeare«, der die »Studierten« heruntermacht (»*puts down*«), ähnlich wie der hier negativ gezeichnete Ben Jonson (»*a pestilent fellowe*«) dies mit der Figur »Sogliardo« in »Every Men out of his humour« (1599) getan hat.

Kempes »*fellowe Shakespeare*« stimmt zweifellos mit einer wiederholt auftauchenden Person überein, die er extrem negativ kennzeichnet (»*a shrew'd* [bösartig] *fellow indeed*«). Der geniale Dichter Shakespeare kann in dieser Szene keinesfalls gemeint gewesen sein, sondern nur der Strohmann Shakspere.

Ben Jonson[38]

Es muss eine Bedeutung haben, dass Shakspere keinerlei literarische Spuren hinterließ, es aber zu seinen Lebzeiten verdeckte, mehr oder weniger ein-

---

[38] Vgl. George Greenwood: Ben Jonson and Shakespeare, York und London 1921; Onlineversion: http://www.archive.org/stream/benjonsonshakespoogreerich#page/n7/mode/2up, aufgerufen am 19.1.2011.

deutige Hinweise auf einen Shakspere gab, der nicht mit dem Werkverfasser Shake-speare gleichgesetzt werden kann. Nur wenn es eine Person gab, die aus ihrer maskierenden Funktion für einen verehrten, aber verfemten Dichter (Marlowe/alias Shakespeare) Profit schlagen konnte, kann erklärt werden, warum diese Person (Shakspere) zu Lebzeiten so abschätzig beurteilt wurde.

In verschiedenen zeitgenössischen Veröffentlichungen[39] werden Schauspieler im Allgemeinen und Shakspere im Besonderen eindeutig satirisch dargestellt. Shakspere erscheint nicht als ein schöpferischer Dramatiker, nicht als »gentle«, sondern als ein Angeber und Prahler (»braggart«), als ein Opportunist, ein Zahlmeister, ein anmaßend unechter Ehrenmann (»pretentious gentlemen«) und vieles mehr. Wie damals üblich, wurde die Satire in unterschiedlicher Form (als Allegorie, als Rätsel, als verzerrtes Bild, als Epitheton) »verschlüsselt«, um unliebsame Konsequenzen zu vermeiden.

In seinem Stück »Poetaster« (1601) macht sich Ben Jonson über anmaßende Schauspieler lustig, die sich – wie nur für Shakspere belegt – um ein Familienwappen (»heralds«) bewarben:

> »They forget they are in the statute, the rascals; they are blazon'd there; there they are trick'd, they and their pedigrees; they need no other heralds.«[40]

Mehrfach erwähnt Jonson anmaßende »Dichter-Affen« (»Poet-apes«) und beschreibt sie zum Teil außerordentlich negativ (»forked Tongues«, »illiterate«, »base Detractor«, »an Asses Ear«). Bei der sicher anzunehmenden Wertschätzung und dem gewachsenen Bekanntheitsgrad der Werke Shakespeares wird hier ein – dem Zeitgenossen schwer verständliches – Missverhältnis deutlich: Da gibt es zum einen eine verächtlich behandelte Person, die zwar geniale Literatur vertreibt, aber selbst davon nichts zu verstehen scheint, und zum andern eine nicht existente, geniale Person, von der diese Literatur stammen dürfte.

> »How might I force this to the present state?
> Are there no Players here? no Poet-apes,
> That come with Basilisks Eyes, whose forked Tongues
> Are steept in venom, as their Hearts in Gall?
> Either of these would help me; they could wrest,
> Pervert, and poyson all they hear, or see,
> (...)
> An armed Prologue; know, 'tis a dangerous Age:

[39] Ebd., Inhaltsverzeichnis, o. S.; Onlineversion: http://www.archive.org/stream/benjonsonshakespoogreerich#page/n9/mode/2up, aufgerufen am 19.1.2011.
[40] Ben Jonson: Poetaster. Edited by Herbert S. Mallory, New York 1905, S. 17.

> *Wherein, who writes, had need present his Scenes*
> *Forty-fold proof against the conjuring means*
> *Of base <u>Detractors</u>, and illiterate Apes,*
> *(...)*
> *Lush, Folly, blush: Here's none that fears*
> *The wagging of an Asses Ears,*
> *Although a Wolvish Case he wears.*
> *<u>Detraction</u> is but <u>Baseness</u> Varlet;* [41]
> *And Apes are Apes, though cloath'd in Scarlet.«* [42]

Die hier erwähnten Zeilen aus »Poetaster« (1601) erinnern unzweifelhaft an die Diktion von Robert Greene in seinem »Groatsworth of Wit« (s. S. 97).

> »*Oh, that I might entreat your rare wits* [zum Beispiel Marlowe] *to be employed in more profitable courses, and let those apes imitate your past excellence, and never more acquaint them with your admired inventions! (...) yet, whilst you may, seek you better masters; for it is pity men of such rare wits should be subject to the pleasures of such rude grooms.*« [43]

Verschiedene Experten (zum Beispiel Richmond Crinkley, George Chalmers, Peter Lang und andere) sind davon überzeugt, dass Ben Jonson, der in der »First Folio« die zentrale Lobrede auf den verstorbenen Dichter Shake-speare schrieb, Shakspere zu Lebzeiten verspottete – er kann in der Lobrede auf Shakespeare in der »First Folio« eigentlich nicht die gleiche Person gemeint haben.

Epigramm 56 (aus »Epigramme«, 1616), das zwischen 1595 und 1610 geschrieben worden sein muss, widmete Jonson einem »*Poet-Ape*«. Jonson sieht sich als Opfer eines unehrenhaften Anteilseigners (»*playbroker*«) und meinte dabei mit großer Wahrscheinlichkeit Shakspere aus Stratford. Es fällt zugleich auf, dass Jonson das Epigramm in der stilistischen Form eines shakespeareschen Sonetts verfasste, was er ansonsten (bis auf zwei Ausnahmen) nie tat.

---

[41] Die Zeile erinnert an »The Anatomie of Basenesse« von John Andrews, ein vermutliches Pseudonym von Marlowe, der massiv mit einem Strohmann (Shakspere?) haderte (»*Of the Detractor*«, »*To the Detracted*«, »*To The Detractor*«), siehe: John Andrews: »The Anatomie of Basenesse«, London 1871, S. 54/55; Onlineversion: http://www.archive.org/stream/anatomieofbaseneooandrrich#page/54/mode/2up, aufgerufen am 19.1.2011.

[42] Ebd., S. 10, 11, 127.

[43] Robert Greene: Groats-Worth of witte, bought with a million of repentance. London 1592, S. 46, Onlineversion: http://www.archive.org/stream/groatsvvorthofwi00greeuoft#page/46/mode/2up, aufgerufen am 19.1.2011.

>*On Poet-Ape*« *(Epigramm 56)*
>*Poor Poet Ape, that would be thought our chief,*
>*Whose works are e'en the frippery of wit,*
>*From Brokage is become so bold a thief*
>*As we, the robbed, leave rage and pity it.*
>*At first he made low shifts, would pick and glean,*
>*Buy the reversion of old plays, now grown*
>*To a little wealth, and credit on the scene,*
>*He takes up all, makes each man's wit his own,*
>*And told of this, he slights it. Tut, such crimes*
>*The sluggish, gaping auditor devours;*
>*He marks not whose 'twas first, and aftertimes*
>*May judge it to be his, as well as ours.*
>*Fool! as if half-eyes will not know a fleece*
>*From locks of wool, or shreds from the whole piece.*«[44]

Woran könnte ein differenzierender Leser dieses Epigramms erkannt haben, wer hier mit dem »Poet-Ape« gemeint war? Jonson lässt keinen Zweifel, dass dieser »Affe« ein »*playbroker*« war (»*from Brokage is become so bold a thief*«), der Stücke beschaffte oder stahl und mit abgelaufenen Copyrights (»*Buy the reversions of old plays*«) handelte. Er war ein dreister Dieb (»*so bold a thief*«), der anderer Menschen Stücke (zum Beispiel die von Marlowe) als die seinen ausgab und verkaufte, obwohl er dazu nicht berechtigt war. Andererseits war der zeitgenössische »Dichteraffe« offensichtlich bekannt genug, um als Boss (»*be thought our chief*«) angesehen zu werden, das heißt als prominenter Zahlmeister und Anteilseigner! Er muss eine gewisse »finanzielle« Kreditwürdigkeit erworben haben (»*now grown to a little wealth, and credit on the scene*«) und dabei so arrogant und unverschämt geworden sein, anderer Geistesarbeit zu seiner eigenen zu erklären (»*such crimes*«, »*He takes up all, makes each man's wit his own, And told of this, he slights it*«). Er bemerke nicht mehr, wer die Autoren waren (»*He marks not whose 'twas first*), und glaubt am Ende, dass alles von ihm stamme (»*and aftertimes may judge it to be his*«).

Bei den wenigen zeitgenössischen Personen, auf die diese Beschreibung passt, kann es sich eigentlich nur um Shakspere handeln. Der berühmte Schauspieler und Theaterunternehmer Edward Alleyn (Schwiegersohn von Philip Henslowe) kann mit dem »Poet-Ape« nicht gemeint gewesen sein, wenn man bedenkt, dass Ben Jonson ihm zu Lebzeiten ein lobendes Epi-

---

[44] George Greenwood: Ben Jonson und Shakespeare, Hartford 1922, S. 30/31; Onlineversion: http://www.archive.org/stream/benjonsonshakesp00greerich#page/30/mode/2up, aufgerufen am 19.1.2011.

gramm geschrieben hat *(»Just that who give so many Poets life, by one should live.«[45])*.

George Greenwood[46] war – unter der plausiblen Annahme, dass sich das Epigramm 56 auf Shakspere bezieht – der Meinung, dass Ben Jonson hier auf Shakspere herabschaut wie auf jemanden, der die Werke anderer als die seinen ausgibt, Shakspere also als einen Betrüger und Schwindler darstellt: »*The work which goes in his name is, in truth, the work of somebody else.*«[47]

Im letzten der drei bereits erwähnten Parnassus-Stücke wird die Negativfigur eines Affen an prominenter Stelle genannt, als jemand, der soeben das Wappen und Titel eines Landjunkers seines Vaters geerbt hat (Shaksperes Vater war im September 1601 gestorben). Die Antragsstellung eines Wappens wurde Shakspere seinerzeit durch den Erwerb der Immobilie »New Place« in Stratford ermöglicht.

> »*But ist not strange this mimick apes should prize*
> *Unhappy Schollers at a hireling rate.*
> *Vile world, that lifts them up to hye degree,*
> *And treades us downe in grovelling misery.*
> *England affordes those glorious vagabonds,*
> *That carried earst their fardels on their backes,*
> *Coursers to ride on through the gazing streetes,*
> *Sooping it in their glaring Satten sutes,*
> *And Pages to attend their maisterships:*
> *With mouthing words that better wits have framed,*
> *They purchase lands, and now Esquires are named.*«[48]

Die Schilderung dieser nachahmenden Affen (»*mimick apes*«) ist bezeichnend, da sie Shakspere recht genau entlarvt. Diese »Affen« müssten eigentlich den Preis bezahlen (»*should prize*«) für die unglücklichen »Studierten« (»*unhappy Schollers*« – Marlowe kann zweifellos als solcher bezeichnet werden) und zwar auf Entlohnungsbasis (»*at a hireling rate*«). Die Affen verwenden vollmundige Worte (»*with mouthing words*«), die von größeren Geistern verfasst wurden (»*that better wits have framed*«), kaufen Land (»*they purchase land*«) und nennen sich Landjunker (»*and now Esquires are named*«).

[45] Vgl. Diana Prize: Shakespeares Unorthodox Biography. New Evidence of an Authorship Problem, Greenwood 2001, S. 93.
[46] Vgl. George Greenwood: The Shakespeare Problem restated, London/New York 1908, Onlineversion: http://www.archive.org/stream/shakespeareprobl00greeuoft#page/n3/mode/2up, aufgerufen am 19.1.2011.
[47] Ebd., S. 446.
[48] John S. Farmer (Hg.): The Return from Parnassus (1606), London 1912, Onlineversion: http://www.archive.org/stream/returnfromparnas00ameruoft#page/n121/mode/1up, aufgerufen am 12.7.2010.

Es kann sich bei dieser so spezifisch gekennzeichneten Negativfigur eigentlich nur um Shakspere handeln. Dass sich hier das zeitgenössische Bewusstsein für die Urheberschaftsproblematik verbirgt, ist unzweifelhaft.

Es kann auch kein Zweifel daran bestehen, dass in Ben Jonsons Komödien »Every man in his humour«[49] und »Every Man out of his Humour«[50] das Urheberschaftsproblem zwischen dem Dichter und seiner maskierenden Person auf der Bühne zur Darstellung kommt. Dafür sind die Indizien zu eindeutig, zu überzufällig (weil zu zahlreich) und zu spezifisch. In »Every man out of his Humour« gibt sich Master Mathew (alias Marlowe/Shakespeare) als der Autor von »Hero und Leander« zu erkennen (Details s. S. 651 f).

In »Every man in his humour« lässt Jonson den Dichter Marlowe (alias Shakespeare) höchst eindrucksvoll als »Macilente«[51] und seine Maskierung (Shakspere) als »Sogliardo« auftreten:

Macilentes Charakterisierung: »*A men well parted* [!] ... *Scholler, wanting* [lacking] *that place in the worlds account, which he thinkes his merit capable of, who fals into such an envious Apoplexie with which his judgment is so dazeled, that he growes violently impatient of any opposite hapinesse in another ...«*

Sogliardos Charakterisierung: »*(...) so enamour'd of the name of a Gentleman, that he will have it though he buyes it.«*

Sogliardo (Shakspere) fragt Buffone, wer Macilente (Marlowe/Shakespeare) sei: »*A Scholler or a Soldier?«* (siehe Bretons Dialog zwischen einem »Scholler« und einem »Soldier«), worauf Buffone Macilente folgendermaßen beschreibt:

> »(...) Both (...) [be] ware how you offend him; he carries oil and fire in his pen, will scald where it drops: his spirit is like powder, quick, violent; he'll blow a man up with a jest: I fear him worse than a rotten wall does the cannon; *shake* an hour after at the report. Away, come not near him.«

Macilente (Marlowe) äußert sich über Sogliardo (Shakspere) sehr beziehungsreich:

> »But I doe hate him as I hate the deuill, Or that brasse-visag'd monfter Barbarisme. O, 'tis an open-throated, blacke-mouth'd curre, That *bites at all, but eates on those that feed him*.«

---

[49] Ben Jonson: Every man in his humour. Ed. by Percy Simpson, Oxford 1919; Onlineversion: http://www.archive.org/stream/benjonsonseverymoojonsrich#page/n9/mode/2up, aufgerufen am 19.1.2011.

[50] Ben Jonson: Every :an out of his humour, London 1600; Onlineversion: http://www.archive.org/stream/everymanoutofhisoojonsuoft#page/n26/mode/1up, aufgerufen am 19.1.2011.

[51] Man ist geneigt, bei der Verwendung von »Macivel« (Marlowes Spitzname für Macciavel) und »Macilente« (lente für lethargisch, schlafend) ein Wortspiel zu erkennen.

William Drummond of Hawthornden

Ben Jonson verbrachte 1618 einige Wochen in Edinburgh/Schottland bei dem Dichter William Drummond of Hawthornden, dessen Aufzeichnungen über ihre Gespräche erhalten geblieben sind.[52] Unter der Überschrift »*His Acquaintance and Behaviour with poets living with him*« notierte sich Drummond die Äußerungen Jonsons über verschiedene zeitgenössische Dichter wie Samuel Daniel, Michael Drayton, Francis Beaumont, Sir John Roe, John Marston, Gervase Markham, John Day, Thomas Middleton, George Chapman, John Fletcher und andere.

Hierbei erstaunt es in höchstem Maß, dass sich Drummond nur zwei lapidare, tadelnde Nörgeleien Jonsons über den wenige Jahre zuvor (1616) verstorbenen Shakspere notierte, zum einen, »*that Shakespeare*[53] [sic] *wanted* [i. e. lacked] *arte*« (»Shakespeare mangelte es an Kunst«) und zum anderen, dass Shakspere in einem seiner Stücke von einem Schiffsunglück in Böhmen spreche, obwohl es doch in Böhmen keine Küste gebe (»*Shakespeare in a play, brought in a number of men saying they had suffered shipwrack in Bohemia, where there is no sea neer by some 100 miles*«).

Es ist nicht vorstellbar, dass Jonson hier denselben Dichter Shakespeare meint, den er in wenigen Jahren (1623) in seiner Eulogie in der »First Folio« in den Olymp erheben wird (»*Soul of the age, the applause, delight, the wonder of our stage*«). Man hätte in Drummonds Notizen fraglos eine ergiebigere, lobende Darstellung des großen Dichters Shakespeares (»*was not of an age but for all time*«) durch Ben Jonson erwartet.

Hier wird die Urheberschaftsproblematik ganz offensichtlich: Jonson hatte zwei unterschiedliche personale Identitäten vor Augen. Über den wahren, noch lebenden Dichter Shakespeare/Marlowe hatte er versprochen zu schweigen (s. S. 91), weswegen er sich über den verstorbenen Shakspere nur mit zwei kleinen irreführenden kritischen Anmerkungen äußert.

Am Ende seines Aufenthalts in Schottland Anfang 1619 kam Ben Jonson, der wichtigste »Kronzeuge« der Urheberschaftsproblematik überhaupt, wohl doch noch der Bitte Drummonds nach und übermittelte ihm ein selbst verfasstes, handgeschriebenes »rätselhaftes« Madrigal, in dem er ihn in höchst verdichteter Form über die wahre Dichterperson Shakespeare und die kom-

---

[52] Ben Jonson's Conversations with William Drummond of Hawthornden. Edited by R. F. Patterson, London/Glasgow/Bombay 1923; Onlineversion: http://www.archive.org/stream/benjonsonsconver00jonsuoft#page/n9/mode/2up, aufgerufen am 19.1.2011.

[53] Ben Jonson: Conversation of Ben Jonson with William Drummond, London 1906, S. 13, Onlineversion: http://www.archive.org/stream/conversationsbe00jonsgoog#page/n30/mode/2up/search/shakespeare, aufgerufen am 19.1.2011.

plexe Problematik der Urheberschaft aufklärt, ohne dass der Inhalt des Madrigals dies auf Anhieb erkennen lässt.

Da der wahre Dichter Shakespeare/Marlowe, dem Jonson absolute Verschwiegenheit zugesichert haben dürfte (s. S. 91), im Jahr 1619 noch lebte und die vorgesehene posthume Identifikationsstätte, sein Grab in Stratford, nach Shakspere's Tod (1616) bereits in Planung war, kann man vermuten, dass Jonson sich gegenüber Drummond sehr zurückhaltend äußern musste.

Das Madrigal Jonsons an William Drummond, dem er den Satz voranstellte: »*Have with mine own Hand, to satisfy his requests, written this imperfect song*« und das später leicht verändert unter dem Titel »The Hour-Glass« in seinen »Works« (1692) erschien, lautete:

ON A LOVER'S DUST, MADE SAND FOR AN HOUR-GLASS
Doe but consider this small dust here running in the glasse
 by atoms moved,
Could thou believe that this bodie ever was
 Of one that loved?
And, in his Mistresse flaming playing like a flye
 Turned to cinders by her eye?
Yes, as in death, as life unblest,
 To have it exprest,
Even ashes of Lovers find no rest.[54]

Warum Ben Jonson Drummond hier »verschlüsselt« über das Schicksal Shakespeares »aufklärt«, soll im Folgenden erläutert werden.

Im Jahr 1618/19 war die »First Folio« und damit etwa die Hälfte aller Werke Shakespeares noch nicht bekannt, es waren die Jahre, in der das riesige Projekt der »First Folio« heranreifte, bevor es schließlich 1623 in Druck gelangte. Somit war auch die einleitende Laudatio Jonsons für Shakespeare noch nicht gedruckt und noch niemandem bekannt, aber wohl schon in der konzeptuellen Planung. Es gab – wie erwähnt – bis 1619 noch keine Quellen, die erkennen ließen, dass man zu diesem Zeitpunkt in Shakspere aus Stratford den Dichter Shakespeare sah.

Es steht außer Frage, dass Jonson in diesem Madrigal den Tod eines Dichterfreundes besingt (»*On a Lover's Dust*« – das Synonym »dust« für Tod kommt bei Shakespeare etwa sechzig Mal vor), aber dessen Identität nicht preisgibt. Bei keinem anderen verstorbenen Dichter oder Freund hätte es für Jonson um 1620 einen erkennbaren Grund gegeben, dessen Identität und

---

[54] Ebd., S. 54; Onlineversion: http://www.archive.org/stream/benjonsonsconver00jonsuoft#page/54/mode/2up, aufgerufen am 19.1.2011.

Name zu verschweigen und zu verschleiern und ihn andererseits so spezifisch zu charakterisieren. Es ist anzunehmen, dass Jonson die gleiche Person (Shakspeare/Marlowe) anspricht, der er schon 1616 in seinem »The Workes« zwei Epigramme (XIX und LXXVII) gewidmet hatte und deren Name er verbergen musste (s. detailliert auf S. 87).

Die Staub-Metapher im Titel steht bei Jonson für den Tod, die Sandkorn-Metapher für die Zeit (Sanduhr). Des Freundes Werk werde durch alle Sanduhren rinnen, das heißt, wurde für alle Zeiten gemacht (»*made sand for any hour*«). Diese Aussage entspricht Jonsons Nachruf auf Shakespeare wenige Jahre später in der »First Folio« (»*He was not of an age, but for all time*«). Es entspricht zugleich dem kommenden Grabspruch auf dem Monument in Stratford:

> »*Good friend, for Jesus' sake forbear,
> to dig the dust enclosed here.*«

Die Zeilen des Madrigals im Einzelnen:

Zeile 1: Drummond solle (»*Doe but consider*«) den »kleinen Tod« (»*small dust*«) einer unbedeutenden (»*small*«) Person betrachten, der sich soeben (»*here running in the glasse*«) ereignet habe (zwei Jahre zuvor, 1616). Der Tote zerfalle bereits in seine Atome (»*by atoms moved*«). Hier spricht Jonson mit großer Wahrscheinlichkeit von dem verstorbenen »kleinen« Stratforder Bürger, dem Strohmann für Marlowe/Shakespeare.

Zeile 2: Ob Drummond sich wirklich vorstellen könne, dass dieser Verstorbene (»*Could thou believe that this bodie ...*«) derjenige gewesen sein könnte, d.h. mit dem identisch war, der das Gedicht schrieb *(»ever was of one that loved«)*. Hier bringt Jonson Christopher Marlowe mittels seiner berühmtesten Zeile aus »Hero und Leander« ins Spiel: »*Who ever loved, that loved not at first Sight.*«

Jonson gibt Drummond zu verstehen, dass der Verstorbene *(»this bodie«)*, von dem er eingangs sprach, unmöglich derselbe sein könne, der Marlowes Gedicht geschrieben habe.

Zeile 3: Marlowe schrieb unter dem Tarnnamen Shake-speare Theaterstücke (»*playing*«), in denen seine männlichen Hauptfiguren durch den Anblick (»*her eye*«) einer Frau (»*Mistress*«) so entflammt wurden (»*flaming*«), dass sie davon zu Tode kamen (»*turned to cinders*«). Jonson kennzeichnete hier den Dichter an Hand seiner Liebestragödien (zum Beispiel »Romeo und Julia« oder »Othello«?) und gibt damit zu erkennen, dass die Person Marlowe gleichzeitig der Theaterdichter mit dem Decknamen Shakespeare war.

Zeile 4: Diese Zeile erklärt und bewertet die drei vorausgehenden Zeilen (1: Shakspere, 2: Marlowe, 3: Shake-speare) dahingehend, dass die wahre Dichterperson in ihrem Leben wie in ihrem »vermeintlichen Tod« Tragisches erlebt habe und nicht zu beneiden sei (»*Yes, as in death, as life unblest*«).

Zeile 5: Jonson ist abschließend bereit, Drummond sein »Rätsel« folgendermaßen zu enthüllen (»*To have it exprest*«): Der (nur vermeintlich) tote Freund (»*Lovers dust*«) ist nicht der bereits tote, 1616 in Stratford begrabene Shakspere (»*small dust*«, »*this bodie*«), sondern der 1618/19 noch lebende Marlowe alias Shakespeare, der noch keine Ruhe gefunden habe (»*Even ashes of Lovers find no rest*«).

Henry Chettle

1603 wird in Henry Chettles »England's Mourning Garment« ein gewisser »Melicert« (Melicertus) erwähnt, der unter diesem Hirtenname eindeutig als Poet Shakespeare identifiziert werden kann, da ihn Chettle mit Shakespeares Versepos »Raub der Lucretia« (1594) in Zusammenhang bringt.

In ähnlicher Weise werden andere angesprochenen Dichter erkennbar: Ben Jonson ist »Horaz«, Chapman »Corin«, Drayton »Coridon« etc. – alle Autoren erhalten einen allegorischen Namen. Chettle kritisiert sie in seinem Büchlein, weil sie es versäumt hätten, anlässlich des Todes von Elisabeth I. eine Elegie zu verfassen.

> *Mournig Garment* [55]
> *Nor doth the silver tongued Melicert,*
> *Drop from his honied Muse one sable teare*
> *To mourne her death that graced*[56] *his desert*[57],
> *And to his laies opend her Royall eare.*
> *Shepheard remember our Elizabeth,*
> *And sing her Rape, done by that Tarquin, Death.*[58]

Übersetzung (modifiziert nach Robert Detobel):

[55] Man gewinnt den starken Eindruck, dass die Anspielung auf Shakespeare doppeldeutig ist und zugleich Marlowe gilt (keine einzige Träne von ihm, Tod »der Königin« befreit »ihn« von seiner Einöde, er, Tarquin, möge ihren »Tod einer Schändung gleich« besingen.
[56] SOED: »to grace«, auch: free and general pardon.
[57] SOED: »desert« :sowohl »Verdienst« als auch »Einöde« .
[58] Henry Chettle: Englandes Mourning Garment, siehe: http://spenserians.cath.vt. edu/ TextRecord. php?action=GET&textsid=33009, aufgerufen am 19.1.2011.

> Weder tropft der silberzüngige Melicertus
> Eine einzige trauernde Träne von seiner Honig gesüßten Muse
> Um ihren Tod zu beklagen der sein Verdienst lohnte
> Und seinen Liedern ihr königliches Ohr zu öffnen
> Schäfer gedenke unser Elisabeth
> Und besinge ihre Schändung durch diesen Tarquin.

Philip Sidney

Der Name Melicertus (der für den Dichter Shakespeare steht) taucht in demselben Werk noch einmal in einem anderen Zusammenhang auf und bezieht sich dabei eindeutig auf die spanische Armada.[59]

Melicertus wird zusammen mit Philip Sidney und Francis Walsingham genannt. (Beide tauchen ebenfalls mit Hirtennamen auf, sind aber eindeutig identifizierbar.) Sie haben an dieser Textstelle mit eben diesem Melicertus im Rahmen der Vorbereitungen für den Krieg gegen Spanien zu tun. Die Textstelle bezieht sich dementsprechend auf einen Zeitpunkt vor Ende 1586, denn der im Gefolge der Schlacht gegen die Spanier bei Zutphen im September 1586 verwundete Philip Sidney starb am 17. Oktober desselben Jahres.

Melicertus (der Dichter Shakespeare) müsste danach in höheren Kreisen in irgendeiner Form an den Kriegsvorbereitungen gegen Spanien beteiligt gewesen sein. Shakspere aus Stratford kann dies 1586 nicht gewesen sein, da er nach allgemeiner Akzeptanz im Alter von 23 Jahren noch in Stratford lebte.

> »O saith Thenot, in some of the wrongs resolve us, and thinke it no unfitting thing, for thou that hast heard the songs of that warlike thing, for thou that hast heard the songs of that warlike Poet Philesides good Meloebee, and smooth tongued Melicert, tell us what thou hast observed in their sawes, seene in thy owne experience, and heard of undoubted truths touching those accidents: for that they adde, I doubt not, to the glory of our Eliza.«[60]

Deutet man diese Passage von Chettle aus dem Jahr 1603 richtig, so besteht zwischen dem beschriebenen Dichter Melicertus und dem Mann aus Stratford ein eindeutiges Identitätsproblem, das heißt, Melicertus und Shakspere können nicht die gleiche Person gewesen sein. Bei Marlowe lassen sich – anders als bei Shakspere – eindeutige freundschaftliche Verbindungen zu

---

[59] Vgl. J. O. Halliwell: Shakespeare and the Armada. A discovery that Shakespeare wrote one or more ballads or poems on the Spanish Armada, London 1866; Onlineversion: http://www.presscom.co.uk/armada.html, aufgerufen am 19.1.2011.
[60] Ebd., S. 16.

Francis Walsingham und Philip Sidney bzw. seiner Schwester Mary Sidney (Herbert), Countess of Pembroke herstellen. Er besaß in der genannten Zeit bereits einen hohen dichterischen Ruf.

Der wirkliche Melicertus dürfte danach mit weit höherer Plausibilität Christopher Marlowe (alias Shake-speare) gewesen sein. (Robert Detobel sieht in ihm den Earl of Oxford).

Robert Chester

Robert Chesters »Loves Martyr«[61] aus dem Jahr 1601 ist eine eindrucksvolle zeitgenössische Quelle über Shake-speare und nur im historischen Kontext der Urheberschaftsdebatte zu verstehen.

Die Revolte des Robert Devereux, 2nd Earl of Essex, gegen die englische Krone Anfang Februar 1601 endete mit seiner Hinrichtung am 25. Februar 1601 im Tower. Man kann aus verschiedensten Gründen davon ausgehen, dass sich Christopher Marlowe und Robert Devereux kannten und Marlowe für ihn Sympathien hegte (s. auch S. 551 f.). Robert Devereux wurde (ebenso wie Edward de Vere, 17th Earl of Oxford, und Henry Wriothesley, 3rd Earl of Southampton) wegen frühen Verlust des Vaters Mündel von William Cecil, Lord Burghley. Er studierte – wie auch Edward de Vere, Henry Wriothesley und Christopher Marlowe – an der Universität Cambridge (1577–1581) und war in zweiter Ehe mit Frances Walsingham verheiratet, der Tochter von Francis Walsingham, die Marlowe aufgrund seiner engen Bindungen zu den Walsinghams gekannt haben dürfte.

Gegen Ende des Jahres 1601 erschien in London in einer Auflage von nur 50 Exemplaren ein Gedichtband mit dem eher seltsamen Titel »Loves Martyr«, gedruckt von Richard Field, der 1593/94 auch »Venus und Adonis« und »Lucrectia« gedruckt hatte. (Manche glauben bereits in dem Wortspiel des Titels »LOVEs MARTYR«, das MAR und LOVE enthält, die Handschrift Marlowes zu erkennen. Das Buch enthält recht unterschiedliche Gedichte (zum Beispiel von Robert Chester, Ben Jonson, George Chapman und John Marston) und Personen, die sich hinter Pseudonymen wie »Vatum Chorus« (Chor der Propheten, Seher, Sänger beziehungsweise Dichter) und »Ignoto« (von »Ignotus« = der Unbekannte) verbergen. Die Namen beziehungsweise Pseudonyme unterstreichen die Bedeutung des Gedenkens an die Revolte von Devereux. »Ig-

---

[61] Robert Chester: Love Martyr or Rosalins Complaint, London 1878, Onlineversion: http://www.archive.org/stream/robertchestersloooches#page/n101/mode/2up, aufgerufen am 19.1.2011.

notus« könnte der Spiritus Rector des gesamten literarischen Unternehmens (Shakespeare?) gewesen sein. Die Tatsache, dass das Titelblatt einen unverdächtigen Titel sowie einen falschen und zudem ausländischen Autornamen (»Torquato Caeliano«) nennt, deutet darauf hin, dass die Beteiligten die Zensoren des Erzbischofs von Canterbury, John Whitgift (?1530–1604) täuschen mussten. Der Name des erfundenen Verfassers steckt voller Anspielungen (zum Beispiel auf Torquato Tasso).

»Loves Martyr« wird mit gewisser Plausibilität als ein Epilog auf die Verurteilung des Earl of Essex (Phoenix steht für Essex) und den Earl of Southampton, der später begnadigt wurde (Turtle steht für Southhampton) interpretiert.[62] Das bemerkenswerteste Gedicht dieses Bandes ist wohl »*Threnos*« (entsprechend einer Totenklage), signiert von William »Shake-speare« (mit Bindestrich geteilt!). Das Gedicht besteht aus fünf Dreizeilern. Ihm voraus geht ein weiteres Gedicht ohne Titel, das ebenfalls Shakespeare zugerechnet wird (»*Let the bird of loudest lay*«) und das später den Namen »*The Phoenix and the Turtle*« bekam.

Ein weiteres bemerkenswertes Detail dieses Buches ist seine Titelseite. Auf dem unteren Teil befindet sich eine Erläuterung, dass diesem Buch einige literarische Werke moderner Schriftsteller zugefügt wurden, deren Schöpfungen man in dem Buch an ihrer Signatur erkennen könne (»*To these are added some new compositions of seueralle moderne Writers whose names are subscribed their seuerall workes, vpon the first subject viz.* The Phoenix *and* Turtle«).

Auffallenderweise folgt dieser Erläuterung auf dem Titelblatt unmittelbar noch eine zusätzliche abgesetzte, zunächst rätselhaft erscheinende Zeile:

»Mar: —————— *Mutare dominum non potest liber notus.*« (I/3)

Sie dürfte ein verdeckter Hinweis darauf sein, dass von den zuvor genannten verschiedenen modernen Schriftstellern einer nicht mit seinem wahren Namen zeichnete oder zeichnen konnte, dessen Identität »Mar: ——————« durch den lateinischen Zusatz »Mutare dominum non potest liber notus« näher charakterisiert beziehungsweise für Eingeweihte erklärt werden soll. Dass dieser Spruch auf der Titelseite des Büchleins »Loves Martyr« eine spezifische Bedeutung haben muss, steht außer Frage. Die Darstellungsweise erinnert an »Venus und Adonis«, das »Erstlingswerk« von Shakespeare (ebenfalls

[62] Hildegard Hammerschmidt-Hummel: William Shakespeare: The Phoenix and the Turtle. Notate zur Entstehung des Werks und zur Entschlüsselung seiner Figuren als historische Persönlichkeiten, in: Anglistik. Mitteilungen des Deutschen Anglistenverbandes (September 2003), S. 71–84.

von Richard Field gedruckt!), auf dessen Titelseite ebenfalls ein beziehungsreicher lateinischer Zweizeiler (»Vilia miretur vulgus; mihi flavus Apollo, Pocula Castalia plena ministret aqua«) gedruckt ist (s. S. 180).

Es erstaunt, dass es über die Bedeutung der lateinischen Zeile auf der Titelseite von »Loves Martyr« bis heute keine wissenschaftlichen Untersuchungen gibt. Diese Zeile heißt übersetzt: Ein bekanntes Buch kann seinen Herrn [Autor] nicht verändern [verleugnen].

Die Zeile entstammt dem Epigramm 66 des lateinischen Dichters und Rhetorikers Marcus Valerius Martialis. Das Epigramm ist offensichtlich eine ironische Invektive gegen jemanden, der ein Literat sein will und der den Autor plagiiert, indem er zunächst seine Gedichte auf dem Markt kauft. Um das Gedicht zu verstehen, muss man wissen, dass römische »Bücher« entweder in Bänden angeordnete Pergamentblätter oder um ein Stäbchen gedrehte Papyrusrollen waren, die in einer Kapsel aufbewahrt wurden. Schriften wurden auf der Vorderseite (»Stirn«) mit Bimsstein geglättet. Ein »poeta doctus« konnte mit dem griechischen Wort »Weiser« bezeichnet werden.

Epigramm 66 (M. Valerius Martialis):

Erras, meorum fur auare librorum,
(Du irrst, oh geiziger Dieb meiner Bücher,)

fieri poetam posse qui putas tanti,
(der Du so sehr glaubst, ein Dichter werden zu können,)

scriptura quanti constet et tomus uilis:
(Wie viel eine billige Schrift und Band wert ist:)

non sex paratur aut decem sophos nummis.
(Nicht wird ein Weiser durch sechs oder zehn Pfennige geschaffen.)

Secreta quaere carmina et rudes curas
(Suche nur geheime Gedichte und rohe Sorgen,)

quas nouit unus scrinioque signatas
(welche einer/allein kennt und mit einer Kapsel bezeichnet)

custodit ipse uirginis pater chartae,
(bewahrt der Vater selbst des jungfräulichen Papiers[63])

quae trita duro non inhorruit mento:
welches [das Papier] nicht vom harten Kinn gerieben erschauerte:

---

[63] Nicht wörtlich zu nehmen: Welche allein der Autor des auf jungfräulichem Papier geschriebenen Gedichts kennt und in/mit einer Kapsel aufbewahrt.

mutare dominum non potest liber notus.
(Ein bekanntes Buch kann seinen Herrn [Autor] nicht leugnen.)

Sed pumicata fronte si quis est nondum
(Aber wenn jemand noch nicht eine von Bimsstein geglättete Vorderseite einer Schrift hat)

nec umbilicis cultus atque membrana,
(noch in Stäbchen [der Schriftrolle] und in Pergament erfahren ist,)

mercare: tales habeo; nec sciet quisquam.
(dann kaufe er sie! Solche habe ich; und niemand wird es wissen.)

Aliena quisquis recitat et petit famam,
(Jeder, der Fremdes rezitiert und Ruhm verlangt)

non emere librum, sed silentium debet.
(darf nicht das Buch, sondern [soll] das Schweigen erkaufen).

Welche andere Deutung ist hier plausibler als diese: Mit der lateinischen Titelzeile wurde wenigen Gebildeten und Eingeweihten signalisiert, dass das mit dem Pseudonym Shake-speare signierte Gedicht »Threnos« nicht vom »Bücherdieb« Shakspere geschrieben wurde, sondern von Marlowe (»*mutare dominum non potest liber notus*« – ein bekanntes Buch [ein bekannter Vers] kann seinen Herrn nicht verleugnen).

Die Problematik bestand im Einzelnen darin, dass ein Dieb (Shakspere), der Marlowes Bücher stahl (»*Erras, meorum fur auare librorum*«), glaubte, ein Dichter werden zu können (»*fieri poetam posse qui putas tanti*«). Und da er die Originale nicht besaß (»*Sed pumicata fronte si quis est nondum*«) und auch nicht im Herstellen von Büchern erfahren war (»*nec umbilicis cultus atque membrana*«), musste er sie ihm abkaufen, und niemand erfuhr es (»*mercare: tales habeo; nec sciet quisquam*«). Jeder, der (wie Shakspere) Fremdes rezitierte und Ruhm verlangt (»*Aliena quisquis recitat et petit famam*«), konnte nicht das Buch, sondern nur das Schweigen darüber (er)kaufen (»*non emere librum, sed silentium debet*«).

Diese Quelle kann wie alle zuvor in diesem Kapitel genannten zeitgenössischen Dokumente nachweisen, dass um die Wende zwischen dem 16. und 17. Jahrhundert die verschiedensten verdeckten Anspielungen in Umlauf gebracht wurden, um zu erkennen zu geben, dass man über die Diskrepanz zwischen einem verborgenen wahren Dichter und einem vorgeschobenen maskierenden »Frontmann« und Plagiateur Bescheid wusste. Diese Versuche waren, wie die Vergangenheit gezeigt hat, zu spärlich, zu verdeckt und zu zaghaft, als dass sie die meisterhaft von Marlowe/Shakespeare und der Krone inszenierte Verschwörung hätten dauerhaft gefährden können.

Im letzten Teil von Chesters »Loves Martyr«[64] werden die verschiedenen poetischen Beiträge (»*Poeticall Essays*«) noch einmal auf einer eigenen Innenseite (siehe Abb.) angekündigt: Sie seien von den besten und führenden gegenwärtigen Dichtern verfasst (»*Done by the best and chiefest of our moderne writers*«) und mit dem jeweiligen Namen des Autors gekennzeichnet (»*with their names subscribed to their particular works*«). Hier – und nicht auf der Titelseite – wird das Werk Sir John Salisburie gewidmet. Wie auf der Titelseite dagegen folgt ein lateinischer Spruch, der einem Gedicht von Horaz entstammt und der einen der angesprochenen »*chiefest and best of our moderne writers*« eindeutig kennzeichnet:

»*Dignum laude virum Musa vetat mori.*«
(Einen des Lobes würdigen Mannes lässt die Muse nicht sterben.)

Zusätzliche Innenseite in »Loves Martyr« mit Ankündigung der »Poeticall Essaies« und lateinischer Einzeiler (1601)

Hier wird erneut verdeckt und nur dem eingeweihten Leser erklärt, dass der Dichter sich nur dadurch zu erkennen geben kann, indem er seinen Freunden bedeutet, dass er noch nicht gestorben sei (Marlowe/alias Shakespeare).

Der lateinische Spruch von Horaz (»*Dignum laude virum Musa vetat mori*«) findet sich auffälligerweise auch bei Thomas Overburys »A Wife. Now the Widdow of Sir Tho: Overburye« (1614). Dies kann nicht ohne Bedeutung sein. Das Porträt von Thomas Overbury gilt heute nicht nur als wahrscheinlichste Vorlage für das Droeshout-Porträt von Shakespeare (s. S. 75 f.), sondern auch für das Cobbe- und das Janssen-Porträt.

Der lateinische Einzeiler (»*Dignum laude ...*«) auf dem Titelblatt von

---

[64] Robert Chester: Love Martyr or Rosalins Complaint, London 1878, S. 177; Onlineversion: http://www.archive.org/stream/robertcherslooches#page/176/mode/2up, aufgerufen am 19.1.2011.

»Loves Martyr« (Pfeil!) stammte von dem römischen Dichter Marcus Valerius Martialis (»*Mar.---*«). Der eingeweihte, gebildete Leser dürfte damals diese lateinische Botschaft allerdings auf Marlowe bezogen haben, der zum Ausdruck bringen wollte, dass er noch lebte.[65] Diese gedankliche Verbindung zwischen Mar(tialis) und Mar(lowe) wird bei Kenntnis des anonymen Autors des Epigramm-Buches »Wits Bedlam, Where is had, whipping-cheer, to cure the Mad« (1617) in der Tat plausibel.

LOVES MARTYR
OR,
ROSALINS COMPLAINT.
Allegorically shadowing the truth of Loue in the constant Fate of the Phœnix and Turtle.

A Poeme enterlaced with much varietie and raritie; *now first translated out of the venerable Italian* Torquato Cæliano, *by* ROBERT CHESTER.

With the true legend of famous King *Arthur*, the last of the nine Worthies, being the first *Essay* of a new *Brytish* Poet: collected out of diuerse Authenticall Records.

To these are added some new compositions, of seuerall moderne Writers whose names are subscribed to their seuerall workes, vpon the first Subiect: viz. the Phœnix *and* Turtle.

Mar: ------ Mutare dominum non potest liber notus.

LONDON
Imprinted for E. B.
1601.

WITS
BEDLAM,
------- Where is had,
Whipping-cheer, to cure the Mad.

The BOOKE.
Those Epigrams *faine would I owe, Where euery Word, is a Word and a Blow.*

Reproses, where they are Well deseru'd; *must be Well paide.*

At LONDON
Printed by G. ELD, and are to be sould by *Iames Dauies*, at the Red Crosse nere Fleete-streete *Conduit.*
1617.

»Loves Martyr« (1601) – Titelblatt
»Wits Bedlam« (1617) – Titelblatt

---

[65] Die Abkürzung »Mar.« findet sich auch bei Thomas Overbury in »The Wife«: »*Licet toto nunc Helicone frui---Mar.*« (s. S. 675).

Bei dem anonymen Autor von »Wits Bedlam« muss es sich aus vielen Gründen um Marlowe und nicht um John Davies, wie Lambert Ennis[66] annimmt, gehandelt haben. Das Epigramm mit der Überschrift »*To Martiall*« stützt zweifellos die These der Bedeutung des Kürzels von »Mar.«:

> *Martiall, th'art still renowned for thy Free-wit;*
> *But, oft reproached for thy Looser-pen:*
> *Yet, Wise-men (longing for a merry-Fit)*
> *Reade thee with Praise and Pleasure, now and then:*
>   *Then I (too proudly humble) thinke not scorne,*
>   *They Wit-all call my name for thy Fames horne.*

Francis Bacon

Ein Brief von Francis Bacon vom 28. März 1603 an »Mr. Davis« – wohl Sir John Davies (1569–1626), Autor von »Nosce Teipsum« und später Attorney General für Irland – ist erhalten geblieben. Darin bittet ihn Francis Bacon um seine Unterstützung am Hof und spricht zugleich den Wunsch aus, dass er wohlwollend gegenüber versteckten (geheim gehaltenen?) Dichtern sein möge (»*So desiring you to be good to concealed poets*«). Bacon muss sich um einen verborgenen Dichter (und man kann nicht annehmen, dass er sich damit selbst meinte, sondern am ehesten Shake-speare/Marlowe) Sorgen gemacht haben. Der Brief lässt erkennen, dass John Davies Zugang zu Informationen und Quellen des Hofes hatte und dass er um das Geheimnis versteckter oder verborgener Dichter wusste:

> *Mr. Davis,*
> *Though you went on the sudden, yet you could not go before you had spoken with yourself to the purpose which I will now write. And therefore I know it shall be altogether needless, save that I meant to show you that I am not asleep. Briefly, I commend myself to your love and to the well using of my name, as well in repressing and answering for me, if there be any biting or nibbling at it in that place, as in impressing a good conceit and opinion of me, chiefly in the King (of whose favour I make myself comfortable assurance), as otherwise in that court. And not only so, but generally to perform to me all the good offices which the vivacity of your wit can suggest to your mind to be performed to one, in whose affection you have so great sympathy, and in whose fortune you have so great interest. So desiring you to be good to concealed poets, I continue*

---

[66] Lambert Ennis: »Wits Bedlam« of John Davies of Hereford, in: The Huntington Library Bulletin, nr. 11 (1937), S. 13–21.

Your very assured, FR. BACON.
Gray's Inn, this 28th of March, 1603[67]

1909 wurden acht Shakespeare-Quartos – »Titus Andronicus« (1611), »Richard III.« (1602), »Richard II.« (1615), »King Lear« (1608), »König Johann« (1611), »Romeo und Julia« (1599), »Hamlet« (1605) and »Heinrich IV. (1613) – versteckt hinter Bücherregalen im Old Gorhambury House außerhalb von St. Albans entdeckt. Sie waren dort offenbar vergessen worden, als die Besitztümer des Hauses, in dem Francis Bacon bis zu seinem Tod im Jahr 1626 gelebt hatte, 1754 in das neue Gorhambury House gebracht wurden. Sie müssen dort 155 Jahre unentdeckt geblieben sein. Ihre Entdeckung wurde von der Öffentlichkeit kaum wahrgenommen! Es gibt wenig Gründe anzunehmen, dass die Quartos nicht dem Besitz Francis Bacons entstammten (der unerklärter Weise den Namen Shakespeare in seinen Werken niemals genannt hat (s. S. 662). Man stelle sich die weltweite Aufregung vor, wenn die Quartos in Stratford gefunden worden wären.

George Wither[68]

Von einem anonymen Dichter (den Experten als George Wither[69] identifiziert haben) existiert ein 44-seitiges poetisch-satirisches, hochmetaphorisches Versepos über eine Gerichtsverhandlung namens »*The Great Assises*[70] (1644). Darin werden zwölf Geschworene (Juroren) als »gute und freie Dichter« und zugleich als »Dramatiker« (»*Poets good and free, Dramatick writers all*«) kenntlich gemacht, unter ihnen befindet sich Shakspere.

Später widerruft der Autor seine Bewertung von Shakespeare (wie auch von anderen Schriftstellern wie Sands, Sylvester, Wither). Er erklärt jetzt kategorisch, dass der gewinnsüchtige oder geldgierige Kopierer (»*Plagiateur*«) der Bühne (»*This mercenary pen-men*[71] *of the stage*), der den großen Zwängen seiner Zeit Vorschub leistete (»*That foster the grand vises of this age*«), kein

[67] Siehe: http://home.hiwaay.net/~paul/bacon/letters/davies.html, aufgerufen am 19.1.2011.
[68] Hier ist wohl Georg Wither (1588–1667?) gemeint. Ob und wie dieser mit dem Autor George Wither, dem Autor von »*An A. B. C. for Laye-Man*« (1585) zusammenhängt, der dem Buch eine Widmung an William Cecil voranstellte, bedarf einer Klärung.
[69] Wither könnte aufgrund der Inhalte seiner Bücher eines der vielen Pseudonyme von Marlowes/alias Shakespeare gewesen sein – mehr dazu in Kapitel 11, ab S. 667.
[70] The great assises holden in parnassus, London 1644, Onlineversion: http://www.archive.org/stream/greatassisesholdooomanc#page/n7/mode/2up, aufgerufen am 19.1.2011.
[71] SOED: »Penman«: A man employed to write or copy documents – Marlowe/alias Shakespeare.

Amt in England innehaben sollte (»*Should in this Common-wealth no office beare*«), sondern mit den hier Angeschuldigten stehen sollte (»*but rather stand with us delinquents here*«). Er sei ein Imitat (»*Shakespear's a Mimicke*«), der nur vorgebe, ein Dichter zu sein.

Wie anders soll man die anfängliche Klage des Delinquenten (Marlowe) gegenüber dem Vorsitzenden (Apollo) verstehen, dass die Schreibweise heute sein Reich (der Dichtkunst) bestimme (*how Typography doth concerne your state*), die einige üble Personen (Shakspere) so missbraucht hätten (*with some pernicious heads have so abus'd*), dass viele wünschten, man hätte diesen »typografischen« Trick [Shakspere = Shakespeare] nie verwendet (*That many wish it never had been used*). Diesen Kunstgriff hätten sich einige angeeignet, die an Kunst keinerlei Interesse zeigten (*This instrument of Art, is now possest, by some, who have in Art no interest*). Sie werde jetzt von Papier-Vergeudern benutzt, Krämerseelen und Dichterlingen (*For it is now imploy'd by Paper-wasters, By mercenary soules, and Poettasters*).

Es bleibt die Frage, warum dieses eindeutige zeitgenössische allegorische Versepos über eine Verhandlung mit realen Personen vor der höchsten göttlichen Instanz mit explizit erkennbarer Namens – und Autorschaftsproblematik im Gegensatz zu dem zweideutigen »Shake-scene«-Indiz (s. S. 97 ff.) keinen Eingang in Shakespeare-Biografien gefunden hat und was es de facto bedeutet (s. S. 670 f.).

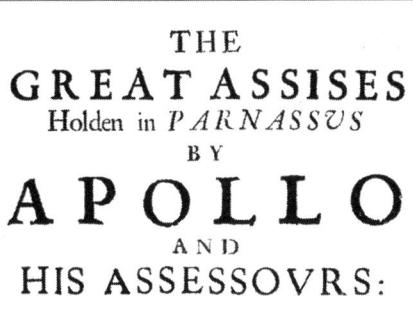

44-seitige poetische Gerichtsverhandlung gegen eine Person, aufgeteilt in zwölf Subidentitäten (anonymer Autor, vermutlich Wither alias Marlowe)

5. »Tödliches« Argument gegen Marlowes mögliche Autorschaft

Anders als Shakespeare ist Christopher Marlowe im deutschsprachigen Raum – außer unter Literaturwissenschaftlern – kaum bekannt. Das Argument gegen seine Aufnahme in den Kreis der möglichen Verfasser der Shakespeareschen Werke war seit jeher im wahrsten Sinne des Wortes ein »tödliches«: Christopher Marlowe war, so wurde über Jahrhunderte kolportiert, 1593 bei einer Wirtshausschlägerei ums Leben gekommen – aus heutiger Kenntnis ein makabrer Treppenwitz der Geschichte! Nach Meinung der Experten mache es keinen Sinn, Gedanken an Marlowes mögliche Autorschaft zu verschwenden.

Die tieferen historischen Voraussetzungen für die Entstehung des Shakespeare-/Marlowe-Autorschaftsproblems bildeten die inquisitionellen Verfahren der Kirche im englischen Spätmittelalter (wegen Häresie, Blasphemie, Atheismus etc.) und der Gerichtsbarkeit der restriktiven Monarchie (bei Staatsgefährdung, Rebellion, Hochverrat, Volksaufwiegelung etc.). Der seiner Zeit geistig überlegene Marlowe ist dieser historischen Situation zum Opfer gefallen.

Das überlieferte Szenario mit all seinen Konsequenzen ist hinsichtlich der literarischen Folgerungen von den Experten zu keiner Zeit auch nur ansatzweise berücksichtigt worden. Im Gegenteil – durchaus sinnvolle methodische Vorgehensweisen, die abzuschätzen versuchen, welche Lösungen mit einer bestimmten Annahme oder Hypothese (hier: Notwendigkeit des vorgetäuschten Identitätswechsels) erreicht und kongruent werden könnten und welche nicht, wurden verworfen oder als abwegig abgetan. Bei Berücksichtigung der Umstände des vermeintlichen Todes von Marlowe muss man jedoch zu dem Schluss gelangen, dass dies in jeder Hinsicht leichtfertig und voreilig, ja fahrlässig war. Eine von höchster Stelle inszenierte Irreführung zur Rettung des von der Staatsräson und Inquisition akut bedrohten Christopher Marlowe ist bei näherer Betrachtung ungleich plausibler als seine Tötung im Streit um eine triviale Rechnung im Haus einer »Verwandten« von William Cecil.

Dieses Kapitel setzt sich mit dem negativen, »tödlichen« Argument gegen Marlowes Urheberschaft auseinander. Es fasst sowohl die kulminierenden historischen Ereignisse der letzten zwei Lebensmonate Marlowes als auch die mit seinem vermeintlichen Tod einhergehenden Vorfälle zusammen und bewertet sie. Es erklärt, warum Marlowes Name nach seinem dauerhaften Verschwinden im Mai 1593 rasch vergessen und aus dem öffentlichen Gedächtnis »eliminiert« wurde.

Eine gesteuerte Presse und Öffentlichkeit sorgte dafür, dass Marlowe durch einen konsequenten Rufmord (»Atheist«, »Gotteslästerer«, »Häretiker«, »Freidenker«, »Spion«, »Rebell«, »Volksaufwiegler« »Homosexueller«, »Wirtshausschläger«, »Trinker«, »Streitsüchtiger«, »übermäßige Persönlichkeit« etc.) nicht nur die Wertschätzung seiner Zeitgenossen verlor, sondern bis in das 21. Jahrhundert einer »verbannenden« Diffamierung ausgesetzt war.

Erst die allmähliche Freilegung von Quellen und Fakten hat Marlowes Persönlichkeit und seine tatsächliche künstlerische Größe in den letzten 150 Jahren langsam erkennbar werden lassen. Das Dichtergenie Marlowe konnte – nimmt man einen bildhaften Vergleich – in seiner Zeit nur dadurch vor dem konservativ verharrenden Zeitgeist des ausgehenden Mittelalters und seiner nachfolgenden Jahrhunderte bewahrt werden, indem ihm die Geschichte barmherziger Weise erlaubte, in zwei getrennte Identitäten aufgespalten zu werden und weiterzuleben: zum einen unter dem Dichterpseudonym Shakespeare mit leibhaftiger maskierender »Attrappe« Shakspere und zum anderen anonym als verborgener Schriftsteller, mit zahlreichen, wechselnden Namen, Initialen und Scheinnamen (s. Kap. 11).

Auf den »schändlich ums Leben gekommenen« Marlowe konnten alle negativen Projektionen des Zeitgeistes abgeladen werden, sodass der weiterlebende Dichter unter »Shakespeare« und anderen Tarnnamen durch die Befreiung von diesem Ballast umso enthobener und wahrhaftiger in seiner literarischen Kunst erstrahlen konnte.

Idealer Kandidat für Autorschaft

Es ließe sich leicht ein Buch mit Zitaten und Essays von Experten füllen, die in dem Dichtergenie Marlowe den absoluten Idealkandidaten für eine Autorschaft der Shakespeareschen Werke sehen und ihn im nächsten Augenblick wegen des bereits genannten »tödlichen« Arguments dennoch bedenkenlos fallen lassen. Beispielhaft seien hier einige Experten zitiert:

T. M. Parrot[1] (1934):

> »*Without Marlowe there would never have been the William Shakespeare whom we know.*«

---

[1] T. M. Parrot: Shakespeare: A Handbook, London, 1934.

A. L. Rowse[2] (1973):

> »*In short, Marlowe's historic achievement was to marry great poetry to the drama; his was the originating genius. William Shakespeare never forgot him: in his penultimate, valedictory play, The Tempest, he is still echoing Marlowe's phrases.*«

Jonathan Bate[3] (1997):

> »*Shakespeare I suggest only became Shakespeare because of the death of Marlowe.*«

John Mitchell[4] (1999):

> »*Were it not for the record of his early death Christopher Marlowe would be the strongest of Shakespeares candidates.*«

Harold Bloom[5] (2000):

> »*Yet Marlowe, himself a wild original, was Shakespeare's starting point, curiously difficult for the young Shakespeare to exorcise completely ... And yet that means the strongest writer known to us served a seven-year apprenticeship to Christopher Marlowe, only a few months older than himself, but London dominant dramatist from 1587 to 1593, the year of Marlowe's extinction by the authorities.*«

Dabei sind vielen Experten offensichtlich wesentliche historische Fakten zu Marlowes vermeintlich letzten Monaten und neuere Quellen kaum bekannt. So wird zum Beispiel die Aufdeckung der Umstände um das »Dutch Church Libel«[6], die erst 1973 durch Arthur Freeman erfolgte und die Marlowe von Seiten der Krone den Vorwurf der Volksaufwiegelung und die Anklage des Hochverrats einbrachten (s. S. 145 ff.), von den wenigsten Experten überhaupt erwähnt. Zu dieser Zeit war das Urteil *gegen* die Urheberschaft Marlowes längst gefällt.

Es erscheint aufgrund zahlreicher vorhandener Quellen einleuchtend, dass sich Marlowe und sein einflussreiches Patronat, William Cecil (Lord Burghley), dessen Sohn Robert Cecil, Thomas Walsingham und Robert Devereux,

---

[2] A. L. Rowse: Shakespeare the Man, New York 1989.
[3] Jonathan Bate: The Genius of Shakespeare, Cambridge/London/Oxford 1997.
[4] John Mitchell: Who wrote Shakespeare?, London 1999.
[5] Harold Bloom: Christopher Marlowe, New York 2000.
[6] Anfang Mai 1593 tauchten in London mehrere Plakate auf, die eingewanderte protestantische Kaufleute aus Holland und Frankreich bedrohten. Ein Plakat, geschrieben in Blankversen in der stilistischen Manier von Marlowe, wurde an die Mauer der Dutch Churchyard in der Broad Street geklebt und ist heute als »Dutch Church Libel« bekannt. Eines der erhalten gebliebenen Plakate beginnt mit: »*You strangers that inhabit in this land,/Note this same writing, do it understand,/Conceive it well, for safe-guard of your lives,/Your goods, your children and your dearest wives*«.

Earl of Essex[7] und andere in den letzten Maiwochen 1593 intensiv darüber Gedanken gemacht haben, wie Marlowes in höchstem Maß bedrohtes Leben gerettet werden könnte und auf welche Weise zugleich seine angesehenen Unterstützer aus höchsten Kreisen gegenüber Kirche und Öffentlichkeit nicht kompromittiert würden.

Die Lebensrettung durfte und konnte nur unter der Bedingung erfolgen, dass Marlowe aufhörte, unter seinem negativ besetzten Namen zu existieren, und dass er bereit war, nach Vortäuschung seines Todes mit einer neuen, »gespaltenen« personalen Identität außerhalb der Reichweite der Krone und der englischen Kirche in der Anonymität bzw. in einem inneren oder äußeren »Exil« weiterzuleben: als Theaterdichter sollte er zukünftig unter dem Namen Shake-speare veröffentlichen, als Privatperson dauerhaft unter unbekannten Namen verdeckt leben. Diese binnen weniger Tage zu treffende Entscheidung war angesichts der Alternative von Folter und Exekution ein unausweichlicher und unvermeidlicher Prozess.

Die aufgezwungene Entscheidung hatte tiefgreifende, in ihrer Tragweite anfangs wohl nicht abgeschätzte Konsequenzen: ein dauerhaftes Leben in der Anonymität und außerhalb der Öffentlichkeit, die Notwendigkeit eines maskierenden Strohmanns für Marlowes zweites »posthumes« Dramatiker-Leben etc.

Wie bereits erwähnt: Die in großer Eile durchgeführte Todesvortäuschung und die Irreführung von Kirche und Öffentlichkeit hat angesichts aller aufgedeckten historischen und literarischen Begleitumstände eine weit höhere Plausibilität als die Kolportage, dass Marlowe wegen einer aberwitzigen Bagatelle (Streit um eine Rechnung – »*killed in a drunken fight*«, wie hochkarätige Literaturwissenschaftler erfanden) zufällig zu einem Zeitpunkt zu Tode kam, als sein Leben nachweislich (wie später noch ausführlicher erläutert) in höchstem Maß bedroht war.

Dass erst nach Marlowes vermeintlichem Tod ein fast 30-jähriges, bis dato unbekanntes, bereits auf der Höhe seines Schaffens stehendes Dichtergenie namens Shakspere urplötzlich wie Phoenix aus der Asche in London erschien, ist eigentlich nur theoretisch denkbar.

Die reale Person Shakspere aus Stratford tauchte nicht als Dichter auf, sondern wurde höchstwahrscheinlich aufgrund von Zufällen (er war gleich alt wie Marlowe, er befand sich gerade in London, der Drucker Richard Field aus Stratford war ihm bekannt, er hatte einen geeigneten Namen) als maskierender Strohmann auserkoren. Mit seiner Hilfe konnte der für Marlowe lebensrettende Identitätswechsel durchgeführt werden (Einzelheiten dazu s. S. 173 f.). Wären Marlowes Unterstützer, die Cecils, damals in London zufällig auf

---

[7] Er war zum Zeitpunkt der Vorladung Marlowes Mitglied des Kronrats (Privy Council).

Robert Baxton aus Evesham[8] gestoßen, so würde das gerettete Dichtergenie Marlowe heute wahrscheinlich Robert Bakestone heißen und die Touristen würden zu Millionen nach Evesham pilgern. Wäre hingegen die Lebensrettung von Marlowe 1593 misslungen, so gäbe es heute keinen Werkekanon eines William Shakespeare.

Es erstaunt, wie vehement Literaturwissenschaftler die Theorie von Marlowes vorgetäuschtem Tod seit jeher als abstrus abtun. Dies führte so weit, dass hochkarätige orthodoxe Shakespeare-Experten (Stratfordianer) wie Harry Levin zwar aus »sentimentalen« Gründen versucht waren, jener »silly theory« zu folgen, aber ihr dann doch »widerstanden« wegen der Dokumente, die Marlowes Tod belegen würden:

Harry Levin[9] (1964):

> »*One is almost tempted on sentimental grounds by Calvin Hoffman's silly theory: that Marlowe was not really killed in a tavern brawl but was whisked away to a secret retreat where from he proceeded to turn out Shakespeare's plays. As against (...) theories this one has the merit of naming the single alternate who had actually demonstrated a dramaturgic flair. However such temptations are easily brushed aside not merely by the documents attesting Marlowe's death and Shakespeare's life but by the contrasting patterns of their respective careers.*«

Es mutet wie ein absurdes und bizarres Konstrukt an, dass Christopher Marlowe just zu dem Zeitpunkt im Streit um die Begleichung einer Rechnung ermordet worden sein soll (zudem noch durch Angestellte seiner eigenen Gönner Cecil und Walsingham), als sein Leben – wie inzwischen gut durch Quellen belegt – in höchstem Maße bedroht war. Eine solche Koinzidenz ist zwar nicht auszuschließen (ähnlich wie die jungfräuliche Geburt Marias), sie entbehrt aber jeglicher Logik und Plausibilität. Niemand, schon gar nicht ein Genie vom Typ Marlowe/Shakespeare, dürfte sein Leben zum Zeitpunkt allerhöchster Bedrohung leichtfertig wegen einer grotesken Banalität aufs Spiel gesetzt haben.

Kapitel 10 wird zeigen, dass Shakespeare (Marlowe) die Themen »Exil« und »Namenswechsel« mittels verschiedener Figuren in seinen Dramen vielfach eingebracht und diese eminent autobiografisch gefärbt hat (zum Beispiel Coriolan, Autolicus, Christopher Sly, Posthumus, Timon, Capuzius, Hamlet und andere). Das Ausmaß der textlichen Kongruenz dieser Passagen zu Marlowes historischer Situation ist immens und kann unmöglich Zufall sein.

---

[8] Frei erfundene Namen.
[9] Harry Levin: Marlowe Today, in: The Tulane Drama Review, Vol. 8, No. 4, 22–31, 1964.

Erstaunlicherweise wurde die offizielle Dokumentation des Todes von Marlowe erst 1925, 332 Jahre nach den historischen Ereignissen, mehr oder wenig »zufällig« durch J. Leslie Hotson[10] im Britischen Staatsarchiv entdeckt. Sie unterlag offenbar einer jahrhundertelangen Geheimhaltung vonseiten der Monarchie, das Motiv dafür war die unbedingte Vermeidung der Desavouierung der Krone.

Marlowes zwei vermeintlich letzte Lebensmonate

Über die letzten zwei Monate von Marlowes Leben liegen weitaus ergiebigere Quellen vor als über das gesamte Leben Shakspseres. Sie zeigen unmissverständlich, wie sich die tödliche Schlinge von Seiten der Kirche und der Krone immer enger um Christopher Marlowe zuzog.

Die Chronik der Ereignisse der letzten zwei Lebensmonate (April bis Mai 1593) Marlowes stellt sich in etwa wie folgt dar:

5. April 1593:
Hinrichtung des religiösen Dissidenten John Greenwood, den Marlowe gekannt haben muss, da er teilweise zeitgleich am Corpus Christi College in Cambridge studiert hatte. Er wurde unter der Anklage, »aufrührerische« (»*seditious*«) Bücher zu erstellen und zu verbreiten[11], zum Tode verurteilt.

6. April 1593:
Hinrichtung des religiösen Dissidenten Henry Barrowe, der wegen der Verteilung und Verbreitung aufrührerischer Schriften angeklagt war. Quellen belegen, dass William Cecil in seiner Funktion als »Lord Treasurer« versuchte, Barrowes Leben zu retten, und von dem Vorgehen des Erzbischofs John Whitgift und anderer enttäuscht war, aber offenbar nicht die Macht besaß, das Blatt zu wenden.

16. April 1593:
Tagung des Kronrats (unter anderem mit Erzbischof Bancroft, Robert Cecil, und Earl of Essex). Briefliche Aufforderung an den Bürgermeister von London, die Urheber der gefährlichen »Dutch Church Libels«, deren Drohungen

---

[10] J. Leslie Hotson: The Death of Christopher Marlowe, London/Cambridge 1925, Onlineversion: http://www.archive.org/stream/deathofchristoph008072mbp#page/n9/mode/2up, aufgerufen am 19.1.2011.
[11] Ihre »Verführung« bestand darin, dass sie die kirchliche Vormachtstellung der Königin geleugnet und die kirchliche Ordnung angegriffen hatten.

sich gegen eingewanderte protestantische Kaufleute aus Holland und Frankreich richteten[12], aufzudecken. Die Plakate[13] waren – wie bereits erwähnt – in Blankversen in der stilistischen Manier von Marlowe verfasst, von einem »Tamburlaine« (Hauptfigur in Marlowes erfolgreichem Theaterstück »Tamburlaine the Great«/»Tamerlan der Große«) unterzeichnet und zeigten inhaltliche Bezüge zu zwei anderen seiner Stücke (»Das Massaker von Paris«, »Der reiche Jude von Malta«). Es wirkt, als ob Marlowe für die gesamte Aktion Pate gestanden hätte.

Ausschnitte aus den Plakaten:

> »*Your Artifex, & craftsman works our fate,*
> *And like the Jewes, you eate us vp as bread*
> *The Marchant doth ingross all kinde of wares*
> *(...)*
> *Not Paris massacre so much blood did spill*
> *As we will doe iust vengeance on you all*
> *In counterfeitinge religion for your flight*
> *(...)*
> *And for a truth let it be vnderstoode,*
> *Fly, Flye, & never returne.*
> *per. Tamberlaine*«[14]

23. April 1593:

Tagung des Kronrats (Erzbischof Bancroft, Robert Cecil und andere). Nach Informierung von Königin Elisabeth über ausländerfeindliche Plakate in London folgte die erneute Aufforderung zur äußersten Anstrengung, um die Urheber aufzudecken:

> »*(...) ymediatlie acquainte us, that order maie be taken to prevent all inconvenyence likelie to growe thereof. Herein you are to use you uttermost endevours, according to the truste in this case reposed in you.*«[15]

5. Mai 1593:

Das Dutch Church Libel, unterzeichnet mit Tamberlaine, erscheint erneut.

---

[12] Vgl. Brief von John Strype, in dem er die Situation in London im Mai 1593 beschreibt, in: A. W. Pollard und J. Dover Wilson (Ed.): Shakespeare's hand in the play of Sir Thomas More, Cambridge 1923, S. 38ff.; Onlineversion: http://www.archive.org/stream/shakespeareshandoopolluoft#page/38/mode/2up, aufgerufen am 23.11.2010.

[13] Zum Inhalt der Plakate vgl. http://www.lesliesilbert.com/churchlibel.html, aufgerufen am 19.1.2011.

[14] Ebd.

[15] A Libell, fixte vpon the French Church Wall, in London, siehe: http://www2.prestel.co.uk/rey/libell.htm, aufgerufen am 19.1.2011.

11. Mai 1593:

Tagung des Kronrats (Erzbischof Bancroft, William und Robert Cecil und andere). Erneute Aufforderung, die für das »Libel« Verantwortlichen ausfindig zu machen, mithilfe von Folter die Wahrheit herauszufinden und die Urheber zu bestrafen:

> »(...) There have bin of late divers lewd and malicious libells set up within the citie of London, among the which there is some set uppon the wal of the Dutch churchyard that doth excead the rest in lewdnes, and for the discoverie of the author and publisher thereof her Majestie's pleasure is that some extraordinarie paines and care be taken by the Comissioners (...) search in any of the chambers, studies, chests or other like places, for all manner of writing and papers that may give you light for the discovery of the libellers (...) if you shal finde them dulie to be suspected and they shal refuze to confesse the truth, you shal <u>by aucthoritie hereof put them to the torture in Bridewel, and by th'extremitie thereof, to be used at such times and as often as you shal thinck fit, draw them to discover their knowledge concerning the said libels</u>«.[16]

Die fatalen Konsequenzen dieses Dekrets sind uns in Form der Antwort von Walter Raleigh erhalten geblieben, der einen Gesetzentwurf vor dem House of Commons »einsam und allein« scharf verurteilte[17], da er offensichtlich erkannte, dass er ähnlich wie seine Anhänger (unter anderem Marlowe) damit im Fadenkreuz der Obrigkeit stehen würde:

> »(...) What danger may grow to ourselves if this law passes, it were fit to be considered. For it is feared that men not guilty will be included in it. And the law is hard, that it taketh life and sendeth into banishment a jury and they (the jury), where men's intentions shall be judged what another means.«[18]

12. Mai 1593:

Verhaftung von Marlowes Dichterfreund Thomas Kyd und Durchsuchung seiner Wohnung. Auffinden atheistischer Schriften (zum Beispiel John Procors »The fal of the late Arrian«), die laut Aussage Kyds aus dem Besitz Marlowes stammten.

---

[16] Peter Farey: Marlowe's sudden and fearful end. Self-defence, murder or fake; siehe: http://www2.prestel.co.uk/rey/sudden.htm, aufgerufen am 19.1.2011.
[17] Charles K. True (Hg.): The Life and Times of Sir Walter Raleigh, New York 1877, S. 55; Onlineversion: http://www.archive.org/stream/lifetimesofsirwa00true#page/54/mode/2up, aufgerufen am 19.1.2011.
[18] Ebd., S. 77; Onlineversion: http://www.archive.org/stream/lifetimesofsirwa00true#page/76/mode/2up/search/banishment, aufgerufen am 19.1.2011.

18. Mai 1593:
Vorladung von Marlowe, der sich im Haus von Thomas Walsingham in Scadbury aufhielt, vor den Kronrat durch Boten Henry Maunder:

> »(...) to repaire to the house of Mr Tho: Walsingham in Kent, or any other place where he shall understand where Christopher Marlow may be remayning, and by vertue hereof to apprehend, and bring him to the Court in his Companie.« [19]

??. Mai 1593:
Verteidigung von Thomas Kyd entsprechend späterer schriftlicher Dokumentation:

> »Pleaseth it your honorable Lordship toching Marlowes monstruous opinions as I but with an agreved conscience think on him or them so can I but particulariz fewe in the respect of them that kept him greater company, Howbeit in discharg of dutie both towards god your Lps & the world thus much haue I thought good breiflie to discouer in all humblenes.
>   First it was his custom when I knew him first & as I heare saie he contynewd it in table talk or otherwise to iest at the devine scriptures gybe at praiers, & stryve in argument to frustrate & confute what hath byn spoke or wrytt by prophets & such holie men.« [20]

Mitte Mai 1593:
Anschuldigung und Verhaftung von Richard Cholmeley[21] wegen Verbreitung atheistischen Gedankenguts, weitergeleitet durch Thomas Drury an Sir Robert Cecil, mit massiven Anschuldigungen gegen Marlowe als Propagandisten für atheistisches Schrifttum.

20. Mai 1593:
Erscheinen Marlowes vor dem Kronrat. Ungewöhnlicherweise wird Marlowe nach Anhörung noch auf freiem Fuß belassen (»on baile«), aber aufgefordert, täglich vorstellig zu werden (»give his daily attendance on their Lordships«). Kanzler und Lordsiegelbewahrer Lord Puckering (Präsident der Star Chamber) stellte wohl die stärkste Bedrohung für Marlowe dar.

27. Mai 1593:
Weitere, Marlowe massiv belastende Dokumente von verschiedenen Infor-

[19] Peter Farey: Marlowe's sudden and fearful end. Self-defence, murder or fake; siehe: http://www2.prestel.co.uk/rey/sudden.htm, aufgerufen am 19.1.2011.
[20] Millar McClure: Marlowe. The Critical Heritage, London 1979.
[21] The »Remembrances« against Richard Cholmely, siehe: http://www2.prestel.co.uk/rey/chumley1.htm, aufgerufen am 12.7.2010.

manten (unter anderem die »Baines note« von Richard Baines) werden an den Kronrat ausgeliefert. Von der »Baines note«[22] existieren verschiedene Versionen, ein Original, eine revidierte Kopie, die höchst wahrscheinlich an die Königin ausgeliefert wurde, und eine zweite Kopie (für die Öffentlichkeit?).
Ein Ausschnitt daraus:

> »A note Containing the opinion of one Christopher Marly Concerning his Damnable Judgment of Religion, and scorn of gods word. (...) That one Ric Cholmley hath Confessed that he was persuaded by Marloe's Reasons to become an Atheist. (...) That the first beginning of religion was only to keep man in awe. (...) That if he were put to write a new religion he would undertake both a more excellent and admirable method, and that all the new testament is filthily written. (...) These things, with many other shall by good & honest witnes be aproved to be his opinions and Comon Speeches, and that this Marlow doth not only hould them himself, but almost into every Company he Cometh he perswades men to Atheism willing them not to be afeard of bugbeares and hobgoblins, and vtterly scorning both god and his ministers as I Richard Baines will Justify & approue both by mine oth and the testimony of many honest men, and almost al men with whome he hath Conversed any time will testify the same, and as I think all men in Cristianity ought to indevor that the mouth of so dangerous a member may be stopped (...).«

29. MAI 1593:
Um vier Tage verzögerte Hinrichtung des Dissidenten John Penry zur ungewöhnlichen Nachmittagszeit (es wird wegen des engen Zeitbezugs vermutet, dass man seine Leiche verwendete, um am nächsten Tag den Tod Marlowes vorzutäuschen).

30. MAI 1593:
Vermeintliche Tötung von Marlowe im Streit um eine Rechnungsbegleichung. Zuvor mehrstündige Zusammenkunft mit drei Männern aus dem nachrichtendienstlichen Umfeld von William Cecil beziehungsweise Thomas Walsingham in einem Haus in Deptford in der Zwölfmeilenzone des Königshauses.

1. JUNI 1593:
Der Königliche Untersuchungsrichter (»Coroner of the Queen's Household«) William Danby dokumentiert den Tod Marlowes (»Coroner's Report«, entdeckt 1923).

---

[22] Abgedruckt und diskutiert in: Christopher Marlowe: Complete Plays and Poems. Herausgegeben von E. D. Pendry und J. C. Maxwell, London 1976, S. 511–514; siehe auch: »The Baines Note«: http://www2.prestel.co.uk/rey/baines1.htm, aufgerufen am 23.11.2010.

ANFANG JUNI 1593:
Weiterleitung von Baines Anschuldigungen, jetzt mit korrigierter Überschrift und mit Feststellung seines Todes (»fearful end of his life«), an Königin Elisabeth I.:

> »A note delivered on Whitson eve last of the mosth horrible blasphemes uttered by Christopher Marley who within iii days after cam to a sudden and fearful end of his life.«

JUNI 1593:
Thomas Kyd gibt unter Tortur Auskunft über sein Wissen und seine Verbindungen zu Marlowe, offensichtlich als Antwort auf Ermittlungen über Marlowes Fehlverhalten. Seine Antworten entsprechen wohl denen, die er während seiner Befragung im Mai 1593 gab, bei der er gefoltert wurde:

> »(…) amongst those waste and idle papers (which I carde not for) & which vnaskt I did deliuer vp, were founde some fragments of a disputation toching that opinion, affirmed by Marlowe to be his, and shufld with some of myne vnknown to me by some occasion of our wrytinge in one chamber twoe years synce.«[23]

28. JUNI 1593:
Ingram Frizer, Marlowes Mörder, wird ungewöhnlich früh offiziell durch die Königin[24] begnadigt (Aufhebung eines Straferlasses).

Betrachtet man die Chronik dieser Ereignisse, fällt auf, dass in kurzer Zeit äußerst diffamierendes Material und massive Anschuldigungen gegen Marlowe »aufgefahren« wurden. Das kann nur bedeuten, dass eine gezielte und konzertierte Kampagne »von oben« gegen den als gefährlich eingestuften Freidenker inszeniert worden sein muss.

Marlowe konnte – interpretiert man alle Quellen – aus dieser Sache nicht »ungestraft« herauskommen, und es ist sehr wahrscheinlich, dass ihn gewisse Personen zum Schweigen bringen wollte, da man seine Ideen, sein Gedankengut, seine persönliche Ausstrahlung als eine unmittelbare Gefahr für Kirche und Staat betrachtete. Ohne die Unterstützung einflussreicher Freunde hätte Marlowe wohl nicht gerettet werden können und dasselbe Schicksal wie viele andere zur damaligen Zeit erlitten, die von Staat und Kirche verfolgt wurden: Verhaftung, Folter, Gerichtsverfahren und Exekution.

[23] Kyd's letter to Sir John Puckering: http://www2.prestel.co.uk/rey/kyd2.htm, aufgerufen am 19.1.2011.
[24] Abgedruckt in: Leslie Hotson: The Death of Christopher Marlowe, London 1925, S. 26; siehe auch: Writ of Certiorari: http://www2.prestel.co.uk/rey/writof~1.htm, aufgerufen am 19.1.2011.

Innerhalb der zwei vorausgegangenen Monate waren mindestens drei Personen (Henry Barrowe, John Greenwood sowie John Penry am 29. Mai 1593) für Verbrechen hingerichtet worden. Die Anschuldigungen, die gegen sie erhoben worden waren, waren nicht schwerer als die gegen Marlowe.

Die Tatsache, dass Penrys Hinrichtung um vier Tage aufgeschoben wurde und schließlich einen Tag vor Marlowes Tod zu einem ungewöhnlichen Zeitpunkt, nämlich nachmittags, stattfand, hat zu der keineswegs abwegigen Spekulation geführt, dass Penrys Leichnam für den vorgetäuschten Mord Marlowes verwendet wurde, zumal derselbe königliche Untersuchungsrichter beteiligt war (»Coroner« William Danby).

Obwohl der Verlauf der letzten zwei Lebensmonate Marlowes es plausibel macht, dass er am 30. Mai 1593 nicht zu Tode kam, sondern untertauchte, ist diese Sichtweise von den Experten nie – überblickt man die Literatur – wenigstens als eine Möglichkeit tiefergehend analysiert beziehungsweise im Detail zur Kenntnis genommen worden.

Es ist fast unglaublich, dass über 300 Jahre (1593–1925) niemand auch nur im Entferntesten gewusst hat, auf welche Weise Christopher Marlowe »offiziell« zu Tode kam. Die Umstände waren unter dem Mantel einer jahrhundertelangen Geheimhaltung verborgen. Entsprechend war die Literatur von Anbeginn an voll der abstrusesten Mutmaßungen: Die gestreuten und nicht den Tatsachen entprechenden Gerüchte über Marlowes Tod wurden früh, offensichtlich bewusst, von zeitgenössischen Autoren zu einer vermeintlich historischen Wahrheit verdichtet und fixiert, so zum Beispiel von Francis Meres (Details s. S. 574 f.) in »Palladis Tamia«[25]: »*(...) was stabbed to death by a baudy Servingman, a rival of his, in his lewd love*«[26].

Bei dieser Sichtweise blieb es über Jahrhunderte. Nach dem Meyerschen Konversationslexikon von 1888 wurde Marlowe »in jenem Liebeshandel von seinem Nebenbuhler erstochen«. 1917 konnte man im englischen »Dictionary of National Biography« (DNB) die bis heute kolportierte Feststellung lesen, dass Marlowe in betrunkenem Zustand bei einer Schlägerei in einer Wirtshausschänke ums Leben kam (Shakespeare-Experte Sir Sidney Lee: »*... was killed in a drunken fight*«.)

Die späte Entdeckung des »Coroner's Report« hat diese unzutreffende Kolportage über einen »*rival baudy serving man in his lewd love*« nicht mehr ins Wanken bringen können. Obwohl der Report von einem Haus (»*house*«) der Witwe Bull spricht, kann man auch heute in mehr als 80 Prozent der Literatur lesen, dass Marlowe in einem Wirtshaus (»*tavern*«) starb, obwohl vor-

---

[25] Francis Meres: Palladis Tamia. Wits Treasury, London 1598.
[26] Vgl. Park Honan: Christopher Marlowe: Poet and Spy, Oxford 2005, S. 364.

handene Quellen dies nicht belegen. Laut »Coroner's Report« starb Marlowe infolge einer Messerstichverletzung oberhalb des rechten Auges, die ihm am Abend des 30. Mai 1593 von Ingram Frizer zugefügt wurde. Zusammen mit zwei anderen Männern, Robert Poley (ein Kurier des Privy Council) und Nicholas Skeres, hatten sie sich nach dieser (vermutlich fingierten) Darstellung im Haus von Eleanor Bull, der Witwe und Schwester der Cousine von Lord Burghley, aufgehalten. Zwei Tage später, am 1. Juni 1593, erfolgte die richterliche Untersuchung durch den Leichenbeschauer und Untersuchungsrichter von Königin Elisabeth I., den »Coroner to The Queen's Household«, William Danby. Die Untersuchungskommission (»the Jury«) kam zu dem Urteil, dass sich die Tötung im Wege der Selbstverteidigung ereignete. Der vermeintliche Leichnam von Christopher Marlowe wurde am 1. Juni 1593 in einem nicht markierten Massengrab auf dem Kirchhof (churchyard) von St. Nicholas in Deptford begraben, in Fußweite zum Haus von Eleonora Bull. Nur vier Wochen später begnadigte Elisabeth I. den Mörder Frizer dauerhaft, obwohl er ein Kapitalverbrechen innerhalb der Zwölfmeilenzone der Königin (»*within the verge*«) begangen hatte.

Vermeintlicher Todeshergang am 30. Mai 1593

Folgt man dem 1925 aufgefundenen, auf Lateinisch verfassten Bericht von William Danby, so traf sich Marlowe am Morgen des 30. Mai 1593 im Haus der »Gastgeberin« (*Hostess*) Eleanor Bull (*»about the tenth hour before noon of the same day met together in a room in the house of a certain Eleanor Bull, widow«*) in Deptford, wenige Meilen westlich des Palastes of Placentia von Königin Elisabeth, mit drei Personen: »Nicholas Skeres«, »Ingram Frizer« und »Robert Poley« (auch »Robin Poley«, »Roberte Pooley«, »Robte Poolie«, »Poolye« etc.).

Vorstellbar ist Folgendes: Der »Coroner's Report« berichtet über einen von Marlowe und seinen Gewährsleuten fingierten Vorfall mit einer realen Leiche (John Penry). Die Gewährsleute bezeugten anschließend Marlowes Tod, während er selbst wahrscheinlich zu keiner Zeit vor Ort war.

Dies würde zum Beispiel erklären, warum in den Spätfassungen von »The Taming of the Shrew« (gedruckt 1623) und »Dr. Faustus« (B-Fassung 1616), anders als in den Frühfassungen (»Taming of the Shrew«, 1593, und A-Text von »Dr. Faustus«, 1604) jeweils Miniszenen mit einer »hostess« eingefügt wurden, in denen ironisch die Bezahlung einer Rechnung behandelt wird (s. S. 436 und 345 f.). Von dieser Begebenheit kann eigentlich nur der gemeinsame Schöpfer der Spätfassungen von »Taming of the Shrew« und »Dr. Faustus«

(B-Fassung) gewusst haben, also Marlowe alias Shakespeare, nicht aber Shakspere.

Eleanor Bull, die Witwe von Richard Bull, muss eine respektierte Dame gewesen sein mit Verbindungen zum Hof. Ihre Schwester Blanche war die Patentochter von Blanche Perry, der Amme von Königin Elisabeth, und Cousine von William Cecil. Eleanor Bulls Schwager Dr. John Bull stand in Diensten des Begründers des britischen Geheimdienstes Francis Walsingham und unternahm ausgedehnte Reisen durch England und auf dem Kontinent.

Allen drei anwesenden Männern – Skeres, Frizer und Poley – konnten klare berufliche Verbindungen zur Machtzentrale nachgewiesen werden, das heißt, sie standen in Diensten von Thomas Walsingham oder Lord Burghley und waren ihnen ebenso wie Marlowe bekannt. Poleys Funktion als akkreditierter Kurier und Überbringer wichtiger Briefe, Nachrichten und Botschaften William Cecils an verschiedene Fürstenhöfe und englische Botschaften in der Zeit zwischen 1588 und 1601 ist gut belegt. Die Auflistungen der Entlohnungen Poleys zwischen dem 17. Dezember 1592 und dem 23. März 1593 (also vor Marlowes Tod) zeigen, dass er sich länger am Hof von Schottland aufhielt:

> »(…) *carrying lettres in poste for her heighness speciall servcice of great importance from Hampton Courte into Scotlande to the Courte there (…)*«[27]

Thomas Kyd hatte damals ausgesagt, dass Marlowe behauptet habe, in Korrespondenz mit dem König von Schottland zu stehen, und Menschen überredet habe, mit ihm dorthin zu gehen:

> »(…) he [Marlowe] *would pswade with men of quallitie to go unto th king of Scotts, whether I heare Royden is gon, and where if had livd, he told me, when I saw him last, he meant to be.)*«[28]

Wenn Kyds Anschuldigungen der Wahrheit entsprechen, könnte gefolgert werden, dass Robert Poley in Schottland ein Emissär unter Aufsicht Marlowes gewesen war. Aus einem Brief von William Cecil an seinen Sohn Robert vom 21. Mai 1593 geht hervor, dass die Cecils planten, Marlowe in der Sache der »Spanish Blanks« nach Schottland zu entsenden. Poley war ebenso wie Thomas Walsingham und Nicholas Skeres in die Aufdeckung der »Babington-Verschwörung« verwickelt, bei der Elisabeth I. umgebracht und Maria Stuart inthronisiert werden sollte.

[27] E. Kalb: Robert Poley's Movements as a Messenger of the court, 1588 to 1601, Oxford 1933.
[28] A. B. Gray: Some observations on Christopher Marlowe, Government Agent. New York 1928.

Die drei Männer aßen, folgt man dem »Coroner's Report«, ihr Mittagessen zusammen, verbrachten einen ruhigen Nachmittag im Haus von Eleanor Bull und spazierten im Garten. Nach dem Abendessen saßen Skeres, Frizer und Poley mit ihren Rücken zu Marlowe, der auf einem Bett neben ihnen lag. Ein Streit (»*argument*«) sei zwischen Marlowe und Frizer wegen der Bezahlung der Rechnung oder deren Berechnung (»*reckoning*«) ausgebrochen. Marlowe habe Frizers Dolch von hinten gezogen und ihn am Kopf getroffen und verletzt (»*hit him on the scalp wounding him*«). Es entwickelte sich ein Kampf (»*struggle*«), in dem Frizer den Dolch über Marlowes rechtes Auge stieß (»*a mortal wound over his right eye of the depth of two inches & of the width of one inch*«) und ihn sofort tötete (»*killed him instantly*«; im lateinischen Original »*instanter obiit*« – er verstarb sofort).

Zwei Tage später bestätigten William Danby und 16 Juroren, dass Ingram Frizer in Selbstverteidigung gehandelt habe. Er wurde innerhalb eines Monats auf freien Fuß gesetzt. Marlowe wurde – wie erwähnt – am 1. Juni 1593 auf dem Kirchhof von St. Nicholas in Deptford begraben. (Im Register der St. Nicholas Church in Deptford steht: »*Christopher Marlow slaine by ffrauncis ffrezer*« – also auffälligerweise »francis« und nicht »Ingram«.)

Marlowe stand zum Zeitpunkt seines Todes in Diensten von William Cecil (der höchsten Exekutivinstanz der Krone) beziehungsweise seines Sohns Robert. Es muss eine Bedeutung haben, dass alle an dem Mordfall Beteiligten entweder mit Marlowes Freund Thomas Walsingham (Ingram Frizer und Nicholas Skeres) oder mit den Cecils (Robert Poley, Eleonora Bull und William Danby) in »beruflicher« Beziehung standen. Auch die Tatsache, dass Poley, Frizer und Skeres ihr Auskommen damit verdienten, dass sie »von Berufs wegen« lange im Geheimdienst Täuschungsarbeit leisteten, dürfte eine Relevanz besitzen.

Es erscheint bizarr, dass drei Männer mit diesem Hintergrund just einen Tag im Umkreis des berühmten Dramatikers Marlowe verbrachten, als dessen Leben akut bedroht war – zudem noch in einem Anwesen mit Beziehungen zu William Cecil.

Marlowes Tod dürfte also eher inszeniert worden sein (mit der Auflage, anschließend den Namen zu wechseln und im Exil zu leben). Damit wurde möglicherweise ein Kompromiss geschlossen zwischen denen, die seinen Tod wollten, wie der im Kronrat sitzende Erzbischof von Canterbury, John Whitgift, und denen, die ihn am Leben erhalten wissen wollten, wie die mächtigen, ebenfalls im Privy Council sitzenden Cecils und Robert Devereux.

John Penry – die falsche Leiche

Wenn ein Tod für die Öffentlichkeit vorgetäuscht wird, muss ein Leichnam existieren. Am Nachmittag des 29. Mai 1593, also einen Tag vor dem »dokumentierten« Treffen von Marlowe, Poley, Frizer und Skeres in Deptford, wurde zu einer für eine Hinrichtung ungewöhnlichen späten Tageszeit (nachmittags) der Dissident John Penry[29], etwa gleich alt wie Marlowe, wegen des Verfassens subversiver Literatur nur zwei Meilen von Deptford entfernt öffentlich gehängt. Es gibt keinerlei Quellen darüber, was mit dem Leichnam danach erfolgte. Von möglicher Bedeutung scheint zu sein, dass William Danby (der am Folgetag Marlowes Leichnam zu untersuchen hatte) auch für das Vorgehen mit dem Leichnam von John Penry offiziell verantwortlich war. Penrys Hinrichtung war ursprünglich für den 25. Mai angesetzt und wurde unerklärlicherweise Tag um Tag aufgeschoben und schließlich mit viertägiger Verspätung[30] vollstreckt. Der Aufschub hatte Penry und seine Freunde im Glauben gelassen, dass alles noch eine positive Wendung nehmen würde, sodass Penry am 28. Mai noch einen Brief an William Cecil schreiben konnte. Die Erhängung wurde schließlich so plötzlich anberaumt, dass keine Familienangehörigen, Freunde oder Zeugen anwesend waren.

> »(…) that Penry was executed at St. Thomas a Watering, he then says, that he was executed with a very thin company attending on him, for fear the Fellow might have raised some Tumult, either in going to the Gallows, or upon the Ladder.«[31]

Der Familie von John Penry (Ehefrau mit vier Töchtern) war es nicht erlaubt oder möglich, der Hinrichtung zur ungewöhnlichen Nachmittagszeit beizuwohnen. Die wahrscheinlich nur durch einen Schnitt oberhalb des linken Auges leicht entstellte, nicht entkleidete Leiche wurde am 1. Juni 1593 16 zusammengerufenen Zeugen (namentlich genannte Bürger und Handwerker aus Deptford und Umgebung) gezeigt, die keine Kenntnis von der Identität der Person gehabt haben können.

Wie später genauer ausgeführt wird, erwähnt das Stück »Maß für Maß« an einer Stelle eine um vier Tage aufgeschobene Hinrichtung und einen vorgeschobenen »falschen« Toten (s. S. 387 ff.). All die auffälligen »autobiografischen« Umstände, die mit dem vermeintlichen Tod Marlowes in engem Zu-

---

[29] Vgl. William Pierce: John Penry: His Life Times and Writings, London 1923; Onlineversion: http://www.archive.org/stream/johnpenryhislife00pieruoft#page/n5/mode/2up, aufgerufen am 19.1.2011.

[30] Vgl. ebd. S. 474; Onlineversion: http://www.archive.org/stream/johnpenryhislife00pieruoft#page/474/mode/2up, aufgerufen am 19.1.2011.

[31] Ebd., S. 480; Onlineversion: http://www.archive.org/stream/johnpenryhislife00pieruoft#page/480/mode/2up, aufgerufen am 19.1.2011.

sammenhang stehen dürften, wurden erst mit Leslie Hotsons Entdeckung des »Coroner's Report« im Jahre 1923 verständlich und erst seitdem darf die historische Wahrheit von Marlowes Tod bei einer »Wirtshausschlägerei« infrage gestellt werden.

Nach alldem ist die plausibelste Interpretation, dass die Kirche (Erzbischof John Whitgift) und die Krone (Königin Elisabeth) Christopher Marlowe (nach vorheriger Folter) verurteilt wissen wollten wegen der gegen ihn gerichteten massiven Anschuldigungen (Blasphemie und Häresie, Volksaufwiegelung – also Hochverrat). Die Cecils konnten die Königin auf irgendeine Art und Weise davon überzeugen, dass das Problem entweder durch Marlowes realen, aber auch durch seinen vorgetäuschten Tod und seinen anschließenden Gang in das Exil (anfangs auf dem Kontinent?) gelöst werde. Whitgift könnte sicher sein, dass der »gefährliche« Christopher Marlowe nicht mehr existierte und nicht in der Lage wäre, aufrührerische und blasphemische Schriften zu schreiben und aggressive Theaterstücke zu verfassen.

Unmittelbarer Tod Marlowes medizinisch nicht haltbar

Der »Coroner's Report« stellte – wie erwähnt – fest, dass Marlowe in der Auseinandersetzung oberhalb des Auges mit dem Dolch getroffen wurde (»*vnam plagam mortalem super dexterum oculum suum profunditatis duorum policium & latitudinis vnius policis de qua quidem plaga mortali praedictus Cristoferus Morley*«) und sofort starb (»*instanter obijt*«).

In aller Regel kann man bei dem beschriebenen Angriff nicht sofort zu Tode kommen. Auch bei dem schlimmsten anzunehmenden Fall (der in Wirklichkeit nicht einmal unter Tausenden vorkäme), dass das Messer beim Eindringen über die Augenhöhle die tiefe innere Kopfschlagader (Arteria carotis interna) im Gehirn traf und eine arterielle Blutung an der Hirnbasis auslöste, würde der Tod erst nach vielen Stunden im Koma eintreten.

Die Feststellung des unmittelbaren Todes stellt nach heutigem medizinischem Kenntnisstand eindeutig eine falsche, das heißt konstruierte Aussage dar. Es erstaunt, dass nirgends von einer Schwellung oder Blutunterlaufung um das Auge die Rede ist, aber die genaue Eindringtiefe des Messers oberhalb des Auges angegeben ist (»*profundatis duorum policium*«, also zwei Daumenbreit tief), was erneut ein Erreichen des tief liegenden Hauptgefäßes an der Schädelbasis extrem unwahrscheinlich macht. Es bleibt zu fragen, wie man solch genaue Stichangaben überhaupt machen konnte. Sie könnten nur anhand der Länge des Dolches berechnet worden sein, für den Fall, dass dieser noch im Kopf steckte. Davon ist nirgends die Rede.

Eine unmittelbare Tötung durch einen auf den Schädelknochen gerichteten kleinen Dolch ist in der medizinischen oder forensischen Literatur so gut wie nicht zu finden. Man bedenke, wie viel einfacher eine Tötung durch einen Stoß in die Herz- und Brustgegend zu erreichen wäre. Wer würde einen »ausholenden« Dolch auf den harten Schädelknochen über dem Auge eines einen »anstarrenden« Menschen richten können, und das bei sehr rasch erfolgenden Reflex- und schützenden Abwehrmechanismen der Arme (< 200 msec)?

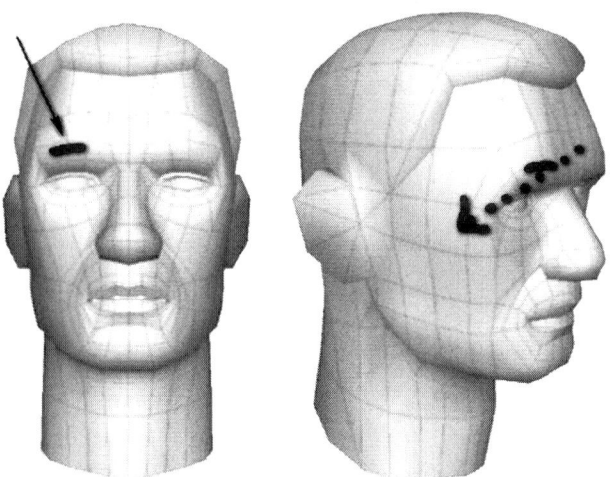

Eindringstelle des Dolches über Marlowes rechtem Auge als vermeintliche Todesursache.

Marlowes Tod stets im Fokus der Krone

Das Original der oben erwähnten »Baines Note« mit den horrenden Anschuldigungen gegen Marlowe war mit folgender Überschrift auf dem Schreibtisch von William Cecil gelandet:

> »A note Containing the opinion of one Christopher Marly Concerning his Damnable Judgment of Religion, and scorn of gods word.«[32]

Tage darauf wurde die Überschrift folgendermaßen korrigiert:

> »A note delivered on Whitson eve last of the mosth horrible blasphemes uttered by Christopher Marley who within iii days after cam to a sudden and fearful end of his life.«[33]

[32] The »Baines Note«, siehe: http://www2.prestel.co.uk/rey/baines1.htm, aufgerufen am 19.1.2011.
[33] Ebd.

Binnen weniger Tage war aus einem noch lebenden, aber massiv lebensbedrohten und angeklagten Marlowe ein verstorbener Marlowe (»*cam to a sudden and fearful end of his life*«) geworden. Offenbar hat nur diese »positive« Nachricht von der Lösung des Problems die Königin erreicht. Diese manipulative Veränderung kann als ein Indiz für einen vorgetäuschten Tod und einen Identitätswechsel interpretiert werden.

Es gibt keine Quellen, die uns darüber Auskunft geben, ob sich Shakspere und Marlowe begegnet sind. Es erscheint möglich, dass geschäftliche Aktionen zwischen ihnen durch Agenten getätigt wurden, zum Beispiel über Thomas Walsingham, Robert Cecil oder über Anthony Bacon, den Bruder von Francis Bacon, der ein ausgedehntes Netzwerk von Agenten über ganz Europa betreute. Niemand sonst muss zwingend von einem »Deal« zwischen dem Dichter Marlowe und seinem maskierenden Strohmann gewusst haben. Für Shakspere könnte es eine rein geschäftliche (einträgliche) Vereinbarung gewesen sein, ohne weitere Verpflichtungen.

Ungereimtheiten beim Todeshergang[34]

Nach Peter Farey[35] und anderen lassen sich die nachfolgenden Fragen rund um Marlowes Tod am 31. Mai 1593 in Deptford nur dann sinnvoll beantworten, wenn man von einer bewussten Irreführung mit Todesvortäuschung ausgeht:

1. Warum war bei dem vermeintlichen Mord ein in höchstem Maße ungewöhnliches Trio (ein Täter, zwei Zeugen) zur Stelle und niemand sonst?
2. Warum ereignete sich der vermeintliche Mord ausgerechnet im Haus der Witwe Eleanor Bull in Deptford (die in verwandtschaftlicher Beziehung zu William Cecil stand) und in der Zwölfmeilenzone (»*within the verge*«) des Königshauses?
3. Warum nahm das Ereignis einen vollen Tag in Anspruch?
4. Aus welchem Grund könnte Marlowe sich – in einer Zeit, als sein Leben akut bedroht war – einen Tag lang in diesem Kreis aufgehalten haben (falls er überhaupt zugegen war)?
5. Warum befand sich einer der drei Männer, Robert Poley, zum Zeitpunkt des Ereignisses im Dienst der Königin?
6. Warum schob dieser Robert Poley seine Reise nach The Hague in Holland mit wichtigen Briefen des Kronrats auf?
7. Warum wurde John Penrys Hinrichtung um vier Tage verschoben und

[34] Ebd.
[35] Peter Farey's Marlowe Page, http://www2.prestel.co.uk/rey/, aufgerufen am 19.1.2011.

fand schließlich am Tag *vor* Marlowes Tod zu einer ungewöhnlichen Zeit – am Nachmittag – statt, und warum wurde der Ort von John Penrys Beerdigung geheim gehalten?
8. Warum wurde die Überschrift der »Baine Note« am Vorabend von Marlowes Tod geändert?
9. Warum übernahm der königliche Untersuchungsrichter William Danby ohne vorbekannten Präzedenzfall vollständig die Rolle des normalerweise agierenden Bezirks- oder Landkreisuntersuchungsrichters?
10. Warum beinhaltet Danbys kurzer Bericht viermal die Feststellung, dass sich die Tötung innerhalb der Zwölfmeilenzone (lat. *infra virgam* – engl. *within the Verge*) ereignete (nur dieses Territorium erlaubte den unmittelbaren Zugriff des königlichen Untersuchungsrichters)?

Die Fragen offenbaren zahlreiche Ungereimtheiten in Bezug auf die Vorfälle in Deptford und müssten unweigerlich zur Urheberschaftsdebatte beitragen, zusammen mit der Tatsache, dass die ersten Werke Shakespeares erst nach Marlowes Tod auftauchten.

Die 16 Zeugen aus dem Umfeld von Deptford, die laut »Coroner's Report« bei der Leichenschau anwesend waren, konnten weder Christopher Marlowe noch John Penry identifiziert haben, da beide ihnen zuvor nicht bekannt gewesen sein dürften. Sie dürften aber in jedem Fall zur raschen Verbreitung des Gerüchts über Marlowes schmähliche Tat und seinen darauffolgenden Tod beigetragen haben.

Die Glaubwürdigkeit der bei der Tat anwesenden Poley, Frizer und Skeres (ein Täter, zwei Zeugen), die durchweg »Mitarbeiter« von William Cecil und Thomas Walsingham waren, muss in Zweifel gezogen werden – und somit das gesamte Tötungsszenario, der Ablauf, der angegebene Zeitraum etc. Unter Berücksichtigung aller Umstände (akute Todesbedrohung, Zeugen aus Umfeld Walsinghams und von Lord Burghley etc.) erscheint ein vorgetäuschter Tod logischer als der Tod Marlowes nach einem Streit. Es ist an der Zeit, dass man den vermeintlichen Fakten der »Baine Note« nicht von vorneherein einen höheren Wahrheitsgehalt einräumt als einer bewusst betriebenen Irreführung, die angesichts des historischen Kontexts viel plausibler erscheint.

William Danby dürfte in seiner Rolle als »Coroner of the Queen« zumindest für mehr als vier weitere Jahre in enger beruflicher Beziehung zu William Cecil gestanden haben. Beide waren wohl gut miteinander bekannt, da sie beide ab Mai 1541 in den Anwaltskammern von Gray's Inn/Lincoln's Inn in London tätig waren, zur gleichen Zeit wie auch Thomas Walsingham, der Vater von Marlowes gleichnamigem Freund.

Der Mörder Ingram Frizer kam ins Gefängnis, um die Begnadigung der

Königin abzuwarten, die nach der außergewöhnlich kurzen Zeitspanne von 28 Tagen erfolgte, der wohl kürzesten in den Annalen.

Nach seiner Entlassung am 28. Juni 1593 kehrte Frizer als freier Mann sofort in den Dienst seines Herren Thomas Walsingham zurück, dessen besten Freund, den bewunderten Dichter Christopher Marlowe, er (angeblich) soeben umgebracht hatte.

Marlowes Rufmord

Die Tatsache, dass Marlowe vonseiten der Kirche und vonseiten der (gesteuerten) Öffentlichkeit im Vorfeld seines vermeintlichen Todes einem extremen Rufmord und einer Verunglimpfung ausgesetzt war, hat ohne Zweifel in erheblichem Maß dazu beigetragen, dass seine Person in der späteren Urheberschaftsdebatte keine Berücksichtigung mehr fand und finden konnte. Er wurde durch seine ihm in der Literatur des 17. bis 20. Jahrhunderts unterstellten Charaktereigenschaften schließlich so in Verruf gebracht, dass an einen Vergleich, geschweige denn an eine Gleichsetzung seiner Person mit dem edlen und übermächtigen Werkverfasser Shakespeare nicht mehr gedacht wurde und nicht mehr gedacht werden konnte.

Marlowe hatte lange Zeit all die negativen Eigenschaften, die Shakespeare nicht besitzen sollte, kompensatorisch zu verkörpern. Der Namens- und Identitätswechsel schaffte die einzige und zugleich einzigartige Möglichkeit, seiner übermächtigen Persönlichkeit eine schicksalhafte Mäßigung und Reifung aufzuerlegen, der wir möglicherweise erst den Dichter Shake-speare verdanken, der er durch diesen historischen Verlauf werden konnte und werden musste.

Von der 400 Jahre andauernden Rufmordkampagne hat sich Marlowe bis heute nicht erholt. Sein Ansehen verfiel damals rasch, er wurde lächerlich gemacht, massiv verunglimpft, seine Werke unterlagen der Zensur, sein Porträt wurde wahrscheinlich früh aus dem Corpus Christi College in Cambridge entfernt und auf dem Dachboden gelagert. Seine Übersetzungen von Ovids Liebeselegien (»Amores«) aus dem Lateinischen kamen auf den Index, 1599 ordnete der Erzbischof von Canterbury John Whitgift ihre Verbrennung an.

Marlowe wurde von der Kirche so vieler Vergehen bezichtigt (unter anderem der Ketzerei, der Gotteslästerung, der Gottlosigkeit, des Verrats, des Hedonismus, der Verbreitung verbotener Schriften, der Homosexualität, der Untergrabung der Staatsräson, des öffentlichen Aufruhrs etc.) und zu einem solch negativen »Allzweck-Buhmann« hochstilisiert, dass eine Rückkehr unter seinem richtigen Namen in der Folgezeit undenkbar gewesen wäre.

Als die Nachricht vom vermeintlichen Ableben Marlowes und den abstrusen Mutmaßungen über den Todeshergangs allmählich durchsickerten, verbreiteten diejenigen, die Marlowe zuvor attackiert hatten, dies als die Rache Gottes. Hier sei einem stolzen, übermächtigen Dichter, Denker und Atheisten die gerechte Strafe Gottes widerfahren.

Thomas Nashe und Gabriel Harvey

Die Ersten, die wenige Monate nach Marlowes vermeintlichen Tod die komplexe Problematik seiner Persönlichkeit ausführlicher (verdeckt aber erkennbar) darstellten, waren Thomas Nashe und Gabriel Harvey (s. S. 488 f.). Thomas Nashes Charakterisierung von Marlowe in seinem »The unfortunate Traveller«[36] stellt eine aufschlussreiche Mischung aus Bewunderung und sich selbst schützender Anklage dar.

Marlowes Sprachgenie und seine Schöpferkraft werden als angeboren bezeichnet (»*His tongue and his invention were forborn*«). Was sie erdachten, das brachten sie mit Zuversicht zum Ausdruck (»*what they thought they would confidently utter*«); durch die (grenzenlose) Freiheit von Marlowes Sprache war sein Leben zur Verurteilung bestimmt (»*His life he condemned in comparison of the liberty of speech*«).

Gabriel Harveys Sonett »Gorgon, or the Wonderfull yeare«[37] stellt eine einprägsame Mischung aus Bewunderung des überragenden Dichters und Verunglimpfung der stolzen, selbstbewussten Persönlichkeit Marlowes dar

Puritaner ergossen sich in Gehässigkeiten über Marlowes »trübe« Werke (»*Puritans, spew forth the venom of your dull inventions*«). Während eine Kröte (sie erinnert an den zeitgenössischen Vergleich mit Shakspere, s. S. 311) mit dickem Nebel aufwühlte (»*A toad swells with thick troubled poison*«), schwoll Marlowe mit ätzender Unruhe an *(»you swell with poisonous perturbations«)*. Seine böswillige Häme habe keine klare Dramatik irgendeiner genialen Art besessen (»*your malice has not a clear dram of any inspired disposition*«).

---

[36] Thomas Nashe: The Unfortunate Traveller, Oxford, 1920, Onlineversion: http://www.archive.org/stream/cu31924013133792#page/n157/mode/2up, aufgerufen am 19.1.2011.

[37] Alexander B. Grosart (Hg.): The works of Gabriel Harvey, London 1884, S. 295, Onlineversion: http://www.archive.org/stream/worksofgabrielha01harvrich#page/294/mode/2up/search/Gorgon, aufgerufen am 2010.

Thomas Beard

1597, vier Jahre nach dem vermeintlichen Tod Marlowes, erschien Thomas Beards »The Theater of God's Judgments«[38], in dem er die zeitgenössische Meinung über Marlowe wahrscheinlich am treffendsten beschreibt:

> »Not inferior to any of the former in Atheism and impiety, and equall to all in manner of punishment was one of our own nation, of fresh and late memory, called Marlin, by profession a scholar, brought up from his youth in the University of Cambridge, but by practice a playmaker, and a poet of Scurrility, who by giving too large a swing to his own wit, and suffering his lust to have the full reigns, fell (not without just desert) to that outrage and extremity, that he denied God and his son Christ, and not only in word blasphemed the trinity, but also (as is credibly reported) wrote books against it, affirming our savior to be but a deceiver, and Moses to be but a conjurer and seducer of the people, and the holy Bible to be but vain and idle stories, and all religion but a device of policy. But see what a hook the Lord put in the nostrils of this barking dog: It fell out, that in London streets as he purposed to stab one he ought a grudge unto with his dagger, the other party perceiving so avoided the stroke, that withal catching hold of his wrist, he stabbed his own dagger into his own head, in such sort, that notwithstanding all the means of surgerythat could be wrought, he shortly died thereof.«[39]

Wir erfahren über Marlowes Bildung (»*brought up from his youth in the University of Cambridge*«), über sein Dasein als Stückeschreiber (»*by practice a playmaker*«), über seinen außergewöhnlichen Charakter (»*a poet of Scurrility, who by giving too large a swing to his own wit*«), über sein Schicksal (»*fell not without just desert*«), über seine Verfehlungen in Bezug auf die Kirche (»*that he denied God and his son Christ*«) und über die ihm von Gott auferlegte Strafe, dass er sich selbst in Abwehr erstach! (»*It fell out, that in London streets as he purposed to stab one he ought a grudge unto with his dagger, the other party perceiving so avoided the stroke, that withal catching hold of his wrist, he stabbed his own dagger into his own head, in such sort, that notwithstanding all the means of surgerythat could be wrought, he shortly died thereof*«).

Der Gipfel der bigotten Schlussfolgerungen ist sicher die Feststellung, dass Marlowe in dem Streit nicht von Gott, sondern von sich selbst gerichtet wurde. Wer hätte sich damals und in der Folgezeit noch hinter der Person eines Christopher Marlowe einen Dichter William Shakespeare vorstellen wollen und können?

---

[38] Thomas Beards: The Theater of God's Judgments, London 1597.
[39] The Norton Anthology of English Literatur, siehe: http://www.wwnorton.com/college/english/nael/16century/topic_1/beard.htm, aufgerufen am 19.1.2011.

William Vaughan und Francis Meres

Francis Meres formulierte in »Palladis Tamia« (1598) zurückhaltender und nobler über Marlowe, warum er, ähnlich wie der französische Poet Jodelle, wegen seines Atheismus und seines Epikureismus zu einem tragischen Tod kam:

> »*As Jodelle, a French tragical poet being an Epicure, and and Atheist, made a pitiful end: so our tragical poet Marlowe for his Epicurisme and Atheisme had a tragical death; you may read of this more large in the Theatre of Gods Judgment. In the 25 chapter entreating Epicures and Atheists.*«[40]

Meres vergleicht Marlowe mit Lycophron (kühne Gestalt in der »Ilias«), der von einem Liebesrivalen, einem derben Dienstmann, erstochen wurde. Er offenbart eine positive Sicht von Marlowe. Dies dürfte seine Gründe haben, wenn man sich zur Einsicht durchringt, wer Francis Meres wirklich war (s. S. 574).

> »*As the poet Lycophron*[41] *was shot to death by a certain rival of his: so Christopher Marlow was stabbed to death by a bawdy serving man, a rival of his in his lewd love.*«[42]

William Vaughan dürfte – wie bereits erwähnt – in seinem »The Golden Grove«[43] (1600) von Tomas Beard abgeschrieben haben, wenn er zum Beispiel die Rache Gottes erwähnt:

> »*(...) see the effects of Gods justice, it happened so in Deptford, a little village about three miles distant from London, as he meant to stab with his ponyard one named Ingram, that had invited him thither to a feast, and was then playing at tables, he quickliy perceiving it, avoided the thrust, that withal drawingout his dagger for his defense, he stab'd this Marlowe into the eye in such sort that his braynes coming out of the daggers point, he shortly after dye. Thus doth God, the true executioner of divine iustice, worke the ende of impious atheists.*«[44]

Sein Kommentar über die göttliche Rache bedarf keines Kommentars:

> »*Thus did God, the true executioner of divine justice, work the end of impious adress.*«

---

[40] Critical Essays and literary Fragments. With an Introduction by J. Churton Collins, London 1903; Onlineversion: http://www.archive.org/stream/criticalessaysli00colliala #page/18/mode/2up/search/Jodelle, aufgerufen am 19.1.2011.

[41] Meres Vergleich von Marlowes mit »Lycophon« (kühne Gestalt in der »Ilias«) offenbart dessen positive Sicht von Marlowe. Dies dürfte seine Gründe haben.

[42] Mather Walker: Resurrecting Marlowe, siehe: http://www.sirbacon.org/mmarley.htm, aufgerufen am 19.1.2011.

[43] William Vaughan: The Golden Grove, London 1600.

[44] Sylvanus Urban: The Gentlemen's Magazin, and Historical Chronicle. From January to June 1830, Vol. C, London 1830, S. 6; Onlineversion: http://www.archive.org/stream/gentle mansmagazi82unkngoog#page/n16/mode/1up/search/deptford, aufgerufen am 19.1.2011.

Die Äußerungen Thomas Beards und William Vaughans sind bis zum heutigen Tag die am häufigsten zitierten Quellen, wenn es darum geht, Marlowes »schmähliches« Ende wissenschaftlich zu belegen. Sie entstanden – Jahre nach Marlowes Verschwinden – auf der Basis von sich verbreitenden Gerüchten. Sie haben sich damals als die einzigen existierenden Zeitdokumente zu dieser Thematik in die Geschichtsbücher eingegraben und wurden – obwohl höchst fragwürdig – später nie hinterfragt.

Spätes Gedenken

Kirchenfenster in der »Poets' Corner« der Westminster Abbey in London

1891 sollte in der Poets' Corner in der Westminster Abbey, einer »Hall of Fame« für die berühmtesten Dichter Englands, eine bis dato fehlende Gedenktafel für Marlowe angebracht werden. Die Idee wurde im gleichen Jahr wegen zu starker Widerstände vonseiten der Kirche verworfen, die einen solchen Schritt wegen Marlowes Leben und seiner Äußerungen nicht in Erwägung ziehen konnte.

Erst über hundert Jahre später, im Jahr 2002 (man bedenke: im 21. Jahrhundert!) wurde zu Ehren Marlowes schließlich ein kleines unscheinbares Kirchenfenster in der Poets' Corner seinem Gedenken gewidmet. Wer immer das Fenster in Auftrag gab, er hat Marlowes Todesjahr erstaunlicherweise mit einem Fragezeichen versehen ...

Rufmord bis ins 21. Jahrhundert

Der kollektive historische Rufmord Marlowes durchzieht in einem ungeahnten und grotesken Ausmaß die deutsche Shakespeare-Literatur, besonders die des ausgehenden 19. und beginnenden 20. Jahrhunderts. Man gewinnt den Eindruck, als sollte Marlowes Charakter dadurch eindeutig von dem positiven Charakterbild Shakespeares abgesetzt werden.

Beispielhaft dafür seien zwei Auszüge von Texten damals bekannter deutscher Shakespeare-Experten Hermann Ulrici (1806–1884) und Hermann Isaac[45] (1845–1917) genannt. Aus heutiger Sicht braucht man über die abstrusen Charakterisierungen Marlowes kein Wort zu verlieren. Sie zeigen aber unmissverständlich, wie sehr die Aussagen über Marlowe von einem anderen Zeitgeist und von einem historischen (Un-)Kenntnisstand geprägt und deformiert waren.

Ulrici schrieb 1865 im »Jahrbuch der Deutschen Shakespeare Gesellschaft«[46]

»(...) den Zeugnissen [Robert Greenes] gegenüber, mit denen die Nachrichten von Marlowe's gewaltsamem Tode bei dem Angriff auf einen verhassten Nebenbuhler (nach Meres) nur zu wohl harmoniren, können wir nicht umhin anzunehmen, dass Marlowe's Gedanken, Gesinnung und Lebensansicht ebenso ausschweifend waren wie seine Sitten und sein Wandel.

Diesem excentrischen Mass und Gesetz überspringenden Zuge seines Wesens entspricht im Allgemeinen der Charakter seiner dramatischen Dichtungen. Marlowe hatte (...) einen freien rücksichtslosen Sinn, (...) kurz sein Wesen war im Fundamente auf Größe angelegt: aber sein Herz war, wenn nicht wüst und roh, doch ohne Zartheit und Innigkeit: Seinem Gemüthe fehlte jene Tiefe, Stille und Wärme, in der allein die religiösen und sittlichen Regungen keimen und wachsen können; seine Natur neigte zu wilder Leidenschaftlichkeit, zu einer, Sitte und Recht verachtenden Willkühr und Ungebundenheit. Daher wurde ihm das Gewaltige unter der Hand zum Gewaltsamen, das Ausserordentliche zum Unnatürlichen, das Grosse zum Grotesken und Ungeheuren. Daher verkehrt sich ihm das Tragische meist in das Grässliche. Denn nicht der Untergang des menschlich Edlen, Grossen und Schönen an seiner eignen Schwäche und Einseitigkeit bildet ihm den Kern des tragischen Pathos, sondern der vernichtende Kampf mächtiger, aus ihrer Bahn gewichener Kräfte und Triebe, unbezähmbarer Affecte und Leidenschaften gegen einander. (...) der Begriff Pflicht (...) völlig unbekannt; ein Charakter, der von wahrhaft sittlichen Motiven gelenkt und bestimmt würde, findet sich in keinem einzigen der Marlowe'schen Stücke; von einem Kampfe der moralischen Natur des Menschen, moralischer Regungen und Principien mit den sinnlichen Trieben und Gelüsten ist nirgend die Rede; die Leidenschaft, die Begierde beherrscht schlechthin das ganze Getriebe des menschlichen Thuns und Lassens. Kurz die eigentlich sittliche Sphäre des menschlichen Seelenlebens erscheint ganz und gar von Marlowe's Compositionen ausgeschlossen.«

Hermann Isaac schrieb 1884:

»(...) jedem verständnißvollen Leser muß, wenn er hintereinander die 3 Theile von H.[einrich] VI und R.[ichard] III liest, ein Unterschied auffallen: den hohlen Marlowe'schen Bombast – ich meine hier nicht die Vorliebe für Hyperbeln bei

---

[45] Später Herman Conrad.
[46] Jahrbuch der Deutschen Shakespeare-Gesellschaft, Berlin 1865, S. 57; Onlineversion: http://www.archive.org/stream/jahrbuchderdeutoounkngoog#page/n83/mode/2up, aufgerufen am 19.1.2011.

lebhafter Gefühlsäußerung, sondern Stellen, in denen ein Nichts an Gedanken unter einem schreiend herausgeputzten Wortschwall verborgen wird, wo z. B. die Wörtchen ›yes‹ oder ›no‹ in mehreren pomphaften Versen umschrieben werden; die ›vain-glory‹ in den Kriegsscenen und endlosen Schimpfereien der Handelnden, welche besonders dem 1. Theil von H.[einrich] VI seinen abstoßenden Charakter aufdrücken ...«

Heute wird einem beim Lesen dieser Zeilen regelrecht übel. Man bedenke aber, dass diese Geisteshaltung über die Jahrhunderte hinweg ganze Generationen prägte und das Persönlichkeitsbild eines Dichters formte, das eine Annäherung an Shakespeare nie erlaubt hätte. Die Geschichte spaltete eine einzige Persönlichkeit endgültig in zwei getrennte Personen auf, in eine dem Mephisto nahestehende und in eine dem Faust nahestehende geläuterte Teilpersönlichkeit.

Es ist bestürzend, wie sehr dieser Rufmord Marlowes bis zum heutigen Tage andauert. In Kurt Kreilers Oxford-Biografie »Der Mann, der Shakespeare erfand« (2009) erkennt man unschwer, dass er Marlowe eigentlich nicht rezipiert haben kann, sondern dass er unvermindert vom »19. Jahrhundert« abschreibt wenn jener antiquierte Tonfall und Zeitgeist durchschimmert ...

Kurt Kreiler schrieb 2009:

»(...) es fällt auf, wie pragmatisch und roh die Stücke Marlowes (...)gezimmert sind, mit nachlässig verknüpften Handlungsteilen, voller ideologischer Klischees, mit einer prinzipiellen Unempfindlichkeit gegen seelische Motivation ... Marlowe, Kyd sind uns entrückt, weil sie wertend ausschließen, dass sittliches Verhalten sich vom Gefühl, sei es Liebe oder Hass, bestimmen lassen dürfe. Die Rede von psychischer Bedingtheit erscheint ihnen schlichtweg als Ausrede«

Reise ohne Wiederkehr: Marlowes endgültiger Gang in die Anonymität

Zu seinem vermeintlichen Todeszeitpunkt 1593 war Marlowe – zumindest unter Eingeweihten – bereits als Dichter berühmt. Sein überragendes Talent hat mit großer Plausibilität dazu beigetragen, dass man seinen Lebenserhalt anstrebte. Sein Gang in die Anonymität konnte durchgeführt werden, da seine damaligen Auftraggeber (William Cecil, Robert Devereux) über weitverzweigte »Netzwerke« in England und Europa verfügten und für alle anfallenden Aufgaben (Beschaffung neuer Papiere, neuer Aufenthalte etc.) gewappnet waren.

Zugleich war seinen Beschützern klar, dass dies nur ein Weg ohne Umkehr, also ohne Wiederkehr Marlowes sein konnte. Erst nachdem Marlowe offiziell tot war, erst nachdem seine »Akte« als geschlossen gelten konnte, gab es eine gewisse Sicherheit, dass nicht weitere und verdeckte Fahndungsmaßnahmen vonseiten der Kirche und dem Apparat der Krone stattfinden würden.

Eine spätere Rehabilitation, das heißt eine »Begnadigung« wäre nur dann möglich gewesen, wenn Marlowe 1593 als Strafe »nur« in die Verbannung außerhalb Englands geschickt worden wäre. Ein solcher Schritt wäre aber angesichts der Schwere der Anschuldigungen vonseiten auch der Krone – gerade im Vergleich zu anderen Dissidenten – nicht vorstellbar gewesen.

Da die Krone Marlowe dauerhaft und endgültig aus dem öffentlichen Verkehr gezogen und zugleich von Anbeginn den maskierenden Strohmann Shakspere für eine posthume Identifikationsstätte in Stratford auserkoren hatte, kamen eine Rückkehr Marlowes und eine Begnadigung nie infrage, da sich Hof und Krone damit desavouiert hätten.

Marlowe/alias Shakespeare muss sich unter der Regentschaft von Jakob I. (1603–1625), nachdem sowohl Elisabeth I. (1603) als auch William Cecil (1598) gestorben waren, Hoffnungen auf eine Rückkehr und Rehabilitation gemacht haben. Dies lässt sich mit einer gewissen Plausibilität aus den überlieferten Briefwechseln (s. S. 653 f.), aber auch aus Reflexionen in verschiedenen seiner Werke (s. S. 484 f.) schlussfolgern.

Der an dem »Komplott« beteiligte Robert Cecil scheint im Rahmen der Nachfolgeregelung von Elisabeth I. dafür gesorgt zu haben, dass eine späte Offenlegung des Komplotts nie erlaubt wurde. Die Gefahr, dass ein unter fremden Namen frei in England lebender Marlowe erkannt worden wäre und das Gerücht sich verbreitet hätte, Marlowe sei nicht gestorben, hätte unabsehbare politische Konsequenzen hervorgerufen.

Kurze Historie der Marlowe-Theorie

Die Einsicht, dass der Mord an Marlowe eine bewusste Irreführung der Krone war, um das Leben eines übermächtigen Geistes zu retten, und dass damit ein Ende der bizarren Urheberschaftsdebatte erreichbar werden könnte, hat sich aufgrund von stetig hinzukommenden neuen Beobachtungen über die Jahrhunderte bis heute zwar nur langsam entwickeln können, sie erweist sich aber als einzig tragfähig.

Schon 1819/20 schlug William Taylor von Norwich in zwei anonymen Veröffentlichungen im »Monthly Review« vor, dass Shakespeare ein Pseudonym (»nom de guerre«) für Christopher Marlowe gewesen sein müsse. Die Anonymität von W. Taylor wurde erst später aufgeklärt. Es brauchte mehr als ein halbes Jahrhundert, bis William Gleason Zeigler erneut postulierte, dass die shakespeareschen Werke von Marlowe stammen müssten. Henry Watterson schrieb am 18. Juli 1920 in der »New York Times«[47] über seine Überzeugung, dass Marlowe Shakespeare gewesen sein müsse, und Archie Webster kam 1923 – also vor Entdeckung des »Coroner's Report« – in einem Essay[48] zu derselben Auffassung.

1925 entdeckte dann Leslie Hotson im Britischen Staatsarchiv den »Coroner's Report« von William Danby aus dem Jahr 1593, der die seit Jahrhunderten feststehende Annahme, dass Marlowe bei einer Wirtshausschlägerei ums Leben gekommen war, allmählich aufweichte. 1952 war es Roderick L. Eagle[49], der die Todesumstände zum Anlass nahm, um Marlowes Ermordung infrage zu stellen, und einen vorgetäuschten Tod als plausibler erachtete.

1955 schließlich erschien Calvin Hoffmans »The Murder of The Man who was Shakespeare«[50]. Das Buch brachte die Urheberschaftsdebatte um Marlowe erstmals in das Bewusstsein einer größeren Öffentlichkeit und begann fraglos, eine Langzeitwirkung einzuleiten, die auch den Autor dieses Buches in seinen Bann schlug. Aber das Buch wurde trotz hoher Originalität damals von Experten wegen seiner methodischen Unzulänglichkeiten rasch unter anderem damit ins Lächerliche abgedrängt, dass ein US-Amerikaner vom europäischen Mittelalter keine Vorstellung haben könnte.

1965 beziehungsweise 1994 entwickelte Dolly Walker-Wraight, von Calvin Hoffmann stark beeinflusst, in ihren Büchern »In Search of Christopher Marlowe«[51] (zusammen mit Virginia Stern) und »The Story that the Sonnets

---

[47] Indizien ergeben sich aus dem geheimen Briefwechsel zwischen Robert Cecil und König Jakob VI. von Schottland im politischen Vorfeld der Thronübernahme 1601/2, vgl. Letter XII, in: The Secret Correspondence of Sir Robert Cecil with King James VI. King of Scotland, Edinburgh 1766, S. 185ff; Onlineversion: http://www.archive.org/stream/ secretcorrespon00dalrgoog#page/n202/mode/2up, aufgerufen am 19.1.2011.
(»*Poetry opposing against demonstrations is out of countenance, et nullas spes habet Troja si tales habet. This grofs booby never came in the sight of Queen Elisabeth, nor of Cecil neither, more than once; every thing that happened hath been fully advertised. This once also should have been cut off also respects to cover other things did not enforce a kind of formality ...*«)

[48] William Gleason Zeigler: It was Marlowe. A Story of the Secrets of three Centuries, Chicago 1848; Onlineversion: http://www.archive.org/stream/itwasmarloweastoozeiggoog#page/ n9/mode/2up, aufgerufen am 19.1.2011.

[49] »New York Times« vom 18. Juli 1920; Onlineversion: http://query.nytimes.com/mem/ archive-free/pdf?_r=1&res=9D03EEDB1131E433A2575BC1A9619C946195D6CF, aufgerufen am 19.1.2011.

[50] Archie Webster: Was Marlowe the Man?, in: The National Review, Vol. LXXXII, S. 81–86; Onlineversion: http://www2.prestel.co.uk/rey/webster.htm, aufgerufen am 19.1.2011.

[51] Roderick L. Eagle: The Mystery of Marlowe's Death, in: Notes and Queries, Volume 197, Nr. 19/1952, S. 399–402.

tell«[52] insbesondere anhand einer Sonettanalyse die Marlowe-Theorie weiter. Ihre Bücher und Analysen wurden komplett ignoriert. Dennoch sind seit dieser Zeit die Stimmen nicht mehr verstummt, die in Marlowe den plausibelsten Kandidaten erkennen: 2001 produzierte Michael Rubbo, ein australischer Dokumentarfilmer, den Fernsehfilm »Much Ado about Something«, in dem er Pro und Kontra der Marlowe-Theorie darstellte. 2008 erschienen zum gleichen Thema zwei neue Monografien: »The Marlowe-Shakespeare Connection«[53] von Samuel L. Blumenfeld und »Marlowe's Ghost«[54] von Daryl Pinksen.

2011 produzierte Eike Schmitz, Atlantis Film, die Dokumentation »Das Shakespeare-Rätsel« für das ZDF, das sich mit Christopher Marlowe als Kandidat der Werke Shakespeares auseinandersetzt.

---

[52] Calvin Hoffman: The Murder of the Man who was Shakespeare, New York 1955.
[53] Dolly Walker-Wraight und Virginia F. Stern: In Search of Christopher Marlowe. A pictural Biography, Portland 1995.
[54] Dolly Walker-Wraight: The Story that the Sonnets Tell, London 1995.

6. Warum aus Marlowe Shakespeare wurde

Zwischenstand

In Kapitel 2, 3 und 4 wurde erläutert, warum eine negative kumulative Evidenz gegen Shakspeare als genialen Dichter und Theaterschriftsteller spricht. Kapitel 4 wies insbesondere auf eine vernachlässigte kumulative Evidenz für ein bereits zu Lebzeiten Shakspeares augenfälliges Urheberschaftsproblem hin. Seine biografischen Daten ließen ihn als einen Geschäftsmann und Theateranteilseigner aus einfachen Verhältnissen erkennen, der sich für seine Bereitschaft »honorieren« ließ, Marlowe zu maskieren und mit seinem Namen nach außen hin als ein Dichter (vor allem zu posthumen Zwecken) zu fungieren.

Kapitel 5 erläuterte die Gründe für die historische Notwendigkeit von Marlowes Namens- und Identitätswechsel mit Vortäuschung seines Todes.

In Kapitel 6 wie auch in den folgenden wird im Detail eine eigenständige positive kumulative Evidenz für Marlowes Autorschaft entwickelt (anhand von biografischen Fakten, Datierungen, Zeitfenstern, Bildung, Erziehung, dramatischem Talent, Nachrufen, Handschriften, Stilvergleichen, Persönlichkeitsprofilen, Textinhalten und so weiter). All diese Evidenzen zeigen, dass nur Christopher Marlowe der Dichter Shake-speare gewesen sein kann.

In Kapitel 7 werden 30 Sonette einer Analyse unterzogen, die unausweislich zeigt, dass die darin erkennbaren biografischen Inhalte sich nur auf das Schicksal Marlowes (Verlust von Name und Identität, Verbannung und Exil) bezogen haben können.

In Kapitel 8 werden Textinhalte der Werke Marlowes betrachtet, die in Werken unter dem neuen Dichternamen Shakespeare erkennbar bleiben. Die vor 1593 datierten Werke Shakespeares werden ohnehin oft Marlowe zugeschrieben (s. S. 369 ff.).

Kapitel 9 beschäftigt sich mit Shakespeares Werken, in denen sich biografische und literarische Fingerabdrücke Marlowes in einem solchen Ausmaß erkennen lassen, dass sich bei rationaler Betrachtung eine Theorie von zwei unterschiedlichen Identitäten nicht halten lässt.

In Kapitel 10 wird an ausgewählten Stücken Shakespeares aufgezeigt, in welch artistischer Dimension Marlowe es vermochte, sich selbst autobiografisch in einzelnen Figuren auf einer zweiten Ebene seiner Stücke einzubringen, die sehr eng mit seiner Biografie verknüpft waren.

Kapitel 11 beschreibt, unter welchen Bedingungen Marlowe nach Todesvortäuschung durch Namens- und Identitätswechsel ab 1593 weiter existiert und unter welch zahlreichen Künstlernamen, Tarnnamen, Decknamen oder Pseudonymen er über mehrere Dekaden gelebt und geschrieben haben muss.

Vorstellungsgrenzen und Verschwörungstheorien

Obwohl auch bei Marlowe die Zahl der historischen Quellen eher gering ist[1], weist fast jedes aufgefundene Dokument und fast jede direkte oder indirekte Quelle auf eine herausgehobene Persönlichkeit, einen genialen Dichter und Lyriker mit Beziehungen zu Hof und Krone hin. Das Fatale an der jahrhundertelangen Urheberschaftsdebatte war und ist, dass ein einmal für tot erklärter Mensch praktisch auf keinem Weg mehr als möglicher Autor infrage kommen konnte und kann. Ein anderer Name kann und konnte nur ein anderer Mensch sein. Tot ist tot, und naturgemäß für alle Ewigkeit. Dass ein vorgetäuschter Tod als Lebensrettung – obwohl plausibel – ausgeschlossen wurde, muss im Prinzip damit erklärt werden, dass dem menschlichen Gehirn grundsätzlich massive »evolutionäre« Vorstellungsgrenzen vorgegeben sind. Eine »Zwischenkonstruktion« zwischen Tod und Leben – als »alte Identität« gestorben, als »neue Identität« geteilt in eine »fiktive« Dichterperson (Shake-speare), ein Anonymus (Marlowe) und eine Außenperson (Shakspere) ist einem rationalen Denken kaum noch zugänglich.

Genau dieses »Undenkbare« war aber erstaunlicherweise gerade die Absicht der inszenierten Irreführung und sie entstammte am ehesten dem genialen Gehirn von Shakespeare/Marlowe selbst.

Ausgebliebene historische Gesamtbilanzierung

Die große Anzahl von Argumenten *contra* Shakspere als Autor und die in den folgenden Kapiteln dargestellte noch größere Anzahl von Argumenten *pro* Marlowe reichen auch im Rahmen einer Auswertung aller heute verfügbaren Fakten paradoxerweise nicht aus, um ein einziges isoliertes Argument, das »Argument seines Todes«, zu egalisieren.

Die akute Lebensgefahr, in der Marlowe schwebte, die zeitnahen Hinrich-

---

[1] Vgl. J. A. Downie/J. T. Parnell: Constructing Christopher Marlowe, Cambridge 2000; Onlineversion: http://assets.cambridge.org/97805215/72552/sample/9780521572552wsc00.pdf, aufgerufen am 3. 3.2010.

tungen von Dissidenten, Separatisten und Märtyrern wie Henry Barrowe, John Greenwood und John Penry, die politisch brisanten Londoner Plakate (»Dutch Church Libels«), die katastrophalen Verleumdungen und Denunziationen der Person Marlowes vonseiten der katholischen Kirche und weltlicher Informanten (Richard Baines und andere) sowie die überaus trivialen Umstände von Marlowes Tod haben über die Jahrhunderte in der Urheberschaftsdebatte erstaunlicherweise keine Rolle gespielt.

Ein anderes Problem dieser Debatte war stets, dass das komplexe Werk Shakespeares der Konstruktion von Argumenten, die für verschiedene Verfasser sprechen, zu wenig Grenzen setzte. Irgendwelche biografischen Hinweise lassen sich für die meisten Kandidaten hineininterpretieren. Wer vom Werk auf den Kandidaten schließen will, wird an verschiedensten Stellen fündig. Diese Tatsache relativierte Erkanntes oft zu einer subjektiven Interpretation von eingeschränkter Aussagekraft. Dennoch lassen sich Kriterien definieren, die ein Kandidat erfüllen muss und ohne die keine ausreichende Plausibilität erreicht wird. Während William Shakspere diese Kriterien bei Weitem nicht erfüllt, erfüllt sie Christopher Marlowe wie kein anderer Kandidat in ungeahntem Maß.

Dass der berühmteste Dichter aller Zeiten aufgrund eines erzwungenen Identitäts- und Namenswechsels – wie in Kapitel 1 formuliert – in seiner Leibhaftigkeit der eigenen Zeit vollständig enthoben war, ihr dauerhaft abhandenkam und als künstlerisches Individuum vor seiner eigenen Zeit förmlich verborgen blieb oder dass man ihm die Gelegenheit entzogen hatte, auf irgendeine Weise sichtbar zu bleiben, ist von den Literaturhistorikern weder als möglich noch als denkbar erachtet worden.

Nur damit ist zu erklären, warum nicht systematisch untersucht wurde, wie viele der literarhistorischen Ungereimtheiten bei Akzeptanz der Hypothese einer aufgezwungenen Todesvortäuschung hätten aufgelöst werden können. Warum ein von oben inszenierter Identitäts- und Namenswechsel wegen tödlicher Bedrohung zur Lebensrettung nie als eine Denkalternative herangezogen werden konnte, hat aber sicher noch andere, zum Teil komplexe, bisher wenig analysierte Motive.

Marlowe dürfte über höchste königliche Machtzirkel des Kronrats (Privy Council; William und Robert Cecil) und des frühen englischen »Verfassungsschutzes« (Francis und Thomas Walsingham) gut informiert gewesen sein. In diesen Kreisen standen Tarnung, Täuschung, Mord, Untertauchen, Agententätigkeit und Identitätswechsel auf der Tagesordnung.

Um Marlowes Tod rankten sich, wie im vorherigen Kapitel beschrieben, jahrhundertelang die aberwitzigsten Gerüchte. Sein plötzliches Verschwinden

1593 wurde als das (selbstverschuldete) Ableben eines heißblütigen, der Trunksucht verfallenen »Vorläufers« Shakespeares dargestellt (s. S. 160 ff.). Die Umstände seines Todes wurden von höchsten Instanzen der Krone (»Coroner's Report«) dokumentiert und dennoch über Jahrhunderte geheim gehalten.

Die Urheberschaftsdebatte wurde – wie bereits erwähnt – von ihren Widersachern stets mit dem negativ besetzten, problematischen Begriff einer »Verschwörungstheorie« (»*another crackpot conspiracy theory*«) versehen, die »bösartig« versuche, eine ehrenwerte, traditionelle Sichtweise zu verunglimpfen. Auch hierin liegt in besonderem Maß eine kaum auflösbare Schwierigkeit. Da es das Charakteristikum von Verschwörungstheorien ist, dass sie von Gegenständen handeln, die versuchen, sich jeder Nachprüfbarkeit zu entziehen, landete die Theorie von Marlowes vorgetäuschtem Tod unweigerlich in jener dubiosen Ecke, die einer weitergehenden wissenschaftlichen Überprüfung nicht mehr für würdig befunden wurde.

Wie bereits anfangs dargestellt, kam bei einer Art fiktiver Gerichtsveranstaltung über den Urheberschaftskandidaten Edward de Vere, Earl of Oxford, im November 1993 in den USA (sogenannte »Mock Trials«[2]) einer der drei beteiligten höchsten Richter des US Supreme Courts, Paul Stevens, im Rahmen seines Abschlussplädoyers zu der Feststellung, dass er nicht zögere, die Lösung des Urheberschaftsrätsels in einer Verschwörung zu erkennen, wobei er an dem Wunsch, eine wahre Autorschaft geheim zu halten, nichts Verwerfliches sehe. Wegen der insgesamt schwierigen Einschätzung der Motivlage müsse oder könne eine solche Verschwörung aber nur das Ergebnis eines Befehls (»*command*«) von ganz oben gewesen sein.

Bezüglich des zu »Gericht« stehenden Kandidaten Oxford betonte der Richter in seinem Schlussplädoyer, dass er nur erkennen könne, dass die Oxford-Theorie nicht kohärent und nicht unbedingt die richtige sei (»*and maybe this one is not the right one*«) und sich nicht unbedingt verteidigen lasse.

Bei Christopher Marlowe hingegen liegt unter Einbeziehung seiner vorgetäuschten Ermordung eine in sich kohärente Theorie vor, die sich aufgrund zahlloser plausibler Argumente auch verteidigen lässt.

Wozu ein maskierender Strohmann aus Stratford?

Das Ausmaß der Anschuldigungen von Kirche und Krone gegen Marlowe machte es – wie bereits dargestellt – nötig, dass sein Name und seine Person

---

[2] Vgl. The Shakespeare Mystery: Boston Bar Association Mock Trial:, siehe: www.pbs.org/wgbh/pages/frontline/shakespeare/debates/bostondebate.html, aufgerufen am 19.1.2011.

zu seiner Lebensrettung physisch aus der öffentlichen Wahrnehmung endgültig und dauerhaft getilgt wurden. Da Christopher Marlowe aber zum Zeitpunkt seines vermeintlichen Todes (1593) der Bevölkerung bereits als Poet, Dramatiker und Verfasser von Stücken wie »Tamerlan«, »Dr. Faustus« und anderen bekannt war, konnte ihm nur unter »strengsten« Auflagen eine dauerhafte, verborgene Weiterexistenz als Dichter erlaubt werden. Dass Marlowe/alias Shakespeare der Obrigkeit und Krone in dieser Sache seine Loyalität und absolute Verschwiegenheit zugesichert haben muss, geht aus einer Passage in »Wintermärchen« wie auch aus anderen Texten hervor (s. S. 481 ff.).

Es bedurfte am Scheitelpunkt von Marlowes Leben einer realen, ihn definitiv maskierenden Person, die eine Außenrolle als Stückevermittler weiterspielte und später, und das war wesentlich wichtiger, für eine endgültige »posthume« Identifikationsstätte des Dichters zur Verfügung stand. Hierfür musste im Frühjahr 1593 die Synchronisation mit dem auserkorenen Namensgeber, dem gleich alten Shakspere, akut improvisiert werden.

Marlowe brauchte also parallel zu seinem physischen Überleben eine personale »Attrappe« oder »Maske«. Diese Maske repräsentierte William Shakspere aus Stratford. Shakspere war also nicht der »maskierte« Mann, sondern er wurde als der »maskierende« Mann auserkoren und honoriert (wie dies Robert Detobel für Edward de Vere, Earl of Oxford annimmt). Dieses maskierende Verfahren entsprach einer äußerlichen Distanzierung, die von den eingeweihten Zeitgenossen akzeptiert und respektiert wurde. Die doppelte Kinnlinie Shaksperes auf dem Droeshout-Porträt in der »First Folio« kennzeichnet symbolisch eindrücklich diese Maskierung (s. S. 76).

Wie das »überstürzte« Komplott zwischen Shakspere und Marlowe eingefädelt wurde und zustande gekommen sein dürfte s. S. 173 f.

Marlowe, der Vorläufer (»predecessor«) von Shakspere?

Überblickt man die vermeintliche Lebensspanne Christopher Marlowes, so fällt auf, dass sich seine Schaffenskraft über mehr als ein Jahrzehnt beispiellos entwickelte und auf ihrem Höhepunkt durch seinen vermeintlichen Tod (1593) abrupt abbricht. Unmittelbar danach steigt aus dem Nichts, wie Phoenix aus der Asche das gleich alte, noch größere Genie William Shakspere und veröffentlicht mit dem unnachahmlichen, im Versmaß geschriebenen Versepos »Venus und Adonis« sein erstes Werk unter dem bisher unbekannten Autornamen Shakespeare, das er Henry Wriothesley, Earl of Southampton, zueignet (»*first heire of my invention*«). Diese erste Veröffentlichung eines

»neuen« Dichters geschieht – anders als bei Marlowe – ohne vorausgehende Dekade einer vergleichbaren literarischen Entwicklung, ohne erkennbaren Bildungshintergrund, ohne signifikante frühere literarische Spuren.

Bis heute war niemand in der Lage, diese bizarre Situation auch nur einigermaßen befriedigend zu erklären. Die Frage, warum kein einziges gedrucktes Werk Shakespeares vor dem Tod Marlowes ausfindig gemacht werden konnte, wurde von Experten als eindrucksvoller Zufall gewertet.

Der fast absurd erscheinende Punkt sei bewusst noch einmal wiederholt: Von zwei im gleichen Jahr geborenen Dichtergenies wird das eine (Marlowe) durchweg als der Vorläufer (»*predecessor*« oder »*forerunner*«) des anderen »*successor*« oder »*follower*«) gesehen, wobei der »successor« ohne den »predecessor« als Dichter nicht denkbar gewesen wäre. Es ist rational nicht nachvollziehbar, warum sich das Schaffen Shakspseres und Marlowes nicht zumindest zeitweise überlappt hat, wo doch beide, gleich alt, zur gleichen Zeit in der gleichen Stadt London lebten.

Marlowe reifte innerhalb von etwa 15 bis 20 Jahren (1578–1593) über lateinische Versübersetzungen (zum Beispiel »Ovid«, »Lucan« und andere), Frühwerke (»Dido«, »Tamerlan« und andere Werke[3]) und die Entwicklung des Blankverses zu einer vergleichslosen literarischen Meisterschaft heran (»Edward II«, »Dr. Faustus«). Darüber hinaus muss Marlowe, wie Kapitel 11 näher ausführt, bereits zu seinen offiziellen Lebzeiten (vor 1593) unter verschiedenen Pseudonymen (wie Nicholas Briton, John Clapham, George Wither u.a.) geschrieben haben, während Shakspeare erstmals unmittelbar nach Marlowes endgültigem Verschwinden als zuvor gänzlich unbekannter Dichter aus der Provinz auftauchte. Shakspere hinterließ bis zum Ende seines dritten Lebensjahrzehnts nicht den Hauch erkennbarer literarischer Entwicklungsstufen, nicht die Spur einer genialischen Begabung und nicht den Ansatz eines (gesicherten) eigenen literarischen Werks.

Die durchgehende literaturhistorische Charakterisierung Marlowes als eines »predeccessor«[4] (Vorläufers) Shakespeares erzeugt für jeden unvoreingenommen Leser die Vorstellung, dass Christopher Marlowe *vor* William Shakspere lebte und agierte. Hierzu nur einige wenige Beispiele aus einer schier endlosen Liste von Reflektionen zur angeblichen »Vorläuferschaft« Marlowes und zur »Nachfolgerschaft« Shakespeares:

---

[3] Unter dem Pseudonym Nicholas Breton (oder Britton, Brittaine etc., siehe Kapitel 11).
[4] Vgl. John Addington Symonds: Shakspere's Predecessors in the English Drama, London 1884; Onlineversion: http://www.archive.org/stream/shaksperespredeoosymogoog#page/n4/mode/2up, aufgerufen am 19.1.2011.

James Orchard Halliwell-Phillips[5] (1912):

>»That Shakespeare commenced his literary vocation as, to some extent, a _follower_ of Marlowe can hardly be denied.«

Harry Levine[6] (1952):

>»(...) re-examination of Christopher Marlowe has only just begun, and it is likely ... we will see the beginning of a new burst of interest in this most important of Shakespeare's _predecessors_.«

Irving Ribner[7] (1964):

>»Shakespeare drew upon a body of poetic diction which was the general property of his age, but which we can say that Marlowe did more than any other of Shakespeares _predecessors_ to establish.«

James Shapiro[8] (1991):

>»If the poetic language of _predecessors_ be imagined as a giant linguistic junkyard, Marlowe's verse was like an old car striped for parts.«

Auch beim Lesen des »Brockhaus« gewann früher der unwissende Leser beim Eintrag zu Marlowe (»der bedeutendste Dramatiker _vor_ Shakespeare ... im Wirtshausstreit erstochen«[9]) den falschen Eindruck, dass Marlowe zeitlich _vor_ Shakespeare gelebt haben musste. Er käme aufgrund dieser enzyklopädischen Information nie auf die Idee, dass hier von zwei gleich alten Dichtern die Rede ist, von denen der eine – Shakspere – den anderen – Marlowe – im 30. Lebensjahr nahtlos abgelöst hat.

Experten sind sich einig, dass das lyrische Talent Christopher Marlowes alle zeitgenössischen Dichter (William Shakespeare nicht einbezogen) bei Weitem übertrifft. Dies schließt de facto die meisten Kandidaten für eine Autorschaft aus: Von Francis Bacon sind zwar ein großes Opus hochwertiger Schriften, von Edward de Vere, Earl of Oxford Gedichte überliefert, aber als lyrisches oder dramatisches Genie sind sie zu Lebzeiten nicht aufgefallen, von den fünfzig anderen genannten Kandidaten nicht zu reden.

---

[5] James Orchard Halliwell-Phillips: The Life of William Shakespeare, in: The Works of William Shakespeare in ten Volumes, Volume I, New York 1912, S. 3–188, hier S. 63; Onlineversion: http://www.archive.org/stream/worksofwilliamsho1shak#page/n71/mode/2up, zuletzt aufgerufen am 5.5.2010, aufgerufen am 19.1.2011.
[6] Harry Levine: The Overreacher: A study of Christopher Marlowe, London 1952.
[7] Irving Ribner: Marlowe and Shakespeare, in: Shakespeare Quarterly, Band 15/2, 1964.
[8] James Shapiro: Rival Playwright: Marlowe, Jonson, Shakespeare, New York 1991.
[9] Brockhaus – Die Enzyklopädie, 20. Auflage.

Völlig anders sieht dies bei Marlowe aus. Sein immenses lyrisches und in frühen Jahren (vor Shakspeare) gereiftes dramatisches Werk (»Dido«, »Tamerlan«, »Dr. Faustus«, »Das Massaker von Paris«, »Der Jude von Malta« und »Edward II.«) setzt in jeder Hinsicht Maßstäbe.[10]

Es bleibt eine unbestreitbare Tatsache, dass neben Shakespeare (»Venus und Adonis«, »Lucretia«, Sonette) zuvor nur Marlowe über ein außergewöhnliches lyrisches Talent verfügte, das sich bereits in der sechseinhalbjährigen Studienzeit in Cambridge zeigte, wo er im frühen Alter Ovids »Amores« und Lucanus »Pharsaliae« übersetzte und in ein eindrückliches Versmaß umwandelte (s. S. 296 und 303).

»Venus und Adonis« und »Hero und Leander«

Als Vorlage für sein Versepos »Hero und Leander« (s. S. 307 ff.) diente Marlowe die spätgriechische Fassung des alexandrinischen Dichters und Grammatikers Musaios (5. Jahrhundert n. Chr.).

Aufgrund der Eleganz seiner Verse wird »Hero und Leander« zu den schönsten poetischen Schöpfungen der englischen Renaissance gezählt. Darin wird der Kampf gegen die despotischen und willkürlichen Götter behandelt. In der Bearbeitung von Marlowe umfasst es nur zwei »Sestiaden«.

Das Liebesepos, das mehrfach die Figuren Venus und Adonis berührt, wurde im Herbst 1593, kurze Zeit nach Marlowes Verschwinden, zum Druck eingereicht, aber erst fünf Jahre später, 1598, veröffentlicht, was nur mit der öffentlichen Ächtung und Verfemung Marlowes erklärt werden kann. »Hero und Leander« erschien in zwei verschiedenen Versionen: als (unvollendetes?) 818-zeiliges Gedicht, das mit einem Einschub des Herausgebers (»*desunt nonnulla*« – »etwas fehlend«) endet und als Versepos mit einer Erweiterung um vier »Sestiaden«, die von George Chapman stammen.

Das erste William Shakespeare zugeordnete gedruckte lyrische Werk, »Venus und Adonis«, erschien im September 1593, wobei seine Autorschaft nur durch seinen Namen am Ende der Widmung für Henry Wriothesley, Earl of Southampton, erkennbar wird.

Eine der frühesten gedruckten Ausgaben (vom 12. Juni 1593) befand sich laut eines Tagebucheintrags im Besitz eines gewissen Richard Stonely, einem Angestellten von William Cecil, Lord Burghley. Burghley könnte das Werk Richard Stonely nach heutigem Sprachgebrauch auch als »Vorabdruck« zum Lesen gegeben haben.

---

[10] Auf die Problematik des 1657 unter dem Namen Christopher Marlowe erschienenen Stücks »Lusts dominion, or, The lascivious queen« soll hier nicht eingegangen werden

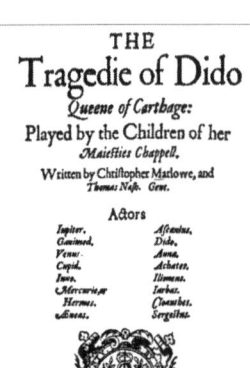       

Christopher Marlowes Werke und Übersetzungen

(siehe: http://extra.shu.ac.uk/emls/iemls/renplays/lustsdominion.htm, aufgerufen am 19.1.2011). Experten gehen davon aus, dass es um 1600 geschrieben sein muss. Marlowe dürfte zu dieser Zeit nach Spanien geflohen sein. Beim Lesen des Stücks fiel mir auf, dass ein gewisser »Christofero« nur einen einzigen bezeichnenden Satz zu sagen hat: »*The lords have left us and the soldiers fainted, You are round beset with proud fierce enemies; Death cannot be prevented but by flight.*« Dies dürfte eine Bedeutung besitzen.

Christopher Marlowes Werke und Übersetzungen

Verschiedene Quellen belegen eindeutig eine Verbindung zwischen Marlowe und dem äußerst einflussreichen William Cecil, der rechten Hand von Königin Elisabeth, der zentralen Exekutive des Hofes. Wenn man zugleich weiß, dass William Cecil auch der Vormund von Henry Wriothesley war, so wird klar, warum ihm dieses Werk damals (in aller Eile) zugeeignet wurde und werden konnte. Zu erklären, auf welche Weise dagegen Shakspere in Kontakt zu Wriothesley gelangt sein könnte, ist bis heute – trotz intensiver Recherchen – nicht gelungen.

Nur aus dieser Sicht wird auch die viel diskutierte Phrase der Widmung (*»first heire of my invention«*) verständlich: Damit kann nur das erste Werk unter neuem Namen, unter dem aufgenötigten »Pseudonym« Shakespeare gemeint gewesen sein. Die Widmung dürfte vorrangig das Ziel verfolgt haben, jeglichen Verdacht im Keim zu ersticken, dass das verfemte und gefürchtete Supertalent Christopher Marlowe noch existierte. Dass »Venus und Adonis« Henry Wriothesley gewidmet wurde, dem Ziehsohn William Cecils, hat eine gewisse Logik: William Cecil konnte als Vormund von Henry Wriothesley in jeder Form über sein »Mündel« verfügen und Marlowe ungefragt die Erlaubnis zu dieser Adressierung seiner Widmung geben.

Es ist wahrscheinlich, dass das 1593 ebenfalls zum Druck eingereichte, »freizügigere«»Hero und Leander« als Folge der Ächtung Marlowes in der Öffentlichkeit nicht mehr genannt und nicht gedruckt werden konnte (und erst 1598 erschien). Dafür gelangte das »gezügeltere«, aber in fast identischem Stil verfasste »Venus und Adonis« zum Druck, das schon Monate (oder Jahre?) zuvor in einem längeren Schöpfungsprozess konzipiert worden sein muss.

Marlowe argumentiert in »Hero und Leander«, dass Geschlechtlichkeit innerhalb des Kontexts der Liebe nicht zu verdammen sei. Die Liebe habe keine Wahl, sondern sei Teil eines vorbestimmten Planes, den man nicht beeinflussen könne. In »Venus und Adonis« (dessen Original einem Versepos aus Ovids »Metamorphosen« entstammt) drängt der Autor unter dem neuen Namen Shakespeare den Leser zu einer platonischen Form der Homosexualität, in der »Triebhaftes« innerhalb des Kontexts der Liebe zu verdammen sei.

Auf der Titelseite von »Venus und Adonis« steht folgender lateinische Zweizeiler:

> *»Vilia miretur vulgus; mihi flavus Apollo*
> *Pocula Castalia plena ministret aqua.«*

Er stammt aus der lateinischen Originalfassung von Ovids Elegie 15 und muss – im Zusammenhang mit dem Erstlingswerk eines bis dato unbekannten Dichters – eine signifikante Bedeutung besitzen. Ansonsten wäre sie kaum auf der Titelseite gedruckt worden. Die Ovid'schen Elegien wurden Jahre zuvor komplett von Marlowe ins Englische übersetzt[11]. Die Elegie 15 befasst sich beziehungsreich mit dem Tod des Dichters. Hier ein Auszug aus Marlowes Übersetzung:

Titel der Elegie:

> *To the envious, that the fame of poets lasts forever*
> (Ovid: Ad invidos, quod fama poetarum sit perennis)

Schluss der Elegie:

> »*Let base-conceited wits admire vilde things,*
> *Fair Phoebus lead me to the Muses' springs.*
> *(...)*
> *The living, not the dead, can envy bite,*
> *For after death all men receive their right:*
> *Then though death rakes my bones in funeral fire,*
> *I'll live, and as he pulls me down, mount higher.*«

Ein gebildeter Kreis des Hofs und Adels dürfte Marlowes übersetzten englischen Text und den Originaltext von Ovid gut gekannt haben. Die noch wichtigere Erklärung aber dürfte darin liegen, dass Marlowes übersetzte (acht- und siebtletzte) Zeilen der Elegie »*Let base-conceited wits admire vilde things, Fair Phoebus lead me to the Muses' springs*« auf die letzten vier Zeilen dieses Gedichts und damit auf die hintergründige Bedeutung der Titelzeilen von Venus und Adonis hinweisen sollten.

Die vier letzten der in »Venus und Adonis« nicht abgedruckten anspielungsreichen Zeilen »*The living, not the dead*« dürften einer gebildeten Person aus dem Marlowe-Umfeld bekannt gewesen sein und damit einen verschlüsselten Kommentar zum Erscheinen des Shakespeareschen Erstlingswerks »Venus und Adonis« dargestellt haben. Die verschlüsselte Botschaft auf der Titelseite wird eindeutig: Sie weist auf den Tod des Dichters [Marlowe] und sein Überleben unter neuem Namen [Shakespeare] hin.

Letzte Zeile von Elegie 15:

> »*I'll live, and as he pulls me down, mount higher.*«

Diese letzte Zeile bringt klar zum Ausdruck, dass der Tod zwar das Leben Marlowes formal beende, das heißt ihn herabziehe (*pulls me down*), er aber weiterlebe (»*I'll live*«) und als neuer Dichter noch höher steigen werde (»*and as he pulls me down, mount higher*«).

---

[11] Ovid's Elegies. Translated by Christopher Marlowe, siehe: http://www2.prestel.co.uk/rey/ovid.htm, aufgerufen am 19.1.2011.

Es ist nicht logisch und schwer vorstellbar, dass sich ein erstmals erstrahlender Shakspere auf der Titelseite seines Erstlingswerks bereits mit seinem Tod als Dichter und seinem Weiterleben durch sein bleibendes »unsterbliches« Werk abgegeben hätte.

Marlowes Reputation heute

Insgesamt wird Marlowe von der heutigen Literaturwissenschaft als ein Dichter von überragender Originalität und Genialität gesehen, der in seiner gedanklichen und poetischen Kraft den literarischen Charakteren und Figuren entsprach, die er schuf. Da seine Stücke die Machtverhältnisse und Glaubensrichtungen seiner Zeit infrage stellten, forderte er früh in ungeahntem Maß den damaligen sozialen, politischen und religiösen Dissens heraus und stellte für Kirche und Staat unzweifelhaft eine Bedrohung dar. Wenn auch von der Nachwelt als Atheist »gebrandmarkt«, erkennt man ihn in seinen Werken durch und durch als einen Moralisten.

Studien und Untersuchungen über Marlowe[12] verraten zugleich eine außerordentliche Divergenz der literarischen Bewertung. Einzelne Literaturkritiker bewerten ihn oft so unterschiedlich, dass es schwierig erscheint, all die unterschiedlichen Facetten in einer einzigen Person wiederzuerkennen beziehungsweise miteinander zu vereinbaren. Es erscheint notwendig, Marlowes Dichtungen in erster Linie als Kunstwerke und weniger als Spiegel des Charakters ihres Schöpfers zu betrachten. Jegliche Interpretation läuft ansonsten Gefahr, nicht das zu finden, was Marlowe zu bieten hat, sondern das, was man – durch vorgefasste Meinungen und beeinflusst durch die ungesicherten biografischen Kenntnisse – vorzufinden wünscht.

Verschiedene Kritiker haben häufig nur einen Teilaspekt des dichterischen Werks betrachtet und Methoden verwendet, die nur ein Detail des so mächtigen, in nur wenigen Jahren geschriebenen Œuvres beleuchten. Dabei wird deutlich, dass keine noch so umfassende Analyse das marlowesche Werk vollständig erfassen kann. Dies spricht für seine genialische Größe. Marlowe sagt so wesentliche Dinge zur gleichen Zeit und seine tief greifenden Aussagen führen Unvereinbares und Gegensätzliches zusammen, dass in seiner Person, wenn man sich darauf einlässt, der noch jugendliche Shakespeare in seiner Sturm- und Drangphase unschwer erkennbar wird.

Viele Literaturwissenschaftler und Anglisten reihen Marlowe als ein Shakespeare ebenbürtiges Genie ein. Bereits in der kurzen intensiven Schaffensphase

---

[12] Zum Beispiel Harry Levin: Marlowe Today, in: Tulane Drama Review VIII (Summer 1964), S. 25–31.

von nur circa fünf bis sechs Jahren (1587–93) wird eine starke Veränderung und eine immense Weiterentwicklung seines dichterischen Stils erkennbar. Es erstaunt in hohem Maß, dass ein Dichter mit einer so kurz bemessenen Schaffenskraft zu den gewaltigsten Dichtern und literarischen Repräsentanten des englischen Renaissancezeitalters gezählt wird. Nur in ihm ist die exorbitante Persönlichkeit und das Genie Shakespeares angelegt, keinesfalls in Shakspere.

Ein wesentliches Merkmal der Renaissance war der neu gewonnene Glaube an die Möglichkeiten menschlicher Vernunft und Willenskraft. Marlowe versieht seine Helden mit der ihm entsprechenden Ausrichtung des Willens zur Macht. »Tamerlan« repräsentiert den unwiderstehlichen Willen zur kriegerischen Macht, »Dr. Faustus« die Macht über das Reich des Geistes und die Kräfte der Natur, der »Jude von Malta« die Macht des Geldes und seine Gewalt über Märkte und Menschen. Während die religiöse Einstellung im Mittelalter noch wesentlich himmelwärts gerichtet war, unterstreicht die neue Weltsicht der Renaissance die tiefe Bedeutung von Erfahrung und Abenteuer des irdischen Daseins.

Hierfür steht Marlowe prototypisch. Seine Helden widersetzen sich bisherigen Begriffen von Moral, sie sagen sich von überlieferten Vorschriften christlicher Ethik los, die die Freiheiten menschlicher Ziele hemmten. Dieser Wille zur Macht entlädt sich in Marlowes jugendlichen Dramen allerdings auch mit der Wucht einer Katastrophe und hinterlässt Verheerung, Tod und Verderben und bittere Gedanken an Taten fraglichen Werts.

Es erscheint fast zwangsläufig, dass Marlowe kraft seiner Persönlichkeit zutiefst in Konflikt mit der Geschichte der Institutionen Staat und Kirche geraten musste, die ihren eigenen Machtanspruch und ihre Verbindung mit der politischen Herrschaft zu behaupten hatte. Marlowe kann als Person und in seinen Werken damit als der Reformator erkannter Missstände gesehen werden, wie man das von der jugendlichen Frühphase eines so herausragenden, übermächtigen Geistes erwarten würde. Marlowes Helden haben sich dem Diesseits, der Erde, und nicht mehr dem Jenseits und dem Himmel verschworen, selbst »Dr. Faustus« in seinem Bestreben, die Geheimnisse des Kosmos zu bezwingen.

Ausbildung und Erziehung

Shakspere lebte zu einer Zeit in der 1500-Seelen-Provinzstadt Stratford, in der Bücher teuer und schwer erhältlich waren und Selbsterziehung als eine plausible Option angesehen wurde, wie Experten stets heftig zu seiner Verteidigung argumentiert haben.

Während es keine gesicherten Quellen über Shakspere schulische Ausbildung in Stratford gibt und auch nicht bewiesen ist, ob er – wie stets sicher angenommen – die dortige King's School besucht hat, ist die Situation bei Marlowe eindeutig.

Marlowe verbrachte seine Kindheit in Canterbury, einer Stadt, die bereits im 12. Jahrhundert zum Mittelpunkt der Kirche in England avancierte und eines der kulturellen Zentren des Landes war. Im 16. Jahrhundert setzte mit der Einführung der Weberei ein wirtschaftlicher Aufschwung der Stadt ein. Die große normannische Kathedrale von Canterbury war einer der meistbesuchten Wallfahrtsorte des Mittelalters.

Marlowes außergewöhnliches Talent wurde schon in seiner Jugend erkannt. Am 14. Januar 1578 erhielt der 14-Jährige ein Stipendium für die King's School, die älteste erhaltene Schule der Welt. Zwei Jahre später folgte das Matthew-Parker-Stipendium für ein Universitätsstudium in Cambridge am Corpus Christi College.

Manche Experten gehen davon aus, dass Marlowes Schulgebühren von Sir Roger Manwood gezahlt wurden, einem Freund von John Parker, dem Sohn des Erzbischof von Canterbury, Matthew Parker, der wiederum für die Vergabe des Parker-Stipendiums an Marlowe verantwortlich war. Als Roger Manwood im Jahr 1592 starb, verfasste Marlowe eine lateinische Elegie.[13]

Im September 1573, als Marlowe neun Jahre alt war, besuchte Königin Elisabeth Erzbischof Matthew Parker während ihres zweiwöchigen Aufenthaltes in Canterbury aus Anlass ihres 40. Geburtstags.

Für den Erhalt seines zweiten Stipendiums musste der 14-jährige Marlowe – entsprechend der Vergaberichtlinien – ein lateinisches Gedicht verfassen, einen einstimmigen Choralgesang präsentieren und seine Meisterschaft der lateinischen Syntax und Grammatik nachweisen.

Aus seiner Studienzeit am Corpus Christi College sind seine Übersetzungen von Lucanus' »De bello civili« aus dem Lateinischen ins Englische, Blankverse (s. S. 303 ff.) und seine Übersetzungen von Ovids »Amores« aus dem Lateinischen in rhythmische Couplets (s. S. 296 ff.), wie er sie später in »Hero und Leander« verwendete, erhalten geblieben.

Man kann davon ausgehen, dass Marlowe in der Zeit in Cambridge seine Fähigkeiten massiv entwickelt und erweitert hat und zum Schöpfer des sogenannten shakespeareschen Blankversdrama wurde. Etwa im Alter von 17 oder 18 Jahren dürfte er mit dem Schreiben seiner ersten Dramen begonnen haben. Quellen legen nahe, dass eines der ersten vollständigen Theaterstücke Marlowes »The True History of George Scanderbeg« gewesen sein könnte, das auf dem Leben des heroischen Prinz Castrioto von Albanien basiert und

---

[13] Epitaph to Sir Roger Manwwod. Attributed to Christopher Marlowe, siehe: http://www2.prestel.co.uk/rey/manwood.htm, zuletzt aufgerufen am 19.1.2011.

das ebenso verloren gegangen ist wie ein zweites vermutetes Jugendwerk namens »Coluthus, der Raub der Helena«, das Marlowe 1587 aus dem Griechischen in eine englische Reimform übertragen haben soll.

Experten gehen davon aus, dass Marlowe in Cambridge sein Drama »Dido, Königin von Karthago«, das auf einem epischen Gedicht Virgils basierte, und sein pathetisches Drama »Tamerlan der Große« konzipierte, mit dem er an den Londoner Theatern reüssierte (s. S. 321 ff.).

1584 wurde Marlowe im Alter von 20 Jahren der Bachelor of Art verliehen. Nach Erhalt seines Master's Dregree – ein begehrtes Statussymbol zu elisabethanischen Zeiten – verließ er 1587 mit 23 Jahren und nach sechseinhalbjährigem Studium Cambridge und arbeitete in London, auch – wie später zu zeigen sein wird – an den dortigen Gerichtshöfen (Court of Innes), höchstwahrscheinlich im Auftrag der Krone (beziehungsweise für William Cecil und seinen Sohn Robert).

Im Zeitalter des Geniekults wurde Shakespeares überragende Bildung und Persönlichkeit, die kaum noch eine Entwicklung nötig hatte, als angeboren angesehen. Diese Ansicht entsprach einem Zeitgeist, der lange als überholt gilt. Experten mit Kenntnissen über die Kriterien eines Genies können aus den vorhandenen Quellen über William Shakspere aus Stratford (anders als bei Marlowe) nicht den Hauch eines Anzeichens für ein Genie »herausdestillieren«.

Man kann mit erheblicher Plausibilität (s. S. 496) Samuel Blumenfeld zustimmen, der – wie bereits erwähnt – postuliert, dass das »Wunderkind« Marlowe im Kindesalter den jugendlichen Dichter Philip Sidney als »Page« auf einer mehrjährigen Europareise begleitete, sodass er in der englischen Botschaft in Paris weilte, als sich 1572 die »Bartholomäusnacht« (siehe Marlowes Drama »Das Massaker von Paris«) ereignete. Dies würde erklären, warum Marlowe erst relativ spät (nach dieser Europareise), mit 14 Jahren, an die King's School in Canterbury kam und verhältnismäßig spät (mit 16 oder 17 Jahren) sein Studium am Corpus Christi College der Universität Cambridge antrat.

Von Marlowe sind – anders als bei Shakspere – verschiedene Belege für seine frühe Sprachbegabung in Form von Übersetzungen (aus dem Lateinischen) erhalten geblieben.

Seine Lucanus-Übersetzung lässt bereits den martialischen Ton und Donner von Marlowes späterem Drama »Tamerlan« erahnen. Auch anhand der erhaltenen gebliebenen Widmung Marlowes an Mary Countess of Pembroke[14] (die Schwester von Philip Sidney) lassen sich seine überragenden Latein-

---

[14] Dedication to Mary Herbert, Countess of Pembroke. Attributed to Christopher Marlowe, translation by Peter Farey, siehe: http://www2.prestel.co.uk/rey/pembroke.htm aufgerufen am 19.1.2011.

kenntnisse und seine Fähigkeit, diese frei in englische Verse zu übersetzen, erkennen.

»Ilustrissimæ Heroinæ omnibus & animi, & corporis dotibus ornatis-simæ, Mariæ Penbrokiæ Comitissæ.«

(»To the most illustrious heroine, decked with all gifts of mind and of body, Mary Countess of Pembroke.«)

Das zweite, ein Jahr nach »Venus und Adonis« erschiene Versepos »Lucretia« (1594) basierte auf Ovids »Fasti«, das zu Shaksperes Zeiten noch nicht ins Englische übersetzt war. Shakspere könnte es also nur bei vollständiger Beherrschung der lateinischen Sprache gelesen haben, ebenso wie andere römische Schriftsteller (Plautus, Horaz, Juvenal, Lucretius, Cicero, Augustinus etc.).

Die Arbeit an »Venus und Adonis« muss den Dichter viele Monate in Anspruch genommen haben. Das Werk war im April 1593 anonym zum Druck eingereicht worden und stand somit zum Zeitpunkt nach dem vermeintlichen Tod Marlowes im Juni 1593 zur Verfügung. So konnte es jetzt, unter neuem Dichternamen, unmittelbar veröffentlicht werden. Danach wäre »Lucretia« (1594), obwohl Opus 2, das »erste« Werk Shakespeares, das unter der schicksalhaften Wucht der öffentlichen Auslöschung Marlowes neu geschrieben wurde. »Lucretia« mit der männlichen Hauptfigur des Tarquin zeigt erkennbare biografische Parallelen zu Marlowes Schicksal, unter anderem in den abschließenden Zeilen, in denen er zum Ausdruck bringt (Details s. S. 356 ff.):

»And so to publish Tarquin's foul offence:
Which being done with speedy diligence,
The Romans plausibly did give consent
To Tarquin's everlasting banishment.«

Wörtliche Übersetzung ohne poetischen Anspruch:

»Um deshalb Tarquins üble Freveltat öffentlich zu machen:
was mit schnellem Eifer ausgeführt wurde,
gaben die Römer glaubhaft ihre Zustimmung,
zu Tarquins dauerhafter Verbannung.

Das Werk »Lucretia« wird – wie bereits erwähnt – in dem 1595 erschienenen »Polimanteia« (von dem Autor W. C.) erwähnt, zusammen mit einem Dichter »Shakspeare«, der mit Gaveston gleichgesetzt wird *(»All praise worthy. Sweet Shake-speare Lucrecia. Eloquent Gaveston«)*. Dies spricht für Marlowe als Verfasser, denn Shakspere hat weder eine Universität besuchte noch die Rolle des Gaveston in »Eduard II.« geschrieben (Details s. S. 348 f.).

Kontakte zu Hof und Adel

Es gibt – wie bereits erwähnt – keine zeitgenössischen Quellen oder Hinweise, die erkennen lassen, dass Shakspere jemals eine Verbindung zum Hof oder zum Adel hatte. Somit ist es bis heute völlig unerklärlich, woher er sein breites Wissen über das höfische Leben an englischen und europäischen Adelshäusern erwerben konnte, das in seinen Theaterstücken zum Tragen kommt. Sie spielen fast ausschließlich in der Oberschicht.

Dies ist bei Christopher Marlowe gänzlich anders und ein massives Indiz, in ihm und nicht in Shakspere das Dichtergenie zu erkennen: Marlowe muss bereits früh in höfischen Kreisen verkehrt haben. Er genoss im Alter von 20 Jahren (etwa ab 1584) hohes Ansehen bei höchsten Stellen von Krone und Regierung, insbesondere bei William Cecil und seinem Sohn Robert Cecil (Lord Salisburie, der im gleichen Alter wie Marlowe war und teilweise gleichzeitig wie er an der Universität Cambridge studierte), Sir Francis Walsingham und dem Hof um Königin Elisabeth.

Allein der erhalten gebliebene Brief (siehe unten) des Kronrats (»Privy Council«) vom 29. Juni 1587 an die Universität Cambridge (unterschrieben unter anderem vom Schatzkanzler, William Cecil und dem Erzbischof von Canterbury, John Whitgift) erbringt – stärker als jede existierende Quelle bei Shakspere – bereits den Nachweis, dass Christopher Marlowe sich im Alter von 23 Jahren in höchsten Kreisen der Krone bewegt haben muss. Es muss starkes Interesse vonseiten der Königin und des Kronrats bestanden haben, dass Christopher Marlowe der Master's Degree nicht verwehrt werde. Die Universitätsleitung in Cambridge war offensichtlich nicht darüber informiert worden, in welch hohem Auftrag Marlowe in Frankreich unterwegs war (*»by those that are ignorant in th'affaires he went about«*). Königin Elisabeth bescheinigt Marlowe, dass er zum Wohl des Landes beschäftigt gewesen sei und es verdient habe, dafür vertrauensvoll behandelt zu werden (*»deserved to be rewarded for his fathfull dealinge«*).

Es ist bis heute nicht bekannt, ob Marlowes Regierungsdienste darin bestanden, Meldungen zwischen ausländischen Botschaften und Königshöfen zu überbringen oder ob er einer der regelmäßigen Informanten, (Reise-)Begleiter und Diplomaten von Francis Walsingham war. Es gilt als wahrscheinlich, dass er als »Botschafter« (*»messenger«*) und »Kurier« tätig war – wie übrigens auch intensiv in seinem zweiten »posthumen« Lebensabschnitt (s. S. 649 ff.). Es ist in keiner bekannten Quelle eindeutig belegt, dass Marlowe eine regelrechte Spionage- oder Agententätigkeit für Francis Walsingham ausübte. Er muss vom Privy Council mit weit höheren Aufgaben betraut gewesen sein.

Der Wortlaut des Brief des Kronrats an die Universität Cambridge:

»*Whereas it was reported that Christopher Morley was determined to have gone beyond the seas to Reames [Reims] and there to remaine, Their Lordships thought good to certefie that he had no such intent, but that in all his accions he had behaved him selfe orderlie and discreetlie wherebie he had done her Majestie good service, & deserved to be rewarded for his fathfull dealinge: Their Lordships request that the rumor thereof should be allaied by all possible meanes, and that he should be furthered in the degree he was to take this next Commencement: Because it was not her Majesties pleasure that anie one emploied as he had been in matters touching the benefitt of his Countrie should be defamed by those that are ignorant in th'affaires he went about.«*

To this are appended the titles of the Lord Archbishop (John Whitgift), Lord Chancelor (Christopher Hatton), Lord Thr[easur]er (William Cecil), Lord Chamberlaine (Henry Carey) and Mr. Comptroler (James Crofts).«[15]

Aus anderen Quellen, wie zum Beispiel einem Brief von Elizabeth Talbot, Countess of Shrewsbury, an William Cecil vom 21. September 1592 wird deutlich, dass Christopher Marlowe zwischen 1589 und 1592 Tutor beziehungsweise Hauslehrer (»*reader*« und »*attendant*«) ihrer Enkelin Lady Arabella Stuart war, bevor er sie verließ:

»*One Morley, who hath attended on Arbell and read to her for the space of three year and a half, showed to be much discontented since my return into the country, in saying he had lived in hope to have some annuity granted him by Arbell out of her land during his life, or some lease of grounds to the value of fourty pound a year, alleging that he was so much damnified by leaving the University (...) I understanding by divers that Morley was so much discontented, and withall of late having some cause to be doubtful of his forwardness in religion (though I cannot charge him with papistry) took occasion to part with him. After he was gone from my house, and all his stuff carried from hence, the next day he returned again, very importunate to serve, without standing upon any recompense (...) From my house at Hardwyck, the 21st Sept. 1592.*«

Diese Quelle[16] ist lange nicht gewürdigt worden, bis erkannt wurde, dass Elisabeth Talbot im September 1589 die Zentrale ihres geschäftlichen Imperiums von Hardwick, Derbyshire nach London verlegte und sich Arabella Stuart somit zur selben Zeit wie Marlowe in London aufgehalten haben dürfte. Da

---

[15] J. Leslie Hotson: The death of Christopher Marlowe, London/Cambridge 1925, S. 58/59; Onlineversion:http://www.archive.org/stream/deathofchristoph008072mbp#page/n69/mode/2up, aufgerufen am 19.1.2011.

[16] Bradley E. T.: Life of The Lady Arabella Stuart, London 1889, S. 78; Onlineversion: http://www.archive.org/stream/lifeofladyarabe01smituoft#page/78/mode/2up/search/morley, aufgerufen am 24.1.2010.

Adelige und hochgestellte Personen, mit denen Marlowe nachweislich in Verbindung stand

Arabella Stuart zu den unmittelbaren Anwärterinnen auf die Nachfolge von Königin Elisabeth gehörte (Nichte von Maria, Königin von Schottland, und Cousine von James VI. von Schottland) und damit eine Gefahr für die Königin darstellte, wurde auch spekuliert, ob Marlowe, nachdem er durch den Privy Council als Arabella Stuarts Tutor eingesetzt worden war, der Regierung (Francis Walsingham beziehungsweise William Cecil) Informationen über Arabella liefern konnte.

Obwohl Henry Wriothesley fast zehn Jahre jünger war als Marlowe, haben sie zwei Jahre zeitgleich in Cambridge studiert. Wriothesley besuchte das gleiche College (St. John) wie der ebenfalls zu dieser Zeit anwesende Dichterfreund Thomas Nashe. Es ist unwahrscheinlich, dass Marlowe Wriothesley damals nicht begegnet ist beziehungsweise nicht von ihm erfahren hat.

Die politische Macht von William Cecil (1520–1598)[17] und seines politischen Erben und Sohnes Robert Cecil (1563–1612) übertraf damals die jedes anderen. Unter Königin Elisabeth I. und König Jakob I. lenkten sie von 1558

Vater und Sohn: William und Robert Cecil

bis 1612 die Geschicke des Staates. Sie werden als umsichtig, weitblickend, moderat, aber auch als listig und zum Teil skrupellos in der Anwendung von Macht beschrieben, als Männer, die dem Gemeinwohl wie auch dem Wohl ihrer Familien ergeben dienten.

William Cecil wurde 1581 königlicher Vormund (»*royal ward*«) des achtjährigen Henry Wriothesley (1573–1624), als dessen Vater starb, und übte auf ihn einen erheblichen Einfluss aus. Henry erhielt damals den Titel des »3rd Earl of Southampton«.

[17] Vgl. Martin A. S. Hume: The great Lord Burghley. A Study in Elizabethan Statecraft. New York 1898; Onlineversion: http://www.archive.org/stream/cu31924027985112#page/n111/mode/2up, aufgerufen am 19.1.2011.

Zwei Dinge erscheinen in diesem Zusammenhang plausibel: William Cecil könnte Christopher Marlowe, den er laut verschiedener Quellen seit Anfang der 1580er Jahre kannte, aufgefordert haben, ihn über die Vorkommnisse in Cambridge zu informieren, solange er, Marlowe, dort zusammen mit Henry Wriothesley studierte. Und er muss dem lebensbedrohten Marlowe im Rahmen der Todesvortäuschung im Mai 1593 entscheidend geholfen haben, »formal« rasch eine neue Identität beziehungsweise einen neuen Namen (Shakespeare) sowie auch einen Patron für sein Erstlingswerk (»Venus und Adonis«) zu finden (s. S. 44 ff.).

Im Januar 1592 wurde Marlowe (»Christofer Marly«) im niederländischen Vlissingen (engl.: Flushing), einer damaligen englischen Garnisonsstadt, bereits von einem gewissen Richard Baines (der ihn ein Jahr später der Häresie und des Atheismus beschuldigte, s. S. 127) bezichtigt, falsche Schillinge gemünzt und verräterische Absichten gehegt zu haben, und verhaftet. Robert Sidney (1554–1586, Bruder des Dichters Philip Sidney und von Mary Sidney, Countess of Pembroke, 1561–1621) muss Marlowe gekannt haben, denn er schickte ihn mit einem Brief vom 26. Januar 1591/2 nach England zu William Cecil zurück, der über die Angelegenheit entscheiden sollte. Aus dem Brief wird erkennbar, dass Marlowe sowohl Lord Northumberland als auch der Theatergruppe Lord Strange's Men gut bekannt gewesen sein muss:

> »(...) the scholar [Christofer Marly] sais himself to be very wel known to the Earle of Northumberland and my Lord strang (...)«[18]

Aus anderen Quellen geht hervor, dass Marlowe drei Monate später auf freiem Fuß war. Seine Verbindungen zum Privy Council, speziell zu William Cecil, müssen hier hilfreich gewesen sein.

Marlowe war laut verschiedener vorhandener Quellen eng mit der adeligen Familie der Walsinghams aus Kent befreundet. Man kann vermuten, dass er anfangs bei dem extrem einflussreichen Francis Walsingham[19], dem »Außenminister und Abwehrchef« von Königin Elisabeth »in Diensten« war, der das gesamte Auslandsnetz von Informanten und Botschaftern kontrollierte. Dessen jüngerer Vetter Thomas Walsingham erbte das Anwesen in Chislehurst in Kent und war Marlowes Freund und Schutzpatron. Dessen Sohn wiederum, der ebenfalls Thomas Walsingham (II.) hieß, heiratete die

---

[18] J. A. Downie and J. T. Partnell: Constructing Christopher Marlowe, Cambridge 2000; Onlineversion:http://assets.cambridge.org/9780521/72552/sample/9780521572552wsc00.pdf, aufgerufen am 19.1.2011.

[19] Vgl. Karl Stählin: Sir Francis Walsingham und seine Zeit, Heidelberg 1908; Onlineversion: http://www.archive.org/stream/sirfranciswalsi00stgoog#page/n8/mode/2up, aufgerufen am 19.1.2011.

Enkelin von Sir Roger Manwood, dem Marlowe zu seinem Tode 1592 ein lateinisches Epitaph widmete, das seine Tugenden herausstellte. Aus diesem Grund kann angenommen werden, dass Roger Manwood ein früher Gönner Marlowes gewesen sein dürfte. Manwoods edler und von ihm umgestalteter Landsitz in der Nähe von Canterbury in Hackington wurde ihm von der Königin gewährt.

Mary Sidney (1561–1621), die Schwester von Philip und Robert Sidney, war eine der gebildetsten Frauen ihrer Zeit in England.[20] Sie beherrschte zahlreiche Sprachen (wie Französisch, Italienisch, Latein und Griechisch) und mehrere Instrumente. Sie galt als Günstling von Elisabeth I., die sie 1675 an den Hof einlud. 1577 heirate sie Henry Herbert, den 2nd Earl of Pembroke, und wohnte zumeist auf dem Anwesen der Familie Pembroke, dem Wilton House nahe Salisbury, Wiltshire.

Unter ihren vier Kindern waren die beiden Söhne William und Phillip, denen 1623 die »First Folio« gewidmet wurde. Nach ihrer Hochzeit umgab sich Mary Sidney mit bekannten Dichtern, Künstlern und Musikern, unter ihnen Edmund Spenser und auch Christopher Marlowe (s. S. 367), von dem eine Widmung an Mary Sidney und verschiedenste Quellen, die auf eine Verbindung hinweisen (s. Kap. 11, S. 617 ff., 663 ff.), erhalten geblieben sind.

Die Argumentation, der Verfasser der shakespeareschen Werke könne nur adeligen Verhältnissen entstammen (wie zum Beispiel Edmund de Vere, Earl of Oxford), ist nicht nur deshalb nicht plausibel, weil sonst Marlowe nicht diskutiert werden könnte. Wenn es unmöglich gewesen wäre, aus einfachen sozialen Verhältnissen zu einem überragenden Dichter aufzusteigen, hätte es Christopher Marlowe als Dichter nie gegeben. Marlowe (Sohn eines Schuhmachers, »*cobler*«), der im gleichen Jahr wie Shakespeare (Sohn eines Handschuhmachers, »*glover*«) geboren wurde, entwickelte sich trotz niedriger Herkunft zu einem brillianten Intellektuellen, zu einem gefeierten Literaten und zu einem Superstar des Theaters.

In den Neunzigerjahren des 16. Jahrhunderts (nach 1593) schrieb Walter Raleigh[21] eine Antwort auf Marlowes populäres Gedicht »The Passionate Shepherd to his Love«, das Marlowe noch in seiner Zeit in Cambridge unter

---

[20] Vgl. Francis Berkely Youn: Mary Sidney, Countess of Pembroke, London 1912; Onlineversion: http://www.archive.org/stream/marysidneycounte00younuoft#page/n9/mode/2up, aufgerufen am 19.1.2011.

[21] Vgl. Edmund Gosse: Raleigh, London 1886; Onlineversion: http://www.archive.org/stream/raleigh00goss#page/n5/mode/2up, aufgerufen am 19.1.2011; sowie: Henry Pemberton: Shakspere and Sir Walter Ralegh, Philadelphia and London 1914; Onlineversion: http://www.archive.org/stream/shakspereandsir01smytgoog#page/n8/mode/2up, aufgerufen am 19.1.2011.

dem Einfluss von Ovid geschrieben hatte. Die sehr persönliche Antwort des um zwölf Jahre älteren Walter Raleigh lässt nicht nur darauf schließen, in welch enger Anbindung Marlowe zu Hof und Adel gestanden haben muss, sondern auch darauf, dass Raleigh den Wunsch verspürt haben muss, Marlowe über die Realität seines tragischen Schicksals hinwegzuhelfen und ihm zu signalisieren, dass er ihm gewogen bleibe (s. auch S. 242).

Walter Raleigh[22]	Christopher Marlowe:
Diver's Divine Exhortations	*The Passionate Sheperd to his Love*
(The nymph's reply to the shepherd)	
If all the world and love were young,	*Come live with me, and be my love*
And truth in every shepherd's tongue,	*And we will all the pleasures prove*
These pretty pleasures might me move	*That hills and valleys, dales and fields*
To live with thee and be thy love.	*Woods, or steepy mountain yields*
Time drives the flocks from field to fold	*And we will sit upon the rocks,*
When rivers rage and rocks grow cold;	*Seeing the shepherds feed their flocks*
And Philomel becometh dumb;	*By shallow rivers, to whose falls*
The rest complains of cares to come.	*Melodious birds sing madrigals.*
The flowers do fade, and wanton fields	*And I will make thee beds of roses*
To wayward winter reckoning yields:	*And a thousand fragrant posies;*
A honey tongue, a heart of gall,	*A cap of flowers, and a kirtle*
Is fancy's spring, but sorrow's fall.	*Embroidered all with leaves of myrtle;*
The gowns, thy shoes, thy beds of roses,	*A gown made of the finest wool*
Thy cap, thy kirtle, and thy posies	*Which from our pretty lambs we pull;*
Soon break, soon wither, soon forgotten,	*Fair-lined slippers for the cold,*
In folly ripe, in reason rotten.	*With buckles of the purest gold;*
Thy belt of straw and ivy buds,	*A belt of straw and ivy-buds,*
Thy coral clasps and amber studs,	*With coral clasps and amber-studs:*
All these in me no means can move	*And if these pleasures may thee move,*
To come to thee and be thy love.	*Come live with me, and be my love.*
But could youth last and love still breed,	*The shepherd-swains shall dance and sing*
Had joys no date nor age no need,	*For thy delight each May-morning:*
Then these delights my mind might move	*If these delights thy mind may move,*
To live with thee and be thy love.	*Then live with me and be my love.*

[22] Luminarium: Antology of English Literature: Sir Walter Raleg: The Nymph's Reply to the Sheperd, siehe: http://www.luminarium.org/renlit/nymphsreply.htm, aufgerufen am 19.1.2011.

Das Gedicht kann als eine tröstende Antwort von einem Freund interpretiert werden, der sich in den höchsten Zirkeln der Krone aufhielt und für den sich zahlreiche Verbindungen zu Königin Elisabeth nachweisen lassen. Sein Gedicht zeigt eindrücklich, welche Verbindungen Marlowe zu Adel, Hof und Krone gehabt haben muss und auf welche Weise er geschätzt wurde. Mehrere Stellen in Raleighs Gedicht zeigen, dass er um Marlowes Identitäts- und Namensverlust wusste und ihn darüber hinwegtrösten möchte. Anders ist zum Beispiel die dritte Strophe mit Begriffen wie *»winter reckoning«*, *»fancy spring but sorrows fall«*, *»soon forgotten«*, *»in reason rotten«*, *»complains of cares to come«* und anderen nicht interpretierbar (Details s. S. 242 f).

Auch die letzte Strophe *»But could youth last and love still breed / Had joys no date nor age no need«* kann so interpretiert werden, dass Marlowe nicht gestorben war, dass aber die Freuden der Jugend verweht seien und die jetzige Zeit *(»date«, »age«)* andere Notwendigkeiten (»need«) forderte.

Wie sehr Sir Walter Raleigh Christopher Marlowe bewundert haben muss, geht aus kaum gewürdigten Zeilen verschiedener Schriften[23] hervor, in denen er auf Marlowes »Tamerlan« und andere Werke Bezug nimmt: *(»The most mighty princes of the world ...!)*

> »If God, who is the author of all our tragedies, hath written out for us and appointed us all the parts we are to play, and hath not in their distribution been partial to the most mighty princes of the world that appointed Bajazet to play the Grand Signor of the Turks in the morning and in the same day the footstool of Tamburlaine.«

»Selimus«[24] (1594)«, »Locrine[25] (Autor W. S., 1595)«, »The London Prodigall«[26] (1605) und andere Stücke können unter Berücksichtigung verschiedener thematischer und inhaltlicher Gesichtspunkte danach eigentlich nur von Mar-

---

[23] Sir Walter Ralegh. His Familiy and private Life, New York 1962; Onlineversion: http://www.archive.org/stream/sirwalterraleghh001414mbp#page/n291/mode/2up/search/Tambur, aufgerufen am 19.1.2011.
[24] Robert Greene: The tragical reign of Selimus, London 1594 (Reprint 1909), Onlineversion: http://www.archive.org/stream/tragicalreignofs00gree#page/n15/mode/2up, aufgerufen am 19.1.2011.
[25] The Tragedy of Locrine, London 1595 (Reprint 1908); Onlineversion: http://www.archive.org/stream/tragedylocrine00mckegoog#page/n20/mode/2up, aufgerufen am 19.1.2011.
[26] William Gilmore (Hg.): A supplement to the plays of William Shakspeare : comprising the seven dramas, which have been ascribed to his pen, but which are not included with his writings in modern editions, New York 1848, S. 47; Onlineversion: http://www.archive.org/stream/supplementplays00shakiala#page/47/mode/1up/search/prodigal, aufgerufen am 19.1.2011.

lowe verfasst worden sein. Man denke zum Beispiel an »Strumbo« (»*a fantasticall cobbler*«) in »Locrine«, der gegen die Skythen (»Tamburlaine«) kämpfen musste und überlebte (»Tromp.: *Yet one word, good master.* Strumbo: *I will not speak, for I am dead, I tell thee*«), aber nicht darüber sprechen möchte, da er ja tot sei.

Beziehungen zu Anthony Bacon, Thomas Walsingham und den Brüdern Ferdinando und William Stanley

In »Verlorene Liebesmüh« lässt Shakespeare (Marlowe) ein intimes Wissen über die Vorgänge am französischen Hof von Navarra zur Zeit des jungen Heinrich IV. erkennen, bevor dieser König von Frankreich wurde.

Alle Charaktere des Stückes existierten in Wirklichkeit und nur in Navarra (bis auf Francis Bacon, der in seinen früheren Jahren dort weilte). Auch William Stanley, Earl of Derby, dürfte sich während seiner großen Tour zu Anfang der Achtzigerjahre dort für einige Zeit aufgehalten haben. Als Begleiter Stanleys wird ein gewisser »Christopher Marron« erwähnt, der Marlowe (Marron war eine seiner damaligen Schreibweisen) gewesen sein könnte. Er war zu jener Zeit seines Studiums in Cambridge häufiger über viele Monate abwesend und stand in Diensten des Geheimdienstchefs Francis Walsingham.

Mit großer Wahrscheinlichkeit erschien Marlowe nach seinem vermeintlichen Tod als getarnter Agent Le Doux (s. S. 608 f.) erneut in Frankreich (nahe Bordeaux), zusammen mit Francis Bacons älterem Bruder Anthony Bacon, der nach dem Tod von Francis Walsingham (1590) teilweise dessen Aufgaben übernommen hatte. Francis Walsinghams jüngerer Vetter Thomas Walsingham war Marlowes Gönner und Patron. Anthony Bacon wäre ohne die Hilfe Heinrichs IV. von Navarra wahrscheinlich einer Strafverfolgung wegen homosexueller Beziehungen nicht entgangen.

Der Vater der Brüder Ferdinando und William Stanley war einer der reichsten und mächtigsten Männer Englands und stand – obwohl Katholik – loyal zu Königin Elisabeth. Sein ältester Sohn Ferdinando war der »Produzent« von Marlowes Theaterstücken. Er starb 1594, vermutlich an einer heimtückischen Vergiftung durch Katholiken. Er und sein Bruder William standen Königin Elisabeth und danach Jakob VI. von Schottland, später Jakob I. von England, sehr nahe.

Einfluss auf das Theater

Es besteht heute kein Zweifel mehr an dem überragenden Dramatikertalent Christopher Marlowes und an seinem Einfluss auf das englische und europäische Theater. In den nur fünf bis sechs Jahren seines vermeintlich kurzen Theaterlebens in London hat er mehr geschaffen als die meisten Dichter in ihrer gesamten Lebenszeit und wie kein anderer zuvor das englische Drama revolutioniert. Zum ersten Mal traten machiavellistische Bösewichte und titanische Herrscher als Helden auf, prallten unterschiedliche Religionen und Weltbilder in seinen Theaterstücken aufeinander. In sieben Tragödien (»Dido«, »Tamerlan Teil I und II«, »Das Massaker von Paris«, »Dr. Faustus«, »Der Jude von Malta«, »Edward II.«) wurde ein von Marlowe perfektionierter Blankvers von epochemachender Wirkung entwickelt, der den Weg für den gleich alten, aber als Nachfolger deklarierten Shakspere geebnet haben soll. Wie stark die generelle Wertschätzung der dramatischen Kunst Marlowes war, kann man letztendlich auch an so angesehenen Schöpfern deutscher Bühnenwerke wie Johann Wolfgang Goethe und Bertolt Brecht erkennen, die sich intensiv mit inhaltlichen und dramaturgischen Aspekten von Marlowes »Dr. Faustus« (s. S. 336 ff.) beziehungsweise von »Edward II.« (s. S. 348 ff.) auseinandergesetzt haben.

Bereits gegen Ende des 19. und zu Anfang des 20. Jahrhunderts gab es eine Reihe von Autoren, die aufgrund unwiderlegbarer Argumente in Marlowe den Autor verschiedener früher Shakespeare-Dramen erkannten (zum Beispiel Frederik G. Fleay[27]). Da sie diese Einsichten nicht mit der Tatsache von Marlowes Tod in Übereinstimmung bringen konnten, entwickelten sie zum Teil die abstrusesten Theorien darüber, wie die Plagiate Shakespeares entstanden sein konnten, und malten sich bizarre Kooperationen zwischen beiden Dramatikern aus.

1903 schrieb Sidney Lee im »Dictionary of National Biography« (DNB)[28] über Christopher Marlowe, dass dieser aufgrund interner Evidenz (Teil-)Autor von »Titus Andronicus« gewesen sein und den größten Teil (Part II und III) von »Heinrich VI.« und auch »Edward III.« geschrieben haben müsse.

Von anderen Experten ist früh bezweifelt worden, dass Shakspere das Historiendrama »Heinrich VI.«, das in drei Teilen in der »First Folio« von 1623 erschien, verfasst habe, unter anderem, weil in einer Auflistung englischer

---

[27] Vgl. Frederick Gard Fleay: Shakespeare Manual, London 1876; Onlineversion: http://www.archive.org/stream/shakespearemanua00flearich#page/n7/mode/2up, aufgerufen am 19.1.2011.

[28] Sidney Lee (Hg.): The Dictionary of national Biography, Oxford 1920, S. 841/842; Onlineversion: http://www.archive.org/stream/dictionaryofnati00smit#page/840/mode/2up, aufgerufen am 19.1.2011.

Schriftsteller bei Francis Meres 1598 unter den Shakespeare-Stücken »Heinrich VI.« nicht auftauchte und weil erhebliche stilistische Unterschiede gegenüber Shakespeares späteren Dramen erkennbar wurden. Im ersten Teil von »Heinrich VI.« erkannten viele Experten nicht Shakespeares Stil, sondern die dramatische Ausdrucksweise des jungen Marlowe.[29] Sie gingen davon aus, dass der erste Teil von »Heinrich VI.« anfangs noch als abgeschlossenes eigenständiges Stück gedacht war, mit Talbot als Helden. Verschiedene Experten formulierten früh, dass Shakespeare nach »Marlowe'scher Manier« die Figur des tapferen Talbot herausgreift, um ihn zum Mittelpunkt eines blutigen Dramas zu machen.

Tucker Brooke[30] hat 1912 plausibel nachgewiesen, dass Marlowe der alleinige Autor vom zweiten und vom dritten Teil von »Heinrich VI.« gewesen sein muss, dass beide Teile von den Verlegern erst in der »First Folio« mit neuen, geänderten Titeln (»Heinrich VI./2« und »Heinrich VI./3«) versehen wurden, dass die »First Folio«-Version von »Heinrich VI.« deutlich schlechter sei als die Originale von Marlowe und dass es eindeutige Text-, Wort- und Stilähnlichkeiten (Metrik etc.) zwischen der frühen Version und den restlichen Werken Marlowes gibt.

Verschiedene Experten sind sich einig, dass der Stil von »Heinrich VI.« darauf hinweist, dass das Stück ein dramatisches Frühwerk Marlowes gewesen sein muss. Aus einem Pamphlet von Thomas Nashe ist ableitbar, dass bereits 1592 alle Welt ins Theater geströmt war, um den großen Talbot siegen und sterben zu sehen. Shakspere hat es zu dieser Zeit noch nicht gegeben.

Auch das Tagebuch des Theateragenten Philip Henslowe dokumentiert 16 Aufführungen eines Stückes »Heinrich VI.« ab März 1592. Zu dieser Zeit muss bereits der zweite und dritte Teil des Dramas existiert haben. Der im Mai 1592 verstorbene Dramatiker Robert Greene schrieb wie früher erwähnt in »The Groatsworth of Wit« die Zeile »Tigerherz, in Mimenhaut gesteckt«, die eine Modifizierung des Verses »O Tigerherz, in Weiberhaut gesteckt« aus dem dritten Teil »Heinrichs VI.« (Akt 1, Szene 4) darstellt (s. S. 366).

Es wird vermutet, dass der erste Teil von »Heinrich VI.« um 1590, der zweite um 1591 und der dritte Anfang 1592 entstand. Während der erste Teil in der »First Folio« zum ersten Mal gedruckt wurde, existieren von den beiden anderen Teilen frühere Ausgaben (Quartos) mit den Titeln: »The First Part of the Contention of the Two Famous Houses of York and Lancaster« und »The True Tragedy of Richard Duke of York and the Good King Henry

---

[29] Vgl. C. F. Tucker Brooke: The Authorship of the Second and Third Parts of »King Henry VI«, New Haven 1912; Onlineversion: http://www.archive.org/stream/authorshipsecon00broogoog#page/n4/mode/2up, aufgerufen am 3.5. 2010.
[30] Ebd.

the Sixth.«[31] Es fällt auf, dass »The True Tragedy« nicht von Shakespeares Truppe, sondern von der Truppe des Grafen Pembroke gespielt worden ist.

In der Entstehungszeit des zweiten und dritten Teils wandte sich Marlowe nach dem vorausgegangenen pathetischen »Tamerlan« dem englischen Historiendrama zu und zeigte mit »Edward II.«, zu welcher dramatischer Meisterschaft er gelangt war.

1593 waren alle Theatertruppen durch die lange Phase der Pest finanziell sehr geschwächt, womit verschiedene Unregelmäßigkeiten erklärt wurden, zum Beispiel, dass Shakespeares erste Tragödie »Titus Andronicus« außer von seiner eigenen Truppe noch von der des Grafen Pembroke und der des Grafen Sussex gespielt wurde.

So schrieben Frederick G. Fleay[32] und Tucker Brooke eine frühere Fassung von »Richard III.«, die 1593 für die Lord Strange's Men geschrieben wurde und bei Marlowes vermeintlichem Tod unfertig war, Christopher Marlowe zu. Der dritte Teil von »Heinrich VI.« stand bereits unter dem Schatten der düsteren Gestalt des buckligen Richard von Gloucester, des späteren Richard III. Experten haben wiederholt betont, dass Figuren wie der Graf von Gloucester oder der Bischof von Winchester mit ihren Übersteigerungen und ihrem Bombast unzweifelhaft an Marlowes »Tamerlan« erinnerten.[33]

Das 1594 gedruckte und von den Earl of Pembroke's Men aufgeführte Stück »Der Widerspenstigen Zähmung« enthält eine große Zahl von auffälligen Parallelen zu »Tamerlan« und »Dr. Faustus« (s. S. 323 ff.) und stammt nach Meinung mancher Experten (James Broughton, Grant White, Frederick G. Fleay) eindeutig aus der Feder Marlowes. Auch das 1594 erstmals gedruckte Frühwerk »Titus Andronicus« (s. S. 369 ff.) wurde im 19. Jahrhundert häufiger Marlowe (Hazlitt, Broughton, Fleay, Lee, Bullen) zugeschrieben.

Es bleibt auffällig, dass so viele Stücke anonym gedruckt wurden, wie etwa die Quarto-Ausgabe von »Titus Andronicus« (1594), von »Romeo und Julia« (1597; s. S. 397 f.), vom ersten Teil von »Heinrich IV.« (1598) und von »Heinrich V.« (1600). Wenn sie von Shakspere geschrieben worden wären, erscheint es unplausibel, warum er, ein aufstrebender Dramatiker, von vorneherein sein Licht so vollständig unter einen Scheffel gestellt hat. Bei Annahme allerdings,

---

[31] Siehe: http://special-1.bl.uk/treasures/SiqDiscovery/ui/PageMax.aspx?strResize=no&strCopy=106&page=-1, aufgerufen am 19.1.2011.
[32] Frederick Gard Fleay: A chronicle History of London Stage (1559–1642), London 1890; Onlineversion: http://www.archive.org/stream/cu31924026121263#page/n5/mode/2up, aufgerufen am 19.1.2011.
[33] Vgl. Tucker Brooke: The Authorship of the Second and Third Parts of »King Henry VI«, New Haven 1912; Onlineversion: http://www.archive.org/stream/authorshipsecon00br00goog#page/n4/mode/2up, zuletzt aufgerufen am 19.1.2011.

dass die Stücke von dem unter dem Pseuodonym Shake-speare schreibenden Marlowe verfasst wurden, würde diese Anonymität unmittelbar plausibel werden.

Die Debatten, mit der sich Ende des 19. und zu Beginn des 20. Jahrhunderts Experten mit Marlowes enger Anbindung an die frühen dramatischen Werke Shakespeares auseinandersetzten, sind heute weitgehend in Vergessenheit geraten. Die Kontroversen wurden zu Grabe getragen, als ob es sie nie gegeben hätte, überwiegend aus dem Grund, weil Marlowe in dieser Auseinandersetzung keine Lösung ergab, da er längst gestorben war. Es erschien sinnvoller, Shakspere auf seinem Thron zu belassen, als neue geeignetere Erklärungsmodelle zu entwerfen und zu testen!

Das Grabmonument in Stratford

Der kryptische Text unter Shakespeares Grabbüste einschließlich des vierzeiligen Textes auf der Bodenplatte wird von den meisten Experten als unverständlich angesehen. Es muss einen spezifischen Grund gegeben haben, warum für das Grab des Dichtergenies ein solch verschraubter Text erdacht wurde, der nur Sinn zu ergeben scheint, wenn sich hinter den Zeilen eine zweite, andere Wahrheit verbirgt.

> STAY PASSENGER, WHY GOEST THOV BY SO FAST?
> READ IF THOV CANST, WHOM ENVIOVS DEATH HATH PLAST:
> WITH IN THIS MONVMENT SHAKSPEARE: WITH WHOME
> QVICK NATVRE DIDE: WHOSE NAME, DOTH DECK YS TOMBE,
> FAR MORE, THEN COST: SIEH ALL, YT HE HATH WRITT
> LEAVES LIVING ART, BVT PAGE, TO SERVE HIS WITT.

Die ersten beiden englischen Zeilen des Textes unter der Büste tragen etwas Bizarres in sich: Der Vorbeigehende (»*passenger*«) wird gefragt, warum er so schnell vorbeigehe, er möge länger verweilen, und raten (»*to read*«[34]), wen der Tod hier niedergelegt habe (»*Read, if thouv canst, whom envious Death hath plast*«) – das ergibt keinen wirklichen Sinn, weil die Büste über dem Text diese Frage doch eigentlich beantwortet.

Es wäre ein Leichtes gewesen, in der entsprechenden dichterischen Form zu sagen, wer die hier dargestellte Person war. Der Besucher wurde aber aufgefordert, zu erraten, wer hier »wirklich« zu Grabe getragen wurde.

---

[34] Die Bedeutung von »to read« war Ende des 16. Jahrhunderts, nach dem Shorter English Oxford Dictionary (SOED) »to guess« oder »to make out the meaning of a riddle«.

Der Marlowe-Experte Peter Farey kam nach einer eingehenden Analyse zu einer schlüssigen Interpretation des Spruchs[35], indem er den Text auf der Bodengrabplatte miteinbezog, der lautet:

> GOOD FREND FOR IESVS SAKE FORBEARE,
> TO DIGG THE DVST ENCLOASED HEARE:
> BLESTE BE Y^E MAN Y^T SPARES THES STONES,
> AND CVRST BE HE Y^T MOVES MY BONES.

Fareys Lösung, auf die im Detail nicht eingegangen werden soll, bestand darin, in den hier unterlegten Textanteilen eine Art Doppel-Rebus (Bilderrätsel) zu erkennen, das den Namen (»Christopher Marlowe«) und die Kernaussage (»*he is returned in spite of all*«) des Rätsels freigibt.

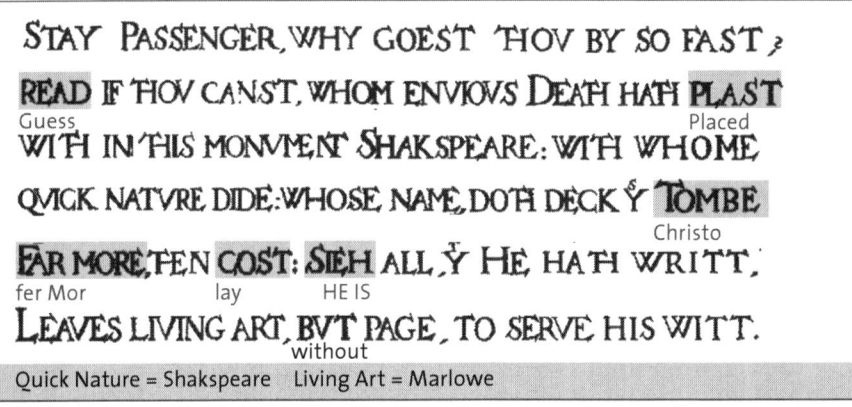

Peter Fareys Interpretation des rätselhaften Textes unter der Grabbüste

Der mit erheblicher Plausibilität entschlüsselte Text lautet in die heutige Sprache übersetzt:

> *Stay, traveler, why go you by so fast?*
> *Guess, if you can, whom envious Death has placed*
> *with, in this monument, Shakspere – with whom*
> *living Nature died. Christopher Marley*
> *he is returned, in spite of all. That he hath writ*
> *leaves Art alive, without a page to serve up his wit.*

[35] Peter Farey: The Stratford Monument. Appendix I – The Monument's Lettering, siehe: http://www2.prestel.co.uk/rey/epi_1.htm, aufgerufen am 19.1.2011.

Peter Farey kommt mit einer erheblichen Logik auf Christopher Marlowes Name und damit zu der Schlussfolgerung, dass entsprechend der Inschrift Marlowe als der Urheber der shakespeareschen Werke erkannt werden muss.

Die Wahrscheinlichkeit, dass sein Deutungsprozess rein zufällig zum vollständigen Namen eines Urheberschaftskandidaten geführt hätte, zusammen mit einer offensichtlichen Bestätigung seiner Autorschaft, tendiert – nach Peter Farey – gegen null. Es erscheint plausibel, dass der Schöpfer dieses Epitaphs die Absicht hatte, für den Fragenden und Ratenden Christopher Marlowe erkennbar werden zu lassen.

Timon von Athen: Grab und Grabspruch, Metapher auf Marlowes Leben

Dass für Shakespeare die Worte auf seinem Grab von Bedeutung waren, geht unschwer aus »Timon von Athen« hervor, das zugleich als eine Metapher auf sein Leben verstanden werden kann (s. Kap. 10, S. 498 ff.).

Im fünften Akt setzt sich Timon alias Shakespeare mit seinem Sterben und seiner Grabinschrift auseinander: Er habe seinen Grabspruch bereits konzipiert (»*I was writing of my epitaph*«), den man bald sehen werde (»*it will be seen tomorrow*«). Er habe seinen »ewigen« Landsitz, sein Grab, geplant (»*Timon has made his everlasting mansion*«), das in den umspülten Fluten des Meeres liegen werde. Dorthin solle man kommen, um seiner zu gedenken (»*the turbulence surge shall cover: thither come!*«). Das Epitaph auf seinem vermeintlichen Grab (in Stratford) solle den Menschen als Orakel dienen (»*let my grave-stone be your oracle*«). Dort werde man an unpassenden Worten vorbeigehen und die Sprache werde es nicht fassen können (»*Lips, let sour word go by and language end:*«). Aber Gräber seien nur das Werk von Menschen und sein eigener Tod werde den Menschen Gewinn bringen! *(»graves only be men's work and death their gain«)*. Ein Soldat findet sein Grab *(»by all description this should be the place«)*, ruft, wer da sei, und fragt sich, warum keine Antwort komme (»*No answer! what is tis?*«). Timon ist einerseits tot, sein dauerhafter »Vertreter« Shakspere (»*QVICK NATVRE DIDE*«) liegt hier begraben, seine eigene Lebensspanne (als Marlowe/Shakespeare) wurde ausgedehnt (»*who has outstrechted his span*«); einige Rohlinge mögen lesen, dass hier kein Mensch liege/lebe (»*some beast red this; there does not live a man*«). Was auf seinem Grab stehe (Details s. S. 199 ff.), sei nicht zu verstehen *(»Whats on his tomb, I cannot read«)*. Der Soldat macht sich eine »Kopie« (»*the character I'll take with wax*«), um sie seinem Vorgesetzten Alcibiades zu bringen, der »erfahren« (»*aged*«) im Entziffern, an Jahren aber noch jung ist (»*our captain hath in every figure skill; an aged interpreter, though young in days*«).

Alcibiades liest den kopierten Inhalt des Grabsteines vor und interpretiert ihn dann:

> »*Here lies a wretched corse, of a wretched soul bereft*
> *Seek not my name: a plague consume you wicked caitiffs left!*
> *Here lie I, Timon; who, alive, all living man did hate:*
> *Pass by and curse thy fill; but pass and stay not her thy gait.*«

Das Epitaph besagt, dass an dieser Stätte der Leichnam eines »Schurken« liege, der nun seiner schurkenhaften Seele beraubt werde (»*Here lies a wretched corse, of a wretched soul bereft*«). Man solle an dieser Stelle nicht seinen Namen (seine Identität) suchen (»*Seek not my name*«), sondern beim Vorbeigehen über den Inhalt des Grabes fluchen (»*Pass by and curse thy fill*«).

Die Auseinandersetzung Marlowes/alias Shakespeares mit seinem Epitaph und seinem schicksalhaften Identitätsverlusts (»*seek not my name*«) lassen wenig Zweifel, dass er an das Grab in Stratford erinnert, in dem nicht der wahre Shakespeare, sondern die arme Seele Shakspere (»*wretched soul*«) liegt. Eine lebenslang aufrechterhaltene Täuschung ging für Shake-speare (alias Timon) erst mit seinem realen Tod zu Ende.

Zur Erinnerung: Die Grabinschrift in Stratford lautet:

> *Stay passenger, why goest thou by so fast?*

Die Grabinschrift bei »Timon« lautet:

> *Pass by, curse the fill ... but pass and stay not here your gait ... Seek not my name.*

Die ähnliche Diktion macht plausibel, a) dass Shakespeare/Marlowe im Jahr 1616 zum Zeitpunkt von Shakspere Tod lebte und agierte, b) dass Shakespeare/alias Marlowe an der Abfassung der rätselhaften Inschrift unter Shakspere Grabbüste in Stratford und damit auch an der Vorbereitung der »First Folio« und an der Vollendung des jahrzehntelang aufrechterhaltenen Komplotts maßgeblich beteiligt war und c), dass Shakespeares »Timon von Athen« als spätes Werk (nach Shakspere Tod, 1616!) betrachtet werden muss (das die Schublade Marlowe/Shakespeares zuvor wohl nie verlassen hatte).

Die Hinterbliebenen machen in dem Stück deutlich, dass Shakespeare mit der von Timon verfassten Grabinschrift zum Ausdruck bringen wollte, was er in seinen letzten Jahren angesichts seines Schicksals empfunden habe (»*well express in thee thy latter spirits*«). Durch seinen Witz und seine Fantasie vermochte er selbst Neptun dazu zu bringen, dass dieser ihn in seinem »tiefen, endgültigen« Grab für immer um seine (verziehenen) Fehler beweinte (»*yet rich conceit, Taught thee to make cast Neptune weep for aye On thy lowe grave, on faults forgiven*«).

Timon (Shakespeare) wählte als seine eigentliche, wahre und letzte Ruhestätte das Meer. Hiermit würde deutlich, dass er sich für das Ende seines Lebens den Gott des Meeres Neptun erkor und dass er (Marlowe alias Shakespeare) seine letzte Ruhestätte in den Weiten der Meere zu finden wünschte.

Marlowe schrieb – wie Kap. 11 im Detail zeigt – seit seinem vermeintlichen Tod 1593 Jahrzehnte unter verschiedensten Tarnnamen, so auch unter »William Browne«. Unter diesem Namen erschienen z.B. »The Shepheards Pipe« (1614) und »Brittanias Pastoralls«[36] (1616!) zu einer Zeit, in der der Dichter die Planung der Vortäuschung seiner eigenen Grabstätte miterlebte.

Dies bringt der Dichter recht eindeutig zum Ausdruck, wenn er schreibt, dass er selbst ohne ein Grab zur Erinnerung der Nachwelt liege (*if thou see fair honour careless lie, Without a tomb for after memory*) und alle, die an seinem Grabe verweilten, die Vorbeigehenden darüber aufklären sollten (*Dwell by the grave, and teach all those that pass*), welche Leiche (*who it was*) ihn dort fälschte (*To imitate, by showing who it was.*). Die tragische Einsicht in die endgültige »Versiegelung« seiner bleibenden Unerkennbarkeit scheint diese Zeilen zu durchströmen.

Textausschnitte: (William Browne, Brittanias Pastorals 1616)

> »*Or, if thou see fair honour careless lie,*
> *Without a tomb for after memory,*
> *Dwell by the grave, and teach all those that pass*
> *to imitate, by showing who it was.*
>   *This way, Remembrance, thou may'st do some good*
>
> *Let my unblemished name meet with a tomb*
> *Deservedly unspurn'd, and at home*
>
> *Now a dead soule entombed within a living grave*
>
> *… there can nought come*
> *From them to mee, unless it be a tomb,*
> *And that I hold already*
>
> *… and by it I am come*
> *To find a living man within a tomb.*
>
> *A tomb built to his name's eternity*
>
> *But to sit weeping on a senseless tomb*
> *That hides not dust enough to count the tears*«

[36] http://www.archive.org/stream/poemswilliambrooobrowgoog#page/n12/mode/2up, aufgerufen am 19.11.2011.

Die Sonette

So muss man schließlich manches in den Sonetten in ähnlicher Weise interpretieren. Shakespeare lässt in Sonett 72 erkennen, dass sein wahrer Name (Marlowe) nach seinem Tod dort begraben würde, wo sein Körper liege: »*My name be buried where my body is.*« Dieser normalerweise triviale Satz ohne Informationswert bekommt erst dann einen tieferen Sinn, wenn man um den Identitätsverlust mit Trennung von Name (Dichterpseudonym Shake-speare) und leibhaftiger Person weiß (Details s. S. 173 f.).

Auch in Sonett 81 deutet Shakespeare an, dass die Erde ihm (als Nobody) nur ein gewöhnliches (unbekanntes) Grab geben könne, das niemand mehr kenne: »*Although in me each part will be forgotten (...) Though I (once gone) to all the world must dye (...) The earth can yeeld me but a common graue.*« Nur seine Verse würden (mittels eines Pseudonyms) als ein Denkmal verbleiben: »*Your monument shall be my gentle verse*« (Details s. S. 276 f.).

Geniale Persönlichkeit zu Lebzeiten

Es gibt ausreichend Quellen, in denen Zeitgenossen Marlowes literarische Extrembegabung und seine außergewöhnliche Persönlichkeit bewerten (im Hinblick auf Shakspere gibt es nicht eine einzige solcher Quellen). Diese Bewertungen weisen unmissverständlich darauf hin, dass Marlowe in seiner Zeit als konkurrenzlos betrachtet wurde. So schrieb Henry Petowe (1575/6–1636?) etwa, dass kein englischer zeitgenössischer Schriftsteller Marlowe erreichen könne oder dass er der »König der Poeten« sei: »*Marlowe No English writer can as yet attaine (...) that king of poets.*«[37]

Thomas Heywood (1571–1641) bezeichnete Marlowe als den besten Dichter seines Zeitalters (»*the Best of Poets in that age*«) und Gabriel Harveys[38] schrieb anlässlich von Marlowes Verschwinden, er sei der höchste Geist der Literatur gewesen: »*The highest Mind, that ever haunted Pauls*«[39] (mehr dazu auf S. 488 f.).

Durch diese Beschreibungen wird unmittelbar deutlich, dass Christopher

[37] John Henry Ingram: Christopher Marlowe and his associates, London 1904, S. 250; Onlineversion: http://www.archive.org/stream/christophermarlo1ingrgoog#page/n276/mode/2up/search/petowe, aufgerufen am 19.1.2011.

[38] Gabriel Harvey: Pierce's Supererogation or a new Praise of the old Ass, London 1593, S. 28; Onlineversion: http://www.archive.org/stream/piercessupererog00harvrich#page/28/mode/2up, aufgerufen am 19.1.2011.

[39] The Works of Gabriel Harvey; London 1884, Vol. 1; Onlineversion: http://www.archive.org/stream/worksofgabrielha01harvrich#page/256/mode/2up/search/gorgon, aufgerufen am 19.1.2011 (Powles steht für Powles Churchyard, dem literarischen Zentrum Londons um den Kirchhof der St. Paul's Cathedral).

Marlowe jener außergewöhnlichen, jeglichen Rahmen sprengenden Figur Shakespeares entsprochen haben muss, die nicht mit normalen Maßstäben zu messen war. Diese zeitgenössischen Bewertungen untermauern eigentlich unumstößlich, dass es neben Marlowe keinen gleichwertigen oder höherwertigen Dichter gab, das heißt, dass ein unabhängiger Genius Shakspeare neben ihm nicht existiert haben kann.

Auch die Charakterisierung Shakespeares durch Michael Drayton als eine Person, die sich den ausgezeichneten »Wahnsinn« bewahrt hat, den ein Gehirn eines Dichters zu Recht besitzen sollte (»*For that fine madness still he did retaine, Which rightly should posesse a poets braine*«) entspricht exakt der Vorstellung von einem Extrembegabten, nicht aber der von einem mittelmäßigen Shakspere aus Stratford, über den es nicht die Andeutung solcher Kennzeichnungen gibt.

Thomas Nashe (1567–1600?) schrieb in seinem »The Unfortunate Traveller« verdeckt über Marlowe und nennt ihn dabei Aretino (nach dem 1556 gestorbenen italienischen Schriftsteller Pietro Aretino, der aber aus verschiedenen Gründen hier nicht gemeint sein kann[40]).

Auch er beschreibt Marlowe als Genie, das seinesgleichen suchte:

> »*Before I goe anie further, let me speake a word or two of this Aretine. It was one of the wittiest knaves that ever God made. If out of so base a thing as inke there may bee extracted a spirite, hee writ with nought but the spirite of inke, and his stile was the spiritualtie of artes, and nothing else; whereas all others of his age were but the lay temporaltie of inkehorne tearmes. For indeede they were meere temporizers, and no better. His pen was sharp pointed lyke a poinyard; no leafe he wrote on but was lyke a burning glasse to set on fire all his readers.*« [41]

(Übersetzung: Bevor ich weiterfahre, lass mich ein oder zwei Worte über Aretino [Marlowe] sagen: Er war einer der geistreichsten Buben, die Gott je erschaffen hat. Wie aus etwas so Banalem wie Tinte ein Geist extrahiert werden konnte; er schrieb mit nichts als mit dem Geist der Tinte, und sein Stil war die Vergeistigung der Künste, und nichts anderes, während alle anderen seines Zeitalters nur ein Hauch von Flüchtigkeit lebensfremder Worte waren. Denn wirklich, sie waren rein zeitlich Eingegrenzte und nicht mehr. Seine Feder war scharf gespitzt wie ein schärfstes Messer, sein Blatt, auf dem er schrieb, war wie ein Brennglas, um alle seine Leser zu entzünden.)

Nashe fühlte sich zugleich aufgefordert, Marlowe zu verteidigen und den Gerüchten über sein Ketzertum entgegenzutreten:

---

[40] Charles Nicholl. The Reckoning: The Murder of Christopher Marlowe, Chicago 1995.
[41] Thomas Nashe, The Unfortunate Traveller«, Oxford 1920, S.87/88; Onlineversion: http://www.archive.org/stream/unfortunatetraveoonashuoft#page/n87/mode/2up/search/Aretine, aufgerufen am 19.1.2011.

>*Some dull-brained maligners of his accuse him of that [atheist] treatise ›De Tribus Impostoribus Mundi‹. I am verily persuaded it was none of his.*«[42]

Auch in »Nashe's Lenten Stuff« (London 1595) stellt Nashe die Frage, ob jemals jemand von einer göttlicheren Muse als von Kit Marlowe gehört habe:

>*(...) hath anybody in Yarmouth heard of Leander and Hero, of whom divine Musaeus sung, and a diviner muse than him, Kit Marlowe?*«[43]

Gabriel Harvey (1545–1630), 14 Jahre älter als Marlowe, studierte ab Juni 1566 wie dieser am Corpus Cristi College in Cambridge. Er machte 1569/70 seinen Bachelor of Arts und 1573 seinen Master of Arts. Ab 1580 war er für einige Jahre in offizieller Funktion am College tätig, zeitweise (1583/84) als Junior Proctor. Er dürfte Marlowe über dessen Freund Thomas Nashe kennengelernt haben, von dem belegt ist, dass er Harvey kannte. Harvey arbeitete zum Zeitpunkt von Marlowes Tod in London. Geht man von seiner erhalten gebliebenen großen Bibliothek aus, so muss er eine äußerst gebildete Person[44] gewesen sein. Beide werden von dem Autor von »Polimanteia« (s. S. 535 ff.) vergleichend bewertet.

Harvey verfasste im September 1593 nach der Nachricht von Marlowes Tod ein Sonett im »*New Letter of Notable Content*«, in dem er 1593 als das fatale Jahr (»*the fatall yeare of yeares is ninety three*«) bezeichnet, in dem Marlowe starb (»*the Tamburlaine voutsafes to dye*«).

Er beschreibt Marlowe als »gigantischen Geist« (»*that Gargantuan minde*«), als den höchsten Geist der Literatur (»*highest minde that ever haunted Powles*«), als überragenden Atem (»*sky-surmounting breath*«), als Atem, der das Trommelfell zum Schwellen brachte (»*that breath taught the Timpany to swell*«), als Mann, dessen Geist über Kent[45] triumphierte (»*whose mind triumph'd on Kent*«) aber auch als jemanden, der stolz und selbstüberheblich war und weder Gott noch den Teufel fürchtete:

>*»The hawty man extolled his hideous thoughts, And gloriously insultes upon poore soules (...) He that nor feared God, nor dreaded Div'll, Nor ought admired,*

---

[42] Bibliotheca Augustana: Detribus impostoribus, siehe: http://www.hs-augsburg.de/~harsch/Chronologia/Lspost17/Mueller/mue_impo.html, aufgerufen am 19.1.2011.

[43] Nash's Lenten Stuff. Herausgegeben von Charles Hindley, London 1871, S. 66; Onlineversion: http://www.archive.org/stream/nashslentenstufoonashgoog#page/n90/mode/2up/search/divine, aufgerufen am 19.1.2011.

[44] Vgl. Alexander B. Grosart: The Works of Gabriel Harvey, London 1884; Onlineversion: http://www.archive.org/stream/worksofgabrielha01harvrich#page/n9/mode/2up, aufgerufen am 19.1.2011.

[45] Marlowes Heimatregion, Grafschaft im Südosten Englands, wo auch Canterbury liegt, seine Geburtsstadt.

but his wondrous selfe: Like Junos gawdy Bird, that prowdly stares, On glittring fan of his triumphant taile.«[46]
(Übersetzung: Der stolze Mann rühmt sich seiner hochtrabenden Gedanken und seiner ruhmreichen Beleidigungen gegenüber armen Seelen (...) Er, der weder Gott fürchtete noch vor dem Teufel Angst hatte, der nur wegen seines wundersamen Wesens bewundert werden sollte: Wie Junos bunter Pfau, der sich stolz, mit glitzerndem Fächer seines triumphierenden Schweifes zeigt.)

Diese »negative« Beschreibung erstaunt keineswegs, denn man kann davon ausgehen, dass ein Mensch von der Genialität eines Shake-speare/Marlowe auf andere Menschen unweigerlich stolz, hochmütig, überlegen, arrogant etc. gewirkt haben muss. Die Überzeugung des Experten Charles Nicholl, Harvey habe mit dieser Charakterisierung einer Persönlichkeit nicht Marlowe, sondern die Person »Shakerley« gemeint, diskreditiert ihn vollständig.

Dass Marlowe als Dichter und Person hochgelobt wird, während es in dieser Hinsicht über Shakspere keine einzige derartige Äußerung gibt, kann nur als ein hochsignifikantes Indiz in der langen Indizienkette der shakespeareschen/marloweschen Urheberschaftsproblematik gewertet werden.

Warum Nachrufe nur auf Marlowe?

Während anlässlich des Todes von William Shakspere, der 36 Dramen innerhalb von 25 Jahren schrieb, keinerlei Nachrufe überliefert beziehungsweise erhalten geblieben sind, wie sie bei der Größe des Dichters zu erwarten gewesen wären, stellt sich dies für Christopher Marlowe, der sieben Dramen in fünf Jahren schrieb, ungleich anders dar.

Experten argumentieren wie erwähnt, dass es genügend Beispiele von anderen zeitgenössischen Dichtern gebe, bei denen ebenfalls keine Nachrufe, Nekrologe, Erwähnungen etc. existierten (sogenannte Negativbeispiele). Diese Argumentation ist unangemessen.

Wenn Christopher Marlowe nur ein literarischer Vorläufer Shakspere gewesen wäre, müssten die zeitgenössischen Nachrufe auf Shakespeare die von Marlowe in quantitativer und qualitativer Hinsicht weit übertroffen haben. Doch das absolute Gegenteil ist der Fall, und diese Tatsache wird nur plausibel, wenn wir davon ausgehen, dass 1616 niemand Shakspere als Genie ansah, aber durch seinen Tod im selben Jahr in Stratford damit begonnen werden musste, eine »imaginäre« posthume Ruhestätte für Shake-speare zu entwickeln.

---

[46] The Workes of Gabriel Harvey, 1884, Vol. 1; Onlineversion: http://www.archive.org/stream/worksofgabrielha01harvrich#page/256/mode/2up/search/gorgon, aufgerufen am 19.1.2011.

Die einzige, sehr vage posthume Belobigung Shaksperes in der »First Folio« lässt bei näherer Betrachtung erkennen, dass hier eine andere Person gemeint ist (Details s. S. 87 ff.).

Die Anzahl und die Sprache der Nachrufe auf Marlowe ist eindrucksvoll – hier einige Auszüge:

George Peele[47] (1556–1596):

> »Unhappy in thine end,
> Marley, the Muses darling, for thy verse Fit to write passions for the souls below.«

Edward Blount (1565–16)[48]:

> »(…) yet the impression of the man that hath been dear to us, living an after-life in our memory, there putteth us in mind of farther obsequies due unto the deceased (…)«

Thomas Thorpe[49] (ca. 1569–1635?):

> »In the memory of that pure Elementall wit, Ch'r. Marlow, whose goast or genius is to be seen.«

Michael Drayton[50]: (1563–1631):

> »Neat Marlowe, bathed in the Thespian springs,
> Had in him those brave translunary things
> That first poets had; his raptures were
> All ayre and fire, which made his verses cleeere;
> For that fine madness still he did retaine,
> Which rightly should posesse a poets braine.«

Henry Petowe: (1575/6 – 1636?):

> »Marlo admir'd, whose honey-flowing vaine
> No English write can as yet attaine
> Whose name in Fame's immortall treasurie
> Truth shall record to endless memorie;(…)
> Live still in heaven thy soule, thy fame on earth!

[47] The dramatical and poetical Works of Robert Greene & George Peele, London 1861, S. 594; Onlineversion: http://www.archive.org/stream/dramaticandpoeto1peelgoog#page/n596/mode/1up/search/marley, aufgerufen am 19.1.2011.
[48] The Marlowe Society: On the Map, siehe: http://www.marlowe-society.org/news/news2009/news2009_007_deptfordmap.html, aufgerufen am 19.1.2011.
[49] Zuweisungstext in »Marlowes Hero und Leander«, früheste Ausgabe.
[50] A. H. Bullen (Hg.): The Works of Christopher Marlowe, Vol. 1, London 1885.

> *Thou dead, of, Marlos Hero findes a dearth*
> *Weep, aged Tellus! all on earth complaine!*
> *Thy chief-borne faire has lost her faire againe*
> *Her faire in this is lost, that Marlo's want*
> *Inforceth Hero's faire be wondrous scant*
> *Oh, had that king of poets breathed longer*
> *Then had faire beautie's fort been much more stronger!*
> *His golden pen had clos'd her so about*
> *No bastard aeglet's quill, the world throughout*
> *Had been of force to marre what he had made*
> *For why there were not expert in that trade*
> *What mortall soule with Marlow might contend*
> *That could gainst reason force him stoope or bend?*
> *Whose silver–charming toung mov'd such delight,*
> *That men would shun their sleepe in still dark night*
>
> *To meditate upon his golden lynes,*
> *His rare conceits, and sweete-according rhymes*
> *But Marloe, still admir'd Marlo's gon*
> *To live with beauty in Elyzium (…)*
> *There ever live the prince of poetrie*
> *Live with the living in Eternity.*«[51]

Thomas Nashe: (1567–1601):

> »*It was one of the wittiest knaves that ever God made.*« [52]

Thomas Heywood (1571–1641):[53]

> »*Marlo, renown'd for his rare art and wit*
> *Could ne'er attaine beyond the name of Kit*
> *(…)*
> *the best of Poets in that age',*
> *›composed by so worthy an Author as Master Marlo.*«

---

[51] John H. Ingram: Christopher Marlowe and his associates, London 1904, S. 250; Onlineversion: http://www.archive.org/stream/christophermarlo1ingrgoog#page/n276/mode/2up/search/petowe, aufgerufen am 19.1.2011.

[52] Thomas Nashe: The unfortunate Traveller, or the Life of Jacke Wilton, Oxford 1920, S. 61; Onlineversion: http://www.archive.org/stream/unfortunatetraveoonashuoft#page/n87/mode/2up/search/wittiest+knave, aufgerufen am 19.1.2011.

[53] Christopher Marlowe, An Enconium, The Muses Darling. The Marlowe Society, http://www.marlowe-society.org/marlowe/view/encomium.html, aufgerufen am 19.1.2011.

Gabriel Harvey (1545–1636):

> »*Magnifique Mindes, bred of Gargantuas race,*
> *Whose Corps on Powles, whose mind triumph'd on Kent,*
> *Jesu, (quoth I) is that Gargantua minde*
> *Conquer'd, and left no Scanderbeg behinde?*
> *Vow'd he not to Powles A Second bile?*
>
> *Have you forgot the Scanderbegging wight?*
> *Is it a Dreame? or is the Highest minde,*
> *That ever haunted Powles, or hunted winde,*
> *Bereaft of that same sky-surmounting breath,*
> *That breath, that taught the Timpany to swell?*
> *He, and the Plague contended for the game:*
> *The hawty man extolled his hideous thoughtes,*
> *And gloriously insultes upon poore soules,*
> *That plague themselves: for faint harts plague themselves.*
>
> *The tyrant Sicknesse of base-minded slaves*
> *Oh how it dominers in Coward Lane?*
>
> *He that nor feared God, nor dreaded Div'll,*
> *Nor ought admired, but his wondrous selfe:*
> *Like Junos gawdy Bird, that prowdly stares*
> *On glittring fan of his triumphant taile:*«[54]

Ben Jonson[55] (1572–1637):

> »*Marlowes mighty line*«

Thomas Kyd[56] (1558–1594):

> »*He wold perswade with men of quallitie to goe unto the King of Scotts whether I heare Royden is gon and where if he had livd he told me when I sawe him last he meant to be.*«

Thomas Beard[57] (1568–1632):

---

[54] The works of Gabriel Harvey, London 1884, 296/297; Onlineversion: http://www.archive.org/stream/worksofgabrielhao1harvrich#page/296/mode/2up, aufgerufen am 19.1.2011.

[55] Internet Shakespeare Editions, siehe: http://internetshakespeare.uvic.ca/Library/facsimile/book/SLNSW_F1/9/?size=small&view_mode=normal&content_type=, aufgerufen am 19.1.2011.

[56] Vgl. Thomas Kyd: Works. Edited from the original texts. Herausgegeben von Frederick S. Boas, Oxford 1901; Onlineversion: http://www.archive.org/stream/workseditedfromo00kydtuoft#page/n101/mode/2up/search/Royden, aufgerufen am 19.1.2011.

[57] Patrick Cheney. The Cambridge Companion to Christopher Marlowe, Cambridge 2004.

»(...) a playmaker, and a Poet of scurrilitie whose manner of death was terrible (for hee even cursed and blasphemed to his last gaspe, and togither with his breath an oath flew out of his mouth.«

Marlowes Handschrift

Auch wenn die Handschrift als ein individueller, recht konstanter Ausdruck der Körpersprache auf Aspekte der Persönlichkeit schließen lässt, ist der Nutzen der Schriftpsychologie wissenschaftlich bis heute umstritten. Dennoch würden die meisten zustimmen, dass aus der Handschrift zumindest einige Grundzüge der Persönlichkeit erschließbar sein können.

Spät, im Jahr 1939, wurde in Canterbury unter dem Testament einer gewissen Katherine Benchkin vom 30. September 1586 eine Unterschrift Christo-

1939 entdeckte Unterschrift Christopher Marlowes (Marley) unter einem Erbschaftsdokument in Canterbury [1585]

pher Marlowes entdeckt, zusammen mit der seines Vaters. Die Handschrift Marlowes lässt auch ohne schriftpsychologische Fachkompetenz auf eine mächtige Persönlichkeit schließen – ganz anders als bei Shakspere, von dem uns sechs »verzitterte« Unterschriften, davon drei unter seinem Testament, erhalten geblieben sind (s. Kap. 3, S. 68 f.).

Marlowes 1939 in Canterbury entdeckte Unterschrift konnte denjenigen noch nicht bekannt sein, die Jahre zuvor ein wahrscheinlich authentisches Blatt aufgefunden hatten, das eine original handschriftliche Seite Marlowes aus dem Stück *»The Guise«* (später *The Massacre at Paris*) zeigt, die heute im Besitz der Folger Library ist (siehe unten). Obwohl (verständlicherweise) keine einheitliche Meinung darüber herrscht, dass dieses »foul paper« tatsächlich von Marlowe stammt, ähnelt allein das große ausgeschwungene M in den ersten zwei Zeilen dem M in der Unterschrift von 1585.

Orginalhandschrift (Einzelblatt, Vor- und Rückseite) aus »The Guise« (später »Das Massaker von Paris«), am ehesten von Christopher Marlowe 1592?

Insgesamt zeigen die erhalten gebliebenen Unterschriften von Marlowe mehr Anzeichen eines Genies, als sie das bei Shakspere tun, und das kann – bei Berücksichtigung aller Schwächen der Grafologie – als ein weiteres Indiz für die marlowesche Urheberschaft gewertet werden.

»Sir Thomas More«

»Sir Thomas More«, ein anonymes elisabethanisches Theatermanuskript, das die Zeiten überlebt hat, wurde unter anderem dadurch berühmt, dass drei handschriftliche Seiten Shakespeare zugeschrieben wurden.[58] Das Manuskript wurde erstmals 1844 gedruckt und veröffentlicht[59] und bestand ursprünglich wahrscheinlich aus 16 Blättern (Folios) und 31 handgeschriebenen Seiten, wovon einige entfernt und andere hinzugefügt wurden. Es handelt sich um einen komplizierten Text mit vielen Ebenen, der zu verschiedenen Zeiten revidiert und zensiert worden sein soll (zum Beispiel von Chettle-Hand A, Munday-Hand S, Heywood-Hand B, Shakespeare-Hand D, Dekker-Hand E), was allerdings reine Spekulation ist. Das Stück dramatisiert reale und auf Legenden gestützte Ereignisse aus dem Leben von Thomas Morus zwischen seinem Aufstieg und Fall.

Trotz erheblicher Unsicherheiten nimmt die Mehrzahl der Experten folgende Fakten als gegeben an: Der Originaltext wurde in der Zeit zwischen 1591–92 geschrieben, als das Thema der Ausländer- und Fremdenfeindlichkeit in London hochaktuell und brisant war. Das Stück, das der Zensur durch Edmund Tylney unterlag, wurde für die Lord Strange's Men geschrieben. Die sehr langen Monologe Thomas Mores müssen für den einzigen zu dieser Zeit infrage kommenden Schauspieler Edward Alleyn konzipiert worden sein. Das Stück sollte auf Grund verschiedener Bühnenanweisungen (zum Beispiel »second level platform«) in Philip Henslowes Theater »The Rose« gespielt werden.

Scott McMillins hat Schreibweisen und Stilelemente (Beispiele siehe unten) des Stücks analysiert und hält es für wahrscheinlich, dass Shakespeares handschriftlicher Beitrag (Hand D) zu »Sir Thomas More« zum anfänglichen Text der frühen 1590er-Jahre gehörte, als Shakespeare für die Lord Strange's

---

[58] Vgl. Alfred W. Pollard/W. W. Greg/E. Maunde Thompson/J. Dover Wilson/R. W. Chambers: Shakespeare's Hand in the Play of Sir Thomas More, Cambridge 1923; Onlineversion: http://www.archive.org/stream/shakespeareshandoopolluoft#page/n5/mode/2up, aufgerufen am 19.1.2011.

[59] Alexander Dyc (Hg.): Sir Thomas More. A Play, London 1844; Onlineversion: http://www.archive.org/stream/sirthomasmoreplaooomund#page/n5/mode/2up, aufgerufen am 19.1.2011.

Men geschrieben haben soll.⁶⁰ Danach besäße man mit »Sir Thomas More« ein einzigartiges Dokument, das – neben Shaksperes Unterschriften – auch längere Passagen seiner Handschrift zeigte und das zugleich Einblicke in seine künstlerisch-kompositionelle Arbeit erlaubt.

Da die Marlowe/Shakespeare-Theorie zu keiner Zeit, auch nicht als Hypothese, von den Experten erwogen wurde, ist die wahrscheinliche Handschrift Marlowes auf dem erhaltenen Einzelblatt (aus den frühen 1580er-Jahren) von »The Guise« (später »Das Massaker von Paris«) bis heute nicht mit den drei vermeintlichen handschriftlichen Blättern⁶¹ von Shakespeare aus »Thomas

Vermutete Handschrift des Autors (Ausschnitt S. 212) von »The Guise« (»Das Massaker von Paris«), vermeintlich Marlowe

⁶⁰ Scott McMillin: The Elizabethan Theatre and the Book of Sir Thomas More. Ithaca 1987, S. 170.
⁶¹ Vgl. Alfred W. Pollard/W. W. Greg/E. Maunde Thompson/J. Dover Wilson/R. W. Chambers: Shakespeare's Hand in the Play of Sir Thomas More, Cambridge 1923; Onlineversion: http://www.archive.org/stream/shakespeareshand00polluoft#page/n5/mode/2up, aufgerufen am 19.1.2011.

More« verglichen worden. Ein Schriftenvergleich müsste eigentlich, wenn Marlowe und Shakespeare identische Personen waren, zur Aufklärung der Urheberschaftsdebatte, beitragen können.

Auch ohne eigenständige grafologische Expertise lässt sich feststellen, dass die Handschriften (s. Abb. S. 214/215) prima facie zumindest grafologische Ähnlichkeiten erkennen lassen, die bei aller Spekulation die These Marlowe = Shakespeare eher stützen würde als die These Shakspere = Shakespeare.

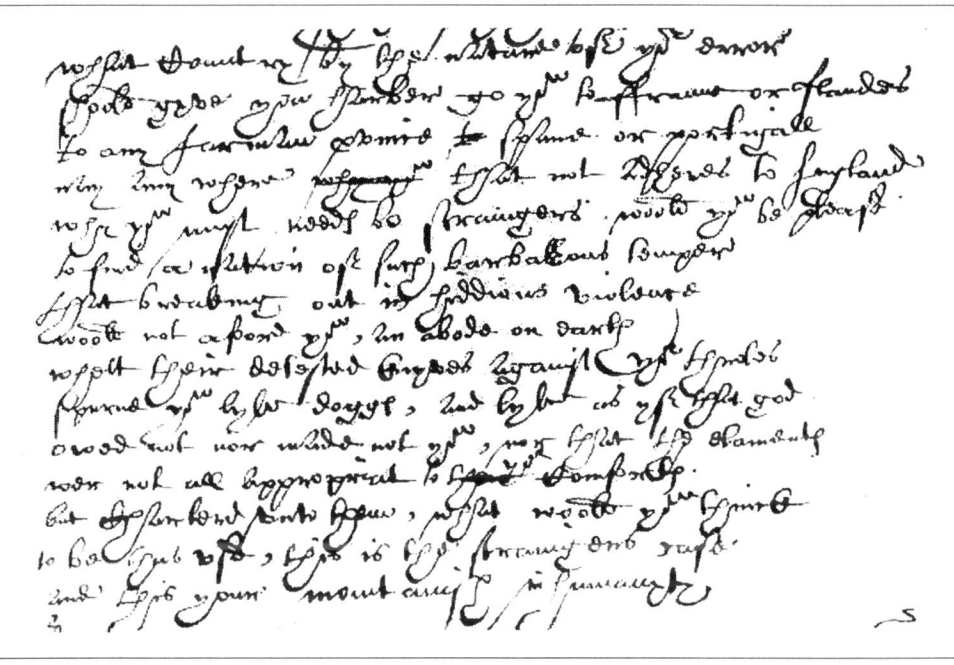

Vermutete Handschrift des Autors von »Sir Thomas More« (Hand D), vermeintlich Shakespeare

Es sei hier am Rande erwähnt, dass textliche Analogien zwischen »Sir Thomas More« und Shakespeare-Stücken zur Annahme führten, dass sie vom gleichen Verfasser stammten:

»For other ruffians, as their fancies wrought
With self same hand, self reasons, and self right,
Would shark on you, and men like ravenous fishes
Would feed on one another.«

Im Vergleich dazu Auszüge aus folgenden Shakespeare-Werken:

»Coriolanus«, Akt 1, Szene 1:

»What's the matter,
That in these several places of the city
You cry against the noble Senate, who
(Under the gods) keep you in awe, which else
Would feed on one another?«

»Troilus und Cressida«, Akt 1, Szene 3

»And appetite, an universal wolf
(So doubly seconded with will and power)
Must make perforce an universal prey,
And last useat up himself.«

»Perikles, Prinz von Tyrus«, Akt 2, Szene 1

»3rd Fisherman: Master,
I marvel how the fishes live in the sea.
1st Fisherman: ›Why, as men do a-land; the great ones eat up
the little ones. I can compare our rich misers to nothing so fitly
as to a whale; a plays and tumbles, driving the poor fry before him,
and at last devours them all at a mouthful.«

Eine eingehende Analyse noch verfügbarer Handschriften anderer Autoren, deren Namen Tarnnamen für Marlowe/alias Shakespeare stehen (s. Kap. 11), steht zweifellos noch aus. Auch die Handschrift in dem abgebildeten Zueignungsbrief zu dem Gedicht »An Invective against Treason« (1616)[62] von Nicholas Breton würde zu Marlowes Schriftbild und seinem »innerem Dauerthema« des Verrats passen.

---

[62] Alexander B. Grosart (Hg.): Works in Verse and Prose of Nicholas Brenton, New York 1966, S. 43; Onlineversion: http://www.archive.org/stream/worksinverseand00grosgoo g#page/n372/mode/2up, aufgerufen am 19.1.2011.

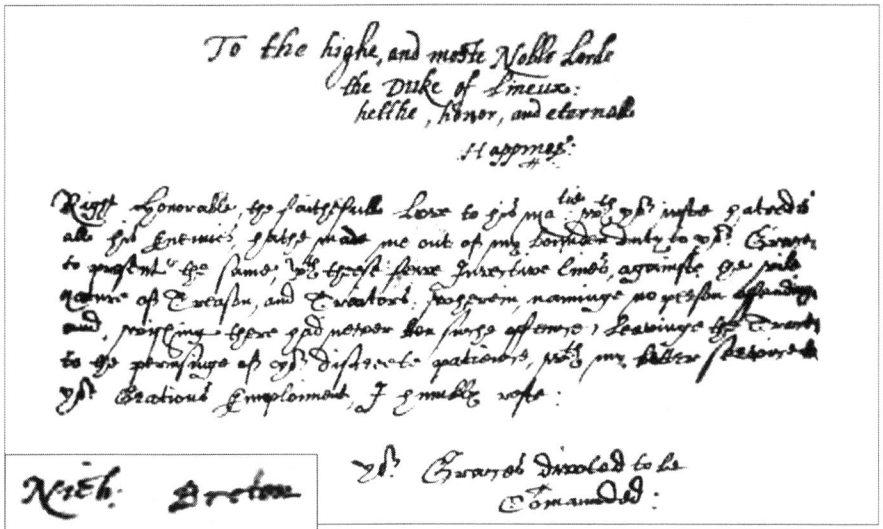

Handschriftliche Zueignung, »Epistle Dediacatory«[63] zu »A incentive against Treason« von Nicholas Breton

Marlowe-Porträts

Es erstaunt zutiefst, dass (erst) im Jahr 1953 im Dachboden des Corpus Christi College der Universität Cambridge, an dem Marlowe von 1580–1587 studierte, ein Gemälde entdeckt wurde, das mit hoher Wahrscheinlichkeit Christopher Marlowe im Alter von 21 Jahren (1585) darstellt. Wie konnte es passieren, dass ein Gemälde dieser Art mehr als 350 Jahre auf dem Dachstuhl verrottete? Man ist geneigt, bereits diese Tatsache mit der zeitgenössischen Ächtung und Verfemung des Autors durch die Kirche und staatlichen Autoritäten in Verbindung zu bringen. Die Kirche Englands sorgte ab Juni 1593 dafür, dass Marlowes Ruf irreparabel beschädigt wurde. Das Bild wurde 1593 entfernt und landete auf dem Speicher.

Marlowes »dialektische« Lebensdevise

Das Marlowe-Porträt aus dem Jahr 1585 zeigt im oberen linken Eck einen lateinischen Text, der als ein von Marlowe selbst gewähltes, häufig verwendetes Lebensmotto aufgefasst werden kann:

[63] http://www.archive.org/stream/worksinverseandoogrosgoog#page/n368/mode/1up.

Restauriertes Marlowe-Porträt, das erst im Jahr 1953 auf dem Dachboden des Corpus Christi College entdeckt wurde

»*Quod me nutrit me destruit.*«
(»Was mich ernährt, zerstört mich.«)

Das gleiche Motiv bzw. eine ähnliche Phrase taucht immer wieder in den Werken von Shakespeare auf, zum Beispiel in:

Sonett Nr. 29:

»*With what I most inioy contented least*«

Sonett Nr. 73:

»*In me thou seest the glowing of such fire
That on the ashes of his youth doth lie,
As the death-bed whereon it must expire,
Consum'd with that which it was nourish'd by.*«

Sonett Nr. 125

»*When most impeached, stands least in thy control*«

In »Perikles, Prinz von Tyrus« heißt es:

»*Quod me alit, me extinguit*«

In »Cymbeline« sagt Jupiter:

»*Whom best I love I cross.*«

Auch die Gedichte und Emblem-Bücher von George Withers (»A Collection of Emblems«, 1635, Buch 2, Emblem Nr 6[64]) und Geoffrey Whitney (»A Choice of Emblems«, 1586) beleuchten Marlowes Lebensmotto. Sie unterstützen die in Kapitel 11 vertretene Sichtweise, dass George Wither (und wohl auch Goffrey Whitney) Pseudonyme von Marlowe/Shakespeare gewesen sein dürften (s. S. 667 ff.).

Einige Auszüge (George Wither):

»QUI ME ALIT ME EXTINGUIT [s. Bild]
[Lateinischer Rundtext um das Emblem]

*From that, by which I somewhat am
The Cause of my Destruction came
For, that which gives our Pleasures nourishment
Is oft the poyson of our best content
Yea, that which doth your Profit breed,* (Second Lotterie)
May harme you, if you take not the heed«

[64] George Withers: A collection of emblemes, ancient and moderne, London 1635; Onlineversion: http://www.archive.org/details/collectionofembloowith, aufgerufen am 19.1.2011.

Marlowes dialektische Lebensdevise (Qui me aliit me destruit) in »A Collection of Emblems« von George Wither (Embl. 6,. Buch 2, links) und in »A choice of Emblems« von Geoffrey Whitney (Mitte und rechts)

Es ist kaum vorstellbar, dass Shakspere dieses »dialektische« Motto verwendet hat. Man kann bestimmte geeignete Worte und Texte entlehnen, aber die Lebensdevise oder Lebensphilosophie einer anderen Person als seine eigene zu vertreten, entbehrt jeder Logik und würde den Werkeverfasser Shakespeare, nähme man an, er wäre nicht identisch mit Marlowe, zutiefst herabwürdigen. Die Schlussfolgerung kann nur sein, dass Shakespeare mit Marlowe identisch war.

1907 wurde ein Porträt entdeckt, von dem bisher mehrheitlich vermutet wird, dass es Shakespeare im Alter von 24 Jahren (1588) darstellt. Das Porträt, dessen Maler unbekannt ist, erhielt im frühen 20. Jahrhundert den Namen »Grafton-Porträt«, als seine damaligen Besitzer offen legten, dass es aus dem Besitz eines Nachfahren der Grafen von Grafton stammte. Das Bild ziert inzwischen die Titelseiten zahlreicher Shakespeare-Monografien, ohne dass eindeutig belegt ist, wen es zeigt.

Eine fachspezifische Analyse des Ölgemäldes in der National Portrait Gallery London (die es von seinem Besitzer, der John Rylands Library in Manchester, zur Analyse und Renovierung entliehen hatte) ergab nach Aussage der Kuratorin Tanya Cooper keinerlei Evidenz für die Annahme, dass das Grafton-Porträt Shakspere aus Straford zeigt.

Auch nach Durchforstung aller im Jahr 1588 in England bekannt gewordenen oder erwähnten 24-jährigen männlichen Persönlichkeiten gäbe es keinen rationalen Grund, in der dargestellten Person einen Dichter Shak-

Das Marlowe-Porträt (links) und das Grafton-Porträt (Mitte unrenoviert, rechts restauriert)

spere aus Stratford zu vermuten, da Shakspere zu dieser Zeit unbekannt war und kein Motiv ersichtlich ist, das seine Hervorhebung mittels eines solchen Porträts gerechtfertigt hätte. Er könne 1588 nicht in der Lage gewesen sein, sich das abgebildete kostbare, seidene, scharlachrote Jackett zu leisten. Die damals geltende »Kleiderordnung« (»*Statutes of Apparel*«), das heißt, die Unterschiede zwischen der vorgeschriebenen Kleidung der Unter- und Oberschicht, machten es praktisch ausgeschlossen, dass das Grafton-Porträt Shakspere zeige.

Alles, was sich über das Grafton-Porträt mit einer gewissen Sicherheit sagen lässt, ist, dass es einen 24-jährigen Mann (entsprechend dem Alter von Marlowe und Shakspere) aus dem Jahr 1588 zeigt. Da zwischen dem Marlowe-Porträt und dem Grafton-Porträt Ähnlichkeiten erkannt wurden, ließe sich fragen, ob das Grafton-Poträt nicht eher Christopher Marlowe im Alter von 24 Jahren darstellt, da er 1588 bereits eine Ausnahmestellung in London einnahm und ein erfolgreicher und gefeierter »Star« und Dramatiker war, der einen Cambridge-Abschluss hatte, den Schutz eines adligen Patronats genoss, der sich im Zirkel der gehobenen Adels- und Intelligenzschicht aufhielt (»School of Night«) und der durch Francis Walsingham und William und Robert Cecil im Dienst der Krone und ihrer Majestät stand.

Experten gehen davon aus, dass das Marlowe-Porträt der sogenannten Spanischen Schule (stärkere Licht- und Schattenbildungen) und das Grafton-Porträt der Englischen Schule um Nicholas Hillyarde entstammen dürfte. Inzwischen wurde das Grafton-Porträt sorgfältig restauriert (s. Bild).

Stilverwandtschaft zwischen Marlowe und Shakespeare?

Die Wiederentdeckung des »verschollenen« Dichters und Dramatikers Christopher Marlowes begann etwa 1850, fast 200 Jahre nach Shaksperes Tod. Zu diesem Zeitpunkt hatte sich der Shakespeare-Mythos schon so etabliert, dass die weitgehend unbekannte Dichterfigur Marlowe neben ihm keine Chance mehr hatte, wahrgenommen zu werden. Die allmählich einsetzenden Nachforschungen führten in der Folge aber dazu, dass die Frühwerke Shakespeares (unter anderem »Titus Andronicus«, »Heinrich VI.«, Teil 1–3, und andere) insbesondere aufgrund von Stilvergleichen[65] plötzlich nicht mehr Shakespeare, sondern Marlowe zugeordnet wurden. Dies forderte gegen Ende des 19. Jahrhunderts eine massive Gegenreaktion heraus.

Frühere Shakespeare-Experten argumentierten, dass Marlowe nicht als Urheberschaftskandidat infrage käme, da seine eigenen und Shakespeares Werke zu verschieden seien. Während Marlowe kontinuierlich experimentiere und in jedem Theaterstück neue Wege suche, habe Shakespeare von Anbeginn seine Form gefunden, sei gereift und »angekommen«. Diese Argumentation ist bei Betrachtung moderner Shakespeare-Biografien nicht schlüssig, tragfähig oder zufriedenstellend.

Alfred Leslie Rowse (1988):

> »*In short, Marlowe's historic achievement was to marry great poetry to the drama; his was the originating genius. William Shakespeare never forgot him: in his penultimate, valedictory play, The Tempest, he is still echoing Marlowe's phrases.*« [66]

Peter Ackroyd (2005):

> »*He [Marlowe] haunts Shakespeare's expression, like a figure standing by his shoulder.*«[67]

Diese Sätze von modernen Shakespeare-Experten stehen beispielhaft für zahllose andere: Marlowe »geistert« durch Shakespeares Ausdrucksweise, schaut ihm (prüfend) über die Schulter, brannte sich ihm ein, sodass er bis zu seinem letzten Werk (»Der Sturm«) noch immer Marlowes Redewendungen imitierte.

Bei Marlowe kann man über mehr als eine Dekade einen stilistischen Entwicklungs- und Reifungsprozess anhand verschiedener Werke verfolgen[68], der

---

[65] Vgl. Arthur Wilson Verity: The Influence of Christopher Marlowe on Shakespeare's earlier Style, Cambridge 1886; Onlineversion: http://www.archive.org/stream/cu31924013155373#page/n1/mode/2up/search/style, aufgerufen am 19.1.2011.
[66] Alfred Leslie Rowse: Shakespeare the Man, New York 1988, S. 43.
[67] Peter Ackroyd: Shakespeare. The Biography, London 2005, S. 140.
[68] Vgl. Leon Keller: Zur Sprache Christopher Marlowe, Wien 1887; Onlineversion: http://www.archive.org/stream/zursprachechris00kellgoog#page/n7/mode/2up, aufgerufen am 19.1.2011.

in seinem letzten Stück »Eduard II.« schließlich die »identisch hohe« Perfektion eines »Richard III.« erreicht. Da dieser Reifungsprozess bei Shakspere fehlt, muss dies als ein gewichtiges Argument gegen seine Autorschaft gewertet werden.

Tatsächlich sind Stil und Sprache von Marlowes vermeintlich letzten und Shakespeares vermeintlich ersten Werken überaus ähnlich bis identisch. So formulierte Charles Norman 1948, dass die beiden Versepen »Venus und Adonis« und »Hero und Leander« so geschrieben wären, als ob beide Autoren jeweils die Verse des anderen auswendig gekannt hätten.

Fast alle Experten räumen mittlerweile ein, dass Shakespeare erheblich von Marlowe beeinflusst worden sein müsse. Bei einigen Stücken ist die Autorschaft bis heute heftig umstritten: Stammt Marlowes »Edward II.« in Wahrheit von Shakespeare oder Shakespeares »Richard III.« in Wahrheit von Marlowe? Gibt es überhaupt eine Trennlinie?

»Richard II.« und sogar »Richard III.« stammen laut verschiedener Experten mit an Sicherheit grenzender Wahrscheinlichkeit von Marlowe (s. S. 198). Der leidenschaftliche Liebhaber, der in den Sonetten als Ich-Erzähler und Autor auftritt, passt mit seinem großartigen Witz und seiner verspielten, grandios unkonventionellen Lyrik hervorragend zum jungen Marlowe. Andere biografische Elemente deuten auf eine spätere Phase hin, was für einen gereifteren Marlowe alias Shakespeare aus einem späteren Lebensabschnitt spricht.

Es gibt zwischen den Werken von Marlowe und den Frühwerken Shakesperes geringe stilistische Unterschiede, die keineswegs gegen Marlowe als Urheber sprechen, allein schon, weil sie mit seiner mächtigen inneren geistigen Entwicklung und den sich verändernden äußeren Lebensumständen erklärbar werden können.

Zahlreiche sehr ähnliche thematische Anliegen (zum Beispiel die häufige ironische Suche nach Erkenntnis, die Enttäuschungen und Zerstreuungen durch die Liebe, der drohende Tod) bei Marlowe und Shakespeare sind augenfällig und kaum zu übersehen. Experten[69] haben früh massive Ähnlichkeiten zwischen »Der Kaufmann von Venedig« und der »Der Jude von Malta« beschrieben, andere haben Marlowes mächtigen Einfluss auf frühe Stücke, wie »Titus Andronicus«, »Heinrich VI.«, »Die lustigen Weiber von Windsor«, »Richard III.«, »Macbeth«, »Hamlet« und andere herausgearbeitet. Charaktere wie »Richard III.«, »König Lear«, »Timon von Athen«, »Coriolanus« und andere scheinen wie die Weiterentwicklung früherer himmelstürmender Charaktere von Marlowe wie »Tamerlan«, »Doktor Faustus« oder Barrabas, »Der Jude von Malta«.

---

[69] Vgl. Arthur Wilson Verity: The Influence of Christopher Marlowe on Shakespeare's earlier Style, Cambridge 1886; Onlineversion: http://www.archive.org/stream/influenceofchrisooveri#page/n5/mode/2up, aufgerufen am 19.1.2011.

Marlowes zeithistorisches Stück »Edward II.« entspricht prototypisch allen zeitgeschichtlichen Stücken Shakespeares. Die Marlowe zugeschriebene Version »The true Tragedy of Richard, Duke of York (1595)« ist die frühe Version von »Heinrich VI.« (Teil 3). Das Auffallende dieser frühen Version ist, dass bereits alle Grundelemente des Stückes vorhanden sind: Die gesamte Tragödie ist bereits entwickelt, die endgültige Figur Richard II. ist bereits fertig, sogar die schrecklichen Szenen mit dem Vater, der seinen Sohn getötet hat, und dem Sohn, der seinen Vater getötet hat, sind in der Marlowe-Version vorhanden.

Auch »Tamerlan« hat einen erkennbaren gemeinsamen Nenner mit den historischen Shakespeare-Stücken. In »Tamerlan« erkennt man bereits Marlowes Neigung, mit historischen Fakten nach Belieben umzugehen. Bei der Darstellung von Geschichte ist alles so weit erlaubt, soweit es der Bühne dient. Tamerlan hat so wenig mit der geschichtlichen Figur des Timur Lenk gemeinsam wie Antony mit dem historischen Antonius, dem Mörder von Cicero. Derartige Parallelen im sorglosen Umgang mit der Darstellung von Geschichte bei Marlowe und Shakespeare sind höchst auffällig.

Oft ist die Ausdrucksweise Shakespeares der von Marlowe so ähnlich, dass es nur zwei plausible Erklärungen dafür gibt: Entweder hat Shakespeare massiv von Marlowe abgeschrieben (s. Kap. 8 und 9) oder sie waren ein und dieselbe Person. Eine dritte Möglichkeit, dass beide zusammengearbeitet hätten, wie Experten oft formuliert haben, erscheint eher wie eine angestrengte Hilfskonstruktion, wie eine verlegene Notlösung.

Zwei Beispiele:

Shakespeare: WIE ES EUCH GEFÄLLT (Akt 3, Szene 5)	Marlowe HERO AND LEANDER (Zeile 176)
»Whoever lov'd that lov'd not at first sight?«	»Whoever lov'd that lov'd not at first sight?«
DIE LUSTIGEN WEIBER VON WINDSOR (ca. 1600)	DER VERLIEBTE SCHÄFER (vor 1593)
»To shallow rivers to whose falls Melodious birds sing madrigals; There we make our beds of roses And a thousand fragrant posies.«	»By shallow rivers, to whose falls Melodious birds sing madrigals. And I will make the beds of roses, And a thousand fragrant posies.«

Zahlreichen anderen Ähnlichkeiten zwischen Shakespeares und Marlowes

Werken (wie zum Beispiel zwischen »Verlorene Liebesmüh« und »Doktor Faustus«) ist bisher auffallend wenig Aufmerksamkeit geschenkt worden.

So muss es beispielsweise mehr als einen Zufall darstellen, wenn in Marlowes »Doktor Faustus« die Zeilen über Helene von Troja in »Troilus und Cressida« wieder auftauchen.

Doktor Faustus (Marlowe):

> »*Was this the face that launched a thousand ships/ And burnt the topless towers of Ilium?*«

Troilus und Cressida (Shakespeare):

> »*Why, she is a pearl,/Whose price hath launch'd above a thousand ships,/ And turn'd crown'd kings to merchants.*« (II/2)

T. C. Mendenhall unternahm 1887 erstmals systematisch den Versuch von stilistischen Vergleichsuntersuchungen. So untersuchte er die Häufigkeit des Gebrauchs von Worten unterschiedlicher Länge in den Werken als ein Identifikationsmerkmal, als sogenannten »Fingerabdruck« einzelner Autoren[70]. Um dies zu erreichen, zählte er die Anzahl aller verwendeten Worte mit einem Buchstaben, mit zwei Buchstaben, mit drei Buchstaben und so weiter in einem Text, berechnete die prozentuale Häufigkeit jeder Wortlänge pro definierter Textlänge (zum Beispiel 1000 Worte) und stellte die Ergebnisse als Grafik dar. Die Auswertung ergab, dass die prozentuale Häufigkeit der aufgetretenen Wortlängen nicht nur sehr konstant blieb, sondern dass sie für jeden Autor charakteristisch war. Im Jahr 1901 beauftragte der wohlhabende August Hemingway aus Boston, der von den Untersuchungen gehört hatte und Francis Bacon für den wahren Shakespeare hielt, Mendenhall mit der neuen Methode, Texte verschiedener Autoren, einschließlich der Werke von Marlowe, zu analysieren.

Mendenhall konnte mit der finanziellen Unterstützung von Hemingway zwei Frauen akquirieren, die nun Millionen von Wortlängen in den unterschiedlichen Texten zählten. Anders als Hemingway erwartet hatte, unterschied sich die durchschnittliche Wortlängenhäufigkeit bei Shakespeare und Bacon erheblich (wobei zu bedenken ist, dass er die Texte von Shakespeares Blankversen und von Bacons Prosa verglich, die zwei sehr unterschiedlichen literarischen Genres zuzurechnen sind).

[70] T. C. Mendenhall: The characteristic curves of composition, in: *Science*, Vol. IX, Nr. 214 (1887), S. 237–249;
Ebd.: A mechanical solution of a literary problem, in: The Popular Science Monthly, Band 60, Nr. 7 (1901), S. 97–105.

Alle anderen zunächst untersuchten zeitgenössischen Dramatiker und Dichter gebrauchten signifikant mehr Dreibuchstabenworte als Shakespeare, der Vierbuchstabenworte häufiger verwendete als allen andere. Nach einer gewissen Zeit war Mendenhall an Hand der ausgewerteten Statistiken ihm nicht bekannter Texte in der Lage, Shakespeare als Autor vorherzusagen. Als seine Mitarbeiterinnen damit begannen, auch die Texte von Marlowe auszuwerten, erkannte er, dass die für Shakespeare typischen Kurven mit denen von Marlowe praktisch deckungsgleich waren:

> »*It was in the counting and plotting of the plays of Christopher Marlowe, however, that something akin to a sensation was produced among those actually engaged in the work. Here was a man to whom it has always been acknowledged, Shakespeare was deeply indebted; one of whom able critics have declared that he ›might have written the plays of Shakespeare.‹ (...) Even this did not lessen the interest with which it was discovered that in the characteristic curve of his plays Christopher Marlowe agrees with Shakespeare about as well as Shakespeare agrees with himself, as is shown in Fig. 9.*«[71]

Dass sich Marlowes frühe Sprache und früher Stil (zum Beispiel in »Dido, Königin von Karthago« und »Tamerlan«) erkennbar von späteren Werken unterscheiden, ist zu erwarten. Dies haben Shakespeare-Experten zu der Aussage missbraucht, dass es sich um unterschiedliche Autoren handelt. Spezielle Stilelemente muss man in Beziehung zu dem vermeintlichen Zeitpunkt der Abfassung, und zum Alter und dem damit verbundenen Reifungsprozess des Autors, setzen. Die Deduktion der Grundthese dieses Buches (Marlowe und Shakespeare sind identisch) ist dann erlaubt, wenn sich bei Berücksichtigung der Kenntnis von Lebensalter zwischen der Entstehung des jeweiligen Stücks und Stilelementen eine positive Korrelation einstellt.

Peter Farey griff die alten Studien von Mendenhall wieder auf, da sich inzwischen mit entsprechenden Computerprogrammen formale Wort- und Stilanalysen viel schneller und einfacher als früher auswerten lassen.[72] Auch hatte Mendenhall weder das Alter der Autoren berücksichtigt noch die Textgenres (Komödien, Tragödien etc.) einzeln untersucht. Peter Farey dagegen verglich nur Shakespeares Historiendramen und Tragödien mit denen von Marlowe, da Marlowe keine Komödien geschrieben hatte. Farey kam an Hand seiner Ergebnisse zu dem Schluss, dass die Übereinstimmung zwischen Shakespeare und Marlowe statistisch größer war als zwischen irgendwelchen anderen zeitgenössischen Dichtern.

---

[71] Ebd., S. 225.
[72] Peter Farey: Hoffman and the Authorship, siehe: http://www2.prestel.co.uk/rey/hoffman.htm, aufgerufen am 19.1.2011.

Das ist bemerkenswert, da die Farey'sche Methodik reproduzierbar und statistisch robust ist. Shakespeare-Experten haben diese Ergebnisse weitgehend negiert und die Ergebnisse damit erklärt, dass Shakespeare am Beginn seiner dichterischen Laufbahn Marlowe imitiert hätte.

Auch Daryl Pinksen zählte die Worte von 21 Shakespeare-Stücken und druckte die Kurven für alle einzelnen Stücke und eine Durchschnittskurve übereinander.[73]

Die Kurven für die Wörter mit drei und vier Buchstaben mit bei unterschiedlichen Dramen größerer Streuung zeigten zweierlei: Erstens: Die bemerkenswerten Ergebnisse von Mendenhall und Farey, die 70 Jahre auseinanderlagen, sind kongruent und exakt reproduzierbar. Zweitens: die Wahrscheinlichkeit, dass zwei Dichter und Dramatiker, trotz individueller Streuung der Kurven pro jeweiligem Stück, zu praktisch identischen Durchschnittskurven gelangen, ist extrem niedrig.

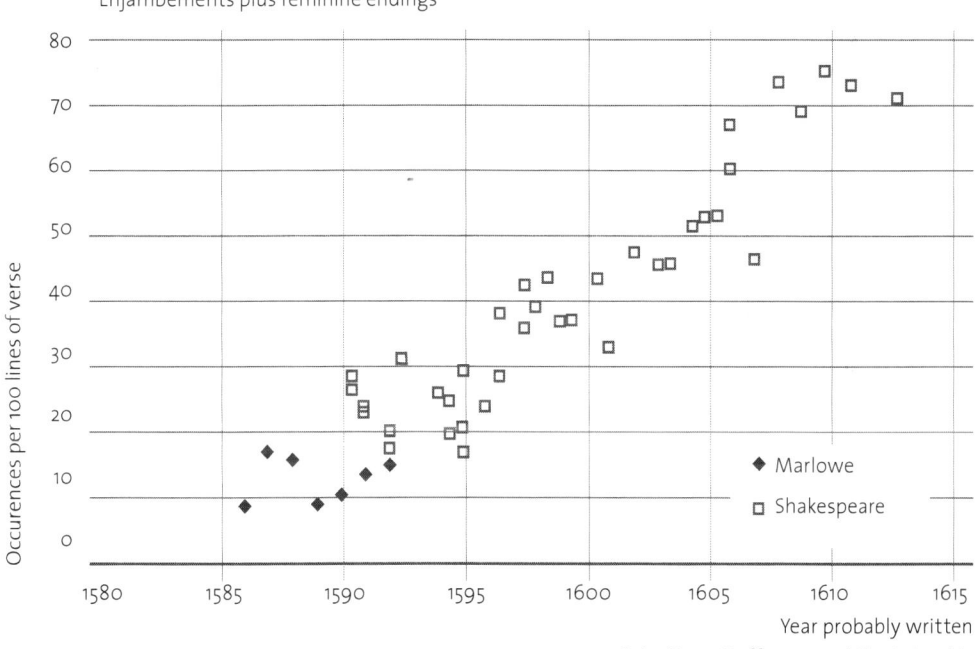

Auftretenshäufigkeit von Zeilensprüngen (Enjambements) in Relation zum Entstehungsjahr einzelner Theaterstücke bei Marlowe und Shakespeare

[73] Daryl Pinksen, Marlowe's Ghost: The Blacklisting of the Man Who Was Shakespeare, Bloomington 2008.

Peter Farey verglich auch die Anzahl von Zeilensprüngen pro 100 Verszeilen (»enjambement«[74]) in den Theaterstücken Marlowes und Shakespeares, die er gegen den Zeitpunkt (Jahr) der Abfassung jedes Theaterstücks aufgrund von Expertenmeinung auftrug. Unter einem Zeilensprung versteht man das Übergreifen oder das Weiterführen eines Satzes und seines Sinnzusammenhangs über die Versgrenze auf die nächste Zeile (auch Versabbrechung), wodurch die Monotonie eines Versmaßes, die sonst im Zeilenstil Satz und Vers vereint, aufgelockert wird.

Bei schlechter zu quantifizierenden Unterschieden, die sich vor allem an vielen Stellen bei Inhaltlichem ergeben, lässt sich argumentieren, dass solche Unterschiede in einem gewissen Ausmaß unter der Annahme vorhersagbar sind, dass Marlowe in seinem Leben wohl erheblichen Veränderungen ausgesetzt war.

Dass sich der dichterische Stil Marlowes nach 1593 zu dem Stil Shakespeares weiterentwickelt hat, bleibt umso mehr plausibel, als der Stil des frühen »Shakespeare« mit dem Stil Marlowes außerordentlich verwandt ist.[75]

Für den Autor dieses Buches stellte die fareysche Grafik eines linearen Anstiegs des Enjambements über die Reifung einer Persönlichkeit einen der frappantesten und wissenschaftlich signifikantesten »Beweise« dar, dass Shakespeare aus Marlowe hervorgegangen sein muss.

---

[74] Also des Übergreifens eines Satzes auf die nächste Verszeile mit Weiterführung des Sinnzusammenhangs über die Versgrenze hinaus (sogenanntes Enjambement), siehe auch: Peter Farey: Hoffman and the Authorship, siehe: http://www2.prestel.co.uk/rey/hoffman.htm, aufgerufen am 19.1.2011.
[75] J. Bate: Soul of the Age: A Biography of the Mind of William Shakespeare, New York 2006.

7. Marlowes Schicksal in Shakespeares Sonetten

Die Wirkungsgeschichte

Kein Werk der Weltliteratur, außer die Bibel, wurde – glaubt man den Enzyklopädien – häufiger ins Deutsche übersetzt als die shakespeareschen Sonette.[1] Mehr als 200 deutsche Übersetzer sollen sich seit dem 18. Jahrhundert daran versucht haben. W. H. Auden (1965) schreibt über die Wirkungsgeschichte der Sonette, dass über kein Werk mehr Unsinn geschrieben worden sei.[2] (Man muss Herrn Auden, zumindest aus heutiger Sicht, in den Kreis dieser Unsinnschreiber einbeziehen.)

Seine Bemerkung zielt auf die unendliche Debatte, welche realen Personen mit den in den Sonetten Auftretenden gemeint sein können, und speziell auf die Frage, wer sich hinter »Mr. W. H.«[3] auf der kryptischen Widmungsseite verbirgt, den der Herausgeber Thomas Torpe (TT) zugleich als den Erzeuger der Sonette bezeichnet: »*TO. THE. ONLIE. BEGETTER*«. Angesichts massiver Evidenzen kann niemand bestreiten, dass die Sonette von der gleichen Person stammen müssen, die auch die shakespeareschen Dramen verfasst hat. Bestritten wird allerdings, dass Shakspere aus Stratford diese Person war.

Dieses Kapitel will anhand einer Analyse und Interpretation von ausgewählten Sonetten aufzeigen, dass die Sonette eigentlich nur der Feder Christopher Marlowes entstammt sein können. Die Sonette enthalten eindrückliche biografische Informationen, die nur mit dem Schicksal von Christopher Marlowe alias Shakespeare und nicht mit dem von Shakspere vereinbar sind. Die Qualität und Quantität der aufgezeigten Analogien übersteigen in astronomischem Maß jede Zufallswahrscheinlichkeit.

Wenn Christopher Marlowe der Autor der Sonette war, dann muss er auch als der Autor der shakespeareschen Dramen erkannt werden. Zu diesem Schluss kam 1923 bereits Archie Webster, der in »The National Review« eine

---

[1] Internet Shakespeare Editions: The Sonnets, Quarto 1 (1609), siehe: http://internetshakespeare.uvic.ca/Library/facsimile/book/UC_Q1_Son/1/?size=large&view_mode=normal&content_type=, aufgerufen am 19.1.2011.
[2] W. H. Auden, Lectures on Shakespeare, Princeton 2000.
[3] Internet Shakespeare Editions: The Sonnets, Quarto 1 (1609), siehe: http://internetshakespeare.uvic.ca/Library/facsimile/book/UC_Q1_Son/1/?size=large&view_mode=normal&content_type=, aufgerufen am 19.1.2011.

erste fundierte Hypothese von Marlowe als Autor der Sonette formulierte.[4] Sie konnte allerdings wegen des längst etablierten Shakespeare-Mythos keinerlei Resonanz mehr finden.

> »(...) my investigation convinces me that Will Shakspere, of Stratford, who was scarcely able to sign his name to legal instruments, was not the author of even the meanest of the apocryphal plays. His role, I think, was to contribute the use of his name and to remain out of sight and hearing of the London literati, which he seems to have done to perfection. (...) my conclusion that Marlowe, reported dead in 1593, not only lived to see the sonnets printed in 1609, but was alive to make many revisions of the plays that appeared in the first folio, 1623. Such plays as Othello (1622); King John (1591–1622); Richard III (1597–1622) and others seem to have been substantially altered and revised within the years preceding the folio of 1623.«

Das Manuskript zu »Shake-speares Sonnets«[5] wurde am 20. Mai 1609 bei der »Stationers' Company« unter »*Tho. Thorpe. Entred for his copie under the hands of master Wilson and master Lownes Wardenes*« zum Druck eingereicht und durch George Eld für Thomas Thorpe (T. T.) gedruckt. Der durch den Bindestrich verfremdet wirkende Name auf dem Titelblatt kann nicht ohne Bedeutung sein.

Die Mehrzahl der Sonette dürfte zwischen 1593 und 1600 geschrieben worden sein. Sie stammen aus verschiedenen Lebensabschnitten, die nicht einer einzigen, sondern ohne Zweifel verschiedenen Personen zugedacht waren und 1609 in einem Büchlein für ein Lesepublikum neu arrangiert wurden.[6]

In den ersten 17 Sonetten dürfte Henry Wriothesley, Earl of Southampton, angesprochen sein, zu dessen 17. Geburtstag sie verfasst wurden. Ihm wurden auch die beiden ersten Werke Shakespeares, »Venus und Adonis« (1593) und »Lucretia« (1594), gewidmet.

William Cecil, der Vormund von Henry Wriothesley, gab diese 17 Sonette in Auftrag – ähnlich wie »Venus und Adonis« und »Narcissus« (s. S. 308 f.). Sie waren zur Bestärkung und »literarischen« Unterstützung der Vermählung seines Ziehsohnes Henry Wriothesley mit seiner Enkelin gedacht. Cecil muss sehr an der Heirat und Gründung einer Familie gelegen haben. Diese 17 Sonette werden auch als sogenannte »*procreation sonetts*« bezeichnet.

Als weitere in den Sonetten angesprochene Personen galten William Her-

---

[4] Archie Webster: Was Marlowe the man?, siehe: http://www2.prestel.co.uk/rey/webster.htm, aufgerufen am 19.1.2011.

[5] Internet Shakespeare Editions: The Sonnets, Quarto 1 (1609), siehe: http://internet-shakespeare. uvic. ca/Library/facsimile/book/UC_Q1_Son/1/?size=small&view_mode= normal&content_type=, aufgerufen am 19.1.2011.

[6] Dolly Walker-Wraight: The story that the Sonnets tell, London 1994.

bert, ein gewisser William Hatcliffe und besonders Thomas Walsingham, Marlowes Schutzpatron, der ihn während seiner Zeit im Exil unterstützte und dem Marlowe verpflichtet war. Dass Henry Wriothesley und William Herbert kaum angesprochen sein können, ist damit begründbar, dass man diese Personen aus dem Hochadel nie hätte mit »M^r. [Master] W. H.« anreden können.

Die in den Sonetten vorkommenden Personen, der lyrische Sprecher selbst (der Autor), ein anfangs junger (später älterer) Freund, eine »dunkle« Geliebte, ein Dichterrivale und andere waren sicher reale historische Personen. Die Tatsache, dass es bisher nicht möglich war, inhaltliche Aspekte der Sonette mit Shakspseres Leben auch nur ansatzweise in Übereinstimmung zu bringen, hat zahlreiche Experten zu der abwegigen Ansicht verleitet, die Sonette dokumentierten nichts Biografisches, sondern stellten mehr oder weniger eine rein dichterische Fiktion dar.

Wenn eine Minderheit von Experten den in der Zueignung angesprochenen »The ONLIE. BEGETTER« nicht als den Autor (Urheber der Gedichte) erkennen konnte, so vor allem deswegen, weil nie eine Verbindung zwischen einer Person mit den Initialen W. H. und Shakspere hergestellt werden konnte. Donald W. Foster kam nach einer eingehenden Analyse[7] der Zueignung der Sonette im Jahr 2001 zu der Überzeugung, dass Shakspere nicht der Autor der Sonette gewesen sein muss:

> *»... the author of the ensuing sonetts? One hypothesis, which I leave for others to expound, is that Shakespeare was not the author of SHAKE-SPEARES Sonnets.«*

Dass Marlowe ab Juni 1593 unter fremdem Namen lebte und die Öffentlichkeit annahm, dass die Sonette 1609 von einem Dichter namens William Shakespeare verfasst wurden, könnte bedeuten, dass Thomas Thorpe durch die Wiederverwendung der Widmungsinitialen W. H. von Shakespeares Erstlingswerk »Venus und Adonis« und »Lucretia« (Henry Wriothesley) die Irreführung aus der Vergangenheit (1593) fortsetzen wollte.

Das höchst merkwürdige Sonett 135 mit dem Wortspiel um einen »Will« (William) besitzt ohne Zweifel eine tiefe metaphorische Bedeutung. Es weist innerhalb von 14 Zeilen 14 Mal auf den Begriff oder den Namen »Will« hin. Dieses Wortspiel wird besonders an den Stellen deutlich, wo er mit der »Kleinschreibung« von »will« auf seine »verborgene« beziehungsweise »fragwürdige« Situation hinweisen will (»*to hide my will*«, »*shall will in others seem right gracious*«, »*in my will no fair acceptance shine?*« etc.) Der Autor weist den Leser zugleich darauf hin, dass er ihn irritieren will, indem er zu Will

---

[7] Donald W. Foster Master: »Master W. H., R. I. P.«, in PMLA (Journal of the Modern Language Association of America), Nr. 102 (1987), S. 42–54.

etwas »hinzufügt« (einen fremden Nachnamen?) (»*I that vex thee still, To thy sweet will making addition thus*«).

Das Sonett 135 lässt erkennen, dass es mit dem Autor der Sonette Mr. W. H. und dessen Namen und Titel eine besondere Bewandtnis hat, die für Marlowe/alias Shakespeare unmittelbar offensichtlich wird, nicht aber für Shakspere (siehe insbesondere Kap. 11).

Sonnet 135:[8]

Whoever hath her wish, thou hast thy Will,
And Will to boot, and Will in overplus;
More than enough am I that vex thee still,
To thy sweet will making addition thus.
Wilt thou, whose will is large and spacious,
Not once vouchsafe to hide my will in thine?
Shall will in others seem right gracious,
And in my will no fair acceptance shine?
The sea all water, yet receives rain still
And in abundance addeth to his store;
So thou, being rich in Will, add to thy Will
One will of mine, to make thy large Will more.
Let no unkind, no fair beseechers kill;
Think all but one, and me in that one Will.

Marlowes Leben in den Sonetten

Die Widmung

Die überaus kryptisch gehaltene Anordnung des Zueignungstextes der Sonette lässt es so aussehen, als ob mit dem »Adventurer« der Verleger Thomas Torpe (T. T.) gemeint wäre, der das Wagnis (Risiko) der Drucklegung der Sonette auf sich nahm.

Wenn man (nach Peter Farey[9]) das »Gedicht« an der einzig sinnvollen Stelle zwischen »W. H.« und »ALL« trennt und die Texte vor und nach »WISHETH« in eine »normalere« Reihenfolge umstellt, wird die Widmung, die »T. T.« weiterreichen will, deutlicher. Bereits die ungewöhnliche Interpunktion macht begreiflich, dass sich hinter der Anordnung der Zeilen und des Textes eine Botschaft verbirgt, die es zu enträtseln gilt.

[8] Internet Shakespeare Editions: The Sonnets, Quarto 1 (1609), Sonett 135, siehe: http://internetshakespeare.uvic.ca/Library/facsimile/book/UC_Q1_Son/1/?size=small&view_mode=normal&content_type=, aufgerufen am 19.1.2011.

[9] Peter Farey: Hoffman and the Authorship, siehe: http://www2.prestel.co.uk/rey/hoffman.htm, aufgerufen am 19.1.2011.

Die Inhalte der Sonette lassen sich autobiografisch nur verstehen, wenn man die Texte – wie nachfolgend dargestellt – unter der Annahme analysiert, dass sie tatsächlich von dem unter neuer Identität und Namen lebenden Christopher Marlowe geschrieben wurden. Die Sonette reflektieren dann plötzlich exakt das, was Marlowe im Leben in der Namenlosigkeit, im Exil passiert sein muss, und widersprechen der Annahme, dass Shakespeare mit Shakspere identisch gewesen sein kann.

Wesentlich ist, dass jedes Sonett viel direkter und unmittelbarer zum Ausdruck bringt, was es meint, das heißt, Shakespeare muss viel unmittelbarer beim Wort genommen werden und die Zeilen müssen viel wörtlicher verstanden und interpretiert werden. Die »Sekundärbedeutungen«, die in die zahllosen deutschen Texte »hineinübersetzt« wurden, mussten in zum Teil grotesker Manier wegen fehlender biografischer Quellen erdacht werden.

Wenn beispielsweise »*The coward conquest of a wretch's knife*« (Sonett 74) als »vom feigen Sensenmanne auserkoren« übersetzt wird, so kommt der englische Text dem Inhalt ungleich näher. Im wahrsten Sinne den Wortes kennzeichnet »*My outcast state*« (Sonett 29) einen ausgestoßenen Zustand, charakterisiert »*His name receives a brand*« (Sonett 111) eine reale Brandmarkung seines Namens, die des Dichters Reputation dauerhaft beschädigte.

Wenn man die Zeile »*Above a mortall pitch, that struck me dead?*« (Sonett 86) nicht wörtlich nimmt, kommen erstaunliche, zum Teil völlig abgehobene Übersetzungen heraus, wie zum Beispiel: »auf höchsten Höhn, der mich verstummen ließ?« (Markus Marti[10]) oder »*Weit über Menschenhöh, was mich zerhieb?*« (Stefan George).

Aus der Zeile »*Which vulgar scandall stampt vpon my brow*« (Sonett 112), die den vorgetäuschten Tod Marlowes durch einen Messerstich über dem rechten Auge darstellen dürfte, wird »das der Skandal mir auf die Stirn gepresst«. Aus »*Hence, thou suborned informer! a true soul, When most impeached, stands least in thy control*« (Sonett 125) wird »Du: fieser Spitzel, weg! Die treue Seele hört in Bedrängnis nicht mehr auf Befehle«.

Das tragische Schicksal Marlowes spiegelt sich in zahlreichen Sonetten wider. Ich kann gegenwärtig keine besseren oder auch nur annähernd gleichwertigen, in sich geschlossenen logischen Analogien erkennen.

Bereits der von Marlowe (alias Shakespeare) geschätzte und häufig zitierte Poet Ovid[11] hat in seinen »Tristia« – sozusagen als Therapie – die Härte des

---

[10] William Shakespeare: Sonette. Übersetzt von Markus Marti, siehe: http://pages.unibas.ch/shine/sonetteMM.htm, aufgerufen am 19.1.2011.

[11] Die von Marlowe aus dem Lateinischen übersetzten Ovidschen Liebesgedichte »Amores« wurden 1596 von der katholischen Kirche auf den Index gesetzt.

```
TO.THE.ONLIE.BEGETTER.OF.         TO.THE.ONLIE.BEGETTER.OF.
THESE.INSVING.SONNETS.            THESE.INSVING.SONNETS.
Mr.W.H. ALL.HAPPINESSE.           Mr.W.H.
AND.THAT.ETERNITIE.
PROMISED.                         THE.WELL-WISHING.
BY.                               ADVENTVRER.IN.
OVR.EVER-LIVING.POET.             SETTING.
WISHETH.                          FORTH.
THE.WELL-WISHING.                 WISHETH.
ADVENTVRER.IN.                    ALL.HAPPINESSE.
SETTING.                          AND.THAT.ETERNITIE.
FORTH.                            PROMISED.
                                  BY.
              T.T.                OVR.EVER-LIVING.POET.
```

Neuanordnung des Widmungstexts der Sonette (1609), rechts nach Peter Farey

Exils in Tomis am Schwarzen Meer beschrieben – und damit ein Meisterwerk geschaffen.

In auffallender Analogie zu Ovid muss auch Marlowe sein erzwungenes Exil (unter anderem auf dem Kontinent) dazu verwendet haben, seine Verzweiflung und seine Einsamkeit künstlerisch zu verarbeiten und subtile Meisterwerke zu schaffen.

Interpreten der Sonette machten immer wieder den Fehler anzunehmen, dass nur eine einzige und immer die gleiche Person in den Sonetten angesprochen werde. Die Sonette sind aber zu verschiedenen Zeiten an verschiedene Personen adressiert und zur Drucklegung arrangiert worden.

Exkurs: A Lover's complaint

Neben den Sonetten enthält das Büchlein »Shake-Speares Sonnets« (1609) die poetische Erzählung »A Lover's Complaint«[12], das aus 47 siebenzeiligen Versen mit dem Reimschema ababbcc (wie »Lucretia«) besteht. Viele Experten schätzen dieses Reimschema nicht und mögen es dem Genie Shakespeare deshalb nicht zuordnen, weshalb manche anzweifelten, dass dieses Stück überhaupt Shakespeares Hand[13] entstammt, während andere es als sein frühestes

---

[12] Shakespeare's Sonetts, an A Lover's Complaint, Oxford 1907, S. 83; Onlineversion: http://www.archive.org/stream/cu31924013143544#page/n111/mode/2up, aufgerufen am 19.1.2011.

[13] Vgl. J. M. Roberston: Shakespeare and Chapman; a thesis of Chapman's authorship of

Erstlingswerk bezeichneten. Einige Experten dagegen bezeichnen es auch als hervorragend, was zum wiederholten Mal zeigt, wie weit hier die Meinungen auseinanderliegen.

Was spricht gegen die Annahme, dass »Eines Liebenden Klage« (A Lover's Complaint) ein zuvor nie veröffentlichtes Frühwerk Marlowes ist, in dem die Genialität eines späteren Shakespeare bereits zu erahnen ist?

Angst, Lebensbedrohung, Verhaftung, vorgetäuschte Tötung

Archie Webster gelangte – wie erwähnt – bereits 1923 zu der Überzeugung, dass nicht Shakspere, sondern Marlowe der Autor der Sonette gewesen sein müsse. (Der Coroner's Report mit dem »vermeintlichen« Todeshergang[14] wurde erst zwei Jahre später (1925) entdeckt.)

Die außergewöhnliche Lebenssituation Marlowes ist in den Sonetten in besonderem Maß reflektiert und erkennbar. Sie durchzieht in so deutlichem Ausmaß auch verschiedene zeitgenössische Werke wie »Polimantea« (s. S. 535 ff.), »Willobie« (s. S. 522 ff.), »Fidessa« und viele andere (siehe insbesondere Kapitel 11), dass die Annahme begründet ist, dass die Sonette eigentlich nur von Marlowe alias Shakespeare stammen können.

Zahlreiche Sonette machen deutlich, wie groß Marlowes Angst vor der drohenden Verhaftung und Folter auf der Streckbank war, die seinem unmittelbar beteiligten Dichterfreund Thomas Kyd widerfuhr, und reflektieren eindeutig seine Vorladung vor den Kronrat, seine Todesbedrohung und den »Ausweg« durch einen vorgetäuschten Tod.

Sonett 33:

> »*Anon permit the basest cloudes to ride,*
> *With ougly rack on his celestiall face*«

Sonett 68:

> »*To live a second live on second head*«

Sonett 73:

> »*A few do hange upon those boughs* [Galgen]
> *which shake against the could*«

»A lover's complaint«, and his origination of »Timon of Athens«, London 1917; Onlineversion: http://www.archive.org/stream/shakespeareandchoorobeuoft#page/n5/mode/2up, aufgerufen am 19.1.2011.

[14] J. Leslie Hotson: The Death of Christopher Marlowe, London 1925, Onlineversion: http://www.archive.org/stream/deathofchristoph008072mbp#page/n9/mode/2up, aufgerufen am 19.1.2011.

Sonett 74

>*»So then thou hast but lost the dregs of life,*
The prey of worms, my body being dead,
The coward conquest of a wretch's knife,
Too base of thee to be remembered (...)
But be contented when that fell arrest
Without all bail shall carry me away«

Sonett 86:

>*»Aboue a mortall pitch, that struck me dead?«*

Sonett 107:

>*»Not mine own fears nor the prophetic soul*
Of the wide world dreaming on things to come
Can yet the lease of my true love control,
Supposed as forfeit to a confined doom.«

Sonett 112:

>*»That all the world besides me thinkes y'are dead.«*

Leben im Exil, Verbannung, Flucht, Versteck, Reisen, Trennung

Zahlreiche Sonette thematisieren Marlowes Verbannung und Emigration, beschreiben weite Reisen im Exil, Flucht, Verborgenheit und Bedrohung, das Leben im Untergrund, das er ab dem 31. Mai 1593 führte.

Sonett 26:
>*»Til then, not show my head«*

Sonett 28:
>*»The one by toil, the other to complain*
How far I toil, still farther off from thee«

Sonett 29:
>*»I all alone beweepe my out-cast state«*

Sonett 30:
>*»For precious friends hid in deaths dateles night,«*

Sonett 33:
>*»And from the forlorne world his visage hide«*
>*»Stealing vnseene to west with this disgrace:«*

Sonett 39:
> *»Even for this let us divided live,*
> *And our dear love lose name of single one,*
> *That by this separation I may give*
> *That due to thee which thou deserv'st alone*
> *And that thou teachest how to make one twain,*
> *By praising him here who doth hence remain.«*

Sonett 44:
> *»For then, despite of space, I would be brought,*
> *From limits far remote, where thou dost stay.«*

Sonett 61:
> *»Is it thy spirit that thou send'st from thee*
> *So far from home into my deeds to pry«*

Sonett 71:
> *»Give warning to the world that I am fled*
> *From this vile world with vildest wormes to dwell:«*

Sonett 97:
> *»How like a winter hath my absence been*
> *From thee, the pleasure of the fleeting year!«*

Sonett 98:
> *»From you have I been absent in the spring«*

Sonett 109:
> *»Though absence seem'd my flame to quallifie,*
> *As easie might I from my selfe depart, (…)*
> *Like him that trauels I returne againe,*
> *Iust to the time, not with the time exchang'd,«*

Schande, Ungnade, Blamage, Schändung, Ehrverlust, Skandal, Schandfleck, Brandmarkung, Lähmung, Anklage, Auslöschung, Tücken des Lebens

Das erzwungene Leben im Verborgenen, im Exil und die nach außen verbleibende »literarische Existenz« unter dem Decknamen Shake-speare muss für Christopher Marlowe zu einer schier unerträglichen Bürde geworden sein, die er sich so drastisch wohl nicht vorgestellt hatte, als in sehr großer Eile die lebensrettende Entscheidung getroffen wurde, seinen Tod vorzutäuschen und seine Identität aufzugeben (siehe Kapitel 5).

Sonett 25:
> »is from the booke of honour rased quite,
> And all the rest forgot for which he toild:«

Sonett 26:
> »And in them-selues their pride lies buried,
> For at a frowne they in their glory die.«

Sonett 29:
> »When in disgrace with Fortune and mens eyes,
> I all alone beweepe my out-cast state«

Sonett 33:
> »Stealing vnseene to west with this disgrace:«

Sonett 34:
> »That heales the wound, and cures not the disgrace
> Nor can thy shame give phisicke to my griefe
> Though thou repent, yet I have still the losse«

Sonett 36:
> »So shall those blots that do with me remain,
> Without thy help, by me be borne alone.
> I may not evermore acknowledge thee,
> Lest my bewailed guilt should do thee shame
> Though in our liues a seperable spight«

Sonett 37:
> »So I, made lame by Fortune's dearest spite
> So then I am not lame, poor, nor despised«

Sonett 72:
> »My name be buried where my body is,
> And liue no more to shame nor me, nor you
> For I am shamd by that which I bring forth,«

Sonett 90:
> »Now while the world is bent my deeds to cross
> O, for my sake do you with Fortune chide,«

Sonett 109:
> »So that my selfe bring water for my staine,
> Neuer beleeue though in my nature raign'd,
> All frailties that besiege all kindes of blood,
> That it could so preposterouslie be stain'd,
> To leaue for nothing all thy summe of good:«

Sonett 111:

>»The guilty goddess of my harmful deeds
>Thence comes it that my name receives a brand
>Your love and pity doth th' impression fill«

Sonett 112:

>»Which vulgar scandal stamped upon my brow«

Sonett 121:

>»When not to be, receives reproach of being (...)
>Or on my frailties why are frailer spies (...)
>At my abuses, reckon vp their owne(...)
>My deedes must not be shown«

Sonett 125:

>»Hence, thou suborned Informer, a true soul
>When most impeached, stands least in thy control.«

Leben in der Anonymität und Namenlosigkeit

Wie sehr den souveränen, selbstbewussten Marlowe der Verlust seines Namens und seiner Identität, seine Aufspaltung zwischen leiblicher und literarischer Person und sein Leben in der Illegalität beschäftigt haben müssen, geht unschwer aus zahlreichen Sonetten hervor.

Sonett 25:

>»Let those who are in favour with their stars,
>Of public honour and proud titles boast,
>Whilst I [whom fortune of such triumph bars
>Unlooked for] joy in that I honour most«

Sonett 71:

>»O if (I say) you looke vpon this verse,
>When I (perhaps) compounded am with clay,
>Do not so much as my poore name reherse;«

Sonett 72:

>»My name be buried where my body is,
>And live no more to shame nor me nor you«

Sonett 76:

>»Why write I still all one, ever the same,
>And keep invention in a noted weed,

> *That every word doth almost tell my name,*
> *Showing their birth and where they did proceed?«*

Sonett 81
> *»Your name from hence immortal life shall have,*
> *Though I, once gone, to all the world must die«*

Sonett 111
> *»Thence comes it that my name receives a brand«*

Klage, Leid, Trauer, Betrübnis, Gram, Jammer, Sorge, Kummer, Scheitern, Weinen

Zahlreiche Sonette zeigen eine Vielfalt von negativen Stimmungen und Emotionen, andauernde Sorge über eine schwer zu ertragende Lebenssituation, immer wiederkehrende Verzweiflung, Schwermut und Niedergeschlagenheit. Das lässt nur die Interpretation zu, dass hier Christopher Malowe über sein tragisches Leben nach der Verbannung berichtet – auf Shakspsres Biografie beziehungsweise das Wenige, das wir aufgrund von Quellen über sie wissen, lassen sich diese Sonette nicht beziehen.

Sonett 28
> *»But day doth daily draw my sorrows longer,*
> *And night doth nightly make grief's length seem stronger.«*

Sonett 30
> *»Then can I drown an eye, unused to flow,*
> *(...)*
> *Then can I grieve at grievances foregone,*
> *And heavily from woe to woe tell o'er*
> *The sad account of fore-bemoaned moan,*
> *Which I new pay as if not paid before.«*

Sonett 34:
> *»Nor can thy shame give phisicke to my griefe«*

Sonett 50:
> *»The beast that bears me, tired with my woe,*
> *Plods dully on, to bear that weight in me,*
> *(...)*
> *For that same groan doth put this in my mind:*
> *My grief lies onward, and my joy behind.«*

Sonett 64
> *»When I haue seene such interchange of state,*

Or state it selfe confounded, to decay,
Ruine hath taught me thus to ruminate«

Marlowes Lebensmotto (s. S. 217)

Auf Marlowes Porträt, das im Corpus Christi College in Cambridge entdeckt wurde, steht in lateinischer Sprache die von ihm gewählte Lebensdevise:
»*Quod me nutrit, me destruit.*«
(Was mich ernährt, zerstört mich.)

Es erstaunt nicht, dass dieses Motto auch Einzug in seinen Sonetten – unter anderem in Nr. 73 – gefunden hat, in fast wörtlicher Wiederholung:

Sonett 73
»*In me thou seest the glowing of such fire*
That on the ashes of his youth doth lie,
As the death-bed whereon it must expire,
Consumed with that which it was nourished by.«

Sonette 25–37

Einzelne Sonette, nimmt man sie beim Wort, geben uns einzigartige spezifische Einblicke in das Leben Marlowes (alias Shakespeare).

Ich fragte mich beim Lesen der Sonette immer wieder, warum es bei dem hohen Zuwachs an historischem Faktenmaterial bis heute möglich bleiben konnte, dass die Literaturwissenschaft mit diesen eminent biografischen Texten so ahnungslos umgegangen ist und warum argumentativ hochplausible und signifikante Hypothesen (zum Beispiel von Dolly Walker-Wraight) so gnadenlos ignoriert werden konnten.

Wie konnte man so lange Shakspere aus Stratford hinter den Sonetten vermuten, dessen biografischer Hintergrund zu keiner Zeit mit ihnen vereinbar war, mit Christopher Marlowe jedoch unmittelbar?

Sonnet 25: »From the book of honour rased«

Sonett 25 kann als das erste aus der Gruppe der Sonette erkannt werden, die sich auf Marlowes Exil und seine Anonymität beziehen: Bei Marlowe hatte sich im Mai 1593 – wie bereits dargestellt – unvorhergesehen ein »verhängnisvolles« unerwartetes Schicksal (»*fortune ... unlookt for*«) ereignet, das ihm dauerhaft Anerkennung, öffentliche Ehre und stolze Titel verwehrte (»*Of pu-*

blike honor and proud titles bost, / Whilst I whome fortune of such tryumph bars unlookt for, ioy in that I honour most«). Es ist schwer vorstellbar, wie dieses Sonett interpretiert werden sollte, wenn der Autor nicht den gleichen biografischen Hintergrund wie Marlowe hatte.

Marlowe muss zwischen 1583 und 1593 der Liebling der englischen Aristokratie gewesen sein, bevor er urplötzlich seinen Abschied nehmen musste (»*Great Princes fauorites their faire leaues spread*«). Ab diesem Zeitpunkt (Juni 1593) war seine Ehre, ähnlich wie bei den Ringelblumen, die sich im Angesicht dunkler Regenwolken verschließen, nur noch in ihm selbst, in der verschlossenen Blume, verborgen und nicht mehr in der von der »adeligen« Sonne beschienenen Pracht sichtbar. (»*But as the Marygold at the suns eye, / And in them-selues their pride lies buried.*«)

Diese metaphorische Anspielung auf die Ringelblume (Calendula officinalis, engl. Marygold) in Sonett 25 lässt sich eindrucksvoll mit dem Holzschnittemblem auf dem Titelblatt von Marlowes Versepos »Hero und Leander«[15] (1598) in Verbindung bringen. Das Emblem zeigt zwei sehr unterschiedliche Zustände der Ringelblume, einmal (linke Hälfte) von der Sonne beschienen und voll geöffnet, das andere Mal (rechts) geschlossen und gebeugt unter einem dunklen bewölkten Himmel. Die Bedeutung der Zeilen in Sonett 25 wird durch dieses Bild eindeutig: Dem Eingeweihten sollte das tragische, »zweigeteilte« Schicksal des Dichters zu erkennen gegeben werden. Über der verschlossenen Blume rechts steht auf einem Banner der Spruch »*Non licet exigius*«, nicht zugänglich (verständlich) für den Uneingeweihten.

Die lateinische Zeile zwischen dem Titel »Hero and Alexander« und dem Emblem lautet: »*Ut nectar, ingenium*« (Genie ist wie Nektar). Sie assoziiert Marlowes Genialität mit dem Nektar und erinnert an die Strophe des von Walter Raleigh an Marlowe gerichteten Gedichts »The Nymph's Reply to the Shepherd«, s. S. 193):

> »*The flowers do fade, and wanton fields*
> *To wayward winter reckoning yields:*
> *A honey tongue, a heart of gall,*
> *Is fancy's spring, but sorrow's fall.*«

Raleighs Strophe lässt in eindrucksvoller und durchgehender Metaphorik, ähnlich wie das Ringenblumenemblem, das zweigeteilte Leben Marlowes erkennen. Dem ersten Lebensabschnitt mit Frühling (»*fancy*

---

[15] Es wurde von Georges Chapman um vier Sestiaden erweitert.

spring«) und Sommer (»*wanton fields*«), den Blumen (»*The flowers*«), den üppigen Feldern (»*wanton fields*«), den Erfolgen als Dichter (»*honey tongue*«) und der Ernte (»*fields*«) folgten Herbst (»*fall*«) und Winter (»*winter*«), Verdunklung (*do fade*), Bitternis (*heart of gall*), Launen des Winters (»*wayward winter*«), Sorgen (*sorrows*), der Abrechnung (»*reckoning*«) und des Niedergangs (»*fall*«) etc.

Lateinische Titelzeilen wie »*Ut nectar ingenium*« haben, wie an verschiedenen Stellen dieses Buch aufgezeigt, häufig die Funktion, eine verdeckte, nicht offen aussprechbare Erläuterung zu Dichter und Dichtung abzugeben (siehe »Venus und Adonis«, s. S. 44 ff., »Martyr's Love«, s. S. 131 ff.).

Sonett 25 berichtet von großen dramatischen Erfolgen in der Zeit zwischen 1583 und 1593 (»*After a thousand victories*« – nichts Analoges ist für Shakspere je entdeckt worden), bei denen Marlowe unvorhergesehen einmal strauchelte (»*once foild*«). In einem einzigen Augenblick war sein Ruhm vergangen (»*For at a frowne they in their glory die*«) und er selbst in einer beispiellosen Kampagne von Kirche und Staat mittels eines Informanten einem Rufmord ausgesetzt gewesen, der ihn für immer »aus dem Buch der Ehre ausradierte« (»*Is from the booke of honour rased quite*«). Alles, wofür Marlowe stritt, war vergessen (»*And all the rest forgot for which he toild*«). Es blieb Marlowe/Shakespeare nur der Trost, dass er sich nach seiner Verbannung nicht von seinem Freund entfernen musste und er jetzt nicht mehr entfernt werden konnte, da er ja (durch einen vorgetäuschten Tod) schon entfernt worden war! (»*Where I may not remove, nor be removed*«).

Sonett 25[16]:

> *LEt those who are in favor with their stars,*
> Lass diejenigen, die begünstigt sind von ihren Sternen,
>
> *Of publike honour and proud titles bost,*
> sich mit öffentlicher Ehre und stolzen Titeln brüsten,
>
> *Whilst I whome fortune of such tryumph bars*
> Während Ich, dem das Schicksal solche Triumphe
>
> *Unlookt for ioy in that I honour most;*
> unvorhergesehen verwehrt, mich an dem erfreue, was ich am meisten verehre;
>
> *Great Princes favorites their faire leaves spread,*
> Der Liebling der großen Fürsten bereitet seinen billigen Abgang
>
> *But as the Marygold at the suns eye,*
> Nur noch, wie bei den Ringelblumen im Angesicht der Sonne,
>
> *And in them-selves their pride lies buried,*

[16] Bei diesem wie bei allen folgenden Sonetten wortnahe Übersetzung ohne Anspruch auf poetische Qualität!

Emblem auf der Titelseite von Marlowes »Hero und Leander« (1598): Der Holzstich symbolisiert das zweigeteilte Schicksal Marlowes. Es zeigt eine Ringelblume geöffnet und von der Sonne beschienen (links) und verschlossen bei düsteren Wolken und Regen (rechts).

    liegt in ihnen selbst ihre Ehre begraben,
For at a frowne they in their glory die.
Denn mit einem Stirnrunzeln waren sie in ihrer Pracht verwelkt.

The painefull[17] warrier[18] famosed for worth,
Der erduldende Held, berühmt wegen seiner Exzellenz,

After a thousand victories once foild,
nach tausend Siegen (nur) einmal unterlegen,

---

[17] SOED: »painefulle«: painful, suffering or affected with (physical) pain, 1590.
[18] SOED: »warrier«: warrior, chiefly poet. and rhet. As to applied to the fighting man and heroes of past ages.

Is from the booke of honour rased quite,
wurde komplett ausradiert aus dem Buch der Ehre,
And all the rest forgot for which he toild:
und alles Übrige vergessen, wofür er stritt:
Then happy I that love and am beloved
deshalb glücklich, dass ich lieb' und geliebt werde,
Where I may not remove, nor be remoued.
Wo ich mich nicht entfernen muss und nicht (mehr) entfernt werde.

Die meisten Sonette zeichnen sich dadurch aus, dass es neben einer eher realen, »unmittelbaren« Ebene fast immer eine »zweite« metaphorische Ebene gibt, zwischen denen man hin- und herspringen kann und muss. Hier zum Beispiel die Ebene der Auseinandersetzung, des Kampfes: »*victory*«,« *warrior*«, »*book of honor, glory, foil*«.

Es sei hier zu Beginn der Besprechung einzelner Sonette wiederholt, dass sich Marlowe in den letzten zwei Maiwochen 1593 in akuter Lebensgefahr befand und von seinen Freunden und Gönnern vor der Anklage des Hochverrats und der Inquisition der Star Chamber gerettet werden musste. Marlowe wäre aufgrund der ihn belastenden »häretischen« und »staatsgefährdenden« Dokumente für schuldig befunden worden wie nur Wochen zuvor Henry Barrowe, George Greenwood und John Penry und gehängt worden. Hätte man Marlowe, wie seinen Dichterfreund Thomas Kyd Tage zuvor, gefoltert, wäre nicht kalkulierbar gewesen, was er gegen seine Gönner und Helfer William Cecil, Lord Burghley, und Robert Cecil, Lord Salisbury, Thomas Walsingham, Robert Devereux und andere (?) ausgesagt hätte. Die Gefahr für die Cecils und andere, durch Marlowes Aussagen kompromittiert zu werden, musste unter allen Umständen vermieden werden. Marlowes befristete Belassung auf freiem Fuß (»*on bail*«, siehe Sonett 74) gaben William und Robert Cecil nur wenig Zeit, ihn durch einen inszenierten, vorgetäuschten Tod aus dem Schussfeld zu bringen und vor der Hinrichtung zu retten.

Sonett 26 – »til then, not show my head«

Sonett 26 setzt das in Sonett 25 angedeutete Schicksal Marlowes fort. Die Sonette wurden von ihrem Autor vorrangig verfasst, um mit der adressierten Person zu kommunizieren. Sie tun das äußerst bewegend, wirkungsvoll und authentisch, auch wenn man den realen Hintergrund oder den personalen und situativen Bezug oft nicht kennt oder entschlüsseln kann. Viele Sonette müssen in der Ferne als Versbriefe abgefasst worden sein.

Bis zu einer »noch ungewissen« Zeit (»*Til then*«) glaubt der Dichter in Sonett 26, es nicht mehr wagen zu können, seinen Kopf öffentlich zu zeigen (»*Til then, not show my head*«). Das tragische Schicksal habe dazu geführt, dass der Dichter mit seiner engen Bezugsperson offensichtlich nur noch aus der Ferne (aus dem Exil?) über den schriftlichen Weg kommunizieren konnte (»*To thee I send this written ambassage*«). Er will ihm in Sonett 26 in Gedichtform in erster Linie seine dauerhafte »Treue(pflicht) und Verehrung« zum Ausdruck bringen (die dreifache Verwendung des Wortes »*duty*« unterstreicht, welche zentrale Bedeutung der Autor dem Begriff in diesem Sonett beimessen wollte), und nicht seine dichterischen Fähigkeiten (»*To witnesse duty, not to show my wit*«), von denen er, Shakespeare, ohnehin zutiefst überzeugt ist, wenn er sie in den übrigen Zeilen bagatellisiert.

Durch seine »Auslöschung« und Verbannung sei sein Leitstern, der ihm bisher seinen Weg gewiesen hätte (»*Til whatsoeuer star that guides my mouing*«), gegenwärtig nicht günstig gestimmt. Erst wenn das Schicksal wieder gnädiger und aus einem gerechteren Blickwinkel auf ihn zeigen (»*till whatsoever star« points on me gratiously with faire aspect*«) und seine wegen seiner Abwesenheiten erschütterte Freundschaft wieder neu belebt würde (»*puts apparrell on my tottered loving*«), erst dann könne er sich des Freundes Achtung wieder würdig erweisen (»*To show me worthy of thy [Q: their] sweet respect*«), erst dann könne er es wagen, seine Zuneigung laut auszusprechen (»*boast*«). Bis dahin aber sei es ihm unmöglich, sich öffentlich zu zeigen (»*Til then, not show my head*«). Man kann aus dem Sonett erahnen, dass Marlowe/Shakespeare zu jener Zeit die trügerische Hoffnung hatte, dass er irgendwann wieder rehabilitiert werden würde (zum Beispiel unter neuer Regentschaft) und aus dem Exil und der Verbannung zurückkehren könne.

Sonett 26:

> *LOrd of my love, to whome in vassalage*
> Herr meiner Zuneigung, in dessen Abhängigkeit
> *Thy merrit hath my <u>dutie</u> strongly knit;*
> die Pflicht mich streng ergeben hält,
> *To thee I send this written ambassage*
> Dir sende ich diese geschriebene Botschaft,
> *To witnesse <u>duty</u>, not to shew my wit.*
> meine Treue(pflicht) zu bezeugen, nicht meinen [poetischen Geist.
> *<u>Duty</u> so great, which wit so poore as mine*
> Die Verehrung ist so groß, die mit meinem armen Verstand
> *May make seeme bare, in wanting words to shew it;*
> So nackt erscheinen mag, Worte fehlen, um dies zu zeigen;

But that I hope some good conceipt of thine
Aber ich vertraue auf eine gute Einschätzung Deinerseits,

In thy soules thought (all naked) will bestow it:
In den (unverhüllten) Gedanken Deiner Seele wird es gewähren:

Til whatsoever star that guides my moving,
Bis wann auch immer der Stern, der meine Wege leitet,

Points on me gratiously with faire aspect,
[wieder] gnädig auf mich mit einer gerechteren Sichtweise hinweist

And puts apparrell on my tottered loving,
und meine erschütterte Freundschaft neu ausstattet,

To show me worthy of thy [Q: their] sweet respect,
um mich deiner Achtung würdig zu erweisen.

Then may I dare to boast how I doe love thee,
Erst dann kann ich wagen, laut von Deiner Freundschaft zu sprechen,

Til then, not show my head where thou maist prove me
Bis dahin zeig ich nicht meinen Kopf, an dem Du mich prüfen könntest.

Sonett 27 und 28 – »From fare where I abide«

Die Sonette 27 und 28 sind thematisch verwandt und beleuchten die biografische Situation Marlowes, nicht aber die von Shakspere. Es gibt keinerlei Erkenntnisse darüber, dass Shakspere je längere Reisen durchgeführt und sich außerhalb der Region zwischen Stratford und London aufgehalten hat.

Von Marlowe dagegen ist bekannt, dass er bereits in seiner Studentenzeit in Cambridge von höchsten Instanzen der Krone (William Cecil) nach Frankreich (Reims) und zu anderen Orten des Kontinents, zum Beispiel Vlissingen (engl. Flushing) oder Leyden in Holland, entsandt wurde.

Nach seinem Namens- und Identitätswechsel und seiner Verbannung im Jahr 1593 musste Marlowe ermüdende Reisen (»*repose for limbs with travel tired*«) auf dem Kontinent unternommen haben und unter falschem Namen in repräsentativer Funktion in Holland, Frankreich, Italien, Schottland, Irland, Spanien und Dänemark (?) unterwegs gewesen sein (Einzelheiten über bisherige Erkenntnisse über Marlowes/Shakespeares »posthume« Zeit und Funktion, siehe Kapitel 11).

Zu der Zeit, als diese Sonette geschrieben worden sein dürften (1594/95?), muss Marlowe/Shakespeare noch die Hoffnung gehabt haben, irgendwann sein verhängnisvolles Schicksal hinter sich lassen zu können. Gedanken über seinen ungewissen Aufenthalt in der Fremde und die vielen Reisen setzten sich auch nachts in seinem Kopf fort (»*then begins a journey in my head*«). Von entfernten Orten, wo er sich aufhalte, gingen seine Gedanken (»*my thoughts –*

from far where I abide«) zu seinem Freund und er führe in seinem Kopf eine andere Art Pilgerreise durch (»*end a zelous pilgrimage to thee*«). Er denke darüber nach, wie er froh zurückkehren könnte (»*HOw can I then returne in happy plight*«). Je mehr er sich bemühe (»*How far I toyle*«), umso weiter weg von seinem Freund (»*still farther off from thee*«) sähe er sich und seine Sorgen vergrößerten sich (»*And night doth nightly make greefes length seeme stronger*«).

Ausschnitt aus Sonett 27:

> »*WEary with toyle, I hast me to my bed,*
> Erschöpft von den Mühen eile ich zu meinem Lager.
> *The deare repose for limbs with travaill* [travel] *tired,*
> Zur Ruhe für die Glieder nach ermüdender Reise,
> *But then begins a journy in my head*
> Doch dann beginnt wieder das Reisen in meinem Kopf,
> *To worke my mind, when boddies work's expired*
> Um in meinem Geist zu arbeiten, wenn des Körpers Werk erlischt,
> *For then my thoughts (from far where I abide)*
> Weil dann die Gedanken (von fern, wo ich verweile)
> *Intend a zelous pilgrimage to thee*
> in eifriger Pilgerreise zu Dir wollen.«

Ausschnitt aus Sonett 28:

> »*HOw can I then returne in happy plight*
> Wie kann ich denn zurückkehren froh gestimmt,
> *That am debard the benifit of rest?*
> Solang ich der Wohltat der Ruhe beraubt
> (…)
> *And each (though enimes to ethers raigne)*
> Und beide [Tag und Nacht], (obwohl einander Feind),
> *Doe in consent shake hands to torture me,*
> Sich einig die Hände schütteln, um mich zu quälen,
> *The one by toyle, the other to complaine*
> Der Tag durch Mühen – die Nacht durch Klagen
> *How far I toyle, still farther off from thee.*
> Wie fern ich mich plage, noch weiter weg von dir weg
> *But day doth daily draw my sorrowes longer,*
> Der Tag macht täglich meine Sorgen länger,
> *And night doth nightly make greefes length seeme stronger.*
> Die Nacht macht nächtlich das Ausmaß meiner Sorgen stärker.«

Jede Übersetzung, wie textgetreu sie auch sein mag, engt bereits die Interpretationsmöglichkeiten ein. Die vordergründig in diesen Sonetten beschriebene Situation ist im Grunde verhältnismäßig einfach vorzustellen: Der Dichter, von weiten Reisen erschöpft, geht mit müden Gliedern zu Bett und beginnt dann in Gedanken weiterzureisen, er denkt an seine Situation, an andere Menschen, die ihn beschäftigen, schaut in die dunkle Nacht und kommt nicht zur Ruhe.

Es ist aber zwingend anzunehmen, dass der Sinn des Sonetts für den Verfasser nicht vorrangig darin lag, in Gedichtform festzustellen: Ich bin müde, von der Reise erschöpft, ich denke an dich und kann nicht schlafen. Der Dichter versucht, seiner tatsächlichen Situation in einer subtilen künstlerisch komplexen Form Ausdruck zu verleihen. Es wird das Bemühen eines hochschöpferischen Künstlers und Poeten erkennbar, der seine nicht überwundene existentielle Krise, seine Gefühlslage, die momentane Situation mit all ihren unverwechselbaren und einmaligen Umständen zu begreifen und künstlerisch zu verarbeiten sucht.

Die strenge Formvorgabe der Sonette (drei Quartette im Kreuzreim aus einem darstellenden oder erzählenden Teil mit zugespitztem Verlauf beziehungsweise mit Variationen zum Thema und einem den Gedankengang abschließend zusammenfassenden oder konterkarierenden Verspaar) muss als eine Hilfestellung dafür gesehen werden, nah an seinem Thema zu bleiben, nicht auszuufern und die eigenen Überlegungen hochgradig zu verdichten.

Der Leser mag sich fragen, ob die Ähnlichkeiten im Hinblick auf Inhalt und Verse zwischen Shakespeare, Marlowe und Breton (siehe Kapitel 11) reiner Zufall sind.

Sonett 27 (Shakespeare):

»*Weary with toil, I haste me to my bed,*
The dear repose for limbs with travel tired;«

»Dr. Faustus« (Marlowe), s. S. 336:

»*Not long he stayed within his quiet house*
To rest his bones after his weary toil«

»The Phoenix Nest« (Breton, 1593), s. S. 614:

»*When day is gone, and darkness come,*
The toyling tired wight,
Doth use to ease his weary bones,
By rest in quiet night«

Sonett 29 – »my out-cast state«

Sonett 29 ist ohne die Einbeziehung von Marlowes Biografie nicht interpretierbar. Dem Dichter wird in diesem Sonett zutiefst bewusst, wie ausgestoßen er ist (»*my outcast-state*«) – und es gibt keine Qelle, die belegt, dass Shakspere Ächtung, Exil, Verbannung und erzwungene Anonymität erlebte, ganz anders bei Marlowe.

Der Dichter weiß, dass er durch seinen vorgetäuschten Tod (»*WHen in disgrace with Fortune*«) nicht nur in höfischen Kreisen in Ungnade gefallen ist und dort nicht mehr erscheinen darf, sondern auch das Ansehen der Menschen verloren hat (»*in disgrace with … mens eyes*«), sodass er sich auch öffentlich nicht mehr zeigen kann.

Marlowe kann seinen Zustand nur beweinen und ist sich bewusst, dass der Himmel seine Klagen nicht erhört *(»And trouble deafe heaven with my bootlesse cries«)*. Er schaut auf sich selbst herab und verflucht sein Los (»*And looke vpon my selfe and curse my fate*«). Er möchte wie die anderen sein, hoffnungsfroh und mit wohlhabenden Freunden (»*Wishing me like to one more rich in hope, Featur'd like him, like him with friends possest*«) und verachtet sich selbst in Gedanken (»*Yet in these thoughts my selfe almost despising*«).

Sogar Marlowes häufig verwendete »dialektische« Lebensdevise »*Quod nutrit me destruit*« (Was mich ernährt, zerstört mich, die sich in zahlreichen Variationen durch seine Werke zieht (s. S. 217 ff.), taucht in diesem Sonett, deutlicher allerdings noch in Sonett 73, auf. (Eine Positivaussage kann komplementär in eine Negativaussage umkippen und umgekehrt.)

> »*With what I most inioy contented least*« (Mit dem, was mich am meisten erfreut [sein kreatives Schreiben], bin ich am wenigsten zufrieden).

Ovids letzte Worte auf seinem Epitaph (»an meinem Talent zugrunde gegangen – »*Ingenio perii, Naso poeta, meo*«) dürften die Lebensdevise Marlowes geprägt haben.

Sonett 29:

WHen in disgrace with Fortune and mens eyes,
Da in Ungnade mit dem Schicksal und der Menschen Anblick
I all alone beweepe my out-cast state,
Beweine ich ganz allein meinen ausgestoßenen Zustand
And trouble deafe heaven with my bootlesse cries,
Und störe den tauben Himmel mit meinem nutzlosen Weinen
And looke vpon my selfe and curse my fate,
Und schau auf mich selbst und verfluche mein Los.

Wishing me like to one more rich in hope,
Wünsch mich wie jenen, der reicher an Hoffnung

Featur'd like him, like him with friends possest,
Ausgestattet wie er, [oder] er mit der Freunde Besitz,

Desiring this mans art, and that mans skope,
Wünsch dieses Mannes Kunstfertigkeit, jenes Mannes Wirkung,

With what I most inioy contented least,
Mit dem, an dem ich mich am meisten erfreue, bin ich am wenigsten zufrieden,

Yet in these thoughts my selfe almost despising,
Doch verachte ich mich selbst fast in diesen Gedanken

Haplye I thinke on thee, and then my state,
Zum Glück denk ich an dich: dann jubelt mein Zustand,

(Like to the Larke at breake of daye arising)
(Wie die Lerche, wenn der Tag anbricht)

From sullen earth sings himns at Heavens gate,
Von der düsteren Erde Hymnen an das Himmelstor,

For thy sweet love remembred such welth brings,
An deine angenehme Freundschaft zu denken, bringt mir Reichtum,

That then I skorne to change my state with Kings.
Sodass ich es dann verachte, meinen Status mit Königen zu tauschen.

Sonett 30 – »hid in deaths dateles night«

Da Shakespeare-Experten bis zum heutigen Tage nicht erklären können, wie die Sonette in die Biografie von Shakspere eingepasst werden könnten, sind viele seit Langem dazu übergegangen, in ihnen eine rein virtuelle poetische Ausdrucksweise ohne realen biografischen Hintergrund (siehe unten) anzunehmen. Dies erscheint angesichts solcher Angaben wie »*For precious friends hid in deaths dateles night*« in Sonett 30 in hohem Maße unplausibel.

Sonett 30 zeigt das tragische Schicksal des Dichters nach Juni 1593, das Weiterleben im Untergrund, von dem er nicht wusste, wie lange es dauern würde (»*hid in dateless night*«), auch wenn seine dramatischen Werke unter dem Tarnnamen Shakespeare oder Shake-speare veröffentlicht werden konnten.

Wenn er in seinen Gedanken, in seinen »inneren Verhandlungen« (»*sessions*«) mit einer gewissen inneren Beruhigung (»*when to the sessions of sweet silent thought*«) seine Vergangenheit Revue passieren lässt (»*I sommon vp remembrance of things past*«), bemerkt er sein Versagen in vielen, früher anders betrachteten Dingen (»*I sigh the lacke of many a thing I sought*«) und dass er jetzt seine Zeit damit verschwende, mit altem Wehgeschrei neues Wehgeschrei hervorzurufen (»*And with old woes new waile my deare times waste*«): Er, der ansonsten nicht gewohnt ist zu weinen, muss plötzlich Tränen vergießen (»*Then can I drowne an eye (un-us'd to flow)*«). Mit teuren Freunden könne er sich nur in der Dunkelheit der Nacht treffen, ansonsten müsse er sich verstecken (»*For precious friends hid in deaths dateles night*«), er beweine lang geheilt geglaubte Wunden (»*And weepe a fresh loues long since canceld woe*«) und beklage den Verlust vieler dahingegangener Ansichten (»*And mone th'expence of many a vannisht sight*«). Er müsse über vergangenes Leid trauern (»*Then can I greeue at greeuances fore-gon*«) und glaube, die »Trauersumme« längst beklagter Klagen erneut bezahlen zu müssen, als hätte er es noch nicht getan (»*The sad account of fore-bemoned mone, Which I new pay as if not payd before*«). Shakespeare verwendet in diesem Sonett viele Termini aus dem »juristischen« Bereich: »*session*«: (Gerichtsverhandlung, Sitzung, Beratung); »*to summon up*« (aufbieten); »*the expence*« (Aufwendungen, Kosten, Unkosten); »*account*« (Berechnung, Forderung, Konten), sodass die metaphorische Ebene des Sonetts darauf hinweist, dass er seine Gedanken (über sein Schicksal) wie eine »innere Verhandlung« vor einer gerichtlichen Instanz behandelt.

Sonett 30:

> *VVHen to the Sessions of sweet silent thought,*
> Wenn ich in diesen [inneren] Verhandlungen stiller angenehmer Gedanken,
>
> *I sommon vp remembrance of things past,*
> Die Erinnerungen der Vergangenheit überblicke,
>
> *I sigh the lacke of many a thing I sought,*
> Beklag ich mein Versagen in vielen Dingen, die ich suchte,
>
> *And with old woes new waile my deare times waste:*
> Und mit altem Leiden verschwende ich neues Wehgeschrei für meine besten Jahre.
>
> *Then can I drowne an eye (vn-vs'd to flow)*
> Dann kann ich, ungewohnt der Tränen, weinen
>
> *For precious friends hid in deaths dateles night,*
> Für teure Freunde versteck ich mich in des Todes zeitloser Nacht
>
> *And weepe a fresh loves long since canceld woe,*
> Und weine über frische Leiden, die lang geheilt
>
> *And mone th'expence of many a vannisht sight.*
> Und beklage den Verlust vieler dahin gegangener Ansichten.
>
> *Then can I greeue at greevances fore-gon,*
> Dann kann ich trauern über vergangenes Leid,
>
> *And heavily from woe to woe tell ore*
> Und zutiefst von Leid zu Leid mich wiederholen
>
> *The sad account of fore-bemoned mone,*
> die Trauersumme längst beklagter Klagen,

Which I new pay as if not payd before.
die ich neu bezahle, als wär sie nicht bezahlt.
But if the while I thinke on thee (deare friend)
Doch wenn ich an Dich, teurer Freund, denke,
All losses are restord, and sorrowes end.
sind die Verluste ersetzt und die Sorgen enden.

Sonett 31 – »all those friends which I thought buried«

Die jahrelangen Entbehrungen (»*by lacking*«) des Dichters durch sein Leben im Verborgenen oder Exil mussten zwangsläufig dazu führen, dass er viele frühere Freunde als tot vermutete (»*I ... have supposed dead – and all those friends which I thought buried*«), die sich inzwischen mit seinem zurückgebliebenen Freund assoziiert haben (»*Thy bosome is indeared with all hearts ... And there raignes Love and all Loves loving parts, And all those friends*«).

Er fragt sich, wie viele fromme unterwürfige Tränen er wohl im Glauben an Menschen vergossen habe (»*How many a holy and obsequious teare Hath deare religious love stolne from mine eye*«), die er tot wähnte, die er nun aber zu Hause vorfände (»*As interest of the dead, which now appeare, But things remou'd that hidden in there lie*«). Der Freund habe sich (nach der langen Abwesenheit des Dichters) mit den »Trophäen« seiner früheren Beziehungen (»*Hung with the tropheis of my louers gon*«) umgeben, die nun allein seinem Freund gehörten (»*Who all their parts of me to thee did give, That due of many, now is thine alone*«).

Sein Freund und all die anderen besäßen nun alles von ihm, und er besäße nichts mehr von Ihnen (»*And thou (all they) hast all the all of me*«).

Sonett 31:

Thy bosome is indeared with all hearts,
Deine Brust wird umschmeichelt von allen Menschen [Herzen]
Which I by lacking have supposed dead,
die ich, durch Entbehrungen, als gestorben annahm,
And there raignes Love and all Loves loving parts,
Und es herrschte Zuneigung und aller Freundschaft angenehme Dinge,
And all those friends which I thought buried.
[bei Dir] und all jenen Freunden, die ich tot glaubte.
How many a holy and obsequious teare
Wie viele fromme und unterwürfige Tränen
Hath deare religious loue stolne from mine eye,
Hat werte gläubige Zuneigung meinen Augen entwendet,

As interest of the dead, which now appeare,
Als Anteil der Toten, die, wie es nun erscheint,
But things remov'd that hidden in there lie.
Nur, verlagert, in deinem Herzen versteckt liegen.
Thou art the grave where buried love doth live,
Du bist das Grab, wo begrabene Zuneigung jetzt lebt,
Hung with the tropheis of my lovers gon,
umhängt mit den Trophäen vergangener Freunde,
Who all their parts of me to thee did give,
Die alle dir schon meinen Anteil gaben,
That due of many, now is thine alone.
was vielen gebührte, gehört nun dir allein.
Their images I lov'd, I view in thee,
Deren [aller] Bilder, die ich liebte, sehe ich in dir,
And thou (all they) hast all the all of me.
Und Du [und all die anderen] haben alles, alles von mir.

Man bemerke die vielfache, mehrdeutige, zum Teil metaphorische Verwendung des Begriffes »all«: »all hearts«, »all they«, »all of me«, »all friends«, »all loves«.

Sonett 32 – »a dearer birth than this«

Der Dichter denkt über sein umstrittenes Leben nach und wie sehr er – in Adelskreisen verkehrend – unter seiner niederen Geburt litt. Es ist nicht bekannt, dass Shakspere je Kontakte zu Hof und Adel unterhielt (s. S. 59 f.). Sonett 31 lässt erkennen, dass der Dichter älter ist als der Freund, vielleicht geht er deshalb davon aus, dass seine Tage früher gezählt sein würden (»*IF thou survive, when that churle death my bones with dust shall cover*«), und dass die Tage seines Lebens (»*my well contented daie*«) recht anstrengend waren. Wenn nach seinem Tod sein Freund seine schwachen, unverschämten (»*poor rude*«) Zeilen als die eines dahingegangenen Freundes erneut lesen sollte (»*And shalt by fortune once more re-suruay, These poore rude lines of thy deceased Louer*«), dann solle er sie vergleichen mit den besseren Zeilen seiner Zeit.

Der Dichter möchte, dass sein Freund nach seinem Tod mit einem ihn mehr ehrenden Gedanken weiterlebe (»*Oh then voutsafe me but this loving thought*«). Der Gedanke lautet: Wäre seine Dichtkunst mit dem Alter gewachsen (»*Had my friends Muse growne with this growing age*«), dann hätte seine Freundschaft eine etwas edlere Geburt (seiner) Kunst hervorgebracht (»*A dearer birth then this his loue had brought*«), um (sogar) in den Reihen von Equipagen (des Adels) zu bestehen (»*To march inranckes of better equipage*«).

Dieser Gedanke hat etwas »Satirisches« (weil Umkehrbares) und weist auf das »Leiden« an seiner »niederen« Geburt und an seinem niederen Stand hin. Der Text scheint zu besagen: Wäre er nur von höherer Geburt, von höherem Stand gewesen, hätte seine Liebe es vermocht, in höheren Reihen einer (Adels-)Equipage eingereiht zu werden. Da er aber sterben werde und es nun bessre Dichter gebe, solle er die neuen Dichter wegen ihres Stils, ihn aber wegen seiner Zuneigung lesen (»*But since he died and Poets better proue, Theirs for their stile ile read, his for his loue*«).

Das Sonett spricht zugleich deutlich gegen die Urheberschaft des aus dem Hochadel stammenden Edward de Vere, Earl of Oxford, und erinnert an Shakespeares »Was ihr wollt«.

Sonett 32:

IF thou survive my well contented daie,
Wenn Du meine recht angestrengten Tage überdauerst,

When that churle death my bones with dust shall cover
Während der üble Tod meine Knochen schon mit Staub bedeckt

And shalt by fortune once more re-survay:
und Du zufällig diese [Zeilen] wiederlesen solltest:

These poore rude lines of thy deceased Lover:
diese miesen unverschämten Zeilen Deines dahingegangenen Freundes:

Compare them with the bett'ring of the time,
Vergleich sie mit den verbesserten [Zeilen] der Zeit,

And though they be out-stript by every pen,
Auch wenn sie [dann] von jeder [anderen]Schreibfeder übertroffen,

Reserue them for my love, not for their rime,
Bewahr sie meiner Freundschaft wegen und nicht ihrer Verse,

Exceeded by the hight of happier men.
Die [dann] übertroffen von der Größe glücklicherer Menschen.

Oh then voutsafe me but this loving thought,
Oh dann gewähre mir nur diesen entzückenden Gedanken,

Had my friends Muse growne with this growing age,
[der Gedanke:] Wäre meines Freundes Muse mit dem Alter gewachsen,

A dearer birth then this his love had brought
Eine edlere Geburt als diese hätte seine Freundschaft hervorgebracht

To march inranckes of better equipage:
Um in den Reihen gehobener Ausrüstung zu marschieren:

But since he died and Poets better prove,
Aber da er starb und es [inzwischen] bessere Dichter gibt,

Theirs for their stile ile read, his for his love.
Les ich ihre für ihren Stil, die seinigen für seine Freundschaft.

Sonett 33 – »with ougly rack on his celestial face«

In Sonett 33 lässt sich in noch stärkerem Ausmaß als in den Sonetten 25 oder 29 erkennen, dass der dargestellte biografische Inhalt nur auf die Lebensgeschichte Marlowes zutreffen kann, ja dass Marlowes Schicksal hier in »Reinformat« dargestellt ist.

Marlowe wurde durch seine dramatischen Werke (»Dido«, »Tamerlan«, Teil 1 und 2, »Dr. Faustus«, »Der Jude von Malta«, »Das Massaker von Paris«, »Eduard II.«) innerhalb kurzer Zeit (1587–1593) berühmt. »Tamerlan« muss so erfolgreich auf Londons Bühnen gelaufen sein, dass er bald einen Teil 2 verfasste. Die Ereignisse in jener glorreichen Dekade werden im Sonett 33 in höchst verdichteter Form zusammengefasst und in Verbindung mit seinem Verschwinden und seinem vermeintlichen Tod gebracht. Eine andere, ähnlich plausible Deutung für diese Zeilen ist nirgends auch nur im Ansatz erkennbar.

In den ersten vier Zeilen des Sonetts 33 beschreibt der Dichter, auf welch ruhmreicher dichterischer Höhe er bereits angekommen war, welch einen poetischen »Morgen unter Fürsten« er erleben durfte (»*Full many a glorious morning have I seene, Flatter the mountaine tops with soveraine eie*«). Es war eine Höhe, in der sein Antlitz erstrahlte und in der ihm alles gelang, in der er blasse Ströme in himmlische Alchemie vergoldete (»*Guilding pale streames with heauenly alcumy*«), zum Beispiel, indem er blasse Textvorlagen in überirdische Theaterstücke verwandelte – bis ihn sein tragisches Schicksal ereilte (»*Anon permit the basest cloudes to ride*«), das heißt, bis ihm selbst, dem früheren Genie (»*his celestiall face*«), die Inquisition mit schrecklicher Folter (»*ougly rack*«) drohte. Er müsse seitdem sein Antlitz vor der »ihm abhanden gekommenen« Welt verstecken (»*And from the for-lorne*[19] *world his visage hide*«) und sich – in Ungnade gefallen – unerkannt nach Westen wegstehlen (»*Stealing vnseene to west with this disgrace*«).

Auch wenn ihm also die Sonne einen kurzen Morgen lang gewogen war (»*Even so my Sunne one early morne did shine*«) und ihm Glanz und Triumph verschafft hatte (»*With all triumphant splendor on my brow*«), sei dieser Erfolg nur von kurzer Dauer gewesen (»*But out alack, he was but one houre mine*«) und werde nun völlig von den nachfolgenden Verdüsterungen des Himmels verschleiert (»*The region cloude hath mask'd him from me now*«). Dafür könne ihn jemand, der diese Umstände begreife, ein »Verstehender«, eigentlich nicht verachten (»*Yet him for this … no whit disdaineth*«).

Marlowe wäre im Falle seiner öffentlichen »Weiterexistenz« auf der Streckbank gefoltert worden. Diesem Verfahren wollte er sich unter keinen Umständen aussetzen und konnte sich ihm nur durch einen vorgetäuschten Tod entziehen.

---

[19] SOED: »lorn«: ruined, lost, perished = forlorn (1475)

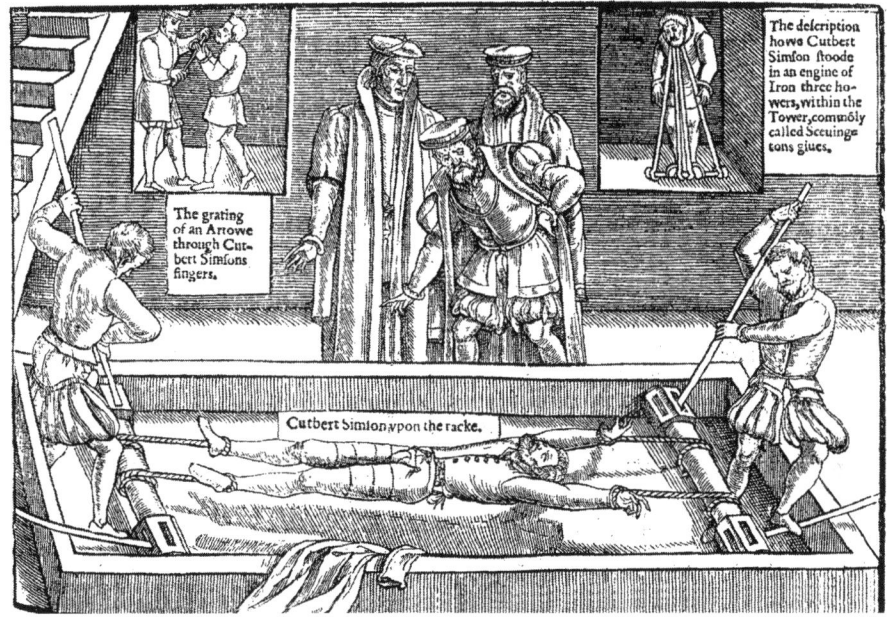

Zeitgenössische Darstellung der Streckbank »rack« (aus Foxes »Book of Martyrs«, 1583)

Dass Shakespeare Foxes »Book of Martyrs« sehr intensiv gelesen haben muss, wird in »The Taming of The Shrew« deutlich (s. S. 442 f.).

Sonett 33:
> *Full many a glorious morning have I seene,*
> Sehr viele ruhmreiche Morgen habe ich gesehen,
>
> *Flatter the mountaine tops with soveraine eie,*
> schmeichelte den »Bergspitzen« mit fürstlichem Auge,
>
> *Kissing with golden face the meddowes greene;*
> Küsste mit goldenem Gesicht die grünen Flure;
>
> *Guilding pale streames with heavenly alcumy*
> Vergoldete bleiche Ströme mit himmlischer Alchemie
>
> *Anon permit the basest cloudes to ride,*
> [Bis] den niederträchtigsten Wolken erlaubt wurde,
>
> *With ougly rack on his celestiall face,*
> sein überirdisches Gesicht mit ihrer schmutzigen »Streckbank« zu überziehen,

And from the for-lorne[20] world his visage hide
Um sich vor dieser verloren gegangenen Welt zu verbergen
Stealing unseene to west with this disgrace:
Um sich mit dieser Ungnade unbemerkt nach Westen davonzustehlen:
Even so my Sunne one early morne did shine,
Auch wenn meine Sonne nur einen frühen Morgens schien,
With all triumphant splendor on my brow,
Mit all dem triumphalen Glanz auf meinen Augen,
But out alack, he was but one houre mine,
Doch oh weh, er gehörte mir nur eine Stunde,
The region cloude hath mask'd him from me now.
Bis Wolken ihn [diesen Glanz] nun ganz vor mir verborgen haben.
Yet him for this, my love no whit disdaineth
Doch dafür, mein Freund, würde ihn kein Verständiger verachten
Suns of the world may staine whe[n] heavens sun staineth
Erdensonnen mögen sich verfärben, wenn sich des Himmels Sonne verfärbt

In »Zwei Herren aus Verona« greift Proteus (alias Shakespeare/Marlowe s. S. 420) in der Abreiseszene (Akt 1, Szene 3) ein Bild auf, das dem Sonett 33 thematisch äußerst nahekommt: Es erinnert an den ungewissen Ruhm eines sonnigen Frühlings oder Apriltags (1593) (»*Oh, how this spring ... resembleth the vncertaine glory of an Aprill day, Which now shewes all the beauty of the Sun*«) und die allmähliche Verdüsterung durch Wolken (»*And by and by a clowd takes all away*«) exakt wieder auf.

Dieses Bild einer ursprünglich sonnigen Zeit, die von Wolken verdüstert wurde, wird schließlich auch in »Polimanteia« (s. S. 542) erkennbar.

Sonett 33:

> »*Even so my Sunne one early morne did shine,*
> *With all triumphant splendor on my brow,*
> *But out alack, he was but one houre mine,*
> *The region cloude hath mask'd him from me now.*«

»Zwei Herren aus Verona« (Akt 1, Szene 3):

> »*O, how this spring of love resembleth*
> *The uncertain glory of an April day,*
> *Which now shows all the beauty of the sun,*
> *And by and by a cloud takes all away!*«

---

[20] SOED: »forlorn«: in pitiful condition, wretched (1592).

»Polimanteia« (William Clerke, 1595):

> »(…) yet shall my trueth like the sunne from vnder a cloude shine clearely in the dayes of Elizabeth …«

Sonett 34 – »the Losse … and the Cloudes«

Sonett 34 kann als direkte Fortsetzung von Sonett 33 betrachtet werden. Der Dichter muss darüber erzürnt gewesen sein, dass sein Freund (Thomas Walsingham?) ihm ursprünglich eine gute Zukunft versprochen hatte (»*VVHy didst thou promise such a beautious day*«) und er sich dann gezwungen sah, ohne dessen Schutz leben und reisen zu müssen (»*And make me travaile forth without my cloake*«), um allein auf seiner Reise schlimme Dinge zu erleben (»*To let base cloudes ore [over]-take me in my way*«).

Man kann vermuten, dass Marlowe sich erst zum Zeitpunkt der Abfassung dieses Gedichts über die Folgen der Ereignisse in Deptford klar geworden ist. Walsingham hatte ihm mit der Todesvortäuschung zwar geholfen, sein Leben zu retten, und ihn vor einem grausamen Schicksal (Gefängnis, Folter, Tod) bewahrt, aber gegen den dann folgenden Rufmord war er machtlos. Walsinghams tiefe Trauer über dieses nicht vorhergesehene Ergebnis war der einzige Trost, den er dem Dichter anbieten konnte, der ansonsten seit dieser Zeit fortdauernd in Ungnade und Einsamkeit leben musste.

Es ist dem Dichter nun nicht mehr genug, wenn sein Freund »diese düsteren Wolken« wegzudrängen versucht (»*Tis not enough that through the cloude thou breake*«), damit er, der Dichter, sich besser fühle (»*To dry the raine on my storme-beaten face*«). »Solch ein Mittel lindere zwar den momentanen Schmerz und heile die aktuelle Wunde (»*For no man well of such a salue can speake That heales the wound*«), sie helfe aber weder gegen seine Verfehmung und Schande (»*and cures not the disgrace*«) noch könne des Freundes Bedauern (»*thy shame*«) seinen allgemeinen Kummer lindern (»*Nor can thy shame give phisicke to my griefe*«). Auch wenn sein Freund bereue und seine Reue ihm einen schwachen Trost gebe (»*Though thou repent … Th'offenders sorrow lends but weake reliefe*«), müsse er die furchtbaren Sünden, das Kreuz seines Verlustes (von Namen und Identität) tragen (»*that beares the strong offenses losse*«).

In vielen der Sonette verknüpft Shakespeare mehrere inhaltliche und stilistische Ebenen miteinander. Häufig verwendet er auch biblische Begriffe, zum Beispiel in Sonett 125, aber auch in Sonett 34: »*repent*« (Reue), »*shame*« (Scham), »*offenders*« (Sünder), »*beare the cross (loss)*« (des Sünders Kreuz tragen). Es fällt auf, dass er das Wort »*loss*« nicht mit dem zu erwartenden

»*cross*« reimt, sondern ein zweites Mal »*loss*« folgen lässt. Wortwiederholungen oder Buchstabenvertauschungen werden von Experten allzu häufig als Druckfehler abgetan, was sie in den meisten Fällen jedoch nicht waren. Vielmehr sind sie zumeist bewusst gewählt.

Shakespeares persönliches Kreuz war der totale Verlust (»*losse*«) und weniger ein tatsächliches Kreuz (»*cross*«), das er tragen musste. Deshalb soll durch das stilistische Mittel der Wortwiederholung der übermächtige Verlust seines Namens und seiner Identität hervorgehoben werden ebenso wie die Verdunkelung seines Schicksals (Wortwiederholungen von »*cloude*« und »*losse*«).

Sonett 34:

> *VVHy didst thou promise such a beautious day*
> Warum versprachst Du mir solch einen schönen Ausblick [Tag]
>
> *And make me travaile forth without my cloake,*
> Und lässt mich fortreisen ohne meinen Schutz [Mantel],
>
> *To let base cloudes ore-take me in my way,*
> Lässt mich Niederträchtiges auf meinem Weg ereilen,
>
> *Hiding thy brav'ry in their rotten smoke.*
> Verleugnest Deinen Mut in ihrem fauligen Nebel.
>
> *Tis not enough that through the cloude thou breake,*
> Es ist nicht genug, dass Du den Nebel durchbrichst,
>
> *To dry the raine on my storme-beaten face,*
> Um den Regen auf meinem sturmdurchwehten Gesicht zu trocknen,
>
> *For no man well of such a salve can speake,*
> Denn niemand kann von solch einem Mittel sprechen,
>
> *That heales the wound, and cures not the disgrace:*
> das [zwar] die Wunde heilt, sich aber weder um die Schande sorgt:
>
> *Nor can thy shame give phisicke to my griefe,*
> Noch um die Scham, die meinen Gram besänftigen kann,
>
> *Though thou repent, yet I have still the losse,*
> Auch wenn Du Reue empfindest, hab ich doch den Verlust,
>
> *Th'offenders sorrow lends but weake reliefe*
> Des Täters Reue gibt nur schwachen Trost
>
> *To him that beares the strong offenses losse. [cross?]*
> Dem, der die Einbussen durch die starke Schande tragen muss.
>
> *Ah but those teares are pearle which thy love sheeds,*
> Nur diese Tränen sind Perlen, welche deine Freundschaft beweinen,
>
> *And they are ritch, and ransome all ill deeds.*
> Und sie sind bereichernd und löschen alle schlimmen Taten.

Sonett 36 – »those blots that do with me remaine«

Die Schande beziehungsweise den Schandfleck (»*blot*«), der mit ihm verbunden bleibe (»*shall those blots that do with me remain*«) und der seinen Namen (Marlowe) auslösche, müsse er alleine tragen (»*by me be borne alone*«). Er könne seine Freundschaft zu seinem Freund (Thomas Walsingham?) nicht mehr öffentlich erklären (»*I may not evermore aknowledge thee*«), denn dies übertrüge seine eigene Schande auch auf ihn (»*least my bewailed guilt should do thee same ... Vnlesse thou take that honour from thy name*«). Auch könne sein Freund ihn, Marlowe/Shakespeare, selbst nicht mehr öffentlich nennen beziehungsweise loben (»*Nor thou with public kindness honour me*«), denn der Freund würde damit seinen eigenen Name entehren (»*unless thou take that honour from thy name*«). Marlowe betont damit explizit, dass sich für seinen Freund nicht das ereignen solle, was ihm selbst widerfahren ist, nämlich den Verlust seines einstmals ehrenhaften Namens. Beide müssten für immer getrennt bleiben (»*that we two must be twain ... though in our lives a separable spite*«).

Sonett 36:

> *LEt me confesse that we two must be twaine,*
> Lass mich gestehn, dass wir beide getrennt leben müssen,
> *Although our undevided loues are one:*
> Auch wenn unsere ungeteilten Zuneigungen einzig sind:
> *So shall those blots that do with me remaine,*
> So sollen diese Schandflecken, die an mir haften,
> *Without thy helpe, by me be borne alone.*
> Ohne deine Hilfe, von mir allein er(ge)tragen werden.
> *In our two loves there is but one respect,*
> In unserer Freundschaft gibt es nur eine Achtung,
> *Though in our lives a seperable spight,*
> Obwohl in unserer Leben eine getrennte Tücke,
> *Which though it alter not loves sole effect,*
> Die – obwohl sie nicht einzelne Wirkungen der Freundschaft beeinflusst,
> *Yet doth it steale sweet houres from loves delight,*
> Dennoch angenehme Stunden von der Freude unserer Zuneigung stiehlt,
> *I may not ever-more acknowledge thee,*
> Ich darf Dich niemals wieder anerkennen,
> *Least my bewailed guilt should do thee shame,*
> Meine bedauernswerte Schuld würde Dir Schande einbringen,
> *Nor thou with publike kindnesse honour me,*
> Noch darfst Du mich öffentlich freundlich anerkennen,

Unlesse thou take that honour from thy name:
Es sein denn, Du entferntest diese Ehre von Deinem Namen:
But doe not so, I love thee in such sort,
Tu das nicht! Ich schätze dich auf solch Weise,
As thou being mine, mine is thy good report.
Wie Du mir gegenüber, ich bin dein Zeugnis.

Sonett 37 – »lame by Fortune dearest spight«

Sonett 37 macht deutlich, dass der Autor auf die schlimmste Weise vom Schicksal getroffen worden sein muss (»*made lame by Fortunes dearest spight*«) und in all seinen Aktivitäten gelähmt wurde (»*So I, made lame by fortunes*«), so dass ihm nur noch Teilaspekte des Lebens blieben (»*For whether ... wit, Or any of ... all, or all, or more Intitled in thy [heir] parts, do crowned sit*«). Seinen »gelähmten« (»*lame*«) mentalen Zustand vergleicht er mit dem eines altersschwachen Vaters (»*as a decrepit father*«), dessen einzige Freude es noch ist, die jugendlichen Aktivitäten seines Kindes (oft die ›Töchter‹ in seinen poetischen Schöpfungen?) zu erleben.

Der Zustand seines Gelähmtseins taucht in Sonett 89 erneut auf (»*speak of my lameness and I straight will halt*«) und sollte möglicherweise über Marlowes erfolgreiches Stück »Tamburlaine« (»Timur-lane«) an ihn erinnern. Die Wortwiederholung von »*lame*« in diesem Gedicht unterstreicht seine zentrale thematische Bedeutung.

Sein erzwungener lebenslanger Identitätsverlust ließ ihn ganz auf sein künstlerisches und intellektuelles Potential zurückfallen, auf das er sich ab dem 30. Lebensjahr konzentrierte. Nur durch seine Bindung an seinen Freund und Patron konnte er sich seinem realen Schicksal in gewisser Weise entziehen und sich in seiner Aktivität nicht als gelähmt, arm und verachtet sehen (»*So then I am not lame, poore, nor dispis'd*«), nur so kann er diesem furchtbaren Schatten etwas Positives abgewinnen (»*Whilst that this shadow doth such substance giue*«) und wenigstens von einem Teil des Glanzes seines Freundes Leben (»*And by a part of all thy glory live*«).

Sonett 37:

AS a decrepit father takes delight,
Wie ein altersschwacher Vater daran Vergnügen findet,
To see his active childe do deeds of youth,
die jugendlichen Taten seines lebhaften Kinds zu sehen,
So I, made lame by Fortunes dearest spight
So finde ich, gelähmt durch des Schicksals höchste Boshaftigkeit,

Take all my comfort of thy worth and truth.
Trost bei Deinem Wort und Deiner Wahrheit.

For whether beauty, birth, or wealth, or wit,
Denn ob Schönheit, Geburt, Reichtum oder Witz,

Or any of these all, or all, or more
Oder eines von all diesen allein oder alle oder mehr

Intitled in thy [their] parts, do crowned sit,
Berechtigt sind in ihren Teilen, gekrönt zu thronen,

I make my love ingrafted to this store:
Füge ich meine Liebe in dieses Geschäft [noch] ein.

So then I am not lame, poore, nor dispis'd,
Denn dann bin ich nicht lahm, arm und verachtet,

Whilst that this shadow doth such substance give,
Solange dieser Schatten solchen Inhalt gibt,

That I in thy abundance am suffic'd,
dass mir deinem Überfluss genügt,

And by a part of all thy glory live:
Und ich von einem Teil deines Glanzes lebe:

Looke what is best, that best I wish in thee,
Schau, was am besten, dieses Beste wünsche ich in dir,

This wish I have, then ten times happy me.
Diesen Wunsch habe ich, denn er macht mich zehnfach glücklich.

Sonette 44–50, 71–76, 81, 86

Auch beim Lesen der folgenden Gruppe von Sonetten (insbesondere 71–76) fragte ich mich, warum sich trotz so vieler offener interpretatorischer Fragen und trotz so augenscheinlicher Erklärungsnotstände (dafür, dass sich Shaksperes Leben nicht mit Shakespeare-Sonetten in Übereinsimmung bringen ließ) niemals ein Fortschritt einer historischen Interpretation hat entwickeln lassen. Dass dies mittels einer adäquateren Theorie, zumindest als erwägenswerte Alternative, nicht möglich wurde, kann am ehesten durch einen hermetisch geschlossenen Zirkel meinungsbeherrschender Kräfte erklärt werden. Offensichtlich war ein notwendiger Paradigmenwechsel allein mit rationalen und logischen Methoden nicht möglich, da Wissenschaftler, die verschiedenen Theorien anhängen, in der Regel an wesentlichen Stellen der Auseinandersetzung zu früh nicht mehr miteinander kommunizierten und aneinander vorbeiredeten. Ein Fortschritt wäre nur mit einer grundsätzlichen qualitativen Änderung von Denkmustern erreichbar geworden: »*Though this be madness, yet there is method in't*« (Hamlet II/2).

Sonett Nr 44, 50, 45 – »injurious distances«, »thus fare the miles«, »weary travels«

In den aufgeführten Sonetten 44, 50 und 45 wird unmissverständlich erkennbar, dass sich der Dichter lange in weiter Entfernung von England aufgehalten haben muss.[21] Es gibt – es sei noch einmal erwähnt – keine Quellen, die erkennen ließen, dass Shakspere die Region zwischen London und Stratford je verlassen hat.

Der Verfasser der Sonette muss weite Distanzen, zum Beispiel nach Frankreich, Holland, Italien, Spanien Schottland, Irland etc. *(»jumpe both sea and land«)* zurückgelegt haben (*»injurious distances«*, *»From limits farre remote«*, *»Vpon the farthest earth remoou'd from thee«*). Die Verse sprechen dafür, dass er England in Richtung des Kontinentes verlassen hat (*»can jumpe both sea and land, large lengths of miles when thou art gone, But that so much of earth and water wrought«*) und während der Reisen durch Briefe und Botschaften kommuniziert hat (*»those swift messengers return'd from thee, Who euen but now come back againe assured«*).

Angesichts des spürbaren, verheerenden Schmerzes des Dichters (*»My grief lies onward and my joy behind«*) ist es ausgeschlossen, dass er über eine Reise in die Umgebung von London – bei Annahme einer Verbannung – spricht, sondern von Reisen von erheblicher Dauer und großen Distanzen.

Dolly Walker-Wraight[22], die die Sonette thematisch geordnet hat, stellte fest, dass in 36 Sonetten das Thema Exil dominiert.

Ausschnitt Sonett 44:

> *»Iniurious distance should not stop my way,*
> Schädlich weite Entfernungen sollten meinen Weg nicht aufhalten,
> *For then dispight of space I would be brought,*
> Denn dann würde ich trotz der Entfernungen gebracht,
> *From limits farre remote, where thou doost stay,*
> Von weit entfernten Grenzen her, wo Du bist
> (…)
> *No matter then although my foote did stand*
> Egal, wo auch dann mein Fuß stünde
> *Vpon the farthest earth remoov'd from thee,*
> Am weitest von dir entfernt gelegenen Ort,
> *For nimble thought can iumpe both sea and land,*
> Ein flinker Gedanke kann denn über See und Land springen

---

[21] Wie es auch in »Perikles« als Parabel auf Shakespeares Exil (s. S. Error: Reference source not found) erkennbar wird.
[22] Dolly Walker-Wraight: The Story that the Sonnets tell, London 1994.

> *As soone as thinke the place where he would be.*
> Sobald der Ort gedacht, würde er schon dort sein.
> (...)
> *But ah, thought kills me that I am not thought*
> Doch Ach, ein Gedanke bringt mich um, dass ich nicht daran dachte
> *To leape large lengths of miles when thou art gone,*
> wenn Du weg bist, wie ich meilenweite Entfernungen überspringe,
> *But that so much of earth and water wrought,*
> dass ich bei so viel zwischengefügter Erde und Wasser
> *I must attend times leasure with my mone.*
> mit meinen Klagen einem Nichtstun beiwohnen muss.«

Ausschnitt Sonett 50:

> »*HOw heavie doe I iourney on the way,*
> Wie schwer ich mich mit Reisen unterwegs tue,
> *When what I seeke (my wearie travels end)*
> Wenn, was ich suche (meine ermüdenden Reisen aufhören),
> *Doth teach that ease and that repose to say*
> Mich lehrte [mit] jener Leichtigkeit und Ruhe zu sagen,
> *Thus farre the miles are measurde from thy friend.*
> So weit sind die Meilen [Distanzen] zu schätzen von dem Freund.
> (...)
> *My grief lies onward and my joy behind*
> Meine Sorgen liegen vor mir und meine Freude hinter mir.«

Ausschnitt Sonett 45:

> »(...)
> *By those swift messengers return'd from thee,*
> Von diesen flinken Botschaften, die von Dir zurückkehren
> *Who euen but now come back againe assured,*
> die sogar jetzt mit der Versicherung wiederkommen
> *Of thy [Q: their] faire health, recounting it to me.*
> du seist, was sie mir erzählen, bei guter Gesundheit
> (...)«

Sonett 48 – »when I tooke my way«

Sonett 48 lässt sich entnehmen, dass der lange Weggang für den Dichter ein unumkehrbares Ereignis darstellte, das mit den anderen Ereignissen in den Sonetten – »*in disgrace with Fortune and mens eyes*«, »*my outcast state*« (Sonett 29); »*those blots*«, »*my bewailed guilt*« (Sonett 36) etc. – in kausalem Zusammenhang gestanden haben muss.

Der verbannte Dichter musste vor seinem Aufbruch in entfernte Länder sorgfältig (»*HOw carefull was I*«) darauf bedacht sein, dass seine bisherigen literarischen Werke an einem sicheren Ort in England aufbewahrt würden (»*Each trifle vnder truest barres to thrust,/lockt vp in any chest*«), damit sie nicht für einen geringen Preis (»*prooves theevish for a prize so deare*«) Beute einfacher Diebe würden (»*Art left the prey of euery vulgar theefe*«, »*thence thou wilt be stolne I feare*«, »*gentle closure*«, »*in sure wards of trust*«) und vor dem Zugriff falscher Freunde in treuen Gewahrsam verbracht wurden.

All diese literarischen Aufbewahrungs- und Sicherungsmaßnahmen sind für Marlowe/Shake-speare nicht nur anzunehmen, sondern sie stellten bei seinen (jahrelangen?) Abwesenheiten und bei seinen anzunehmenden weitläufigen Hinterlassenschaften von Manuskripten, Entwürfen, Druckwerken, Korrespondenzen (s. Kap. 11) etc. eine absolute Notwendigkei dar. Man muss berücksichtigen, dass bei seinen Reisen und Aufbrüchen ins Exil die meisten Werke noch nicht gedruckt waren (wie zum Beispiel die »Sonette«, »Hero und Leander«, »Dido« etc.)

Sonett 48:

> *HOw carefull was I when I tooke my way,*
> Wie sorgfältig war ich, als ich davonging,
>
> *Each trifle vnder truest barres to thrust,*
> Kede Kleinigkeit noch hinter Schloss und Riegel gebracht,
>
> *That to my vse it might vn-vsed stay*
> Was zu meinem Nutzen unberührt bleiben sollte
>
> *From hands of falsehood, in sure wards of trust?*
> Vor Zugriff oder Falschheit, in treuem Gewahrsam?
>
> *But thou, to whom my iewels trifles are,*
> Nur dir, dem meine kostbaren Dinge gelten,
>
> *Most worthy comfort, now my greatest griefe,*
> Wertvoller Trost, jetzt meine größte Sorge,
>
> *Thou best of deerest, and mine onely care,*
> Du aller Liebster, um dich nur sorg ich mich,
>
> *Art left the prey of every vulgar theefe.*
> du bleibst die Beute aller gewöhnlichen Diebe.
>
> *Thee have I not lockt vp in any chest,*
> Dich hab ich nicht in irgendeiner Brust [Safe] verwahrt,
>
> *Save where thou art not, though I feele thou art,*
> wo Du nicht bist, auch wenn ich fühle, dass Du da bist,
>
> *Within the gentle closure of my brest,*
> in dem sanften Verschluss meiner Brust,

> *From whence at pleasure thou maist come and part,*
> von wo du nach Belieben kommen und gehen kannst.
> *And even thence thou wilt be stolne I feare,*
> Sogar jetzt fürchte ich, du würdest gestohlen,
> *For truth prooves theevish for a prize so deare.*
> Denn Wahrheit erweist sich als diebisch um solch teuren Preis.

Auch Sonett 48 zeichnet sich – wie die meisten Sonette – dadurch aus, dass es neben einer eher realen, »unmittelbaren« Ebene eine »tiefere« metaphorische Ebene gibt, zwischen denen man hin- und herspringen kann und muss.

Wenn man sich aus den zahllosen Übersetzungen der Vergangenheit die ersten beiden Zeilen dieses Sonetts beispielhaft herausgreift, wird deutlich, dass bei Nichtberücksichtigung dieser beiden Ebenen zuweilen sehr läppische Übersetzungen zustande kommen.

Das zentrale Thema dieses Sonetts (zweimalige Verwendung von »*trifle*«!) ist die Sicherung der Werke des Dichters angesichts seiner Verbannung (Flucht?).

Aus »*trifle*« wird dann »Tand«, »Kram« oder »Kleinigkeit«. Aus anderen Sonetten wurde aber deutlich, dass Shakespeare vor seinem Freund seine Gedichte und poetische Kunst oft als »trifle« bezeichnete und dadurch »verkleinerte« und bagatellisierte. Der Begriff »trifle«[23] bezeichnete im elisabethanischen Zeitalter ein poetisches Werk.

Beispiele:
Übersetzung Zeile 1 und 2 von Sonett 48:

> »Wie sucht' ich sorgsam jede Kleinigkeit,
> Als ich verreist, vor Diebeshand zu schützen« (Friedrich Bodenstedt, 1866)

> »Ging ich auf Reisen, pflegt' ich jeden Kram
> zu Haus vor ungetreuer Hand zu hegen« (Karl Kraus, 1933)

> »Wie achtsam war ich, ging ich aus dem Haus!
> Jed kleines Ding verriegelte ich gut« (Stefan George, 1909)

> »Wie sorglich war ich, eh ich zog von hinnen,
> All meinen Tand in Riegelschluß zu tun« (Otto Gildemeister, 1871)

> »Wie sorgsam barg ich jeden kleinen Tand,
> Als ich auf Reisen ging, in Kofferwände« (Johann Gottlob Regis, 1836)

Die sehr lange und emotionale Szene in »Zwei Herren aus Verona«, in der sich Proteus von seiner Familie (von seiner blinden Großmutter, seinem Vater – einem Schuhmacher! –, seiner Mutter und Schwester, Magd, Hund und Katze) verabschiedet, ist so außergewöhnlich authentisch (s. S. 420) und von

---

[23] SOED: »trifle«: a literary work or piece of music, light or trivil in style (1579).

so einer expressiven, gefühlsbetonten Ausführlichkeit, dass man annehmen muss, dass Shakespeare/Marlowe seinen Aufbruch ins Exil in das Stück eingewebt hat.

Sonett 71 – »Give warning to the world that I am fled«

Auch in Sonett 71 sind Aspekte des realen Schicksals Christopher Marlowes unverkennbar, zur Biografie Shakspere aus Stratford lassen sich dagegen nicht im Ansatz Bezüge herstellen.

Der Dichter signalisiert, dass sein Freund der Welt, wenn er einmal tot sei, vermitteln solle (»*Give warning to the world that I am fled*«), dass er der »öffentlichen« Welt habe entfliehen müssen, um in einer anderen abscheulichen Welt (»*this vile world*«) in elender Verzweiflung zu verweilen (»*with vildest wormes to dwell*«). Der Freund solle der Nachwelt vermitteln, dass er es war, der das alles geschrieben habe *(»Nay if you read this line, remember not, The hand that writ it«).*

Er bittet seinen Freund, seine Verse (sein Werk) mit Wohlwollen zu betrachten (»*O if (I say) you looke upon this verse*«) und seinen armen Namen »am Leben zu erhalten« (»*Do not so much as my poore name reherse*«) – und bittet damit im Grunde inständig und kaum verborgen darum, dass er der Nachwelt nach seinem Tod die Wahrheit über sein tragisches Lebens offenbaren möge.

Wie anders soll man seine Aussage »*Give warning to the world that I am fled*« interpretieren? Warum hätte Shakspere aus Stratford vor 1609 diese Bitte äußern sollen? Für das Gedenken an ihn nach seinem Tod wurde ja Sorge getragen, nicht aber für einen Dichter Marlowe, der seine Identität verloren hatte.

Der Dichter schreibt weiter, der Freund solle seinen »armen« Namen wie eine Rolle auf der Bühne auswendig lernen (»*as my poore name reherse*«). Wenn man es logisch betrachtet, kann mit dem »*poore name*« nicht der reale Name Shakspere gemeint gewesen sein, sondern nur der Tarnname, das Pseudonym Shake-speare.

Sonett 71:

> *NOe Longer mourne for me when I am dead,*
> Trauere nicht länger um mich, wenn ich tot bin,
>
> *Then you shall heare the surly sullen bell*
> Dann wirst Du die finster düstere Glocke hören
>
> *Giue warning to the world that I am fled*
> Gib eine Warnung an die Welt, vor der ich geflohen bin

From this vile world with vildest wormes to dwell:
Vor dieser haltlosen Welt, um mit elender Wut zu leben:

Nay if you read this line, remember not,
Verweigere, wenn Du diese Zeile liest, nicht Dein Erinnern

The hand that writ it, for I love you so,
Der Hand, die das schrieb, denn ich schätze Dich derart,

That I in your sweet thoughts would be forgot,
Dass ich in Deinen süßen Gedanken vergessen sein würde,

If thinking on me then should make you woe.
Wenn an mich zu denken leidvoll wäre für Dich.

O if (I say) you looke vpon this verse,
Oh wenn (sag ich) Du diese Verse bewertest,

When I (perhaps) compounded am with clay,
Wenn ich (vielleicht) vermengt mit Erde,

Do not so much as my poore name reherse;
Tu [nur] so viel als meinen armen Namen üben;

But let your love even with my life decay.
Aber lasst Eure Freundschaft mit meinem Leben vergehen.

Least the wise world should looke into your mone,
Am wenigsten sollte die kluge Welt in Euren Kummer schauen,

And mocke you with me after I am gon.
Und Euch mit mir verspotten, wenn ich gegangen.

Zwei Zeilen dieses Sonetts, die wie kaum ein anderes an Marlowes Verbannung und den Verlust seines Namens erinnern, tauchen in Shakespeares »Heinrich VIII« (Akt 4, Szene 2) eindrucksvoll und beziehungsreich wieder auf.

Die sterbende Königin Katharina wünscht Capucius (in dem Marlowe/Shake-speare deutlich erkennbar wird, Details s. S. 497 f.) Wohlergehen, obwohl Capuzius weiß, dass dieser Wunsch zu spät kommt (*»the comfort comes too late«*). Denn es erscheine ihm am Ende ihres Lebens wie eine Begnadigung *nach* der Hinrichtung (*»T is like a pardon after execution«*).

Sonett 71:
>*»From this vile world with vildest wormes to dwell:*
>*Do not so much as my poore name reherse«*

Königin Katharina (in: »Heinrich VIII«, Akt 4, Szene 2):
>*»So may he ever do and ever flourish*
>*When I shall dwell with worms, and my poor name*
>*Banish'd the kingdom!«*

Sonett 72 – »My name be buried where my body is«

Sonett 72 setzt die biografischen Aspekte in Sonett 71 unmittelbar fort. Der Dichter ist sich zutiefst bewusst, dass nach seinem Tod niemand mehr von seiner wahren Dichterperson Notiz nehmen werde, sodass er wenigstens von seinem Freund erhoffe, dass er über seine Verdienste berichte (»*O Least the world should taske you to recite, / What merit liu'd in me*«, »*And hang more praise vpon deceased I*«).

Nach seinem Tod, so nimmt er an, werde er vergessen sein (»*After my death ... for get me quite*«), und er hofft, dass der Freund mehr für ihn tut, als die geizende Wahrheit dies offenbaren würde. Er scheint die Hoffnung zu haben, dass die Wahrheit über seine notwendige Todesvortäuschung irgendwann doch noch das Licht der Welt erblickte *(»Then nigard truth would willingly impart«)*, dass er sogar für ihn lügen würde und gut über ihn spräche (»*may seeme falce in this*«, »*That you ... speake well of me vntrue*«), da doch sein Name mit seinem Körper beerdigt werden würde (»*My name be buried where my body is*«) und er, dann nicht mehr am Leben, ihm keine Schande mehr bringen werde (»*And live no more to shame ... me*«). Er sei zutiefst beschämt durch alles, was er verursacht habe (»*For I am shamd by that which I bring forth*«) – die zweifache Wiederholung von »shame« lässt das zentrale Anliegen des Dichters, die tiefe eigene Scham angesichts seines Verhängnisses, deutlich werden.

Der an und für sich informationslose und triviale Satz »*My name be buried where my body is*« bekommt erst dann einen wirklichen Sinn, wenn wir der Tragik gewahr werden, dass Marlowe einsam und unerkannt verstarb, während eine andere Person mit dem Namen Shakspere in Erinnerung blieb (s. auch S. 201 ff.).

Sonett 72:

> *O Least the world should taske you to recite,*
> O wenigstens sollte die Welt Dich beauftragen auszusagen,
>
> *What merit liu'd in me that you should love*
> Welche Verdienste in mir lebten, die Du [Ihr?] lieben solltet,
>
> *After my death (deare love) for get me quite,*
> Nach meinem Tod (Liebster) vergesst mich ganz,
>
> *For you in me can nothing worthy prove.*
> Für Dich [Euch] ist in mir nichts Wertvolles zu erkennen.
>
> *Unlesse you would devise some vertuous lye,*
> Es sei denn, du würdest eine rechtschaffene Lüge erfinden,

To doe more for me then mine owne desert,
Um mehr für mich zu tun als mein eigener Verdienst,
And hang more praise vpon deceased I,
Und schüttest mehr Lob über mich Verstorbenen,
Then nigard truth would willingly impart:
Als geizige Wahrheit gerne gewähren würde.
O least your true love may seeme falce in this,
O mag wenigstens eure wahre Liebe hierin falsch erscheinen,
That you for love speake well of me vntrue,
Dass Du unwahr aus Liebe gut [wahr] über mich sprichst,
My name be buried where my body is,
Mein Name sei begraben, wo mein Körper liegt,
And live no more to shame nor me, nor you.
Und lebe nur, um mir und Dir keine Schande zu machen.
For I am shamd by that which I bring forth,
Denn ich bin beschämt durch das, was ich verursacht,
And so should you, to love things nothing worth.
Und Du solltest es auch [sein], unwerte Dinge zu lieben

Sonett 73 – »Death first and second selfe«

Sonett 73 behandelt ebenfalls das Schicksal Marlowes. Der Dichter scheint über sein persönliches Verhängnis nachzudenken (*»time of yeare thou maist in me behold«*, »*When yellow leaues, or none, or few doe hange*«). Der Ausdruck: »*A few do hange upon those boughs which shake against the could*« wird stets mit »über diese Zweige, die gegen die Kälte zittern« oder ähnlich übersetzt. Doch die Worte haben eine metaphorische Ebene, wenn man bedenkt, dass »bough« im 16. Jahrhundert die Bedeutung von »Galgen« besaß, dass Marlowe unter Pseudonym schreiben musste und dass das Wort »*could*« für Kälte (vielmehr müsste es »*coold*« heißen) nicht existierte, sondern hier auch die Bedeutung von »könnte« möglich erscheint. Der Satz würde dann – bei der Berücksichtigung der Metapher – lauten: »... an jenen Galgen wurden wenige gehängt, die gegen das ›Mögliche‹ agitierten.«

In den zwei Monaten vor Marlowes vermeintlichem Tod wurden mehrere »Dissidenten« (Barrowe, Greenwood, Penry) gehängt. Die Vorwürfe, die man gegen sie erhoben hatte, waren nicht so schwerwiegend wie die gegen Marlowe.

In Sonett 73 werden in zwei aufeinanderfolgenden Zeilen jeweils die Worte »*twi-light*« und »*Sun-set*« »geteilt« geschrieben. Diese eher ungewöhnliche Schreibweise dürfte eine metaphorische Bedeutung besitzen: Shakespeares Existenz beruhte auf einer Spaltung seiner Identität und seines Namens: Es gibt die reale anonyme Person (ehemals Marlowe) und das Pseudonym Shakespeare.

Beide geteilten Begriffe – »*twi-light*« und »*Sun-set*« – werden hier in einen Zusammenhang mit seinem endgültigen Tod und der endgültigen Versiegelung einer lebenslangen »Vortäuschung« gebracht.

Shakespeare deutet seinem Freund an, dass er in ihm eine zwiegespaltene Person sehen müsse »*In me thou seest the twi-light of such day*«. Der nahende Tod, der endgültige Untergang der Sonne (»*Sun-set*«), die nach und nach von der schwarzen Nacht abgelöst werde (»*As after Sun-set fadeth in the West,/Which by and by blacke night doth take away*«), bedeute sein eigentliches physisches Erlöschen, seinen endgültigen, zweiten Tod (»*Deaths second selfe*«), der schließlich alles unter einer Decke des »ewigen« Schweigens (»*rest*«) versiegeln werde (»*Deaths second selfe that seals vp all in rest*«). Wenn Shakespeare von dem zweiten Teil eines Todes spricht, bedeutet dies zwangsläufig, dass es auch einen ersten Teil (»*Death first selfe*«) gegeben haben muss, nämlich, bevor er 1593 seine Identität und seinen Namen aufgeben musste.

Marlowe sieht hier sein eigeneses Schicksal exakt so voraus, wie es sich in der Tat in der Folge historisch eingestellt hat. Sein leiblicher Tod werde die lebenslange Vortäuschung endgültig versiegeln und die Nachwelt werde nicht mehr ihn, sondern eine vorgeschobene Person als den Dichter wahrnehmen.

Mit dem »*glowing of such fire*« nimmt er noch einmal das Bild des Abendrots (»*Sun-set*«) auf: »*In me thou seest the glowing of such fire That on the ashes of his youth doth lye*«. Der Begriff »auf der Asche seiner Jugend« kann eigentlich nur metaphorisch verstanden werden. Normalerweise ist Jugend noch nicht mit Tod (Asche) assoziiert. Die Asche seiner Jugend (sozusagen: deaths first selfe) war sein vermeintlicher, aber (vorgetäuschter) früher Tod. Seine Lebensenergie, seine Glut muss aber letztendlich auf dem Totenbett enden (»*Consum'd with that which it was nurrisht by*«), verzehrt von dem, was sie bis jetzt genährt hat (mehr dazu auf S. 217 f.).

Sonett 73:

THat time of yeeare thou maist in me behold,
In dieser Zeit des Jahres magst Du mir ansehen,

When yellow leaves, or none, or few doe hange
Wenn gelbe Blätter, oder keine, oder wenige hängen

Vpon those boughs which shake against the could,
An jenen Zweigen [Galgen], die gegen die Kälte zittern,

Bare rn'wd quiers, where late the sweet birds sang.
Nackte zerstörte Trümmer, wo einst die süßen Vögel sangen.

In me thou seest the twi-light of such day,
In mir siehst du das Zwie-Licht solchen Tages,
As after Sun-set fadeth in the West,
Wie nach dem schwindenden Abendrot im Westen,
Which by and by blacke night doth take away,
Das nach und nach die schwarze Nacht wegnahm,
Deaths second selfe that seals vp all in rest.
Des Todes zweites Selbst, das alles versiegelt im Schlaf.
In me thou seest the glowing of such fire,
In mir siehst du [noch] die Glut solchen Feuers,
That on the ashes of his youth doth lye,
Das auf der Asche seiner Jugend liegt,
As the death bed, whereon it must expire,
Wie das Todesbett, auf dem es erlöschen muss,
Consum'd with that which it was nurrisht by.
Verzehrt von dem, was es bis jetzt genährt.
This thou percev'st, which makes thy love more strong,
Das bemerkst Du, was deine Liebe stärker macht,
To love that well, which thou must leave ere long.
Um das zu mögen, was du auf lange Frist verlassen musst.

Sonett 74 – »The coward conquest of a wretches knife«

In Sonett 74 ist das reale Schicksal Christopher Marlowes wohl am stärksten verdichtet: Marlowe ist sich bewusst, dass er nach seinem Tod nur als jemand erinnert werden wird, der eines niedrigen Todes starb (»*my body being dead*«), erstochen durch einen niederträchtigen Schuft (»*The coward conquest of a wretches knife*«). In den letzten zehn Tagen seines »offiziellen« Lebens (20 Mai bis 30. Mai 1593) war Marlowe wegen Blasphemie, Häresie und Hochverrat angeklagt. Der Kronrat ließ ihn aufgrund einer Bürgschaft unter der Auflage frei, jeden Tag vorstellig zu werden. Dieser Aufschub wurde ihm zweifelsohne durch seine im Kronrat sitzenden Gönner William/Robert Cecil und Robert Devereux ermöglicht. Wenige Tage danach war Marlowe erstaunlicherweise tot und William Cecil konnte Königin Elisabeth I. berichten, dass Marlowe in einem Streit umgekommen sei. Das Problem war nach außen hin gelöst und aus der Welt (s. S. 150 f.).

Marlowe betrachtet in Sonett 74 seinen kommenden Tod, seine »endgültige Festnahme« (»*when that fell arrest*«), bei der (anders als bei seinem »ersten Tod«) keine Bürgschaft und kein Aufschub ihm noch etwas Zeit gegeben habe (»*With out all bayle shall carry me away*«).

Seine Lebensleistung und seine Lebensrettung verdanke er seinen literarischen Fähigkeiten (»*My life hath in this line some interest*«). Sie sollten seinem Freund in Erinnerung bleiben (»*Which for memoriall still with thee shall stay*«).

Sollte sein Freund später seinen literarischen Ertrag einmal überblicken (»*When thou reuewest this*«), dann werde er hauptsächlich den Teil lesen, der ihm selbst gegolten habe (»*The very part was consecrate to thee*«). Sein, Marlowes, eigener Tod werde banal sein, denn Erde komme nur zur Erde (»*The earth can haue but earth, which is his due*«), sein Geist und Werk jedoch, sein besserer Teil, bliebe beim Freund (»*My spirit is thine the better part of me*«).

Wenn sein Körper endgültig tot sei (»*my body beeing dead*«), habe der Freund nur seine sterblichen Überreste verloren (»*So then thou hast but lost the dregs of life*«), die feige »Eroberung« durch eines Schurken Messer (»*The coward conquest of a wretches knife*«) sei zu niederträchtig und sollte von ihm nicht erinnert werden (»*To base of thee to be remembred*«). [1925, 332 Jahre nach Marlowes vermeintlicher Tötung, wurde der lateinische Bericht des königlichen Untersuchungsrichters aufgefunden, in dem es heißt, dass Marlowe durch ein Messer, das oberhalb des rechten Auges eindrang, getötet worden sei.]

Der Wert seiner Werke bestehe in ihrem Gehalt (»*The worth of that, is that which it containes*«) und dieser Inhalt werde ihm bleiben (»*And that is this, and this with thee remaines*«.)

Sonett 74:

>*BVt be contented when that fell arest*
>Aber sei zufrieden, wenn diese grausame Festnahme
>
>*Without all bayle shall carry me away,*
>(Diesmal) ohne jede Bürgschaft mich wegtragen wird,
>
>*My life hath in this line some interest,*
>dann hat mein Leben in meinen Zeilen (s)eine »Verzinsung«,
>
>*Which for memoriall still with thee shall stay.*
>Die mit dir als Erinnerung bleiben wird.
>
>*When thou revewest this, thou doest revew,*
>Wenn du das nachprüfst, wirst Du durchsehen,
>
>*The very part was consecrate to thee,*
>Nur den besonderen Teil, der dir geweiht,
>
>*The earth can have but earth, which is his due,*
>(Dann) komme nur Erde zur Erde, das ist sie sich schuldig,
>
>*My spirit is thine the better part of me,*
>Mein Geist jedoch, der bessere Teil, bleibt Dein.
>
>*So then thou hast but lost the dregs of life,*
>Dann hast Du nur sterbliche Überreste dieses Lebens verloren,

The pray of wormes, my body being dead,
Meinen toten Körper, den die Würmer anbeten,
The coward conquest of a wretches knife,
Die feige Eroberung eines Schuftes Messers,
To base of thee to be remembred,
Sei zu niederträchtig, um von Dir erinnert zu werden,
The worth of that, is that which it containes,
Der Wert von all dem (seinen Zeilen) ist, was sie enthalten,
And that is this, and this with thee remaines.
Und das ist es, was bleibt (zusammen) mit Dir

Sonett 76 – »That euery word doth almost tel my name«

Sonett 76 lässt sich stichhaltig nur unter der Annahme interpretieren, dass Shakespeare seine Identität und seinen wahren Namen verheimlichen musste und dass seine literarischen Schöpfungen in einem »Trauergewand« gehalten werden mussten (»*And keepe invention in a noted weed*«), obwohl doch jedes Wort eigentlich seine Identität verraten würde (»*That every word doth almost tell [Q: fel] my name*«).

Aus der Feststellung, dass fast jedes Wort seiner Texte auf seinen Namen hinweise, lässt sich zugleich der Umkehrschluss ableiten, dass sein realer Name (Marlowe) ansonsten im Text nicht genannt werde oder werden dürfe und man ihn nur aus seinen Werken herleiten könne, dass also nur seine Worte ihre Entstehung und Herkunft verrieten (»*Shewing their [word] birth, and where they did proceed*«).

Viele Übersetzer haben bestimmte Worte in den Sonetten, wenn sie nicht passten (wie hier »*fel*«) als Druckfehler (»*tell*«) angesehen, was nicht den Tatsachen entsprechen muss (siehe unten).

Es fällt auf, dass Shakespeare seine literarischen Schöpfungen oder Einfälle als »*invention*« bezeichnet. Dies erinnert unmittelbar an den Zueignungstext seines »Erstlingswerks« »Venus und Adonis«, das er als »*the first heire of my invention*« bezeichnet. Marlowe signalisierte im Herbst 1593, dass er in seinem 30. Lebensjahr nun sein erstes Werk unter dem neuen Namen Shakespeare veröffentlichte.

Shakespeare beschreibt in diesem Sonett das, was er am besten könne: Formulierungen, die ihm literarisch gelungen erschienen, in »neuem Gewand«, das heißt, mit neuen Worten, erneut verwenden *(»So all my best is dressing old words new,/Spending againe what is already spent«)*. Das führte dazu, dass viele Formulierungen in seinen Werken – wenngleich in modifizierter Form – *wiederholt* vorkommen (mehr dazu in Kapitel 8, s. S. 307 ff., aber auch Kap. 11).

Die Texte von Shakespeare und Marlowe sind in Hinblick auf Stil, Wortwahl, Häufigkeit verwendeter Wörter so ähnlich, dass dies kein Zufall mehr sein kann. Die Erklärung kann nur sein, dass sich hinter beiden Namen Marlowe und Shakespeare ein und dieselbe Person verbirgt.

Sonett 76:

> *WHy is my verse so barren of new pride?*
> Warum ist mein Vers so entblößt von neuem Stolz?
> *So far from variation or quicke change?*
> So entfernt von Variation und schneller Veränderung?
> *Why with the time do I not glance aside*
> Warum schaue ich mit der Zeit nicht seitwärts
> *To new found methods, and to compounds strange?*
> Zu neu gefundenen Methoden und seltenen Komposita?
> *Why write I still all one, ever the same,*
> Warum schreib ich stets gleich, und immer gleich,
> *And keepe invention in a noted weed,*
> Und halte die Neuerung in einem bekannten Trauergewand,
> *That every word doth almost fel my name,*
> Dass jedes Wort fast schon meinen Namen deckt,
> *Shewing their birth, and where they did proceed?*
> Und auf ihre Herkunft und Handlung hinweist?
> *O know sweet love I alwaies write of you*
> O wisse, werter, Freund dass ich immer Dir schreibe
> *And you and love are still my argument:*
> Und Du und Zuneigung noch immer mein Argument sind:
> *So all my best is dressing old words new,*
> Am liebsten tu ich alte Worte neu verkleiden.
> *Spending againe what is already spent:*
> Verwende wieder, was [ich] schon verwendet:
> *For as the Sun is daily new and old,*
> Denn die Sonne ist täglich neu und alt,
> *So is my love still telling what is told,*
> So erzählt meine Freundschaft nach wie vor, was [schon] gesagt

Sonett 81 – »Although in me each part will be forgotten«

Marlowes vorgetäuschter Tod und der Identitäts- und Namenswechsel hatten die unausweichliche Konsequenz, dass er unter seinem wahren Namen nie wieder auftauchen konnte. Er konnte nur unter anderen und wechselnden

Namen (siehe Kapitel 11), inklusive dem Pseudonym Shake(-)speare, seine dichterische Aktivität fortsetzen. Das Sonett 81 scheint diese Situation relativ genau abzubilden. Obwohl der Dichter sagt, dass seine Verse für alle Zeit unsterblich bleiben würden (»*Your name from hence immortall life shall haue*«), weiß er aus bestimmten Gründen, dass sein Name nicht als der Autor seiner Verse erinnert werden würde (»*Though I (once gone) to all the world must dye*«). Die Erde könne seiner leibhaftigen Person (als »Nobody«) nur ein gewöhnliches (unbekanntes) Grab geben (»*The earth can yeeld me but a common grave*«), nur seine sanftmütigen Verse würden eine Erinnerung, ein Denkmal bleiben (»*Your monument shall be my gentle verse*«). Zukünftige Augen würden sie lesen (»*Which eyes not yet created shall ore-read*«), zukünftige Zungen würden über ihre Existenz sprechen (»*And toungs to be, your beeing shall rehearse*«).

Wenn alle Lebenden gestorben sein würden (»*When all the breathers of this world are dead*«), werde er nur noch durch seine Verse weiterleben (»*You still shall live (such vertue hath my Pen)*«), wo Sprache aus dem Mund von Menschen noch stärker wirken werde (»*Where breath*[24] *most breaths, even in the mouths of men*«).

Sonett 81:

> *OR I shall live your Epitaph to make,*
> Ob ich noch leben werde, um Euren Grabspruch zu machen,
>
> *Or you survive when I in earth am rotten,*
> Oder ob Ihr noch lebt, wenn ich verfaul' in der Erde,
>
> *From hence your memory death cannot take,*
> Von dort kann der Tod Euer Erinnern nicht nehmen,
>
> *Although in me each part will be forgotten.*
> Auch wenn von mir alles [alle Teile] vergessen sein wird.
>
> *Your name from hence immortall life shall have,*
> Wird Euer Name von dort ein unsterbliches Leben erhalten,
>
> *Though I (once gone) to all the world must dye,*
> Obwohl ich, wenn einmal gegangen, für die ganze Welt gestorben sein werde.
>
> *The earth can yeeld me but a common grave,*
> Die Erde kann mir nur ein gewöhnliches Grab geben,
>
> *When you intombed in mens eyes shall lye,*
> Wenn Du in der Menschen Augen [zu Grabe getragen] liegen wirst,
>
> *Your monument shall be my gentle verse,*
> Werden meine sanftmütigen Verse Dein Denkmal sein,

---

[24] SOED: »overread«: to re-read (1636); to read through (1648).

Which eyes not yet created shall ore-read,
Zukünftige Augen werden sie lesen,
And toungs to be, your beeing shall rehearse,
Zukünftige Zungen werden über ihre Existenz sprechen,
When all the breathers of this world are dead.
Wenn alle, die [heute] auf dieser Welt atmen, tot sind,
You still shall live (such vertue hath my Pen)
Werdet Ihr noch leben (solch eine Tugend hat meine Feder),
Where breath most breaths, even in the mouths of men.
wo Sprache, aus dem Mund von Menschen, am stärksten atmet.

Sonett 86 – »A mortall pitch, that struck me dead«

Sonett 86 gehört zur einer Gruppe von Sonetten (78–86), in denen der Dichter einen Rivalen vermutet, der mit ihm in einem Wettkampf um Gunst, Patronat und Ruhm stehe. Der Dichter stellt sich die Frage, ob er in seiner poetischen Produktivität durch die Werke des Rivalen (»*Was it the proud full saile of his great verse*«) gehemmt wurde, indem seine Gedanken in seinem Kopf eingeschlossen blieben und dadurch ihr Ursprung, aus dem sie kamen, zu einem Grab geworden sei (»*That did my ripe thoughts in my braine inhearse, Making their tomb the wombe wherein they grew?*«).

Der Dichter fragt sich, ob die literarische Produktivität des Rivalen durch seinen vermeintlichen Tod mittels eines (Dolch-)Stoßes (!) Auftrieb bekommen haben könnte (»*Was it his spirit, by spirits taught to write, / Aboue a mortall pitch, that struck me dead?*«), im Klartext, ob andere [wirklich] davon ausgingen, dass er durch einen tödlichen Hieb starb. Diese rhetorische Frage ist überaus bezeichnend und würde Sonett 86 allein damit zu einem starken Indiz machen, das für die Theorie des vorgetäuschten Todes spricht. Im »Coroner's Report« über Marlowes Tod vom 30. Mai 1593 heißt es:

»*Ingram, in defence of his life, with the dagger aforesaid to the value of 12d, gave the said Christopher then & there a mortal wound over his right eye of the depth of two inches & of the width of one inch; of which mortal wound the aforesaid Christopher Morley then & there instantly died.*«

Es gibt nur wenige Stellen in Shakespeares Werk, die einen so unmittelbaren historischen Bezug zu der ansonsten nicht interpretierbaren historischen Situation Christopher Marlowes herstellen. Marlowe starb laut »Coroner's Report« ummittelbar nach einem Dolchstoß über dem rechten Auge – er war für seine Zeitgenossen also im Streit erstochen worden! Wie anders kann man diese Zeile interpretieren?

An anderer Stelle (s. S. 156 f.) wurde näher ausgeführt, dass es neurologisch de facto nicht möglich ist, dass jemand durch einen Dolchstoß oberhalb des Auges sofort und unmittelbar zu Tode kommt.

Der Verfasser des Sonetts kommt im Weiteren zu der Überzeugung, dass es nicht der Dichterrivale gewesen sei, der seine Produktivität hemmte (»*No, neither he, nor his compiers by night/Giuing him ayde, my verse astonished*«). Der Rivale könne sich nicht als Sieger über einen gegenwärtig verstummten Dichter brüsten (»*He nor that affable familiar ghost/Which nightly gulls him with intelligence,/As victors of my silence cannot boast*«). Er macht sich bewusst, dass er keine Angst vor dem Rivalen habe (»*I was not sick of any feare from thence*«).

Sonett 86:

WAs it the proud full saile of his great verse,
War es das stolz geblähte Segel seiner großen Verse.

Bound for the prize of (all to precious) you,
Das Euch um den (allzu kostbaren) Preis band,

That did my ripe thoughts in my braine inhearse,
Die meine reifen Gedanken in meinem Hirn einschlossen,

Making their tomb the wombe wherein they grew?
indem sie ihren Schoß [Ursprung], aus dem sie wuchsen, zum Grabe machten?

Was it his spirit, by spirits taught to write,
Wurde sein Geist, durch Geister über einen Todesstoß

Aboue a mortall pitch, that struck me dead?
Zu schreiben gelehrt, der mich tödlich traf?

No, neither he, nor his compiers by night
Nein, weder er noch seine nächtlichen Gefährten

Giuing him ayde, my verse astonished.
halfen ihm, dass meine Verse ausblieben [betäubt wurden].

He nor that affable familiar ghost
Weder er noch der bekannte freundliche Geist,

Which nightly gulls him with intelligence,
Der ihm nächtlich mit Einsicht hereinlegte,

As victors of my silence cannot boast,
Kann sich mit meinem Verstummen brüsten.

I was not sick of any feare from thence.
Von daher war ich nicht krank von irgendeiner Furcht.

But when your countinance fild vp his line,
Aber wenn eure Haltung [Toleranz] seine Zeilen füllte,

Then lackt I matter, that infeebled mine.
Dann mangelte es mir an Gehalt, was meine [Zeilen] schwächte.

Sonette 109–112, 116, 121, 125

Die Sonette 109 –112 beschreiben auf subtile Art den dauerhaften Verlust der Identität und des Namens von Marlowe ab 1593, die wechselnden Aufenthaltsorte, die Reisen und Fluchten und schließlich auch die Todesvortäuschung.

Literaturwissenschaftler waren bis heute auch nicht im Ansatz in der Lage, die in diesen Sonetten erkennbaren autobiografischen Aspekte auf Shakspere aus Stratford zu beziehen. Aus der Mehrzahl der Sonette ist nach der Übersetzung – mangels spezifischer Interpretation – eher vordergründige Liebeslyrik geworden.

Die hier angeführten Sonette sind gezeichnet von der existentiellen Erschütterung von Marlowes/Shakespeares Leben und bringen sein tragisches Schicksal zum Ausdruck (»*my selfe bring water for my staine, … preposterouslie be stain'd*«).

Sonett 109 – »To leave for nothing all thy summe of good«

In Sonett 109 will der Dichter seinem Freund vermitteln, dass er nicht nur ihm gegenüber, selbst in der Fremde, offen und wahrhaftig sei (»*Never say that I was false of heart*«), sondern von Natur aus. Auch wenn seine langen Abwesenheiten und seine Leidenschaft ihn zu anderem befähigt hätten (»*Though absence seem'd my flame to quallifie*«), könne er sich nicht so einfach verstellen oder verleugnen (»*As easie might I from my selfe depart,/As from my soule which in thy brest doth lye*«). Denn ihre Freundschaft repräsentiere seine Heimat (»*That is my home of love, if I have rang'd*«).

Seine langen und weiten Reisen – gekennzeichnet durch so unterschiedliche Begriffe wie »*absence*«, »*depart*«, »*travel*«, »*return*« – hätten dazu geführt, dass er zu veränderter Zeit (»*with the time exchang'd*«) zurückkehren müsse und er selbst seinen »Schandfleck« nicht abwaschen könne (»*So that my selfe bring water for my staine*«).

Er will, dass sein Freund ihm vertraue und sich bewusst sei, dass die vielen moralischen Versuchungen, denen er, der Dichter, ausgesetzt war, niemals einen solch grotesken Schandfleck (wie den seines Schicksals) verursacht hätten (»*That it could so preposterouslie be stain'd*«), mit dem er all die Herrlichkeit der Welt (»*For nothing this wide Vniuerse*«) für nichts und wieder nichts aufgeben musste (»*To leaue for nothing all thy summe of good*«).

Marlowe/Shakespeare will sich offensichtlich damit rechtfertigen, dass seine Natur nie dazu fähig gewesen wäre, sich mit einer solch aberwitzigen Schändung seines Lebens zu beflecken, um für eine solche Nichtigkeit all den Schönheiten der Welt zu entsagen.

Sonett 109:

> *O Never say that I was false of heart,*
> Oh sage nie, dass ich in meinem Herzen falsch war,
> *Though absence seem'd my flame to quallifie,*
> obwohl [in meiner] Abwesenheit meine Brillianz [mich] dazu befähigt hätte,
> *As easie might I from my selfe depart,*
> Könnt ich so leicht von mir selbst abreisen,
> *As from my soule which in thy brest doth lye:*
> Als von meiner Seele, die in deiner Brust liegt:
> *That is my home of love, if I have rang'd,*
> [Denn] Das ist die Heimat meiner Freundschaft, wenn ich arrangiert hätte
> *Like him that travels I returne againe,*
> Wie er, von dessen Reisen ich wieder zurückkehre,
> *Iust to the time, not with the time exchang'd,*
> Zur rechten Zeit, nicht mit ausgewechselter Zeit [zu anderer Zeit],
> *So that my selfe bring water for my staine,*
> Sodass ich selbst meinen Schandfleck nicht abwaschen konnte,
> *Never beleeve though in my nature raign'd,*
> Glaub nie, obwohl in meiner Natur all die
> *All frailties that besiege all kindes of blood,*
> moralische Versuchung herrschte, die alle Arten des Blutes belagern,
> *That it could so preposterouslie be stain'd*
> Dass ich [mich] so absurd beflecken könnte,
> *To leave for nothing all thy summe of good:*
> Um für Nichts all die Summe des Guten aufzugeben:
> *For nothing this wide Universe I call,*
> Denn Nichts, nenne ich, dieses weite Universum,
> *Save thou my Rose, in it thou art my all.*
> Außer Dir, meine Rose, darin bist Du mein All[es].

Sonett 110 – »These blenches gave my heart an other youth«

Ein erkennbarer biografischer Bezug zu Marlowe in Sonett 110 ist wegen Ablehnung der These von seinem vorgetäuschten Tod nie in Betracht gezogen worden. In Sonett 110 denkt der Dichter über die Gründe für seinen tragischen Niedergang nach, die eng in Zusammenhang mit den Ereignissen um Thomas Kyd standen (s. S. 438). Er erkennt die Fehler und Sünden seiner Vergangenheit. Es ist gut dokumentiert, dass Marlowe während des Studiums in Cambridge häufig abwesend war, zum Beispiel in Frankreich (Reims) und Holland (»*Alas 'tis true, I haue gone here and there*«).

Er analysiert, dass er sich durch seine Ansichten oft zum Tor gemacht habe

(»*And made my selfe a motley to the view*«), dass er seine eigenen Gedanken aufs Korn genommen und billig das verkauft habe, was ihm am teuersten war (»*Gor'd mine own thoughts, sold cheap what is most deare*«), und alte Neigungen zu Verletzungen wieder aufgenommen habe (»*Made old offences of affections new*«).

Auch wenn Marlowes gefährliche Ansichten (über Gott und die Welt) durch den Informanten Richard Baines der Öffentlichkeit sichtbar wurden, so wird bei aller Diffamierung zugleich die »Spannbreite« seines überaus freien Gedankenguts erkennbar.

Der Dichter erkennt, dass er auf Wahrheit geachtet habe (»*Most true it is, that I have lookt on truth*« – man bemerke den Gebrauch von »*true* und *truth* in der gleichen Zeile!). Er bekennt, dass alles Negative auch sein Positives habe. Dass er vor dem Tod zurückschreckte, habe ihm eine zweite Jugend beschert (»*But by all above, These blenches gave my heart an other youth*«). Zugleich hätten ihm auch seine eher »schlimmen« Abhandlungen und Schriften die besten Seiten seiner Zuneigung offenbaren können (»*And worse essaies prou'd thee my best of loue*«).

Darüber sei nun die Zeit hinweggegangen (»*Now all is done, haue what shall have no end*«). Er denkt hier wohl an das Schicksal seines verehrten Dichterfreundes (»*an older friend*«) Thomas Kyd, der in derselben Zeit verhaftet worden war, unter Folter im Gefängnis aussagte und innerhalb eines Jahres an den Folgen starb. Der Dichter betont, dass er heute jenen einstigen »Gelüsten« nach Wahrheit nicht mehr folgen würde (»*Mine appetite I never more will grin'de*«), falls eine erneute Verhandlung und Beweisführung gegen einen alten Freund stattfände (»*On newer proofe, to trie an older friend*«), dem er sich zutiefst verpflichtet fühle (»*A God in love, to whom I am confin'd*«). Er heißt den längst verstorbenen, sich längst im Jenseits befindlichen Freund Thomas Kyd (»*Then give me welcome, next my heaven the best*«) in seinem Herzen willkommen (»*Even to thy pure and most most loving brest*«).

Sonett 110:

> *ALas 'tis true, I have gone here and there,*
> Oh weh, es ist wahr, ich bin hier und dort [unterwegs] gewesen,
>
> *And made my selfe a motley to the view,*
> Und machte mich zum Gespött meiner radikalen Ansichten,
>
> *Gor'd mine own thoughts, sold cheap what is most deare,*
> Spießte meine eigenen Gedanken auf, verkaufte billig, was mir am teuersten,
>
> *Made old offences of affections new.*
> Erneuerte alte Neigungen zu Verletzungen.

Most true it is, that I have lookt on truth
Es ist sehr wahr, dass ich auf Wahrheit geschaut habe

Asconce and strangely: But by all above,
Misstrauisch und befremdlich: doch über all dem

These blenches gave my heart an other youth,
gaben diese Vortäuschungen[25] meinem Herzen eine neue Jugend,

And worse essaies prov'd thee my best of love,
Und nachteilige Abhandlungen zeigten Dir den besten Teil meiner Freundschaft.

Now all is done, have what shall have no end,
Nun da alles vorbei [getan] ist, besitze ich, was kein Ende [mehr] haben wird,

Mine appetite I never more will grin'de
Meinen [früheren] Gelüsten werde ich niemals mehr folgen,

On newer proofe, to trie an older friend,
Bei neuer Beweisführung stelle ich keinen älteren Freund [Kyd] vor Gericht,

A God in love, to whom I am confin'd.
Ein Gott an Zuneigung, an den ich gefesselt bin,

Then give me welcome, next my heauen the best,
Heiß mich willkommen, Du [Kyd], der nächst dem Himmel,

Euen to thy pure and most most loving brest.
Sogar zu Deinem reinen und zugewandten Herz [Brust].

Sonett 111 – »Thence comes it that my name receiues a brand«

Das Sonett 111 ist erneut ganz und gar von Marlowes tragischem Schicksal (»*doe you with fortune chide*«) durchzogen, von jenem Rufmord und jener ungeheuren »Brandmarkung« (»*my name receives a brand*«), die des Dichters Natur überwältigte (»*And almost thence my nature is subdu'd/to what it workes in, like the Dyers hand*«), die hier nicht näher aufgedeckt wird, aber von der der Angesprochene wohl Kenntnis hatte. Es muss sich um den dauerhaften Identitäts- und Namensverlust Marlowes gehandelt haben, der mit Hilfe seiner Gönner bewerkstelligt wurde. Durch deren öffentliche Unterstützung kann er nun leben, seine Dramen schreiben und öffentlich aufführen lassen (»*publick meanes which publick manners breeds*«).

Der Dichter macht die Götter (»*the guiltie goddesse*«) für seine so abträglichen Taten (»*my harmfull deeds*«) verantwortlich (»*For my sake doe you with fortune chide, The guiltie goddesse of my harmfull deeds*«) und bedauert zugleich, dass er davon abhängig geworden sei, sein Auskommen und seinen Lebensunterhalt über »öffentliche Mittel« zu beziehen (»*publick meanes which*

---

[25] Seine Todesvortäuschung, sein Namenswechsel etc.?

publick manners breeds«). Die folgenschweren Taten (»*harmful deeds*«) hätten bewirkt (»*Thence comes it*«), dass sein Name »geschändet« worden sei (»*that my name receiues a brand*«). Durch diese Einwirkung (»And almost thence« – »*To what it workes in*«) sei seine Natur überwältigt worden (»*my nature is subdu'd*«) und »verblichen«, wie durch des Färbers Hand (»*like the Dyers hand*«). Der Dichter wünscht sich, dass man mit ihm Mitleid habe und dass er rehabilitiert werde (»*Pitty me then, and wish I were renu'de*«). Er würde versuchen, gegen die »Kränkung« wie ein williger Kranker anzukämpfen (»*Whilst like a willing pacient I will drinke,/Potions of Eysell gainst*«). Er versuche, nicht mit Groll an jene Bitternis zu denken (»*No bitternesse that I will bitter thinke*«), das Geschehene will er nicht vergelten, also keine Berichtigung berichtigen, keine Abänderung abändern (»*Nor double pennance to correct correction*«).

Im Schlusscouplet verwendet er zweimal das insgesamt dreimal vorkommende »*pittie*« (»Mitleid«, »Erbarmen«), das somit zentrale Thema dieses Sonetts ist. (»*Pittie me then deare friend, and I assure yee, Euen that your pittie is enough to cure mee*«).

Sonett 111:

O For my sake doe you with fortune chide,
Oh um meinet Willen scheltet mit dem Schicksal,

The guiltie goddesse of my harmfull deeds,
[Mit] der schuldigen Göttin meiner schändlichen Taten,

That did not better for my life provide,
Dass sie nicht besser für mein Leben sorgte,

Then publick meanes which publick manners breeds.
Als für öffentliches Auskommen, das jetzt aus öffentlichem Umgang erwächst.

Thence comes it that my name receives a brand,
Von daher kommt es, dass mein Name eine Brandmarkung erfuhr;

And almost thence my nature is subdu'd
Und beinahe folglich meine Natur überwältigt wurde.

To what it workes in, like the Dyers hand,
Durch diese Einwirkung, wie durch des Färbers Hand.

Pitty me then, and wish I were renu'de,
Habt deshalb Mitleid und wünscht, ich wäre rehabilitiert [wiederhergestellt],

Whilst like a willing pacient I will drinke,
Während ich wie ein lernwilliger Patient,

Potions of Eysell gainst my strong infection,
Nun Essig gegen meine starke Infektion trinke.

No bitternesse that I will bitter thinke,
Keine Bitterkeit, über die ich bitter zurückdenken will,

Nor double pennance to correct correction.
Keine zweifache Buße um die Korrektur erneut zu korrigieren.
Pittie me then deare friend, and I assure yee,
Hab deshalb Mitleid mit mir, guter Freund! Und Ich kann Dir versichern,
Euen that your pittie is enough to cure mee.
Dein Mitleid ist genug, um mich zu heilen.

Diese letzte Bitte um Mitleid und Erbarmen für sein mitverschuldetes Schicksal erinnert stark an die letzten Sätze im Epilog von »Der Sturm« (Details s. S. 361 f.), in dem Prospero (alias Shakespeare/Marlowe) noch einmal an die Rampe tritt und das Publikum um Vergebung und Gnade bittet:

»*Mercy itself and frees all faults.*
As you from crimes would pardon'd be,
Let your indulgence set me free.
(...)
But release me from my bands
With the help of your good hands:«

Sonett 112 – »That all the world besides me thinkes [Q: y'] are dead«

Der Inhalt von Sonett 112 würde aufgrund seiner durchgehenden Kohärenz erneut allein ausreichen, eine unwiderlegbare Brücke zwischen Christopher Marlowe und seinem Dichterpseudonym Shake-speare zu schlagen.[26] Das Thema des Urheberschaftsproblems könnte mit diesem Sonett allein bereits dauerhaft erledigt sein.

Die Zeilen eins und zwei berichten, dass die Tragik seines Lebens mit einer Wunde (»*impression*«) über seiner Augenbraue begonnen hätte, die zu einem vulgären Skandal führte (»*vulgar scandall*«), wobei die Brandmarkung darin bestand, dass Marlowes Tod vorgetäuscht wurde und seine »Wiederauferstehung« unter einem Pseudonym erfolgte.

Damit wird letztlich das vorausgehende Sonett 111 einbezogen, das ganz und gar von diesem Schicksalsschlag (»*doe you with fortune chide*«) beherrscht wird und in dem von jener ungeheuren »Brandmarkung« (»*my name receives a brand*«) die Rede ist.

Da Marlowe seit »seiner Auslöschung« 1593 in Verborgenheit und Anonymität leben musste, fragt er sich in Sonett 112, welcher Skandal ihn hier eigentlich getroffen habe (»*Which vulgar scandall stamp'd vpon my brow*«)

---

[26] Cynthia Morgan: A new Interpreation of Sonnet 112, in: The Marlowe Society Research Journal, Vol. 7 (2010); Onlineversion: http://www.marlowe-society.org/pubs/journal/downloads/rj07articles/jl07_01_morgan_sonnet112.pdf, aufgerufen am 19.1.2011.

und warum er sich nach alldem eigentlich noch darüber Sorgen machen müsse, wer gut oder schlecht über ihn rede (»*For what care I who calles me well or ill*«), da er offiziell doch gestorben sei und sein Patron (Thomas Walsingham?) dafür gesorgt habe, dass sein Versagen, seine Beschädigung, sein fiktives Grab übergrünt würden (»*So you ore-greene my bad*«) und sein Lob, seine literarischen Leistungen anerkannt würden (»*my good alow*«). Jetzt, da alle Welt denke, er sei gestorben, repräsentiere nur noch sein Freund seine Verbindung zur Außenwelt (»*You are my All the world, and I must striue*«) und er müsse sich anstrengen zu erfahren, was dort draußen Positives oder Negatives, zum Beispiel über seinen schändlichen Tod, geredet werde (»*and I must striue,/To know my shames and praises from your tounge*«). Nichts mehr sonst dringe zu ihm (»*None else to me*«), für keinen sei er noch am Leben (»*nor I to none aliue*«), sodass ihm sein abhanden gekommener Sinn nicht mehr sage, was richtig und falsch sei (»*That my steel'd[27] sence or changes right or wrong*«). Er werfe seine Achtsamkeit gegenüber dem Gerede der anderen in einen tiefen Abgrund (»*In so profound Abisme I throw all care of others voyces*«), dem Gerede, das ihm seine Giftschlangen signalisierten (»*that my Adders sence*«), um Kritiker und Schmeichler zu stoppen. Ottern (»*Adders*«) fügen ihrer Beute einen tödlichen Biss zu und folgen der Geruchsspur des langsam verendenden Tieres. Marlowe spielt hier wohl auf die Zensoren (Bischoff Whitgift, Richard Baines etc.) an, die dem Geruch (»*sense*«) ihrer Opfer nachspürten.

Er macht seinem Freund klar, wie sehr er unter seiner »Nichtmehrbeachtung« leide (»*Marke how with my neglect I doe dispence*«). Der Freund äußere sich noch stark in seinen Absichten (»*You are so strongly in my purpose bred*«), während die ganze Welt außer ihm, dem Dichter selbst, davon ausgehe, dass er nicht mehr am Leben sei (»*That all the world besides me thinks are dead*«).

Seine Gönner William Cecil und Thomas Walsingham scheinen an eine Rückkehr Marlowes zu einem späteren Zeitpunkt nie geglaubt zu haben, da sie sein Grab (seinen Tod) »überwachsen« (»*overgreened*«) und seine Werke für die Nachwelt von einem Mann aus Stratford mit dem Pseudonym William Shakespeare repräsentieren ließen.

Der vorgetäuschte Tod war ein zweifacher Coup: Zum einen wurden das Leben und die literarische Kunst eines erkannten Genies erhalten, zum anderen wurden die hinter dem Komplott stehenden Männer vor Kirche und Star Chamber dauerhaft geschützt.

---

[27] Hier könnte ein komplementäres Wortspiel vorliegen: einerseits sein verloren gegangener (steal/gestohlener) Sinn, andererseits sein geschärfter (steel/gestählter) Sinn.

Sonett 112:

> *YOur love and pittie doth th' impression fill,*
> Eure Zuneigung und Euer Mitleid füllen die Vertiefung,
> *Which vulgar scandall stamp'd vpon my brow,*
> Die der geschmacklose Skandal mir auf die Augenbraue gedrückt.
> *For what care I who calles me well or ill,*
> Warum sorg ich mich darüber, wer gut oder schlecht über mich redet?
> *So you ore-greene my bad, my good alow?*
> Du »übergrünst« meine Fehler, anerkennst mein Können?
> *You are my All the world, and I must strive,*
> Du repräsentierst meinen Außenraum, die Welt, ich muss mich anstrengen,
> *To know my shames and praises from your tounge,*
> Um Lob und Tadel über mich von Deiner Zunge zu erfahren,
> *None else to me, nor I to none alive,*
> Nichts sonst [dringt] zu mir, noch [dringe] ich zu jemand Lebendem,
> *That my steel'd sence or changes right or wrong,*
> Sodass mein verlorener Sinn oder Veränderungen, richtig oder falsch,
> *In so profound Abisme I throw all care*
> Ich in einen so tiefen Abgrund werfe [mit] all den Sorgen
> *Of others voyces, that my Adders sence,*
> von anderen Stimmen, die mir meine Nattern signalisieren,
> *To cryttick and to flatterer stopped are.*
> Damit Kritiker und Schmeichler gestoppt werden.
> *Marke how with my neglect I doe dispence:*
> Beachte, wie ich – bei meiner Vernachlässigung – entbehre:
> *You are so strongly in my purpose bred,*
> Du pflanzst Dich so stark in meinen Absichten fort,
> *That all the world besides me thinkes are dead.*
> Dass die ganze Welt außer mir denkt, ich sei tot.

Sonett 116 – ein Vergleich mit Marlowes »Hero und Leander«

Shakespeares Sonett 116 gehört wie Sonett 118 und Marlowes »Hero und Leander« und »Der verliebte Schäfer« zu den berühmtesten Liebesgedichten überhaupt. Der Dichter formuliert am Ende dieses Lobgesanges auf die Liebe dezidiert in der ersten Person: »Denn es bestätigt sich bis zum Ende des jüngsten Tages: Sollte mir das als ein Irrtum nachgewiesen werden, ich hätte nie geschrieben [»*I never writ*«!], dann hätte nie je ein Mensch geliebt [»*no man ever loved*«]«. Man kann annehmen, dass der Dichter sich mit dieser Feststellung auf sein Versepos »Hero und Leander« bezieht:

Auszug aus »Hero und Leander«:

> *»It lies not in our power to love, or hate,*
> *For will in us is over-rulde by fate.*
> *(...)*
> *The reason no man knowes, let it suffise,*
> *What we behold is censur'd by our eyes.*
> *Where both deliberat, the love is slight, ?*
> *Who ever lov'd, that lov'd not at first sight.«*

Sonett 116:

> *LEt me not to the marriage of true minds*
> Lass mich bei der Vermählung wahrer Seelen
>
> *Admit impediments, love is not love*
> Keine Hindernisse zugeben, Liebe ist nicht Liebe,
>
> *Which alters when it alteration findes,*
> Die sich ändert, wenn sie Änderungen findet,
>
> *Or bends with the remover to remove.*
> Oder sich verbiegt mit dem Abwendenden, um sich zu entfernen.
>
> *O no, it is an ever fixed marke*
> O nein, sie ist ein stets fester Leuchturm,
>
> *That lookes on tempests and is never shaken;*
> Der auf Stürme schaut und nie erschüttert wird;
>
> *It is the star to every wandring barke,*
> Sie ist jedem umherirrenden Kahn der Leitstern,
>
> *Whose worths unknowne, although his hight be taken.*
> Dessen Wert unschätzbar, auch wenn seine Höhe unbekannt.
>
> *Lou's not Times foole, though rosie lips and cheeks*
> Liebe ist kein Narr der Zeit. Auch wenn rosige Lippen und Wangen
>
> *Within his bending sickles compasse come,*
> In den Bereich des Todes (der Sense) gelangen,
>
> *Love alters not with his breefe houres and weekes,*
> Liebe ändert sich nicht binnen kurzer Stunden und Wochen,
>
> *But beares it out even to the edge of doome:*
> Sondern bestätigt sich bis zur Grenze des jüngsten Gerichts:
>
> *If this be error and upon me proved,*
> Sollte mir dies als ein Irrtum nachgewiesen,
>
> *I never writ, nor no man ever loved.*
> Ich hätte nie geschrieben und kein Mann hätte je geliebt.

Die letzten Zeilen »*If this be error and upon me proved,/I never writ, nor no man ever loved*«) machen nicht nur unmissverständlich Marlowe und seinen berühmten Vers in »Hero und Leander« kenntlich, sondern erinnern auch stark an eine Zeile in dem Madigral von Ben Jonson aus dem Jahr 1619 (s. S. 127 f.), in dem er William Drummond den so schwer verstehbaren Zusammenhang zwischen Shakspere, Marlowe und Shakespeare verdeckt zu erklären suchte: »C*ould thou believe that this bodie <u>ever</u> was of one that <u>loved</u>?«*

Sonett 121 – When »not to be«, receives reproach of being

Auch Sonett 121 bezieht sich mit großer Wahrscheinlichkeit auf Ereignisse, die zu Marlowes Niedergang und Identitätsverlust geführt haben. Zu Shakespeare aus Stratford lassen sich in diesem Sonett keinerlei erkennbare Verbindungen herstellen.

Der Informant Richard Baines hatte Tage vor Marlowes vermeintlicher Ermordung (Ende Mai 1593) wohl im Auftrage des Erzbischofs Whitgift in massivster Weise gegen Marlowe »ausgepackt«. Richard Baines bösartiger Bericht und seine bösartigen Verunglimpfungen entsprachen seinem Charakter und können auch als eine Abrechnung mit Marlowe gesehen werden. Richard Baines hatte, als er 1583 am katholischen Seminar in Reims als Spion entlarvt worden war (er wollte dort seinerzeit jeden vergiften) exakt die Anklagepunkte eingestanden, mit denen er später Marlowe belastete.

Richard Baines Geständnis vom 13. Mai 1583 ist erhalten geblieben und kommt der Beschreibung der »frailers spies« in Sonett 121 sehr nahe:

> »*I had a delight rather to fill my mouth and the auditors ears. Which dainty, delicate, nice and ridiculous terms and phrases, than with wholesome, sound and sacred doctrine.*« *Proceeding farther and farther in wickedness ... began to mock at then lesser point of religion ... to utter divers horrible blasphemies in plain terms against the principal points of religion ... the next step of this stair is Atheism and no belief at all ... The highway to heresy, infidelity and atheism, as to my great danger I have experience in mine own case.*«[28]

Marlowe bringt in Sonett 121 zum Ausdruck, wie widerwärtig (»*vile*«) diese Spione und Informanten (wie Richard Baines) seien (»*Or on my frailties why are frailer spies*«), die begünstigt und angenehm lebten, während er, Marlowe, zwar ehrenhaft sei, aber als niederträchtig angesehen würde (»*beeing honest but esteemed vile*«), in Ungnade gefallen sei und ausgestoßen leben müsse. Die große Ironie und Infamie einer korrupten Welt liege nach seiner Meinung darin, dass Ehrenhaftigkeit bestraft und Lügen belohnt würde (»*I may be straight though they them-selves be beuel*«).

---

[28] Aus Charles Nicholl: The reckoning: the murder of Christopher Marlowe, Chicago 1995.

Man ist geneigt die zweite Zeile des Sonetts:

»*When not to be, receives reproach of being*«

auf die berühmteste Zeile in Shakespeares »Hamlet« zu beziehen:

»*To be or not to be: that is the question.*«

Marlowe scheint hier die Situation in ihrer Umkehrung zu betrachten: Sein tragischer Identitätsverlust entspricht de facto einem »Nicht-sein« (»*not to be*«), sodass er in praktischer Umkehrung des Hamlet-Satzes mit der Schande des Seins (»being«) leben müsse: »*When not to be, receives reproach of being*« – wenn »nicht zu sein« den Vorwurf einbringt »zu sein«.

Sonett 121:

TIS better to be vile then vile esteemed,
Es *ist besser*, widerwärtig zu sein, als widerwärtig zu scheinen,
When not to be, receives reproach of being,
Wenn »nicht zu sein« den Vorwurf einbringt »zu sein«;
And the iust pleasure lost, which is so deemed,
Und die gemeine Freude verloren gegangen ist, die so erachtet wird,
Not by our feeling, but by others seeing.
Nicht von unserem Gefühl, sondern von der Sicht der anderen.
For why should others false adulterat eyes
Denn warum sollten der anderen falsche, verfälschende Augen,
Give salvation to my sportive blood?
Mein froh bewegtes Blut begrüßen?
Or on my frailties why are frailer spies;
Oder warum die Informanten auf meine Fehltritte achten,
Which in their wils count bad what I think good?
Die in ihrer Arglist schlecht berichten, was ich für gut erachte?
Noe, I am that I am, and they that levell
Nein, ich bin das, was ich bin, und sie, die sich richten
At my abuses, breckon vp their owne,
auf meine Fehler, rechnen ihre eigenen auf.
I may be straight though they them-selves be bevel[29]
Ich mag aufrecht sein, obwohl sie selbst »schräg« sind.
By their rancke thoughts, my deedes must not be shown
Durch ihre widerlichen Gedanken müssen meine Taten nicht gezeigt werden,

---

[29] Man vermutet ein Wortspiel zu »bewail«.

Unlesse this general evill they maintaine,
Solange sie dieses allgemeine Übel aufrechterhalten,
All men are bad and in their badnesse raigne.
Sind alle Menschen schlecht und herrschen in ihrer Schlechtigkeit.

Sonett 125 – »Thou suborned Informer«

In diesem Sonett vermittelt Shakespeare verdeckt, dass er äusserlich den Leidensweg Jesu Christi, die Passion formaler weltlich-kirchlicher Prozessionen inklusive der Kreuzigung und des Verätes Judas mit seinem Schicksal metaphorisch verwebt.[30]

Auffällig ist, dass im resümierenden Abschlusscouplet unvermittelt Marlowes Verräter Richard Baines (»*thou suborned Informer*«) erscheint, der ihn verfolgte, anklagte (»*most impeached*«) und an den Galgen liefern wollte. Baines spielte der Obrigkeit Informationen über Marlowes »häretische, atheistische und staatsgefährdende Einstellungen« zu, die letztlich sein tragisches Schicksal bewirkten.

Die rikante, weil möglicherweise zu verräterische Aussage verbirgt Shakespeare hinter Anspielungen auf den ansonsten eher irrelevanten Dienst der heiligen Kommunion und des Abendmahls mit Judas als Verräter (»*Canopy*«, »*eternity*«, »*oblation*«, »*obsequious*«, »*suborned informer*«), um hier keine Gefahr zu laufen und behaupten zu können, dass er über Eucharistie und Judas gedichtet habe und nicht über sein persönliches Schicksal und einen intriganten Informanten der katholischen Kirche (»*Hence, thou suborned Informer, a true soul When most impeached, stands least in thy control*«).

Marlowe verspottet die Fixierung auf Äußerlichkeiten und Erfolgsstreben, er bittet seinen Freund, den Opfergang seines Lebens anzunehmen und ihn nicht mit seinen »Sekundanten« zu verwechseln, die keinerlei Kunstverstand besäßen (»*Which is not mix'd with seconds, knows no art*«). Der Terminus eines existierenden »Zweitrangigen« (»seconds«) lässt an seinen Außenverteter Shakspere denken, der über keinen Kunstverstand verfügte. (»*knows no art*«). Ben Jonson charakterisierte Shakspeare 1618 während eines Besuches bei William Drummonds in Schottland folgendermaßen: »*that Shakspere wanted [i. e. lacked] arte*«. In seiner Lebensbedrängnis hätten Verräter (Shakspere= Judas) oder Informanten (Richard Baines) keine Möglichkeit mehr, ihn noch zu kontrollieren.

---

[30] Vgl. Pater Farey: Hoffman and the Authorship, siehe: http://www2.prestel.co.uk/rey/hoffman.htm, aufgerufen am 19.1.2011.

Sonett 125:

Were't aught to me I bore the canopy,
Wo ich den Baldachin tragen,
With my extern the outward honouring,
[Und] mit meinem Outfit die Welt ehren,
Or laid great bases for eternity,
Oder mächtige Grundlagen für [jene] Ewigkeit legen sollte,
Which proves more short than waste or ruining?
Die sich rasch als unbrauchbar und vergänglich erweist?
Have I not seen dwellers on form and favour
Hab ich nur Bewohner gesehen, die auf Form und Gunst bedacht,
Lose all, and more by paying too much rent
Sie verlieren alles, und mehr, indem sie zu viel Pacht
For compound sweet; forgoing simple savour,
Für süße Verbindungen zahlen; Sie verzichten auf einfachen Geschmack,
Pitiful thrivers in their gazing spent.
Die Armen verbringen ihr Starren auf den Gewinn.
No, let me be obsequious in thy heart,
Nein, lass mich unterwürfig in deinem Herzen sein,
And take thou my oblation, poor but free,
Und nimm Du mein Opfer an, arm aber frei,
Which is not mix'd with seconds, knows no art,
Das nicht verwechselt wird mit Zweitpersonen, ohne Kunstsinn,
But mutual render only me for thee.
Sondern mit gegenseitiger Rechenschaften füreinander.
Hence, <u>thou suborned Informer, a true soul</u>
Du fieser Spitzel, wenn eine wahrhaftige Seele
When most impeached, stands least in thy control.
In höchster Bedrängnis, kannst du sie kaum mehr überwachen.

Fazit

Es kann kein Zweifel daran bestehen, dass »*Shake-speares Sonetts*« intime und vertrauliche poetische Texte darstellen, die an Freunde des Dichters gerichtet waren. Sie erlauben uns wesentliche Einblicke in Shakespeares Leben der 1590er-Jahre, die eine subjektive poetische Wirklichkeit der Gefühlswelt des Dichters widerspiegeln. Sie schildern eindeutig eine reale historische Situation und machen uns zugleich mit erstaunlich freimütig zugegebenen jugendlichen Irrtümern des Dichters vertraut.

Es ist für mich undenkbar, dass diesen, in den Sonetten zum Ausdruck kommenden künstlerischen Intensitäten und Leidenschaften nicht eine autobiografische Situation und Faktenlage zugrunde liegt. Obwohl Experten über Jahrhunderte versucht haben, die Situation in den Sonetten und deren autobiografische Hintergründe aufzuklären und zu verstehen, ist ihnen dies bis heute restlos und auf ganzer Linie misslungen. Dafür muss es Gründe geben!

In Ermangelung eines auffindbaren Zugangs sind Experten notgedrungen dazu übergegangen, die Sonette als fiktive Imaginationen shakespearescher Poesie zu betrachten. Diese Sichtweise erscheint mir abwegig, sie erlaubte einzig – ähnlich wie bei dem gesamten Urheberschaftsproblem – die komplette Einstellung jeglicher wissenschaftlicher Anstrengungen zur Lösung eines »realen« Autorschaftsproblems.

Die in diesem Kapitel zusammengetragene Zahl an plausiblen und stringenten Interpretationen von Texten ausgewählter Sonette müsste jeden vorurteilslosen und integren Leser unweigerlich zu der Überzeugung gelangen lassen, dass das einzige entgegenstehende, scheinbar unumstößliche Argument von Marlowes Tötung 1593 sich selbst widerlegt und damit falsch sein muss, zugunsten der in diesem Buch untermauerten Annahme der tragischen Notwendigkeit von Marlowes Komplott eines Identitäts- und Namenswechsels mittels Todesvortäuschung. Diese Faktenlage ist hochplausibel, zwingend und alternativlos.

8. Marlowes Werke sind die Frühwerke Shakespeares

Marlowe nicht der »Wegbereiter« von Shakespeare!

Kapitel 8 macht an Marlowes eigenen Werken deutlich, wie sehr Shakspere idiomatische Wendungen, Ausdrucksweisen oder Anspielungen aus Marlowes Ideenwelt entnommen haben müsste, wenn er nicht mit diesem identisch gewesen wäre. Ein Plagiat dieses Ausmaßes ist ebenso wenig einleuchtend wie das häufig verwendete Argument, Marlowe sei eine »früh« und Shakspere eine »spät« gereifte Dichterpersönlichkeit (vergleichbar beispielsweise mit Thomas Mann) gewesen.

Bereits Swinburne (1908) sah in Marlowe den alleinigen und absolut notwendigen Wegbereiter Shakespeares:

> »*He* [Marlowe] *first, and he alone, guided Shakespeare into the right way of work (...). Before him there was neither genuine blank verse, nor genuine tragedy in our language. After his* [Marlowe] *arrival, the way was prepared; the path were made straight, for Shakespeare.*«[1]

Eine solch grobe Fehleinschätzung konnte nur geschehen, weil Shakespeare die längste Zeit als ein isoliertes, gänzlich eigenständiges, alles überragendes Genie gesehen wurde, das ohne Einflüsse von anderen Dichtern existieren konnte.

Erst ab dem ausgehenden 19. Jahrhundert, als sich der Shakespeare-Mythos längst etabliert hatte, erkannte eine neue Generation von Literaten und Experten, unter ihnen A. W. Verity[2], T. M. Parrot und John Edwin Bakeless, dass Shakespeare fast ausschließlich von Marlowe entlehnte und sonst von kaum einem anderen zeitgenössischen Dichter. Um dies zu erklären, verstiegen sie sich in den wildesten Mutmaßungen: Nach John Edwin Bakeless waren die mächtigen textlichen und gedanklichen Ähnlichkeiten in den Werken

---

[1] Algernon Charles Swinburne: The Age of Shakespeare, New York und London 1908, S. 14; Onlineversion: http://www.archive.org/stream/ageofshakespeare00swin#page/14/mode/2up, aufgerufen am 19.1.2011.

[2] A. W. Verity: The Influence of Christopher Marlow on Shakespeare's earlier Style, Cambridge 1886; Onlinversion: http://www.archive.org/stream/influenceofchrisooveririch#page/n1/mode/2up, aufgerufen am 19.1.2011.

Shakespeares und Marlowes dadurch entstanden, dass Shakspere Marlowes Werke nach dessen Tod – man lese und staune – revidiert habe.

> *»The mixture of recognizable bits of Marlowe and equally recognizable bits of Shakespeare may, therefore be due to Shakespeares revision of Marlowes work, after Marlowe himself was dead.«*[3]

Die abstruseste Erklärung für die Übereinstimmungen stammt von Robert Logan, der in seinem Buch »Shakespeare's Marlowe« das Fazit zog, dass Shakespeare die drei wesentlichsten Eigenschaften Marlowes (*»dexterity«*, *»flexibility«*, *»ambiguity«*) absorbiert und »inkorporiert« hätte.

> *»How Shakespeares examination of the mechanics of his fellow dramatist artistry led him to absorb and develop three especially powerful influences: Marlowes remarkable dexterity, his imaginative flexibility in reconfiguring standard notions of dramatic genres and his astute use of ambivalence and ambiguity.«*[4]

Welch ein subalterner Charakter im Vergleich zu dem gleich alten Marlowe müsste nach dieser Einstufung die Künstlerpersönlichkeit Shakespeare gewesen sein, die erst zu existieren begann, als Marlowe nicht mehr lebte. Wäre es da nicht besser gewesen, Logan hätte sein Buch anstatt »Shakespeare's Marlowe« »Marlowe's Shakespeare« genannt?

Wenn Marlowe, wie Kapitel 11 nachweisen wird, ab 1593 über Jahrzehnte unter verschiedensten Deck- und Tarnnamen (einschließlich Shakespeare) eine immense, schier unfassbare literarische Produktivität an den Tag legte, so wäre dies nur plausibel, wenn ihm dieses »inhärente« Aktivitätsniveau bereits früher und nicht erst ab dem 30. Lebensjahr (1593) zu eigen war. In seinem glanzvollen frühen Lebensabschnitt bis 1593 muss (und hat) Marlowe erkennbar bereits unter verschiedenen Pseudonymen (wie Thomas Lupton[5], Charles Gibbon[6], John Clapham, Nicholas Breton, Georges Wither, William Warner u.a.) geschrieben haben. Darauf konnte in diesem Buche nur am Rande in Kapitel 11 eingegangen werden.

---

[3] John Edwin Bakeless: The Tragicall History of Christopher Marlowe, Cambridge 1942.
[4] Robert Logan: Shakespeare's Marlowe: The Influence of Christopher Marlowe on Shakespeare's Artistry, Surrey 2007.
[5] Thomas Lupton: All or Money (1578), Siquila, to good to be true (1584), A Thousand notable Things (1579).
[6] Charles Gibbon (Gybbon): Our trust against trouble (1589), The remedie of reason (1589), The order of equality (1590), Not so new as true (1590), A work worth of reading (1591), The praise of a good name (1594), A watch-word for warre (1596).

Marlowes Übersetzungen der Ovid-Elegien – Wiederkehr in Shakespeares Werken

Die von Christopher Marlowe aus dem Lateinischen ins Englische übersetzten ovidischen Elegien (»Amores«) erschienen zuerst in drei Editionen, jeweils ohne Datum oder Angabe des Herausgebers. Die Aufschrift »At Middlebourgh« auf dem Titel bedeutete, dass sie als verbotene Literatur in Holland, im heutigen Middelburg, gedruckt und nach England geschmuggelt wurden. Dass im Jahr 1599 eine Auflage[7] kursiert haben muss, kann aus dem Dekret des Erzbischofs von Canterbury und dem Bischof von London vom 1. Juni 1599 abgeleitet werden, das die Vernichtung von »*Davyes Epigrams, with Marlowes Elegyes*« anordnete, spezifiziert mit dem Zusatz »*That no Satyres or Epigrams be printed hereafter*«. Die Exemplare wurden am 4. Juni 1599 in Stationer's Hall verbrannt. Ob Marlowe (nach seinem vermeintlichen Tod und der Verbannung) mit holländischen Druckern in Middelburg in Verbindung stand, ist nicht belegbar. Die Mehrheit der Experten geht – vor allem wegen Metrik und Stilistik – davon aus, dass die Übersetzung der ovidischen Elegien früh in Marlowes Karriere, noch in seiner Studienzeit in Cambridge, erfolgt sein muss. Gleichzeitig oder kurz danach startete er seine ersten dramatischen Versuche mit »Dido« und »Scanderbeg« beziehungsweise seiner Übersetzung »Coluthus; Rape of Helena[8]« (die beiden Letzteren sind verloren gegangen, »Coluthus« wurde vermutlich 1587 konzipiert).

Dass die von Marlowe ins Englische übersetzten Elegien von Ovid lange vor der Drucklegung kursiert haben müssen, geht aus Thomas Nashes »The Unfortunate Traveller« (1594) hervor, in dem er zwei Zeilen aus »Amores« zitiert. Nashe wird auf der Titelseite von »Dido« als Mitautor genannt (s. S. 318 ff.), wohl deshalb, weil er das »vermeintlich« unvollendete Stück nach Marlowes Verschwinden für die Londoner Bühne 1593 revidierte und komplettierte.

Marlowes Übersetzungen (einschließlich Lucanus' »Pharsalia 1«, s. S. 303 ff.) sind ein früher Vorgeschmack auf sein meisterhaftes Versepos »Hero und Leander« – in ihnen konnte er sowohl die Virtuosität seiner Dichtkunst als auch seine dramatisch-stilistischen Qualitäten entwickeln. Die Übersetzungen aus

---

[7] J. M. Nosworthy: The Publication of Marlowe's *Elegies* and Davies's, in: The Review of English Studies, Vol. 4, Nr. 15 (1953), S. 260–261.

[8] Adam Clarke: The bibliographical miscellany: or, Supplement to the Bibliographical dictionary, London 1806, S. 60; Onlineversion: http://books.google.de/books?id=Mo03KRjCipYC&pg=PA60&lpg=PA60&dq=marlowe+coluthus&source=bl&ots=y1WvaNBjLG&sig=TnySO8-HLuxxPduGBKkAV5oZPk4&hl=de&ei=e6mgTK_tNpGKOIrioaoM&sa=X&oi=book_result&ct=result&resnum=1&ved=0CBkQ6AEwAA#v=onepage&q=marlowe%20coluthus&f=false, aufgerufen am 19.1.2011.

dem Lateinischen ins Englische zeigen eine äußerst fantasiereiche, wenig gebundene Sprache, die sich erhebliche Freiheiten bei der Übersetzung nimmt.

In welchem Ausmaß Marlowes frühe »Übersetzungsübungen« sein späteres dramatisches Werk unter dem Namen Shakespeare und anderen geprägt haben müssen, soll anhand einiger exemplarischer Vergleiche zwischen Marlowes Ovid-Übersetzung und Shakespeare-Stücken verdeutlicht werden. Dabei wurden aus Platzgründen nur wenige Passagen aus den drei Büchern herangezogen.

Die Vergleiche scheinen für viele Experten nicht geeignet, die Marlowe-Theorie (Marlowe = Shakespeare) und damit eine Urheberschaft Marlowes zu stützen – obwohl sie im Kontext aller weiteren Indizien (siehe Kapitel 8 bis 11), die in ihrer Kumulation außerhalb jeder Zufallswahrscheinlichkeit liegen, es eigentlich erlauben müssten.

Es beeindruckt, mit welcher Meisterschaft der wahrscheinlich nicht einmal 20-Jährige die lateinischen »Amores« in ein eindrückliches englisches Versmaß brachte. Eine derartige frühe sprachliche Höchstbegabung ist für einen Dichter vom Profil eines Shakespeare anzunehmen.

Diese frühen Arbeiten untermauern die These, dass Marlowe und Shakespeare die gleiche Person waren, zumal es kein Dokument gibt, das zeigt, dass Shakspere vor seinem 30. Lebensjahr, also bis zu »Venus und Adonis« (1593), irgendetwas, geschweige denn etwas Vergleichbares an literarischen Leistungen hervorgebracht hat. Hinzu kommt, dass eine Schulausbildung in Stratford allein nicht zu solch einer frühen Meisterschaft geführt haben kann. Dagegen gibt es Dokumente, die belegen, dass Marlowe in der Lage war, äußerst brillante Zueignungen in lateinischer Sprache zu verfassen, zum Beispiel an Mary Herbert (geb. Sidney), Countess of Pembroke, oder an Sir Roger Manwood.

Aus der zehnten Elegie im dritten Buch von Ovids »Amores« (III/10)[9] übersetzte Marlowe die Zeilen 37 bis 40 folgendermaßen (Bei Farey ist es die Elegie III/9[10]):

>*»Only was Crete fruitful that plenteous year*
>
>   Sola fruit Crete fecund fertilis anno
>
>*Where Ceres*[11] *went, each place was harvest there*

---

[9] P. Ovidii Nasonis: Amores. Herausgegeben von Geyza Némethy, Budapest 1907; Onlineversion: http://www.archive.org/stream/povidiinasonisa01ovidgoog#page/n8/mode/2up, aufgerufen am 19.1.2011.

[10] Ovid's Elegies. Translated by Christopher Marlowe, siehe: http://www2.prestel.co.uk/rey/ovid.htm, aufgerufen am 19.1.2011.

[11] Man bemerke, wie frei Marlowe einen lateinischen Text übersetzt, wenn er zum Beispiel »Ceres«, die Göttin des Ackerbaus und der Fruchtbarkeit, einführt.

> Omnia, qua tulerat se dea, messis erat
> *Ida the seat of groves did sing with corn,*
> Ipsa, locus nemorum, canebat frugibus Ide
> *Which by the wild boar in the woods was shorn.*
> et ferus in silva farra metebat aper«

Im »Mittsommernachtstraum« greift Shakespeare das gleiche Bild wieder auf:

> *»I was with Hercules and Cadmus once,*
> *When in a wood of Crete they bay'd the bear*
> *(...)*
> *Such gallant chiding: for, besides the groves«*

Es ist es zwar grundsätzlich nicht ausgeschlossen, aber dennoch höchst unwahrscheinlich, dass zwei gleich alte, voneinander unabhängige Dichter, in London lebend, das poetische Bild, das sie beide bei Ovid gelesen haben müssten – der wilde Bär in den Wäldern der fruchtbaren Insel Kreta –, in solch ähnlicher Form verwendet hätten.

Die Ovid-Elegien und Textpassagen aus Shakespeares Werken: ein Vergleich[12]

Der Laie wird kaum verstehen, wie man die folgenden Ähnlichkeiten zwischen Marlowes Übersetzungen der Ovid-Elegien und der Shakespeare-Dramen als absolut bedeutungslos oder zufällig betrachten kann. Er müsste, wenn Marlowe und Shakespeare unterschiedliche Personen waren, allerdings zu der Ansicht gelangen, dass sich Shakespeare respektlos und unerbittlich bei Marlowe bedient hatte. Dies ist für Shakespeare aber nicht anzunehmen.

OVID-ELEGIEN (übersetzt von Marlowe)	WERK VON SHAKESPEARE
I/2	DER WIDERSPENSTIGEN ZÄHMUNG
What makes my bed seem hard, seeing it is soft *Or why slips down the coverlet so oft?* *Although the nights be long, I sleep not though:*	*Last night she slept not, nor to-night she shall not;* *'ll find about the making of the bed*

[12] Durchgehend unterstrichen: Wortidentitäten; unterbrochen unterstrichen: Sinnidentitäten.

> *This way the coverlet, another way the sheets.*

I/5   SONETTT 112

Like twilight glimpse at setting of the sun
Or night being past, and yet not day begun.

> *And see the brave day sunk in hideous night*
> *When I behold the violet past prime.*

I/7   HEINRICH VI. (TEIL 3)

My nails to scratch her lovely cheeks I bent.
Sighing she stood, her bloodless white looks shewed

> *The red rose and the white are on his face*
> *The one his purple blood right well resembles*
> *The other his pale cheeks, methinks, presenteth:*

I/8   DER WIDERSPENSTIGEN ZÄHMUNG

She blushed: ›Red shame becomes white cheeks, but this.‹

> *Such war of white and red within her cheeks!*

I/9   TROILUS UND CRESSIDA

Great Agamemnon was, men say, amazed,
On Priam's loose-tress'd daughter when he gazed.

> *Tis known, Achilles, that you are in love*
> *With one of Priam's daughters.*
> *Made to write ›whore‹ upon? What committed!*

I/15   EIN SOMMERNACHTSTRAUM

Till Cupid's bow, and fiery shafts be broken

> *But I might see young Cupid's fiery shaft*

II/4   HEINRICH VI. (TEIL 1)

I cannot rule myself, but where love please
Am driven like a ship upon rough seas,

> *And like as rigor of tempestuous gusts*
> *Provokes the mightiest hulk against the tide,*
> *So am I driven by breath of her renown*

II/5   HEINRICH IV. (TEIL 1)

Such with my tongue it likes me to purloin

> *My bloody judge forbade my tongue to speak;*

That my poor beauty had purloin'd his eyes;

II/6   A<small>NTONIUS UND</small> C<small>LEOPATRA</small>

tis is great, but ancient cause of sorrow.
> But comforts we despise; our size of sorrow,
> Proportion'd to our cause, must be as great

II/8   R<small>ICHARD</small> II.

And as a traitor mine own fault confess
> I did confess it, and exactly begg'd
> … This is my fault: as for the rest appeall'd,
> … A recreant and most degenerate traitor

II/11   T<small>ITUS</small> A<small>NDRONICUS</small>

In all thy face will be no crimson blood.
> Alas, a crimson river of warm blood,
> … Doth rise and fall between thy rosed lips,
> … Ah, now thou turn'st away thy face for shame!

II/13   L<small>UCRETIA</small>

In white, with incense I'll thine altars greet,
> With your uncleanness that which is divine;
> Offer pure incense to so pure a shrine:
> That spots and stains love's modest snow-white weed.

II/15

Myself, poor wretch, mine own gifts now envy.
> C<small>YMBELINE</small>
>
> And so I am awake. Poor wretches that depend
>
> H<small>AMLET</small>
>
> Pull'd the poor wretch from her melodious lay
>
> H<small>EINRICH</small> V.
>
> are heavy orisons 'gainst this poor wretch!
> Poor miserable wretches, to your death:
>
> K<small>ÖNIG</small> L<small>EAR</small>
>
> Poor naked wretches, wheresoe'er you are,

II/18
White-cheek'd Penelope knew Ulisses sign,
> Ende gut, alles gut
> *Let the white death sit on thy cheek for ever;*
> Heinrich IV. (Teil 2)
> *Thou tremblest; and the whiteness in thy cheek*
> Der Widerspenstigen Zähmung
> *Such war of white and red within her cheeks!*
> Venus und Adonis
>
> *How white and red each other did destroy!*
> *But now her cheek was pale, and by and by*

II/19   Mass für Mass
Can I but loath a husband grown a bawd?
> *due of a bawd, why, 'tis his right: bawd is he*
> *doubtless, and of antiquity too; bawd-born.*
> *... Pompey: you will turn good husband now, Pompey; you*

III/1
Her left hand held abroad a regal scepter
> Heinrich VI. (Teil 3)
> *His hand to wield a sceptre, and himself*
> *Likely in time to bless a regal throne.*

Tis time to move grave things in lofty style,
Long hast thou loiter'd; greater works compile.
> Sonett 78
> *Yet be most proud of that which I compile,*
> *Whose influence is thine and born of thee:*
> *In others' works thou dost but mend the style,*

III/4   Heinrich VI. (Teil 1)
Yet by deceit Love did them all surprise.
In stone, and iron walls Danae shut,
> *heir iron indignation 'gainst your walls:*
> *Confronts your city's eyes, your winking gates;*
> *And but for our approach those sleeping stones,*

III/5   HAMLET
Thrice she prepar'd to fly, thrice she did stay,
>*With Hecate's ban thrice blasted, thrice infected,*
>*Thy natural magic …*

III/7   HAMLET
Ah, whither is thy breast's soft nature fled?
>*Soft! … O heart, lose not thy nature; let not ever*
>*The soul of Nero enter this firm bosom.*

III/8   KÖNIG LEAR
Had thee unknown interr'd in ground most vile.
>*Made to run even upon even ground,*
>*Till this advantage, this vile-drawing bias,*
>*… To a most base and vile-concluded peace*

III/9   ANTONIUS UND CLEOPATRA
In empty bed alone my mistress lies.
Golden-hair'd Ceres crown'd with ears of corn,
Why are our pleasures by thy means forborne?
>*Have I my pillow left unpress'd in Rome*
>*Forborne the getting of a lawful race,*
>*And by a gem of women, to be abused*
>*By one that looks on feeders?*

III/9   EIN MITTSOMMERNACHTSTRAUM
Only was Crete fruitful that plenteous year,.
… Ida the seat of groves did sing with corn,
Which by the wild boar in the woods was shorn.
>*I was with Hercules and Cadmus once,*
>*When in a wood of Crete they bay'd the bear*
>*… Such gallant chiding: for, besides the groves*

III/11   DER KAUFMANN VON VENEDIG
And sweet-touch'd harp that to move stones was able?
Poets' large power is boundless, and immense,
>*By the sweet power of music: therefore the poet*
>*Did feign that Orpheus drew trees, stones and floods;*

III/12   HEINRICH VIII.
And stately robes to their gilt feet hang down.
As is the use, the nuns in white veils clad,
                    another, six personages, clad in white robes,
                    wearing on their heads garlands of bays, and golden

III/13   TROILUS UND CRESSIDA
And I will trust your words more then mine eyes.
                    That I may call thee something more than man
                    And after that trust to thee.

Marlowes Übersetzung von Lucanus' »Pharsalia«

Marlowes Übersetzung des ersten Buches der »Pharsalia« von Marcus Annaeus Lucanus wurde am 28. September 1593 von John Wolf im Stationer's Register zum Druck eingereicht (»*book entitled Lucan's first book of the famous civil war betwixt Pompey and Caesar, Englished by Christopher Marlow*«).

Die Druckerlaubnis wurde aber (wohl als Folge der unmittelbar vorausgehenden Ächtung Marlowes) erst sieben Jahre später, 1600, erteilt. Die Zueignung an Edward Blount stammte von Thomas Thorpe (erster Verleger von Shakespeares Sonetten!). Thorpe (»TT«) bezieht sich darin auf Blounts alte Rechte an Lucanus (»*in regard of your old right in it'*«).

Marlowes Lucanus-Übersetzungen sind (wie die Ovid-Elegien) sehr frei ins Englische übertragen und zeigen neben einer unvergleichlichen Beherrschung des Lateinischen eine überragende Fantasie und Kreativität. Von besonderem Interesse ist hier, dass Marlowe die Übersetzung in Blankversen schrieb, die zu jener Zeit eine echte Innovation bei dramatischen Werken darstellte, und dass er sich – nach den erotischen Motiven der ovidischen Elegien – neuen Themenfeldern zuwandte: Zivilgesellschaft, Krieg, Bürgerkrieg (zwischen Julius Caesar und Gnaeus Pompeius Magnus), Themen also, die man auch als eine Analogie zu den inneren Kämpfen zwischen dem England Elisabeths und dem Schottland Maria Stuarts erkennen kann und die als eine frühe prägende Grundlage für Stücke wie »Caesar«, »Antonius und Cleopatra« und andere gesehen werden müssen.

Es ist wenig beachtet worden, in welchem Maß auch in Marlowes Lucanus-Übersetzungen neue englische Wortschöpfungen erscheinen, die wir in Shakespeare-Stücken wiederfinden.

Dass Shakespeare ein Meister darin war, bereits selbst entwickelte Idiome und Gedanken modifiziert wiederzuverwenden, hat er selbst in seinem Sonett 76 (s. S. 275 f.) deutlich zum Ausdruck gebracht.

> »*So all my best is dressing old words new,*
> *Spending againe what is already spent.*«

Lucanus' Epos ist in sich schwieriger als das von Ovid, Marlowes Übersetzung gilt als fortgeschrittener im Vergleich zur Übersetzung von »Amores«, was als ein erkennbarer Entwicklungs- und Reifungsprozess seines dramatischen Werkes interpretiert werden kann.

Marlowes Übersetzung enthält ungleich mehr elfsilbige Zeilen als seine anderen Werke, wahrscheinlich teilweise wegen seiner Anstrengungen, in jeden englischen Vers den vollständigen Inhalt eines lateinischen Hexameters der Vorlage unterzubringen (»*translated line for line*«).

Es sei anhand der Lucanus-Übersetzung wiederholt: Es ist nur noch theoretisch denkbar, dass Shakespeare sich aus Marlowes Werken in dieser Form bedient hat. Ungleich logischer erscheint es, dass der erzwungene Identitätsverlust und die Todesvortäuschung in seinem 30. Lebensjahr zu Marlowes dichterischem Pseudonym Shakespeare führten, sodass die Übersetzungen von Lucanus und Ovid nur als frühe literarische Entwicklungs- und Reifungsphasen Marlowes, eines später unter »Shakespeare« schreibenden Genies, verstanden werden können und müssen.

Das Identitätsparadigma (Marlowe = Shake-speare) muss – unter Berücksichtigung aller in den Kapiteln 6 bis 10 zusammengefassten Fakten und Erkenntnissen – als die einzige tragfähige Annahme angesehen werden.

Textvergleiche zwischen »Pharsalia« und Textpassagen aus Shakespeares Werken

Die Übersetzung von »Pharsaliae« (Buch 1) hat wie Ovids Elegien Shakespeares Stil und späteres dramatisches Werk geprägt. Dies soll anhand einiger Vergleiche zwischen der Lucanus-Übersetzung und Stellen aus Shakespeare-Stücken exemplifiziert werden. Auch wenn einzelne Vergleiche – wie bereits festgestellt – zwischen Texten von Marlowe und dem Gesamtwerk Shakespeares für sich allein genommen einen eingeschränkten Beweiswert haben, wird ihre Signifikanz aber umso eindrucksvoller und signifikanter, je häufiger sie vorkommt.

LUCANUS'	WERK VON SHAKESPEARE[13]
»PHARSALIAE«	
(Übersetzung von Marlowe)	

HEINRICH V.

Rome, if thou take delight in impious war,
So impious war defiles the Senate house,

                What is it then to me, if impious war,

HEINRICH V.

The Course of mischief, and stretch out of date,

                Break out into a second course of mischief,

HEINRICH VI. (TEIL 1)

Many a year these furious broils let last,

                More rancorous spite, more furious raging broils,

CORIOLAN

Let all laws yield, sin bear the name of virtue,

                Be it so; go back: the virtue of your name

KÖNIG JOHANN

Sword-girt Orion's side glisters too bright.

                War's rage draws near; and the sword's strong hand
                ... Away, and glister like the god of war,

JULIUS CAESAR

...To be exalted with the threatening clouds:
And in the fleeting sea the earth be drenched.

                The ambitious ocean swell and rage and foam
                Were now exalted, and with blue beams shined

OTHELLO

Yet more will happen than I can unfold.

                Sees and knows more, much more, than he unfolds

TITUS ANDRONICUS

Filled both the earth and seas with prodigies;

                Nor we disturb'd with prodigies on earth.

---

[13] Durchgehend unterstrichen: Wortidentitäten; unterbrochen unterstrichen: Sinnidentitäten.

KAUFMANN VON VENEDIG
With slender trench they escape night stratagems,
                        The motions of his spirit are dull as night
                        Is fit for treasons, stratagems and spoils;

HEINRICH V.
If to encamp on Tuscan Tiber's streams,
                        Beyond the river we'll encamp ourselves,

TITUS ANDRONICUS
Pricks forth our lively bodies, and strong arms
Thou hast no hands, to wipe away thy tears:
                        Now I behold the lively body so?

CYMBELINE
Brabbling Marcellus; Cato whom fools reverence
                        Those that I reverence those I fear, the wise:
                        At fools I laugh, not fear them.

RICHARD III.
But now the winter's wrath and wat'ry moon,
                        That I, being govern'd by the watery moon,

MITTSOMMERNACHTSTRAUM
                        Quench'd in the chaste beams of the watery moon

ROMEO UND JULIA
                        The collars of the moonshine's watery beams

MITTSOMMERNACHTSTRAUM
                        The moon methinks looks with a watery eye;

HAMLET
While Titan strives against the world's swift course;
                        That swift as quicksilver it courses through

DIE LUSTIGEN WEIBER VON WINDSOR
The causes first I purpose to unfold
                        To what purpose have you unfolded this to me?

DER STURM
There spread the colours, with confused noise
                        strange, hollow, and confused noise, they

VERLORENE LIEBESMÜH
Fleeter than arrows, bullets, wind, thought, swifter things.
                        Swifter than bullets thrown from Spanish slings

OTHELLO
And bear true hearts, stay her, this spectacle
As true hearts cannot bear.

ROMEO UND JULIA
Did vilde deeds, then 'twas worth the price of blood
Who now the price of his dear blood doth owe?

HEINRICH V.
And then we grew licentious and rude,
The soldier's prey, and rapine brought in riot
What rein can hold licentious wickedness
... Upon the enraged soldiers in their spoil

HEINRICH VI. (TEIL 1)
Aye me, O what a world of land and sea
Might they have won whom civil broils have slain!
Prosper this realm, keep it from civil broils

Hero und Leander

Um die inneren Verbindungen zwischen Shakespeares »Venus und Adonis« und Marlowes »Hero und Leander« zu verstehen, muss man wissen, dass die Zeitspanne zwischen Registrierung und Veröffentlichung von »Venus und Adonis« genau den Zeitraum (Frühjahr 1593) umfasst, der zwischen Marlowes Höhenflug als größtem englischem Dichter und seinem nachfolgenden tiefen Sturz und vermeintlichem Tod liegt. Danach trat ein bis dato unbekannter Dichter William Shakespeare mit »Venus und Adonis« im Juni 1593 erstmals in Erscheinung.

Man kann mit Daryl Pinksen[14] davon ausgehen, dass »Venus und Adonis« ein honoriertes Auftragswerk für William Cecil war, an dem der Dichter viele Monate gearbeitet haben muss.

Das Werk, das Henry Wriothesley gewidmet wurde, ist als eine poetische Aufforderung an ihn zu verstehen, eine seit Jahren verweigerte Vermählung einzugehen und ein Familie zu gründen.

William Cecil, Lord Burghley, der mächtigste Minister unter Elisabeth I. und »Master of the Wards«, war der »gesetzliche« Vormund von Henry Wriothesly, seit dieser acht Jahre alt war. Durch diese Vormundschaft (»*wardship*«)

---

[14] Vgl. The Marlowe-Shakespeare-Connection, siehe: http://marlowe-shakespeare.blogspot.com/2009/08/who-wrote-venus-and-adonis-and-why-by.html, aufgerufen am 19.1.2011.

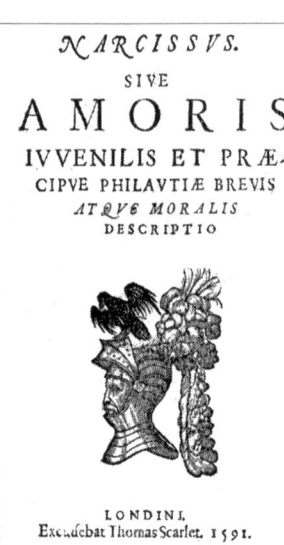 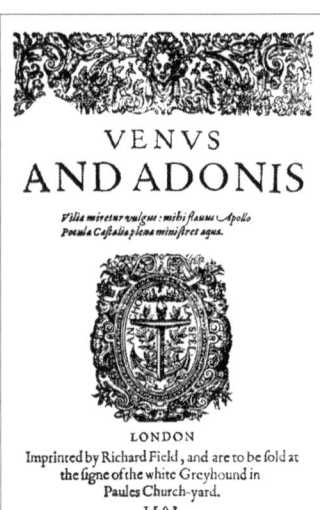 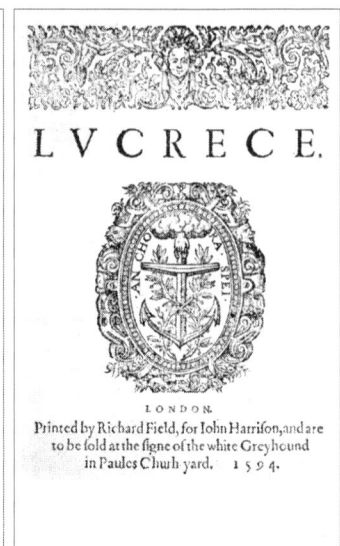

Links: John Claphams »Narcissus« (1591), Mitte: Shakespeares Erstlingswerk »Venus und Adonis« (1593), rechts: Shakespeares zweites Werk »Lucrece« (1594) – alle drei Werke wurden Henry Wriothesley, Earl of Southhampton zugeeignet.

hatte Cecil bis zum 21. Lebensjahr die volle Kontrolle über die Einnahmen und das Erbe Henry Wriothesleys und auch das Recht, ihm einen Heiratsvertrag aufzuerlegen. Da dem ehemals bürgerlichen William Cecil eine adlige Abstammung für seine drei Töchter fehlte, setze er alles daran, dies zu ändern. Bereits 1571 hatte er Edward de Vere, 17th Earl of Oxford[15], dessen Vormund er ebenfalls war, mit seiner Tochter Anne verheiratet.

Als William Cecil 1590 eine Hochzeit zwischen seinem Schutzbefohlenen, dem 17-jährigen Henry Wriothesley, und seiner Tochter Elisabeth zu arrangieren suchte, war sich Henry der rechtlichen Konsequenzen einer Ablehnung der Heirat bewusst, aber er zog es – wie Adonis – vor, ein Junggeselle zu bleiben, indem er William Cecil klar machte, dass er generell gegen die Idee einer Hochzeit sei. Als »Venus und Adonis« im Juni 1593 erschien, bestand das Drängen Cecils auf eine Vermählung bereits drei Jahre. Wriothesley blieb bis zu seinem 21. Lebensjahr (1594) nur noch ein Jahr Zeit, um Cecils Vertrag zu erfüllen. Falls

---

[15] Er gilt in der Urheberschaftsdebatte Shakespeares noch immer – angesichts fehlender Alternativen, Marlowe war schließlich tot – als der am meisten favorisierte Kandidat, obwohl außer einigen ansprechenden Gedichten keine literarischen Werke von ihm überliefert sind und obwohl er bereits 1604 starb.

er den Heiratsvertrag bis dahin nicht erfüllen würde, stand Cecil das Recht zu, ihm ein empfindliches Bußgeld (5000 Pfund) auf sein Anwesen aufzuerlegen, was er nach Wriothesleys 21. Geburtstag auch einforderte.

»Venus und Adonis« erzählt die tragisch endende Geschichte des jungen Adonis, der trotz der Avancen der Göttin der Liebe Venus lieber ein Junggesellendasein wählte. Jedermann, der Bescheid wusste, dürfte die Anspielungen auf William Cecil und Henry Wriothesley verstanden haben.

Es ist schwer vorstellbar, dass »Venus und Adonis« ohne die Finanzierung und den Segen von William Cecil geschrieben beziehungsweise bei Richard Fields in Druck gegeben worden wäre. Cecil dürfte größtes Interesse daran gehabt haben, dass mit »Venus und Adonis« sein beabsichtigtes Ziel erreicht würde. Dies kann man auch deshalb vermuten, da »Venus und Adonis« keineswegs William Cecils erstes poetisch-politisches Auftragswerk war.

Kleiner Exkurs: John Clapham

Bereits zwei Jahre zuvor, 1591, schrieb ein heute unbekannter John Clapham (J. C.), ein Sekretär (»*clerk*«)[16] von William Cecil in dessen Auftrag das ganz in Latein gehaltene Gedicht »Narcissus«[17], möglicherweise ebenfalls mit einer hintergründigen Absicht (»*Clarissimo et Nobilssimo Domino Henrico Comiti Southamtoniae: Johannes Clapham virtutis, atque honoris incrementum, multiosque annos foelices exoptat*«). Wenn man den poetischen Sprachwitz in lateinischer Sprache, die enorme literarische Bandbreite, die Inhalte und poetische Qualität von John Claphams gesamten Werken überblickt (unter anderem Plutarch-Übersetzung aus dem Französischen, lateinischer Gedichtzyklus über Narcissus, Sonettzyklus »Alcilia«, erstmals gedruckt 1595[18], Abriss der Geschichte Englands, Komödien etc.), spricht alles dafür, dass J. C. das Pseudonym[19] einer universalgebildeten Persönlichkeit und zugleich einer großen Dichterperson war. Die Verwendung der Metapher von Narcissus in »Venus und Adonis« sowie in »Hero und Leander« (s. S. 315) unterstützt diese Vermutung.

---

[16] Alan G. R. Smith, The Secretariats of the Cecils, ca. 1580–1612, in: The English Historical Review, Vol. 83, Nr. 328 (1968), S. 481–504.
[17] John Clapham: Narcissus. Siue amoris iuuenilis et praecipue philautiae breuis at que moralis descripto, London 1591.
[18] J. C.: Alcilia Philoparthen's Louing Foulie. London 1595 (hier Reprint 1879); Onlineversion: http://www.archive.org/stream/alciliaphiloparoocgoog#page/n3/mode/1up, aufgerufen am 19.1.2011.
[19] Wie dies für Boden*ham* (S. 573 f.), Mark*ham*, (S. 603), Putten*ham* (S. 45) postuliert wird.

Werke von John Clapham, Sekretär William Cecils

Bereits die wenigen in »Alcilia« (1595) ins Auge springenden Auszüge aus dem Gedichtepos »The Love of Amos und Laura« (die »Venus und Adonis«, »Lucretia« und »Hero und Leander« berühren) oder Epigramme wie »Of Faustus, a stealer of Verses« oder »An Epitaph of Aretine« lassen unmittelbar an eine wie auch immer geartete Verbindung zwischen Marlowe und John Clapham denken (die inneren Bezüge zwischen den Clapham-Texten und Shakespeare/ Marlowe sind noch weit mächtiger).

Wer sonst hätte 1595 die drei Versepen »Venus und Adonis«, »Lucretia« und »Hero und Leander« in einem Gedicht (»The Love of Amos and Laura«, s.S. 311) erwähnen können, wo doch »Hero und Leander« erst drei Jahre später (1598) das Licht der Öffentlichkeit erblickte? Danach erscheint es plausibel, hinter John Clapham Marlowe/Shakespeare zu erkennen.

Namen mit dem Zusatz »ham« (Putten*ham*, Boden*ham*, Mark*ham*) waren damals besonders unverfänglich, da zahllose dieser Namen von Ortsnamen herrührten wie zum Beispiel Feversham[20] oder Clapham, die unweit von Marlowes Geburtsstadt Canterbury liegen.

---

[20] Es sei am Rande erwähnt, dass eingehende Analysen zu dem unbekannten Autor des Theaterstücks »The Lamentable and True Tragedy of M. Arden of Feversham in Kent« (1592) dazu führten, dass sie zu den Apokryphen Shakespeares gezählt werden und eine nicht unerhebliche Beweisführung und Logik für Marlowe (beziehungsweise Kyd) als Autor spricht, in dessen unmittelbarer Heimatregion die wahren Hintergründe der Tragödie spielen, siehe dazu: Walter Miksch: Die Verfasserschaft des Arden of Feversham (Dissertation), Breslau 1907; Onlineversion: http://www.archive.org/stream/ dieverfasserscho1miksgoog#page/n5/mode/2up, aufgerufen am 19.1.2011.

Auszüge aus »The Love of Amos and Laura (J. Clapham, In Alcilia, 1595):

Laura: *(...) that strangers took her for to be none other then Venus selfe (...)«*

»(...) more pleasant farre than that were Venus strove to win Adonis (...)«

»(...) Not from the flames of filthy lust desire, as was that Rome-borne Tarquins lustfull fires.«

»(...) there was a Dame a modern Poet sung, Hero by Name, like thee, both faire and young (...)«

»(...) whom young Leander courted on a green (...)«

Auszüge aus »Of Faustus, a stealer of Verses« (J. Clapham, In Alcilia, 1595):

»I heare that Faustus oftentimes rehearses
To his chaste Mistresse certaine of my Verses:
In which, by use so perfit he is growne;
That shee, poor foole, doth thinke they are his owne.
I would esteeme it (trust me) grace, not shame,
If Danyel, or if Davies did the same
Nor would I storme, or would I quarrels picke,
I when I list, to them could do the like.
But who can wish a man a fouler spight,
Then have a blinde man take away his sight?
Begging theefe is dangerous to my purse,
A begging Poet to my Verse is worse«

Auszug aus »An Epitaph of Aretine« (J. Clapham, In Alcilia, 1595):

»Heere lyes Aretine that poysonous Toade,
Whose spightfull tongue and Pen, all Saints beshrow him,
Did raile on Prince and Priest, and all but God,
And said for his excuse he did not know them«

Auch die ersten 17 von Shakespeares Sonetten fordern einen jungen Mann auf zu heiraten und sich fortzupflanzen. Die Mehrheit der Experten geht davon aus, dass diese 17 Sonette – ähnlich wie »Narcissus« und »Venus und Adonis« – eine honorierte Auftragsarbeit von William Cecil waren, die Henry Wriothesley überreicht wurde (zu seinem 17. Geburtstag).

Der Dichter von »Venus und Adonis« muss jemand gewesen sein, über den William Cecil verfügen konnte, dessen dichterische Fähigkeit er hoch schätzte, auf den er sich verlassen konnte und der jemand war, den auch Henry Wriothesley kannte und respektierte.

Shakspere hat nach heutigem Kenntnisstand nie irgendeine Verbindung zu William Cecil gehabt, weder vor noch nach der Veröffentlichung von »Venus und Adonis«. Zudem genoss er 1593 auch keinerlei Reputation als Dichter, als Graduierter einer Universität oder als Gentleman. Das Gegenteil ist bei Christopher Marlowe der Fall. Die extremen Geistesgaben Marlowes dürften von William Cecil früh erkannt worden sein, als er Kanzler der Universität Cambridge war und den jungen Marlowe nachweislich für höhere Aufgaben der Krone rekrutierte. Marlowe und Wriothesley studierten teilweise zeitgleich in Cambridge (1585–1587), wo Marlowe bereits als vielversprechender Dichter erkennbar wurde. Ohne Zweifel dürfte Henry Wriothesley Marlowes Werke gekannt haben.

Dass Marlowes Name im Juni 1593 nicht auf der Widmungsseite von »Venus und Adonis« erscheinen konnte, sondern dass erstmals ein bis dato unbekannter Dichter mit Namen William Shakespeare auftauchte, wird logisch, wenn man berücksichtigt, dass »Venus und Adonis« zwar am 18. April 1593 anonym registriert wurde, aber einige Wochen nach Marlowes katastrophalem Rufmord und »Untergang« in Druck gelangte. Eine öffentliche Nennung des Namens Marlowe in der Zueignung von »Venus und Adonis« wäre dem Hof und der Krone zu diesem Zeitpunkt angesichts Marlowes vollständig zerstörter Reputation nicht mehr zumutbar oder möglich gewesen. Marlowe konnte sich, infolge des vorgetäuschten Todes, nur noch durch das Pseudonym eines neuen, bis dato unbekannten Dichters Shakespeare beziehungsweise durch die lateinischen Zeilen auf der Frontseite von »Venus und Adonis« für Wissende zu erkennen geben (s. S. 180 f.).

Ein Versepos mit Zueignung des öffentlich geächteten Dichters Marlowe hätte unweigerlich Henry Wriothesleys Name mit ihm in Zusammenhang gebracht. Für William Cecil hätte dies bedeutet, dass sein erhoffter Schwiegersohn und seine potenziellen Enkelkinder mit der »Unperson« Marlowe in Verbindung gebracht worden wären.

Marlowes Name durfte also unter keinen Umständen genannt oder gedruckt werden. Eine Drucklegung von »Venus und Adonis« ohne einen Dichternamen wäre allerdings auch als ein Zugeständnis gewertet worden, dass der neue »unbekannte« Autor eine »Persona non grata« war, sodass in jedem Fall ein »neuer« Dichtername (Shakespeare) ge- beziehungsweise erfunden werden musste.

Am 30. Mai 1593 war Marlowe endgültig von der Bildfläche verschwunden und eines hässlichen unwürdigen Todes bezichtigt. Zwei Wochen später erschien »Venus und Adonis«, jetzt mit einer Zueignung von dem bis dato unbekannten Autor Shakespeare, zugleich mit Marlowes literarischen Fingerabdrücken (s. S. 181 f.).

Marlowes Versepos »Hero und Leander«, das wohl vor »Venus und Adonis« konzipiert, aber erst fünf Jahre später, 1598, veröffentlicht wurde, muss einen erheblichen Einfluss auf »Venus und Adonis« gehabt haben. John Bakeless ging davon aus, dass Shakspere Marlowes »Hero und Leander« gelesen und gekannt haben müsse, da er viel daraus zitiere (s. S. 315 ff.) und sein Aufbau dem von »Venus und Adonis« sehr ähnlich sei. Literaturwissenschaftler nehmen deshalb absurderweise an, dass Shakspere bei Abfassung von »Venus und Adonis« Zugang zu Marlowes unveröffentlichtem »Hero and Leander« gehabt haben müsse. Es ist aber weder belegbar noch logisch, dass er zum Zeitpunkt des Erscheinens von »Venus und Adonis« wissen konnte, dass »Hero und Leander« existierte und es bereits studiert hatte.

Der Drucker von »Venus und Adonis«, Richard Field, war mit William Cecil gut bekannt. Er begann seine Karriere damit, dass er 1588 William Cecils »The Copy of a Letter Sent out of England to Don Bernadin Mendoza« druckte und ihm 1589 sein »Verlagsexemplar« »The Arte of English Poesy« mit einer aufwendigen Eloge zueignete.[21] Die Evidenz, dass »The Arte of English Poesie« von einem unbekannt gebliebenen, aber universalgebildeten George (oder Richard) Puttenham verfasst wurde, ist bis heute völlig unzureichend und unlogisch.

Shakspere dürfte den ursprünglich aus Stratford stammenden Drucker Richard Field (über seinen Vater?) aus früheren Zeiten gekannt haben und ihn im Frühjar 1593 in London, als er auf »Jobsuche« war, aufgesucht haben. So lässt sich, über William Cecil und Richard Field, zwanglos eine direkte Linie von Marlowe zu Shakspere herstellen.

Marlowes »Hero und Leander« wurde im September 1593 beim Stationer's Register mit nur zwei Sestiaden (Unfertig? In welchem Besitz? Von wem?) eingereicht. Die Druckerlaubnis erfolgte aber erst fünf Jahre später, mit einer Zueignung von Edward Blount, dem Herausgeber der »First Folio«, an Marlowes Patron Thomas Walsingham. Die Frage ist berechtigt, wieso Blount das Stück 1598 unter dem Namen des »verstorbenen« Marlowe und nicht – wenn Shakespeare das Pseudonym von Marlowe war – unter dem Namen Shakespeare herausbrachte. Hierfür gibt es verschiedene Gründe. Vieles spricht dafür, dass erst nach dem Tod William Cecils (1598) die Marlowe auferlegten Restriktionen gelockert wurden und Blount sich – liest man die Zueignung – an eine Rehabilitierung des zutiefst verunglimpften und verfemten Dichters Marlowe heranwagen konnte. Alle Werke Marlowes, die bereits zu seinen Lebzeiten bekannt waren und mit ihm assoziiert wurden, obwohl sie erst nach seinem vermeintlichen Tod 1593 gedruckt wurden (wie zum Beispiel »Dr. Faustus«), mussten und konnten nur unter seinem »alten« Namen Mar-

---

[21] George Puttenham: The Arte of English Posie, London 1589; Onlineversion: http://www.archive.org/stream/ancientcriticale01hasluoft#page/n55/mode/2up/search/Cecil, aufgerufen am 19.1.2011.

lowe erscheinen. Ansonsten wären sie unmittelbar mit dem neuen Dichter Shakespeare in Verbindung gebracht worden.

Dass zwei ähnliche Liebesepen – das eine (»Venus und Adonis«) von einem bis dato unbekannten Genie Shakspere, das andere (»Hero und Leander«) von dem seit einer Dekade berühmten, aber kurz vor der Einreichung »erstochenen« Genie Marlowe – fast zeitgleich, 1593, in derselben Stadt zum Druck eingereicht wurden, hat bis heute nur wenige Experten zumindest nachdenklich gemacht, obwohl es schwer vorstellbar ist.

Ungleich plausibler ist es, dass Marlowe, der lange zuvor Ovids »Amores« übersetzt hatte, seine Strategien hinsichtlich der Veröffentlichung seiner Werke infolge seiner erzwungenen Todesvortäuschung und seines Verlusts der Identität und Reputation grundlegend ändern musste.

Dass die mythischen Figuren »Venus« und »Adonis« für Marlowe früh eine tiefere Bedeutung besessen haben müssen, kann nicht zufällig sein und wird umso weniger plausibel, wenn man sieht, wie oft »Venus« und »Adonis« bereits in »Hero und Leander« herumgeistern:

Aus »Hero und Leander« (Beispiele) s.d.

> » Where Venus in her naked glory strove«
> »And, with still panting rocked, there took his rest.
> So lovely fair was Hero, Venus' nun«
> »Went Hero thorough Sestos from her tower
> To Venus' temple, where unhappily
> As after chanced, they did each other spy.«
> »So fair a church as this had Venus none.«
> »The town of Sestos called it Venus' glass.«
> »From Venus' altar, to your footsteps bending«
> »To Venus,« answered she and, as she spake«
> »Such sacrifice as this Venus demands.«
> »Then shall you most resemble Venus' nun,
> When Venus' sweet rites are performed and done.«
> »With Venus' swans and sparrows all the day.«
> »Did she uphold to Venus, and again«
> »Of proud Adonis, that before her lies.«
> »Rose-cheeked Adonis kept a solemn feast.«

Bei einem eingehenderen Vergleich von »Hero und Leander« (H&L) mit »Venus und Adonis«(V&A) fällt auf, dass ähnliche Phrasierungen, Ausdrucksweisen und Redewendung vorkommen, die eine engste »innere« Verwandschaft der Autoren voraussetzen.

Es sei deshalb nachdrücklich wiederholt: Shakspere dürfte zum Zeitpunkt der Veröffentlichung von »Venus und Adonis« (1593) das Epos »Hero und Leander« nicht gekannt und auch keinen Zugang zu ihm gehabt haben, da es erst fünf Jahre später (1598) erstmals veröffentlicht wurde. Da die nachfolgenden aufgeführten Analogien zwischen beiden Werken jedes Zufallsmaß überschreiten, bleibt nur eine logische Schlussfolgerung übrig: Sie können nur von ein und demselben Autor stammen.

Verschiedene Textbeispiele (V&A = Venus und Adonis, H&L = Hero und Leander)

1) In beiden Werken wird »rose-cheeked« zur Beschreibung von Adonis verwendet (wie übrigens auch in Marlowes Ovid-Übersetzung):
    V&A: »*Rose-cheek'd Adonis tried him to the chase*«
    H&L: »*Rose-cheeked Adonis kept a solemn feast.*«
    »*Thy rosy cheeks be to thy thumb iclined.*«
    Ovid- »*She blushed: Red shame becomes white cheeks.*«

2) Beide Werke nehmen Bezug auf die mythologischen Figur des Narzissus[22]:
    V&A: »*Narcissus so himself forsook*«
    H&L: »*Those orient cheeks and lips, exceeding his*
    That leaped into the water for a kiss
    »*Of his own shadow and, despising many.*«

3) Beide Werke assoziieren ein widerspenstiges Pferd (»*unruly horse*«) mit dem Verhalten eines Liebhabers:
    V&A: »*The sea hath bounds, but deep desire hath none;*
    Therefore no marvel though thy horse be gone.«
    How like a Jade he stood, tied to the tree,
    Servilely master'd with a leathern rein!
    But when he saw his love, his youth's fair fee,
    He held such petty bondage in disdain.«
    H&L: »*For as a hot proud horse highly disdains*
    To have his head controlled, but breaks the reins,
    Spits forth the ringled bit, and with his hooves
    Checks the submissive ground; so he that loves.«

4) In beiden Werken wird ein beloved »*sweet-smelling*« breath erwähnt (wie auch in »Romeo und Julia« und in Sonett 99):

---

[22] Siehe auch John Clapmans »Narcissus«, s. S. 308.

V&A:	»*Sweet issue of a more sweet-smelling sire*«
H&L:	»*Many would praise the sweet smell as she passed*«
R & J	»*By any other name would smell as sweet;*«
Son. 99:	»*Sweet thief, whence didst thou steal thy sweet that smells, If not from my love's breath?*«

5) Beide Werke assoziieren die Nacht mit dem Liebesakt (ebenso wie Marlowes Ovid-Übersetzung):

V&A:	»*The which, by Cupid's bow she doth protest,* *He carries thence incaged in his breast.* ›*Sweet boy*‹, *she says, 'this night I'll waste in sorrow*«
H&L:	»*Some say for her the fairest Cupid pined*« (...). *Breathed darkness forth (dark night is Cupid's day).* *Thus, having swallowed Cupid's golden hook,*«
Ovid-Übersetzung	»*And Cupid who hath marked me for thy prey,* *All lovers war, and Cupid hath his tent* *Will you for gain have Cupid sell himself?* *Till Cupid's bow, and flery shafts be broken,* *So Cupid wills, far hence be the severe,* *No love is so dear (quiver'd Cupid, fly)* *So wavering Cupid brings me back amain,*«

6) Beide Werke führen das »Carpe diem«-Motiv ein:

V&A:	»*Make use of time, let not advantage slip;* *Beauty within itself should not be wasted:*«
H&L:	»*The richest corn dies, if it be not reaped;* *Beauty alone is lost, too warily kept.*«

7) Beide Werke bilden eine Analogie zwischen »*fearful lovers*« und »*soldiers frain of death*«:

V&A:	»*With cold-pale weakness numbs each feeling part;* *Like soldiers, when their captain once doth yield,* *They basely fly and dare not stay the field.*«
H&L:	»*To touch those dainties, she the harpy played,* *And every limb did, as a soldier stout,* *Defend the fort, and keep the foeman out.*«

8) Beide Werke erwähnen die Gutgläubigkeit (»*credulous*«) und das Vertrauen eines Liebenden:

V&A:	»*O hard-believing love! how strange it seems* *Not to believe, and yet too credulous*«
H&L:	»*Love is too full of faith, too credulous,*«

9) Beide Werke befassen sich mit dem Gegensatz von Mitleid und Härte:
- V&A: »*Art thou <u>obdurate</u>, flinty, <u>hard</u> as steel?*
  Nay, more than flint, for stone at rain <u>relenteth</u>:«
- H&L: »*<u>Relenting</u> thoughts, remorse, and pity rests.*
  And who have <u>hard</u> hearts and <u>obdurate</u> minds,«

10) Beide Werke verwenden gleiche assoziative Analogien von sanftem Herz (Brust) und unsterblicher Hand:
- V&A: »*<u>Look</u> how he can, she cannot choose but love;*
  And by her fair <u>immortal hand</u> she swears,
  From his <u>soft</u> <u>bosom</u> never to remove,«
- H&L: »*How <u>smooth his breast</u> was and how white his belly;*
  And whose <u>immortal fingers did imprint</u>«

11) Beide Werke gebrauchen den Begriff »Königin der Liebe«:
- V&A: »*Poor <u>queen of love</u>, in thine own law forlorn,*«
- H&L: »*The gentle <u>queen of love</u>'s sole enemy.*«

12) Beide Werke denken über die Beeinflussung des in der Liebe veränderten Verhaltens nach:
- V&A: »*Banning <u>his boisterous</u> and unruly beast:*«
- H&L: »*Are of <u>behaviour boisterous</u> and rough.*
  O shun me not, but hear me ere you go«
- V&A: »*His love, perceiving how he is enrag'd,*
  Grew kinder, and his <u>fury was assuag'd</u>.«
- H&L: »*There might you see one sigh, another <u>rage</u>;*
  And some, (their <u>violent passions to assuage</u>)«

Hero und Leander

Der Vergleich der folgenden Zeilen in Marlowes »Hero und Leander« mit Zeilen in Shakespeares »Lucretia« lässt erkennen, dass in beiden Dichtern der gleiche poetisch-erotische Gedankengang auftauchte.

»Hero und Leander« (Marlowe):

»For though the rising <u>iv'ry</u> mount he scaled
Which is with azure <u>circling</u> lines empaled
Much like a <u>globe</u>«

»Lucretia« (Shakespeare):

»Her <u>breasts as ivory globes circled</u> with bluge
A pair of maiden <u>worlds</u> unconquered«

317

Die überirdische Schönheit der ersehnten Frau wird jeweils durch das Bild ihrer Brust verdeutlicht, die wie eine elfenbeinerne Kugel erscheint, die an einen Globus erinnert, von Bläue umgeben. Die Wahrscheinlichkeit, dass zwei Dichter innerhalb eines Zeitrahmens von etwa sechs Monaten (Herbst 1593 bis April 1594) dieses Bild unabhängig voneinander schufen, ist astronomisch klein (s. S. 678 ff.).

Plausibel allein ist, dass Christopher Marlowe von seiner poetischen Metapher so eingenommen war, dass er es in beiden Epen, wenn auch in unterschiedlicher Form, verwendete.

Dido, Königin von Karthago

»The Tragedy of Dido, Queen of Carthage« gilt als Christopher Marlowes erstes dramatisches« (Jugend-)Werk, das er etwa um 1585, noch während des Studiums, geschrieben haben dürfte. Um 1587 muss es aufgeführt worden sein. Die früheste Druckausgabe erschien allerdings erst 1594; der Zusatz »*Played by the Children of Her Majesties Chappell*« zeigt, dass es um 1594 noch aufgeführt wurde. Eine Eintragung im »Stationer's Register« existiert nicht. Möglicherweise verwendete der Drucker Thomas Woodcock ein Theatermanuskript für den Drucktext.

Dido war nach alten griechischen und römischen Quellen die Gründerin und erste Königin von Karthago und bekannt geworden durch Vergils »Äneis« (Buch 1–3), das die Gründungsmythen des Römischen Reiches darstellt und aus zwölf Büchern mit insgesamt etwa 10 000 hexametrischen Versen besteht.

Thomas Nashe wurde auf der Titelseite von »Dido« wohl deshalb als Mitautor genannt, weil er das vermeintlich unvollendete Stück nach Marlowes Verschwinden 1593 für die Londoner Bühne revidierte und komplettierte. Erzählt wird die tragische Liebesgeschichte der karthagischen Königin Dido und des aus Troja geflohenen Aeneas, der, vom eigentlichen Seeweg abgekommen, an Karthagos Küste landet.

»Dido« lässt wie »Amores« und Lucanus' »Pharsaliae« Marlowes frühe Meisterschaft erkennen und offenbart zudem seine profunde Kenntnis der Mythologie der Antike. Es kann kaum ohne tiefere Bedeutung sein, dass in so vielen Werken Shakespeares (s. folgende Seite) die sagenumwobene Gestalt von Dido wiederholt auftaucht – und es kann auch nicht sein, dass diese der Hand Marlowes entsprungene Figur übergangslos in das geistige Eigentum des gleich alten Shakspere aus Stratford übergegangen ist! Shakspere hatte nicht den Bildungshintergrund, der dafür Voraussetzung wäre.

Natürlich könnte Shakspere sich von Marlowes Dido »inspirieren« haben lassen, beziehungsweise in großem Maße plagiiert haben, aber diese These ist wesentlich unwahrscheinlicher als die, dass Shakespeare und Marlowe eine Person waren.

Die überaus vielen Shakespeare-Stücke und Werke Marlowes (s. a. Kapitel 11), in denen man immer und immer wieder der antiken Mythologie begegnet (hier am Beispiel »Dido« demonstriert) werden ohne Marlowe nicht plausibel (eine gewollte Analogie zwischen Dido und Elisabeth I. existiert wohl zweifellos).

Es seien Textbeispiele aus Shakespeare-Stücken angeführt, in denen Dido – die Hauptfigur in Marlowes dramatischem Erstlingswerk – oder enge Bezugnahmen zu dieser Figur eine Rolle spielen:

Auszüge aus Texten Shakespeares mit Bezügen zur Figur Dido:

»König Johann« (Frühfassung, Akt 1, Szene 10):

> »Let Dido sigh, and say she weeps again to hear the wrack of Troy«

»Heinrich VI./2« (Akt 3, Szene 2):

> »To sit and watch me as Ascanius did,
> When he to madding Dido would vnfold
> His Fathers Acts, commenc'd in burning Troy.
> Am I not witcht like her? Or thou not false like him?«

»Antonius und Cleopatra« (Akt 4, Szene 14):

> »Where Soules do couch on Flowers, wee'l hand in hand,
> And with our sprightly Port make the Ghostes gaze:
> Dido, and her Aeneas shall want Troopes,
> And all the haunt be ours. Come Eros, Eros.«

»Hamlet« (Akt 2, Szene 2):

> »to Dido, and thereabout of it especially, where he speaks
> of Priamsslaughter. If it liue in your memory, begin at
> this Line, let me see, let me see: The rugged Pyrrhus like
> th'Hyrcanian Beast. It is not so: it begins with Pyrrhus
> (...)
> but cald it an honest method, as wholesome as sweete, & by very
> much, more handsome then fine: one speech in't I chiefely loued,
> t'was Aeneas talke to Dido, & there about of it especially when he
> speakes of Priams slaughter, if it liue in your memory begin at«

»Kaufmann von Venedig« (Akt 5, Szene 1):

> »Stood Dido with a Willow in her hand
> Vpon the wilde sea bankes, and waft her Loue
> To come againe to Carthage.«

»Romeo und Julia« (Akt 2, Szene 4):

> »flesh, how art thou fishified? Now is he for the numbers
> that Petrarch flowed in: Laura to his Lady, was a kitchen
> wench, marrie she had a better Loue to berime her: Dido
> a dowdie, Cleopatra a Gipsie, Hellen and Hero, hildin(gs
> and Harlots: Thisbie a gray eie or so, but not to the purpose.
> Signior Romeo, Bon iour, there's a French salutation to your«

»Titus Andronicus« (Akt 2, Szene 3):

> »Let vs sit downe, and marke their yelping noyse:
> And after conflict, such as was suppos'd.
> The wandring Prince and Dido once enioy'd,
> When with a happy storme they were surpris'd,
> And Curtain'd with a Counsaile – keeping Caue,«

»Der Sturm« (Akt 2, Szene 1):

> »Adri. Tunis was neuer grac'd before with such a Paragon to their Queene.
> Gon. Not since widdow Dido's time.
> Ant. Widow? A pox o'that: how came that Widdow in? Widdow Dido!
> Seb. What if he had said Widdower AEneas too?
> Adri. Widdow Dido said you? You make me study of that:
> She was of u, not of Tunis.
> Gon. This Tunis Sir was Carthage.
> Adri. Carthage?
> Gon. I assure you Carthage now as fresh as when we were
> at Tunis at the marriage of your daughter, who is now Queene.
> Ant. And the rarest that ere came there.
> Seb. Bate (I beseech you) widdow Dido.
> Ant. O Widdow Dido? I, Widdow Dido.
> I sweare to thee, by Cupids strongest bow,
> By his best arrow with the golden head,
> By the simplicitie of Venvs Doues,
> By that which knitteth soules, and prospers loue,
> And by that fire which burn'd the Carthage Queene
> When the false Troyan vnder saile was seene,
> By all the vowes that euer men haue broke,
> (In number more then euer women spoke)
> In that same place thou hast appointed me,
> To morrow truly will I meete with thee.«

»Der Widerspenstigen Zähmung« (Akt 1, Szene 1):

> »found the effect of Loue in idlenesse,
> And now in plainnesse do confesse to thee
> That art to me as secret and as deere
> As Anna to the Queene of Carthage was:
> Tranio I burne, I pine, I perish Tranio,
> If I atchieue not this yong modest gyrle:«

»Ein Mittsommernachtstraum« (Akt 1, Szene 1):

> *»By the simplicity of Venus' doves,*
> *By that which knitteth souls and prospers loves,*
> *And by that fire which burn'd the <u>Carthage queen</u>,*
> *When the false Troyan under sail was seen,«*

»Dido« in »Hamlet«

Man höre und staune: Hamlet spricht in dem gleichnamigen Shakespeare-Drama über die zeitgenössische Rezeption »seines« Theaterstückes »Dido« und bittet einen Schauspieler der Theatertruppe, den von ihm gewünschten emotionalen Monolog aus diesem Stück vorzutragen.

Diese bemerkenswerte Textstelle kann eigentlich nur als der verdeckte Versuch Marlowes verstanden werden, dem zeitgenössischen Theaterpublikum zu vermitteln, wie der Autor von »Hamlet« mit dem Autor von »Dido« zusammenhängt. Die recht spezifische Textstelle erhält ihren eigentlichen Sinn erst, wenn man sie – wie auf S. 375 ff. im Detail ausgeführt – dahingehend interpretiert, dass Marlowe zum Ausdruck bringen will, dass er, der zu Beginn seiner Laufbahn das nicht anerkannte Theaterstück »Dido« geschrieben hat, auch der Verfasser von »Hamlet« war.

Dass Shakspcres Hamlet Einzelheiten der Aufführung und des fehlenden Erfolges von Marlowes Erstlingswerk »Dido« ausbreitet, bekommt ebenfalls erst dann Sinn, wenn man Shakespeare als das Pseudonym des Autors Marlowe begreift.

Tamerlan (Teil 1 und 2)

Es ist praktisch vollständig in Vergessenheit geraten, dass sich die Literaturwissenschaft bereits Anfang des 20. Jahrhunderts intensiv damit auseinandersetzte, welch mächtigen Einfluss Marlowes Drama »Tamburlaine« auf seine zeitgenössischen Dichterkollegen einschließlich Shakspere gehabt haben muss. So analysierte E. Hübener in seiner Dissertation die damalige Kontroverse hinsichtlich der Urheberschaft von »Titus Andronicus«, »Heinrich VI.«, »Richard III.« (als möglicher Autor galten Marlowe und Shakespeare) im Kontext von »Tamerlan«.[23]

Dieser Einfluss begann damit, dass Marlowe der eigentliche und erste eng-

---

[23] E. Hübener: Der Einfluss von Marlowes Tamburlaine auf die zeitgenössischen und folgenden Dramatiker, Halle 1901; Onlineversion: http://www.archive.org/stream/dereinflussvonmoohbgoog#page/n6/mode/1up, aufgerufen am 19.1.2011.

lische Autor war, der das volle Potenzial des Blankverses[24] entwickelte und ausschöpfte und diesen zur dominierenden Versform im englischen Drama des elisabethanischen Zeitalters machte. Da man erklären musste, woher Shakspere seine Meisterschaft des Blankverses erlernt haben könne, gingen Experten wie John Blakeless davon aus, dass dies nur über Marlowe erfolgt sein könne, sodass bei Stücken wie »Edward II.« unter anderem wegen der zahllosen massiven Textähnlichkeiten und Parallelismen zwischen Marlowe und Shakespeare nicht entschieden werden könne, von wem das Stück verfasst worden sei.

Man nahm an, dass Shakespeare höchstwahrscheinlich unbewusst (!) ähnliche Worte beziehungsweise Sprachbilder verwendet habe, die einer ähnlichen Geisteshaltung, einer ähnlichen Bewusstseins- und Gemütslage wie der Marlowes entsprächen. Die außergewöhnlichen Ähnlichkeiten von Textbausteinen und sprachlichen beziehungsweise Gedankenbildern bei Marlowe und Shakspere sind niemals systematisch speziell im Hinblick auf die Urheberschaftsfrage untersucht worden und stellen seit Langem ein absolutes Tabuthema dar.

Mit modernen »indizierten« Suchsystemen kann im Folgenden an einem einzelnen, eher zufällig ausgewählten Monolog aus einem Frühwerk von Marlowe (hier »Tamburlaine«, Teil 2) gezeigt werden, dass sich in praktisch jeder Zeile in irgendeiner Form eine Wortkombination aus dem Werk Shakespeares widerspiegelt. Solch eine Häufung dürfte es bei keinem anderen zeitgenössischen Dichter in diesem Ausmaß geben. Literaturexperten pflegen solche Textvergleiche dennoch als »lächerliche« Beweise abzutun, womit sie aber die »mathematische« Valenz wissenschaftlicher Wahrscheinlichkeitsbetrachtungen unterschätzen (s. S. 681 f.).

Eine einzige Wortparallele besagt nichts, eine zweite kaum etwas, ein dritte nur wenig mehr und so weiter. Wenn aber jede Zeile eine Wortparallele zeigt, so steigt die Wahrscheinlichkeit, eine Übereinstimmung annehmen zu können, exponentiell! Für den mathematischen Laien sei folgender Vergleich erlaubt: Einmal mit drei Richtigen im Lotto etwas zu gewinnen, ereignet sich gelegentlich, zwei »Dreier« sind schon etwas seltener, drei »Dreier« wieder etwas seltener und so weiter, aber die Wahrscheinlichkeit, 23 Mal einen Dreier zu gewinnen, ist schon astronomisch klein.

Wenn Sie dies auf den folgenden Einzel-Monolog aus »Tamburlaine II« übertragen, dann schließt das Ausmaß der Übereinstimmung nach Maßgabe wissenschaftlich-statistischer Kriterien diesen Befund als ein Zufallsprodukt mit an Sicherheit grenzender Wahrscheinlichkeit aus. Die Beobachtung muss deshalb ohne jeden Zweifel eine andere (erklärbare) Ursache besitzen.

[24] Der Blankvers ist eine Übernahme aus dem englischen *blank verse*. Das Adjektiv *blank* steht für *leer* oder *unverziert* und bedeutet hier reimlos.

Monolog aus »Tamerlan« Werk von Shakespeare[25]
(Teil 11)
When heaven shall cease to move on both the poles

    Perikles
    Yet cease your ire, you angry stars of heaven

And when the ground, whereon my soldiers march

    Heinrich IV. (Teil 1)
    bottle of sack: our soldiers shall march through

Shall rise aloft and touch the horned moon

    Mittsommernachtstraum
    his lanthorn doth the horned moon present

And not before, my sweet Zenocrate.

    Was ihr wollt
    Tis not so sweet now as it was before

Sit up, and rest thee like a lovely queen

    Antonius und Cleopatra
    Show me, my women, like a queen: go fetch

So, now she sits in pomp and majesty,

    Heinrich VIII.
    Still growing in a majesty and pomp, the witch

When these, my sons, more precious in mine eyes

    König Johann
    Turning with splendor of his precious eye

Than all the wealthy kingdoms I subdued

    Heinrich VI. (Teil 2)
    And all the wealthy kingdoms of the west

Placed by her side, look on their mother's face.

    Mass für Mass
    beseech you, sir, look in this gentleman's face

But yet methinks their looks are amorous

    Mittsommernachtstraum
    The moon methinks looks with a watery eye;

Not martial as the sons of Tamburlaine.

    Heinrich IV. (Teil 2)
    Their sons with arts and martial exercises:

---

[25] Durchgehend unterstrichen: Wortidentitäten; unterbrochen unterstrichen: Sinnidentitäten.

Water and air, being symbolized in one
>PERIKLES
>*As fire, air, water, earth, and heaven can make*

Argue their want of courage and of wit;
>TITUS ANDRONICUS
>*Chiron, thy years want wit, thy wit wants edge*

Their hair, as white as milk, and soft as down
>PERIKLES
>*With fingers long, small, white as milk;*

which should be like the quills of porcupines
>HAMLET
>*Like quills upon the fretful porpentine*

As black as jet, and hard as iron or steel
>MITTSOMMERNACHTSTRAUM
>*draw not iron, for my heart Is true as steel:*

Bewrays they are too dainty for the wars;
>VERLORENE LIEBESMÜH
>*Her feet were much too dainty for such tread!*

Their fingers made to quaver on a a lute
>TITUS ANDRONICUS
>*pretty fingers off. Tremble, upon a lute*

Their arms to hang about a lady's neck
>HEINRICH VI. (TEIL 1)
>*Direct mine arms I may embrace his neck*

Their legs to dance and caper in the air
>DIE LUSTIGEN WEIBER VON WINDSOR
>*he capers, he dances, he has eyes of youth*

Would make me think them bastards, not my sons
>RICHARD II.
>And that he is a bastard, not thy son

But that I know they issued from thy womb,
>ROMEO UND JULIA
>*If I have kill'd the issue of your womb,*

That never looked on man but Tamburlaine
>KOMÖDIE DER IRRUNGEN
>*That never, look'd or touch'd, or carved to thee.*

Nicht die einzelne Parallele, sondern das durchgehende, hohe Maß an Übereinstimmungen soll hier hervorgehoben werden. Es kann methodisch als ein Indiz dafür gewertet werden, dass Marlowe und Shakespeare eine Person waren, ihre Signifikanz im Zusammenhang der kumulativen Gesamtevidenz des Buches (nicht nur statistisch) erreicht astronomische Dimensionen.

Wer dies, wie Literaturexperten, als Nonsens vom Tisch wischt, handelt wissenschaftlich unredlich! Auch eine bereits 1955 von Calvin Hoffman aufgezeigte auffällige stilistisch-gedankliche Übereinstimmung zwischen Marlowes Werken (hier gezeigt an »Tamburlaine« und Shakespeares Werken), soll hier ebenfalls beispielhaft noch einmal beleuchtet werden. Sie entsprechen einem Fingerabdruck oder DNA-Test, der anhand eines mathematisches Modells berechnet, wie hoch die Wahrscheinlichkeit ist, dass zwei Proben von einem einzigen oder zwei Menschen stammen.

Ein (DNA-Banden)-Profil erlaubt eine statistische Aussage darüber, wie viele Menschen untersucht werden müssten, um zufällig einen anderen zu treffen, der genau das gleiche Bandenmuster aufweist. Die Wahrscheinlichkeit spezifischer Bandenübereinstimmungen gelangt dann oft rasch in einen Bereich von > 1:1 000 000 000 (Milliarde), und forensisch wird damit eine Identität beziehungsweise Nicht-Identität von zwei Proben anerkannt, da sie extrem weit außerhalb jeder Zufallswahrscheinlichkeit liegt.

So muss die Vorstellung als abwegig angesehen werden, dass der von Marlowe konzipierte Ausruf in »Tamburlaine«

»Holla, ye pampered Jades of Asia. What, can ye draw but twenty miles a day?«

bei Shakespeare den inneren Drang ausgelöst hat, ihn wortwörtlich in »Heinrich IV./2« (Akt 2, Szene 4) zu übernehmen:

»And hollow pampered, jades of Asia Which cannot go but thirthy miles a day.«

Nein, für diese Parallelität muss es einen anderen, einleuchtenderen Grund gegeben haben. Shakespeare-Experten haben merkwürdigerweise diese unauflösbaren Widersprüchlichkeiten als absolut üblich dargestellt und an keiner Stelle infrage gestellt.

Umso mehr aber haben sie jene zahlreichen »skurrilen« Außenseiter infrage gestellt, die über die Jahrhunderte das bizarre Rätsel der Urheberschaft zu lösen suchten. Die Fiktion eines Urheberschaftsrätsels – so Experten wie James Shapiro[26] – gebe es in Wirklichkeit nicht.

Es seien hier zu Ehren Calvin Hoffmanns einige seiner zusammengestell-

---

[26] James Shapiro, Contested Will: The Shakespeare Authorship Controversy, London 2010.

ten Text- und Inhaltsparallelen (ein Zehntel seiner Belege) zwischen Marlowes »Tamerlan« und Shakespeare-Werken wiederholt.

Tamburlaine (Marlowe)	Werk von Shakespeare[27]
	HEINRICH V. (TEIL 2)
Holla, ye pampered Jades of Asia.	*And hollow pampered, jades of Asia*
What, can ye draw but twenty miles a day?	*Which cannot go but thirthy miles a day*
	ROMEO UND JULIA
Where Beauty, mother to the muses, sits	*Read o'er the volume of your Paris face*
And comments volumes with ivory pen	*And find delight writ there with beauties pen*
Taking instruction from thy flowing eys.	*and what obscured in this fair volume lies*
	Find written in the margin of his eyes
	on the shining face
	JULIUS CAESAR
The glory of this happy day is yours	*To part the glories of this happy day*
	ROMEO UND JULIA
Whose eyes are brighter than the lamps of heaven	*The brightness of her cheek would shame those stars,*
	As daylight doth a lamp; her eyes in heaven
	TITUS ANDRONICUS
Ah, Sheperd, pity my distressed plight	*Comfort his distressed plight*
	HEINRICH VIII.
That flies with fury swifter than our thoughts	*Thus with imagined wing our swift scene flie*
	… Than that of thought … …
	As tediously as hell, but flies the grasps of love Troilus
	With wings more momentary-swift than thought.
	ROMEO UND JULIA
That Jowe shall send his winged messenger	*… being o'er my head*
	As is a winged messenger of heaven
	JULIUS CAESAR
most great and puissant Monarch of the earth	*Most high, most mighty and most puissant Caesar*
	HEINRICH VI. (TEIL 3)
And sorrow stops the passage of my speech	*Hath stopp'd the passage where thy words should enter*

[27] Durchgehend unterstrichen: Wortidentitäten; unterbrochen unterstrichen: Sinnidentitäten.

have make the waters swell above the banks	CYMBELINE And Cydnus swelled above the banks
unto the rising of this earthly globe; Wheras the sun, declining from our sight, Begins the day with our Antipodes	RICHARD III. Behind the globes that lights the lower world, Whilst we were wandering with the Antipodes
met, heaven and earth, and here let all things end	ROMEO UND JULIA Vile earth, to earth resign, end motion here.
Before the moon renew her borrowed light	HAMLET Thirty dozen moons with borrowed sheen
Fall, stars, that govern his nativity	KÖNIG LEAR My nativity was under Ursa major
With what a flinty bosom should I joy The breath of life and burden of my soul	ENDE GUT, ALLES GUT Dear almost as his life; which gratitude Through flinty Tartar's bosom would peep forth,
In frame of which Nature	KAUFMANN VON VENEDIG Nature hath framed strange fellows in her time hath showed more skill
	PERIKLES When nature framed this piece she meant thee a good turn
	VIEL LÄRM UM NICHTS Natur never framed a womens heart of proder stuff
From whence the stars do borrow all their light	TITUS ANDRONICUS As the moon does, by wanting light to give: but then renew I could not like the moon There were no suns to borrow of.
Ah, cruel brat, sprung from a tyrant's loin	HEINRICH VI. (TEIL 3) O; tigers heart, wrapped in a women hide!
	ROMEO UND JULIA O serpeant heart, hid with a flowering face
Until my soul, dissevered from this flesh Shall mount the milk-white way	RICHARD II. Mount, mount my soul! thy seat is up on high Whilst my gross flesh …

327

	HEINRICH VI. (TEIL 1)
Shaking her silver tresses in the air	*Brandish your cristal tresses in the sky*
	HAMLET
Then haste, Corsoe, to be King alone	*Haste me to know it, that I, with wings as*
That I, with these my friends and all my men	*swift*
May triumph in our long expected fate	*As meditation or the thoughts of love*
	may sweep to my revenge
	HAMLET
Our souls, whose faculties can comprehend	*what a piece of work is a man!! How noble in reason*
The wondrous architecture of the world	*How infinite in faculty!! in form and moving how express*
And measure every wandering planets course	*and admirable!! in action how like an angel; in*
Still climbing after knowledge infinite,	*apprehension like a god!! the beauty of the world!!*
And always moving as the restless spheres	*the paragon of animals!! And yet, o me, what is this quintessence of dust?*
Will us to wear ourselves and never rest	
Until we reach the ripest fruit of all.	

»Tamburlaine« (Marlowes Skyte und Tartar) und Shakespeare

Es kann nach all diesen Vergleichen und Parallelitäten nicht mehr erstaunen, dass auch Marlowes Hauptfigur, der Skythe Tamburlaine, sich in Shakespeares Werken zu häufig niederschlägt, als dass dies noch Zufall sein könnte. In Sonett 123 bezeichnet sich der Autor in der Abschiedszeile seinem Partner gegenüber sogar als »Dein« Skythe (»Thy scyte«), und in »Lear« rückt er den Skythen in die emotionale Nachbarschaft seiner Tochter Cordelia.

Der »Skyte« oder »Tartar« (Tamburlaine) bei Shakespeare:

»Wanting the scythe, all uncorrected, rank,«	HV (5/2)
»Even with his pestilent scythe«	A&C (3/13)
»That honour which shall bate his scythe's keen edge«	VLM (1/1)
»And nothing 'gainst Time's scythe can make defence«	Sonett 12
»And nothing stands but for his scythe to mow:«	Sonett 60
»So thou prevent'st his scythe and crooked knife.«	Sonett 100
»I will be true, despite thy scythe and thee.«	Sonett 123
»As Scythian Tomyris by Cyrus' death.«	HVI-1 (2/3)

»*Hold thee, from this, for ever. The barbarous <u>Scythian</u>*«	KL (1/1)
»*Through flinty <u>Tartar</u>'s bosom would peep forth,*«	EGAG (4/4)
»*Swifter than arrow from the <u>Tartar</u>'s bow.*«	MSNT (3/2)
»*No, he's in <u>Tartar</u> limbo, worse than hell.*«	KdI (4/2)
»*He might return to vasty <u>Tartar</u> back,*«	HV (2/2)
»*Nose of Turk and <u>Tartar</u>'s lips,*«	MacB (4/1)
»*From stubborn Turks and <u>Tartars</u>, never train'd*«	KvV (4/1)
»*Here's a Bohemian-<u>Tartar</u> tarries the coming down of*«	LWW (4/5)
»*Bearing a <u>Tartar</u>'s painted bow of lath,*«	R&J (1/4)
»*To the gates of <u>Tartar</u>, thou most excellent devil of wit!*«	WIW (2/5)

Massaker von Paris

Marlowes »Massaker von Paris« und Shakespeares Dramen »Richard III.« und »Titus Andronicus« müssen zwischen 1590 und 1593 entstanden sein, einer Zeit, in der Marlowe nachweislich mit seinen Stücken auf Londoner Bühnen sehr erfolgreich war. Das »Massaker von Paris« dürfte nach dem Tod von Heinrich III. (2. August 1589), wahrscheinlich nach dem Tod von Pabst Pius VI. (27. August 1590) und vor der erstmals dokumentierten Aufführung (26. Januar 1593) geschrieben worden sein. In Bezug auf die ebenfalls zu dieser Zeit geschriebene Tragödie »Titus Andronicus« existiert bis heute eine große Urheberschaftsdebatte (s. S. 369 f.).

Ein auffälliges Detail in dem »Massaker von Paris« zeigt sich auch in Shakespeares »Julius Caesar«: Marlowe hatte sich früh, seit seiner Übersetzung von Lucanus' »Pharsaliae« (s. S. 303 f.) mit Caesar auseinandergesetzt. Die Redewendung »*Yet Caesar shall go forth*« in Marlowes »Massaker« taucht auch in Shakespeares Julius Caesar wiederholt auf, was kein Zufall sein kann:

» Das Massaker von Paris« (Szene 22):

»Herzog von Guise:

<u>Yet Caesar shall go forth.</u>
Let mean conceits and baser men fear death!
But, they are peasants; I am Duke of <u>Guise</u>;
And princes with their looks engender fear.«

»Julius Caesar« (Akt 2, Szene 2):
»*Caesar:*
»*What can be avoided*

> *Whose end is purposed by the mighty gods?*
> *Yet Caesar shall go forth; for these predictions*
> *Are to the world in general as to Caesar.«*

James S. Shapiro behauptete in seinem »Rival Playwrights«[28], dass Shakespeare die Zeile von Marlowe entlehnt habe. Diese Annahme bleibt, wie stets, angesichts der nicht akzeptierten Marlowe = Shakespeare-Hypothese, eine merkwürdig hilflose Konstruktion.

Bereits in einer früheren Passage des Stücks (Akt 1, Szene 2) sagt der Herzog von Guise in seinem großen Monolog:

> *»As Caesar to his soldiers, so say I,*
> *Those that hate me will I learn to loathe.*
> *Give me a look, that, when I bend the brows,*
> *Pale death may walk in furrows of my face;«*

Die letzten Worte des sterbenden Guise lauten:

> *»Thus Caesar did go forth, and thus he died.«*
> (Szenische Anweisung: *He dies. Enter Captain of the Guard.*)

Es ist nur theoretisch denkbar, dass zwei zur gleichen Zeit (1590–1593) in London lebende Genies einer historischen Figur wie Julius Caesar diesen identischen dramatischen Stellenwert eingeräumt haben.

Der Entstehungszeitpunkt von Shakespeares »Julius Caesar« (1599) ist umstritten. Nach Robert Logan könnte das Stück auch vor Januar 1593 entstanden sein. Logan war es auch, der 2007 nach dem Studium der genannten Stücke (Marlowes *Massacre*, Shakespeares *Caesar*) zu der Einsicht gelangte, dass zwischen ihnen extrem auffällige Ähnlichkeiten und Analogien im Hinblick auf ihren dramatischen und ihren sprachlichen Aufbau zu erkennen sind.

> *»Each play features a self styled Machiavellian villain, canny ambitious and ruthless to the point of savagery ... there are significant similarities in the high pitched language and rhetoric of the three plays. Given these not inconsequential likenesses, the implication is that an analysis of this particular line of influence is overdue.«*

Der Jude von Malta

Bereits 1897 fielen E. Mory bei einer detaillierten vergleichenden Analyse von Marlowes »Jude von Malta« und Shakespeares »Kaufmann von Venedig« auf,

---

[28] James S. Shapiro: Rival playwrights: Marlowe, Jonson, Shakespeare, New York City 1991.

wie ungeniert sich Shakespeare von Marlowe bedient und Ausdrücke, Ideen, ja Szenen übernommen hatte. Mory überlegte, ob man sich trotz aller Pietät, die man dem großen »Briten« gegenüber zu empfinden gewohnt sei, nicht fragen müsse, ob er sich nicht eines Plagiats schuldig gemacht habe.

Er rationalisierte sich diesen Missstand schließlich zurecht, indem er folgerte, dass Shakespeare Marlowes Ideen ja »umgestaltet« habe:

> »(...) nicht einfach kopiert, [sondern] unausgeführte Ideen, nicht genügend zugespitzte Pointen zu ihrer Vollendung gebracht, eine fehlerhafte Skizze durch kräftige Striche, richtige Verteilung von Licht und Schatten zu einem Bilde umgeschaffen habe.«[29]

Nach Henslowes Manuskript wurde »Der Jude von Malta« bereits im Februar 1591 aufgeführt, aber erst 1594 in Stationers' Hall zum Druck eingetragen. Shakespeares »Kaufmann von Venedig« wird im Februar 1598 von Francis Meres erwähnt. Im Juli 1598 wird in Stationers Hall ein »Kaufmann von Venedig oder Jude von Venedig« (*The Comical History of the Merchant of Venice, or Otherwise Called the Jew of Venice*«) eingetragen.

Während der »Jude von Malta« eine Tragödie war, wurde der »Kaufmann von Venedig« eine Komödie, die einen versöhnenden Schluss bekam, indem der Jude – wenn auch wider Willen – zum Christentum übertritt und seine Tochter durch ihre Ehe mit einem Christen in der gleichen Reihe mit Portia und Nerissa steht. Dies erkennt Mory als einen Fortschritt gegenüber Marlowe (!).

Je mehr Parallelen er zwischen dem »Juden von Venedig« und dem »Juden von Malta« fand, umso deutlicher erkannte er auch gegensätzliche Tendenzen, zum Beispiel im Hinblick auf Jessica in »Der Kaufmann von Venedig« und Abigail in »Der Jude von Malta«.

Während Shakespeare seinen Shylock absichtlich dem Barrabas entgegenstellte, zeigt er mit der Rolle der Jessica, wie weit er in der Ausführung der gleichen dichterischen Idee Marlowe »überflügeln« konnte.

Für Mory war es 1897 nicht im geringsten zweifelhaft, dass Shakespeare von Marlowe »gestohlen« haben müsse: Barrabas, Witwer und Vater von Abigail, befindet sich in genau derselben Lage wie Shylock, ebenfalls Witwer und Vater von Jessica. Die Ähnlichkeiten nehmen zu, wenn man bedenkt, dass beide Mädchen christliche Liebhaber haben. Dass Abigail und ihr Geliebter am Ende sterben, während Jessica und ihr Liebster zueinanderkommen, liegt in der Natur von Tragödie und Komödie.

---

[29] E. Mory,: Marlowes Jude von Malta und Shakespeares Kaufmann von Venedig, Basel 1897.

Shakespeare konnte seine Liebenden, die Hauptträger der Versöhnungsidee, nicht untergehen lassen. Während Abigail, die Unschuldige, stirbt, da sie Jüdin und die Tochter von Barrabas ist, steht Jessica, ebenfalls schuldlos, für die Vereinigung von Christen und Juden, weil sie, wie ihr Vater, jedoch freiwillig, zum Christentum übertritt. Dieser Übertritt ist laut Mory aber nicht mit tief religiösen Anschauungen verbunden, sondern mehr als ziviler Akt zu betrachten.

In »Der Jude von Malta« (Akt 2, Szene 1) findet sich eine Szene, die sich im »Kaufmann von Venedig« in sehr ähnlicher Form erkennen lässt. Diese Passage in deutscher Übersetzung beginnt mit den Worten »O du, mein Mädchen« und lautet vollständig:

»Oh du, mein Mädchen, Mein Gold, mein Glück, du
meine Seligkeit, Kraft meiner Seele, meiner Feinde
Tod: Willkommen, erster Gründer meines Glücks!
Oh Abigail, hätt' ich dich auch hier, Dann wär' der
Wünsche jeder mir erfüllt. Ich will für dich
Befreiung vorbereiten. o Kind, o Gold, o Schönheit,
Oh mein Glück! « (Er liebkost die Säcke.)«

Zum Vergleich die Passage aus der »Der Kaufmann von Venedig« (Akt 2, Szene 8):

Solanio:

»Mein' Tochter — mein' Dukaten — Oh mein Tochter!
Fort mit 'nem Christen — Oh meine christlichen Dukaten!
Recht und Gericht! mein' Tochter! mein' Dukaten!
Ein Sack, zwei Säcke, beide zugesiegelt,
Voll von Dukaten, doppelten Dukaten,
Gestohl'n von meiner Tochter; und Juwelen,
Zwei Stein' — zwei reich' und köstliche Gestein,
Gestohln von meiner Tochter! Oh Gerichte,
Find't mir das Mädchen! — Sie hat die Steine bei sich
Und die Dukaten.«

Es ist schwer vorstellbar, dass eine solch ähnliche Passage zeitgleich dem schöpferischen Gehirn zwei eigenständiger Genies entsprungen ist. Plausibler ist es, dass ein Autor das – »theatermäßig« sehr geeignete – Thema des Juden zweimal aufgegriffen und beim zweiten Mal unter stilistischen, dramatischen und moralischen Gesichtspunkten weiterentwickelt hat. Diese Wiederverwendung konnte umso leichter erfolgen, als Marlowe wusste, dass das Publikum den neuen Dichter Shakespeare nicht mehr mit dem »alten vergessenen Marlowe« und dem »Juden von Malta« gleichsetzen würde.

Marlowes Biografie im Prolog

Der Prolog in »Der Jude von Malta« weist mit hoher Plausibilität auf Marlowes Identitätswechsel, sein Überleben und seine »unbemerkten« Heimreisen nach England hin. Eine andere Interpretation ist bis heute für diese Zeilen weder erkennbar noch angeboten worden.

»Der Jude von Malta« muss zu Marlowes Lebzeiten ein sehr erfolgreiches, populäres Drama gewesen sein, denn bei Philipp Henslowe wurden 1591/1592 36 Aufführungen notiert.

1601 hatte das Stück ein beachtliches »Revival« mit erheblichen Textänderungen (von wem, wenn nicht von Marlowe?). Das Stück wurde erstaunlicherweise erst 1633, also 40 Jahre nach Marlowes vermeintlichem Tod (1593), erstmals gedruckt. Auch dies dürfte einen triftigen Grund gehabt haben. Am wahrscheinlichsten ist, dass der Prolog den Eingeweihten zu deutlich die Existenz Marlowes verraten hätte, sodass eine Drucklegung nicht erlaubt wurde.

Vielleicht dürften aber auch schon allein seine »atheistische« Einschätzung und Bewertung von Religion und Sünde (»*I count religion but a childish toy And hold there is no sin but ignorance*«) ausgereicht haben, um die Drucklegung des Dramas eines »verhassten, in seinem Rufe gemordeten« Dichters zu verhindern.

Der im Folgenden analysierte Prolog aus dem »Juden von Malta« kann nicht von Anfang an, das heißt während Marlowes vermeintlicher Lebenszeit, existiert haben, sondern muss erst später (Anfang des 17. Jahrhunderts?) im Rahmen des erwähnten »Revivals« (1601) von Marlowe hinzugefügt worden sein, als er als Person nur noch in der »Anonymität« agieren konnte.

Der Prolog wird von der historischen Person Niccolò Machiavell (1469–1527) gesprochen. Er ergibt inhaltlich keinen Sinn, wenn man in Machiavell nicht den Autor erkennt, der sich hier hochmetaphorisch einbringt. Die ersten Worte des Stücks sollen dies dem Zuschauer unmittelbar klar machen: Die ganze Welt glaube heute, er sei tot, aber er sei vom Festland zurückgekehrt (»*albeit all the world think Machiavel is dead … come from France … And let them know that I am Machiavel*«). Da der reale Machiavel[30], der florentinische Kriegsminister, Diplomat, Historiker und Dichter, bald 100 Jahre tot war und Marlowe zu Lebzeiten von verschiedenen Zeitgenossen den Spitznamen »Machevil« erhalten hatte, konnte Marlowe seine beziehungsreichen autobiografischen Aussagen in dem Prolog leicht in der Maske des Machiavell vermitteln. Die Figur spielt in dem Stück ansonsten keine Rolle.

Der Prolog erinnert stark an den Prolog in Shakespeares »Der Widerspens-

---

[30] In »Der Fürst« (»Il Principe«) führt er aus, dass es im Grunde immer darum geht, wie sich Macht – über alle Moralvorstellungen hinweg – erringen und behalten lässt.

tigen Zähmung«, der ebenfalls thematisch nichts mit dem eigentlichen Stück zu tun hat, in dem aber »Christopher« Sly (Marlowe) sein Schicksal mithilfe einer »Metapher« darstellt (Details s. S. 435 ff.). Marlowes Prolog ist ein übermächtiges Indiz für seinen vorgetäuschten Tod, für sein Überleben, für seine Verfemung und seine Rückkehrten nach England.

In dem Prolog bringt Machiavel alias Marlowe zum Ausdruck, dass die Welt davon ausgehe, dass er 1593 umgekommen sei (»*world thinks M. ... is dead*«). Aber in Wirklichkeit sei er über die Alpen nach Italien geflohen (»*his soul flown beyond the alps*«). Jetzt, da Guise tot sei[31], könne er (Marlowe) Frankreich wieder verlassen, um sein (Eng-)Land wieder zu sehen (»*come from France to view his land*«), um mit seinen Freunden fröhlich zu sein (»*to frolic with his friends*«). Für manche möge sein Name [Marlowe] noch immer verhasst sein (»*to some perhaps my name is odiuos*«), aber diejenigen, die ihn schätzten, schützten ihn vor ihren Lästerungen (»*but such as love me, guard me from their tongues*«) und ließen die Menschen wissen, dass er, Marlowe, mit Machiavell gleichzusetzen sei, also dass Maciavell in Wirklichkeit ihn selbst (Marlowe) darstelle (»*let them kow that I am Machiavell*«). Er werde von denen am meisten bewundert, die ihn am meisten hassten (»*admired I am of those who hate me most*«), obwohl sich einige offen gegen seine Bücher aussprächen (»*though some speak openly against my books*«).
Die Zeile:

»*admired I am of those that hate me most*«

erinnert sehr an Marlowes dialektisches Lebensmotiv, das man an zahlreichen Stellen seiner Werke und auf seinem Porträt in variierter Form wiederfindet (»*Quod me nutrit, me destruit*«; vergleiche auch Sonett 73: »*Consum'd with that which it was nurrisht by*« oder unter anderem »Perikles«, s. S. 475).

Marlowe weiß, dass sich einflussreiche Personen offen gegen seine Schriften ausgesprochen haben (»*Though some speak openly against my book*«), und auch wenn sie ihn lesen, wollen sie nicht mit der Institution der Kirche in Konflikt kommen (»*Yet will they read me and thereby attain To Peter's chair*«). Er bewertet Religion als ein kindisches Spielzeug *(»I count religion but a childish toy«)* und steht dazu, dass es in Wirklichkeit keine Sünde gebe, sondern nur Unwissen oder Dummheit (»*And hold there is no sin but ignorance*«). Er fragt, ob sich durch die Mundpropaganda (die Gerüchte??) seine zurückliegende Ermordung verbreitet hätte (»*Birds of the air will tell of murders past?*«), und ist

---

[31] Eine Hauptfigur in Marlowes »Massaker von Paris«, hier eine politische Figur, die seine Rückkehr verhinderte, solange sie lebte (Metapher für William Cecil, der 1598 starb?).

bestürzt, solche Torheiten zu hören (»*I am ashamed to hear such fooleries*«). Man solle ihn nicht bejammern, sondern beneiden (»*Let me be envied and not pitied!*«). Er komme nicht, um hier in England eine Lesung zu halten, sondern um die »Tragödie eines Juden« zu präsentieren (»*But whither am I bound? I come not, I, To read a lecture here in Britanie, But to present the tragedy of a Jew*«).

Der Prolog (Unterstreichungen nicht im Orginal):

> *Albeit the world think Machiavel is dead,*
> *Yet was his soul but flown beyond the Alps;*
> *And, now the Guise is dead, is [his soul] come from France,*
> *To view this land, and frolic with his friends.*
> *To some perhaps my name is odious;*
> *But such as love me guard me from their tongues,*
> *And let them know that I am Machiavel,*
> *And weigh not men, and therefore not mens words.*
> *Admired I am of those that hate me most.*
> *Though some speak openly against my books,*
> *Yet will they read me and thereby attain*
> *To Peter's chair; and when they cast me off,*
> *Are poisoned by my climbing followers.*
> *I count religion but a childish toy*
> *And hold there is no sin but ignorance.*
> *Birds of the air will tell of murders past?*
> *I am ashamed to hear such fooleries.*
> *Many will talk of title to a crown.*
> *What right had Caesar to the empire?*
> *Might first made kings, and laws were then most sure*
> *When, like the Draco's, they were writ in blood.*
> *Hence comes it that a strong built citadel*
> *Commands much more than letters can import:*
> *Which maxim had but Phalaris observed,*
> *He'd never bellowed in a brazen bull,*
> *Of great ones envy: o'the poor petty wights*
> *Let me be envied and not pitied!*
> *But whither am I bound? I come not, I,*
> *To read a lecture here in Britanie,*
> *But to present the tragedy of a Jew*
> *Who smiles to see how full his bags are crammed,*
> *Which money was not got without my means.*
> *I crave but this. Grace him as he deserves,*
> *And let him not be entertained the worse*
> *Because he favours me.*

Many will talk of title to a crown.
What right had Caesar to the empire?
Might first made kings, and laws were then most sure
When, like the Draco's, they were writ in blood.
Hence comes it that a strong built citadel
Commands much more than letters can import:
Which maxim had but Phalaris observed,
He'd never bellowed in a brazen bull,
Of great ones envy: o'the poor petty wights
Let me be envied and not pitied!
But whither am I bound? I come not, I,
To read a lecture here in Britanie,
But to present the tragedy of a Jew
Who smiles to see how full his bags are crammed,
Which money was not got without my means.
I crave but this. Grace him as he deserves,
And let him not be entertained the worse
Because he favours me.

Marlowe und Machiavel in »Polimanteia«

Marlowe (alias W. C) hat sich in »Polimanteia« hinsichtlich seiner Einstellung zu Religion und Atheismus ausführlicher geäußert und sich selbst und Machiavell zugleich verteidigt (Details s. S. 540 ff.):

> »yet I must say thus much in the true defence of my selfe, that since ... Machiuell hath obtained so much credit amongst the greatest states men of all Europe, Atheisme hath perswaded the world of my death, & tolde Princes that there was no religion. ... to seeme to have that religion in shew, which he neuer meaneth to imbrace in trueth??«

Doktor Faustus

Von Marlowes »Doktor Faustus« existieren erstaunlicherweise zwei unterschiedliche gedruckte Versionen[32], eine frühere kürzere Version aus dem Jahr 1604 (oft als A-Text bezeichnet) und eine spätere längere Version (oft als B-Text bezeichnet) aus dem Todesjahr Shakspseres, 1616. Als die dem Stück zugrunde liegende ursprüngliche englische Quelle wird oft »The English Faust Book«, 1592 von P. F. Gent aus dem Deutschen übersetzt, genannt.

Jenseits der kontrovers diskutierten Entstehungsgeschichte des Shakespeare-Kanons gibt es kaum ein Stück, zu dessen Entstehungs- und Urheber-

---

[32] Christopher Marlowe: Doctor Faustus, A-Text (1604) und B-Text (1611), siehe: http://www2.prestel.co.uk/rey/faustus.htm, aufgerufen am 19.1.2011.

schaftsgeschichte so heftige Debatten geführt wurden. Bis heute gibt es keinen befriedigenden Konsens darüber, von wem und wann die Änderungen im B-Text von Marlowes »Dr. Faustus« vorgenommen wurden. Manche Experten sahen die Änderungen als eine gewisse moralische Korrektur an, zu der sich der Autor veranlasst gesehen habe, um frühere »Fehldeutungen« zu entfernen.

Quellen belegen, dass »Doktor Faustus« wahrscheinlich erstmals im Jahr 1592 und mit großem Erfolg 25 Mal zwischen Oktober 1594 und Oktober 1597 von den Admiral's Men aufgeführt wurde. Das Tagebuch von Philip Henslowe lässt erkennen, dass »Samuel Rowley« und »William Birde« im November 1602 für Hinzufügungen (»*additions*«) zu dem Theaterstück mit vier Pfund entlohnt wurden, was auf eine Neuinszenierung nach diesem Zeitpunkt schließen lässt.

Experten nehmen an, dass der A-Text, 1604 von »Valentine Simmes« für Thomas Law als Quarto gedruckt (also elf Jahre nach Marlowes vermeintlichem Tod), diejenige Version darstellt, die zu Lebzeiten Marlowes aufgeführt wurde und dass der B-Text eine »posthume« Adaptation eines Fremden gewesen sein muss. Dem widersprechen verschiedene Experten, da die B-Text-Version die vollständigere und reifere Version sei. Das Titelblatt in der A-Version nennt als Autor »Ch. Marl.« Nachdrucke der A-Text-Version (1485 Zeilen) erschienen in den Quartos 1609 (Q2) und 1611 (Q3), gedruckt von George Eld, der auch die Sonette Shakespeares druckte.

Der spätere, deutlich erweiterte und veränderte B-Text, gedruckt als Quarto 1616 von John Wright, wurde in den Jahren 1619, 1620, 1624, 1631, und 1663 wieder aufgelegt. Darin sind 36 Zeilen des A-Textes gestrichen und 676 Zeilen (!) hauptsächlich als Mittelteil neu hinzugefügt worden, sodass der B-Text um ein Drittel länger ist als der A-Text. Auch innerhalb der in beiden Versionen unveränderten Zeilen erkennt man kleine, zum Teil aber wichtige Wortänderungen und Interpunktionsänderungen (Punkt, Komma, Doppelpunkt etc.) mit entsprechender Sinnverschiebung.

Einige Beipiele:

> »*To patient judgments we appeal our plaud*« *(A-Text 1604)*
> »*And now to patient judgments we appeal*« *(B-Text 1616)*

> »*Excelling all, whose sweet delight disputes*« *(A-Text-1604)*
> »*Excelling all, and sweetly can dispute*« *(B-Text 1616)*

> »*Never too late, if Faustus can repent*« *(A-Text 1604)*
> »*Never too late, if Faustus will repent*« *(B-Text 1616)*

Angesichts einer früheren und extrem viel späteren Version aus wahrscheinlich fremder Hand sah sich die Mehrzahl der Experten gezwungen, zum

Teil bizarre Annahmen zu machen: Die erheblichen Zusätze der B-Version dürften am ehesten von William Birde und Samuel Rowley stammen, zwei Angestellten von Henslowe. (Diese abwegige Theorie ist wahrscheinlich die am meisten akzeptierte – weil mit einer Quelle belegbar!) Marlowe, so die Experten, könne mit dem B-Text nichts zu tun gehabt haben, da er ja lange tot gewesen sei und keine Kontrolle über den Text und über die Aufführungen einer erweiterten Fassung gehabt habe.

Dies wäre auch bei der A-Version (1604) der Fall. Bei genauerer Betrachtung macht diese Deutung nicht nur keinen Sinn, ihre Interpretation erscheint geradezu absurd (man denke nur an die neu eingeführte Szene 2 des 5. Akts – s. S. 336 ff.). Den Korrekturen und eindrücklichen Erweiterungen von »Doktor Faustus« in der B-Version muss fraglos ein erkennbares Motiv eines mit dem Stück innerlich höchst Vertrauten zugrunde gelegen haben (Marlowe selbst, als er Anfang fünfzig war). Da die A-Version auch noch in den Jahren 1609 und 1611 einen Nachdruck erfuhr, ist es weitaus am plausibelsten, dass sich der »reale« Autor erst nach dieser Zeit an eine Veränderung, Verbesserung, Weiterentwicklung der Frühversion machte. Dagegen ist es in fast jeder Hinsicht abwegig, dass ein fremder, anonymer Autor ein Motiv dafür gehabt hätte, solch bezeichnende und charakteristische Änderungen vorzunehmen.

Die eindrücklichen inhaltlichen Texthinzufügungen unterstützen auf das Mächtigste die Hypothese, dass Marlowes Tod vorgetäuscht worden sein muss und er seit 1593 für mehrere Jahrzehnte unter fremden (wechselnden) Namen weiter veröffentlichen konnte und seine Theaterstücke unter dem Pseudonym Shakespeare erschienen (siehe Kapitel 11).

In »Dr. Faustus« kommt Marlowe vielfach auf die deutsche Universitätsstadt Wittenberg zu sprechen, so, als käme sie einer englischen Universitätsstadt des späten 16. Jahrhunderts, wie Cambridge, gleich. Die Tatsache, dass Wittenberg in ähnlichen Zusammenhängen vielfach auch in »Hamlet« erwähnt wird, ergibt im Zusammenhang mit all den anderen gewichtigen Evidenzen ein zusätzliches Indiz dafür, dass »Hamlet« und »Doktor Faustus« von Marlowe (alias Shake-speare) stammen dürften.

Aus »Hamlet« (Akt 1, Szene 2):

»Hamlet: *Do I impart toward you. For your intent*
In going back to school in Wittenberg,
Queen: *Let not thy mother lose her prayers, Hamlet.*
I pray thee stay with us, go not to Wittenberg.

> Hamlet: *Sir, my good friend- I'll change that name with you.*
> *And what make you from <u>Wittenberg</u>, Horatio?*
> Hamlet: *I am very glad to see you. – [To Bernardo] Good even, sir. --*
> *But what, in faith, make you from <u>Wittenberg</u>?«*

»Doktor Faustus«/Verschiedene Beispiele:

> »*In Germany, within a town called Rhodes.*
> *Of riper years to <u>Wittenberg</u> he went,*
> *Whereas his kinsmen chiefly brought him up.«*

> »*And make swift Rhine circle fair <u>Wittenberg</u>.*
> *I'll have them fill the public schools with silk*
> *Wherewith the students shall be bravely clad.«*

> »*Gravelled the pastors of the German church,*
> *And made the flowering pride of <u>Wittenberg</u>*
> *Swarm to my problems as the infernal spirits«*

> »*And made the flowering pride of <u>Wittenberg</u>*
> *Swarm to my problems as the infernal spirits*
> *On sweet Musaeus when he came to hell,«*

> »*I, John Faustus, of <u>Wittenberg</u>, doctor, by these presents,*
> *do give both body and soul to Lucifer,*»
> *and furthermore grant unto them that 24 years being expired,«*

> »*O yes, and with him comes the German conjuror,*
> *The learned Faustus, fame of <u>Wittenberg</u>,*
> *The wonder of the world for magic art;«*

Im Folgenden sind einige Beispiele aufgeführt, die frappante textliche Verwandtschaften zwischen »Doktor Faustus« und Shakespeare-Stücken erkennen lassen[33]. Diese Ähnlichkeiten als reinen Zufall anzusehen, ist nach wissenschaftlichen Kriterien so gut wie ausgeschlossen. Die Frage muss immer wieder gestellt werden: Warum wurden angesichts dieser Tatsache nicht Alternativhypothesen in Bezug auf die Urheberschaftsdebatte systematischer analysiert?

---

[33] Durchgehend unterstrichen: Wortidentitäten; unterbrochen unterstrichen: Sinnidentitäten.

Dr. Faustus	Werk von Shakespeare
	Sonett 27
Not long he stayed within his quiet house	Weary with toil, I haste me to my bed,
To rest his bones after his weary toil,	The dear repose for limbs with travel tired;
	Antonius und Cleopatra
The which, this day with high solemnity,	in solemn show attend this funeral;
This day is held through Rome and Italy	And then to Rome. Come, Dolabella, see
In honour of the Pope's triumphant victory.	High order in this great solemnity.
	Heinrich VI. (Teil 2)
And like a steeple overpeers the church	Yet let us watch the haughty cardinal:
But we'll pull down his haughty insolence	His insolence is more intolerable
And as Pope Alexander, our progenitor	
	Romeo und Julia
Begets a world of idle fantasies,	Which are the children of an idle
... To overreach the devil. But all in vain;	Begot of nothing but vain fantasy,
	Komödie der Irrungen
O friend, I feel thy words to comfort my distressed soul	O, that thou wert not, poor distressed soul!
	Hamlet
Yet, yet, thou hast an amiable soul,	To my sick soul, as sin's true nature is,
If sin by custom grow not into nature.	Each toy seems prologue to some great amiss:
	Hamlet
When I behold the heavens, then I repent,	ll blessing beg of you. For this same lord,
And curse the wicked Mephistophilis,	I do repent: but heaven hath pleased it so
Because thou hast deprived me of those joys	
	Verlorene Liebesmüh
But think'st thou heaven is such a glorious thing?	Study ist like the heaven's glorious sun
I tell thee ›Faustus it is not half so fair	That will not be deep-search'd with saucy looks

Doktor Faustus (B-Text, 1616)

In Marlowes »Doktor Faustus« wurden in der B-Fassung (1616) neue szenische Inhalte mit neuen Personen eingeführt, die in der früheren A-Fassung (1604) nicht vorkamen (zum Beispiel Martino, Frederick, Benvolio etc.). Die Einführung einer extrem kurzen Szene mit einer »Hostess« (Wirtin) im B-Text, die nur wenige Sätze zu sagen hat, ähnelt auffallend dem Prolog von »The Taming of The Shrew«/«Der Widerspenstigen Zähmung« (1623), in der ebenfalls in einer äußerst kurzen Szene eine »Hostess« neu eingefügt wurde, die in der Frühfassung (»The Taming of A Shrew«, 1594) nicht vorkam. Diese Analogie kann kein Zufall sein.

1) Benvolio – Malvolio

Es spricht einiges dafür, dass die Figuren »Benvolio« und »Malvolio« von einem einzigen Dichter konzipiert wurden.

Der Name des von Marlowe im B-Text neu geschaffenen Edelmanns »Benvolio« bedeutet so viel wie Wohlwollender (»*good-will*«), Gönner (»*well-wisher*«) oder Freund und Friedensstifter (»*Peacemaker*«). Diese Rolle füllt Benvolio in gewisser Weise auch aus, ebenso wie Benvolio in »Romeo und Julia«. In beiden Fällen mag der Name von »benevolent« hergeleitet sein und einen Menschen beschreiben, der Gutes tut, der die Menschen im Allgemeinen und hier eine spezielle Person im Besonderen liebt und ihr Wohlwollen fördert.

Obwohl Benvolio in »Romeo und Julia« irgendwann letztlich ohne Anlass verschwindet, ist seine Rolle wichtig, da nur er aus seiner Generation überlebt (Romeo, Julia, Paris, Mercutio und Tybalt sind allesamt tot).

In der Spätfassung von Marlowes »Faustus« könnte »Benvolio« einer realen Figur, aber auch seinem »alter ego« (Benvolio = Good Will) entsprochen haben. Dies muss man vermuten, da Faustus ihn im Stück auf die Begegnung beim Monarchen anspricht (»*Was this that damned head whose art conspired Benvolio's shame before the Emperor?*«).

Als Gegenpart zu »Benvolio« gilt »Malvolio« aus »Was ihr wollt« (»The Twelfth Night«), der als eine Art »Puritaner« alle Menschen verachtet, die den Freuden der Erde zugetan sind, der pharisäerhaft eine Welt, die befreit von allen Sünden ist, herbeiwünscht, der also letztlich den Menschen durch ihre strenge Selbstgerechtigkeit nicht »wohl« will.

2) »Enter Faustus, with the false head«

Im zweiten Akt der B-Fassung (1616) wurde eine äußerst beziehungsreiche Szene neu eingefügt, die nicht in der A-Fassung (1604) enthalten war und die nur Sinn ergibt, wenn sie von Christopher Marlowe alias Shakespeare selbst stammt.

Ihr eindrucksvoller Inhalt spricht in hohem Maß für Marlowes künstlerische Verarbeitung seines Lebens, seines Identitätsverlusts und seines Überlebens nach seinem vermeintlichen Tod 1593 und seiner Weiterexistenz auch nach Shakspseres Tod 1616.

Das Ausmaß der Bezugnahme zu Marlowes Schicksal (siehe Auszüge) in der neu integrierten Szene der B-Fassung (1616) kann kein Zufall sein. Es ist nicht einmal theoretisch denkbar, dass die Szene, in der Faustus mit einem falschen Kopf (einer falschen Identität) die Bühne betritt, reine Fiktion ist und nicht metaphorisch auf Marlowes Schicksal anspielt. Im Gegenteil, die Hinzufügung und Erweiterung dieses Texts zu seinem »Dr. Faustus« muss Marlowe zutiefst am Herzen gelegen haben.

Auszüge der Szene (Akt 4, Szene 2):

>»the black scandal of his hated name«
>»An excellent policy (...) having divided him, what shall the body do«
>»I [Faustus] was limited For four and twenty years to breathe on earth?« [1592–1616]

>»And had you cut my body with your swords
>»Yet in a minute had my spirit returned,«

>»And I had breathed a man made free from harm.
>(...) As he intended to dismember me.«

Da die Szene einen gewichtigen Baustein in der massiven Indizienkette für die Theorie Marlowe = Shake-speare darstellt, soll sie im Folgenden etwas genauer betrachtet werden. Marlowe muss in der B-Version versucht haben, sein persönliches »faustisches« Schicksal in diese Szene zu integrieren oder bewusst deutlicher zu machen. Er scheint in seiner überbordenden Fantasie stets davon ausgegangen zu sein, dass intelligente Menschen das ohne Schwierigkeiten verstehen würden. Er dürfte nicht damit gerechnet haben, dass die wenigsten dazu in der Lage waren.

Analyse von Fausts Identitätswechsel durch die Höflinge Martino, Frederick und Benvolio

In der neu eingefügten Szene (Akt 4, Szene 2) der B-Fassung (1616) betritt Faustus die Bühne nicht mit seinem eigenen, sondern mit einem falschen Kopf. Frederik, Martino und Benvolio scheinen diesen Wechsel seiner Identität genauer zu reflektieren:
Während Martino Faustus mit dem falschen Kopf kommen sieht (»*See, see, he comes*«), deutet Benvolio unmittelbar Faustus' (Marlowes) Schicksal an. Der Verlust seiner Identität habe alles zunichte gemacht (»*This blow ends all*«). Die Hölle nahm seine Seele, er wurde eine virtuelle, körperlose Person, sein Körper musste fallen (»*No words! This blow ends all. Hell take his soul; his body thus must fall*«). Benvolio antwortet auf Fredericks Frage, warum Faustus stöhne (*groan you, master doctor?*), dass er damit seinen Kummer lindere (»*Break may*

his heart with groans! See, thus will I end his griefs immediately«). Martino kommentiert, dass »mit einem Schlag« einer bereitwilligen Hand sein (falscher) Kopf entfernt und das Geheimnis gelüftet wäre (»*Strike with a willing hand. His head is off. Benvolio: The devil's dead. The Furies now may laugh*«).

Frederick analysiert offensichtlich die Entscheidung von William Cecil beziehungsweise der Königin, Marlowe durch eine falsche Identität (»*a false head*«) zu retten, wenn er sich fragt, ob der dominierende Charme Marlowes den düsteren Monarchen mit seinem »infernalischen« Geist (William Cecil? Königin Elisabeth?) erzittern und erbeben (zurückschrecken) ließ, erkennbar an seinem (ihrem) finstereren Blick und Stirnrunzeln (»*Was this that stern aspect, that awful frown, Made the grim monarch of infernal spirits Tremble and quake at his commanding charms?*«).

Sei es wirklich jene verdammte Person gewesen (»*that damned head*«), der Benvolio (good Will?) wegen seiner Scham vor dem Regenten (der Regentin?) zu einem konspirativen Komplott verleiten ließ (»*Was this that damned head whose art conspired Benvolio's shame before the Emperor?*«). Ja, er (Marlowe) sei der Kopf gewesen (»*Ay, that's the head*«) und hier liege nun der Köper (Shakspere?) von Faustus, der mit Recht für seine Schurkereien bestraft (»belohnt«) worden sei *(»and here the body lies, Justly rewarded for his villainies«).* Man bedenke, dass im April des Jahres 1616, in dem die B-Version von »Dr. Faustus« erschien, die maskierende »Attrappe« des Dichters, Shakspere aus Stratford, soeben verstorben war, der Geist und wahre Kopf des Dichters Shakespeare aber noch lebte.

Frederick will sich überlegen, wie man dem verhassten »toten« Shakspere noch mehr Schande zufügen könne (»*Come, let's devise how we may add more shame To the black scandal of his hated name*«). Sie treiben ausgiebig ihr Spiel mit dem falschen Kopf (des realiter soeben verstorbenen Shakspere). Benvolio nagelt in Vergeltung seiner eigenen Fehler große gezackte Hörner auf den (falschen) Kopf und will ihn im Fenster, wo er zum ersten Mal einen Scherz über ihn machte, aufhängen, damit die ganze Welt seine angemessene Rache erkennen könne (»*First, on his head, in quittance, of my wrongs, I'll nail huge forked horns and let them hang Within the window where he yoked me first That all the world may see my just revenge*«). Sie machen ausgiebige Scherze über den falschen Kopf (Shakspere). Martino überlegt, was man mit dem Bart machen könne (»*What use shall we put his beard to?*«). Benvolio schlägt vor, ihn einem Kaminkehrer zu verkaufen (»*We'll sell it to a chimney sweeper*«), es werde garantiert zehn Birkenbesen ergeben (»*It will wear out ten birchen brooms, I warrant you*«).

Frederick spottet, was man mit den Augen machen solle (»*What shall eyes do?«*). Benvolio will sie herausnehmen. Sie sollen als Knöpfe für seine Lippen dienen, damit »bei zugeknöpftem Mund« seine Zunge keine Erkältung bekomme (»*We'll put out his eyes, and they shall serve for buttons to his lips to keep his tongue from catching cold*«). Man glaubt zu spüren, dass Marlowe alias Shakespeare in der B-Fassung noch einmal seine ganze Wut über seinen »Doppelgänger« (Shakspere) unterbringen oder ausschütten wollte.

Martino erkennt die seinerzeitige Zweiteilung Shakespeares/Shakspeares als eine hervorragende politische Strategie an und fragt, was man nun mit dem toten Körper (Shakspere) machen solle (»*An excellent policy! And now, sirs, having divided him, what shall the body do?*«).

Als Faustus pötzlich in der Lage ist, aufzustehen (»*Faustus stands up.*«), bemerkt Benvolio, dass der Teufel wieder am Leben sei (»*Zounds [Sapperlott!], the devil's alive again!*«). Als Fredrick feststellt, dass man Faustus in Gottes Namen den (wahren) Kopf (seine Identität) zurückgeben solle (»*Give him his head, for God's sake*«), lehnt Faustus dies ab. Man solle den Kopf behalten (»*Nay, keep it. Faustus will have heads and hands*«). Faustus möchte die Aufdeckung am Schluss nicht mehr und alle Herzen, um seine Taten wiedergutzumachen (»*Ay, all your hearts, to recompense this deed*«).

An dieser Stelle stellt Faustus die wohl alles entscheidende Frage: ob alle, die »ihn verraten« hätten, ob alle diese »Verräter« wirklich nicht wussten, dass er (Faustus/Marlowe/Shake-speare) 24 Jahre lang (von 1592 bis 1616?) in seinem Atmen auf dieser Erde eingeschränkt gewesen sei (»*Knew you not, … I was limited For four and twenty years to breathe on earth?*«), dass seine Identität zerschnitten (»*had you cut my body*«) und seine Leiblichkeit miniaturisiert worden sei (»*hewed this flesh and bones as small as sand*«), dass aber sein Geist als Shake-speare binnen kürzester Zeit wieder zurückgekehrt sei (»*Yet in a minute had my spirit returned*«) und er ein Mensch werden konnte, frei von jedem Schaden und Nachteil (»*And I had breathed a man made free from harm*«).

> »*Knew you not, traitors, I was limited*
> *For four and twenty years to breathe on earth?*
> *And had you cut my body with your swords,*
> *Or hewed this flesh and bones as small as sand,*
> *Yet in a minute had my spirit returned,*
> *And I had breathed a man made free from harm.*«

Nebenbei ist man geneigt, nach dieser Lesart den jahrhundertelangen Streit, ob Marlowes »Faustus« 1589 oder 1592 konzipiert worden sei, auf das Jahr 1592 zu legen (»*limited for four and twenty years*«), denn vom B-Text 1616 um 24 Jahre zurückgerechnet, ergäbe das Jahr 1592.

3) »Who pulls me down?«

In der letzten Szene des B-Texts drückt Faustus seine Gewissheit aus, dass er zwar verdammt werden müsse, dass er aber zu Gott beziehungsweise in den Himmel aufsteigen würde – wer wollte ihn da noch herunterziehen?

> *»The stars move still, time runs, the clock will strike,*
> *the devil will come, and Faustus must be damned.*
> *O, I'll leap up to God! Who pulls me down?«*

Auf der Frontseite des Erstlingswerks von Marlowe/Shake-speares, »Venus und Adonis«, steht der lateinische Zweizeiler »Vilia miretur vulgus« aus Ovids Elegie I/15 über den Tod des Dichters. Die Elegien waren Jahre zuvor von Christopher Marlowe ins Englische übersetzt worden. Den zwei Frontzeilen muss in der Urheberschaftsdebatte eine nicht unerhebliche Bedeutung beigemessen werden. Die nachfolgenden letzten vier Zeilen dieser Elegie (in Marlowes Übersetzung) lauteten:

> *»The living, not the dead, can envy bite,*
> *For after death all men receive their right*
> *Then though death rakes my bones in funeral fire,*
> *I'll live, and as he pulls me down, mount higher.«*

Der Inhalt der letzten Zeile der ovidischen Elegie *(»as he pulls me down, [I] mount higher«*, etwa: Was mich herunterzieht, lässt mich höher steigen) entspricht dem vielfach variierten Lebensmotto Marlowes: »Quod me nutrit, me destruit«.

In der letzten Szene von Marlowes »Faustus« taucht dieses Motto in gewisser Umkehrung erkennbar wieder auf:

> (A-Text, 1604): »O, I'll leap up to God! Who pulls me down?«
> (B-Text, 1616): »O, I'll leap up to Heaven! Who pulls me down?«

4) Der kurze Auftritt einer Hostess

In der B-Fassung (1616) des »Doktor Faustus« wurde eine beziehungsreiche Szene (Akt 4, Szene 2) mit der Figur einer Hostess neu eingefügt, die nicht in der A-Fassung (1604) enthalten ist und nur Sinn macht, wenn sie von Christopher Marlowe (alias Shake-speare) selbst stammt. Die Szene erinnert – wie bereits erwähnt – auffällig an die Verwandlung der männlichen Figur eines Schankkellners (»*Tapster*«) der Frühfassung von Shakespeares

»The Taming of A Shrew« (TAS, 1594) in die Figur einer Gastgeberin oder Wirtin (»hostess«) in der Spätfassung »The Taming of The Shrew (TTS, 1623). Diese Änderung erfolgte keinesfalls zufällig, sondern auch sie hat eine signifikante Bedeutung. Da die Hypothese Marlowe = Shakespeare ignoriert wurde, sind hinsichtlich der im Abstand von 30 Jahren entstandenen Fassungen seltsame Theorien entwickelt worden, die in der Aussage münden, dass TAS (ebenso wie der B-Text von »Faustus«) nicht von Shakespeare stammen könne, sondern nur TTS (beziehungsweise der A-Text von »Faustus«, s. S. 337 f.).

Der erst 1925 entdeckte königliche Untersuchungsbericht (»Coroner's Report«) lässt erkennen, dass die vermeintliche Tötung Marlowes in einem Hause (»*house*«) stattfand, das einer »hostess« gehörte (Dame Eleanor Bull, mit verwandtschaftlichen Verbindungen zu William Cecil, Lord Burghley). Die Tötung Marlowes erfolgte angeblich wegen eines lapidaren Streits um eine banale Rechnung. Für Marlowe muss dieses erdachte zentrale Konstrukt innerhalb der Verschwörung von erheblicher Bedeutung gewesen sein.

Marlowe muss um diesen Rechnungsstreit genau Bescheid gewusst haben und dürfte wahrscheinlich sogar an der Konzeption und Abfassung des fiktiven lateinischen Texts des Untersuchungsrichters beteiligt gewesen sein. Woher sollte Shakspere von den Details dieses erdachten Streits mit Todesfolge Kenntnis gehabt haben?

Nach Eintritt der Wirtin (»*Enter Hostess*«), erkennt sie alte Bekannte (»*How now, what lack you? What, my old guests, welcome*«). Robin bleibt stumm, weil er noch 18 Pence Schulden bei der Wirtin hat und hofft, dass sie das vergessen habe (»*Robin: Sirrah Dick, dost thou know why I stand so mute? Dick: No, Robin; why is't? Robin: »I am eighteen pence on the score. But say nothing! See if she have forgotten me*«). Die Wirtin hat aber den alten Gast und Schuldner unmittelbar bemerkt (»*Who's this that stands so solemnly by himself? What, my old guest?*«). Robin hofft, dass sie seine Rechnung ruhen lasse (»*O hostess, how do you? I hope my score stands still*«) und sie keine Eile habe, die Rechnung zu tilgen (»*Hostes. Ay, there's no doubt of that, for methinks you make no haste to wipe it out*«).

Etwas später, als die Wirtin mit den Getränken eintritt und es um die Bezahlung geht, fragt sie, wer hier bezahlen würde. Nachdem Faustus die Gäste weggeschickt hat, fragt sie ihn flehentlich, wer nun für ihre »a …« bezahlen würde (»*Hear you, master doctor, now you have sent away my guests. I pray who shall pay me for my a …*«). Mit dem abgebrochenen Wort endet die Szene abrupt, und die Wirtin verlässt den Raum.

Es kann kein Zweifel daran bestehen, dass jede Zeile dieser Szenen eine hochmetaphorische Bedeutung in sich trägt.

5) »Wooden leg, Three legs«

In Francis Beaumonts (1584–1616) Theaterstück »The Woman Hater« (1606) gibt es eine äußerst direkte Anspielung auf Shakspere (auf die Andrew Gurr erstmals im Jahre 2002 aufmerksam machte!), die auf eine zeitgenössische Urheberschaftsproblematik hinweist und den Identitätswechsel (von Marlowe?) erkennen lässt (Details s. S. 116 f.).

Es war offenbar für Eingeweihte bereits zu Lebzeiten Shaksperes klar, dass Shakspere (der Sohn des Handschuhmachers!) erst berühmt werden würde, wenn er gestorben sei, da dann alle dramatischen Werke Shakespeares unter dem Namen des Manns aus Stratford erscheinen würden. Der Mund (Kopf) zu diesen Beinen sollte ihm (Shakspere) – so scheint es – höfische Aufmerksamkeit erbringen (*»and the mouth* [Marlowe] *to these legges, will seeme to offer you some Courtship«*).[34] Aus dieser Anspielung scheint hervorzugehen, dass eingeweihte zeitgenössische Schriftsteller wie Beaumont (und wahrscheinlich sehr viele mehr) trotz der allgemein auferlegten Schweigepflicht um die komplexe Problematik der Urheberschaft gewusst haben dürften.

In der im Dr. Faustus (B-Text) neu eingefügten dritten Szene im vierten Akt geht es – ähnlich wie bei der beaumontschen Darstellung – um falsche Beine: Der Pferdeläufer, der Faustus zu Hause schlafend vorfindet und ihn nicht wecken kann, zieht ihn am Bein, bis er ihm sein ganzes Bein herausgerissen hat, das er jetzt bei sich zu Hause hat (*»I kept a hollowing and whooping in his ears but all could not wake him. I, seeing that, took him by the leg, and never rested pulling until I had pulled me his leg quite off«*).

Auf die Frage, ob Faustus jetzt nur noch ein Bein habe, antwortet Robin, das sei außerordentlich, denn einer von Faustus Teufeln habe ihn in ein affenähnliches Gesicht verwandelt (*»And has the doctor but one leg then? That's excellent, for one of his devils turned me into the likeness of an ape's face«*) – mit jenem »poet ape« dürfte Shakspere gemeint gewesen sein, s. auch S. 123 f.). Sie gehen zu Faustus' Raum und der Pferdeläufer stößt auf die Gesundheit von Faustus' Holzbein an (*»I'll drink a health to thy wooden leg«*). Als Faust wissen will, was er damit meine, lacht Carter darüber, dass Faust sein Bein (seine doppelte Existenz) vergessen habe (*»Faustus: My wooden leg? What dost thou mean by that? Carter: Ha, ha, ha! dost hear him, Dick? He has forgot his leg.«* Nein, im Vertrauen, er, Faustus, stünde nicht viel auf diesem Holzbein. Carter möchte mehr über die Situation seines falschen

[34] Francis Beaumont, The Woman-Hater, in: The Works of Francis Beaumont und John Fletcher, Cambridge 1905, S. 71-142, S. 77; Onlineversion: http://www.archive.org/stream/worksoffrancisbe10beau#page/76/mode/2up/search/Courtship, zuletzt aufgerufen am 19.1.2011.

Beines wissen (»*And do you remember nothing of your leg?... Be both your legs bedfellows every night together? ... But methinks you should have a wooden bedfellow of one of 'em.*«). Der Pferdeläufer fragt: »*Did not I pull off one of your legs when you were asleep?*«, worauf Faustus erwidert: »*But I have it again, now I am awake. Look you here, sir. ALL. O horrible! Had the doctor three legs?*«

Die plausibelste Interpretation dieses in der B-Fassung neu eingeführten Texts ist die Aufspaltung von Faustus Körper in einen echten und einen künstlichen Teil – als Analogie zu seiner realen Situation: ein wahrer Dichter (Kopf Shakespeare/Marlowe) und ein vorgeschobener Körper (Beine, Körper Shakspere).

Edward II.

Ein gewisser W. C. ließ – wie schon erwähnt, Details s. S. 535 ff.) – 1595 in seinem Buch »Polimanteia« folgenden erstaunlichen Satz drucken:

> »*All praise worthy. Sweet Shake(-)speare Lucrecia. Eloquent Gaveston.*«

Er ließ damit erkennen, dass ihm das ein Jahr zuvor (1594) erschienene Versepos »Lucrece« bekannt war (»*All praise worthy*) und dass als Verfasser damals ein »*Sweet Shake-speare*« angesehen wurde, den er mit dem sprachmächtigen Gaveston (»*Eloquent Gaveston*«) gleichsetzte. Shakspere kann mit Gaveston keineswegs gemeint gewesen sein, sondern nur Marlowe. In Marlowes Stück »Edward II.« erscheint die historische Figur des Gaveston, mit der sich Marlowe erkennbar identifiziert. Der historische Gaveston[35], über den bereits Thomas Walsingham, ein Vorfahre von Marlowes Patron Thomas Walsingham, recherchiert hatte, kam 1300 als Kind an den Hof von »Edward I., wo er ein Freund von Prinz Eduard (dem späteren Edward II.) wurde, der von Gavestons Person, seinem Witz und Geistreichtum angetan war.

Zwischen der Figur des redegewandten Piers Gaveston in Marlowes Königsdrama »Eduard II.« und Marlowe selbst lassen sich verschiedene Parallelen herstellen. Bereits in den einleitenden Zeilen liest Gaveston einen Brief des neuen König Edwards II. vor, in dem dieser ankündigt, dass er sich auf Gaveston freue, wenn dieser aus dem Exil in Frankreich zurückkomme. Ein Auszug aus dem Brief:

[35] Walter Phelps Dodge: Piers Gaveston. A Chapter of early constitutional History, London 1899; Onlineversion: http://www.archive.org/stream/cu31924027923873#page/n7/mode/2up, aufgerufen am 19.1.2011.

> »*My father is deceased. Come Gaveston,*
> *And share the kingdom with thy dearest friend.*
> *What greater bliss can hap to Gaveston*
> *Than live and be the favourite of a King!*
> *Sweet prince, I come! These, these thy amorous lines*
> <u>*Might have enforced me to have swum from France,*</u>
> *And, like <u>Leander</u>, gasped upon the sand,*
> *So thou wouldst smile, and take me in thine arms.*«

Es ist sicher kein Zufall, wenn sich Marlowe mittels Gaveston auf die Figur des »Leander« bezieht. Sein Versepos »Hero und Leander wurde erst 1598 veröffentlicht. Gavestons einleitende vorgelesene Zeilen zeigen Edward II. so entzückt, dass Gaveston, ähnlich Leander, den Kanal von Frankreich nach England zu ihm durchschwimmen würde.

Zugleich wird in der vierten Szene deutlich, wie sehr der Hof sich vor der Wiederbegegnung zwischen Edward II. und Gaveston, dem Freund des Monarchen mit niederer Herkunft (»*a gentleman by birth*«), fürchtet.

»Edward II«, Akt 1, Szene 4:

»*Gaveston:*	*No, threaten not, my lord, but pay them home.*
	Were I a King …
Mortimer:	*Thou, villain! Wherefore talk'st thou of a king,*
	That hardly art a <u>gentleman by birth</u>?
Edward:	*Were he a peasant, being my minion,*
	I'll make the proudest of you <u>stoop to him</u>.
Lancaster:	*My lord, you may not thus disparage us.*
	Away, I say, with hateful Gaveston!!
Mortimer Senior:	*And with the Earl of Kent that favours him.*«

Der Shakespeare-Experte Jonathan Bate formulierte 1997 in »The genius of Shakespeare«, dass die Beziehungen des Shakespeare-Stücks »Richard II« zu Marlowes »Edward II.« so offensichtlich seien, dass das kaum mehr von Interesse sei. Die Strukturen des Shakespeare- und Marlowe-Stückes seien identisch!

Ein 30-zeiliger Monolog aus »Edward II.« (s. S. 350) reicht aus (nach Peter Farey[36]), um zu zeigen, welche mächtige gedankliche Parallelen zwischen Shakespeare- und Marlowe-Texten bestanden. Shakespeare wiederholt Marlowe in einer Dimension, wie dies für keinen anderen Dichter auch nur im Ansatz der

---

[36] Mendenhall's Graphs Revisited, siehe: http://www2.prestel.co.uk/rey/chap8.htm, aufgerufen am 12.1.2011.

Fall ist. Die Schlussfolgerung, dass der Autor von Edward II. mit Shakespeare identisch gewesen sein muss, konnte nie gewagt werden.

Monolog aus »Edward II.« (Akt 5, Szene 1, Zeile 51)	Werk von Shakespeare[37]
Ah, Leicester, weigh how hardly I can brook	Heinrich VI. (Teil 2) Knowing how hardly I can brook abuse
To lose my crown and kingdom without cause	Heinrich V. Your crown and kingdom, indirectly held
To give ambitious Mortimer my right	Heinrich VI. (Teil 3) Ambitious York doth level at thy crown
That like a mountain overwhelms my bliss;	Heinrich V. o'erwhelm it/As fearfully as doth a galled rock
In which extreme my mind here murdered is	Hamlet O what a noble mind is here o'erthrown
But what the heavens appoint, I must obey	Cymbeline No more obey the heavens than our courtiers
Here, take my crown, the life of Edward too:	Ein Wintermärchen There is a plot against my life, my crown
Two kings in England cannot reign at once	Heinrich VI. (Teil 1) Nor can one England brook a double reign
But stay a while, let me be king till night	Der Widerspenstigen Zähmung But stay a while – what company is this?
That I may gaze upon this glittering crown	Heinrich VI. (Teil 3) I'll make my heaven to dream upon the crown;
So shall my eyes receive their last content	Heinrich VI. (Teil 3) Nor to be seen: my crown is called content
My head, the latest honour due to it	Heinrich VI. (Teil 1) This is the latest glory of thy praise
And jointly both yield up their wished right	Titus Andronicus Tomorrow yield up rule, resign my life

---

[37] Durchgehend unterstrichen: Wortidentitäten; unterbrochen unterstrichen: Sinnidentitäten.

	HEINRICH V. (TEIL 2)
Continue ever, thou celestial sun;	But now I worship a celestial sun.
	HEINRICH VI. (TEIL 2)
Let never silent night possess this clime:	Let never day nor night unhallowed pass
	HAMLET
Stand still, you watches of the element	A silence in the heavens, the rack stand still,
	SONETT 19
All times and seasons, rest you at a stay	Mak glad and sorry seasons as thou fleet'st
	And do whate'er thou wilt, swift-footed Time
	RICHARD III.
That Edward may be still fair England's king.	Arm, fight, and conquer for fair England's sake
	ENDE GUT, ALLES GUT
But day's bright beams doth vanish fast away	But to the brightest beams
	Distracted clouds give way
	HEINRICH VI. (TEIL 3)
And needs I must resign my wished crown.	Nay, then I see that Edward needs must down.
	HEINRICH VI. (TEIL 3)
Inhuman creatures, nursed with tiger's milk	... more inhuman ... than tigers of Hyrcania.
	CORIOLANUS
	... no more mercy in him than milk in a male tiger
	HEINRICH VI. (TEIL 1)
Why gape you for your sovereign's overthrow?	That plotted thus our glory's overthrow
	HEINRICH VI. (TEIL 2)
My diadem, I mean, and guiltless life.	And all to make away my guiltless life.
	TITUS ANDRONICUS
See, monsters, see! I'll wear my crown again.	See, brother, see! Note how she quotes the leaves
	EIN WINTERMÄRCHEN
What, fear you not the fury of your king?	Then, till the fury of his highness settle
	KOMÖDIE DER IRRUNGEN
But, hapless Edward, thou art fondly led;	Hapless Aegeon, whom the fates have marked
	CYMBELINE
They pass not for thy frowns as late they did,	Fear no more the frown o'th' great

	HEINRICH VI. (TEIL 3)
But seek to make a new elected king	*But seek revenge on Edward's mockery*
	HEINRICH V. (TEIL 2)
Which fills my mind with strange dispairing thoughts	*And manage it against despairing thoughts*
	LUCRETIA
Which thoughts are martyred with endless torments	*Immodestly lies martyred with disgrace*
	HEINRICH VI. (TEIL 3)
And in this torment comfort find I none	*And from that torment I will free myself*
	HEINRICH VI. (TEIL 1)
But that I feel the crown upon my head;	*and set a presious crown upon thy head*
	KOMÖDIE DER IRRUNGEN
And therefore let me wear it yet a while.	*And therefore let me have him home with me.*

In Marlowes Werken ist häufig erkennbar, dass er sich in eigenen späteren Texten (und nur in seinen eigenen Texten) wiederholt, dass sich Textbausteine an anderer Stelle wiederfinden und seine Inhalte manchmal leicht oder auch deutlicher abgewandelt werden. Doch andere Marlowe-Wiederholungen finden sich in diesem massivem Ausmaß lediglich bei einem anderen Autor: bei Shakespeare.

Mit anderen Worten: Es dürfte keinem Experten auch nur annähernd gelingen, zwischen dem eben angeführten Monolog und dem Werk eines anderen zeitgenössischen Autors eine solch konzentrierte lückenlose Dichte von Wort- und Textparallelismen nachzuweisen, wie das bei Shakespeare-Werken, und ausschließlich bei Shakespeare-Werken, möglich ist.

Kann nach all diesen Vergleichen von Marlowes eigenen Texten mit Texten von Shakespeare wirklich noch jemand davon ausgehen, dass es sich bei den Verfassern um zwei Dichter handelte? Bleibt nicht einzig die Annahme – insbesondere unter Kenntnis aller anderen Fakten und Gegebenheiten – akzeptabel, dass die Shakespeare-Stücke von Christopher Marlowe geschrieben worden sein müssen und dass Marlowe nur das machte, was er immer schon tat, nämlich beim Erarbeiten neuer Texte seine Worte, Redewendungen, Phrasierungen, Gedanken und Gefühle neu aufzugreifen, zu modifizieren, zu schärfen, zu perfektionieren?

Nur diese Interpretation beantwortet die Frage, warum die Stile von zwei gleichaltrigen Personen so überaus ähnlich sind.

Lust's Dominion

Es gäbe heute bei Akzeptanz der These, dass Marlowe Shakespeare war, keinen wirklichen Grund mehr, den jahrhundertelangen »Disput«[1] über die Autorschaft der Tragödie »Lust's dominion, or, The lascivious Queen«[2] fortzusetzen und die Autorschaft Marlowes infrage zu stellen.

Experten gehen davon aus, dass das Stück um 1600 geschrieben worden sein muss, zu dieser Zeit »The Spanish Moors Tragedy« hieß und eine Hauptfigur namens »Eleazar« (»*the Moor, Prince of Fess and Barbary*«) hatte.

Die einzige existierende Quelle über das Stück ist Henslowes Tagebucheintrag vom 13. Februar 1599: »*Layd out for the company the 13 of febreaty 1599 for a booke called the spaneshe mores tragedy*«. Die Tragödie spielt in Spanien. Marlowe war in dieser Zeit nach allem, was wir wissen, nach Spanien geflohen (s. S. 612 f.; PERIKLES: »*Such fear so grew in me, I hither fled*«). Ein gewisser »Christofero« (»*nobleman of Spain*«) hat nur einen einzigen, aber bezeichnenden Satz zu sagen:

> »*The lords have left us and the soldiers fainted,*
> *You are round beset with proud fierce enemies;*
> *Death cannot be prevented but by flight.*«

Dieser Text besitzt zweifellos eine spezifische allegorische Bedeutung. Der Mohr Eleazar repräsentiert den Sturz des Islams in Spanien. Erst mit der Eroberung Granadas und der Vertreibung der »Mooren« ab 1492 wurde der Islam in Spanien allmählich durch den Katholizismus ersetzt. König Philip sagt in der Schlussszene:

> »*And for this Barbarous Moor, and his black train,*
> *Let all the Moors be banished from Spain!*«

---

[1] K. Gustav Cross: The Authorship of Lust's Dominion, in: Studies in Philology 55 (1958), S. 39–61.
[2] Siehe: http://extra.shu.ac.uk/emls/iemls/renplays/lustsdominion.htm, aufgerufen am 19.1.2011.

9. Marlowes Fingerabdrücke in Shakespeares Stücken

In Kapitel 8 wurde anhand von Marlowes Werken gezeigt, in welch unverkennbarem Ausmaß sein Geist und seine Kunst in Shakespeares »nachfolgenden« Werken weiterlebte. In Kapitel 9 soll umgekehrt an Shakespeares Werken demonstriert werden, wie eindeutig Marlowes Fingerabdrücke sich dort allenthalben bemerkbar machen. Beide Kapitel lassen, zusammen mit den Kapiteln 10 und 11, nur eine logische Schlussfolgerung zu: Marlowe und Shakespeare waren identische Personen.

Christopher Marlowe war 1623, zum Zeitpunkt des Erscheinens der »First Folio«, 59 Jahre alt, und man kann mit großer Wahrscheinlichkeit annehmen, dass er sich in den Jahren nach Shakspseres Tod (1616) intensiv an der herausgeberischen und redaktionellen Arbeit der »First Folio« beteiligt hat. Viele der späten, zum Teil spezifischen Textänderungen und Editionen sind ansonsten weder denkbar noch interpretierbar.

Die Vorbereitung und Drucklegung der »First Folio« hat erhebliche Zeit in Anspruch genommen und Unterbrechungen erlebt. Mit dem Tod Shakspseres 1616 dürfte die endgültige Versiegelung der lebenslang duchgehaltenen Todesvortäuschung in Angriff genommen worden sein, die schließlich mit der Fertigstellung der »First Folio« und des Grabmonuments in Stratford im Jahr 1623 abgeschlossen werden konnte. Diese konzertierte Anstrengung einer abschließenden Verschmelzung von Shakspere und Shakespeare dauerte immerhin sieben Jahre.

Marlowe hat während seiner »posthumen« Lebenszeit (ab Juni 1593, wahrscheinlich bis in das vierte Jahrzehnt des 17. Jahrhunderts) für zukünftige Generationen erkennbare Schlüsselhinweise und Indizien in seinen Werken hinterlegt, die subtil andeuten, wer der wahre Autor und was sein Schicksal war. Hiermit dürfte es zusammenhängen, dass bestimmte Theaterstücke bis zu ihrer Veröffentlichung in der »First Folio« nie gedruckt wurden beziehungsweise gedruckt werden durften: Sie wurden zum Teil unverkennbar einer Zensur unterworfen und zurückgehalten, da ihr Erscheinen wegen zu direkter Hinweise sowohl auf Marlowe als auch auf die Organisatoren des Komplotts zu riskant gewesen wäre. All dies geschah zu einer Zeit, als noch zu viele Personen lebten, die über die Hintergründe von Marlowes Identitätswechsel Bescheid wussten und zum Teil an der »Konspiration« beteiligt waren.

Manche Werke, wie zum Beispiel »Coriolanus« (s. S. 486 ff.), wurden möglicherweise wegen ihrer »verräterischen« Äußerungen nicht einmal für die »First Folio« freigegeben und mussten weitere 25 Jahre bis zum Erscheinen der »Third Folio« im Jahr 1649 warten. Bis zur Herausgabe der »First Folio« waren 16 Stücke noch nie zuvor im Druck erschienen (»Der Sturm«, »Zwei Herren aus Verona«, »Maß für Maß«, »Die Komödie der Irrungen«, »Wie es euch gefällt«, »Ende gut, alles gut«, »Was ihr wollt«, »Ein Wintermärchen«, »Heinrich VI./1«, »Heinrich VIII.«, »Coriolanus«, »Timon von Athen«, »Julius Caesar«, »Antonius and Cleopatra«, »Cymbeline«).

Stark veränderte Fassungen im Vergleich zu den Quartos waren: »Die lustigen Weiber von Windsor«, »Der Widerspenstigen Zähmung«, »König Johann«, »Heinrich VI.«/Teil 2 und 3.

Bei der Mehrzahl der zuvor nicht veröffentlichten Stücke kann bei näherer Betrachtung nachgewiesen werden (siehe nachfolgende Abschnitte), welche verräterischen, listigen und zum Teil geistreichen Ambiguitäten, Marlowe/Shakespeare betreffend, in die Stücke eingewebt wurden, wobei man zumeist bereits aus der Spezifität der Figur und aus den Namen der Personen schließen kann, wo und wie sehr der Autor sich selbst in die Stücke eingebracht hat (zum Beispiel als Autolicus, Christopher Sly, Capucius, Clown, Posthumus, Touchstone, aber auch als Timon, Perikles usw.).

Bei eingehender Beschäftigung mit Details der Texte Shakespeares wird man sich bewusst, in welch artistischem Ausmaß der Dichter eine überbordende Fülle von wortspielenden semantischen Ambiguitäten (auch Homophonien) einsetzt, also Mehrdeutigkeiten beziehungsweise gleich klingende, aber unterschiedliche Bedeutung tragende Worte: Im Zweifelsfall kann man fast sicher sein, dass stets eine Bedeutung mehr im Spiel ist, als man zu Anfang erkennt. Man ist häufig bei der zweiten oder dritten Lektüre zutiefst erstaunt, dass man eine weitere unterlegte Bedeutung zunächst gar nicht bemerkt hat.

Marlowe/Shakespeare konnte eine Handlung oder eine Text tragende »Oberflächenebene« eines Stücks und eine zweite, metaphorische »Tiefenebene« immer synchron nebeneinander wahrnehmen und einsetzen. Beide Ebenen waren für ihn gleichzeitig und ohne Umstieg textlich und bildhaft implizit parat, als ob seinem Gehirn eine oder mehrere zusätzliche Metaebenen der kognitiven Verarbeitung gegeben waren, über die das normlae Gehirn nicht verfügt.

Diese Eigenschaft scheint charakteristisch für ein Genie. Auch Mozart standen neben der Oberflächenebene von gehörten und gespielten Tönen und Melodien gleichzeitig weitere »wahrnehmende« Metaebenen von visuellen Klangstrukturen und Notationen implizit zur Verfügung.

Die im Folgenden aufgezeigten, in Shakespeares Stücken sichtbar werdenden Metaphern für Marlowes Lebenssituation sind nach meiner Überzeugung nur die Spitze eines Eisbergs. Der verborgene Teil des »Bergs« wird erst zum Schmelzen zu bringen sein, wenn eine unbefangenere jüngere Generation mit Zugang zu allen Quellen sich von den Voreingenommenheiten und Fehlinterpretationen vergangener Expertengenerationen gelöst hat und die beispiellose Ignoranz zahlloser Fakten zu einem Ende kommen wird.

Lucretia

»Venus und Adonis« erschien im Juni 1593 so rasch nach Marlowes vermeintlichem Tod, dass man nicht annehmen kann, dass es in so kurzer Zeit neu geschrieben wurde. Die Entstehung des Stücks muss viele Monate in Anspruch genommen haben. Venus und Adonis dürfte im Juni 1593 nach Marlowes erzwungenem »tödlichem« Abgang zur raschen Verbreitung der Nachricht über einen »neuen, bisher unbekannten« Dichter namens Shakespeare »umfunktioniert« worden sein. Es war in Wirklichkeit – wie schon in Kapitel 3 dargestellt – eine länger zuvor verfasste Auftragsarbeit für William Cecil (s. S. 44f.).

Entsprechend muss das 1594 veröffentlichte Versepos »Lucretia« und nicht »Venus und Adonis« (1593) als das erste Werk des Dichters aufgefasst werden, das unter dem Eindruck der veränderten Lebensumstände neu geschrieben wurde. Das Epos war offenbar sehr erfolgreich: Es wurde zu Lebzeiten Shaksperes mindestens vier Mal gedruckt (1594, 1598, 1600, 1607). Die im Todesjahr Shaksperes (1616) erschienene, stärker revidierte Fassung (»Newly Revised«) von Thomas Snodham erhielt statt »Lucretia« den Titel »The Rape of Lucretia«. Sie trug erstmals den Namen »Shakespeare« auf der Titelseite! Die Drucklegungen unter dem neuen Titel erfolgten 1616, 1621, 1632, 1655.

Warum stammt »Lucretia« von Christopher Marlowe?

1) Der eloquente Gaveston

Dass »Lucretia« von Marlowe/alias Shakespeare geschrieben wurde, ist aus verschiedenen Gründen anzunehmen. Neun Monate nach dem Erscheinen von »Lucretia« (1594) wurde das Epos von einer Person, die sich nur mit ihren Initialen W. C. zu erkennen gab, in dem Buch »Polimanteia[3]« (Details s. S. 535 ff.) folgendermaßen erwähnt:

»*All praise worthy. Sweet Shake(-)speare Lucrecia. Eloquent Gaveston.*«

[3] Polimanteia bedeutet in etwa: Mehrdeutung.

Mit »Eloquent Gaveston« kann eigentlich nur Marlowe, keinesfalls Shakspere gemeint gewesen sein. Die Erwähnung erfolgte nicht im Text, sondern wurde am Rand als Marginalie hervorgehoben gedruckt (Details s. S. 110).

2) »Everlasting banishment«

Angesichts der Umstände, die zu Marlowes »Auslöschung« im Frühjahr 1593 geführt haben, ist es unmittelbar nachvollziehbar, dass sein erstes Werk danach zwar vordergründig die Schändung einer Frau behandelt, aber auf der metaphorischen Tiefenebene seine dauerhafte eigene Schändung, sein Verlust von Ehre, von Identität und Name die dominierende Rolle spielte.

Dass ein Shakspere aus Stratford in seinem vermeintlichen Frühwerk Lucretia (Op.2) das mächtige Thema des Verlustes von Ehre und Unbescholtenheit gewählt haben sollte, ergibt motivisch wenig Sinn. Bei Marlowe hingegen erscheint es in jeder Hinsicht logisch und plausibel: Mit »Lucretia« versuchte er sein katastrophal verändertes Schicksal sich selbst und anderen begreifbar zu machen und künstlerisch zu verarbeiten.

Motiv oder Titelemblem von Lucretia (»Anchora Spei«, »Anker der Hoffnung«), das neben »Lucretia« auch »Venus und Adonis« schmückte, war bereits in George Puttenhams »The Arte of English Poesie« (1589) verwendet worden und tauchte erneut in späteren Werken von Autoren auf, die in Kapitel 11 als Pseudonyme für Marlowe/alias Shakespeare gesehen werden, z. B. Thomas Combe (»The Theater of fine Devices«, 1614), Richard Brathwaite (»The Shepheards Tales«, 1621), George Wither (»A Collection of emblems«, 1635; Book 1/Embl. 39, Book 2/Embl. 10+11, Book 3/Embl. 16). Dies dürfte kein reiner Zufall sein.

Titelemblem »Anchora Spei« auf Frühwerken von Shakespeare (alias Marlowe) und auf anderen Titeln mit seinen maskierenden Decknamen

»Lucretia« kann nur als eine tief greifende Auseinandersetzung Marlowes mit der moralischen Verantwortung seiner Verfehlung und seines Sturzes im Allgemeinen beziehungsweise mit dem Verlust seiner eigenen Ehre verstanden werden. Die zahlreichen

Analogien im Text zu Marlowes Schicksal können für diejenigen, die um die historischen Zusammenhänge wissen, keine reine Koinzidenz sein.

Bereits die Wahl des Namens »Lucretia« dürfte nicht zufällig erfolgt sein. »Lucre« hatte damals die Bedeutung eines Gewinns, der aus niederen Tatmotiven (Lustgewinn) erreicht wurde[4]. Ein niederes Tatmotiv war aus damaliger Sicht wohl auch, dass Tarquin/alias Marlowe, anders als Lucretia, sich nach seiner Verfehlung und nach seinem tiefen Fall nicht umbrachte, sondern das Leben wählte.

Marlowes tragisches Schicksal kommt in »Lucretia« sowohl am Ende des Prologs (im »Argument«) als auch am Ende des Versepos[5] – quasi als Resümee – zum Ausdruck (»*all exiled*« ... «*everlasting banishment*«).

Auszug aus Prolog/Argument:

> »*wherewith the people were so moved,*
> *that with one consent and a general*
> *acclamation the Tarquins were all exiled, and the state*
> *government changed from kings to consuls*«

Ende des Versepos:

> »*And so to publish Tarquin's foul offence:*
> *Which being done with speedy diligence,*
> *The Romans plausibly did give consent*
> *To Tarquin's everlasting banishment*«

Der Prolog spricht davon, dass mit Tarquins Verbannung eine Machtverschiebung von der Krone zu den Beratern erfolgte. Das dürfte bedeuten, dass es zwar die Entscheidung der Königin war, Marlowe das Leben zu retten (s. auch S. 460), dass aber in der Folge die Berater (zum Beispiel William beziehungsweise Robert Cecil) Marlowes Beobachtung oder Betreuung zu übernehmen hatten (»*changed from kings to consuls*«.)

3) Schande, Schuld und Scham

Die Vergewaltigung selbst spielt in »Lucretia« eine untergeordnete Rolle, wichtig allein sind die komplexen Ursachen und Entstehungsbedingungen

---

[4] SOED: ›Lucre‹, franz. Gewinn, ›Lucrum‹, Lat. Vorteil, Gewinn, im Deutschen ›lukrativ‹; ME gain, profit, pecuniary advantage, mainly in a negative sense: gain viewed as low motive of action.

[5] Shakespeares Lucrece (Faksimileausgabe von 1594). Herausgegeben von Sydney Lee, London 1905, S.65; Onlineversion: http://www.archive.org/stream/lucreceooleeuoft#page/n65/mode/2upa, aufgerufen am 19.1.2011.

seiner Verfehlung auf der einen Seite und die Konsequenzen auf der anderen.[6] Auf weiten Strecken liest sich »Lucretia« wie eine innere Verhandlung darüber, was Marlowes tragische Situation im Speziellen begründete (beziehungsweise, was eine Tragödie im Allgemeinen ausmacht). Das Versepos lässt sich zugleich als eine mächtige moralische Auseinandersetzung[7] begreifen, die Marlowe/Shakespeare angesichts des tragischen Schicksals mit Verlust seiner Identität durchlebte und die ohne Zweifel seine kommenden Werke prägt.

Bereits Zueignung, Prolog (»Argument«) und erste Stanze von »Lucretia« machen die Situation deutlich. Marlowe/Shakespeare beginnt mit einem beziehungsreichen Gegensatz: Während die Zuneigung zu Henry Wriothesley ohne Ende sei (»*without end*«), sei sein Epos (Pamphlet) ohne Anfang (»*without beginning*«).

Die erste Textzeile von »Lucretia« zeigt Tarquins (Marlowes) Ausgangssituation: Er verlässt seine Stadt (»*leaves Roman host*«) und muss nun die Hölle (»*lightless fire*«) ertragen: »*Lust-breathed Tarquin leaves the Roman host And to Collatium bears the lightless fire.*«[8] Marlowe hatte mit Mephistophilis in »Doktor Faustus« die Situation in der Hölle (»*hell has no limits*«) bereits eindrücklich beschrieben.

Auszug aus »Doktor Faustus« (Akt 2, Szene 1):

> »*Hell has no limits, nor is circumscrib'd
> one self place, but where we are is hell,
> and where hell is, there must we ever be*
> (...)
> *all places shall be hell that is not heaven.*«

Erst damit wird das »*without beginning*« und das »*without end*« in der Zueignung verständlich. Zahlreiche andere Stanzen bergen ähnliche, nicht zu übersehende Analogien zu Marlowes Schicksal. Es seien nur zwei Beispiele angeführt:

a) der Vergleich seines Schicksals mit einem Sturm (s. auch S. 361), beziehungsweise einem Schiffsunglück (»*wrack*«, s. folgende Seite):

Auszüge aus »Lucretia« (Zeile 1005–1011):

[6] Harold R. Walley: The Rape of Lucrece and Shakespearean Tragedy, in: PMLA 76 (1961), S. 480–87.
[7] Ähnlich wie im übrigen »Polimanteia« (s. S. 535).
[8] Malcolm Andrew kann schlüssig nachweisen, dass mit »lichtlosem Feuer« (Glut) stets die Hölle beziehungsweise das Höllenfeuer gemeint war, das kein Licht wirft.

> *»worke'st thou mischief in thy pilgrimage*
> Warum schaffst Du Unglück auf Deiner Wallfahrt«
> *Unless couldst return to make amends?*
> Wenn Du hättest umkehren können; um Änderungen vorzunehmen?
> *One poor retiring minute in an age*
> Eine einzige Minute zurückdrehen im Leben
> *Would purchase thee a thousand thousand friends,*
> Würde Dir abertausende Freunde eintragen,
> *Lending him wit that to bad debtors lends.*
> [Würdest] ihm Verstand verleihn, den man schlechten Schuldnern leiht.
> *O this dread night, wouldst thou one hour com back*
> Oh diese abscheuliche Nacht, würdest Du nur eine Stunde zurückkehren
> *I could <u>prevent this storm</u>, and shun thy wrack«*
> Ich könnte diesen Sturm vermeiden und Deinem Schiffsunglück entgehen«

b) der Vergleich mit dem kurzen Frühling (z. B. Sonett 33, s. S. 256):

> *»As is the morning's silver-melting dew*
> *Against the golden splendour of the sun*
> *An expir'd date, cancell'd ere well begun*
> *Honour and beauty, in the owner's arm*
> *Are weekle fortress'd from a world of harme«*

Auf zahlreiche solcher Analogien zu Marlowes Schicksal, die in »Lucretia« erkennbar werden, kann aus Platzgründen nicht weiter eingegangen werden.

»Lucretia« und »Hero und Leander«

Dass der folgende spezifische poetisch-erotische Gedankengang in Shakespeares »Lucretia« und Marlowes »Hero und Leander« nur einem einzigen Kopf entstammen sein kann, wurde an anderer Stelle bereits dargelegt (s. S. 317).

»Hero und Leander« (Marlowe):

> *»For though the rising <u>iv'ry mount</u> he scaled*
> *Which is with <u>azure circling</u> lines empaled*
> *Much like a <u>globe</u>«*

»Lucretia« (Shakespeare):

> *»Her <u>breasts as ivory globes circled with blue</u>*
> *A pair of maiden worlds unconquered.«*

»Willobie His Avisa« und »Polimanteia«

1594 und 1595 erschienen in zwei Büchern jeweils im Zusammenhang mit »Lucretia« die ersten gedruckten literarischen Hinweise überhaupt auf einen Dichter Shake-speare.

In »Willobie his Avisa« (1594) gibt sich der Autor dem Leser (»*To the Readers*«) als H. W. zu erkennen und berichtet über Lucretia und Tarquin (»*yet Tarquyne pluckt his glistering grape, and Shake-speare, paints poore Lucretia rape*«).

In »Polimanteia« zeigt sich der Dichter mit den Initialen W. C. und lässt – wie schon erwähnt – in einer Marginalie durchblicken, dass alle den Wert des Buches »Lucretia« von einem »sweet« Shake-speare schätzen, der dem eloquenten Gaveston entspricht (»*All praise worthy. Lucrecia Sweet Shake-speare. Eloquent Gaveston*«).

Beide Bücher sind zeitnah zu »Lucretia« erschienen und darin enthaltene frappante Indizien legen nahe, die Verfasser (H. W. und W. C.) mit Marlowe/ alias Shake-speare in Verbindung zu bringen. Diese Verbindungen (Details siehe Kapitel 11) konnten allerdings von Zeitgenossen nie als solche gewertet und interpretiert werden, da der Tod Marlowes zu keiner Zeit infrage gestellt wurde. Er war im Gegenteil ja gerade dazu erdacht worden, seine Verfehlungen dauerhaft zu verdecken. Die Assoziationen zwischen »Willobie his Avisa« (H.W.)/»Polimanteia« (W.C.) und Marlowe dürften unweigerlich von den Kritikern, die diese Bücher und die Marlowe-Historie nicht kennen oder akzeptieren, in ähnlicher Weise als unsinnig abgetan werden. Der Leser möge sich in diesem und im nachfolgenden Kapitel eine eigene Meinung bilden: Viele ansonsten nicht zu interpretierende Texte bekommen unmittelbar einen erkennbaren Sinn.

Solange keine einleuchtenderen, plausibleren Hypothesen angeboten werden, müssen die literarischen Kompositionen »Willobie« und »Polimanteia« als frühe Indizien für Marlowes Überleben, für sein Schreiben in der Anonymität und für sein »dramatisches« Wirken unter dem maskierenden Namen Shake-speare und unter anderen Tarnnamen interpretiert werden, so unvorstellbar dies dem Unwissenden auch vorkommen mag.

Der Sturm – Frühwerk oder Spätwerk?

Die erste (belegte) Aufführung von »Der Sturm« fand im November 1611 statt. Die These, dass das Stück auf Berichten von Schiffbrüchigen beruht, die auf den Bermudas (Azoren?) gestrandet und Ende 1610 nach England zurückgekehrt waren und deswegen »Der Sturm« als ein Spätwerk aufzufassen sei, ist höchst unplausibel. Eine fremde Vorlage für das Werk ist nicht bekannt.

Platzierung von »Der Sturm« zu Beginn der »First Folio«

Es wurde darüber spekuliert, warum ein vermeintliches Spätwerk Shakespeares 1623 als erstes Werk in der »First Folio« erschien. Die Geschichte des durch einen künstlich entfachten (!) Sturm gestrandeten Fürsten Prospero, der seinen Thron mithilfe der Magie zurückgewinnt, erinnert stark an das Schicksal Marlowes, der durch eine künstlich entfachte Intrige den Schiffbruch seines Lebens erlebte und durch seine »poetische« Magie »seinen Thron« zurückerhielt. Marlowes persönlicher »Sturm« ereignete sich früh in den Neunzigerjahren des 16. Jahrhunderts und hatte dramatische Konsequenzen.

Die logischste Erklärung für die Platzierung von »Der Sturm« zu Anfang der »First Folio« ist, dass das Stück als eine frühe Komödie in den Neunzigerjahren geschrieben wurde und keineswegs ein »Spätwerk« darstellt. Ein entsetzlicher Sturm, durch eigene Mitwirkung ausgelöst, beendete Marlowes Leben, ab dieser Zeit lebte er anonym und schrieb unter Tarnnamen, wie zum Beispiel Shake-speare, weiter.

Nur diese Interpretation macht den Schlussmonolog von Prospero verständlich. Nachdem das Stück »glückhaft« endet, wendet sich Prospero in dem »Epilogue« ein letztes Mal an das Publikum. Er (alias Marlowe/Shakespeare) bittet das Publikum wegen seiner Verfehlungen (»*faults*«) und seiner Vergehen (»*crimes*«) um dessen Gunst und Fürbitte, um eine Begnadigung (»*mercy*«), um Verzeihung (»*pardon*«), um Nachsicht (»*indulgence*«) und Erlösung (»*set me free, frees all* «):

»*Mercy itself and frees all faults.
As you from crimes would pardon'd be,
Let your indulgence set me free.*«

Der Autor erklärt uns also, dass sein Schicksal in den Händen der Menschen liege. Wenn das Publikum ihm nicht verzeihe, das heißt, ihn nicht von seinen Fesseln oder Verfehlungen (er)löse (»*release me from my bands*«), würde er in Verzweiflung enden. Auch wenn Prospero sein Herzogtum zurückerhielte, würde er, wenn der Leser dem Schöpfer der Werke nicht vergebe, im übertragenen Sinn auf jener kahlen Insel bleiben müssen:

»*But release me from my bands
With the help of your good hands:
Gentle breath of yours, my sail
Must fill, or else my project fails,
Which was to please: Now I want
Spirits to enforce: Art to inchant,
And my ending is despair*«

Den »Sturm« kann man unzweifelhaft als Metapher für Marlowes Schicksal interpretieren. Miranda, Prosperos Tochter, die er allein auf der verwüsteten Insel großzieht, repräsentiert die Tugend seiner Schöpferkraft. Miranda ist eine Wortschöpfung aus dem Lateinischen: »Mira« und »Anda« (das Wunderbare, zu Erschaffende).

Ich bin aufgrund von Stil und gesamtem Inhalt davon überzeugt, dass »W. C.«, der Autor von »Polimanteia« (1595), nur Marlowe/Shakespeare gewesen sein kann (Details s. S. 535 ff.) und dass seinen Aussagen in Abschnitt 3 (»*Religious speech to their children*«) zu entnehmen ist, dass er die Metapher des Sturms (»*tempest*«) früh (1594) entwickelte.

Aus »Polimanteia« (1595):

> »*and if heauen in the middest of my distresse had not made the raging sea to be a land, so many had perished for my sake. Bet then I must needes confesse after a tempest came a calme, for humiliation I had honor, authoritie for fear*«

Es erscheint logisch und damit viel wahrscheinlicher, dass »Der Sturm« bereits in den 1590er-Jahren entstanden[9] ist und dass nur jene dokumentierte Aufführung aus dem Jahr 1611 zu der irrigen Annahme geführt hat, es sei als Spätwerk in Shakespeares späten Jahren (1610/11) geschrieben.

Die Platzierung von »Der Sturm« am Anfang der »First Folio« kennzeichnet das Stück als ein frühes Werk. Der Epilog kann als ein »Hilferuf« an die Öffentlichkeit gewertet werden, ihn, den Autor, aus seiner »tragischen« Situation (Verbannung, Verlust von Identität und Namen etc.) zu befreien.

In »Will in the World« (2004) rätselt Stephen Greenblatt[10] über den tieferen Sinn dieses Epilogs und warum sich Shakespeare in der Maske des Prospero veranlasst gefühlt hat, um Gnade und Verzeihung zu bitten, wie jemand, der um Nachsicht für ein »Verbrechen« bittet.

> »*Why, if* [Shakespeare] *is implicated in the figure of his magician hero, might he feel compelled to plead for indulgence, as if he were asking to be pardoned for a crime he had committed?*«

Während im Hinblick auf Shakspres Leben Greenblatts Frage nicht einmal im Ansatz beantwortet werden kann, gelingt dies ohne Schwierigkeiten, wenn man den »Sturm« als Metapher für Christopher Marlowes Leben begreift und erkennt, dass sich Marlowe mittels Prospero in letzter Instanz an seine Zuschauer wendet und um Nachsicht für seine von ihm mitverschuldete Lebenstragödie bittet.

[9] V. M. Vaughan und A. T. Vaughan: The Tempest, London 1999.
[10] Stephen Greenblatt: Will in the World: How Shakespeare became Shakespeare, New York 2004.

Marlowes »Doktor Faustus« Shakespeares Prospero (= italienischer Faust)

Prospero aus Shakespeares »Sturm« steht nach Meinung vieler Experten in enger Verbindung zu Marlowes »Dr. Faustus«. In keinem anderen Shakespeare-Stück spielt ansonsten der Zauberer eine so große Rolle. Die Faust-Legende, die der maloweschen Fassung zugrunde liegt, muss dem Verfasser der Shakespeare-Werke vertraut gewesen sein, zum Beispiel wird zwei Mal in den »Lustigen Weibern von Windsor« eindeutig darauf angespielt. (Akt 1, Szene 1; Akt 4, Szene 5).

Bardolph:
>*»Run away with the cozeners; for so soon as I came beyond Eton, they threw me off from behind one of them, in a slough of mire; and set spurs and away, like three German devils, three Doctor Faustuses.«*

Der Name des Helden »Prospero« ist zugleich der italienische Ausdruck für »Faustus«. Viele Experten vermuten, dass es sich bei »Der Sturm« um eine Anspielung auf Marlowes »Faustus« gehandelt haben muss und Shakespeare den »Sturm« in gewissem Sinn umgeschrieben habe.

Obwohl das Grundmotiv der Faust-Legende (der Teufelspakt) im »Sturm« zu fehlen scheint, sind doch verschiedene Einzelheiten recht auffällig: Die Quellen des Stücks sprechen von den Inseln des Teufels (»*The Devil's Ilands*«) und von »*a desert habitation for Devils*«, auch beginnt das Stück mit Blitz und Donner, die stets – wie im »Faustus« – das Erscheinen des Bösen signalisieren. Die ausgiebigen Feuerbeschreibungen (Akt 1, Szene 2) treten auch bei den ersten Beschwörungen des Teufels in »Faustus« auf.

Ferdinand und Prospero reagieren im »Sturm« in Akt 2, Szene 2 beziehungsweise in Akt 4, Szene 1 folgendermaßen:

Ferdinand:
>*»Hell is empty/and all the devils are here.«*

Prospero:
>*»A devil, a born devil, on whose nature Nurture can never stick; on whom my pains, Humanely taken, all, all lost, quite lost«*

Prospero verfügt über dieselben Kräfte, die Sycorax durch ihren Pakt mit dem Teufel Setebos erwarb. Wie die Beschwörung ist auch der Pakt im »Sturm« verdrängt, hier durch Projektion auf die Hexe, die im Stück gar nicht auftritt. Verschiedene Charaktere in »Der Sturm« suchen vielfach den Teufel.

Man bedenke, dass der A-Text von Marlowes »Faustus« aus dem Jahr 1604 (elf Jahre nach Marlowes vermeintlichem Tod erschienen) von demselben George Eld gedruckt wurde, der auch die Sonette von Shake-speare für Thomas Torpe (TT) druckte.

Heinrich VI. und Richard III.

Eine vertiefte Auseinandersetzung mit den drei Teilen des Dramas »Heinrich VI.« lässt wenig Zweifel daran, dass sie von Christopher Marlowe stammen müssen. »Heinrich VI.« wurde wahrscheinlich zwischen 1589 und 1590 geschrieben. Zu dieser Zeit war von Shakespeare beziehungsweise Shakspere noch nirgends die Rede. »Heinrich VI.« gehört zusammen mit »Richard III.« zu den erfolgreichen Stücken der sogenannten »York-Tetralogie«, der Geschichte über die »Rosenkriege«. Durch den gewachsenen englischen Patriotismus in der Zeit des Sieges über die Spanische Armada (1588) waren Historiendramen beim englischen Theaterpublikum äußerst populär.

Als wichtige Quellen für die »York-Tetralogie« gelten die zweite Auflage von Raphael Holinsheds »Chronicles of England, Scotland and Ireland« (1577, zweite Auflage 1587) (Marlowe könnte in Cambridge bereits die erste Auflage studiert haben) und Edward Halls »The Union of two noble and Illustrious Families York and Lancaster« (1548).

Der mächtige Einfluss von Marlowe in den drei Teilen von »Heinrich VI.« ist bereits früh erkannt worden. 1886 schrieb A. W. Verity in: »The influence of Christopher Marlowe on Shakespeare's earlier Style«[11]:

> »*Among the plays assigned to Shakespeare there are four of which it is practically certain, that Marlowe was a part author; they are of course Henry VI parts I, II, and III and Titus Andronicus.*«

Aus Philip Henslowes Theatertagebüchern[12] wissen wir, dass Teil 1 von »Heinrich VI.« zum ersten Mal (und ohne Nennung eines Autors) am 3. März 1591 im Rose Theater von den Lord Strange's Men gespielt und allein zwischen 1591 und 1597 sechzehn Mal aufgeführt wurde, zur gleichen Zeit, als auch andere Stücke von Marlowe sehr erfolgreich waren. Es ist nicht bekannt, dass Shakspere zu irgendeiner Zeit – auch nicht 1591, also zwei Jahre vor dem Erscheinen

---

[11] A. W. Verity: The influence of Christopher Marlowe on Shakespeare's earlier Style, Cambridge 1885; Onlineversion: http://www.archive.org/stream/influenceofchrisoove riuoft#page/n5/mode/2up, aufgerufen am 19.1.2011.
[12] Walter W. Greg, Henslowes Diary, London 1908; Onlineversion: http://www.archive.org/stream/henslowesdiary02hensuoft#page/n19/mode/2up, aufgerufen am 19.1.2011.

seines vermeintlichen Erstlingswerks »Venus und Adonis« – Verbindungen zu den Lord Strange's Men oder den Pembroke's Men hatte.

Dass Historiendramen wie der erste Teil von »Heinrich VI.« bereits zu dieser Zeit aufgeführt wurden, weiß man zum Beispiel aus dem Buch »Pierce Penilesse«[13] (registriert im August 1592) von Thomas Nashe, einem Dichterkollegen Marlowes. Nash beschreibt die Hauptfigur Lord Talbot und den großen Erfolg des Stückes, das von Zehntausenden von Zuschauern gesehen worden sei:

> »Nay, what if I prove plays to be no extreme, but a rare exercise of virtue? First, for the subject of them, (for the most part) it is borrowed out of our English chronicles, wherein our forefathers' valiant acts (that have lain long buried in rusty brass and worm-eaten books) are revived, and they themselves raised from the grave of oblivion, and brought to plead their aged honors in open presence; than which, what can be a sharper reproof to these degenerate effeminate days of ours? How would it have joyed brave Talbot, the terror of the French, to think that after he had lain two hundred years in his tomb, he should triumph again on the stage, and have his bones new embalmed with the tears of ten thousand spectators at least (at several times) who in the tragedian that represents his person imagine they behold him fresh bleeding.«

Der erste Teil von »Heinrich VI.« kann den Zeitgenossen nicht als ein Drama von Shakspere bekannt gewesen sein. Das Stück wurde zum ersten Mal in der »First Folio« (1623) gedruckt und kann somit erst sieben Jahre nach Shakspere Tod mit seinem Namen assoziiert worden sein.

Zeitgenössische Quellen verraten auch, dass 1592 bereits der zweite (?) und dritte Teil von »Heinrich VI.« existiert haben muss: Der im Mai 1592 verstorbene Dramatiker Robert Greene parodierte in seiner bereits erwähnten Todesbeichte »Groatsworth of Wit« (s. S. 97 ff.) die berühmte Zeile aus »Heinrich VI./3« (Akt 1, Szene 4):

> »Tygers hart wrapt in a Womens Hyde«
> (Tigerherz, in Weiberhaut gesteckt)

als:

> »Tygers hart wrapt in a Players Hyde«
> (Tigerherz, in Mimenhaut gesteckt)

Die Pembroke's Men, die die frühe Fassung von »Heinrich VI/3 (»The True Tragedie«) spielten, wurden von Henry Herbert, 2nd Earl of Pembroke, dem

---

[13] Vgl. Ronald B. McKerrow (Hg.): The works of Thomas Nashe, London 1903; Onlineversion: http://www.archive.org/stream/worksthomasnashoomckegoog#page/n10/mode/2up, aufgerufen am 19.1.2011.

Ehemann der Countess of Pembroke Mary Sidney (1561–1621) gebildet. Ihr hat Marlowe eine Zueignung gewidmet.[14] Ihren beiden Söhnen (»*The Incomparable Pair*«) William Herbert, 3rd Earl of Pembroke (1580–1630), und Philip Herbert (1584–1649), wurde Shakespeares »First Folio« gewidmet.

Der Shakespeare-Experte Alfred Leslie Rowse[15] begründet die Feststellung, dass »Heinrich VI./1« das erste Drama von Shakespeare sein müsse, folgendermaßen:

> »*This is almost certainly Shakespeare's first play the dominant influence observable again and again in Henry VI is Marlowe's. He had patented this grandiloquent poetic diction, in splendid blank verse, in Tamburlaine ... Marlowe was the senior, the initiator, the leader; but the influence was not all one way. Before he died, so lamentably, he copies from Henry VI and wrote Edward II.*«

Man lasse sich diese aberwitzige Äußerung von Rowse auf der Zunge zergehen: Shakespeare habe sich Marlowes hochtrabende poetische »Diktion« *(grandiloquent poetic diction)*, seine glänzenden Blankverse *(»splendid blank verse«)* »patentiert«, und Marlowe, ein bereits im Zenith seines Könnens stehender Dramatiker (»*the senior, the initiator, the leader*«), der bereits so großartige und erfolgreiche Dramen wie »Doktor Faustus«, »Tamerlan« (Teil 1 und 2) etc. geschrieben hatte, wird bezichtigt, er (»*the senior*«) habe aus »Heinrich VI.«, dem Drama eines unbekannten, gleich alten »Anfängers« kopieren (stehlen) müssen, um seinen »Edward II.« zu schreiben *(he copies from Henry)*.

Eine Version von »Heinrich VI./Teil 2« wurde am 12. März 1594 im Druckerregister der Stationer's Company eingereicht und später im selben Jahr gedruckt. Dieser Text gilt allgemein als die verkürzte Version von »The First Part of the Contention Betwixt the Two Famous Houses of York and Lancaster« (Nachdruck 1600 in Q2 und 1619 in Q3). »Heinrich VI./2« wurde ursprünglich im Jahr 1595 als »The true Tragedie of Richard Duke of Yorke, and the death of good King Henrie the Sixt« gedruckt. Es wurde 1595 oftmals gespielt von »den Dienern des ehrenwerten Grafen von Pembroke« (»*acted by The Right Honourable Earle of Pembroke his Servants*«) und auch 1600 nachweislich aufgeführt.

Das Stück steht schon ganz im Schatten der düsteren Gestalt des buckligen Richard von Gloucester, des späteren Richard III., der unzweifelhaft an Tamerlans Pathos und Übersteigerung und an den Euphuismus von Marlowe erinnert. Das Stück bereitet damit erkennbar den Boden für das nachfolgende

---

[14] Dedication to Mary Herbert, Countess of Pembroke, siehe: http://www2.prestel.co.uk/rey/pembroke.htm, aufgerufen am 19.1.2011.

[15] Alfred Leslie Rowse: The annotated Shakespeare, London 1978.

Stück »The Tragedy of King Richard III« mit Figuren wie dem Graf von Gloucester oder dem Bischof von Winchester.

In der »First Folio« weichen die Texte der »Streit«-Dramen »Heinrich VI./1–3« erheblich von den Frühversionen ab. Das 1592 ohne Nennung eines Autors aufgeführte Drama »The True Tragedy, Heinrich VI./3« ist aufgrund der massiven Textparallelen zu anderen Stücken Marlowes nach Tucker Brookes Meinung[16] definitiv von Marlowe geschrieben worden. 34 Jahre später wurden zwei Drittel aller Zeilen unverändert in der »First Folio« in »Heinrich VI./3« übernommen. Die Verantwortung, dieses umgearbeitete Stück 1623 unter dem neuen Namen »The Third part of King Henry the Sixt« zu veröffentlichen, soll den »Nachfolgern« der Lord Strange's Men oblegen haben (wahrscheinlicher Christopher Marlowe), die das ursprüngliche Stück auch im Jahre 1595 aufgeführt haben.

Es seien einige frappante Textparallelen[17] aufgeführt, die deutlich machen, dass Marlowe der Autor von »Heinrich VI.« gewesen sein muss.

WERK VON MARLOWE	HEINRICH VI. (SHAKESPEARE)
JUDE VON MALTA	TEIL 2
These arms of mine shall be thy sepulcher	These arms of mine shall be the winding sheet;
	My heart, sweet boy, shall be the sepulchre.
EDWARD II.	TEIL 2
How now! Why droops the earl	Why droops my Lord, like overipen'd corn
Raun showers of vengeance on my cursed head	Throw in the frozen bosoms of your part Hot coals of vengeance
DOKTOR FAUSTUS	TEIL 1
You stars, that reigned at my nativity	At my nativity,
	The front of heaven was full of fiery shapes
TAMERLAN	TEIL 3
And since this earth dimmed with thy brinish tears	To hear and see her plaints, her brinish tears
EDWARD II.	TEIL 3
The haughty Dane commands the street	Stern Falconbridge commands the narrow sea
Inhuman creatures nursed with tigers milk	O Tigers heart wrapt in a Womans hide

[16] Tucker Brooke: The Authorship of the Second and Third Parts of »King Henry VI« New Haven 1912; Onlineversion: http://www.archive.org/stream/authorshipsecon00broo0og#page/n4/mode/2up, aufgerufen am 19.1.2011.

[17] Aus: Calvin Hoffman: The Murder of the Man who was Shakespeare, New York 1955.

TAMERLAN	TEIL 1
Go thou frowning forth, but come thou smiling home and thus he goes As did Paris with the Grecian dame	As did the youthful Paris once to Greece

TAMERLAN	TEIL 3
and sorrow stops the passage of my speech	my fathers blood hath stopped where thy words should enter

EDWARD II.	TEIL 3
Theres none here but would run his horse to death	That beggars mounted run their horse to death
Can kingly lions fawn on ceeping ant?	When the lion fawns upon the man ...

TAMERLAN	TEIL 1
Shaking her silver tresses in the air	randish your cristal tresses in the sky
Black is the beauty of the brightest day	Hung be the heavens with black, yield day to night

EDWARD II.	TEIL 1
In civil broils make kin and countrymen	Prosper his realm keep it from civic broils.

»Richard III.« in der »First Folio« enthält im Vergleich zur frühen Quarto-Ausgabe (Q1, 1597) nicht nur auffällige Zusätze, sondern auch eine große Anzahl von minutiösen Verbesserungen in Metrum und Sprache, die das Resultat sorgfältiger kritischer Revisionen gewesen sein müssen.

James Spedding versuchte nachzuweisen, dass diese Änderungen nur der Dichter selbst vorgenommen haben könne.[18] Die jahrelangen, heftigsten Auseinandersetzungen über die Urheberschaft der unterschiedlichen, zeitlich weit auseinanderliegenden Ausgaben von »Richard III.« konnten nur entstehen, weil es unvorstellbar schien, dass der Dichter der Quarto-Ausgabe von »Richard III.« in der Planungsphase der »First-Folio« (1616–1623) noch gelebt haben könnte.

Titus Andronicus

Auch im Hinblick auf »Titus Andronicus« und andere frühe Stücke, die heute aufgrund der »First Folio« als der Feder Shakespeares entstammend angesehen

---

[18] Siehe: Otto Pape: Über die Entstehung der ersten Quarto von Shakespeares Richard III. Dissertation, Berlin 1906; Onlineversion: http://www.archive.org/stream/berdieentstehun00goog#page/n3/mode/2up, aufgerufen am 19.1.2011.

werden, gab es schon zu Anfang des 20. Jahrhunderts ausgiebige und intelligente Analysen, die nachwiesen, dass das Stück aus verschiedenen Gründen nicht von Shakespeare stammen könne. A. W. Verity[19] schrieb bereits 1886:

> »*Among the plays assigned to Shakespeare there are four of which it is practically certain that Marlowe was a part author; they are of course Henry VI – I, II, III and Titus Andronicus.*«

J. M. Robertson[20], der ein detailliertes Wissen über die frühen »Shakespeare«-Stücke besaß, lehnte es 1905 kategorisch ab, Shakspere eine Mitarbeit an »Titus Andronicus« zuzugestehen. Er gelangte zu einer Zeit, als der »früh ums Leben gekommene« Marlowe als Urheberschaftskandidat nie hätte in Erwägung gezogen werden können, zu der sicheren Überzeugung, dass andere (Peele, Greene oder auch Lodge) den größten Anteil an der Schöpfung dieses Werkes haben müssten. Den zwei Standardargumenten für die Zuordnung von »Titus Andronicus« zu Shakespeare, nämlich dass es 1598 in Francis Meres »Palladis Tamia« erwähnt und in der »First« Folio gedruckt worden sei, konnte er sich schon deswegen nicht anschließen, weil damit die zwei wesentlichsten Fragen nicht beantwortet seien, nämlich warum »Titus Andronicus« drei Mal während der Lebenszeit von Shakspere anonym, ohne Nennung seines Namens, veröffentlicht wurde und warum es ursprünglich von Theatergesellschaften aufgeführt wurde, mit denen Shakspere nie nachweislich in Verbindung stand.

Die Titelseite des Quarto von 1594 stellt (ungewöhnlich für Shakespeare) fest, dass das Stück von drei Theatergruppen, den Pembroke's Men, den Lord Derby's Men und den Sussex's Men aufgeführt wurde. Die Lord Derby's Men waren zuvor die Lord Strange's Men.

Robertson ließ es offen, ob es sich bei »Titus« um ein älteres Stück (1590, 1592?) gehandelt habe. Es sei in jedem Fall 1594 revidiert worden und »neu« herausgekommen, zu einem Zeitpunkt, als Marlowe »offiziell« tot war. Es behandelt ähnlich wie das im gleichen Jahr erschienene Epos »Lucretia«(1594) das Thema der Schändung und des Ehrverlustes (s. S. 356 ff.).

Der Text für die »First Folio« wurde von der Q3-Fassung übernommen und etwas ergänzt. Dabei muss aber fraglos zugleich noch eine Revision des

---

[19] A. W. Verity: The influence of Christopher Marlowe on Shakespeare's earlier Style, Cambridge 1886, S. 104; Onlineversion: http://www.archive.org/stream/influenceofchrisooveri#page/104/mode/2up, aufgerufen am 19.1.2011.

[20] John M. Robertson: Did Shakespeare write »Titus Andronicus«? A Study in Elizabethan Literature, London 1905; Onlineversion: http://www.archive.org/stream/didshakespearewroo roberich#page/n5/mode/2up, aufgerufen am 19.1.2011.

Stückes erfolgt sein, da eine eindrückliche neue Szene (Akt 3, Szene 2) hinzukam, die man nur in der »First Folio«, nicht aber in den Quartos findet.

Diese neue Szene (nach 1611 entstanden?) ist außerordentlich und kann nur als eine Metapher für Marlowes tragisches Schicksal (»*a deed of death done on the innocent*«) entwirrbar werden (»*unknit that sorrow-wreathen knot*«).

Zahlreiche Shakespeare-Experten sind sich darüber einig, dass »Titus Andronicus« enge Beziehungen zu Marlowe aufweist. So schreibt A. M. Witherperson, Herausgeber der »The Yale Shakespeare«-Edition:

> »*The character of Aaron is by almost all critics conceded to be modeled on Marlowe's Barabas and Ithamore. Much of the verse also, if not Marlowe's, is close imitation of that poets line.*«

Der Text selbst weist in vieler Hinsicht unmittelbar auf Marlowe hin. Allein sechs Mal findet eine Bezugnahme zu Dido statt. In einer Liebesszene mit Aaron (Akt 2, Szene 3) erinnert Tamara an die Szene in »Dido, Königin von Karthago«. Es erstaunt, woher Tamara die Einzelheiten des Marlowe-Stücks kannte. Es entsteht fast der Eindruck, also ob die so häufige Erwähnung von Dido und dem Trojanischen Krieg eine Art Werbung für das verkannte Frühwerk Marlowes ist.

Es lassen sich zahlreiche Textparallelen zwischen Shakespeares »Titus Andronicus« und Marlowes Stücke erkennen. Nur einige Beispiele:

WERK VON MARLOWE	TITUS ANDRONICUS (SHAKESPEARE)
TAMERLAN	
Ah, Shepheard, pity my distressed plight	*Comfort his distressed plight*
And angels dive into the pools of hell	*I'll dive into the burning lake below*
HERO UND LEANDER	
she, wanting no excuse to feed him with delays ...	*He doth me double wrong to feed me with delays.*
EDWARD II.	
My swelling heart for very anger breaks	*The venomous malice of my swelling heart*

Auch lassen spezifische Textanalogien zwischen »Titus«, »Heinrich VI./1« und den Sonetten einen gemeinsamen Autor annehmen. Demetrius, Tamaras Sohn, spricht in »Titus« über Lavinia (Akt 2, Szene 1):

> »*She is a woman, therefore to be woo'd*
> *She is a woman, therefore to be won;*
> *She is Lavinia, therefore to be lov'd*«

Auffallend ähnlich klingt dies in Shakespeares Sonett 41:

> *Gentle thou art, and therefore to be won,*
> *Beauteous thou art, therefore to be assailed«*

Das Gleiche gilt für »Heinrich VI/I« (V/3):

> *»She's beautiful, and therefore to be woo'd*
> *She is a woman, therefore to be won«*

Edward III.

1596 wurde »Edward III.« ohne Angabe eines Autors als Quarto gedruckt. Dass das Stück nicht der Feder William Shakespeares entstammt sein könnte, schlossen Experten lange daraus, dass es weder 1598 von Francis Meres in seinem »Palladis Tamia« erwähnt noch in der »First Folio« oder in späteren Folios enthalten sei.

Nachdem das Stück lange Zeit als literarisch zu schwach erklärt wurde, um von Shakespeare zu stammen – quod erat demonstrandum –, wurde dieser Annahme später widersprochen. Dem Stück wurde neben anderen frühen Shakespeare-Dramen (»König Johann«, »Heinrich VI.«) ein gleichwertiger literarischer Rang eingeräumt und textlich-stilistische Ähnlichkeit zu den Sonetten und Shakespeare-Szenen bescheinigt.

Thomas Merriam[21] kam in einer linguistischen Analyse im Jahr 2000 zu der Überzeugung, dass »Edward III.« ursprünglich einem Manuskript Marlowes entstammt sein müsse, das später von Shakespeare umgearbeitet und ergänzt worden sei. Es ist bezeichnend, dass sich auch noch im 21. Jahrhundert die Experten zu solch bizarren Annahmen versteigen mussten (»*reworked and added to by Shakespeare, possibly after Marlowe's death in 1593*«) und nicht die Flexibilität aufbrachten, die inzwischen nicht mehr unbekannte Hypothese einer Marloweschen Urheberschaft zumindest in Erwähnung zu ziehen.

Als Grund für die Nichtberücksichtigung von »Edward III.« als Shakespeare-Stück in den Folios wurde folgende Erklärung angeführt: In »Edward III.« kämen zahlreiche Verspottungen von Schottland und den Schotten vor. In einem Brief vom 15. April 1598 an William Cecil berichtet George Nicholson (Agent von Elisabeth I.) über öffentliche Unruhen wegen einer gefährlichen »schottischen Komödie« auf Londoner Bühnen. Dies könnte der Grund dafür gewesen sein, dass man das Stück grundsätzlich als politisch zu gefährlich und spaltend ansah, es dauerhaft zensierte und verbannte und damit auch nicht in eine spätere Folioausgabe aufnahm.

---

[21] Thomas Meriam: Marlowe Versus Kyd as Author of EDWARD III I.i, III, and V, in: Notes and Queries (2009) 56 (4), S. 549–551.

In »Edward III.« (Akt 2, Szene 1) werden kaum verkennbare textliche Analogien zu Marlowes Person und seinen Stücken sichtbar. Markant sind dabei auch die Parallelen zu einigen der Sonette:

>*»Lilies that fester smell far worse than weeds« (Edward III 2, 1)*
>*»Lilies that fester smell far worde than weeds« (Sonett 94)*
>
>*»His cheeks put on their scarlet ornaments« (Edward III 2, 1)*
>*»That have profaned their scarlet ornaments« (Sonett 142)*

In Akt 3, Szene 2 scheint Marlowe eindeutig auf sein Epos »Hero und Leander« anzuspielen:

>*»Fairer thou art by far than Hero was*
>*Beardless Leander nor so strong as I:*
>*He swoman easy current for his love,*
>*But I will through a Hellespont of blood,*
>*To arrive at Cestus wher my hero lies.«*

Auch macht er sich selbst in der Figur des Lodowick als den überragend talentierten Dichter am Hofe kenntlich, der allein den »Tamerlan« schrieb. Wie käme ein anderer Dichter darauf, sich so ausgiebig und von sich selbst überzeugt als Dichter zu identifizieren, der allein in der Lage sei, über die Tränen eines »tartarischen« Fürsten, über den hartherzigen Skythen Tamerlan zu schreiben? Wer außer Marlowe könnte in diesem Szenenabschnitt mit dem Poeten am Hof und dem Freund des Monarchen gemeint sein?

»Edward III.« (Akt 2, Szene 1):

>*»This fellow is well read in poetry,*
>*And hath a lusty and persuasive spirit;*
>*(...)*
>*Now, LODOWICK, invocate some golden Muse,*
>*To bring thee hither an enchanted pen,*
>*That may for sighs set down true sighs indeed,*
>*Talking of grief, to make thee ready groan;*
>*And when thou writest of tears, encouch the word*
>*Before and after with such sweet laments,*
>*That it may raise drops in a Tartar's eye,*
>*And make a flintheart Scythian pitiful;*
>*For so much moving hath a Poet's pen:*
>*Then, if thou be a Poet, move thou so,*
>*And be enriched by thy sovereign's love.*
>*For, if the touch of sweet concordant strings*
>*Could force attendance in the ears of hell,*

How much more shall the strains of poets' wit
Beguile and ravish soft and humane minds?«

Man kann davon ausgehen, dass Robert Greene 1590 der Überzeugung war, »Edward III.« sei Marlowes Stück und der Schauspieler, der die Rolle des Schwarzen Prinzen verkörperte, Edward Alleyn. Es gibt keine Anzeichen, dass es zu jener Zeit überhaupt eine Kontroverse um die Autorschaft von »Edward III.« gab. Marlowe war bereits ein berühmter Dramatiker und Dichter, während Shakspere (noch?) nicht existierte.

Bereits 1590, zwei Jahre vor seiner berühmten »Shakescene«-Referenz 1592 (s. S. 100), hat sich Robert Greene in ähnlicher Weise auf Marlowe und Edward Alleyn bezogen, als er schrieb:

> »Why Roscius [Alleyn], art thou proud with Aesop's crow being pranct with the glory of other feathers? Of thyself thou canst say nothing, and if the Cobbler [Marlowe] hath taught thee to say Ave Caesar, disdain not thy tutor because thou Pratest in a King's Chamber«

Greene bringt hier zum Ausdruck, dass es Marlowe (»the Cobbler«!) war, der Edward Alleyn (»Roscius«) den Text »Ave Caesar« beibrachte. Außer in »Edward III.« kommt ansonsten in keinem Marlowe oder Shakespeare zugeschriebenen Stück der Ausdruck »Ave Caesar« vor. Die obige Referenz Robert Greenes kann sich also nur auf die erste Szene im ersten Akt aus »Edward III.« bezogen haben:

> *»As cheerful sounding to my youthful spleen*
> *This tumult is of wae's increasing broils,*
> *As, at the Coronation of a king,*
> *The joyful clamours of the people are,*
> *When Ave, Caesar! they pronounce aloud.«*

Auch in Thomas Nashes Pamphlet »Pierce Penilesse«[22] werden Robert Greenes Anschuldigungen wiederholt:

> »The next object that encounters my eyes, is some such obscure vpstart gallants, as, without desert of seruice are raised from the plough, to be checkmate with Princes: and these I can no better compare than to creatures that are bred Sine coitu, as crickets in chimnies (...). but that better places should bee possessed by coystrels, and the Cobblers crowe for crying but Ave Cæsar, bee more esteemed than rarer birds that haue warbled sweeter notes vnrewarded.«

Thomas Nashe identifiziert Edward Alleyn sowohl als »the cobblers crow« (die »Krähe« des »Handschuhmachers«, das heißt den Darsteller in Marlowes

---

[22] Thomas Nashe: Pierece Penilesse, London 1592.

Stück) als auch als den Sprecher des »Ave Caesar« aus »Edward III«. Er bezeichnet Alleyn als einen emporgekommenen Hausfreund (»*upstart gallants*«) und in weitgehender Entsprechung von Greene auch als »*upstart crow*« (emporgekommene Krähe).

Es bleibt unverständlich, warum sowohl Greenes als auch Nashes Anspielungen auf Christopher Marlowe als Autor von »Edward III.« über die Jahrhunderte so vollkommen ignoriert werden konnten. Dies bekommt erst seinen Sinn, wenn man begreift, dass diese Hinweise zu jener Zeit ignoriert werden *mussten*, da sie sich nicht mehr in ein schon fixiertes Weltbild einordnen ließen. Robert Greenes frühe Feststellungen mussten offenbar unter allen Umständen unterdrückt werden, um den Glauben an Shakespeares Urheberschaft nicht mehr zu erschüttern. Warum haben die Literaturwissenschaftler Robert Greene hier nicht ähnlich beim Wort genommen wie bei seiner »Shakescene« (s. S. 100)?

Hamlet

In der zweiten Szene des zweiten Aktes berichtet Hamlet über die seinerzeitige Rezeption des Theaterstückes »Dido, Königin von Kartago« (Marlowes Erstlingswerk!) und bittet einen Schauspieler der Theatertruppe, den emotionalen Monolog daraus vorzutragen:

> Hamlet:
> *Give us a taste of your qualtity; come, a passionate speech*
> First Player:
> *What speech, my good lord?*
> Hamlet:
> *I heard thee speak me a speech once, but it was never acted, or if it was, not above once, for the play, I remember, pleased not the million; '[i]t was caviary to the general: but it was – as I received it, and others, whose judgments in such matters cried in top of mine – an excellent play, well digested in the scenes, set down with as much modesty as cunning. ...*
> *One speech in't I chiefly loved. '[i]T was Aeneas' tale to Dido, and thereabout of it especially where he speaks of Priam's slaughter*[23]. *If it live in your memory, begin at this line – let me see, let me see:*

Diese höchst eindrucksvolle Szene muss als der verdeckte (und verzweifelte) Versuch Marlowes aufgefasst werden, dem zeitgenössischen Theaterpublikum

---

[23] Christopher Marlowe: Dido, Königin von Karthago, Akt 2, Szene 1.

den Zusammenhang zwischen dem Autor von »Hamlet« und dem Autor von »Dido« zu vermitteln. Die gesamte Textstelle erhält ihren eigentlichen Sinn erst, wenn man sie so interpretiert, dass Marlowe zum Ausdruck bringen wollte: Ich, der zu Beginn seiner Laufbahn das nur einmal aufgeführte Theaterstück »Dido« (»*never acted, or if it was, not above once*«) schrieb, ich schrieb auch »Hamlet«.

Es konnte bis heute von Experten nicht plausibel erklärt werden, warum in Shakespeares »Hamlet« Einzelheiten der Aufführung und des fehlenden Erfolgs von Marlowes Erstlingswerk »Dido« ausgebreitet werden.

Wittenberg – Parallelen zwischen »Hamlet« und »Doktor Faustus«

Die damalige deutsche Universitätsstadt Wittenberg wird in ähnlichen Zusammenhängen sowohl in »Hamlet« wie in »Doktor Faustus« vielfach erwähnt (s. S. 339). Das ergibt unzweifelhaft zumindest ein Indiz, dass beide Stücke von Marlowe (alias Shake-speare) stammten, der mit den universitären Bildungseinrichtungen Europas vertraut war, nicht aber Shakspere.

Sein oder Nichtsein

Die berühmte »Hamlet«-Szene mit dem Ausspruch »Sein oder Nichtsein, das ist die Frage« (Akt 3, Szene 1) erschien erst in der zweiten Quarto-Version (1605), während in der ersten Ausgabe (1603) diese Aussage noch in einer reduzierten Form vorlag. Zwischen diesen Ausgaben muss eine größere Revision an dem Stück erfolgt sein.

In der 1604 gedruckten A-Version von Marlowes »Faustus« erscheinen die folgenden seltsamen Zeilen:

> *»A greater subject fitteth Faustus' wit*
> *Bid on-kai-me-on farewell, Galen come.*
> *Seeing, ubi desinit philosophus, ibi incipit medicus.«*

Ihre Interpretation bereitet Schwierigkeiten. Man hat in dem Text die aristotelische Philosophie erkannt, die die Frage nach unserer Existenz auf dieser Erde aufwirft, und dass hier die »latinisierte Schreibweise« »On-kai-me-on« aus dem Griechischen verwendet wurde, die der Frage nach der Existenz oder Nicht-Existenz entspricht (»*To be and not to be*?«). Nachdem die »griechische« Fassung (»*On-kai-me-on*«, »Faustus«) zur gleichen Zeit wie die »englische« Fassung (»*to be or not to be*«, »Hamlet«) geschrieben wurde, ist die Frage berechtigt, welcher der beiden Dichter in der Lage war, diese aristotelische Philosophie dramatisch zu entwickeln. Marlowe, der klassisch gebildet war, war es zweifellos. Dagegen ist nicht bekannt, dass Shakspere Griechisch konnte.

Es hat wenig Sinn anzunehmen, dass einer der Dichter vom anderen entlehnte. Die Schlussfolgerung kann erneut nur sein, dass die Zeilen in »Faust« und »Hamlet« von ein und demselben Dichter stammen.

Auch die Textparallelen zwischen Marlowes »Doktor Faustus« einerseits und Shakespeares »Hamlet« oder seinen übrigen Stücken andererseits können kein Zufall mehr sein, das heißt, sie können eigentlich nicht von zwei verschiedenen Personen stammen. Einige Beispiele:

DOKTOR FAUSTUS	WERK VON SHAKESPEARE
AKT 5, SZENE 1 was _this the face that launched_ _a thousand ships_	TROILUS UND CRESSIDA _She is the pearl, whose price hath_ _launched above a thousand ships_
AKT 5, SZENE 2 _Ugly hell, gape not! come not Lucifer_	HAMLET _though hell itself should gape_
AKT 5, SZENE 2 _you stars, that reigned at my nativity«_	HENRY IV. (TEIL 1) _at my nativity_ _The front of heaven was full of fiery shapes_
AKT 5, SZENE 2 _O soul! be changed into small waterdrops_	RICHARD II. _to melt myself away in water-drops_
Akt 5, Szene 1 Faustus zu Helen: _Here will I dwell, for heaven be in these lips_ _(...) and none but thou shalt by my_ _paramour_	ROMEO UND JULIA _The here in the dark to be his paramour_ _(...) here I will remain_
AKT 4, SZENE 3 _I was no sooner in the middle of the_ _pond, but my horse vanished away«_	DIE LUSTIGEN WEIBER VON WINDSOR _they threw me off, from behind one of_ _them, in a slough of mire; and_ _set spurs and away,_ _like three German devils, three_ _Doctor Faustuses_

Geistszene in »Hamlet« – »A forged processe of my death«

Ganz ähnlich wie bei der Geistszene in »Cymbeline« (s. S. 470 f.), in der die verstorbenen Familienmitglieder (Eltern und Geschwister) auferstehen, um für die Ehre ihres verfemten und verbannten Sohns und Bruders vor den Göttern zu kämpfen, tritt auch in »Hamlet« (Akt 1, Szene 5) der Geist des Vaters auf, um seinen Sohn Hamlet zur Rächung seiner Schande zu motivieren. Man kommt nicht umhin, die marlowesche Tragik in dieser Szene in erstaunlichem Maß wiederzuerkennen. Es ist schwer vorstellbar, dass sie nicht in irgendeiner Form

Aspekte von Marlowes Biografie abbildet. Der Text der hamletschen Geist-Szene – interpretiert hier Zeile für Zeile – lässt sich wie folgt deuten:

Marlowe (alias Hamlet/Shakespeare) war ab Juni 1593 in England dazu verurteilt, sich zu verstecken, »undercover« zu leben und für eine lange Zeit sich nur in der Nacht frei zu bewegen (»*Doom'd for a certain term to walk the night*«). Tagsüber musste er in der Verborgenheit leben (»*And for the day confined to fast in fires*«), immer in der Hoffnung, dass er von den ihm zugesprochenen üblen Verbrechen, zu seinen Lebtagen ausgeführt, einmal freigesprochen würde (»*Till the foul crimes done in my days of nature Are burnt and purged away*«).

Es war mit ihm auf Ehre[24] vereinbart, die Geheimnisse rund um seine Lebensrettung (Vortäuschung seines Todes, Identitätsverlust und Verbannung) nicht vor der Öffentlichkeit zu enthüllen (»*But that I am forbid To tell the secrets of my prison-house*«). Er hätte mit wenigen Worten die wahre Geschichte ausbreiten können (»*I could a tale unfold whose lightest word*«), die wohl jeden nicht nur zutiefst erschüttert hätte und erstarren lassen (»*Would harrow up thy soul, freeze thy young blood, Make thy two eyes, like stars, start from their spheres, Thy knotted and combined locks to part*«), sondern bei deren Anhörung jedem die Haare zu Berge gestanden hätten (»*And each particular hair to stand on end, Like quills upon the fretful porpentine*«).

Seine Geheimhaltung, sein dauerhafter Schutzschild vor den Ohren der Menschen, hätte nicht sein müssen *(»But this eternal blazon must not be to ears of flesh and blood. List, list, O, list!*«). Der Vater drängt Hamlet, er solle etwas unternehmen wegen seiner üblen und höchst unnatürlichen Ermordung/ seines Verschwindens (»*Reuenge his foule and most vnnaturall Murther*«), das man im besten Fall als »faule, erstunkene« Tötung bezeichnen könne (»*Murther most foule, as in the best it is*«), als höchst erstunkenen, seltsamen und »unnatürlichen« Tod (»*But this most foule, strange, and vnnaturall*«).

Sein Verschwinden und vermeintlicher Tod sei von seinem Umfeld »verbreitet« worden: Man gab »ein Märchen« an die Öffenlichkeit, dass er, als er in seinem Obstgarten schlief (»*It's giuen out, that sleeping in mine Orchard, A Serpent stung me*«), von einer Schlange gebissen worden sei. So sei die Öffentlichkeit, das Ohr des Königreichs (England) durch den vermeintlichen Hergang seines Todes regelrecht getäuscht worden *(»so the whole eare of Denmarke, Is by a forged process of my death Rankly abus*«). Die Schlange, die sein Leben vergiftete (»*The Serpent that did sting thy Fathers life*«), trage jetzt seine Krone (»*Now weares his Crowne*«). So sei er ganz plötzlich um sein Leben, um seine Nähe zu Hof und Krone gebracht (»*Of Life, of Crowne, and Queene at once dis-*

---

[24] Siehe auch Figur des Parolles in »Ende gut, alles gut«, s. S. 413.

patcht«), in der Blütezeit seiner Sinne beraubt (»*Cut off euen in the Blossomes of my Sinne*«) worden und nun heimatlos und enttäuscht (»*Unhouseled disappointed, unaneled*«). Keine Rechnung sei beglichen, aber es sei mit ihm abgerechnet worden (»*No reckoning made, but sent to my account*«), mit all der Unvollkommenheit seines (damaligen) Verstands (»*with all my imperfections on my head*«).

Es ist gut möglich, ja sogar wahrscheinlich, dass bei der Todesvortäuschung mit falscher Leiche Christopher Marlowe selbst gar nicht vor Ort in Deptford war, sondern die »getürkte« Angelegenheit von Burleighs beziehungsweise Walsinghams professionellen Gewährsleuten organisiert worden war. Marlowes Anwesenheit bei der gesamten »Aktion« war logischerweise nicht notwendig.

Wem gelingt es bei dieser ungekürzt dargestellten Geistszene noch wirklich, das hinter der »Oberflächenebene« sichtbar werdende Schicksal Marlowes (der den Geist seines Vaters sprechen lässt) zu ignorieren und es je wieder aus seinem Kopf zu vertreiben? Die Anhäufung von Parallelen zu seinem Schicksal ist zu übermächtig.

Viel Lärm um Nichts

Von Shakespeares Stück »Viel Lärm um Nichts« (»*Much ado about nothing*«) existiert eine frühe Quarto-Ausgabe (1600). Es erstaunt zutiefst, dass in diesem Stück sowohl »Hero« eine tragende Rolle spielt als auch »Leander« erwähnt wird (»*Leander the good swimmer*«), zwei Figuren aus Christopher Marlowes bedeutendstem Versepos »Hero und Leander«, das erst 1598 eine Druckerlaubnis erhielt, obwohl es bereits 1593 im Stationer's Register eingereicht war (s. S. 177 ff.). Shakespeare-Experte A. L. Rowse glaubte deshalb nicht, dass »Hero« in »Viel Lärm um Nichts« zufällig und ohne Bezug zu Marlowe auftritt. Er formulierte 1978 (in »The Annotated Shakespeare«):

> »*It is arresting that Shakespeare should have chosen the name Hero for his heroine ... Plenty of other names were available, but Hero and Leander (whose name also occurs) was ready to hand.*«

Hero, »weibliche« Metapher für Marlowes Tragik

Wenn man erkennt, dass Marlowe sein Schicksal in der Komödie »Viel Lärm um nichts« über die Metapher seines Helden »Hero« gleichnishaft darstellen und kenntlich machen wollte, so bekommen die Dialoge um Hero unmittelbar einen zweiten, metaphorischen Sinn. Er stellt mit dem vorgetäuschten Tod der »weiblichen« Hero metaphorisch sein eigenes »männliches« Dilemma und seine missliche Lage dar, vordergründig verborgen hinter dem unterstellten

Fehlverhalten von Hero. Marlowe/Shakespeare verwendete sehr häufig Namen weiblicher Personen als seine eigenen Tugenden, mit denen er sich auseinandersetzte und identifizierte und die er anbetete. Man denke nur an Lucretia oder Avisa, Cynthia, Fidessa, Perdita, Mariana und viele andere (siehe später).

In »Viel Lärm um Nichts« wurde Heros Reputation (ähnlich wie Marlowes) vollständig zerstört. Hero wurde ungerechtfertigterweise vorgeworfen, sie habe den Freund heimtückisch hintergangen. Freunde werden später versuchen (wie bei Marlowe), Hero zu retten, indem »ihr« Tod vorgetäuscht wird. Hero wird von ihrem Vater Leonatus[25] zur Rede gestellt und aufgefordert, den wahren Namen[26] zu nennen (»*to make you answer truly to your name*«) und fragt sich, ob »sein« eigener Name denn nicht Hero sei? Wer könnte denn diesen Namen mit einem berechtigten Vorwurf schmähen? (»*Is it not Hero? Who can blot that name with any just reproach?*«). Nur Hero selbst könne Heros Tugend beschmutzen (»*That can Hero: Hero itself can blot out Heros virtue*«). Man bemitleidet Hero wegen der großen »politischen« Misswirtschaft, die »er« angerichtet hat (»*I am sorry for thy much misgovernment*«) und stimmt darin überein, was für ein Heros Hero hätte werden können (»*Oh Hero what a hero hadst thou been*«), wenn er mehr seinem Herzen und Verstand gehorcht hätte (»*if half thy outward graces had been places about thy thoughts and counsels of thy heart*«).

Man habe Hero mit einem »aufgeschlossenen« Schurken (»*liberal villain*«) gesehen, der tausend geheime Zusammenkünfte eingestanden hätte (»*who hath indeed...confessed the vile encounters they have had, a thousand times in secret*«) – das dürfte eine Metapher für die Anklage Marlowes wegen Hochverrat und Volksaufwiegelung sein. Da im Stück die Intrige erst am Vortag eingefädelt wurde, wird deutlich, dass damit nicht die 1000 Geheimtreffen angesprochen sein können, deren Hero (alias Marlowe) wohl verdächtigt war.

Freunde versuchen (wie bei Marlowe), Hero zu retten, indem sie »ihren« Tod vortäuschten. Heros Vater erkennt den rettenden Tod als die fairste »Maskierung« von Heros Scham (»*Death ist the fairest cover for her shame*«). Der Mönch ist überzeugt, dass hier ein schrecklicher Irrtum passiert ist. Nachdem die Prinzen Hero der tödlichen Verurteilung überließen (»*Let my counsel sway you in this case, your daughter here the princes left for dead*«), rät der Mönch Hero (identisch zur Situation Marlowes), sich eine Zeit lang heimlich aus dem Verkehr zu ziehen (»*let her a while be secretly kept in*«). Man möge öffentlich

---

[25] Bezüglich der Namen Leonatus und Posthumus, mit denen sich Marlowe Shakespeare in »Cymbeline« einbrachte, sei auf S. 463 hingewiesen. Hier bemerkt man ein doppeltes Wortspiel »why are you no maiden ... make your answer truly to your name«, wenn es um die Offenlegung des Liebhabers geht, müsste es in Wahrheit »his« name heißen).

[26] Hier wird sichtlich unterstellt, dass Hero (Marlowe) einen anderen Namen trägt.

bekannt machen, dass Hero gestorben sei (»*and publish it that she* [Hero] *is dead indeed*«) – auch das ist »gespenstisch« identisch zur Situation Marlowes.

Der Mönch ist der Hoffnung, dass Hero aus diesen »Wehen« mit einer »größeren Geburt« hervorgehe (»*but on this travail look for greater birth*«). Hero sei in jenem Moment gestorben, als man sie [ihn] anklagte, dies solle man überall verbreiten (wie bei Marlowe) (»*She* [Hero] *dyying as it must be so maintain'd upon the instant she was accused shal be lamented, pitied and excused of every hearer*«), dadurch werde Heros Tod allseits beklagt, beweint und von jedem entschuldigt, der dies höre (wie bei Marlowe). Der Mönch erklärt Leonato, Hero musste sterben, um zu leben (»*come die to live*«).

Auch in der letzten Szene des Stücks (Akt 5, Szene 4) kommt in der Auflösung und Demaskierung das zweigeteilte Schicksal Marlowes (Hero) noch einmal deutlich zum Vorschein: Als Hero noch lebte, sei sie eine andere gewesen (»*And when I lived I was your other wife*«) und als Claudio Hero noch liebte, sei er ihr ein anderer Gemahl gewesen (»*And when you loved, you were my other husband*«). Als Claudio fragt, ob er ihr anderer Hero sei (»*Another Hero?*«), bekräftigt Hero dies vehement (»*Nothing certainer*«). Der eine (frühere) Hero starb verachtet und geschändet, während der andere (spätere) Hero lebt *(»One Hero died defiled, but I Do live*«). Und so wahr »Hero« lebe, sei »Hero« unschuldig (»*And sure as I live, I am a maid*«). Der frühere Hero sei gestorben (»*the former Hero! Hero is dead!*«). Hero starb so lange, solange seine Verleumdung lebte (»*She died my lord but whiles her slender lived*«). Der Mönch erklärt abschließend, dass er all dieses Verblüffende aufklären könne (»*All this amazement can I qualify*«), er werde über jene Umstände des Todes der edlen Hero berichten (»*I'll tell you largely of fair Hero's death*«). Die Situation erinnert sehr an die Vortäuschung des Todes von Claudio durch eine vorgeschobene Leiche (!) in »Maß für Maß«. Die Intrige gegen Hero und Claudio ist analog zu der gegen Claudio (!) und Julia in »Maß für Maß«.

Es erscheint erneut ausgeschlossen, dass diese wenigen beispielhaften Ausschnitte unbeabsichtigt und rein zufällig waren. Sie offenbaren in unübersehbarer Weise die übertragene Darstellung von Marlowes (Hero) Schicksalswende. Diese kann ohne die Akzeptanz der Marlowe-Theorie nicht sichtbar werden.

Wie es euch gefällt

Das Stück »Wie es euch gefällt« wurde am 4. August 1600 zum Druck eingereicht, doch wurde die Drucklegung zu dieser Zeit nicht erlaubt. Eine Notiz neben dem Eintrag lautet: »*a book to be staied*«. Die drei anderen Stücke, die zeitgleich eingereicht wurden (»Viel Lärm um nichts«, »Heinrich V.«, »Heinrich IV./2«), gelangten nach einigen Jahren in Druck – »Wie es euch gefällt« jedoch erst 23 Jahre später in der »First Folio«. Das dürfte damit zusammenhängen, dass Insider am Hof (Robert Cecil, Thomas Walsingham oder andere) fürchteten, dass die im Folgenden dargestellten Anspielungen auf das Urheberschaftsproblem und das Tabuthema »Marlowe« hätten erkannt werden können. Es war insbesondere für Robert Cecil zu riskant, das Wagnis einer Drucklegung zu Lebzeiten Shakes-speares/Marlowes einzugehen

In »Wie es euch gefällt« äußert der Dichter seine Ansichten über »William« vermittels des Clowns Touchstone, dem in diesem Stück eine besondere Bedeutung zukommt. Der Name Touchstone ist sicher mit Bedacht gewählt worden. Ein »Touchstone« bezeichnete damals einen Stein, den Alchimisten verwendeten, um den »wahren« Wert einer Münze, eines Metalls gegenüber einer Falschen aufzudecken. Touchstone argumentiert, indem er William (»touching William«, der für William Shakspere aus Stratford steht) berührt, wer von beiden, Touchstone oder William, hier den »edlen wahren« Wert verkörpert, also wer in Wirklichkeit der Autor ist!

In dem Buch »A Collection of Emblems« von George Wither, der an verschiedenen Stellen und in Kapitel 11 als ein Tarnname Marlowes/Shakespeares erkannt wird (s. S. 667), bezieht sich ein Emblem und Gedicht über Touchstone (Buch 4/25) offensichtlich auf seine eigene Situation.

Links: George Withers Gedicht-Emblem aus dem Jahr 1635 (Buch IV/25) und Geoffrey Whitneys Gedicht-Emblem (Leyden) aus dem Jahr 1586 über die Bedeutung des »Touchstone« (rechts).

Er habe Bekannten (»*outside Friends*« – hier Shakspere) zu früh vertraut (»*trustest oft before thou tryest*«). Wer die (Namens-)Ähnlichkeit (Vetternschaft; Shakspere/Shakespeare) erkenne (»*If Cousinage you escape thy Wit we praise not*«), der habe Glück gehabt (»*we praise ...but thy Hap*«):

»*On out-side Friends, thou must reli'st
And, trustest,oft, before thou try'st;
By which, if Cousnage thou escape* [Cousinhood]
*Thy Wit we praise not, but thy Hap:
But lest, by trust, (e'er trial due)
Thou, overlap, thy Trusting rue;* [overlat_(?)e,]

*Observe the Morall of thy Lot,
And, looke that thou forget it not*«

George Wither mit seinem moralisches Emblem-Gedicht-Buch (s. S. 669) dürfte dieselbe Person im höheren Alter sein, die 50 Jahre zuvor als Geoffrey Whitney in Holland bereits das künstlerischen Bedürfnis hatte, ein Emblem-Gedichtbuch, das bereits das Touchstone-Emblem enthält (s. Bild), nach entsprechenden Vorlagen zu verfassen.

Auch die Belehrung des ungebildeten Will(iam Shakspere) (»*are you learned? No sir*«) durch den Clown Touchstone (Akt 5, Szene 1) kann als ein zeitgenössischer, bühnengerechter Hinweis auf die Urheberschaftsproblematik angesehen werden, den die damals Eingeweihten verstehen konnten.

Auszug aus »Wie es euch gefällt«

Touchstone: *Give me your hand: Art thou Learned?*
William: *No sir.*
Touchstone: *Then learne this of me, To have, is to have. For it is a figure in Rhetoricke, that drink being powr'd out of a cup into a glasse, by filling the one, doth empty the other. For all your Writers do consent, that ipse is hee: now you are not ipse, for I am he.*
William. *Which he sir?*

Wie soll man diese auffällige Textstelle ansonsten interpretieren? Es war damals nur möglich, in dieser verklausulierten Form auf das Schicksal Marlowes hinzuweisen.

Shakespeare/Marlowe sei wie ein Becher entleert (»*beeing pow'red out of a cup*«) und in ein Glas (Shakspere) umgefüllt worden (»*into a glasse, by filling the one, doth empty the other*«). Aber Shakespeare/Touchstone macht William [Shakspere] bewusst, dass sich alle zeitgenössischen Dichter (stillschweigend) darin einig seien (»*for all your writers do consent*«), dass der eigentliche Autor, Dramatiker, Schriftsteller er selbst sei (»*ipse is hee*«) und nicht Will(iam) (»*You are not ipse, for I am he*«). Eine andere plausible Interpretation dieses Textes kann ich nicht erkennen. Diese Passagen werden bei Theateraufführungen zumeist gestrichen, da Regisseur und Zuschauer sie nicht auf befriedigende Weise in den Gesamtkontext des Stücks einordnen können.

Touchstone redet sich danach unmittelbar in Rage und empfiehlt William, die Gesellschaft von Audrey zu verlassen *(»abondon the society, I kill you, make you away, translate your life into death«)*. Seine Ausführungen gipfeln in der wütenden Äußerung: »*I kill you a hundred and fifty ways, thererfore tremble and depart.*«

Diese emotionale »Eruption« Touchstones gegenüber William und seine Aufforderung zu verschwinden, hat oberflächlich die Eifersucht als Ursache, sie wäre aber gegenüber dem unbedarften William in dieser Form nicht adäquat (auf 150-fache Weise will er ihn töten!), sondern sie wird nur verständlich, wenn man sie als Metapher auf sein tragisches Schicksal betrachtet. Dieses hat dazu geführt, dass das Theaterpublikum, das Auditorium (»*Audrey*«), einen unbedarften Autor William an seiner statt annimmt. Erst die Erkenntnis, dass er unerkannt bleiben muss, bringt ihn in Rage.

Auch eine andere, ähnlich bemerkenswerte Passage kann man nur interpretieren, wenn man sie als Schlüsselhinweis auf das Urheberschaftsproblem und den vorgetäuschten Tod Marlowes begreift.

Auszug aus »Wie es euch gefällt« (Akt 3, Szene 3):

Touchstone: *Come apace good Audrey, I wil fetch vp your Goates, Audrey: and how Audrey? am I the man yet? Doth my simple feature content you?*

Audrey. *Your features, Lord warrant us: what features?*

Touchstone: *I am heere with thee, and thy Goats, as the most capricious Poet honest Ovid was among the Gothes.*

Iaques. *O knowledge ill inhabited, worse then Ioue in a thatch'd house.*

Touchstone: *When a mans verses cannot be vnderstood, nor a mans good wit seconded with the forward childe, vnderstanding:* <u>*it strikes a man more dead then a great reckoning in a little roome:*</u> *truly, I would the Gods hadde made thee poeticall.*

Audrey. *I do not know what Poetical is: is it honest in deed and word: is it a true thing?*

Touchstone sagt, dass wenn eines Mannes Gedichte nicht verstanden werden könnten (»*When a mans verses cannot be understood*«), treffe ihn dies tödlicher als eine große (Ab-)Rechnung in einem kleinen Zimmer (»*it strikes a man more dead then a great reckoning in a little roome*«). Diese Aussage ist ohne Kenntnis des historischen Hintergrundes von Marlowes Verschwinden so gut wie nicht interpretierbar. Dabei könnte die Zeile nicht deutlicher formuliert sein: Die Rechnung (»*reckoning*«) dürfte sich auf den königlichen Untersuchungsbericht (Coroner's report) anlässlich der Untersuchung des vermeintlichen Tods von Christopher Marlowe (31. Mai 1593) beziehen, in dem von einem Streit um eine Rechnung in einem kleinen Zimmer die Rede ist, entsprechend dem dokumentierten Todeshergang Marlowes.

Touchstone entspricht eindeutig dem Dichter und Autor Marlowe/Shakespeare und weist daraufhin, dass er sich im Exil befinde. Er vergleicht sich mit Ovid, der ebenfalls eine Zeit unter den Goten im Exil verbracht habe (»*and thy Goats, as the most capricious Poet honest Ovid was among the Gothes*«). Audrey, sein Auditorium, seine Braut (»*The Auditeurs or Audience*«/ alias Audrey), sei unwissend und nicht poetisch (»*I do not know what Poetical is*«, »*truly, I would the Gods hadde made thee poeticall*«), sodass die Zuhörerschaft den Zusammenhang nicht verstehen kann.

Auch die Figur des Sir Oliver Mar-text (dessen äußerst seltsamer Name mit Bindestrich geteilt ist und der in deutschen Übersetzungen als »Textdreher« erscheint) muss eine hochspezifische Bedeutung besitzen: Mar-text ist ein benachbarter Pfarrer, den Touchstone engagiert, damit er ihn mit seiner Braut Audrey vermähle. Als Martext aber eintrifft, wird die Hochzeit abrupt von Touchstone abgeblasen und er entlässt Mar-text ohne Zeremoniell. Bezeichnenderweise hat Oliver Mar-text (Marlowes Text?) nur einen trotzigen Abgang zu absolvieren, aber kaum ein Wort (insgesamt nur drei kurze Sätze) zu sprechen, nachdem Touchstone die Hochzeit abgesagt hat und mit Audrey aufbricht. Touchstone und Audrey lassen Mar-text mehr oder weniger allein auf der Bühne zurück, wo er vor seinem Abgang aber noch stolz erklärt:

> »*Tis no matter; ne'er a fantastical knave of them all shall flout me out of my calling*«
> (Das hat nichts zu sagen, keiner von all diesen fantastischen Knaben soll mich [meine Texte und Werke] in meiner Reputation missachten ...)

Diese fast grotesk kurze Szene dürften wohl nur wenige eingeweihte Zeitgenossen verstanden haben, doch die Bedeutung dieser Metapher liegt nahe: Mar-text wird gerufen, um Touchstone (Marlowe) und Audrey (Auditorium/ Publikum) miteinander zu vermählen (»*Come sweete Audrey, We must be married, or we must live in baudrey*«). Die Idee der Vermählung wird aber rasch wieder verworfen. Wenn Touchstone mit Audrey getraut worden wäre, hieße das im übertragenen Sinn, dass sich der Autor und seine Zuhörerschaft »vermählt« hätten, also einander zu erkennen gegeben hätten, und das wäre für Marlowes Gönner zu riskant geworden!

Zugleich will Sir Oliver Mar-text (man bemerke: die Buchstaben seines Namens sind auch im Namen Marlowe enthalten) mit seinem letzten Satz zu verstehen geben: Auch wenn die Texte von Shake-speare/Marlowe in ihrer jetzigen »unvermählten Form«, das heißt, ohne aufgedeckten Autor weiterleben müssen (»*we must live in baudrey*«), so werde niemand diese Texte und Stücke schmähen oder verspotten können. Sie seien einfach zu exzellent! Hier der Schluss der kurzen Szene in Akt 3, Szene 3:

> Touchstone: *Come sweete Audrey,*
> *We must be married, or we must live in baudrey:*
> *Farewel good Mr [Master] Oliver: Not*
> *O sweet Oliver, O brave Oliver leave me not behind thee:*
> *But winde away, bee gone I say,*
> *I wil not to wedding with thee.*
> Sir Oliver Mar-text: *'Tis no matter; Ne're a fantastical knaue of them*
> *all shal flout me out of my calling.*

Neben diesen erkennbaren Hinweisen auf ein Urheberschaftsproblem taucht in Shakespeares »Wie es euch gefällt« eine »berühmte« Zeile aus Marlowes Versepos »Hero und Leander« wörtlich wieder auf, was nicht zufällig passiert sein kann.

Von elisabethanischen Schriftstellern wurden Dichter als Schäfer (»*shepherd*«) bezeichnet. In »Wie es euch gefällt« gibt die Göttin Phoebe dem Schäfer (alias Marlowe?) zu verstehen, dass sie plötzlich sein mächtiges geflügeltes Wort (»*saw of might*«) verstehe (»*Dead Shepherd, now I find thy saw of might*«). Dann nennt sie den berühmten Vers, der Marlowes zeitgenössisches »Markenzeichen« war (s. z. B. S. 398) und aus seinem »Hero und Leander« stammt: »*Who Ever Loved That Loved Not at First Sight?*« (»Wer immer geliebt hat, wem widerfuhr dies nicht bereits mit dem ersten Blickkontakt?«).

Szene aus »Wie es euch gefällt« (Akt 3, Szene 5):

> Phebe: D*ead Shepherd, now I find thy saw of might,*
> ›*Who ever loved that loved not at first sight?*‹

Szene aus »Hero und Leander«:

> »*Where both deliberate, the love is slight:*
> *Who ever loved, that loved not at first sight?*«

»Hero und Leander« (eingereicht 1593, aber 1598, fünf Jahre nach Marlowes vermeintlichem Tod veröffentlicht) war zu Shakespeares Zeiten ein populäres Epos. Angesichts dieser Sachlage erstaunt es kaum, dass »Wie es euch gefällt« nie eine Druckgenehmigung erhielt – der Leser hätte die teilweise direkten Anspielungen zu leicht erkennen können.

Marlowes verborgenes Dichterdasein

Da Marlowe nur noch über die Figuren seiner Stücke verdeckte Informationen über sein verborgenes Leben nach außen abgeben konnte, erfährt – vorausgesetzt, man akzeptiert diese Sicht – man einige bedeutsame Details seines Innenlebens.

Als Corin Touchstone (Shakespeare/Marlowe) fragt, wie er sein Leben als Schäfer/Poet in seiner ungewöhnlichen Lebenslage empfinde (»*how like you this shepherds life, Mr Touchstone?*«), antwortet der Dichter, dass er das Leben an sich als gut empfinde (»*in respect of it selfe, it is a good life*«), aber dass es als (nicht erkannter) Dichter furchtbar sei, ein Nichts (»*but in respect that it is a shepheards* [poets] *life, it is naught*«). Sein isoliertes Einzelgängerdasein empfinde er wiederum als angenehm (»*In respect that it is solitary, I like it verie well*«). Dafür dass sein Leben in reiner Privatheit, also ohne jede Öffentlichkeit, ablaufen müsse, sei es ein wildes Leben (»*but in respect that it is private, it is a very vild life*«). Dass sich sein verborgenes Leben auf dem Lande (und nicht in der Stadt) abspielen müsse, gefalle ihm zwar (»*Now in respect it is in the fields, it pleaseth mee well*«), aber es sei doch langweilig für ihn geworden, weil sich das Leben nicht mehr am Hofe abspiele (»*but in respect it is not in the Court, it is tedious*«). Dass es ein »Ersatz«-Leben sei, passe seiner Laune (»*As it is a spare life (looke you) it fits my humor well*«), aber dass es nicht mehr die Fülle von früher habe, sei ihm zuwider (»*but as there is no more plentie in it, it goes much against my stomacke*«). Zum Schluss fragt er seinen Schäferkollegen, ob dieser in seinen Aussagen einen Sinn erkennen könne«(*Has't any Philosophie in thee, shepheard?*«).

Insgesamt eine eindrucksvolle und einfühlsame poetische Schilderung des veränderten Lebensgefühls Marlowes zu Zeiten der Niederschrift von »As you like it«.

Szene aus »Wie es euch gefällt« (Akt 3, Szene 2):

Corin: *And how like you this shepherds life Mr Touchstone?*
Touchstone: *Truely Shepheard, in respect of it selfe, it is a good life; but in respect that it is a shepheards[poets] life, it is naught. In respect that it is solitary, I like it verie well: but in respect that it is private, it is a very vild life. Now in respect it is in the fields, it pleaseth mee well: but in respect it is not in the Court, it is tedious. As it is a spare life (looke you) it fits my humor well: but as there is no more plentie in it, it goes much against my stomacke. Has't any Philosophie in thee shepheard?*

Maß für Maß

Während Shake-speare (alias Marlowe) in seinem Theaterstück »Maß für Maß« einen bemerkenswerten Einfallsreichtum (s. S. 389) hinsichtlich der

Vortäuschung eines Todes erkennen lässt, gilt vielen Experten ein solcher Vorgang in der Realität als abwegig und unvorstellbar – in »Maß für Maß« wird die Notwendigkeit, einen fingierten Tod durch eine fremde Leiche herzustellen, als eine Leichtigkeit dargestellt (»*Death is a great disguiser*«).

»Maß für Maß« ist ein Stück über Scheinheiligkeit und Moral und deren Einflüsse auf die Zersetzung einer zivilen Gesellschaft. Herzog Vincentio setzt Angelo in Wien als Statthalter ein, wo er bisher allzu liberal angewandte Gesetze verschärfen soll. Der Herzog verlässt nur scheinbar die Stadt. Er verkleidet sich als Mönch, um Angelo bei seiner Amtsführung zu beobachten. Angelo erweist sich als unfähig, mit den Verhältnismäßigkeiten der Macht adäquat umzugehen, was sich zum Beispiel daran zeigt, dass er an dem gewöhnlichen Gentleman Claudio ein Exempel zu statuieren versucht: Er soll dafür hingerichtet werden, dass er die unverheiratete Julia geschwängert hat – eine unverhältnismäßige Strafe für seine Tat.

Die sich daraus entwickelnde Szene beschreibt – in erstaunlicher Analogie zu Marlowes Schicksal – eine von höchster Stelle angeordnete Todesvortäuschung. Der Herzog (»*Duke*«) gibt seinem Kerkermeister (»*Provost*«) zu verstehen, wie er es ohne Schwierigkeiten anstellen könne, eine reale Leiche für einen vermeintlich Verstorbenen auszugeben und damit die Öffentlichkeit zu täuschen. Sogar die erzwungene Aufschiebung der Planumsetzung um vier Tage (»*I craue but foure daies respit: for the which, you are todo me both a present, and a dangerous courtesie*«) entspricht dem aufgeschobenen Tod von John Penry (Hinrichtung verschoben vom 25. auf den 29. Mai 1593[27]) vor Marlowes Tod am 30. Mai 1593. Es ist anzunehmen, dass John Penry Teil des Plans zur Vortäuschung von Marlowes Tod wurde (s. S. 388).

Auch der Abschluss der nächtlichen Szene birgt eine recht eindeutige Metapher: Als der Herzog den Morgenstern erblickt, der bereits den Schäfer (»*sheperd*«/Marlowe!) weckt, bittet er darum, dass man nicht allzu sehr darüber staunen solle, wie in dieser Szene alles zusammenhängen könne (!), denn alle Umstände seien einfach zu verstehen, wenn man sie kenne (»*Looke, th' vnfolding Starre calles vp the Shepheard; put not your selfe into amazement, how these things should be; all difficulties are but easie when they are knowne*«). Auf die analoge Szene in »Viel Lärm um Nichts« wurde bereits hingewiesen (s. S. 381).

Es wäre des Zufalls zu viel, wenn diese Inhalte nicht metaphorisch für etwas anderes stehen würden. So scheint es letztlich mit der gesamten Ur-

---

[27] Vgl. John Waddington: John Pebtry, the Pilgrim Martyr, London 1854; Onlineversion: http://www.archive.org/stream/johnpenrypilgrioowaddgoog#page/n12/mode/2up, aufgerufen am 19.1.2011.

heberschaftsproblematik: Es wäre alles ganz einfach zu verstehen, wenn die Hintergründe offengelegt würden.

Vollständige Szene aus »Maß für Maß« (Akt 4, Szene 2):

Duke: (...) *truly, my ancient skill beguiles me: but in the boldnes of my cunning, I will lay my selfe in hazard: Claudio, whom heere you haue warrant to execute, is no greater forfeit to the Law, then Angelo who hath sentenc'd him. To make you vnderstand this in a manifested effect, I craue but foure daies respit: for the which, you are to do me both a present, and a dangerous courtesie.*

Provost: *Pray Sir, in what?*

Duke: *In the delaying death.*

Provost: *Alacke, how may I do it? Hauing the houre limited, and an expresse command, vnder penaltie, to deliuer his head in the view of Angelo? I may make my case as Claudio's, to crosse this in the smallest.*

Duke: *By the vow of mine Order, I warrant you, If my instructions may be your guide, Let this Barnardine be this morning executed, And his head borne to Angelo.*

Provost: *Angelo hath seene them both, And will discouer the fauour.*

Duke: *Oh, death's a great disguiser, and you may adde to it; Shaue the head, and tie the beard, and say it was the desire of the penitent to be so bar'de before his death: you know the course is common. If any thing fall to you vpon this, more then thankes and good fortune, by the Saint whom I professe, I will plead against it with my life.*

Provost: *Pardon me, good Father, it is against my oath.*

Duke: *Were you sworne to the Duke, or to the Deputie?*

Provost: *To him, and to his Substitutes.*

Duke. *You will thinke you haue made no offence, if the Duke avouch the iustice of your dealing?*

Provost: *But what likelihood is in that?*

Duke: *Not a resemblance, but a certainty; yet since I see you fearfull, that neither my coate, integrity, nor perswasion, can with ease attempt you, I wil go further then I meant, to plucke all feares out of you. Looke you Sir, heere is the hand and Seale of the Duke: you know the Charracter I doubt not, and the Signet is not strange to you?*

Provost: *I know them both.*

Duke: (...)

Duke: *Looke (...) th' vnfolding Starre calles vp the Shepherd. Put not your selfe into amazement, how these things should be: all difficulties are but easie when they are knowne.*

Dieser Szene mit einer fremden Leiche folgt noch eine Steigerung, eine zweite sehr ähnliche: Am Morgen sei der berüchtigte Räuber Ragozine an einem hitzigen Fieber gestorben, der im Hinblick auf Alter, Bart und Kopf noch besser als vorgeschobene Leiche für Claudio passe (»*I Heere in the prison, Father, There died this morning of a cruell Feauor, One Ragozine, a most notorious Pirate, A man of Claudio's yeares: his beard, and head Iust of his colour*«). Der Kerkermeister fragt deshalb den Herzog, ob man den Statthalter Angelo nicht mit dem Gesicht der Leiche von Ragozine befriedigen könne, das dem von Claudio noch ähnlicher sehe (»*What if we do omit This Reprobate, til he were wel enclin'd, And satisfie the Deputie with the visage Of Ragozine, more like to Claudio?*«).

Dies begrüßt der Herzog als einen (günstigen) Zufall, den ihm der Himmel geschickt habe (»*Oh, 'tis an accident that heauen prouides*«), er mahnt zur Eile (»*the houre drawes on*«), damit dies gemäß seinem Befehl so erledigt werde (»*And sent according to command. See this be done*«), ohne dass der Tausch bemerkt werde.

Eine um vier Tage aufgeschobene Hinrichtung, das entstellte, nicht mehr identifizierbare Gesicht einer Leiche – all das erinnert, wie bereits erwähnt, stark an die Umstände, wie sie bei der Todesvortäuschung von Christopher Marlowe angenommen werden müssen. Die Hinrichtung John Penrys wurde um vier Tage aufgeschoben und fiel damit auf den Vorabend von Marlowes Tod (30. Mai 1593). Sie fand zu einer damals äußerst ungewöhnlichen Tageszeit am Vorabend statt.

Nach den erst 1923 aufgefundenen Unterlagen wurde ein wahrscheinlich nicht entkleideter Leichnam einer 16-köpfigen Jury vorgeführt, die als Todesursache einen Schnitt oberhalb des linken Auges feststellte.

Es ist äußerst bemerkenswert, dass in »Maß für Maß« der Herzog (mit der gleichen Autorität wie ein William Cecil) den Austausch der Leichname befeligen und einen Aufschub der Hinrichtung um vier Tage anordnen kann (wie bei John Penry/Marlowe).

»Maß für Maß« wurde im Dezember 1604 in stark gekürzter Fassung am Hof aufgeführt und 1606 von einer unbekannten Person erheblich modifiziert (von wem? Marlowe?) und dabei um Hunderte neuer Prosa- und Verszeilen ergänzt. Es muss einen Grund dafür geben, warum das Stück zu Lebzeiten Shakespeares nie in einem Quarto gedruckt wurde. Die Verantwortlichen konnten oder wollten vermutlich, ähnlich wie bei »Wie es euch gefällt« oder »Ende gut, alles gut«, das Risiko einer Drucklegung wegen der äußerst gewagten, weil erkennbaren Anspielungen darin nicht eingehen.

Man kommt nicht umhin, auch des Herzogs satirische Schlussbemerkung als Metapher für den falschen Leichnam zu erkennen: »*The unfolding Starre calls up the shepherd*«. Dies wird meist übersetzt mit: »Der Morgenstern weckt schon den Schäfer«. Diese Übersetzung passt hier nur wenig, denn es klingt, als ob der Herzog sagen wolle: Beeil dich, es wird schon hell. Ein Stern weckt in der Regel keinen Schläfer, sondern die Dämmerung – warum hat das der Dichter so nicht formuliert? Es bedeutet übertragen auch: Die sich entwickelnde (»*unfolding*«) Leichenstarre (»*Star(r)e*«, auch als Blickstarre) ruft den Schäfer ab (»*calles up the shepherd* [Marlowe]«). Das heißt im übertragenen Sinn, dass hier dem Wissenden das Wortspiel um einen erstarrenden Leichnam[28] offengelegt wird, der die formale vorgetäuschte Abberufung der Person Marlowes bedeutete (»*calles the sheperd up*«).

Der Verweis auf das Schicksal von Shakespeare/Marlowe ist hier plausibel, insbesondere weil wir als Zuhörer und Leser unmittelbar danach aufgefordert werden, nicht zu sehr darüber zu staunen (»*Put not your selfe into amazement*«), wie das alles miteinander zusammenhängt (»*how these things should be*«). All diese Schwierigkeiten wären einfach zu verstehen, wenn sie uns bekannt wären (»*all difficulties are but easie when they are knowne*«). Dies ist eine klare Ansage, dass hinter dem Gesagten eine tiefere, zunächst nicht verstehbare Bedeutung liegt, diejenige einer komplexen Todesvortäuschung, wie sie die Welt letztendlich auch bei Shakspere/Shakespeare in 400 Jahren nicht verstanden und aufgedeckt hat.

Während der zum Tode verurteilte Claudio die »Devise« des Stückes über Freiheit und Notwendigkeit, über das rechte Maß etc. formuliert, wird Marlowes dialektisches Lebensmotto, das er sich als 21-Jähriger auf sein Porträt schreiben ließ (»Quod me nutrit me destruit«), in dieser Formulierung wie an sehr vielen anderen Stellen erkennbar (»*and when wie drink we die*«):

Auszug aus »Maß für Maß« (Akt 1, Szene 2):

Claudio: *So every scope by the immoderate use Turns to restraint. Our natures do pursue, Like rats that ravin down their proper bane, A thirsty evil; and when we drink we die.*

Übersetzung: Jede Freiheit ohne Maß gebraucht kehrt sich in Zwang. Unsere Natur folgt wie Ratten, die sich gierig in ihr Verderben stürzen, einem durstigen Übel, und wenn wir trinken, sterben wir.

Der Widerspenstigen Zähmung

Erstaunlicherweise existieren von »Der Widerspenstigen Zähmung« zwei 30 Jahre auseinanderliegende Fassungen.[29] »The Taming of a Shrew« (TaS,

---

[28] John Penrys um vier Tage aufgeschobene Erhängung erfolgte am Abend vom 29. auf den 30. Mai 1593. Seine Leichenstarre entwickelte sich in den folgenden 24 Stunden. In dieser Zeit erfolgte die vermeintliche Tötung Marlowes.

[29] ›The Taming of a Shrew‹, being the Original of Shakespeare's ›Taming of the Shrew‹,

1594) und die Fassung in der »First Folio« aus dem Jahr 1623: »The Taming of the Shrew«(TtS) – mehr zu den beiden Varianten s. S. 435 f.).

Die Drucker und Verleger der »First Folio«, unter ihnen Eward Blount, müssen TtS und TaS als das gleiche Stück aufgefasst haben, da sie die spätere Variante nicht erneut für den Druck einreichten. TaS wurde auffallenderweise von Francis Meres in seiner Liste der Shakespeare-Stücke in »Palladis Tamia« (1598) nicht aufgeführt, es erschien drei Mal (1594, 1596 und 1607) ohne Autorname. Dem Tagebuch Philip Henslowes ist zu entnehmen, dass die früheste Aufführung am 13. Juni 1594 unter dem Namen »The Tamynge of A Shrowe« erfolgte.

Bei der vergleichenden Analyse beider Versionen (TaS und TtS) gelangte Albert Harris Tolman[30] 1890 wegen der außerordentlich zahlreichen ähnlichen oder identischen Zeilen und Passagen zwischen TaS einerseits und Marlowes »Tamerlan« beziehungsweise »Doktor Faustus« andererseits zu der Gewissheit, dass TaS nur von Christopher Marlowe stammen könne. Da bei der späten First-Folio-Fassung (1623) naturgemäß stets Shakespeare als Autor angenommen wird, müsste er in einem extremen Maß Passagen und Zeilen zum Teil wörtlich aus der frühen Fassung von Marlowe »entlehnt« haben (»*plagiarism*«). Einige Experten konnten dies nicht akzeptieren und sprachen auch die frühe Fassung Shakespeare zu, insbesondere wegen der Exzellenz dieser Fassung. Bereits 1849 fomulierte Charles Knight über TaS:

> »(...) *abounds in passages that either strongly resemble or directly correspond with passages in the undoubted plays of Marlowe.*« [31]

Es bleibt erstaunlich, dass 1890, zu einer Zeit, als eine Urheberschaft Marlowes noch in keiner Weise erwogen wurde, verschiedene Forscher, nicht nur Tolman, zu der Überzeugung gelangten, dass Shakespeare sich entweder hemmungslos aus der Frühfassung von Marlowe bedient habe oder – noch plausibler – dass der Verfasser von TaS und Christopher Marlowe dieselbe Person sein müssten. Tolmann schrieb 1890[32]:

London 1908; Onlineversion: http://www.archive.org/stream/tamingofshrewbe00boasuoft#page/n13/mode/2up, aufgerufen am 19.1.2011.

[30] Albert A. Tolman: Questions on Shakespeare, Chicago 1910; Onlineversion: http://www.archive.org/stream/questionsonshak01tolmgoog#page/n6/mode/2up, aufgerufen am 19.1.2011.

[31] Charles Knight: Studies of Shakespeare, London 1849, Onlineversion: http://www.archive.org/details/studiesshakspero2kniggoog#page/n9/mode/1up, aufgerufen am 19.1.2011.

[32] Charles Knight: The Views about Hamlet and other essays, New York 1904; Onlineversion: http://www.archive.org/stream/viewsabouthamle00tolmgoog#page/n220/mode/2up, aufgerufen am 19.1.2011.

> »(...) that I feel forced to hold the view of unity of authorship. The writer seems to consider the style of Marlowe to be the model of excellence for formal lovemaking, for the expression of elevated thoughts, and seven for elegant transitions.«

Dabei hob er als stärkstes Argument für Marlowe die poetische Qualität verschiedener Passagen heraus. Da man zu jener Zeit sicher war, dass Marlowe zu Tode gekommen war, wurde gefolgert, dass Shakespeare die Sprache Marlowes sehr bewundert haben müsse. Tolman:

> »(...) it seems to me probable that TaS was the work of a single author, and that this author was an admirer and imitator of MARLOWE rather than that poet himself. Farther than this I have no clear opinion.«[33]

In TtS lässt der Dichter wohl nicht zufällig erkennen, dass er Reims kennt (TaS, Akt 2, Szene 1):

> »(...) this young scholar, that hath been long studying at Rheims; as cunning in Greek, Latin, and other languages, as the other in music and mathematics«

Historische Quellen belegen eindeutig, dass Marlowe als Student in Cambridge von »Staats wegen« für längere Zeit nach Reims entsandt wurde. Aus heutiger Sicht ist es einem Leser kaum noch verständlich zu machen, wie ganze Generationen von Shakespeare-Experten die Frühfassung TaS als ein von Marlowe unabhängiges literarisches Werk eines anderen Autors ansahen und die auffälligen Ähnlichkeiten (s. folgende Seiten) zwischen TaS und Marlowes Stücken völlig ignorieren konnten. Hätte man nicht allein aufgrund dieser Analyse adäquatere wissenschaftliche Hypothesen entwickeln müssen?

Beispielhafter Vergleich einiger auffälliger Textparallelen zwischen der Frühfassung von »Der Widerspenstigen Zähmung« (TaS, links) und Werken von Marlowe (rechts).[34]

TAMING OF A SHREW (TaS)	WERK VON CHRISTOPHER MARLOWE/ SHAKESPEARE
Now that the gloomy shadow of the night, Longing to view Orions drisling lookes, Leapes from th' antarticke world unto the skie. And dims the welkin with her pitchie breath	
	FAUSTUS (Q1604 und Q1616) *Now that the gloomy shadow of the earth Longing to view Orion's drizzling look, Leaps from th' antartic world unto the sky, – And dims the welkin with her pitchy breath*

[33] Ebd.
[34] Durchgehend unterstrichen: Wortidentitäten; unterbrochen unterstrichen: Sinnidentitäten.

And dive into the sea to gather pearle.
Boy, oh disgrace to my person, souns, boy, of your face,
You have many boys with such Pickadevantes,
I am sure, sounds would you not have a bloody nose for this.

>FAUSTUS (Q1604; Q1616)
>*Ransacke the Ocean for orient pearle.*
>*How boy. Swowns, boy! I hope you*
>*have seen many boys with such*
>*pickadevaunts as I have; boy, quotha!*

But staie, what dames' are these so bright of hew
Whose eies are brighter than the lampes of heaven?
Fairer then rocks of pearl and pretious stone

>TAMERLAN
>*Zenocrate, the loveliest maid alive,*
>*Fairer than rocks of pearl and precious stone,*
>*Whose eyes are brighter than the lamps of heaven*

The image of honor and Nobilitie,
In whose sweet person is comprisde the somme
Of natures skill and heauenlie maiestie.

>*Image of Honor and Nobilitie,*
>*In whose sweete person is compriz'd the Sum*
>*Of nature's Skill and heauenly majestic.*

Eternall heaven sooner be dissolv'd,
And all that pierceth Phoebus silver eie,
Before such hap befall to Polidor.

>*Eternal heaven sooner be dissolv'd,*
>*And all that pierceth Phoebus' silver eye,*
>*Before such hap fall to Zenocrate!*

Thou shalt have garments wrought of Median silke,
Enchac'd with pretious jewels fetcht from far,
By Italian merchants that with Russian stemes,
Plows up huge furrowes in the Terrene Maine.

>*Thy garments shall be made of Median silk,*
>*Enchas'd with precious jewels of mine own,*
>*And Christian merchants that with Russian stems*
>*Plow up huge furrows in the Caspian Sea.*

Whose sacred beauties hath inchanted me,
More faire than was the Grecian Helena
For whose sweet sake so many princes dide,
That came with thousand shippes to Tenedos.

> TAMBURLAINE II
> *Her sacred beauty hath enchaunted heaven;*
> *And had she liu'd before the siege of Troy,*
> *Helen, whose beauty summond Greece to armes*
> *And drew a thousand ships to Tenedos,*
> *Had not been nam'd in Homers Iliads.*

Brighter then the burnisht pallace of the sunne,
The eie-sight of the glorious firmament.

> *Batter the shining pallace of the Sun,*
> *And shiver all the starry firmament.*

As was the Maßie Robe that late adorn'd
The stately legat of the Persian king.

> *And I sat down, cloth'd with a maßy robe*
> *That late adorn'd the Afric potentate.*

I'll fetch you lusty steeds more swift of pace
Than winged Pegasus in all his pride,
Than ran so swiftly over the Persian plain.

> TAMBURLAINE II
> *A hundred Tartars shall attend on thee,*
> *Mounted on steeds swifter than Pegasus.*

Or were I now but half so eloquent,
To paint in words what I'll perform in deeds,
I know your honour then would pity me.

> *Ah, were I now but half so eloquent*
> *To paint in words what I'll perform in deeds,*
> *I know thou wouldst depart from hence with me.*

My future now I do account as great
As earst did Cesar when he conquered most.

> EDWARD II.
> *Which whiles I have, I think myself as great*
> *As Cesar riding in the Roman street.*

»Der widerspenstigen Zähmung« kann für die literaturwissenschaftliche Forschung und für das bizarre Urheberschaftsproblem generell als paradigmatisch angesehen werden: Ein Experte wie F. S. Boas[35] ging so weit, TaS als ein Werk von Christopher Marlowe und TtS als ein reifes Werk von William Shakspere

---

[35] F. S. Boa: »The Taming of a Shrew«: being the Original of Shakespeares »The Taming of the Shrew«, London 1908; Onlineversion: http://www.archive.org/stream/tamingofshrewbeooboasuoft#page/n13/mode/2up, aufgerufen am 19.1.2011.

anzusehen. Seiner Vorstellungskraft standen erstaunlicherweise keine Möglichkeiten zur Verfügung, alternative Paradigmen auch nur theoretisch ins Auge zu fassen.

Julius Caesar

Es bleibt eine bemerkenswerte Tatsache, dass Shakespeares »Julius Caesar« mit einer längeren Szene über einen Schuhmacher und über das Schuhmacherhandwerk beginnt. Bei der Rückkehr Caesars fragen die Tribunen Marius und Flavius einen Schuhmacher auf der Straße: welchen Beruf er habe.

Flavius: (...) *You sir, what Trade are you?*
Cobler: *Truely Sir, in respect of a fine Workman, I am but as you would say, a Cobler.*
Marius: *But what Trade art thou? Answer me directly.*
Cobler. *A Trade Sir, that I hope I may vse, with a safe Conscience, which is indeed Sir, a Mender of bad soules.*
Flavius: *What Trade thou knaue? Thou naughty knaue, what Trade?*
Cobler. *Nay I beseech you Sir, be not out with me: yet if you be out Sir, I can mend you.*
Marius:. *What meanst thou by that? Mend mee, thou sawcy Fellow?*
Cobler: *Why sir, Cobble you.*
Flavius: *Thou art a Cobler, art thou?*
Cobler: *Truly sir, all that I liue by, is with the Aule: I meddle with no Tradesmans matters, nor womens matters; but withal I am indeed Sir, a Surgeon to old shooes: when they are in great danger, I recouer them. As proper men as euer trod vpon Neats Leather, haue gone vpon my handy-worke.*
Flavius: *But wherefore art not in thy Shop to day? Why do'st thou leade these men about the streets?*
Cobler: *Truly sir, to weare out their shooes, to get my selfe into more worke. But indeede sir, we make Holyday to see Caesar, and to reioyce in his Triumph.*

Man kann, wie stets bei Marlowe/Shakespeare, mit großer Sicherheit davon ausgehen, dass eine Eröffnungsszene sich nicht zufällig dem Handwerk des Schuhmachers widmet, sondern dass dahinter eine Metapher verborgen ist: Es ist zu vermuten, dass Marlowe seinen Vater, den Schuhmacher John Marlowe (1536–1605), in dieser Szene verewigen und seinen Beruf ehren wollte (»*a Mender of bad soules*«). Als Kind dürfte Marlowe seinem Vater, dem »Wundarzt für alte Schuhe« (»*Surgeon to old shoes*«), beim Reparieren zugeschaut haben.

Es ist bis heute unklar, woher die Herausgeber der »First Folio« das Originalmanuskript von »Julius Caesar« (1599) hatten, das heißt, ob die »First Folio«-Version die gleiche war, die etwa 25 Jahre früher, 1599, aufgeführt wurde. Wir wissen also nicht, ob in der Aufführung von 1599 die Szene mit dem Schuhmacher bereits enthalten war oder ob sie erst später eingefügt wurde.

Dass das Stück 1599 in London aufgeführt wurde, ist durch eine Tagebucheintragung des jungen Schweizers Thomas Platter belegt, der vom 18. bis 20. Oktober 1599 London und dabei die Aufführung im Globe Theater besuchte. Das Stück wird nicht in Francis Meres »Palladis Tamia« (1598) erwähnt. Wegen seiner verbalen und metrischen Ähnlichkeiten zu »Hamlet«, »Heinrich V.« und »Wie es euch gefällt« wird die Entstehung des Stückes auf das Jahr 1599 datiert.

Es fällt auf, dass die Figur des Schuhmachers, wie sie in der »First Folio« auftaucht, sehr bald in englischen Wiederauflagen und Neudrucken in einen »*Second Commoner*« (Zweiter Bürger) umgewandelt wurde – die Berufsbezeichnung »Cobbler« und die spätere Umwandlung wurde wohl nicht grundlos vorgenommen, sondern könnte dazu gedient haben, potenzielle Spuren zu Marlowe zu verwischen.

Auch in anderen Stücken von Shakespeare taucht ein Schuhmacher in Verbindung mit einem Vater auf:

»Zwei Herren aus Verona« (Akt 2, Szene 3):

> Launce: *This shoe is my father: no this left shoe is my father: This no, no, this left shoe is my mother: nay, that cannot be so neither: yes; it is so, it is so: it hath the worser sole. This shoe, with the hole in it, is my mother, and this my father; a vengeance (...) Now come I to my father; Father, your blessing: now should not the shoe speake a word for weeping: now should I kiss my father; well, he weeps on. Now (...)*

»Hamlet« (Akt 1, Szene 2):

> »*A little month, or ere those shoes were old*
> *With which she follow'd my poor father's body*«

Dieser mehrfache Zusammenhang zwischen Schuhen beziehungsweise dem Schumacherhandwerk und (s)einem Vater ist auffällig und kann nicht zufällig passiert sein.

Romeo und Julia

Die Tragödie »Romeo und Julia« entstand wahrscheinlich zwischen 1591 und 1595. Das Stück wurde zu Lebzeiten Shakspores drei Mal gedruckt – stets ohne Autornamen! Sogar auf dem sechs Jahre (1622) nach Shakspores Tod zum vierten Mal gedruckten Manuskript (Q4) erschien noch kein Autorname, sondern erstmals 1623 in der »First Folio«.

Die zwei zuerst gedruckten Quartos Q1 (1597) und Q2 (1599) differierten stark voneinander. Q1 wurde aufgrund der zahlreichen Textunterschiede zu späteren Versionen auch »schlechtes Quarto« genannt. Im Titel von Q2 steht: »*Newly corrected, augmented and amended*« und: »*The Most Excellent and Lamentable Tragedie of Romeo and Juliet*«. Q2 ist um 800 Zeilen länger als Q1 und wurde 1609 und 1622 als Q3 und Q4 nachgedruckt. Die »First Folio« (F1) basiert primär auf Q3.

Es kann kein Zufall sein, dass die zwei wichtigsten literarischen Heldinnen in Marlowes Werken, Dido und Hero, in »Romeo und Julia« auftauchen:

»Romeo und Julia« (Akt I 2, Szene 4):

> »(...) *wench – marry, she had a better love to berhyme her – Dido*
> »*a dowdy, Cleopatra a gypsy, Helen and Hero hildings*
> *and harlots: This be a gray eye or so, but not to the purpose.*«

Marlowes Haltung, dass Liebe etwas mit dem ersten Blickkontakt zu tun habe, korrespondiert stark mit Shakespeares Philosophie in »Romeo und Julia«. In seinem berühmten Gedicht »Who Ever Loved That Loved Not at First Sight« konstatiert Marlowe, dass wir die Liebe nicht kontrollieren könnten und keinen Einfluss darauf haben, wann oder in wen wir uns verlieben. Dies entscheide ein nicht dem Willen unterworfenes Schicksal (»*it lies not in our power to love or hate, For will in us is overruled by Fate*«). Die Gefühle Liebe oder Hass seien bereits im Moment der ersten Begegnung vorhanden.

Marlowes »Who Ever Loved, That Loved Not at First Sight?«:

> *It lies not in our power to love or hate*
> *For will in us is overruled by fate.*
> *When two are stripped, long ere the course begin,*
> *We wish that one should love, the other win;*
> *And one especially do we affect*
> *Of two gold ingots, like in each respect:*
> *The reason no man knows, let it suffice,*
> *What we behold is censured by our eyes.*
> *Where both deliberate, the love is slight:*
> *Who ever loved, that loved not at first sight?*

»Romeo und Julia« (Akt 1, Szene 5):

> Romeo: (...) *sight! for I saw ne'er true beauty till this night.*

»Romeo und Julia« (Akt 2, Szene 3):

> Friar (zu Romeo):
> *Young men's love then lies
> Not truly in their hearts but in their eyes.*

In »Romeo und Julia« tötet Tybalt im Duell Mercutio und Romeo Tybalt. A. L. Rowse[36] hat darauf aufmerksam gemacht, dass Marlowes Dichterfreund Thomas Watson im Duell einen gewissen William Bradley getötet habe und Marlowe anwesend gewesen sei:

> *»Though a modern mind may find the feud between the Montagues and Capulets odolescent, it was utterly true of age ... Marlowe's friend. The poet and musician Thomas Watson, came to Marlowe's aid in his affray with William Bradley and killed him.«*

Verbannung und Exil – biografischer Bezug

Nach der Tötung von Tybalt wird Romeo nicht mit dem Tod bestraft, sondern verbannt (»*Thy fault our law calls death; but the kind prince Taking thy part, hath rusht aside the Law, And turn'd that blacke word death, to banishment*«). Auch bei Marlowes Anklage 1593 gehen wir von einer nach dem Gesetz vorgesehenen Todesstrafe (*Thy falt our Law calles death*) und einer von oben angeordneten Umwandlung der Strafe in ein dauerhaftes (inneres) Exil aus.

In »Romeo und Julia« kommen äußerst eindrücklich die emotionale Gefühlswelt und Spannbreite eines Menschen zur Darstellung, der Verbannung und Exil physisch durchlebt haben muss (»*banishment? be mercifull, say death: For exile hath more terror in his looke, Much more then death: do not say banishment*«). Diese Schilderung wirkt überaus authentisch und ist bei Christopher Marlowe, dem dieses Schicksal einer Verbannung (*banishment*) zuteil wurde, ungleich eher zu verstehen und zu erwarten als bei Shakspere aus Stratford.

Auszug aus »Romeo und Julia« (Akt 3, Szene 3):

Friar:	*Not bodies death, but bodies banishment.*
Romeo:	*Ha, banishment? be mercifull, say death: For exile hath more terror in his looke, Much more then death: do not say banishment.*
Friar:	*Here from Verona art thou banished: Be patient, for the world is broad and wide.*
Romeo:	*There is no world without Verona walles, But Purgatorie, Torture, hell it selfe: Hence banished, is banisht from the world, And worlds exile is death. Then banished, Is death, mistearm'd, calling death*

---

[36] A. L: Rowse: The Annotated Shakespeare. Vol. III: Tragedies und Romances, New York 1978, S. 1606.

	banished, Thou cut'st my head off with a golden Axe, And smilest vpon the stroke that murders me.
Friar:	*O deadly sin, O rude vnthankefulnesse! Thy falt our Law calles death, but the kind Prince Taking thy part, hath rusht aside the Law, And turn'd that blacke word death, to <u>banishment</u>. This is deare mercy, and thou seest it not.*
Romeo:	*'Tis <u>Torture</u> and not mercy, heauen is here*

Auch in Romeos Monolog, in dem er die vermeintlich tote Julia beklagt, lassen sich Parallelen zu Marlowes Schicksal erkennen. Marlowe wäre der Einzige, bei dem der Begriff »immaterieller Tod« (»*unsubstantial death*«) einen greifbaren Sinn bekommt.

Quarto 2 (1599):

> *»How well thy beauty doth become this grave?*
> *O I beleeve that <u>unsubstanciall death</u>,*
> *Is amorous, and doth court my love.*
> *Therefore will I, O heere, O ever heere,*
> *Set up <u>my everlasting rest</u>*
> *With wormes, that are thy chamber maids.*
> *Come desperate Pilot now at once runne on.«*

Auch die Szene, in der Julia erfährt, dass Romeo ein Montague ist, kann man auf Marlowe beziehen: Marlowe hatte Ende Mai 1593 keine andere Wahl, als zu aktzeptieren, dass seine Werke ab nun unter einem anderen Namen erscheinen würden. Das änderte zwar nichts an der Tatsache, dass er die Werke geschrieben hatte, dennoch beschäftigt ihn der Verlust seines Namens ungemein: »Romeo und Julia« (Akt 2, Szene 2):

> *»Tis but: thy <u>name</u> that is my enemy*
> *Thou art thyself, though not a Montague.*
> *What's a Montague? It is not hand nor foot*
> *Nor arm nor face, nor any other part*
> *Belonging to a man. Oh, be some other <u>name</u>!*
> *What's in a <u>name</u>? that which we call a rose*
> *By any other <u>name</u> would smell as sweet*
> *So Romeo would, were he not Romeo called*
> *Retain that dear perfection which he owes.«*

Ein Vergleich von Textstellen aus »Romeo und Julia« und Marlowes Werken soll Analogien aufzeigen, die die Annahme eines Plagiats von Shakspere abwegig, hingegen einen Identitätswechsel (Marlowe wurde/war Shakespeare) plausibel erscheinen lassen.[37]

---

[37] Durchgehend unterstrichen: Wortidentitäten; unterbrochen unterstrichen: Sinnidentitäten.

WERK VON MARLOWE	ROMEO UND JULIA
TAMERLAN (AKT 5, SZENE 1)	AKT 1, SZENE 3
on thy shining *face*	Read o'er the *volume* of your paris *face*
Where *beauty*, mother to the Muses, sits	And find delight writ there with *beauty's pen*
And comments *volumes* with her ivory *pen*	And what obscured in this fair *volume* lies
Taking instructions from thy flowering *eyes*.	Find written in the margent of his *eyes*.
TAMERLAN (AKT 1, SZENE 3)	AKT 5, SZENE 3
The *sun*, unable to sustain the sight shall *hide his head*.	The *sun* for sorrow *will not show his head*
DIDO, KÖNIGIN VON KARTHAGO (AKT 5, SZENE 1)	AKT 3, SZENE 2
Dido zu ihrem Geliebten:	Julia zu ihrem Gelebten:
(...) if thou wilt stay,	(...) and Romeo
Leap in mine *arms*	*Leape* to these *armes* (...)
EDWARD II. (AKT 4, SZENE 3)	AKT 3, SZENE 2
Gallop, apace, bright *Phoebus* through the sky	*Gallop, apace*, You fiery footed steel Towards *Phoebus* lodging; such a *waggoner*
And dusky night, in rusty iron car	
Between you both shorten the time, I pray	As a Phaeton would *whip you* to the west
That I may see that most desired day	and bring in *cloudy night* immediately
HERO UND LEANDER (ZWEITE SESTIADE)	AKT 5, SZENE 1
Hero ... fell down and *fainted*	I dreamt my lady came and *found me dead*
He *kissed* her and *breathed* life into her *lips*.	And *breathed* such life with *kisses* in my *lips*
DER JUDE VON MALTA (AKT 2, SZENE 1)	AKT 2, SZENE 2
But stay! What star shines yonder in the east?	But *soft*! *What light through yonder window breaks*?
The lodestar of my life, if Abigail.	It is the east, and *Juliet is the sun*!

König Lear

Einzelne der im Folgenden in »König Lear« erkannten Indizien und Analogien würden von Experten wohl nicht anerkannt, um darin einen Hinweis auf Marlowes Urheberschaft zu erkennen. Aber ihre massive Häufung im Kontext der Gesamtbewertung lässt die Argumentation einleuchtender erscheinen.

Es ist bis heute rätselhaft, wer das Stück vor seinem Erscheinen in der »First Folio« (1623) – ähnlich wie viele andere Stücke – so verändert hat, dass es sich von den Versionen in den Quartos deutlich unterschied. Die mehrheitliche

Auffassung der Experten, Shakspere habe seine literarische Aktivität um etwa 1611 eingestellt, ist nicht vereinbar mit diesen später durchgeführten, zum Teil ausgedehnten Korrekturen und Textänderungen. Die plausiblere Erklärung ist, dass Edward Blount, einer der Herausgeber, mit dem noch lebenden Marlowe/Shakespeare kooperierte.

Da diese Möglichkeit nie in Betracht gezogen wurde beziehungsweise werden konnte, haben sich zu den bemerkenswerten Textänderungen und ihren Datierungen zum Teil abenteuerliche Theorien entwickelt. Manche Experten vermuten beispielsweise, dass das Originalmanuskript von »König Lear« unglücklicherweise verloren gegangen sein müsse und deswegen nicht Grundlage der Version in der »First Folio« gewesen sein könnte.

M. Warren und G. Taylor behaupteten in den späten 70er-Jahren, dass Q1 auf einem Theatertranskript (sogenannte »Foul papers« oder »Promptbook«) beruhe, das von der Theatergesellschaft oder von jemandem anderem (!) für die Drucklegung vorbereitet worden sein müsse, die Q1 stamme also von »Theaterleuten«, die First-Folio-Version vom Autor.

»König Lear« dürfte um das Jahr 1605 konzipiert worden sein, als Jakob I. bereits König von England war (seit April 1603). Das Stück erschien erstmals 1608 als Q1[38] und 1619 als Q2[39], die »First-Folio«-Ausgabe (FF1) ist eine stark redigierte Fassung von Q2. Die Unterschiede zwischen Q1, Q2 und FF1 sind beträchtlich. Q1 enthält 285 Zeilen, die nicht in FF1 vorkommen; FF1 enthält wiederum etwa 100 Zeilen, die nicht in Q1 erscheinen. Mindestens 1000 einzelne Worte wurden zwischen Q1 und F1 geändert und jeder Text hat eine völlig unterschiedliche Zeichensetzung. Die Hälfte der Verszeilen in der »First Folio« sind entweder in Prosa geschrieben oder unterschiedlich geteilt als in Q1. Diese mannigfaltigen Textänderungen können nur von einer Person vorgenommen worden sein, die das Stück sehr genau kannte – eigentlich nur vom Autor selbst.

William Shakspere aus Stratford war im Jahr 1606 ein wohlhabender Geschäftsmann, der nachweislich Immobilien und Waren kaufte und verkaufte und der – wie Quellen belegen – gegen Schuldner klagte, erstaunlicherweise nicht aber gegen die Drucker der unautorisierten »Lear«-Quartos. Warum er als gewiefter Geschäftsmann darauf verzichtete, ist bis heute nicht befriedigend erklärt.

---

[38] Treasures in Full. Shakespeare in Quarto; Onlineversion: http://special-1.bl.uk/treasures/SiqDiscovery/ui/record.aspx?Source=text&LHCopy=25&LHPage=-2&RHCopy=25&RHPage=-1, aufgerufen am 19.1.2011.

[39] Treasures in Full. Shakespeare in Quarto; Onlineversion: http://special-1.bl.uk/treasures/SiqDiscovery/ui/record.aspx?Source=text&LHCopy=27&LHPage=-2&RHCopy=27&RHPage=-1, aufgerufen am 19.1.2011 (die dort gedruckte Jahreszahl 1608 ist unrichtig!).

In »König Lear« wird der edle und loyale Graf von Kent, ein treuer Berater König Lears, vom König verstoßen. Er hatte dessen Lossagung von seiner Tochter Cordelia kritisiert. Er kehrt aber mit verändertem Aussehen und unter falschem Namen an den Hof zurück und dient dem König weiter, ohne ihm seine »neue« Identität preiszugeben.

Marlowe/Shakespeare wusste, was es bedeutete, mit einer »geliehenen« Identität zu leben, und verdichtet diese »biografische« Erfahrung in außerordentlicher Authentizität in den Aussagen Kents: Er müsse sich in eine fremde Sprache flüchten, die seine Rede entstelle (»*I other accents borrow, That can my speech defuse*«), er müsse seinem Charakter ein »künstliches« Aussehen geben, sein Wesen verhüllen (»*I razed my likeness*«), dort dienen, wo man ihn hinstelle (»*banished Kent ... canst serve where thou dost stand condemned*«), er müsse bekennen, so wenig zu sein, wie er scheine (»*I do profess to be no less than I seem*«), er müsse am besten mit demjenigen leben, der klug sei, aber wenig spreche (»*to converse with him that is wise, and says little*«), er könne nicht gegen unkluge Entscheidungen argumentieren, da er keine Wahl habe (»*to fear judgmen to fight when I cannot choose*«) etc., er dürfe sich nicht in Sachen des Erlösers, Jesus Christus, Gottes Sohn (?) einlassen (»*and to eat no fish*«).

Es ist kaum vorstellbar, das jemand ohnc Erfahrung in Sachen »Verlust der eigenen Identität« und »Vortäuschung einer fremden Identität« dies alles erfinden konnte!

»König Lear« (Akt 1, Szene 4):

    Kent: *If but as well I other accents borrow, That can my speech defuse, my good intent May carry through itself to that full issue For which I razed my likeness. Now, banished Kent, If thou canst serve where thou dost stand condemned*

    (...)

    I do profess to be no less than I seem; to serve him truly thatwill put me in trust: to love him that is honest; to converse with him that is wise, and says little; to fear judgment to fight when I cannot choose.

Gründe für Marlowes/Shakespeares Depression

Was könnte in der Zeit um 1605 Marlowe bewogen haben, solch ein düsteres und leidvolles Stück wie »Lear« zu schreiben? Es scheint in einer depressiven Phase entstanden zu sein, die angesichts der anzunehmenden Lebensumstände Marlowes verständlich wäre, sich aber bei Shakspere nicht erklären ließe. Es ist zu vermuten, dass der damals 41-jährige, unter falschem Namen lebende Marlowe im heimlichen Kontakt zu seiner Familie und seinen Eltern in Canterbury stand. Beide Eltern starben 1605 kurz hintereinander, Vater John im Februar, Mutter Katherina im Juli. (Es ist belegt, dass Tobie Matthew zwischen Februar und Mai 1605 inkognito nach England zurückkehrte – s. auch S. 653). Marlowe muss mit dem Verlust seiner Eltern und der endgültigen Erkenntnis, lebenslang eine »Unperson« mit wechselnden Namen zu bleiben, einen mentalen Tiefpunkt erreicht haben.

Marlowes Quelle für »König Lear«

Es gibt eine plausible Antwort auf die Frage, wie Shakespeare auf das Thema von »König Lear« gekommen ist.

Historiker entdeckten eine gewisse Brian Annesley, eine frühere Anhängerin Königin Elisabeths, eine reiche Frau aus Kent und Mutter von Töchtern, von Grace (verheiratet mit Sir John Wildgose), Christiane (Frau von William Sandys, 3rd Baron Sandys) und der unverheirateten Cordell. 1603 versuchte Grace ihren Vater wegen Senilität für unzurechnungsfähig zu erklären. Cordell schrieb an Robert Cecil (mit dem Marlowe in Verbindung stand), um gegen den Schritt ihrer Schwester zu protestieren, und schützte ihren Vater auch in anderen Dingen gegenüber der ältesten Schwester. Brian Annesley starb im Juli 1604; Cordell Annesley verteidigte erfolgreich ihres Vaters Testament, sodass der Familienbesitz mehrheitlich ihr zugesprochen wurde.

Marlowe als Edgar und Tom of Bedlam – Leben unter stetiger Verfolgung (Szene 2/3)[40]

Eine Parallelgeschichte in »König Lear« erzählt von dem edlen Edgar[41], dem Sohn des Grafen von Gloucester, der wegen einer Intrige seine wahre Identität aufgeben und unter falscher Identität als »Tom of Bedlam« weiterleben muss. Die Wahl dieses Namens (ebenso wie des Namens Edgar) hat – wie stets – etwas Bezeichnendes. Tom of Bedlam dürfte eine sarkastisch-humorige Anspielung auf »Tomb of Bethlehem«[42] gewesen sein (»*his sullen and assumed humour of TOM of Bedlam*«, s. Titelseite, S. 405). »Edgar« muss als »Tom of Bedlam« weiterleben und wird seine wahre Identität (wie Marlowe) nie mehr preisgeben. Bedlam als das Asyl für die »Wahnsinnigen« stellt Marlowes Ende und Grab (»*Tomb*«?) dar. Edgar, dessen unglückliches Leben in Q1 einen gleichrangigen Stellenwert wie das von König Lear bekam – erkennbar an dem Untertitel (!) auf der Titelseite (»*The unfortunate life of Edgar*«) –, symbolisiert die Phase einer tiefen Niedergeschlagenheit (1605/06?) und verweist eindeutig auf Marlowes Biogra-

---

[40] Szene zwei des dritten Aktes besteht aus einem 21-zeiligen Monolog Edgars.
[41] »Edgar« leitet sich aus den Worten »ead« (reich, fröhlich, wohlhabend) und »gar« (»spear«) ab und bedeutet also etwa: »Der fröhliche Speer«.
[42] SOED: Bedlam: von Bethlehem, seit 1550 Hospital oder St. Mary of Bethlehem, »Asylum of the insane«, später Irrenhaus »Tom of Bedlam«, also etwa das Ende, die Gruft (»*Tomb*«) im »Irrenhaus«.

«King Lear« (Quarto, 1608)

fie. Gegen Ende seines Lebens, bei Einbringung des »Lear« in die »First Folio« ging der vormals so wesentliche Edgar-Untertitel verloren. Seine metaphorische schicksalhafte Kennzeichnung dürfte für ihn 1623 keine Rolle mehr gespielt haben.

Shakespeare/alias Marlowe muss seine Situation in jener Lebensphase, als er den Tom of Bedlam erfand, wie einen Irrwitz empfunden haben (»*sullen and assumed humour of TOM of Bedlam*«).

Der Autor, der die Person des Edgar entwickelt hat, muss die physischen und psychischen Strapazen einer dauerhaften Verbannung und Verfolgung selbst durchlitten haben, um sie derart authentisch beschreiben zu können. Es gelingt Marlowe/Shakespeare in artistischer Manier, mit Edgars Situation sein eigenes Schicksal metaphorisch zu beschreiben:

Tom of Bedlam hört von sich selbst, dass er ausgerufen (»zur Fahndung ausgeschrieben«) werde *(»I heard myself proclaimed«)*, er muss sich in der Höhlung eines Baumes verstecken *(»and by the happy hollow of a tree«)*, dadurch konnte er den Nachstellungen entkommen *(»Escaped the hunt«)*, er finde keine Zuflucht, wohin er sich auch flüchte *(»No port is free«)*, keinen Platz, an dem er nicht aufpassen und Wachsamkeit üben müsse *(»no place That guard, and most unusual vigilance Does not attend my taking«)*, er müsse sich schützen, solange er noch fliehen könne *(»Whiles I may 'scape, I will preserve myself«)*, er müsse bedacht sein, niedrigste und schwächste Konturen einzunehmen *(»and am bethought To take the basest and most poorest shape«)*, er fühle, dass in der Not der Mensch zum Vieh[43] erniedrigt werde *(»That ever penury, in contempt of man, Brought near to beast«)*, sein Gesicht müsse er, um nicht erkannt zu werden,

---

[43] S. auch Kapitel 11, William Basse, A helpe to dicourse [1619], S. 592.

mit Ruß schwärzen (»*my face I'll grime with filth*«), seinen Körper müsse er entstellen, indem er ihn verdecke (»*blanket my loins*«), seine Kopfform müsse er verändern, indem er sein Haar in Knoten winde *(»elf all my hair in knots«*), nur sein ungeschützt dargebotenes Gesicht bleibe erkennbar, mit ihm trotze er Stürmen und Gerüchten (»*And with presented nakedness out-face The winds and persecutions of the sky*«). Seine ländliche Region (»König Lear« spielt in seiner Heimat Kent, s. S. 607) biete ihm Schutz und mehr Sicherheit (»*The country gives me proof and precedent*«), sie sei unterwegs Voraussetzung für Bettler, sich in die »geschundenen« Arme des Asyls oder des Tollhauses zu schlagen (»*of Bedlam beggars, who with roaring voices, strike in their numb'd and mortified bare arms*«), sich Mitleid heischend in Mühlen, Schafhütten, armen Dörfern, Meiereien aufzuhalten (»*from low farms, Poor pelting villages, sheepcotes, and mills, Sometime with lunatic bans, sometime with prayers, Enforce their charity*«). Als armer Edgar habe er noch »etwas« dargestellt, als Tom nun nichts mehr (»*poor Tom! That's something yet: Edgar I nothing am!*«).

Dieses »in extenso« geschilderte, authentisch erscheinende Schicksal kann keine reine Fiktion sein – die bedeutungstragende metaphorische Zweitebene erinnert an die Tragik von Marlowes eigenem Leben und bedarf zweifellos dieser zusätzlichen autobiografischen Interpretation.

»König Lear« (Akt 2, Szene 3):

>   Edgar: *I heard myself proclaimed*
>   *And by the happy hollow of a tree Escaped the hunt.*
>   *No port is free; no place,*
>   *That guard, and most unusual vigilance,*
>   *Does not attend my taking. Whiles I may 'scape,*
>   *I will preserve myself: and am bethought*
>   *To take the basest and most poorest shape*
>   *That ever penury, in contempt of man,*
>   *Brought near to beast: my face I'll grime with filth;*
>   *Blanket my loins: elf all my hair in knots;*
>   *And with presented nakedness out-face*
>   *The winds and persecutions of the sky.*
>   *The country gives me proof and precedent*
>   *Of Bedlam beggars, who, with roaring voices,*
>   *Strike in their numbed and mortified bare arms*
>   *Pins, wooden pricks, nails, sprigs of rosemary;*
>   *And with this horrible object, from low farms,*
>   *Poor pelting villages, sheep-cotes, and mills,*
>   *Sometime with lunatic bans, sometime with prayers,*
>   *Enforce their charity. Poor Turlygod! poor Tom!*
>   *That's something yet: Edgar I nothing am.*

Wer gibt Edgar in seiner Eigenschaft als Tom noch etwas (»*Who gives anything to poor Tom?*«), die Verfolger, der »böse Feind«, hätten ihn – im übertragenen Sinn – durch Feuer und Flammen, durch Flut und Strudel, durch Moor und Sumpf geführt (»*and through ford and whirlipool e'er bog and quagmire*«), man habe ihm ein Messer unter das Kissen gelegt und Schlingen unter den Stuhl (»*that hath laid knives under his pillow, and halters in his pew*«), man habe ihm Rattengift in die Suppe getan (»*set ratsbane by his porridge*«), er sähe bereits in seinem eigenen Schatten den Verräter (»*to course his own shadow for a traitor*«) usw.

Aus der drastischen Schilderung wird deutlich, dass seine Verbannung mit Fahndung nach seiner Person sieben Jahre gewährt haben dürfte (»*But mice and rats, and such small deer have been Tom's food for seven long year*«).

»König Lear« (Akt 3, Szene 4):

Edgar (*Disguised as a Madman*):
> *Who gives anything to poor Tom? Whom*
> *the foul fie hath led through Fire and through Flame,*
> *through Sword and Whirle-Pool o'er Bog and Quag –*
> *mire; that hath laid Knives under his Pillow, and Halters*
> *in his Pue; set Rats-bane by his Porredge; made him*
> *Proud of heart, to ride on a Bay trotting Horse over four*
> *incht Bridges, to course his own shadow for a Traitor.*
> *Blisse thy five wits! Tom's a-cold. O, do de, do de, do de.*
> *blisse thee from Whirle-Windes, Starre-blasting, and ta-*
> *king! Do poore Tom some charity, whom the foul fiend*
> *vexes. There could I have him now, and there, and there*
> *again, and there.*

Am Ende von Szene sechs im dritten Akt bleibt Edgar allein und erläutert seinen Zuhörern seine Situation: Er bemerke, wenn »Höhergestellte« ihn in seiner Leidensgeschichte sehen (»*When we our betters see bearing our woes*«), dass ihn sein eigenes Leid kaum rühre (»*We scarcely think our miseries our foes*«). Wer allein leide, leide in seinem Geist am stärksten (»*Who alone suffers suffers most i' the mind*«), jedes Vergnügens hinter sich lassend (»*Leaving free things and* happ shows behind«), sein Herz könne viel Leid ertragen (»*But then the mind much sufferance doth o'er skip*«), wenn er in der Not Kameradschaft findet (»*When grief hath mates, and bearing fellowship*«). Was ihn beuge (»*When that which makes me bend makes*«), dass er, wie ein König sein Kind, seinen Vater verloren habe (»*the king bow, He childed as I fathered*«). Er müsse dann verschwinden (»*Tom, away!*«) Er bemerke die allgemeine Unruhe der Zeit und wolle erst dann wieder »auftauchen«, wenn die Verleumdung, die ihn peinige und beschäme, nachweislich seinen Namen reinige (»*and thyself bewray, When false opinion, whose wrong thought defiles thee, In thy just proof, repeals and reconciles thee*«).

»König Lear« (Akt 3, Szene 6):

> Edgar: *When we our betters see bearing our woes,*
> *We scarcely think our miseries our foes.*
> *Who alone suffers suffers most i' the mind,*
> *Leaving free things and happy shows behind:*
> *But then the mind much sufferance doth o'er skip,*
> *When grief hath mates, and bearing fellowship.*
> *How light and portable my pain seems now,*
> *When that which makes me bend makes the king bow,*
> *He childed as I fathered! Tom, away!*
> *Mark the high noises; and thyself bewray,*
> *When false opinion, whose wrong thought defiles thee,*
> *In thy just proof, repeals and reconciles thee.*

Wie in Kapitel 11 näher dargestellt, sprechen viele Indizien dafür, dass der zeitgenössische Poet »William Basse« (W. B.) zu einer Reihe von Deck- oder Tarnnamen gehört haben muss, hinter der sich der Dichter Marlowe/alias Shakespeare verbarg. William Basses kurze Ballade (»Tom a Bedlam – For a Bass alone«) kann deshalb kaum einen Zweifel daran lassen, dass er hier die gleiche Person meinte und darstellte, wie Shakespeares Tom of Bedlam in »König Lear«. Beide können dies nicht unabhängig voneinander erdacht haben, weshalb neben anderen Argumenten (s. S. 579 ff.) hinter den Pseudonymen Basse und Shakspeare der gleiche Autor zu postulieren ist.

Marlowe, Shakespeare und Canterbury

Die Klippen auf der Westseite von Dover werden heute die »Shakespeare Cliffs« genannt, da die Schilderungen der Umgebung der Steilküste deutlich macht, dass der Autor von »König Lear« die Region um Dover gut gekannt haben muss. Es ist keine Quelle bekannt, die belegt, dass Shakspere aus Stratford Ortskenntnisse dieser Region und der Küste hatte, und es ist bis heute nicht vorstellbar, wie er solch nostalgische Assoziationen zu diesem Ort herstellen konnte.

Anders sieht die Situation bei Marlowe aus. Seine Familie mütterlicherseits, Mutter Katherine Arthur und Großvater William Arthur, stammten aus Dover. Marlowe dürfte in seiner Jugend mit seiner Mutter oft von Canterbury zum nahen Dover gelaufen sein.

»König Lear« (Akt 4, Szene 1):

> Gloucester: *Know'st thou the way to Dover?*
> Edgar: *Both style, and gate; Horseway, and foot-path:*
> Gloucester: *Dost thou know Dover?*

Edgar:	*I Master.*
Gloucester:	*There is a Cliffe, whose high and bending head*
	Lookes fearfully in the confined Deepe:
	Bring me but to the very brimme of it,
	And Ile repayre the misery thou do'st beare
	With something rich about me: from that place,
	I shall no leading neede.

Sie erreichen ein Feld nahe der Klippen von Dover (Akt 4, Szene 1)

Gloucester:	*When shall I come to th' top of that same hill?*
Edgar:	*You do climbe vp it now. Look how we labor.*
Gloucester:	*Me thinkes the ground is eeuen.*
Edgar:	*Horrible steepe. Hearke, do you heare the Sea?*
Gloucester:	*No truly.*
Edgar:	*Why then your other Senses grow imperfect*
	By your eyes anguish.
Gloucester:	*So may it be indeed.*

Eindrucksvoll authentisch werden die Klippen, der Blick an ihnen hinunter, die im Winde stehenden Krähen, die aus der Tiefe zu hörende Brandung etc. beschrieben (Akt 4, Szene 6):

Edgar:	*Come on, Sir*
	Heere's the place: stand still: how fearefull
	And dizie 'tis, to cast ones eyes so low,
	The Crowes and Choughes, that wing the midway ayre
	Shew scarse so große as Beetles. Halfe way downe
	Hangs one that gathers Sampire: dreadfull Trade:
	Me thinkes he seemes no bigger then his head.
	The Fishermen, that walk'd vpon the beach
	Appeare like Mice: and yond tall Anchoring Barke,
	Diminish'd to her Cocke: her Cocke, a Buoy
	Almost too small for sight. The murmuring Surge,
	That on th' vnnumbred idle Pebble chases
	Cannot be heard so high. I'll looke no more.

Edgar erwähnt sogar einen Mann, der unter Gefahr in den Klippen die aromatische Pflanze »Sampire« erntete, die in den steilen Felsen der Küste bei Dover wächst. Nur ein Ortskundiger kann darüber Bescheid gewusst haben.

Insgesamt lassen diese Beschreibungen kaum Zweifel, dass der Autor des »Lear« diese Region gut gekannt haben muss. Die hier beschriebene Landschaft lässt sich eindeutig auf Marlowes Heimatregion um Canterbury beziehen, nicht aber auf Shakspeares Heimatregion Stratford.

Marlowe als Merlin?

Marlowe wurde in seiner Studienzeit in Cambridge unter dem Namen »Marlin« geführt und die zeitgenössische Beschreibung Marlowes von Robert Greene aus dem Jahr 1588 erwähnt Tamerlan, die Hauptfigur in Marlowes gleichnamigen Drama, in recht eindeutigem Zusammenhang mit Merlin[44]:

> »*Daring God out of heaven with that atheist Tamburlaine, or blaspheming with the mad priest of the sun (...) such mad and scoffing poets that have prophetical spirits as bred of Merlin's race (...) if there be any in England that set the end of scholarism in an English blank verse, I think either it is the humour of a novice that thickles them.*«

Der Narr lässt in Szene zwei des dritten Aktes in »Lear« Merlin eine Prophezeihung für kommende bessere Zeiten aussprechen, wobei die Anspielung auf Merlin, den sagenumwobenen Zauberer, doppeldeutig sein dürfte: Nachdem der Narr alle gegenwärtigen Missstände aufgezählt und angeprangert hat, prophezeit er Folgendes: Wenn all diese Misstände, unter denen er zu leiden hatte, einmal überwunden sein würden, dann würde man wieder aufrecht gehen, dann käme eine Zeit, die er nicht mehr erleben werde:

»König Lear« (Akt 3, Szene 2):

Foole: *Then shal the Realme of Albion* [England], *come to great confusion:*
Then comes the time, who liues to see't,
That going shalbe vs'd with feet.
This prophecie Merlin shall make, for I liue before his time.

Marlowes »Tamerlan« in »König Lear«

In der ersten Szene des ersten Aktes erwähnt Lear alias Shakespeare einen rohen »barbarischen Skythen«(»*barbarous Scythian*«). Dies kann nicht ohne Bedeutung sein. Der Skythe solle seinem Herzen nahestehen und gleichen Trost und Mitleid finden wie seine einstige Tochter (»*shall to my bosome Be as well neigbour'd, pittied, and releev'd, As thou my sometime Daughter*«).

Mit dem barbarischen Skythen ist zweifellos »Tamerlan« gemeint, also Marlowes Hauptfigur aus dem gleichnamigen Drama, das sein erster großer Erfolg auf den Londoner Bühnen war. Wenn man von Marlowe als dem Verfasser von »König Lear« ausgeht, kann man diese Stelle als Metapher für sein Schicksal verstehen – bei Shakspere aus Stratford gelingt dies an keiner Stelle.

---

[44] Perimedes the Blacke-smith: A Golden Methode, how to Use the Minde in Pleasant and Profitable, London 1588; Onlineversion: http://www.archive.org/stream/perimedesblackeoogreegoog#page/n4/mode/2up, aufgerufen am 19.1.2011.

Marlowe/Shakespeare schien über »König Lear« – dies sei als Spekulation erlaubt! – dem Zuschauer klarmachen zu wollen, dass für ihn Theater (für das Tamburlaine steht) denselben inneren Stellenwert, die selbe Wertigkeit habe wie seine Familie (»*the barbareous Scythian* [Tamburlaine] *shal to my bosome be as well neighbour'd, pittied, and releev'd, As thou my sometime Daughter* [Cordelia]«).

Ein Bezug zu Marlowe kann in dieser Stelle in jedem Fall hergestellt werden – aber warum hätte Shakspere zu Beginn des Stücks die Nähe eines Tamburlaine zu seinem Herzen (»*Bosome*«) darstellen sollen?

Ende gut, alles gut

Die Entstehung des schwer zu datierenden Stücks wird um den Zeitraum zwischen 1601–03 vermutet. Vor seiner Veröffentlichung in der »First Folio« (1623) gab es keine Drucklegungen (Quartos) des Stücks, auch sind keine Aufführungen bekannt. Es dürfte – wie viele andere Stücke – wohl wegen der zu offensichtlichen Anspielungen auf reale biografische Situationen keine Erlaubnis bekommen haben, aufgeführt oder gedruckt zu werden.

Das Stück erzählt die Geschichte der bürgerlichen Helena, die sich in ihren älteren adligen »Ziehbruder« Bertram verliebt hat. Sie »erzwingt« die Vermählung mit ihm durch eingelöste Versprechen ihrer über ihren Vater beschafften Heilmittel für den König. Graf Bertram widersetzt sich diesem Zwang. Während sie aus Liebe heiraten will, möchte er davon verschont bleiben, trotz fehlender Liebe heiraten zu müssen. Aber der König besteht auf Gehorsam und Bertram fügt sich. Er heiratet, setzt sich aber nach Italien ab. Dort gelingt es Helena heimlich und mit List, die Ehe zu »vollziehen«. Sie wartet ihrem Mann nach dessen Rückkehr mit einem Kind auf. Weitere Verwicklungen lösen sich auf. Ende gut, alles gut.

Der biografische Bezug des Stückes[45] zur Realität dürfte darin bestanden haben, dass Edward de Vere, Graf von Oxford (Bertram) und Ziehsohn (Mündel)[46] von William Cecil, Lord Burghley mit Cecils Tochter Anne [Helena] verlobt wurde. Die Hochzeit wurde 1571 mit großem Aufwand und in Anwesenheit der Königin gefeiert. Die Ehe war drei Jahre lang kinderlos. Die Braut blieb bei

---

[45] Es bleibt erstaunlich, dass in Kurt Kreilers Oxford-Monografie »Der Mann, der Shakespeare erfand« (Insel Verlag 2010) über Bertram in »Ende gut, alles gut« als Analogie zu Edward de Vere (Earl of Oxford) nichts Substantielles gesagt wird.

[46] Robert Devereux (Earl of Essex), Henry Wriothesley (Earl of Southampton), Edward de Vere (Earl of Oxford, Rutland) lebten als Waisen des Hochadels automatisch als Ziehsöhne (Royal Wards) bei William Cecil, Lord Burghley,.

ihren Eltern. Den Graf von Oxford drängte es 1575 nach Italien, wo er sehr aufwändig lebte. Als er ein Jahr später zurückkam, erwartete Anne ihn mit einer Tochter. Er verkündete allen, das Kind sei nicht von ihm, und trennte sich von ihr. Einige Jahre später, nachdem er wegen der Zeugung eines nichtehelichen Kindes im Tower gesessen und unter Hausarrest gestanden hatte, kamen sich Edward und Anne wieder näher, nahmen die Ehe wieder auf und setzten noch zwei Töchter und einen früh verstorbenen Sohn in die Welt. Ende gut, alles gut?

Helenas Antlitz

Hinweise auf eine Verbindung des Stückes »Ende gut, alles gut« mit Marlowe lassen sich auch über die Figur der Helena herstellen.

Marlowe war in »Doktor Faustus« auf die Schönheit Helenas eingegangen, als er in Szene eins des fünften Aktes Faustus beim Anblick der schönen Helen von Troja (»*Helen of Troy*«) ausrufen lässt:

> »*Was this the face that launched a thousand ships?*
> *And burnt the topless towers of Ilium?*
> *Sweet Helen, make me immortal with a kiss!*
> *Her lips suck forth my soul, see where it flies!*
> *Come, Helen, come give me my soul again.*
> *Here will I dwell for heaven be in these lips*
> *And all is dross that is not Helena!*«

Darauf antwortet ihm sein erster Schüler:

> »*Master Doctor Faustus (...) we have determined with ourselves,*
> *that Helen of Greece was the admirablest lady that ever lived.*
> *Therefore, master doctor, if you will do us that favour,*
> *as to let us see that peerless dame of Greece,*
> *whom all the world admires for majesty,*
> *we should think ourselves much beholding unto you.*«

In »Ende gut, alles gut« wählt Shakespeare als weibliche Hauptfigur eine »Helena«, die sich unsterblich in den jungen Grafen verliebt. Er spielt auf die Schönheit der nicht adligen Helena an, die der Grund war, dass Troja eingenommen werden konnte, und verwendet sehr ähnliche Worte.

»Ende gut, alles gut« (Akt 1, Szene 3):

Countess:	*Sirra tell my gentlewoman I would speake with her, Hellen I meane.*
Clown:	*Was this faire face the cause, quoth she,*
	Why the Grecians sacked Troy,
	Fond done, done, fond was this King Priams ioy?

Parolles

Parolles, der Gefolgsmann (»*a Follower*«) des Grafen Betrand (Edward de Vere, Earl of Oxford), wird für den Eingeweihten als Marlowe erkennbar. Bereits der Name dürfte mit Bedacht gewählt worden sein: Parolles entsprach demjenigen (»*to be on parol*«), der sein formales Versprechen (Ehrenwort) gegeben hatte, seine Freiheit auf Bewährung nicht zu missbrauchen. Dies ist für Marlowe anzunehmen.

Der Zuschauer und Leser der Szene (Akt 4, Szene 1) kann die Bezugnahme auf »Bajazeth's mule« nur verstehen, wenn er Marlowes »Tamerlan«, die Figur des »Bajazeth« und dessen »Maultier« kennt. Wenn Shakspere sich auf eine der Figuren aus Marlowes Erfolgsstück bezogen hätte, ergäbe das wenig Sinn –, warum hätte er auf Marlowe anspielen sollen?

Parolles war mit Bertrand nach Italien gezogen, aber mit der festen Absicht, nie wieder in kriegerische Auseinandersetzungen verwickelt zu werden (»*What the diuell should moue mee to vndertake the recouerie of this drumme, being not ignorant of the impossibility, and knowing I had no such purpose?*«). Aber um das zu vermeiden, hätte er sich statt kleinerer schon größere Verletzungen als Vortäuschung zufügen müssen (»*must giue my selfe some hurts, and say I got them in exploit: yet slight ones will not carrie it*«), dazu sei er aber nicht in der Lage. Und wozu das alles (»*wherefore*«)? Wie hätte er das beweisen können (»*what the instance?*«).

Hier beginnt Parolles (Marlowe) sich zu verplappern, er bemerkt, dass er seine Zunge zügeln muss, da er sich als Marlowe (Dichter des Bajazeths) verraten könnte (»*and buy my selfe another of Baiazeths Mule*«), und dass er Gefahr läuft, sich um Kopf und Kragen zu reden (»*if you prattle mee into these perilles*«).

Der zweite Lord, der Parolles zugehört hat, stellt die überaus bezeichnende Frage, ob es möglich sei, dass er wissen sollte, was er sei, und dass er das sei, was er ist?

»Ende gut, alles gut« (Akt 4, Szene 1):

> Parolles: *What the diuell should moue mee to vndertake the recouerie of this drumme, being not ignorant of the impossibility, and knowing I had no such purpose? I must giue my selfe some hurts, and say I got them in exploit: yet slight ones will not carrie it. They will say, came you off with so little? And great ones I dare not giue, wherefore what's the instance. Tongue, I must put you into a Butter-womans mouth, and buy my selfe another of <u>Baiazeths Mule</u>, if you <u>prattle</u> mee into these perilles.*
>
> Second Lord: *Is it possible he should know what hee is, and be that he is?*

Der Clown (Marlowe, der durch ihn spricht) scheint zu sagen, dass er in der Rolle eines Mannes mit Eloquenz sein Verderben als Dichter bewirkt habe (»*man's tongue shakes out his master's undoing*«) und dass sein Adelsprädikat jetzt darin bestünde, dass er schweige und tue, als ob er nichts wüsste etc. So kann dies ohne größeren Zwang als eine Anspielung auf die Shake-speare-/Marlowe-Situation gewertet werden.

»Ende gut, alles gut« (Akt 2, Szene 4):

> Parolles: *Why, I say nothing.*
> Clown: *(…) a man's*
>   *tongue shakes out his master's undoing: to say*
>   *nothing, to do nothing, to know nothing, and to have*
>   *nothing, is to be a great part of your title; which*
>   *is within a very little of nothing.*

Parolles wird sich, das ist er seinem Namen schuldig, nicht zu erkennen geben (»*I say nothing*«). Der Clown scheint damit unmittelbar die Zwiespältigkeit der existenziellen Situation Marlowe zu verstehen zu geben. Marlowe weiß, dass er ein großer Dichter und gleichzeitig als Person ein Niemand ist, der sich in allem bedeckt halten muss.

In der dritten Szene des vierten Akts erfahren wir, dass Helena im Kloster Saint Jaques gestorben sei, das heißt, dass sie ihren Tod vorgetäuscht haben müsse, was der Rektor ausdrücklich bestätigt (»*was faithfully confirm'd by the Rector of the place*«).

Die Art und Weise, wie hier nach dem Beweis eines Todes gefragt wird, der sich im Verlauf des Stückes als vorgetäuscht erweist, erinnert stark an die Umstände von Marlowes vorgetäuschtem Tod in Deptford, der durch einen offiziösen königlichen Untersuchungsbericht (»Coroner's Report«) bestätigt wurde.

»Ende gut, alles gut« (Akt 4, Szene 3):

> First Lord: *The stronger part of it by her owne Letters, which makes her storie*
>   *trueeven to the point: her death it selfe, which could not be her office*
>   *to say, is come: was faithfullyconfirm'd by the Rector of the place*
>   *(…)*
>   *Ay the particular confirmations, point from point, to the full arming*
>   *of the veritity.*

Man gewinnt den Eindruck, dass sich Shake-speare/Marlowe aufgrund seiner eigenen Situation in seinen Stücken immer wieder mit der Problematik eines vorgetäuschten Todes auseinandergesetzt hat. Eine auffällig große Zahl seiner Stücke behandelt dieses Thema (oder die Themen Verbannung und Exil): »Zwei Herren aus Verona«, »Romeo und Julia«, »Ein Mittsommernachtstraum«, »Viel Lärm um nichts«, »Hamlet«, »Was ihr wollt«, »Maß für Maß«, »Perikles«, »Ein Wintermärchen«, »Der Sturm«,

»Ende gut, alles gut« (Akt 4, Szene 3):

Cap. G.:	*Sir, his wife some two months since fledde from his house, her pretence is a pilgrimage to Saint Iaques le grand; which holy vndertaking, with most austere sanctimonie she accomplisht: and there residing, the tendernesse of her Nature, became as a prey to her greefe: in fine, made a groane of <u>her last breath, & now she sings in heauen.</u>*
Cap. E.	*How is this iustified?*
Cap. G.	*The stronger part of it by her owne Letters, which makes her storie true, euen to the poynt of her death: her death it selfe, which could not be her office to say, is come: was <u>faithfully confirm'd by the Rector of the place.</u>*
Cap. E.	*Hath the Count all this intelligence?*
Cap. G.	*I, and the particular confirmations, point from point, to the full arming of the veritie.*
Cap. E.	*I am heartily sorrie that hee'l bee gladde of this.*

Zwei Herren aus Verona

Dass das Stück der Feder Marlowe/alias Shakespeare entstammt sein dürfte und der Dichter sich mit dem »Gespann« Proteus/Launce in das Stück einbringt, ergibt sich aus verschiedenen Indizien: Die Doppelfigur aus Herrn Proteus[47] und Diener Launce[48] steht erkennbar für Marlowe, die Benennung des Proteus erfolgte nach dem alten griechischen Meeresgott, der sich durch große Wandlungsfähigkeit auszeichnet.

Das Stück wird allgemein – wegen seiner künstlerischen »Unreife« – zu Shakespeares Frühwerken gezählt, ohne dass eine genaue Datierung möglich wäre. Es muss vor 1598 geschrieben worden sein, da es von Francis Meres (s. S. 575) bereits erwähnt wird. Es wurde zu Lebzeiten Shakspsres nie als Quarto, sondern erstmals in der »First Folio« gedruckt, vermutlich auch hier wegen zu direkter Anspielungen.

Die hier erkannten Analogien zu Marlowes Schicksal legen einerseits die Vermutung nahe, dass das Stück nicht vor 1594/1595 geschrieben worden

---

[47] SOED: Proteus: a changing, varying or inconstant person (1585).
[48] SOED: Launce: scale, a balance.

sein kann, und andererseits, dass Marlowes eine gewisse frühe Zeit im Exil (1593/94?) in Italien verbracht haben dürfte.

Verteidigt Shakspere wirklich Marlowes »Hero und Leander?«

Als ein Indiz für die Autorschaft Marlowe kann die Verteidigung seines Versepos »Hero und Leander« durch Proteus gewertet werden. In Szene eins des ersten Akts lassen sich die beiden Protagonisten Valentin und Proteus über »Hero und Leander« in einer Weise aus, als ob sie es gelesen hätten.

Valentin, Proteus Freund, wertet »Hero und Leander« als eine seichte Geschichte einer tiefen Liebe (»*That's on some shallow story of deep love*«), worauf Proteus das (»sein«) Werk verteidigt und als die tief gehende Geschichte einer innigen Liebe bezeichnet (»*That's a deep story of a deeper lover*«).

Diese Verteidigung eines Werkes, das Marlowe geschrieben hat, erinnert an Hamlets Verteidigung der Marlowe-Tragödie »Dido, Königin von Karthago«.

Es ist nicht logisch, dass Shakspere das größte Liebesepos Marlowes, das laut Eintragung im Stationer's Register wohl vor 1593 konzipiert sein dürfte, erwähnt und auf diese Weise verteidigt hat. Marlowe dagegen hätte ein Motiv gehabt, das zu tun.

»Zwei Herren aus Verona« (Akt 1, Szene 3):

Valentin:	*That's on some shallow story of deep love:*
	How young Leander cross'd the Hellespont.
Proteus:	*That's a deep story of a deeper lover*
	For he was more than over shoes in love
Valentin:	*Tis true; for you are over boots in love*
	And yet you never swum the Hellespont

Eine weitere auffällige Anspielung auf »Hero und Leander« findet sich in Szene eins des dritten Akts wieder, wo Valentin sagt:

»*Would serve to scale another Hero's tower,*
So bold Leander would adventure it.«

Kann Shakspere »Hero und Leander«, das erst 1598 von Edward Blount gedruckt wurde, 1592 gekannt haben? In den frühen 90er-Jahren des 16. Jahrhunderts dürften nur Marlowe, Edward Blount und Thomas Walsingham, aber keineswegs Shakspere, Zugang zu dem unveröffentlichten Manuskript gehabt haben. Es bekam viele Jahre keine Druckerlaubnis (s. S. 95). Shakespeares Befassung mit »Hero und Leander« in »Zwei Herren aus Verona« wird erst verständlich und bekommt einen Sinn, wenn er mit Marlowe identisch war.

Sonett 33 in Akt 1, Szene 3

Es konnte bereits mit hoher Plausibilität belegt werden, dass Sonett 33 Marlowes Schicksal am deutlichsten widerspiegelt (s. S. 256 f.).

Sonett 33:
- Z. 9: »*Even so my Sunne one early morne did shine*«
- Z. 10: »*With all triumphant splendor on my brow*«
- Z. 11: »*But out alack, he was but one houre mine*«
- Z. 12: »*The region cloude hath mask'd him from me now.*«

Es kann kein Zweifel daran bestehen, dass in Szene drei des ersten Akts Proteus diese gleichen Reflektionen an den unsicheren Ruhm eines sonnigen Apriltags im Jahr 1593 (»*Oh, how this spring ... resembleth The vncertaine glory of an Aprill day, Which now shewes all the beauty of the Sun*«) verwendet werden. Sie entsprechen exakt dem Bild in Sonett 33 eines brillanten dichterischen Frühlings mit seiner rasch eintrübenden Bewölkung (»*And by and by a clowd takes all away*«). Beide Motive gleichen sich vollständig. Die Sonne ließ Marlowes Triumphe, die ihm nur kurz beschieden waren, erblühen, bevor sie einem dunklen Schicksal weichen mussten. Nur zu Marlowe, keineswegs aber zu Shakspere lassen sich diese unübersehbaren biografischen Analogien herstellen.

»Zwei Herren aus Verona« (Akt 1, Szene 3):

Proteus: *Thus haue I shund the fire, for feare of burning,*
And drench'd me in the sea, where I am drown'd.
(...)
Oh, how this spring of loue resembleth
The vncertaine glory of an Aprill day,
Which now shewes all the beauty of the Sun,
And by and by a clowd takes all away.

Der von Proteus beschriebene glänzende Fühling, der von einer Umwölkung abgelöst wurde, entspricht in jeder Hinsicht auch dem Marigold-Emblem auf der Titelseite von »Hero und Leander«[49] (s. S. 244), mit seiner textlichen Entsprechung in Sonett 33 (s. S. 257).

---

[49] Das Buch geht der Frage, warum dieses Emblem auch die Titelseite von »A Paean Triumphall« von Michael Drayton (1604) ziert, nicht nach, insbesondere der berechtigten Vermutung, ob Drayton ein weiterer Deckname von Marlowe sein dürfte.

Metaphorisches von Proteus/Launce

Aussagen von Proteus wie die, dass er, um dem Tode zu entgehen, bei seiner Rettung fast ertrunken wäre, sind als Metaphern zu verstehen. Er habe aus Angst vor der Verbrennung (Hinrichtung als Märtyrer – »*Thus haue I shund the fire, for feare of burning*«) das Feuer gemieden und die Feuchtigkeit des Meeres (»*drenched me in the sea*«) gesucht, worin er ertrank (»*where I am drown'd*«) – damit lässt sich ein unmittelbarer metaphorischer Bezug zu Marlowe herstellen: um das Höllenfeuer, den Tod zu vermeiden, durchnässte er sich in der See, was ihm das Ertrinken einbrachte ...

Als Flink Launce in Mailand willkommen heißt, stellt Launce (der Diener von Proteus, Marlowes bürgerliches Ich) fest, dass er hier nicht willkommen sei (»*for I am not welcome*«), und sagt die metaphorisch aufgeladenenen Sätze: »Ich schätze das immer ab/ich berechne es (»*I reckon this alwaies*«). Ein Mensch sei erst verloren, wenn er aufgehängt sei (»*that a man is neuer vndon till hee be hang'd*«), ein Mensch sei an einem gewissen Ort erst willkommen, bis ein gewisser (Todes)-Stoß oder -stich (»*till some certain shot be paid*«) bezahlt sei und die Wirtin (»*hostess*«) ihn willkommen heißen könne (»*nor neuer welcome to a place, till some certaine shot be paid, and the Hostesse say welcome*«).

»Zwei Herren aus Verona« (Akt 2, Szene 5):

> Launce: *Forsweare not thy selfe, sweet youth, for I am not welcome. I reckon this alwaies, that a man is neuer vndon till hee be hang'd, nor neuer welcome to a place, till some certaine shot be paid, and the Hostesse say welcome.*

Die Szene und Wortwahl spielt – ähnlich wie die Szene mit Touchstone in »Wie es euch gefällt« – mit hoher Wahrscheinlichkeit auf die tragische Wendung von Marlowes Schicksal an, als seine drohende Erhängung (»*till hee be hang'd*«) durch einen vorgetäuschten Tod – Streit um eine Rechnung (»*reckoning*«) im Haus einer Wirtin (»Hostess Eleonora Bull«), Tod durch einen Stich (»*some certain shot*«) über dem Auge – abgewendet war.

(Zur Bedeutung der Neueinführung einer Hostess in »Taming of the Shrew« (s. S. 437) und in der Spätfassung (B-Version) von Marlowes »Doktor Faustus« s. S. 340, 345)

Geheimnisse in Form einer Parabel

Der Ausspruch »*Thou shalt neuer get such a secret from me, but by a parable*« von Launce (Proteus' zweitem Ich) zeigt die durchgehende Einstellung und literarische »Philosophie« Shakespeares: Er nennt Fakten, Wahrheiten, Personen, Geheimnisse (»*secrets*«) etc. niemals direkt, sondern immer nur in

Form von Parabeln, Anspielungen, Allegorien, Analogien, Gleichnissen (»similes«), Metaphern, Wortspielen, also beispielsweise: um das Höllenfeuer, den Tod zu vermeiden, durchnässte er sich in der See, was ihm das Ertrinken einbrachte ..., s. auch Thomas Shelton's »A century of similies« (S. 648 f.).

Marlowes verlorengeganger Name

Als Julia einen Brief von Proteus übermittelt bekommt und vor Lucetta ihre Liebe nicht zu erkennen geben will, zerreißt sie seinen Brief. In dem nachfolgenden Monolog von Julia spielt das Problem des zerissenen, verlorenen Namens eine vorrangige Rolle. Da Marlowes Überleben mit dem Verlust seines Namens und seiner Identität eng zusammenhängt, gewinnt man den Eindruck, dass auf einer tiefer liegenden Ebene auf den zerrissenen, verloren gegangenen Name von Proteus Bezug genommen worden sein muss.

Sein Name brandete zuvor gegen die zermalmenden Steine (»*thy name against the bruising stones*«), alle traten ihn mit Füßen, indem sie ihn verächtlich verunglimpften (»*Trampling contemptuously on thy disdain*«), sein armer verletzter Name (»*Poor wounded name!*«) solle bei ihr ruhen, bis die Wunden seiner »Namensverletzung« geheilt seien (»*till thy wound be thoroughly heal'd*«), sie werde in dem zerissenen Namen jeden Buchstaben wiederfinden.

Ihren eigenen Namen solle ein Sturm stattdessen zu einem schroffen, furchterregenden, Felsen tragen (»*Unto a ragged fearful-hanging rock*«). Sie wolle nicht, dass diese Zerstörung (des Briefes) mit seinem bedauernswerten Namen, dem armen, verlorenen Proteus (»*Poor forlorn Proteus*«) in Verbindung gebracht werde (»*And yet I will not ... He couples it to his complaining names*«).

»Zwei Herren aus Verona« (Akt 1, Szene 2):

> Julia: *I throw thy name against the bruising stones,*
> *Trampling contemptuously on thy disdain.*
> (...)
> *Poor wounded name! my bosom as a bed*
> *Shall lodge thee till thy wound be thoroughly heal'd;*
> *Except mine own name: that some whirlwind bear*
> *Unto a ragged fearful-hanging rock*
> *And throw it thence into the raging sea!*
> *Lo, here in one line is his name twice writ,*
> *Poor forlorn Proteus, passionate Proteus,*
> (...)
> *And yet I will not, sith so prettily*
> *He couples it to his complaining names.*«

Abschied, Aufbruch ins Exil

Die Aufbruchsszene, in der Launce (beziehungsweise Proteus) von seiner Familie (Großmutter, Vater, Mutter, Schwester, Magd, Hund, Katze) Abschied nimmt, hat etwas sehr Authentisches und kann nicht reine Fiktion sein.

Launce (Diener des Proteus) wird zum raschen Aufbruch (ins Exil) mit dem Schiff gemahnt, er würde die Flut versäumen, wenn er länger wartet (»*Away, away abord ... Away ass, you'll loose the tide, if you tarry any loonger*«). Die Feststellung von Launce, dass es eigentlich nichts mehr ausmache, die Flut zu versäumen, denn es sei die hartherzigste Flut (»*tide*«), in die je ein Mensch verstrickt (»*tied*«) worden sei (»*It is no matter if the tide were lost, for it is the vnkindest Tide, that euer any man tied*«), muss als eine Metapher für Marlowes überaus schmerzhaften, tränenreichen Aufbruch ins Exil und seine dauerhafte Verbannung aufgefasst werden.

Auf die Frage, was er mit dieser hartherzigen Verstrickung denn meine (»*Panthino: What's the vnkindest tide?*«), lenkt Launce, um seine verräterische Aussage zu mildern, rasch ab: Es sei der Hund Crab, den er am Strick habe (»*He is tied here, Crab my dog*«). Die Szene lässt erahnen, dass es sich hier um einen Aufbruch besonderer Art (ins Exil, in die langjährige Verbannung) handelt. Wie tragisch dieser Aufbruch war, kommt durch Lances folgenden Ausspruch zum Ausdruck: Sogar wenn der Fluss ausgetrocknet wäre (»*if the river were dry*«), wäre er in der Lage, den Strom mit seinen Tränen zu füllen (»*I am able to fill it with my tears*«), und wenn der Wind sich legen würde (»*and if the wind were down*«), könne er das Boot mit seinen Seufzern antreiben (»*I could drive te boat with my sighs*«).

Dass sich hinter diesem herzzerreißend geschilderten Abschied Marlowe verbirgt, ist allein deshalb zu vermuten, weil der Vater als Schuhmacher dargestellt wird *(»my parting. Nay, I'll show you the manner o fit. This shoe is my father«)*. Er erbittet den Abschiedssegen seines Vaters, der aus dem Weinen kaum herauskommt *(»Now come I to my father; Father, your blessing: now should not the shoe speaks. A word for weeping: now should I kiss my father, well he weeps on«).*

Die Schuhmacherszene erinnert an die Einleitungsszene von »Julius Caesar«, in der Shakespeare/Marlowe dem Beruf seines Vaters ein Denkmal setzt (s. S. 396 f.).

Aufhebung der Verbannung

Die »Happy End«-Schlussszene zeigt Marlowes Wunsch nach Beendigung seiner Verbannung: Er stellt die Verbannten am Ende als ehrenwerte Männer dar (»*These banish'd men that I have kept withal Are men endued with worthy qua-*

lities«), denen man trotz ihrer Taten vergeben sollte (»*Forgive them what they have committed here*«) und die man jetzt aus dem Exil zurückrufen sollte (»*And let them be recall'd from their exile*«). Sie seien jetzt bessere Menschen und wohl geartet *(»They are reformed, civil, full of good*«) und man solle sie jetzt wieder für große Dienste heranziehen (»*And fit for great employment, worthy lord*«).

»Zwei Herren aus Verona« (Akt 5, Szene 4):

>   Duke: *I grant it, for thine own, whate'er it be.*
>   Valentin: *These banish'd men that I have kept withal*
>   *Are men endued with worthy qualities:*
>   *Forgive them what they have committed here*
>   *And let them be recall'd from their exile:*
>   *They are reformed, civil, full of good*
>   *And fit for great employment, worthy lord.*

König Johann

Die gesamte Auseinandersetzung um die Entstehung der Frühfassung von »The Troublesome Reign of John, King of England« (anonymer Autor!) und der Spätfassung »King John« (Shakespeare) dieses Stücks hat etwas Gespenstisches. Die naheliegende Schlussfolgerung, dass die frühe, unreife und »wilde« Fassung aus den späten 80er-Jahren des 16. Jahrhunderts von Marlowe konzipiert sein dürfte, konnte nie ins Auge gefasst werden, weil Shakespeare dann als »Plagiator« gegolten hätte.

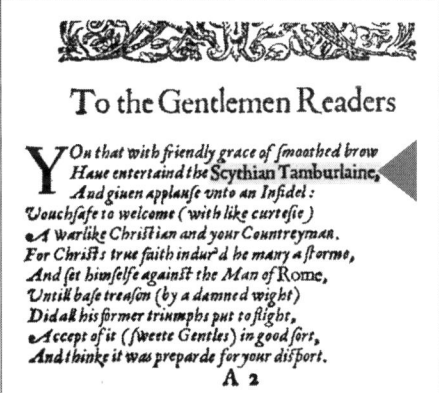

Zweite Seite der anonymen Frühfassung von »König Johann« (1591)

Die erwähnte anonyme Frühfassung ist keineswegs vollständig anonym. In einem Vorwort wird dem ehrenwerten Leser (»*To the Gentlemen Readers*«) auf der zweiten Seite vermittelt, dass er sich, nachdem er sich an dem so überaus erfolgreichen Marlowe-Stück »Tamerlan« (»*The Skythian Tamburlaine*«) auf der Bühne erfreut habe, nun für den streitbaren Christenkönig Johann (»*Troublesome Raigne of John King of England*«) erwärmen solle.

Dieser Begleittext kann nur als die unumwundene Aufforderung des Vorwortschreibers (Marlowe) verstanden werden, dem neuen hier vorgestellten Stück die gleiche Aufmerksamkeit und dasselbe Wohlwollen wie dem vorausgegangenen Stück »Tamburlaine« angedeihen zu lassen. Die Anspielung *(»and given applause to an Infidel«)* könnte ebenso doppeldeutig sein und ausdrücken, dass hier einem Ungläubigen (Tamerlan/Marlowe) applaudiert wurde.

Übersetzung:

> An die ehrenwerten Leser
>
> Ihr, die ihr euch mit freundlicher Gunst besänftigt [einer geglätteten Stirn]
> über den Skytischen Tamburlaine amüsiert
> Und einem Ungläubigen applaudiert habt:
> Gewährt mit ähnlichem Wohlwollen ein Willkommen
> einem streitbaren Christen und eurem Landsmann.
> Für Christus wahren Glauben ertrug er viele Stürme
> Und stellte sich gegen den Mann von Rom
> Bis niederträchtiger Verrat (durch eine verdammte Kreatur)
> All seine früheren Triumphe in die Flucht schlug.
> Nehmt es an, (Verehrte Leute) in guter Art,
> Und überlegt, ich rechne mit Eurer Belustigung.

Frühfassung versus Spätfassung

Wie erwähnt, gibt es von »König Johann« ähnlich wie bei »Der Widerspenstigen Zähmung« oder »Doktor Faustus« zwei zeitlich weit auseinander liegende Fassungen.

Das Stück, wie es in der »First Folio« (1623) erscheint, stellt eine Revision (Spätfassung) des Stücks dar, das Francis Meres 1598 in seinem »Palladis Tamia« erwähnte. Man muss davon ausgehen, dass es in den 80er-Jahren des 16. Jahrhunderts geschrieben wurde und 1591 in zwei Teilen und anonym in einer Q1-Version als »The Troublesome Raigne of John, King of England« gedruckt wurde. Diese Version wurde zwei Mal erneut gedruckt: 1611 als Q2 (mit »W. Sh.« auf der Titelseite) und 1622 als Q3 (mit »Shakespeare« auf der Titelseite). Aus Q2 wurde höchst wahrscheinlich die Version für die »First Folio« entwickelt, eine stark revidierte und fast vollständig neu geschriebene Fassung namens »His Life and Death of King John«, wobei die Struktur des dramatischen Aufbaus und die Personen fast vollständig erhalten blieben. Aus dem Zeitraum zwischen 1598 und 1642 gibt es keine Quellen, die belegen, dass das Stück aufgeführt wurde.

So konnte Edward Rose 1877 in einem Beiwort zum Faksimile der Frühfassung nur schreiben[50], dass die Fassung zwar von beträchtlicher Kraft, aber

---

[50] Edward Rose: Shakespeare as an Adapter, London 1888; Onlineversion: http://www.archive.

unkultiviert sei und dass der Verleger von Q2 und Q3 die Schamlosigkeit besessen hätte, den Namen Shakespeare auf das Titelblatt zu drucken, obwohl es niemals von Shakespeare sein könne:

> »The old ›chronicle‹ of the Troublesome Raigne of King John is clearly the work of a man of considerable, though <u>uncultivated</u>, power; … On the title-page of the third, the publisher had the <u>impudence</u> to place the name of Shakespeare, <u>but that it was not by him</u> must, I think, be evident to any man who has ever written a play or a poem. He has recast it more completely than anyone ever could or would, with a first sketch often so powerful recast his own work. Although each scene of Shakespeare follows a scene of the original, he has not throughout the whole play copied one line nearly word for word at least.«

Rose ging so weit zu behaupten, die Frühfassung stamme von einem Vorläufer (»*predecessor*«). Shakespeare könne diese Fassung höchstens kurz durchgelesen haben (»*and perhaps quickly reading it through*«), und die Verse des Vorläufers seien die eines Anfängers (»*while that predecessor's worst was mere schoolboy doggerel*«) Das Stück sei geprägt von einer antirömischen Einstellung, Gewalttätigkeit und Vulgarität sowie langweiligen Dialogen:

> »So entirely, indeed, had the dialogue been rewritten, that one can hardly imagine Shakespeare to have known the original play except by seeing it acted, and perhaps quickly reading it through. How immensely he improved on even the best speeches of <u>his predecessor</u> may be seen from the quotations I shall make; while that predecessor's worst was mere <u>schoolboy doggerel</u>.
>
> (…)
>
> It is throughout filled with an anti-Romish spirit. violent and vulgar, and entirely out of place in a work of art, though no doubt adding much to the play's temporary popularity. The characters are mere rough outlines, wanting in fulness and consistency; and there is no one in the play, except here and there Falconbridge, in whom you can take much interest. The dialogue is rather dull, and lacking in variety and finish.«

Rose geht davon aus, dass Shakespeare in der Spätfassung alle diese Fehler »korrigiert« habe, ohne dabei auch nur irgendwie von den Zeilen des ursprünglichen Autors (»*original author*«) abzuweichen:

> »It is characteristic of Shakespeare that, in remedying these faults, he does not for a moment depart from the lines the original author has laid down.«

Diese groteske Bewertung von Rose anlässlich der Veröffentlichung der Frühfassung von »König Johann« kann man nur verstehen, wenn man bedenkt, in welch einem unauflösbaren Erklärungsnotstand er sich befand. Wer um alles in der Welt könnte diese Frühfassung eines Werks von Shakespeare verfasst haben?

org/stream/troublesomeraignooshakuoft#page/n7/mode/2up, aufgerufen am 19.1.2011.

Um 1870 galt das frühe »trübe« Ableben von Christopher Marlowe (»Wirtshausschlägerei«) als gesichert – dass er der Autor von »König Johann« und Shakespeare-Pendant sein könnte, stand außerhalb jeder Denkmöglichkeit. Der Rufmord (»*Vilification*«) hatte seine volle Wirkung entfaltet (s. S. 160 ff.).

Wie in Kapitel 10 im Detail gezeigt wird, bringt sich Shakespeare selbst in vielen seiner Stücke mit einer Figur ein. In »König Johann« ist dies recht eindeutig der »Bastard« Phillip (Halbbruder). Die ausgiebige Auseinandersetzung des Bastards im gesamten ersten Akt (wie auch in vielen anderen Stücken) darüber, wer sein wirklicher leiblicher Vater gewesen sei, hat etwas sehr Authentisches und passt zu den Überlegungen von Robert U. Ayres[51].

> *»(...) that Kit Marlowe was a bastard, whose real biological father was a moderately high ranking person able to provide him with support and educational opportunities, even though he lived as a child with his mother and step-father in Canterbury.«*

Auf mögliche Zusammenhänge zwischen Marlowe und den Werken eines »Thomas Bastard« (Chrestoleros. Epigrammes 1598) bzw. eines »William Clerke« (The Triale of Bastardie 1594) wird kurz in Kapitel 11 eingegangen (s. S. 535, 674).

Auch in der Figur des Arthur wird viel Biografisches von Marlowe erkennbar. Nur ein Beispiel: Seinen Sprung und tödlichen Fall in die Tiefe kommentiert Arthur in der »First Folio« anders als in Q1: Er sagt, dass es keinen Unterschied mache, ob er sterbe und umkomme oder ob er sterbe und am Leben bleibe (»*As good to die and go, as die and stay*«). Diese später umgeschriebenen Zeile entspricht exakt der Situation Marlowes nach seinem Namenswechsel. Wie kann man sonst sterben und dennoch am Leben bleiben (»*die and stay*«)? Von den drei in dieser Situation (in Q1!) Vorbeikommenden, die den toten Arthur finden (Pembroke, Salisbury [Cecil], Essex), wurde in der »First« Folio Essex gelöscht beziehungsweise ausgetauscht. Dies dürfte seinen Grund gehabt haben.

Antonius und Cleopatra

Der Zeitpunkt, zu dem »Antonius und Cleopatra« konzipiert worden sein könnte, ist nicht bekannt. Es erschien nie als Quarto, sondern erstmals in der »First Folio« (1623).

---

[51] Robert U. Ayres: Evidence that Marlowe was Gregorio, in: The Marlowe Society Research Journal 7/2010; Onlineversion: http://www.marlowe-society.org/pubs/journal/downloads/rj07articles/jl07_03_ayres_gregorio. Pdf, aufgerufen am 19.1.2011.

Auch »Antonius und Cleopatra« gibt Hinweise auf eine Urheberschaft Marlowes. Wie in vielen anderen Stücken tauchen auch hier Marlowes frühe Grundthemen, mit denen er sich in seinen Anfängen vorrangig auseinandersetzte, auf.

1) Ovid-Elegien

Marlowe übersetzte als etwa 20-Jähriger die lateinischen Elegien (»Amores«) von Ovid ins Englische. Verschiedene Wendungen tauchen in ähnlicher Form in »Antonius und Cleopatra« wieder auf und stellen ein Indiz für Marlowe/Shake-speare als Verfasser des Stückes dar.
   Beispiele:

Elegie I/2   Antonius und Cleopatra
Behold thy kinsman's Caesar's prosperous bands,
Who guards the conquered with his conquering hands
                              Say to great Caesar this: in deputation
                              I kiss his conquering hand: tell him, I amprompt

Elegie II/6
»tis is great, but ancient cause of sorrow.
                              But comforts we despise; our size of sorrow.
                              Proportion'd to our cause, must be as great

Elegie III/10
Long have I borne much, mad thy faults me make
                              Some faults to make us men. Caesar is touch'd.

Elegie III/13
And I will trust your words more than mine eyes
                              O slave, of no more trust than love that's hired!

2) Lucanus

Marlowe hatte in frühen Jahren das erste Buch von Marcus Annaeus Lucanus' »Pharsalia« in Blankversen, zu jener Zeit eine echte literarische Innovation, übersetzt. Das Buch behandelt die Auseinandersetzung zwischen Caesar und Pompejus und brachte Marlowe früh mit der Sprache und Historie der Politik, sowie Details der antiken Kriegführung in Berührung.
   Candidius stellt fest, dass Antonius, der Caesar zur See angreifen wird, ihn auch zum Zweikampf gefordert hat, und sagt:

> »Ay, and to wage this battle at *Pharsalia*
> Where *Caeser* fought with *Pompey*: but these offers,
> Which serve not for his vantage, he shakes off«

Die Aussage lässt ohne Zweifel Marlowes Kenntnisse und literarische Vergangenheit erkennen. Marlowes Lucanus-Übersetzung kann als eine frühe wegbereitende Grundlage für Stücke wie »Julius Caesar«, »Antonius und Cleopatra« und andere interpretiert werden.

3) Dido

Antonio ruft nach Erhalt der Nachricht von Cleopatras Tod aus:

> »*Where Soules do couch on Flowers, wee'l hand in hand,*
> *And with our sprightly Port make the Ghostes gaze:*
> *Dido, and her Aeneas shall want Troopes,*
> *And all the haunt be ours. Come Eros, Eros.*«

Es ist schwer zu verstehen, warum Marlowes Schöpfung Dido nahtlos in das geistige Eigentum von Shakspere aus Stratford überging, ohne dass er in irgendeiner Form auf den gleichzeitig agierenden Urheber eingeht. Dies ist per se nicht plausibel und muss einen Grund gehabt haben!

Einflüsse von Mary Sidney und Samuel Daniel

Samuel Blumenfeld geht aufgrund von Informationen durch Kenneth Muir und J. D. Wilson davon aus, dass Shakespeares komplexe Liebesgeschichte »Antonius und Cleopatra« von drei Werken maßgeblich beeinflusst wurde: von Mary Sidneys Übersetzung von Garniers »Marc Antoine« aus dem Französischen« und durch Samuel Daniels (»*the rival poet*«) »Cleopatra« und »His Letter to Octavia«. Daneben dürften auch Marlowes Beziehungen zu diesen Personen eine Rolle gespielt haben und dramatisch-metaphorisch in das Stück integriert worden sein. Mit diesen Werken müsste Shakspeare vertraut gewesen sein. Es gibt allerdings, anders als bei Marlowe, keinerlei Indizen, dass er Mary Sidney oder Samuel Daniel kannte.

Die lustigen Weiber von Windsor

In der Komödie »Die lustigen Weiber von Windsor« lassen sich verschiedene Hinweise auf Marlowe/Shake-speare erkennen. Das Stück wurde am 18. Januar 1602 zum Druck eingereicht und im gleichen Jahr als Q1, 1619 als Q2 und in optimierter Fassung in der »First Folio« (1623) gedruckt. Es besteht keine Einigkeit darüber, wie viel Jahre früher (vor 1597?) das Stück tatsächlich konzipiert und geschrieben wurde. Es gibt Hinweise darauf, dass die Hauptfigur »Fallstaff« ursprünglich »Sir John Oldcastle« hieß, wie in »Heinrich IV.«. Das Stück gilt als das einzige von Shakespeare, in dem Zeit, Ort und soziale Bedingungen in etwa der Situation der zeitgenössischen elisabethanischen Ära entsprach.

Auf der Titelseite von Q1 steht, dass das Stück von »The Lord Chamberlain's Servants« aufgeführt worden sei, »*Both before Her Maiesty, and elsewhere.*« Die früheste gesicherte Aufführung fand am 4. November 1604 im Whitehall Palace statt.

Die Tatsache, dass in »Die lustigen Weiber von Windsor« Verse von Marlowe gesungen werden, ohne dass ein Bezug zu ihm als Dichter, Shepherd etc. hergestellt wird, spricht eher dafür, dass nicht ein Fremder, sondern der Dichter selbst (Shakespeare/Marlowe) auf seine früheren poetischen Schöpfungen zurückgegriffen hat. Nähme man an, es wäre von Shakspere geschrieben, entspräche es einem merkwürdigen, schwer einfühlbaren Plagiat.

In der ersten Szene von Akt drei stimmt Hugh Evans ein »gebrochenes« Lied mit Namen »To shallow rivers« ein:

Evans: *Pless my soul, how full of chollors I am, and trempling of mind!*
I shall be glad if he have deceived me.
How melancholies I am! I will knog his urinals about his knave's costard when I have goot opportunities for the ork. Pless my soul!

[singt] *To shallow rivers, to whose falls*
Melodious birds sings madrigals;
There will we make our peds of roses,
And a thousand fragrant posies.
To shallow …
Mercy on me! I have a great dispositions to cry.

[singt] *Melodious birds sing madrigals*

Whenas I sat in Pabylon And a thousand vagram posies.
To shallow & c

Simpel: (...)
Evans [singt]: *To shallow rivers, to whose falls*

Dieses Lied entspricht eindeutig dem wohl berühmtesten Gedicht Christopher Marlowes aus den späten 80er-Jahren des 16. Jahrhunderts: »Come live with me and be my love«. Strophe zwei und drei lauten:

»*And we will sit upon the rocks*
Seeing the shepherds feed their flocks,
By shallow Rivers, to whose falls,
Melodious birds sing madrigals.

And I will make thee beds of roses
And a thousand fragrant posies
A cap of flowers, and a kirtle
Embroidered all with leaves of myrtle«

Es dürfte keineswegs von ungefähr kommen, dass Shakespere das marlowesche Motiv der »*shallow river*« hier in kürzester Zeit vier Mal (!) wiederholt. Wie könnte man es erklären, dass der Autor Shakspere hier seinen »Dichterrivalen« Marlowe in dieser Massivität in die Szene einbringt? Alles spricht dafür, dass sich hinter dem Dichter der »Lustigen Weiber von Windsor« Christopher Marlowe verbarg, der dies hier dem »wissenden« Publikum zu verstehen gibt.

Lehrstunde für William (Shakspere) in »grammatikalischer« Metaphorik

In Szene eins des vierten Akts kommt eine seltsame Szene vor, der ohne Zweifel eine mächtige metaphorische Bedeutung unterlegt ist. Sie erinnert in starkem Maß an eine analoge Szene in »Wie es euch gefällt« (s. S. 383), in der ebenfalls ein »William« als eine unwissende, tumbe Person dargestellt wird, von der man annehmen kann, dass der Dichter den maskierenden Strohmann William Shakspere aus Stratford meinte, dessen Unbedarftheit er vorführen wollte.

Shakespeare (alias Marlowe) versucht in »Die lustigen Weiber von Windsor« anhand der Metapher der Hierarchie-Ebenen von Grammatik klarzumachen, auf welcher Ebene »William« (der Strohmann Shakspere) im Verhältnis zum wahren Dichter Shakespeare steht. Eine Rolle dürfte dabei das Buch »A Short Introduction of Grammar« von William Lyly (1538) gespielt haben.

Experten haben in dieser Szene eine poetische Reminiszenz Shaksperes an seine Schulzeit in Stratford gesehen. Diese Interpretation ergibt schon deshalb keinen Sinn, weil der Dichter mit dem Namen »William« hier klar die Absicht verfolgt, einen höchst unbedarften »William« (Shakspere aus Stratford) zu kennzeichnen und zu entlarven, und keinesfalls sich selbst.

Mrs. Page bringt ihren Sohn William zur Schule. Unterwegs trifft sie den wallisischen Reverenten Sir Hugh Evans, den sie bittet, ihren Sohn William wegen seiner »Grammatikprobleme« und schlechten Lateinkenntnisse zu prüfen, da ihr Ehemann behaupte, William lerne rein gar nicht aus seinen Büchern *(»my husband saies my sonne profits nothing in the world at his Booke: I pray you aske him some Questions in his Accidence«)*. Evans prüft William mit der Frage, wie viele Zahlen (Silben) in seinem Namen vorkämen (»*William, how many Numbers is in Nownes?*«). William beantwortet dies mit »zwei«, was Mistress Quickly, die Bedienstete des französischen Arztes Dr. Cajus, damit kommentiert, dass sie stets von einer Zahl (Silbe?) mehr, also von drei ausgegangen sei (»*Truely, I thought there had bin one Number more, because they say – od's-Nownes*«). Eine ungerade Zahl? Man ist geneigt, die Unterscheidung zwischen zwei- und dreisilbigen Namen (Shakspere versus Shakespeare) zu verstehen.

Evans will weiter von William wissen, was der Begriff »fair« für ihn bedeute (»*Whas it fair, William?*«). Die Antwort von William – »*Pulcher*« (schön) – versteht Frau Quicky falsch, es gebe, sagte sie, anständigere Dinge als »Powlcats« (»*Powlcats? there are fairer things then Powlcats*«). »Powlcats« erinnert ausgeprochen an »Pullcats« (Slang für Prostituierte).

Dies kommentiert Evans mit einer bezeichnenden Erläuterung: Er sei eine sehr einfache Erscheinung »*You are a very simplicity oman*«. Die Abwandlung des Omen in »*oman*« lässt einen an das Wortspiel »Oh Mann« (»Du bist eine starke Vereinfachung eines Mannes«) denken. Evans fragt darauf: »*What is a lapis, William?*« Nachdem William ihm anwortet, dass dies ein Stein sei (»*A stone*«), fragt Evans, was denn ein Stein sei (»*And what is a Stone, William?*). Die Antwort, dass dieser ein »*pebble*« sei, gefällt Evans ganz und gar nicht. Er weist William darauf hin, dass er ein Lapis sei, er möge sich das einprägen (»*No; it is Lapis: I pray you remember in your praine*«). William wiederholt brav: »*A lapis.*«

Diese Szene kann nur eine Metapher sein. Dem tumben William wird hier auf der Bühne klargemacht, dass er ein ganz gewöhnlicher Stein sei und kein »*pebble*«, der zu jener Zeit ein Edelstein, ein Gewichtsstein, ein Maß zum Wiegen war.

Shakspere sei beliebig, »austauschbar«, ein »Pronomen und Genitiv«, Shakespeare hingegen »singulär«, ein Nomen, Nominativ, Vokativ.

In Fortsetzung dieser durch und durch metaphorischen Szene zieht Shakespeares/alias Marlowe nun alle Register und vergleicht beide Personen anhand der Hierarchien der Sprache.

Evans fragt William, wer es sei, der »Artikel« verleihen würde (»*That is a good William: what is he, William, that do's lend Articles*«). William antwortet, dass Artikel von dem »Fürwort« entlehnt seien und deshalb so dekliniert würden (»*Articles are borrowed of the ›Pronoune‹; and be thus declined*«). Als »Pronomen« (»für« den Namen stehend!) werden Wörter bezeichnet, die entweder stellvertretend für ein Nomen (Substantiv oder Namen) stehen und substantivisch verwendet werden oder wie ein Artikelwort ein Substantiv begleiten. Im Englischen werden die letztgenannten Wörter oft als »*determiner*« bezeichnet. In Schulgrammatiken findet sich auch die Unterscheidung »Stellvertreter« und »Begleiter«.

In einem deutlichen Wortspiel soll William Shakspere hier also als »blasser« Stellvertreter, als Pronomen, der für das »Nomen«, für den eigentlichen Namen (Shake-speare/Marlowe), steht, erkennbar werden. Die Grundform, der Nominativ (lat. nominare: »benennen«), bleibt einzigartig, ihn gibt es jeweils nur einmal: »Dieser«, »diese«, »dieses«. Er, William, markiert den Genitiv »huius« (»*pray you marke: genitiuo huius*«). Der Genitiv »huius« ist für männlich, weiblich und sächlich identisch, also nicht singulariter!

Dann wird auch noch der Akusativ behandelt. Evans fragt William, was »sein« Akkusativ-Fall sei (»*Well: what is your Accusative-case?*«). William antwortet: »*Accusativo hinc*«. Evans ermahnt ihn, das doch zu behalten: Bitte erinnere dich, Kind, Accusativo hing hang hoc (»*Evans I pray you haue your remembrance (childe) Accusatiuo hing, hang, hog*«). Frau Quickly kommentiert, dass sie garantiere, dass die letzteren(»latten«/Latin?) Worte »hang hog« für Schinken (»*Bacon, hanged-hog*« – »aufgehängtes Schweinefleisch«) stünden (»*Hang-hog, is latten for Bacon, I warrant you.*«).

Dann will Evans von William wissen, was sein Vokativfall (Anredefall) sei (»*What is the Focatiue case?*«). William ruft einen Vokativ aus (»O, *Vocatiuo*, O.«).

Pronomen haben im Lateinischen keinen Vokativfall. Im Lateinischen ist der Vokativ (Anredefall!) fast immer mit dem Nominativ identisch. Als Fall mit unterscheidbarer Form erscheint er nur bei den (recht häufigen) maskulinen Wörtern der o-Deklination, die im Nominativ auf -us enden. In diesem Fall wird aus der Nominativendung (im Singular) im Vokativ die Endung -e (zum Beispiel Christ → Christe! In Anlehnung an Shak → Shake!). Evans erinnert William daran, dass er den Vokativ (den Anredefall Shake) unbedingt zu meiden beziehungsweise zu verweigern habe (»*Remember William, Focatiue, is caret*«) und nur seine eigenen »Fall« Shak zu »deklinieren« habe.

Sodann fragt Evans William, was sein Genitivfall im Plural sei (»*What is your Genitiue case plurall*«?), worauf William antwortet: »*horum, harum, horum*«. Frau Quickly glaubt sofort wieder, Unanständiges in den Worten verstanden zu haben (harum Whorum, Harem? Hure whore) und ermahnt sowohl ihr Kind, niemals den Namen einer Frau zu nennen, wenn sie eine Hure sei (»*fie on her; neuer name her (childe) if she be a whore*«) als auch Sir Evans, dem Kind nicht solche Worte beizubringen (»*You doe ill to teach the childe such words: hee teaches him to hic, and to hac; which they'll doe fasten-ough of themselues, and to call horum; fie vpon you*«).

Diese zweifellos spekulative, aber plausible Interpretation zeigt die Fähigkeit Shakespeares, einen Sachverhalt in eine Metapher zu verwandeln, die sich erst bei längerem Nachdenken erschließt.

Doktor Faustus

Marlowes Spuren aus Doktor Faustus (A-Text) finden sich auch in »Die lustigen Weiber von Windsor«:
In Akt 1, Szene 1 spricht Pistol von dem Gegenspieler des Doktor Faustus:

> »Howe now, Mephistophilus!«

In Akt 4, Szene 5 kommt Bardolph auf die Pferde zu sprechen, die ihn abwarfen, und vergleicht sie mit den Teufeln des Doktor Faustus:

> »Like three german devils, three Doctor Faustuses«

Dass Shakspere zweimal in einem seiner Stücke auf Marlowes »Faustus« hinweist, ergibt keinen Sinn. Ungleich plausibler ist es, Marlowe – der innerlich stets sehr mit seinen Figuren verschmolz – als Autor von »Die lustigen Weiber von Windor« anzunehmen

Marlowe und Raleigh

In Akt 1, Szene 3 bezieht sich Fallstaff auf eine der Frauen, die er zu verführen hoffte:

> »A region in Guiana, old gold and bounty«

Shakespeare hat seine geografischen Kenntnisse am ehesten von Sir Walter Raleigh erworben, der 1596 von einer Expedition aus Südamerika zurückkehrte und darüber ein Buch veröffentlichte: *The Discoverie oft the Large, Rich, and Bewtiful Empyre of Guiana, with a relation oft he Great and golden Citie of Manoa, which the Spaniards call El Dorado*«.
Marlowes Verbindungen zu Raleigh sind belegbar (s. S. 192 ff.), er gehörte dem sogenannten Raleigh Circle an und war mit großer Wahrscheinlichkeit an Raleighs Reisen und Erlebnissen interessiert. Von Shakspere ist nicht bekannt, dass er Verbindungen zu Raleigh hatte.

Othello

Die erste Drucklegung von »Othello« erfolgte – erstaunlicherweise – erst Anfang 1622 als Quarto (Q1), nur ein Jahr vor seinem Erscheinen in der »First Folio« (FF). »Othello« ist das einzige Shakespeare-Stück aus der »First Folio«, das erst nach Shakspseres Tod (1616) gedruckt wurde. Die FF-Version unterscheidet sich von der Q1-Version deutlich: Neben zahllosen neuen Details (in punkto Bühnananweisung, Interpunktion, Reihung von Zeilen, Austausch von Worten etc.) wurden 160 neue Zeilen eingefügt und 13 Zeilen beziehungsweise Halbzeilen gestrichen.[1]

Die Frage, wer diese Änderungen vorgenommen haben könnte, lässt sich nur beantworten, wenn man davon ausgeht, dass dies Marlowe gewesen ist.

Marlowe-Forscherin Isabel Gortazar ist sich sicher, dass die von Marlowe eingefügten 160 Zeilen inhaltlich mit dem Tod Mary Sidneys am 25. September 1621 in Zusammenhang gebracht werden müssen. Danach war Marlowe Ende September 1621 noch am Leben – Shakspere, der 1616 starb, kann es schwerlich gewesen sein. Es gibt schlicht keine Person außer Marlowe, die ein Interesse daran gehabt haben könnte, das Stück inhaltlich und stilistisch so zu verändern. Ein neu hinzugefügter Satz wie:

> »nature would not invest herselfe such shadowing passion without some instruction. It is not the word that shake me thus«

lässt eine präzise Metapher erkennen (»*without some instruction*«). Dass Marlowes Handschrift in »Othello« sichtbar wird, sei an einem erweiterten Beispiel Samuel Blumenfelds, der Tucker Brooke zitiert, verdeutlicht. Blumenfeld erkennt in »Othello« eine signifikante textliche Verwandschaft zu Marlowes Werken.

»Othello« (FF, Akt 5, Szene 2):

> *»(...) of one whose hand,*
> *Like the base Indian, threw a pearl away*
> *Richer than all his tribe (...)«*

Othello stellt sich als den »unzivilisierten«, gemeinen Inder dar, der seines Landes Schatz, eine Riesenperle (Desdemona), wegwarf, da er ihren Wert nicht erkannte.

In Marlowes Werken (»Dido«, »Faustus«, »Jude von Malta«, »Tamerlan«) lassen sich mächtige Anklänge an den reichen Moor, an den Reichtum Indiens und seine Schätze erkennen, die in »Othello« wieder auftauchen.

»Der Jude von Malta« (Akt 1, Szene 1):

> *»Give me the merchants of the Indian mines (...)*
> *The wealthy Moor, that in the eastern rocks*
> *Without control can pick his riches up*
> *And in his house heap pearl like pebblestones«*

---

[1] Bis zu diesem Zeitpunkt lief das Stück ausschließlich als »The Moor of Venice«. Die Namen Jago (entsprechend James) und Othello wurden erst 1621 neu eingefügt.

»Tamerlan« (Akt 2, Szene 5):

> »To follow me to fair Persepolis.
> then will we march to all those Indian mines«

»Doktor Faustus« (Akt 1, Szene 1):

> »I'll have them fly to India for gold,
> Ransack the ocean for orient pearl,
> And search all corners of the new-found world
> And search all corners of the new-found world
> For pleasant fruits and princely delicates.«

»Dido« (Akt 3, Szene 1):

> »In whose fair bosom I will lock more wealth
> Than twenty thousand Indias can afford.«

»Dido« (Akt 5, Szene 1):

> »From golden India Ganges will I fetch,
> Whose wealthy streams may wait upon her towers«

10. Marlowes Biografie in Shakespeares Werken

Marlowes Leben in Anonymität und Verborgenheit, das er ab seinem 30. Lebensjahr geführt haben muss, hat ohne Zweifel dazu geführt, dass er in einem ungewöhnlichen Ausmaß seiner Kommunikationsmöglichkeiten nach außen hin beraubt war. Er war vom inneren Zirkel des Hofes ausgeschlossen und konnte sich ab Juni 1593 (unter Shake-speare als Theaterdichter und unter anderen Pseudonymen schreibend) nicht mehr in der Öffentlichkeit zeigen.

Es kann angesichts von Marlowes rastloser Vitalität, seiner Imagination und seines überbordenden Einfallsreichtums kein Zweifel daran bestehen, dass sich die Erfahrungen seiner drastisch veränderten Lebenssituation in seinen Stücken widergespiegelt haben müssen.

Dass aber in noch viel ausgiebigerem und direkterem Maß komplette Passagen, ganze Szenen, Akte oder sogar Stücke (zum Beispiel »Timon von Athen«, »Perikles«, »Cymbeline«, »Coriolanus« etc.) Marlowes biografischer Situation entsprechen, konnte so lange nicht erkannt werden, solange er als gestorben galt und biografische Aspekte seines Schicksals damit niemals in den Stücken hätten wahrnehmbar werden können.

Man gewinnt beim Lesen der Werke Shakespeares (alias Marlowe) den Eindruck, als ob ihm nur noch auf literarischem Weg die Möglichkeit verblieben war, der Welt und seinem Umfeld Einblicke in sein Leben zu geben. Diese Erkenntnis gewann ich erstmals, als mir klar wurde, dass eine schlüssige Interpretation des rätselhaften Prologs in »Der Widerspenstigen Zähmung« sofort möglich wurde, wenn man ihn als eine durchgehende Metapher für Marlowes Leben begreift (siehe im Folgenden).

Wenn aber Marlowe/Shakespeare in »Der Widerspenstigen Zähmung« das Bedürfnis hatte, Biografisches der Nachwelt als Parabel zu übermitteln, liegt es nahe, dass er das auch in anderen seiner Stücke und Texte beabsichtigte. Dies hat sich, wie dieses und das folgende Kapitel darstellen werden, in der Tat eindrucksvoll bestätigt.

Eine solche Vielzahl von Einfällen, Handlungssträngen, von Begegnungen und Betroffenheiten kann nicht reine Fiktion sein. Sie bedurfte autobiografischer Bezüge, Ursachen und Voraussetzungen, sie bedurfte realer Wurzeln und existentieller Hintergründe.

In Kapitel 10 soll anhand längerer Textstellen, insbesondere aus späteren Werken oder Fassungen Shakespeares, exemplarisch veranschaulicht werden, in welchem Ausmaß Marlowe sein »tragisches« Schicksal auf einer metaphorischen Tiefenebene sowohl in Neben- als auch Hauptfiguren seiner Theaterstücke eingebracht hat.

Diese Tatsache konnte – wie erwähnt – so lange nicht erkannt worden, solange es als ausgeschlossen galt, dass Shakespeare und Marlowe dieselbe Person waren. Sobald man aber bemerkt hat, dass es sich um die gleiche Person handelt, ist es fast unmöglich, sich von den Analogien im Text wieder zu lösen. Bei keinem anderen »Kandidaten« in der Urheberschaftsdebatte lassen sich auch nur im Entferntesten solche biografischen Analogien herstellen – und sie können kein Zufall sein! Der absout unbegreifliche Mangel an Spuren von Shakespeares Existenz als Genie und Dichter zu Lebzeiten lässt sich damit verblüffend plausibel erklären.

Der Widerspenstigen Zähmung

Der rätselhafte Prolog in Shakespeares »Der Widerspenstigen Zähmung«, wie er 1623 in der »First Folio« erschien, muss als eine Parabel verstanden werden, die dem Zuschauer das Schicksal Christopher Marlowes als ein symbolisches Gleichnis nahebringt. Die kumulative Anzahl interpretierbarer Indizien lässt es ausgeschlossen erscheinen, dass es sich um ein zufälliges Zusammentreffen szenischer Einfälle handelt.

Der Prolog wird häufig weggelassen, da er unabhängig von dem eigentlichen Stück existiert und zu ihm selbst nichts beiträgt. Er hat zahllose zum Teil abstruse Deutungen erfahren (zum Beispiel durch Ernest P. Kuhl). Es scheint von Bedeutung, dass die Einleitungsszene der Frühfassung (»Taming of a Shrew«, TaS, 1594) sich von derjenigen in der Spätfassung (»Taming of the Shrew«, TtS, 1623) in der »First Folio« deutlich unterscheidet: Letztere wurde auf fast die dreifache Länge gebracht, wobei die »moralisierende« Ausrichtung der Frühfassung verlassen wurde.

Der eigenständige Einleitungsteil erzählt das seltsame Abenteuer eines »Christophero Sly«, eines Kesselflickers (»*tinker*«[2]), der nach einem Streit (»*brawl*«) bewegungslos liegen bleibt und in einen todesähnlichen Schlaf verfällt, sodass Außenstehende denken, er sei eine ums Leben gekommene Person (Marlowes Leben endete »offiziell« nach einem Streit um eine Rechnung). Ein Graf, der mit seinen Dienern und Hunden vorbeikommt, stellt fest, dass der Mann nicht tot ist, und bringt ihn in sein Haus, wo der Mann erwacht und

---

[2] Man ist geneigt, das Wortspiel zu einem »Thinker« zu erkennen. SOED: »Thinker«: a person of having the power to think (1440).

ihm nach Einkleidung und Bewirtung angeboten wird, eine Komödie anzusehen. Während die Komödie beginnt, verschwindet Christopher unbemerkt und taucht in dem Stück nicht wieder auf.

Die Marlowe-Expertin Isabel Gortazar[3] (2007) kann überzeugend aufzeigen, dass Christopher Marlowe in diesem Prolog sein persönliches Schicksal als ein verdecktes allegorisches Vorspiel einzubringen sucht.

In der Frühfassung von »The Taming of a Shrew«(1594) erscheint nicht ein »Christopher Sly«, sondern ein »Don Christo Vary«, der als der Retter dargestellt wird und am »dritten« Tag von den Toten auferstanden ist (!). Diese kurze Passage kann man bereits als einen frühen Versuch eines Hinweises auf die Deptford-Episode (der Ort von Marlowes vorgetäuschtem Tod) erkennen – bis hin zu dem Detail vom dritten Tag. Offizieller Todestag Marlowes ist der 30. Mai 1593, aber die Untersuchung durch den königlichen Untersuchungsrichter William Danby fand zwei Tage später statt (1. Juni 1593). Marlowe in der Frühfassung (1594) war gleichnishaft am dritten Tage nach seinem Tod wiederauferstanden (als Shakespeare).

Während in der Frühfassung (1594) die erste szenische Anweisung lautet: »*Enter a Tapster, beating out of his doores Slie Droonken*«, heißt es knapp 30 Jahre später in der »First-Folio«-Fassung: »*Enter Begger and Hostes, Christophero Sly.*« Dieser Name kann kaum zufällig sein: Hier wurde nicht nur der Vorname Marlowes, sondern als Nachname auch noch »*Sly*« (listig, heimlich) gewählt; ein Wort, das phonetische Ähnlichkeit mit »*slay*« (ermordet, umgebracht) aufweist. Auffällig ist auch, dass unter den »Principall Actors« der »First Folio« ein »William Slye« aufgeführt wird.

Die einzelnen, aufeinanderfolgenden Indizien im Einleitungsprolog, die dafür sprechen, dass Marlowe sein verborgenes und getarntes Leben einzubringen sucht, sind im Folgenden fortlaufend nummeriert:

INDIZ 1: Der erste Satz des Prologs, gesprochen von Christopher Sly, lautet: »Ich werde euch das – im Vertrauen – entwirren!« (»*I'll pheeze faith!*«). »To pheeze« ist ein ungewöhnliches Verb und bedeutet laut OED (Oxford English Dictionary) hier wohl: »Ich werde den Faden entwirren« (OED: »*to unravel a rope or thread*«). Da der Ausdruck »to pheeze« als einziger auch in der Spätfassung vorkommt, dürfte er eine Bedeutung haben, zum Beispiel: »Ich werde euch meine Situation in der neuen Fassung kenntlicher machen.«

INDIZ 2: Dass der Schankkellner (»*tapster*«) aus der Frühfassung in der Spät-

---

[3] Vgl. Isabel Gortazar: The Clue in the Shrew (Revised), in: The Marlowe Society Research Journal, Vol. 6/2009: Onlineversion: http://www.marlowe-society.org/pubs/journal/downloads/rj06articles/jl06_01_gortazar_shrew.pdf, aufgerufen am 19.1.2011.

fassung zu einer Wirtin (»*hostess*«) wird, muss einen Grund haben. Im 1925 entdeckten Königlichen Untersuchungsbericht (»Coroner's report«) wird angedeutet, dass die vermeintliche Tötung Marlowes in einem Hause (»house«[4]) der Gastgeberin (engl. »*hostess*«) Eleanor Bull mit später erkannten verwandtschaftlichen Verbindungen zu William Cecil stattfand. Auch in der Spätfassung von Marlowes »Doktor Faustus« (B-Version von 1616) wird eine Hostess neu eingeführt (s. S. 340 f.).

INDIZ 3: Christopher Sly ist empört über seine Behandlung durch die Wirtin und prahlt damit, dass die Slys keine Schurken seien (»*Y'are a baggage, the Slys are no rogues*«). Er fordert die Anwesenden auf, in den Chroniken über ihn nachzulesen, dass er mit Richard dem Eroberer gekommen sei, womit er auf seine Abstammung und Erziehung hinweisen möchte (»*Look in the Chronicles; we came in with Richard Conqueror*«). Isabel Gortazar geht davon aus, dass dies eine Anspielung auf »William the Conqueror« in »Richard III.« sein könnte, wo es um eine Rivalität zwischen Burbage und Shakpere ging. Da es drei historische Richards gibt, aber nur einen Eroberer (»*Conqueror*«), könnte der Name William weggelassen worden sein, um zu zeigen: Wir hatten und haben (doppeldeutig?) nichts mit William dem Eroberer (beziehungsweise Shakspere) zu tun.

Der wichtigste Hinweis hier ist für Isabel Gortazar aber die Aufforderung Christopher Slys, in den Annalen oder Chroniken über ihn nachzulesen. Im zweiten Band von Graftons »Chronicle at Large« (1568) wird »Morley« als einer der »*Gentlemen that came in with William Conqueror*« aufgeführt und auf Seite vier des dritten Bands von »Holinshed's Chronicles« (1586) erscheint ein »*Morleian Maine in The roll of Battell abbey*«, dem ein »*Catalog of such Noble men, Lords, and Gentlemen of name, as came into this land with William the Conqueror*« folgt. Es könnte sein, dass die Shaxperes mit *Richard* dem Eroberer kamen, doch scheint es, dass »the Morleys« mit *William* dem Eroberer kamen.

INDIZ 4: Im gleichen Absatz lassen sich zwei Referenzen zu Thomas Kyds »Spanish Tragedy«[5] erkennen. Zum einen die Worte »*Paucas pallabris*« (anstelle von Kyds korrektem spanischem Ausdruck: »*Pocas palabras*« als Aufforderung zur Verschwiegenheit), zum anderen die Worte: »*Go by, Saint Jeronimy*«. Dieser Ausdruck lautet in Kyds Stück: »*Hieronimo beware; go by,*

---

[4] Von einem Wirtshaus (»*tavern*«) ist im »Coroner's report« nirgends die Rede. Dort heißt es: »In Camera infra domum cuiusdam Elionore Bull«, siehe: The Cornoner's Inquisition, siehe: http://www2.prestel.co.uk/rey/inquis~1.htm), aufgerufen am 19.1.2011.

[5] J. Schick, Thomas Kyds's Spanish Tragedy I. Berlin 1901; Onlineversion: http://www.archive.org/stream/thomaskydsspan100schigoog#page/n6/mode/2up, aufgerufen am 19.1.2011.

go by.« Es wird von Hieronimo gesprochen, der sich selbst den Rat gibt, bei der Planung der Rache vorsichtig zu sein.

Diese beiden eng aufeinander folgenden Bezugnahmen zu Thomas Kyd, die beide in den ersten sieben Zeilen der Einführung auftreten und in denen Sly zur Verschwiegenheit rät, lassen die spezifische Absicht des Autors erkennen, Thomas Kyd als Mitverursacher von Marlowes tragischer und schicksalhafter Situation einzuführen.

Bekanntlich wurde im Monat von Marlowes »offiziellem« Tod (Mai 1593) im Auftrag des Privy Council die Suche nach den Verfassern des »Dutch Libel«[6] (mit »Tamburlaine« unterschrieben) veranlasst, die die öffentliche Ordnung in London zu untergraben drohten.

Bei der Durchsuchung von Thomas Kyds Räumen wurden Schriften und Dokumente gefunden. Kyd gestand unter Folter auf der Streckbank, dass die Dokumente Christopher Marlowe gehörten, der eine Zeit lang zusammen mit ihm gewohnt hatte. Christopher Sly/Marlowe scheint zu sagen, dass er – weil nicht mehr existent – nicht mehr gerächt werden könne. Womit er seinen alten Freund Kyd besänftigen zu wollen scheint, an dessen Tod er sich wohl schuldig fühlte. Kyd starb im Juli 1594.

INDIZ 5: In der Frühfassung wirft der Schankkellner Don Christo offensichtlich auf die Straße, weil dieser betrunken ist und sich erbricht. In der Spätfassung ist der Grund ein anderer: Es gibt Streit um die Bezahlung (»*you will not pay for the glasses you have burst*«)!

Diese und die unter Indiz 2 aufgeführte Änderung (»*tapster*« wird zur »*hostess*«) müssen einen tieferen Grund gehabt haben. Bekanntlich wurde als Grund für Marlowes vermeintlichen Tod in Deptford ein Streit um eine Rechnung im Hause der »Hostess« Eleonora Bull dokumentiert.

INDIZ 6: In Zeile neun droht die Wirtin, die lokale »Behörde« zu rufen (»*the third-borough*«), und Christopher antwortet mit einem Wortspiel: »Ich antworte ihr mit dem Gesetz und werde mich keinen Fingerbreit rühren« (»*I'll answer him by law; I'll not budge an inch*«). In Wirklichkeit wurde ein lebloser Körper als Marlowe zurückgelassen beziehungsweise identifiziert, der sich keinen »inch« mehr bewegen konnte.

An dieser Stelle, so schreibt die Szenenanweisung vor, verfällt Christopher Sly in eine Bewusslosigkeit (oder formalen Tod), und der Graf erscheint mit

---

[6] Arthur Freemann: Marlowe, Kyd and the Dutch Church Lybel, in: English Literary Renaissance, 3/1973; Onlineversion: http://www2. prestel. co.uk/rey/libell.htm, aufgerufen am 19.1.2011.

seinen Jägern. Es ist der Moment von Cristopher Marlowes Verschwinden, seinem vermeintlichen Tod. Er verfällt für Jahrzehnte in einen Schlaf.

INDIZ 7: Während in der Frühfassung (1594) dem Thema der Spürhunde vier Zeilen gewidmet werden, erweitert der Autor in der Spätfassung (1623) das Thema auf 14 Zeilen. Der Graf lobt vor seinen Jägern begeistert die Fähigkeit der Hunde, Fährten aufzunehmen (»*picked out the dullest scent*«). Die Hunde erscheinen »menschlich« und haben klingende Namen (»Merryman«, »Clowder«, »Silver«, »Belman« and »Echo«). Sie dürften für nicht identifizierte zeitgenössische Personen stehen, die nach Marlowes Spuren fahndeten. Man kann davon ausgehen, dass Marlowe stets auf der Hut vor ihnen sein musste. In Shakespeares »Der Sturm« (Akt 4, Szene 1) wird der Hundename »Silver« erwähnt, der ein Code für den Namen einer Person sein dürfte, die zum Zeitpunkt der Entstehung des Stücks noch lebte.

INDIZ 8: In der Frühfassung äußert sich der Graf despektierlich, als er einen betrunkenen Mann auf der Straße liegend findet (»*Fie how the slavish villaine stinks of drink!*«). In der Spätfassung geht es dem Graf im Gegensatz hierzu ganz um die Frage, ob der daliegende Christopher Sly tot oder nur betrunken ist (»*What's here? One dead or drunk? See, doth he breathe? ... O monstrous beast, how like a swine he lies! Grim death, how foul and loathsome is thine image!*«).
Dieser Moment hat insofern etwas Absurdes, als dem Graf zuvor gesagt wurde, dass die Person atme und lebe. Man fragt sich, warum der Graf anschließend von dem Bild des Todes, von einem widerlichen leblosen Schwein spricht. Der schlafend daliegende Christopher rechtfertigt letztlich nicht solch drastische Zeilen, die sich auf einen Toten zu beziehen scheinen, der auf schreckliche Weise ums Leben gekommen ist.

Es ist, als ob der Graf die reale historische Szene in Deptford beschreibt, bei der es tatsächlich eine Leiche gab, die laut Untersuchungsbericht einen Dolchstoß oberhalb des rechten Auges aufwies, der sofort zum Tod geführt hatte. Die drastische Bescheibung eines lediglich schlafenden, betrunkenen Mannes durch den Grafen erscheint unverhältnismäßig und wird ohne Kenntniss des Hintergrunds der vermeintlichen maloweschen Ermordung nicht verständlich.

Da dem Zuschauer explizit gesagt wird, dass Christopher nicht tot sei, könnten diese Zeilen bedeuten, dass der Körper von jemand anderem stammen musste, der mit Tierblut (?) übergossen war, damit die Tatsache verschleiert werden konnte, dass der fremde Körper (John Penry? – s. S. 388) schon seit vielen Stunden tot war.

In jedem Falle ist die Assoziation mit einem vorgetäuschten Tod und einer nur vermeintlich leblosen Leiche plausibel.

INDIZ 9: Die nachfolgenden Zeilen lassen zwar das Gleichnis des Traumes aufkommen, der in der Frühfassung eine zentrale Rolle spielte (»2nd Huntsman: *It would seem strange unto him when he waked.* Lord: *Even as a flattering dream or worthless fancy*«), aber die ursprüngliche Idee, dass das Leben mit einem Traum vergleichbar ist, führt in dieser Fassung der Szene ins Leere, da wir nicht erfahren, was aus Christopher geworden ist oder was passieren würde, wenn er aus dem Traum erwachte.

INDIZ 10: Das Rätsel um die unterschiedlich angegebene Zahl der Jahre, in denen Christopher Sly abwesend war, ist überaus auffällig. Zunächst erfahren wir (Szene I, Zeile 120), dass es sieben Jahre waren (»*Who for this seven yeares hath esteemed him*«), später, in Szene II, Zeile 78, sind es 15 Jahre (»2nd Servingman: *These fifteen years you have been in a dream, Or when you waked, so waked as if you slept*«) und in Szene II, Zeile 113, erscheint es dem Pagen, als ob es 30 Jahre wären (»*I, and the time seeme's thirty vnto me*«).

Bemerkenswert ist, dass zwischen Marlowes vermeintlichem Tod (1593) und dem Erscheinen der »First Folio« (1623) exakt 30 Jahre liegen. Demnach war Marlowe beim Erscheinen von »The Taming of the Shrew (TtS)« in der »First Folio« noch am Leben und 59 Jahre alt. Die »sieben« Jahre würden uns in das Jahr 1600 bringen, das Jahr, in dem die größte Zahl an Quartos herauskam, und »fünfzehn« Jahre würden uns in das Jahr 1608 führen, das Jahr, in dem das erste Quarto von »König Lear« erschien – nach einer Publikationspause von vier Jahren.

Vermutlich haben die Jahre 1600, 1608, 1623 für Marlowe eine bestimmte Bedeutung gehabt (wofür es verschiedene plausible Anhaltspunkte gibt).

INDIZ 11: Obwohl die Person eines Christopher Sly bereits zu Anfang in den szenischen Anleitungen genannt wird, beschreibt sie sich selbst im Vorspiel erst viel später genauer.

Christopher erklärt, dass er »*old Sies sonne of Burton-heath*« sei, von Geburt an Kleinhändler oder Hausierer (»*Pedlar*«), durch Erziehung ein »*Card-maker*«, durch Verwandlung ein »*Bear-heard*« und jetzt von Beruf ein »*Tinker*«.

Alle hier genannten Worte beziehungsweise Wortspiele sind in »John Foxe's Book of Martyrs«[7] (Ausgabe von 1583) von Bedeutung: old »*Sies*«, »*sonne*« (of

---

[7] John Foxe's Book of Martyrs, Book 11, London 1570, S. 1752; Onlineversion: http://www.hrionline. ac.uk/johnfoxe/main/11_1570_1752. jsp, aufgerufen am 19.1.2011.

»*Burton*«, »*heath*« und auch »*Cardmaker*«. Man gewinnt den Eindruck, dass Marlowe seine Zeitgenossen über spezifische Stellen in John Foxes Werk auf sein eigenes Schicksal und seine Gedanken hinweisen wollte. Seine hier genannten Herkünfte passen nicht zu seinem zuvor genannten gehobenen Anspruch.

Es muss eine Bedeutung haben, dass Christopher Sly sich mit vier unterschiedliche Attributen metaphorisch kennzeichnet: Seinen Beruf gibt er mit »Tinker« an, was laut OED vor allem einen umherziehenden Stromer meint. Dies dürfte in der Tat eine Beschreibung gewesen sein, die sich Marlowe selbst gegeben hat: ein heimatloser, verborgener, umherziehender Poet, Stückschreiber, Agent, Botschafter etc.

Zuvor sei er durch Verwandlung zu einem »*Beare-heard*« geworden (»*by transmutation a Beare-heard*«). Es ist vorstellbar, dass sich Marlowe mit dieser Metapher des Bärenhüters beschrieben hatte, wenn man sich in Erinnerung ruft, dass der Hauptdarsteller in Marlowes berühmtestem Werk »Tamburlaine«, Edward Alleyn, wilde Monologe sprach, durch die er als »*bear-biter*« oder der »*Master of the bears*« bekannt wurde und Marlowe sozusagen der literarische Hüter der Schauspielerherde war.

Durch Erziehung sei er ein »*Card-maker*« geworden, sagt Sly. In Foxes Liste der Märtyer findet sich ein Franziskanermönch namens John Cardmaker, der am gleichen Tag (!) wie Christopher Marlowe (30. Mai), 38 Jahre früher, wegen Häresie auf Befehl des Erzbischofs von Canterbury (!) verbrannt wurde. John Cardmaker hatte im Jahre 1554 versucht zu fliehen, war aber gefangen und am 4. November 1554 vor die Star Chamber gebracht worden.

Es kann unmöglich Zufall sein, dass Shakespeare/Marlowe den Namen »John Cardmaker« ohne Bedacht gewählt hat. Im Jahr von Cardmakers Verbrennung (1555) sind nachweislich mehr als 20 andere Personen verbrannt worden. Cardmaker teilt nicht nur das Datum und den Grund von Marlowes eigenem, vermeintlichem Tod (Häresie). Dessen Schicksal ist auch mit Marlowes Schicksal und dem Beginn seiner veränderten Existenz gleichzusetzen *(»by education a Cardmaker«)*. Die Figur des Christopher Sly bringt in dem Stück zum Ausdruck, dass er (Marlowe) durch seine Bildung ebenfalls zu einem Dissidenten wurde.

Von Geburt bezeichnet Sly sich als »*old Sies sonne of Burton-heath, by byrth a Pedler*«. Dieser sehr merkwürdige Ausdruck ist schwer zu verstehen. Dass mit »Burton-heath«, wie die Stratfordianer annehmen, das kleine englische Dorf Barton-on-the-Heath in Warwickshire gemeint war, ist nicht wahrscheinlich, da der Ort sich im 17. Jahrhundert mit A buchstabierte und häufig auch »Barton in Henmarsh« genannt wurde und Shake-speare bei Ortsnamen, auch bei italienischen, nie Fehler erkennen ließ.

Kupferstich aus »Foxe's Book of Martyrs«, Verbrennung von John Cardmaker am 30. Mai 1555, dem Todestag Christopher Marlowes

Folgende Deutung ist naheliegender: »Burton« und »heath« sind – wie oben bereits erwähnt (»old«, »Sies«, »sonne« (of) »Burton«, »heath« und »Cardmaker«) – in »John Foxe's Book of Martyrs« einschließlich damit verbundener Sinnzusammenhänge auffindbar und als »Marker« wegweisend.

Das Schicksal und die Gedankenwelt der im »Book of Martyrs« aufgeführten Männer, beide mit Vornamen »Nicolas«, Nicolas *Burton* (Hinrichtung am 22. Dezember 1560 in Sevilla) und Nicolas *Heath*[8], zusammengefasst als

---

[8] Bischof von Worcester (1543–1551, 1553 –1555), Erzbischof von York (1555–1560) und Lordkanzler (1556–1559); erkannte das Supremat Elisabeths über die Kirche nie an und verbrachte die letzten 20 Jahre seines Lebens in einer inneren Verbannung; er wird auch in »Polimanteia« (s. S. 535) erwähnt: »(...) *aske but that graue and reuerend father Nicholas Heath ... he must needs confesse (and vndoubtedly would doe it, if he now liued) that he*

»Burton-heath«, ähneln denen von Marlowe zu sehr, als dass dies Zufall sein dürfte!

Auf der mit »*sies*« markierten Seite (Buch 5, Seite 484, Ecke unten rechts) im »Book of Martyrs« ist unter anderem Folgendes zu lesen:

> »*For to say that men are bound to one ceremony of the law, & not to the others, is no reasonable saying. Either therefore we are bound to them all, or to none. Also, that by the same olde lawe, men are not bound to pay tithes, it may be shewed by many reasons, which we nede not any more to multiply & encrease, because the things that be sayd, are sufficient. Whereupon some do say, that by the Gospell we are bound to pay tithes, because Christ saide to the Phari-* ...«... sies--

Es ist dokumentiert, dass Shakspere aus Stratford als Landbesitzer durch gerichtliche Auseinandersetzungen diese spezielle Steuer (»*Tithes*«) eintrieb.

An der mit »*sonne*« markierten Seite (Buch 11, Seite 1727, »*sonne*«, Ecke unten rechts) im »Book of Martyrs« findet sich folgende Passage:

> »*Let the world freat, let it rage neuer so much, be it neuer so cruel and bloudy, yet be ye sure that no man can take vs out of the fathers handes, for he is greater then all: who hath not spared his owne ›sonne‹.*«

INDIZ 12: Es fällt auf, dass die Ausdrucksweise des Grafen gegenüber Christopher außerordentlich gewählt und übertrieben schmeichlerisch wirkt, während der bedauernswerte Christopher nicht zu begreifen scheint, wie ihm da geschieht. Dieser Gegensatz zwischen der kunstvollen Sprache des Grafen und Christophers Beharren, dass er kein reicher Adeliger sei, ist auffällig.

> »*Oh Noble Lord* [Christopher Slye], *bethinke thee of thy birth,*
> *Call home thy ancient thoughts from banishment,*
> *And banish hence these abiect lowlie dreames:*
> *Looke how thy servants do attend on thee,*
> *Each in his office readie at thy becke.*
> *Wilt thou haue Musicke? Harke Apollo plaies, Musick*
> *And twentie caged Nightingales do sing.*
> *Or wilt thou sleepe? Wee'l haue thee to a Couch,*
> *Softer and sweeter then the lustfull bed*
> *On purpose trim'd vp for Semiramis.*«

Der Graf rät Christopher, seine seit Langem bestehenden Gedanken (»*ancient thoughts*«) über seine Verbannung zu verdrängen und seine niederen Träume zu verbannen (hier doppelter Wortgebrauch »banishment« und »banish« in zwei aufeinanderfolgenden Zeilen. Wort-Wiederholungen haben bei Shakespeare stets die Bedeutung einer Verstärkung – siehe Sonette, s. S. XX).

> *tailed of his Soveraignes clemencie in so great a measure, that those who for religion tearme her to be cruel, are such as seeke by all meanes possible to defame her government (...)*«.

Man gewinnt den Eindruck, dass Marlowe die Sorge des Grafen um seine Situation als Spott empfindet. Er macht auf sein schicksalhaftes Exil (»*sleepe*«) aufmerksam.

INDIZ 13: »Marion Hacket«, das dicke Bierweib von Wincot, muss in Zusammenhang stehen mit William Hacket. Stratfordianer haben naturgemäß stets darauf hingewiesen, dass Wincot, wie Stratford, in Warwickshire liegt. Wenn es wirklich als Bezugnahme zu Warwickshire beabsichtigt war, könnte es genauso gut sein, dass Shake-speare/Marlowe seine Aufmerksamkeit auf William Shakspere als ein fettes Bierweib richten wollte, das sich dafür verbürgt, dass Christopher mittellos ist.

Die Bezugnahme auf William Hacket ist eindeutig. Der sogenannte »Frantic Hacket« gilt als der berühmteste »falsche« Prophet des elisabethanischen Zeitalters. Er war ein unbelesener, hypomanischer Pseudomessias, der einen zivilen und kirchlichen Coup plante und im Juli 1591 wegen Hochverrat hingerichtet wurde. Hackets Verurteilung erfolgte damals nicht wegen seiner »häretischen Angriffe auf die Religion«, sondern wegen angeblichen Hochverrats gegen die Krone. Auch bei Marlowe hatte die Anklage wegen Hochverrats vor der Krone stärkeres Gewicht als die Anklage wegen Häresie.

INDIZ 14: Ein Dialog in der Einleitungsszene der Spätfassung (»Taming of the Shrew«) kommt in der Frühfassung (»Taming of a Shrew«) nicht vor: Es ist die Beschreibung von drei Gemälden durch die Diener des Grafen. Die Gemälde zeigen unterschiedliche Episoden aus Ovids »Metamorphosen«.

Eines der beschriebenen Gemälde, »Jupiter und Io«, stammt von Antonio da Correggio. Marlowe/alias Shakespeare muss entweder das Original in Italien (Mailand) oder die einzige damalige Kopie in England beim Earl of Rutlands (Belvoir Castle) gesehen haben. Dieser kannte den Earl of Essex, für den sich eindeutige Verbindungen nur zu Marlowe her-

Antonio da Correggio: Jupiter und Io

stellen lassen (siehe zum Beispiel »Polimanteia«, S. 551 f.). Shakspere dagegen kann dieses Bild nicht gekannt haben!

Diese Szene kann einerseits als eine Erinnerung an Marlowes Bewunderung für Ovid angesehen werden, dessen »Elegien« er als Jugendlicher aus dem Lateinischen übersetzt hatte. Andererseits repräsentieren die »Metamorphosen« im Prinzip etwas, das sowohl Christopher Sly als auch Marlowe durchlief, Sly nur für eine Nacht, Marlowe ab seinem 30. Lebensjahr: Sie wurden Dichter im Exil.

INDIZ 15: Ein bemerkenswerter Satz beginnt in Zeile 77 von TtS: Den zweiten Diener macht es überglücklich, dass Christophers Geist wiederhergestellt ist, was so viel bedeutet wie: Marlowe ist zurückgekehrt.

2nd Servingman:	*These fifteen years you have been in a dream,*
	Or when you waked, so waked as if you slept.
Sly:	*These fifteen years! By my say, a goodly nap.*
	But did I never speak of all that time?
1st Servingman:	*O yes my lord, but very idle words, ...*
	Sometimes you would call out for Cicely Hacket.
Sly:	*Ay, the woman's maid of house.*
3rd Servingman:	*Why sir, you know no house, nor no such maid,*
	Nor no such men as you have reckoned up,
	As Stephen Sly and old John Naps of Greece,
	And Peter Turph [?], and Henry Pimpernell,
	And twenty more such names and men as these,
	Which never were nor no man ever saw.

Christopher Sly/Marlowe hat 15 Jahre geschlafen (das heißt, er war abwesend, im Exil). Als er während dieser Jahre wieder auftauchte, verhielt er sich, als ob er schliefe, was so viel heißt, dass er, wenn er nach England kam, inkognito lebte (»*Or when you waked, so waked as if you slept*«). Während dieser 15 Jahre sprach er nur – mittels seiner Dramen – eitle Worte (»*very idle words*«) und rief manchmal nach Cicely Hacket (»*Sometimes you would call out for Cicely Hacket*«), die eine »weibische« Person repräsentiert, die er nicht kannte (wer immer sich dahinter verbirgt).

Der dritte Diener fragt Christopher Sly, warum er kein eigenes (Zu-)Haus (»*Why sir, you know no house*«) beziehungsweise nur solch ein Mädchen und solche Menschen kenne wie diejenigen, die er erfunden habe (»*nor no such maid, nor no such men as he has reckoned up*«), die also nur fiktional-literarischen Chrakter hätten wie John Falstaff (»*old Iohn Naps of Greece*«), Henry Pimpernell (Heinrich IV./1+2, V., VI./1+2+3) und Peter Turph (wer immer damit gemeint ist), die nie realiter existierten, die nie gesehen wurden (»*which never were nor no man ever saw*«).

INDIZ 16: Isabel Gortazar vermutet in dem als Frau verkleideten jungen Pagen (Zeile 120–122), der im Haushalt des Grafen arbeitet, eine zeitgenössische Anspielung auf Marlowes homoerotische Neigungen. Als Christopher Sly den als Frau verkleideten Pagen fragt, ob er mit ihm ins Bett gehen könne, verneint er/sie das mit einer höflichen Begründung:

> »For your physicians have expressly charged,
> In peril to incur your former malady,
> That I should yet absent me from thy bed.«

Nach Gortazar könnte mit der »*former malady*« das Problem umschrieben sein, das zu Marlowes Anklage aufgrund des Informanten Richard Baines (der über Marlowe schrieb: »*that he loved boys*«) geführt hat.

INDIZ 17: Der Graf informiert zum Ende der Szene Christopher Sly, dass ihm jetzt eine lustige Komödie vorgeführt werde:

Messenger: (...)
             »Therefore they thought it good you heare a play,
             And frame your minde to mirth and merriment,
             Which barres a thousand harmes, and lengthens life.
Beggar (Sly): Marrie I will let them play, it is not a Comontie, a Christmas
             tumbling tricke?
Lady: No my good Lord, it is more pleasing stuffe.
Beggar (Sly): What, houshold stuffe.
Lady: It is a kinde of history.
Beggar (Sly): Well, we'l see't:
             Come Madam wife sit by my side,
             And let the world slip, we shall nere be yonger.

Es fällt auf, dass Christopher nach der Art des aufzuführenden Stückes fragt. Zunächst ist von einer »*Comontie*« (und nicht einer »*comedy*«) die Rede, wobei hier eine Anspielung auf »*commonalty*« zu vermuten ist (also einem Ereignis für die Bürger, die »*commons*«), dann von einem »*gambold*«, einem sportiven Spiel, und schließlich von einem »*tumbling tricke*«, einem akrobatischen Trick beziehungsweise einer durcheinanderwirbelnden Finte.

Der Autor wollte in dem Prolog um Christopher Sly verdeckt, aber unmissverständlich zum Ausdruck bringen, dass es sich um ein Verwirrspiel (*tumbling tricke*) aus dem richtigen Leben, aus seinem Leben (mit vorgetäuschtem Todschlaf) gehandelt hat.

Das Wintermärchen

Wie bei anderen Figuren in Stücken Shakespeares (zum Beispiel Touchstone, Posthumus, Christopher Sly, Pericles, Edgar u.a.) erscheint auch im »Wintermärchen« mit dem listigen »Autolicus[9]« eine Figur, mit der sich der Autor mit großer Plausibilität selbst einbringt (daneben auch in anderen Figuren wie zum Beispiel dem Clown!).

Das »Wintermärchen« wurde erstmals in der »First Folio« (1623) gedruckt. Die früheste Quelle für eine Aufführung am Hofe datiert vom 5. November 1611. Experten streiten sich bis heute, ob »Das Wintermärchen« ein Frühwerk (1594) oder eines der spätesten Werke Shakespeares war, geschrieben 1610 oder 1611.

Anzahl und Inhalt von Autolicus' Aussagen über sich und sein Leben sowie seine verdeckten Anspielungen darauf, die er in verschiedenen Szenen (Akt 4, Szenen 2–4) macht, übersteigen in ihrer Gesamtheit das akzeptierbare Maß jeder Zufallswahrscheinlichkeit: Hier wurde einer Nebenfigur ein Raum gegeben, der erst durch einen metaphorischen Bezug zu der Biografie des Autors Sinn bekommt.

Ein Großteil der Aussagen von Autolicus hat zu dem Inhalt des Stücks selbst keinen oder nur wenig, hingegen zu des Autors (Marlowe) anzunehmendem Schicksal einen starken Bezug. Dass dies weder der »unwissende« Theaterbesucher noch der Leser erkennen kann, sei an einem Beispiel erläutert. Man versuche einmal unbefangen den folgenden Monolog von Autolicus (Akt 4, Szene 2) im »Wintermärchen« (deutsche Übersetzung von Schlegel/Tieck) zu lesen oder ihn sich auf der Bühne vorzustellen (ich habe vier Zeilen innerhalb des Monologs zur besseren Orientierung markiert: 1-4):

Autolicus (Akt 4, Szene 2, Übersetzung):

»Ich habe dem Prinzen Florizel gedient und trug einst dreischürigen Samt; aber jetzt bin ich außer Diensten (1):
Doch soll' ich deshalb trauern, mein Schatz?
Der Mond bei Nacht scheint hell,
Und wenn ich wandre von Platz zu Platz,
Dann komm' ich zur rechten Stell'.
Wenn Kesselflicker im Land leben, (2)
Und wandern mit Ruß geschwärzt;
So darf ich doch auch noch Antwort geben,
Und im Stock selber wird wohl gescherzt.

[9] In Analogie zu »Publicus« die Öffentlichkeit betreffend, oder »Melancholicus«, die Traurigkeit betreffend, dürfte »Autolicus« das eigene Selbst betreffend, also den Autor bezeichnen.

Mein Handelszweig ist Hemden; wenn erst der Habicht baut, (3) so seht nur auch nach der kleinen Wäsche. Mein Vater nannte mich Autolycus; der, da er wie ich unter dem Merkur geworfen wurde, ebenfalls ein Aufschnapper von unbedeutenden Kleinigkeiten war. Die Würfel und die Dirnen haben mir zu dieser Ausstaffierung verholfen, und mein Einkommen ist der Bauernfang; Galgen und Totschlag sind mit zu mächtig auf der großen Straße (4), denn Prügeln und Hängen sind mir ein Graus; was das zukünftige Leben betrifft, den Gedanken daran verschlaf' ich. – Ein Fang! Ein Fang!«

Der Leser würde in der Oberflächenstruktur dieses bizarren Textes stets nur die absonderliche Figur des Autolicus, eines skurrilen Diebs, wahrnehmen, ohne Möglichkeit, eine tiefere verborgene Sinnebene zu erkennen. Und dennoch lässt – wie im Folgenden gezeigt – eine so massive Ballung anspielungsreicher Textpassagen allein innerhalb dieses kleinen Monologs (siehe auch weitere folgende Textinhalte) es ausgeschlossen erscheinen, dass er nur eine rein vordergründige Erzählung darstellt.

Bereits der Name »Autolicus« lässt erkennen, was der Autor bezweckt. Zum einen kennzeichnet das Wort Autolicus[10] (»selbst betreffend«) den Autor selbst, zum anderen identifiziert sich der Autor mit dem mythologischen Dieb Autolykos (Großvater von Odysseus), der für seine Gerissenheit berühmt war, unter dem Schutz seines Gottvaters Hermes stand und alle Menschen darin übertraf, sich Dinge anzuzeigen. Er konnte das Aussehen all dessen, was er sich aneignete, verändern, z. B. Texte anderer, die dem Dichter als Grundgerüst seiner eigenen Stücke dienten.

Die folgende Interpretation des englischen Originaltexts lässt erkennen, dass hier nicht nur die oberflächliche Person eines listigen Diebes literarisch gezeichnet wird, sondern dass erstaunliche Fakten transportiert und allegorisch metaphorische Hinweise auf das Schicksal des Dichters (Shake-speare/Marlowe) gegeben werden. (Vier Stellen des Monologs sind entspechend der deutschen Übersetzung gekennzeichnet.)

Original-Monolog von Autolicus (Akt 4, Szene 2):

»I have serv'd Prince Florizel, and in my time wore three pile,
but now I am out of service.(1)
But shall I go mourn for that, my dear?
The pale moon shines by night:
And when I wander here, and there
I then do most go right.
If Tinkers may have leave to liue, (2)

---

[10] In der »First Folio« wird die Figur als »Autolıcus, Rogue« bezeichnet, die meisten Shakespeare-Ausgaben schreiben ihn später als »Autolycos«.

and beare the Sow-skin Bowget,
Then my account I well may give,
and in the Stockes avouch-it.

My trafficke is sheets when the Kite builds(3), looke to lesser Linnen. My Father nam'd me Autolicus, who being (as I am) lytter'd vnder Mercurie, was likewise a snapper-vp of vnconsidered trifles: With Dye and drab, I purchas'd this Caparison, and my Revennew is the silly Cheate. Gallowes, and Knocke, are too powerfull on the Highway. Beating and hanging are terrors to mee (4): For the life to come, I sleepe out the thought of it. A prize, a prize.«

Indiz 1: »Out of service« (1)

Autolicus gibt zu erkennen, dass er ursprünglich im Dienste eines Prinzen gestanden (*»I haue serv'd Prince F.«*) und in seiner »aktiven« Zeit eine höhere Stellung eingenommen habe (*»in my time wore three pile«*), dass er aber jetzt außer Dienst sei (*»but now I am out of service«*).[11] Darüber könne er nicht (mehr) trauern (*»But shall I go mourn for that«*), er sei inzwischen an die Dunkelheit (an ein Leben in Verborgenheit) gewöhnt, er finde zumeist seinen Weg (*»The pale moon shines by night: And when I wander here, and there I then do most go right«*). Diese metaphorische Beschreibung der Lebenssituation eines Menschen »außer Dienst«, der sich nur nachts frei bewegen kann, kommt einer Beschreibung des vermuteten Schicksals Marlowe recht nahe.

Indiz 2: »If tinkers may have leave to live« (2)

Nachdem sich Autolicus, wie Christopher Sly in der rätselhaften Einleitungsszene von »The Taming of the Shrew« (TtS), ebenfalls als einen *»Tinker«* von Beruf (*»by profession«*) bezeichnet, ist man geneigt, hier erneut das Wortspiel zu akzeptieren, dass er sich gleichzeitig als einen umherziehenden Händler[12] und einen »Thinker« (Denker) bezeichnet. Dabei ist seine spezifische Aussage, dass er verschwinden musste, um (weiter)zuleben (*»If Tinkers may haue leave to live«*), und sein Gesicht, mit Ruß geschwärzt, unkenntlich machen musste *(»and beare the Sow-skin Bowget«)*, bezeichnend. Die Aussage entspricht dem anzunehmenden tragischen Schicksal von Christopher Marlowe/alias Shake-speare.

Was seinen wahren »Wert« (*»my account«* – als Dichter) ausmache, den er gerne darstellen könne *(»I well may give«)*, und seine »Wertpapiere«(*»stockes«*, hier entsprechend seine Dichtungen, Theaterstücke) beträfe, dafür könne er sich verbürgen (*»Then my account I well may give, and in the Stockes avouch-*

---

[11] Siehe später William Basses Gedicht »Sword and Buckler, or Servings Man's Defence«, s. S. 580.
[12] SOED: Tinker«: itinerant beggar or trader (1563).

it«). Was anderes als die tragische Situation des Dichters kann sich hinter diesen Zeilen verbergen?

Indiz 3: »My trafficke is sheets, when the Kite builds« (3)

Anschließend differenziert Autolicus noch ausführlicher, worin seine aktuelle Tätigkeit bestehe (»*my trafficke is sheets*«), nämlich im Schreiben beziehungsweise Bedrucken von Papieren.[13] Und wenn (seine) höchsten Segel sich aufblähten, solle man weniger nach anderen Segeln schauen (»*when the Kite builds, looke to lesser Linnen«).* Marlowe/Shake-speare hat wohl absichtlich das Wort »Kite« als Wortspiel eingeführt (»Kite«, das oberste Segel eines Schiffes), um es doppelt auf sich selbst zu beziehen, auf seinen Spitznahmen »*Kit«* und auf seine Ausnahmestellung als Schriftsteller.

Wenn Autolicus als listiger Dieb darauf zu sprechen kommt, woher er sein Einkommen beziehe (»*my revenue is the silly cheate*«), so meint Autolicus dies vordergründig durch die Aneignung, den Diebstahl (»cheate«), hintergründig durch seine Papierblätter (»sheets«), also durch sein Druckwerk, wobei »cheate« und »sheet« auf der Bühne gesprochen gleich klingen. Er kokettiert zweifellos mit dem Einkommen seiner literarischen Werke (»*silly cheate*«).

Kapitel 11 wird zeigen, dass der Dichter seine nicht-dramatischen Werke unter zahlreichen anderen Namen veröffentlichte und von den Einnahmen daraus in England wohl gut leben konnte. Man kann vermuten, dass ihm zu Beginn des 17. Jahrhunderts eine Pension von 400 Kronen gewährt wurde (s. S. 168, Fußnote 47).

Indiz 4: »Beating and hanging are terrors to mee« (4)

Auffällig an diesem Monolog ist Christophers »Eingeständnis«, dass Tötung und Erhängen ihm auf dem Weg seines Lebens allzu mächtig begegnet seien (»*Gallowes, and Knocke, are too powerfull on the Highway*«) und dass für ihn Folter das Furchtbarste sei, das er sich vorstellen könne (»*Beating and hanging are terrors to mee«).* Hier kommt zum Ausdruck, dass es zu der schicksalhaften Entscheidung Christopher Marlowes in der letzten Maiwoche 1593, sich der Folter und Todesstrafe durch Namens- und Identitätswechsel zu entziehen, keine Alternative gab. Was deshalb seine Zukunft (nach seinem vorgetäuschtem Tod) anbeträfe, wolle er sich von den quälenden Gedanken dieses endgültigen Abtauchens (»*sleepe*«) befreien und den Preis dafür bezahlen (»*For the life to come, I sleepe*[14] *out the thought of it. A prize, a prize*«). Die

---

[13] SOED: »sheet«: in printing and bookbinding: a quantity of printed matter equal to that contained in a sheet (1589).
[14] SOED: »to sleep«: to rest peacefully and quietly, to remain calm or motionless (1596).

wiederkehrende Analogie des jahrzehntelangen Schlafs, des Abtauchens von Christopher Slay in dem Prolog von »Taming of the Shrew« wird hier unmittelbar evident (siehe vorausgehender Abschnitt).

Diese kurze beispielhafte Analyse eines einzigen kleinen Monologs soll zeigen, welch ungleich tiefere und inhaltsreichere Bedeutung der skurrile deutsche Übersetzungstext von Schlegel in Wahrheit besitzt, wenn man um die biografischen Hintergründe des Autors weiß. Kapitel 10 versucht dies exemplarisch an einigen markanten Stücken von Shakespeare näher zu erläutern.

Auch der weitere Dialog zwischen Autolicus und dem Clown in dieser vierten Szene (Akt 4) setzt die kaum zu übersehenden Bezugnahmen zu Marlowes/Shake-speares Schicksal kontinuierlich fort.

Indiz 5: »Plucke but off these ragges«
Autolicus beklagt sein tragisches Schicksal und wälzt sich auf dem Boden: Er wünscht, er wäre nie geboren, er schreit um Hilfe und möchte sich die Kleider vom Leib reißen und sterben. Man solle ihn nur von diesen Lumpen[15] befreien (»*Oh, that euer I was borne ... Oh helpe me, helpe mee: plucke but off these ragges: and then, death, death*«). Abscheu und Ekel befallen ihn angesichts seines »zerteilten« Zustands, den er schlimmer empfindet als die vielen Erniedrigungen und Beleidigungen, die er durchleiden musste (»*the loathsomnesse of them offend mee, more then the stripes I haue received, which are mightie ones and millions*«).

Mit der Äußerung des Clowns, der den bemitleidenswerten Autolicus (Marlowe selbst) wegen der Menge von Schlägen, die er hinnehmen musste, bedauert (»*Alas poore man, a million of beating may come to a great matter*«), scheint der Dichter das Ausmaß der ihm widerfahrenen Unbill unterstreichen zu wollen. Man kann aufgrund dieser Schilderung davon ausgehen, dass Marlowe unter dem Verlust seines sozialen Status mehr gelitten hat als unter den vielen persönlich erlittenen Beleidigungen und Attacken.

Indiz 6: »These detestable things put upon me«
Auf die Frage, wer diese verabscheuenswürdigen Dinge (»*these detestable things put upon me*«) über ihn gebracht habe, von wem er derart »geschlagen« worden sei (»*What, by a horse-man, or a foot-man?*«), antwortet er wiederholt, dass es ein Bürgerlicher und kein Adliger gewesen sei (»*A footman (sweet sir) a footman*«). Er will ihm wohl klarmachen, dass der für sein Schicksal

---

[15] SOED: »rag«: to tear in peaces (Lumpen, Zerissenheit). – Man bemerke das Wortspiel zwischen »rag« und »rack« (Streckbank).

Verantwortliche dem Volk und weniger dem Hof entstammte. Dies passt auch zu den Aussagen in »Polimanteia« (s. S. 535), in denen Marlowe/Shakespeare als Autor erkennbar wird *(»it must needes happen that my ioynts being racked with so great a torment, I live feeble, & confesse that mine owne inhabitants did worke my ouerthrowe«).*

Es mag auch in dieser Szene mit seiner Antwort auf die Frage zu haben, ob er Geld brauche. Er antwortet, dass er zu einem Angehörigen in der Nähe gehen könne (»*I haue a Kinsman not past three quarters of a mile hence, vntowhome I was going*«). In dieser Aussage gibt Autolicus/Marlowe klar zu erkennen, dass er nicht unter materieller Not leide, dass es ihm in dieser Hinsicht an nichts mangele und dass diese Art von Mitleid ihn zutiefst verletzte (»*kills my heart*«), da er nur unter der seelischen Not seiner Situation leide *(»I shall there haue money, or anie thing I want: Offer me no money I pray you, that killes my heart«).*

Indiz 7: »He was whipt out of the Court«

Auf die Frage des Clowns, welcher Art die Person war, die ihn beraubte (Seiner Persönlichkeit? Seiner Identität? Seines Namens?), wird erkennbar, dass er eine bemerkenswerte Einsicht zeigt und sich selbst bezichtigt. Er, der mythologische Dieb Autolicus, konnte eigentlich nicht durch andere beraubt werden, nur durch sich selbst. Er denke darüber nach, welche seiner »Tugenden« (»*I cannot tell good, sir, for which of his Vertues it*«) ihn ins Verderben gerissen haben könnte und was ihn eindeutig vom Hof vertrieben habe (»*hee was certainly whipt out of the Court*«). Erst als der Clown ihn darauf aufmerksam macht, dass Tugenden einen Menschen normalerweise nicht vom Hofe vertreiben (»*there's no vertue whipt out of the Court: they cherish it to make it stay there*«), bemerkt er, dass er sich verraten könnte, und erklärt die »Tugenden« der besagten Person rasch als Versprecher, er meine natürlich seine »Laster« (»*Vices I would say, Sir*«), er kenne diesen Mann (sich selbst!) gut (»*I know this man well*«).

Indiz 8: »An ape-bearer, a bailiff, a tinker«

Schließlich kommt er erneut auf seine vielfältigen Tätigkeiten zu sprechen, die er von den bereits genannten (»*my trafficke is sheets*«) abzugrenzen sucht. Er sei ein Affenhüter *(»Ape-bearer«).* Dieser Begriff erinnert unmittelbar an die zeitgenössische Kontroverse zwischen den wahren Dichtern, den »Stückeüberbringern« (wie Jonson, Greene und Nashe) und ihren Darstellern und Schauspielern, den Affen, den (»poet-apes«) wie Alleyn und Shakspere.

Die Doppeldeutigkeit des Wortes »bearers« (»bear«, »to bear«, »bearers«, »Beare-heard«, »bear-biter«, »Master of the beards«) durchzieht die zeitgenössischen Anspielungen auf die vermeintlichen Schauspieler. Edward Alleyn wurde unter Zeitgenossen als »*bear-biter*« oder als der »*Master of the bears*« bekannt, weil er wilde Monologe in Marlowes Drama »Tamburlaine« rezitierte.

Autolicus bezeichnet sich darüber hinaus als Gerichtsdiener (»*Processe-server, a bayliffe*«), als Schriftsteller (»*compast a motion of*«), als verlorenen Sohn *(»the Prodigal sonne«),* als Verheirateten (»*married a Tinker's wife*«) und als Ausübenden vieler anderer Tätigkeiten (»*hauing flowne ouer many knauish professions*«) – was zwar noch weiterer Analysen bedarf, aber bereits (allegorisch) erkennen lässt, welche verschiedenen Tätigkeiten der Dichter ausgeübt hat, das heißt, in welcher Form er im inneren Exil oder in der Verbannung gelebt haben dürfte.

So passen Autolicus' Aktivitäten im Rechtswesen (»*Processe-server, a bayliffe«)* zu den bekannten Verbindungen Marlowes/Shakespeares zu den Gerichtshöfen in London (»*The Court of Innes*«) seiner aktiven legislativen Tätigkeit am Lincoln's Inn (s. S. 549 f.) sowie zu der unerklärlichen Herkunft von Shakspseres immensem Rechtswissen, auf das bereits an früherer Stelle hingewiesen wurde (s. S. 53 f.).

Indiz 9: »That's the Rogue that put me into this apparel«

Schließlich erklärt Autolicus selbst (in Form einer Allegorie), warum er sich den Namen Autolicus gab, der sich in der List und in Schurkereien einrichtete (»*he setled onely in Rogue: some call him Autolicus*«).

In der Folge versucht er, dies zu präzisieren. Auf die Feststellung des Clowns, dass er »Bärenbeißer« jage (»*he haunts Beare-baitings*«), bestätigt Autolicus dies vehement (»*Very true sir. he sir hee*«) und betont, dass ihm solche »Schurkereien« seinen Status (sein Gewand) eingebracht hätten *(»that's the Rogue that put me into this apparel«).*

Indiz 10: »I must confesse to you sir ... I am no fighter«

Auf die Umkehrschlussfrage des Clowns über Autolicus: »... wenn er selbst nicht Autolicus, sondern ein anderer, großer Mann gewesen wäre und auf Autolicus herabgeblickt (»heruntergespuckt«) hätte, dann würde er (Autolicus) sich wohl nicht gewehrt haben«, gesteht Autolicus, er wäre davongelaufen (»*If you had but look'd bigge, and spit at him, hee'ld haue runne*«). Er sei keine Kämpfernatur (»*I am no fighter*«) und das wisse sein Herr, das müsse er glauben (»*that he knew I warrant him*«).

Alles dies bekennt Autolicus in einer einzigen Szene (Akt 4, Szene 3) des »Wintermärchens«. Vordergründig ergeben die Dialoge mit den Schäfern kaum einen Sinn. Dass hier auf einer zweiten Ebene Marlowe/alias Shakespeare autobiografisch seinen inneren Zustand beschreibt, macht eine Interpretation unmittelbar möglich.

Indiz 11: »Five Iustices hands at it, and witnesses more then my packe will hold«

Als Autolicus aufgefordert wird, eine Geschichte zu erzählen (Akt 4, Szene 4), erzählt er die unwirkliche Ballade von einem großen Fisch, der fliegend am Strand auftauchte. Auf die Frage, ob er denn glaube, dass diese Geschichte wahr sei *(»Is it true too, thinke you«)*, bejaht dies Autolicus sarkastisch mit der Feststellung: »*Fiue Iustices hands at it, and witnesses more then my packe will hold.*« Der Dichter bringt zum Ausdruck, dass man den größten Unsinn für wahr verkaufen kann, wenn man nur Signaturen, das heißt, genügend Unterschriften der Justiz und entsprechend viele Zeugen zur Verfügung hat.[16] Dies entspricht exakt dem Vorgehen bei der lebensrettenden Vortäuschung von Marlowes Tod am 30. Mai 1593: Weder die 16 Zeugen der Jury (sieben Personen aus Deptford, drei aus Greenwich, sechs aus anderen Orten) noch der eingesetzte königliche Untersuchungsrichter William Danby (»*Coroner*«) hatten Marlowe vorher gekannt. Der Leichnam (der vermutlich der John Penrys war, s. S. 149) wurde im Rahmen einer »Order von oben« als der Marlowes ausgegeben und sein Verschwinden entsprechend der Geschichte von ihm als großem Fisch, der fliegend am Strand auftauchte, offiziell und justitiabel gemacht.

Indiz 12: »Had I not the dash of my former life in me«

Der unumstößlichste Hinweis auf Marlowe/Shake-speare als Autolicus ist wohl der Aussage zu entnehmen, dass er wüsste, dass ihm der Schandfleck seines früheren Lebens bleibend anhaften würde (»*Now – had I not the dash of my former life in me*«). Wenn es diese Schande nicht gegeben hätte, wären wegen seiner intellektuellen Gaben Beförderungen auf ihn niedergeregnet (»*would Preferment drop on my head*«). Aber dieses Geheimnis (seines Schicksals) sei unaufgedeckt geblieben (»*this Mysterie remained undiscover'd*«). Es blieb – man mache sich dies klar – unentdeckt bis zum heutigen Tag!

Dies alles sei nun unwichtig für ihn geworden (»*But 'tis all one to me*«), denn er sei zu der bemerkenswerten Einsicht gekommen: Hätte er selbst, als ein anderer, das Geheimnis seines eigenen Schicksals herausgefunden *(»for had I beene the finder out of this Secret«)*, würde es ihm jetzt nicht mehr behagen (»*it would not have relished among my other discredits*«).

---

[16] Die weitsichtige Erkenntnis, dass sich der Mensch hinsichtlich seiner Person mittels anderer Namen, Unterschriften, Initialen etc. beliebig täuschen lässt, durchzieht Marlowes/Shakespeares Leben in hohem Maße (siehe insbesondere Kapitel 11).

Indiz 13: »My pedlar's excrement – Takes off his false beard«

Bereits in »Der Widerspenstigen Zähmung« bezeichnete sich der Dichter in der Figur des Christopher Sly als ein »Hausierer«(»Pedler«). Auch Autolicus enttarnt sich als ein Mensch, der sich als ein Hausierer (»*Pedlar*«) versteht und sich verkleiden muss. Er sei nur dann ein ehrlicher aufrichtiger Mensch, wenn er seine Verkleidung abnehmen könne. Zur Seite spricht er: »*Though I am not naturally honest, I am so sometimes by chance: let me pocket up my pedlar's excrement*.« Die Szenenanweisung dazu lautet: »*Takes off his false beard.*«

Man muss davon ausgehen, dass Marlowe bei seinen geheimen Rückkehrten nach England in der Öffentlichkeit nicht erkannt werden durfte. Er musste sich wahrscheinlich stets entstellen und verkleiden, was in dieser Szene zum Ausdruck kommt (siehe auch die so eminent authentischen Beispiele von »Edgar« in »König Lear«, s. S. 401 ff.).

Bühnentexte waren für ihn zumeist der einzige Weg, eingeweihten Freunden aus der Ferne zu übermitteln, in welchem Zustand er sich befand, wobei er nur hoffen konnte, dass die Freunde diese Inhalte entschlüsseln würden.

Hier gibt er zu erkennen, dass man mit Ehrlichkeit und Vertrauen nicht weit komme und er sich von all seinen unwichtigen Habseligkeiten getrennt habe (»*I haue sold all my Tromperie*«). Allein die Aufzählung von 13 (!) Utensilien hat mehr dokumentarischen als dramatischen Wert. Beim Verkauf seiner persönlichen Dinge (am ehesten vor Aufbruch in ein langes Exil) drängten sich die Menschen, als ob seine geheimen Dinge (»*Trinkets*«) geheiligt waren und einen Segen einbrächten.

> »*I have sold*
> *all my trumpery; not a counterfeit stone, not a*
> *ribbon, glass, pomander, brooch, table-book, ballad,*
> *knife, tape, glove, shoe-tie, bracelet, horn-ring,*
> *to keep my pack from fasting: they throng who*
> *should buy first, as if my trinkets*[17] *had been*
> *hallowed and brought a benediction to the buyer:*«

Indiz 14: »So drew the rest of the Heard to me«

Es ist zu vermuten, dass der Dichter eine private Zuhörerschaft (»*Heard*«) hatte, die seinen Worten lauschte (»*so drew the rest of the Heard to me, that all their other Sences stucke in Eares*«), hier war es für ihn – als Autolicus – sinnlos, ihren Taschen Dinge zu entwenden (»*you might have pinch' a Placket, it was sence-lesse*«), es gab nichts abzuschneiden.

Die Zuhörer hörten und fühlten nichts anderes als seinen Vortrag, seinen

[17] SOED: Trinkets: to act in an underhand way, trinketer: a secret trafficker.

»Gesang« (seine Dichtung) und bewunderten darin all die Vergeblichkeit (»*No hearing, no feeling, but my Sirs Song, and admiring the Nothing of it*«). In der Zeit der Lethargie (»*in this time of Lethargie*« – damit dürften die Jahre 1592 bis 1594 gemeint sein, als die Londoner Theater wegen der Pest geschlossen waren) erzielte er in privaten Zirkeln alle Aufmerksamkeit und »Einnahmen« aus diesen »Festspielen« (»*I pick'd and cut most of their Festivall Purses*«).

Indiz 15: »If they have over-heard me now: why hanging«

Auf die Frage von Camillo, wer er, Autolicus, eigentlich wirklich sei (»*Who haue we here?*«), befürchtet Autolicus, dass seine zuvor vor sich hin gesprochenen Gedanken, warum er hätte hängen sollen, belauscht worden sein könnten (»*If they have over-heard me now: why hanging*«). Dies kann Camillo naturgemäß nicht verstehen, er fragt, wieso Autolicus so zittere. Er brauche hier doch nichts zu befürchten (»*How now (good Fellow) Why shak'st thou so? Feare not (man) Here's no harme intended to thee*«).

Während Autolicus seinen bedauernswerten Zustand erwähnt *(»I am a poore Fellow, Sir«)*, erklärt Camillo, dass es hier doch niemanden gebe, der ihm etwas wegnähme *(»Why, be so still: here's no body will steale that from thee«)*. Camillo schlägt ihm eine »äußerliche« Veränderung vor (»*must make an exchange; therefore discase thee instantly, thou must thinke there's a necessitie in't«*). Er solle sein Äußeres (die Gewänder) mit Florizel (Prinz von Böhmen) tauschen, obwohl der Verlust auf dessen Seite gering sei (»*Though the penny-worth (on his side) be the worst, yet hold thee, there's some boot*«). Marlowes dauerhafte Verwandlung, die Änderung seiner Identität (z. B. zu Tobie Matthew) lässt sich hier erahnen (s. S. 649 ff.).

Indiz 16: »That you may (For I doe feare eyes over) to Ship-boord, Get vndescry'd«

Als Autolicus seine Kleider (Identität) wechselt, wünscht Camillo symbolisch der Göttin des Glücks (»*Fortunate Mistress*«), dass Sie ihre Weissagungen für Autolicus erfülle (»*let my prophecie Come home to ye:*«), im Klartext, dass er mit seinem tragisch veränderten Schicksal klarkomme.

Der Dichter kann mit den von Camillo aufgezählten »neuen Verhaltensregeln« kaum die anwesende Perdita gemeint haben, da diese spezifischen Regeln für sie selbst keinen Sinn ergeben würden. Folgende Prophezeiungen sollen erfüllt werden: Autolicus (Marlowe/Shake-speare) müsse sich in Zukunft nachhaltig maskieren oder tarnen (»*you must retire your selfe Into some Couert*«), er müsse seinen Hut tiefer in die Stirn drücken (»*take your ... Hat And pluck it ore your Browes*«) und sein Gesicht verhüllen (»*muffle your face*«) und sich entstellen oder verkleiden (»*Dis-mantle you*«), damit er, da er überall Späher befürchtete, unentdeckt an Bord (in sein neues Leben) gelange (*»that you may (For I doe feare eyes ouer) to Ship-boord, Get vndescry'd«*).

Es erscheint ausgeschlossen, dass Shakespeare der hier beteiligten weiblichen Person ohne Grund den Namen »*Perdita*«[18] gab. Wenn Perdita den Verkleidungsdialog mit den Worten beendet: »*I see the Play so lyes, That I must beare a part*«, so scheint sie damit zum Ausdruck zu bringen, dass das Stück nun einmal so liege (so lüge) und dass sie als eine Tugend Marlowes ihre Rolle annehmen müsse (*»I must beare a part«*). Ich erinnere an ähnliche Verhaltensempfehlungen zum Beispiel in »Was Ihr wollt« (II/5), (*Put thyself in the trick of singularity. She* (als Deine Tugend) *thus advise thee that [she] sighs for thee*).

Indiz 17: »I would not do't ... to conceale it; and therein am I constant to my Profession«

Autolicus, der einem Gespräch zwischen Camillo und Florizel (der die Kleider mit Autolicus getauscht hat) gelauscht hatte, lässt nach deren Abgang in einem anschließenden Monolog weitere Details seiner Existenz erkennen (*»I vnderstand the businesse«*). Er lamentiert, es sei eine Zeit angebrochen, in der das Unrecht gedeihe (*»I see this is the time that the vniust man doth thriue«*), und stellt sich wiederholt die Frage, was sein Rollentausch (Wechsel seiner Identität) ihm eigentlich gebracht habe (*»What an exchange had this been, without boot«*), was für ein Vorteil sich durch diesen Tausch für ihn ergeben habe (*»What a boot is here, with this exchange?«*).

Autolicus macht sich bewusst, dass die Götter in jenem Jahr (seines Sturzes) ihm zwar günstig gesonnen waren (*»Sure the Gods doe this yeere conniue at us«*[19]), als man alles aus dem Moment heraus improvisieren musste (*»and we may doe any thing extempore«*). Aber auch sein Prinz (»Vorgesetzter«) selbst habe Unrechtes begangen (*»The Prince himselfe is about a peece of Iniquitie«*).

Würde er denken, es wäre ehrlich, dem König (realiter die Königin?) etwas davon zu sagen (*»if I thought it were a peece of honestie to acquaint the King withall«*), so würde er selbst (Marlowe/Shake-speare) dies nicht tun (*»I would not do't«*). Er halte es zwar für eine größere Gaunerei, seine Maskierung zu verbergen und seine Tarnung aufrechtzuerhalten, er bleibe aber standhaft und werde seine Situation verheimlichen (*»to conceale it; and therein am I constant to my Profession«*).

Zuletzt spricht er beim Eintreten des Clowns und des Schäfers zu sich selbst: Hier sei noch mehr Stoff für ein scharfsinniges Gehirn (*»Aside, aside, here is more matter for a hot braine«*): Jede Sitzung, jede Tötung verrate eines Mannes sorgfältige Arbeit (*»Euery ... Session, Hanging, yeelds a carefull man*

---

[18] SOED: perdition: as utter destruction, complete ruin, condition of final damnation etc.
[19] SOED: to connive: to permit tacitly

worke«). Hiermit scheint Marlowe zum Ausdruck zu bringen, dass jede Form der Tötung (besonders der vorgetäuschten – wie bei ihm selbst) einer sorgfältigen Planung bedarf.

Indiz 18: »Hath not my gate in it, the measure of the Court?«

Autolicus weiß, dass er ein Doppelleben führen muss. Ein äußeres unehrenhaftes mit einem falschen Bart (*»Though I am not naturally honest, I am so some-times by chance: Let me pocket vp my Pedlers excrement«*) und ein zurückgezogenes inneres Leben, in dem er sich von Kopf bis Fuß als dem Adel gleichwertig ansieht (»*I am a Courtier. Seest thou not the ayre of the Court, in these enfoldings? ... Hath not my gate in it, the measure of the Court? ... Reflect I not on thy Basenesse, Court-Contempt? ... I am Courtier Cap-a-pe«*).

Indiz 19: »More Noble, in being fantasticall: A great man«

Autolicus macht sich bewusst, dass er, trotz seiner jetzigen Situation, immer noch eine Vorrangstellung gegenüber dem einfachen Mann einnehme, die er deshalb nicht gering schätzen wolle (*»How blessed are we, that are not simple men? Nature might have made me as these are. Therefore I will not disdaine ... cannot be but a great Courtier. His Garments are rich, but he weares them not handsomely«*).

Diese Einschätzung unterstreicht der Clown [sein »Über-Ich«], wenn er Autolicus [sich selbst] aufgrund seiner »imaginativen« Fähigkeiten als den »ehrenwerteren« Menschen bezeichnet, als einen großen Menschen (*»He seemes to be the more Noble, in being fantasticall: A great man, Ile warrant«*).

Indiz 20: »Let him call me Rogue«

Autolicus (Marlowe/Shakespeare) scheint sich in sein Schicksal zu fügen. Er weiß um seinen Wert, wenn er den Clown über ihn deutlich formulieren lässt: »*We are bless'd, in this man: as I may say, even bless'd«*. Aber er weiß auch, dass er nicht offen sein kann, weil es das Schicksal nicht erlauben würde (*»If I had a mind to be honest, I see Fortune would not suffer mee«*). Er erkennt seinen doppelten Vorteil (*»Fortune ... drops Booties in my mouth. I am courted now with a double occasion: Gold, and a means to doe the Prince my Master good«*). Sein Prinz mag ihn für seine große Dienstfertigkeit einen Schelm (*»Rogue«*) nennen, aber gegen diesen Titel und die damit möglicherweise verbundene Schande sei er gefeit (*»let him call me Rogue for being so farre officious, for I am proofe against that Title, and what shame else belongs to 't«*).

Wer außer Marlowe/Shakespeare könnte mit der Figur gemeint sein, die sich den Namen »Autolicus« (also »ihn selbst betreffend«) gegeben hat und deren Biografie so auffallende Parallelen zu Marlowe/Shakespeare aufweist?

Wenn man bedenkt, dass ich die dialogisch so geschickt konstruierten Texte aufgrund des Namens »Autolicus« zunächst nur wegen vermuteter biografischer Indizien gesucht und näher betrachtet habe, so mag der Leser ermessen, dass solche Texte nur die herausragende sichtbare Spitze eines größeren, verborgenen »autobiografischen Eisberges« darstellen dürften. Hier dürfte für kommende Generationen viel »biografischer Stoff« über Shakespeare zu erforschen sein, allein wenn man bedenkt, dass praktisch jeder vermeintlich unbedeutende Satz eine zweite, unsichtbare Bedeutung besitzt.

Indiz 21: »A man ... Dwelt by a Church-yard« (aus »Ein Wintermärchen«)

Warum das »Wintermärchen« seinen Titel trägt, ist nie plausibel erklärt worden. Die Frage ist ohne Kenntnis des Hintergrunds der marloweschen Urheberschaft nicht zu beantworten. Sie ergibt sich aus Szene 1 im ersten Akt, in der die Königin Hermione[20] ihren Sohn Mamillio bittet, ein Märchen zu erzählen (»*Come, sir, now ... pray you, sit by us, and tell 's a tale*«), worauf dieser ein trauriges Märchen auswählt (»*A sad tale's best for winter: I have one of sprites and goblins*[21]«). In dieser »traurigen« Erzählung liegt die eigentliche Parabel verborgen. Mamillio soll mit der Geschichte sein Bestes geben, um die Königin zu erschrecken, darin sei er gut (»*Lets have that, good sir, come on, sit down: come on, and do your best to fright me with your sprites; you're powerful at it*«). Er beginnt seine Erzählung des »Wintermärchens« mit dem Satz: »Es war einmal ein Mann ... der ruhte am Kirchhof« (»*There was a man ... that dwelt at the churchyard*«).

In diesem »Märchen« geht es also um einen Mann, der begraben auf dem Friedhof ruht[22], offenbar ist alles aber nur fingiert, weil ab hier Mamillio der Königin die Geschichte vom »begrabenen Mann« nur noch unhörbar ins Ohr flüstert, da Lauscher von weit her die Täuschung verstehen könnten (*M.: »I will it tell softy; (Yond crickets shall not hear it«– H.: »Come on, then, and give't me in mine ear«*). Der eintretende, in ein Gespräch vertiefte König Leontes setzt durch seine Rede praktisch vordergründig die Geschichte fort, die als eine dramatische Finte des hintergründigen, nicht offengelegten »Wintermärchens« begann.

Man muss sich also aus den vordergründigen Gedanken des Königs die hintergründige Marlowesche Parabel des »Wintermärchens« fortsetzen und erschließen. Der Monarch wittert eine fatale Täuschung: Er vermutet in Poli-

---

[20] Mit Hermione, der Königin von Sizilien, ist stets »Königin Elisabeth« gemeint.
[21] SOED: goblin: von gr. Kobalos, a rogue. Ein unheilvoller Dämon, Kobold.
[22] Marlowes vermeintliche Leiche (in Wirklichkeit John Penry?) wurde am 1. Juni. 1593 in Deptford auf dem Kirchhof St. Nicholas in Eile an einer nicht markierten Stelle begraben.

xenes den Vater des werdenden Kindes seiner Gemahlin, der Königin. Er sei soeben dabei beobachtet worden, wie er eiligst zu den Schiffen floh.

Marlowes Verrat bestand ebenfalls in einer fatalen Vortäuschung einer anderen Identität: Seine vermeintliche Leiche wurde auf dem Kirchhof von Deptford begraben (»*There was a man ... that dwelt at the churchyard*«).

Die dem König berichtete eilige Flucht eines Mannes (»*never Saw I men scour so on their way: I eyed them Even to their ships*«) interpretiert er als Folge dessen Glaubens an die ertappte Vaterschaft von Polixenes. Einen tief sitzenden Verdacht vergleicht der Dichter allgemein mit einem erstaunlichen Bild: Wenn man aus einem Becher getrunken habe und ein anderer erzähle ihm, in dem Becher zuvor eine Giftspinne gesehen zu haben, sprenge dies dem Trinkenden Brust und Kehle (»*There may be in the cup A spider steep'd, and one may drink, depart, And yet partake no venom, for his knowledge Is not infected: but if one present The abhorr'd ingredient to his eye, make known How he hath drunk, he cracks his gorge, his sides*«).

Hier kommt die hintergründige Metapher des »Wintermärchens«, vordergründig als unberechtigter Verdacht einer Vaterschaft verbrämt zum Vorschein: Ein falscher Verdacht (Marlowe habe Hochverrat begangen) wurde für die Königin zur Gewissheit (»*All's true that is mistrusted: that false villain!*«. Sie veranlasste eine fingierte Beisetzung Marlowes auf dem Kirchhof, während er in Wirklickeit in dauerhafter Verbannung und mit falschem Namen weiterleben durfte. Dies war der eigentliche Grund, der ihn aus einem Sommer in einen Winter vertrieb: Der Königin war zuvor der Verdacht eingeimpft worden, Marlowe habe zur Aufruhr gegen die Krone angestiftet, er sei ein »falscher Bube« (»*There is a plot against my life, my crown; that false villain*«). Er, den die Königin bis dahin für einen loyalen Diener gehalten hätte (»*Whom I employ'd*«), war in Wahrheit zuvor schon von William Cecil beschäftigt worden (»*was pre-employ'd by him*«). Er (Marlowe) hatte mit ihm (Cecil?) die zu unternehmenden Schritte zu seiner »Rettung« bereits abgesprochen (»*He has discover'd my design*«), und sie sei sich vorgekommen wie eine Marionette, an der andere die Fäden zogen (»*Remain a pinch'd thing*«). Ja, es sei eine Finte gewesen (»*yea, a very trick*«), mit der beide (Marlowe und Cecil) je nach Laune spielten (»*For them to play at will*«). Aber wie konnte es passieren, dass die Todesvortäuschung und sein Entkommen so einfach vonstatten gingen, dass der Ausweg (»Hinterausgang«) so leicht zu öffnen war (»*How came the posterns So easily open?*«). Ein erster Lord beantwortet diese Frage, dass dies durch Cecils große Autorität möglich gewesen sei (»*By his great authority*«), die er schon oft eingesetzt habe *(»Which often hath no less prevail'd than so*«), jeweils auf ihr, der Königin, Geheiß (»*On your command*«).

Wie sehr Marlowe/Shakespeare seinen vorgetäuschten Tod, den Identitätsverlust und den Namenswechsel mit einem Wechsel vom Sommer in den Winter gleichsetzt, lässt sich in zahlreichen anderen Texten belegen. Den Vergleich seines Absturzes mit gefallenen Blättern in einer (einzigen) kalten Nacht verwendet er unter anderem in »Timon von Athen«, in »Cymbeline« und in den Sonetten 97 und 73.

»Timon von Athen« (Akt 4, Szene 2):

> »*That numberless upon me stuck as leaves do on the oak, have with one winters brush fell from their boughs.*«
> (»Von dem Dichter, an dem so zahllose Menschen hingen wie Blätter am Eichbaum, haben sich die Menschen durch einen einzigen Winterfrost gelöst.«)

»Cymbeline« (Akt 3, Szene 3):

> »*But abide the change of time, Quake in the present winter's state and wish that warmer days would come: in these sear'd hopes*«
> (»Er wartet der Zeiten Wechsel ab, zittert beim gegenwärtigen Winterfrost und hofft auf wärmere Tage.«)

Sonett 97 (Ausschnitt):

> »*How like a winter hath my absence been*
> *From thee, the pleasure of the fleeting year!*
> *What freezings have I felt, what dark days seen!*
> *What old December's bareness every where!*
> *And yet this time removed was summer's time,*
> *The teeming autumn, big with rich increase,*
> *Bearing the wanton burden of the prime,*
> *(...)*
> *And, thou away, the very birds are mute;*
> *Or, if they sing, 'tis with so dull a cheer*
> *That leaves look pale, dreading the winter's near.*«

Der eingetretene Winter stellt die Leitmetapher für Marlowes plötzlich verwandelte Existenz zu Shakespeare dar. Darin steckt der tiefere Sinn der Parabel des »Wintermärchens«.

Indiz 22: »And death gives life, and so he di'de«

Die früheste poetische Verarbeitung und Dokumentation *nach* seinem endgültigen Sturz und Abgang dürfte Marlowe als anonymer Autor in dem Gedichtband »The Phoenix Nest«[23] (1593) hinterlassen haben. Dass es sich bei

---

[23] Renascence Editions: The Phoenix Nest (1593), siehe: http://www.luminarium.org/re-

dem Verfasser mit großer Plausibilität um Nicholas Breton gehandelt hat, lässt sich aus seinem »The Pilgrimage to Paradise« schließen, das ein Jahr zuvor (1592) gedruckt worden war (s. Kapitel 11, S. 617). Breton wiederum war ein frühes Peudonym von Marlowe (Details siehe Kap. 11, Seite 614).

Verschiedene Verszeilen in »The Phoenix Nest« zeigen, wie Nicholas Breton (alias Marlowe/Shakespeare) die Metapher des eingebrochenen Winters auf sein Leben bezieht (Ausschnitte):

> »Whose sweete spring spent, whose sommer wel nie don,
> Of all which past, the sorow onely staies.
> Whom care forewarnes, ere age and winter colde,
> To haste me hence, to finde my fortunes folde.«
> »Hat else is hell, but losse of blisfull heauen?
> What darknes else, but lacke of lightsome day?
> What else is death, but things of life bereauen?
> What winter else, but pleasant springs decay«
> »Heauen were my state, and happie Sunneshine day,
> And life most blest, to ioy one howres desire,
> Hap, blisse, and rest, and sweete springtime of May,
> Were to behold my faire consuming fire.
> But loe, I feele, by absence from your sight,
> Mishap, vnrest, death, winter, hell, darke night.«

»The Phoenix Nest« lässt erkennen, dass die Königin (»*dame of state*«) um das Komplott wusste und dass Marlowe »formal« (»*mortal life as death*«) starb, um weiterzuleben (»*This mortal life as death is tride, and death gives life, and so he di'de*«).

> »A Secret murder hath bene done of late,
> Vnkindnes founde, to be the bloudie knife,
> And shee that did the deede a dame of state,
> Faire, gracious, wise, as any beareth life.
> To quite hir selfe, this answere did she make,
> Mistrust (quoth she) hath brought him to his end,
> Which makes the man so much himselfe mistake,
> To lay the guilt vnto his guiltles frend.
> Ladie not so, not feard I found my death,
> For no desart thus murdered is my minde,
> And yet before I yeeld my fainting breath,
> I quite the killer, tho I blame the kinde.
> You kill vnkinde, I die, and yet am true,
> For at your sight, my wound doth bleede anew.«

nascence-editions/phoenix.html; Original bei EEBO (Early English Books online): http://eebo.chadwyck.com/home (Zugangslaubnis erforderlich!).

Cymbeline

Das Schicksal des Postumus Leonatus in »Cymbeline« zeigt auffällige Parallelen zu Marlowes/Shake-speares Schicksal, die in ihrer Gesamtheit kein literarisches Zufallsprodukt sein können. Samuel Blumenfeld formulierte über »Cymbeline«:

> »*If we simply recognize that the name Shakespeare is a cover for Marlowe then we can go to the real source of the unrelenting travesty.*«

Wer nach intensivem Lesen der Werke von William Shakespeare den Versuch unternimmt, sich dahinter einen »leibhaftigen« Autor vorzustellen, der bekommt durch die Darstellung von Posthumus geeignete und vorstellbare Bilder[24], die mit Marlowe/Shake-speare in Einklang zu bringen sind, nicht aber mit dem Kaufmann Shakspere aus Stratford. Dabei ist nicht zu übersehen, dass in der Persönlichkeitsdarstellung Shakespeares – aus heutiger Sicht – »negative« Züge (unter anderem hohe Eigenliebe, Arroganz, überwertige Selbsteinschätzung, Anmaßung und Stolz, latenter Größenwahn) erkennbar werden, die bei dem überlegenen Geist eines Shakespeare letztlich zu vermuten sind.

Der genaue Entstehungszeitpunkt von »Cymbeline« ist nicht bekannt. Die kurzen, eher merkwürdigen Szenen (beispielsweise Szene 7 in Akt 3 oder Szene 2 in Akt 5) wurden als höchst »unshakespearisch« angesehen. Einige Experten gehen von einer Entstehung um 1609 aus. »Cymbeline« wurde erstmals in der »First Folio« (1623) gedruckt, eine erste Aufführung kann mit April 1611 belegt werden.

Indiz 1: »The fit and apt construction of thy name«

Die Tatsache, dass Shakespeare für die Hauptfiguren des Stücks die Namen »Posthumus« und »Leonatus« wählte, kann bei Kenntnis anderer Shakespeare-Stücke nicht zufällig erfolgt sein. Die »passende« Konstruktion des Namens (»*Posthumus und Leonatus ... the fit and apt construction of thy name*«) weist unzweifelhaft auf eine tiefere Bedeutungsebene hin.

Der eigenartige Name »Posthumus«[25] legt nahe, dass diese Person einen Charakter darstellt, der posthum, also nach (s)einem Leben (als Marlowe) weiterlebte, als ein »Neugeborener«, ein »*Neonatus*«.

Aus der zweifach identifizierenden Namensgebung »Posthumus und

---

[24] Noch besser gelingt das mit »Polimanteia«.
[25] Den Namen »Postumus« erhielten im Römischen Reich Kinder, deren Väter vor der Geburt des Kindes gestorben waren.

L(N)eonatus« macht Shakespeare in einem Wortspiel aus dem Neonatus einen Leonatus (»*a lions whelp*«), dessen Namensherkunft der Wahrsager am Ende des Stücks deutet und erklärt (Akt 5, Szene 5):

> »*When a lions whelp shall, to himself unknown, without seeking find ... then shall Posthumus end his miseries, Britain be fortunate and flourish in peace ... Thou Leonatus art the <u>lions whelp, the fit and apt construction of thy name.</u>*«

Vorlage für den Namen Posthumus könnte für Marlowe/Shake-speare Marcus Vipsanius Agrippa Posthumus gewesen sein, der nach dem Tod seiner älteren Brüder Gaius Caesar und Lucius Caesar im Jahr 4 n. Chr. von seinem Großvater Kaiser Augustus zusammen mit dessen Stiefsohn Tiberius unter dem Namen Agrippa Iulius Caesar adoptiert wurde. Aufgrund seines Lebensstils wurde er genau wie seine Mutter vor ihm und seine Schwester Iulia nach ihm schon drei Jahre später auf die Insel Planasia verbannt.

Der Name der Tochter von König Cymbeline, »Imogen« (Pr*imogen*ata = Erstgeborene), hat wie alle weiblichen Namen bei Marlowe/Shake-speare – »Perdita« (»Wintermärchen«), »Miranda« (»Der Sturm«), Lucretia – eine tiefere Bedeutung.

Indiz 2: Exile, banishment, divorce

Posthumus' Verbannung und Exil, seine bedauernswerte Trennung (»*lamentable divorce*«) spiegeln sich in dem gesamten Stück wider.

Man erfährt eindeutig und wiederholt von seinen Abschieden, von seinen Aufenthalten in Italien (Rom) und Frankreich (Orleans), von Zurückbleibenden, von dem Schmerz, von einer Verbindung nur über Briefe etc. Das alles lässt sich ohne Schwierigkeiten auf Biografisches bei Marlowe beziehen, keineswegs aber auf Shakspere.

Beispiele für das Auftreten der Themen »Verbannung« und »Exil« in »Cymbeline«:

Akt 1, Szene 1:

> First gent: *Her Husband* [Posthumus] <u>banished</u> *... and he that hath her – I mean that married her alack <u>good man</u>! and therefore <u>banished</u> –*
> (...) *for whom he now is <u>banished</u>, her own prize proclaims how she esteem'd him and his virtue; By her election may be truly read, what kind of man he is.*

Akt 1, Szene 1:

> Imogen: *Your son's my father's friend; he takes his part. To draw upon an <u>exile</u>! O brave sir!*

Akt 1, Szene 7:
: Imogen: *A father cruel and a step-dame false ... That hath her husband banished ... O that husband!*

Akt 1, Szene 4:
: Frenchman: *I have seen him in France ... and then his banishment:*

Akt 1, Szene 4:
: Iachimo: *Ay, and the approbation of those that weep this lamentable divorce ... are wonderful to extend him*

Akt 2, Szene 1:
: Cloten: *Leonatus? A banished rascal*

Akt 2, Szene 1:
: Second Lord: *Of thy dear husband, than that horrid act, Of the divorce he'ld make! The heavens hold firm*

Akt 2, Szene 3:
: Cymbeline: *The exile of her minion [Posthumus] is too new ...*

Akt 3, Szene 5:
: Queen: *Since the exile of Posthumus, most retired hath her life been ...*

Akt 5, Szene 1:
: Mother: *With marriage wherefore was he mock'd, to be exiled and thrown, from Leonati seat, and cast ...*

Akt 5, Szene 5:
: Jachimo (to Cymbeline): *t'was Leonatus jewel; whom you didst banish; and which more may grieve thee, as it doth me, a nobler sir ne'er liv'd.*

Akt 1, Szene 1:
: Second Lord: *Of thy dear husband, than that horrid act, Of the divorce he'ld make! The heavens hold firm*

Indiz 3: »Unfold His measure duly«

Im Verlauf des Stücks kommt es zu einer detailreichen Schilderung der Persönlichkeit von Posthumus Leonatus. Eine solch ausladende Charakterisierung ergibt weder für den Handlungsablauf des Stückes selbst einen befriedigenden Sinn noch erscheint sie für die Kennzeichnung der Figur im Stück logisch beziehungsweise notwendig. Shakespeare muss mit dieser überlangen Beschreibung einer nicht dem Adelsstand entstammenden, geächteten Person zusätzliche und andere Ziele verfolgt haben.

Es erscheint plausibel zu argumentieren, dass der Autor hier den Versuch unternommen hat, seine außergewöhnliche, alle Rahmen sprengende Persönlichkeit für die Nachwelt darzustellen – eine Persönlichkeit, die ansonsten der Vergessenheit anheimgefallen wäre und die in der gesichtslos-mittelmäßigen Figur des Kaufmanns Shakspere aus Stratford nicht ansatzweise zu erkennen gewesen wäre.

Es seien hier einige Charakterisierungen der Persönlichkeit von Posthumus aufgeführt: Er wird als arm, doch edel dargestellt (»*poor but worthy gentleman*«); er sei vermählt, aber von zu Hause verbannt; alles sei äußerer Schmerz (»*Her husband banish'd; she imprison'd: all is outward sorrow*«). Posthumus eigne sich nicht dafür, schlecht genannt zu werden (»*He ... is a thing, Too bad for bad report: and, alack, good man!*«); er sei verbannt, obwohl ein vollendetes Wesen, das man auf Erden nicht wiederfinden werde, an Menschen seines Schlages mangle es stets (»*As, to seek through the regions of the earth, For one his like, there would be something failing, In him that should compare. I do not think, So fair an outward and such stuff within, Endows a man but he*«). Es wird zugleich betont, dass diese Charakterschilderung keine Übertreibung sei (»*You speak him far*«), nein im Gegenteil: Posthumus würde eigentlich weit unter seiner wirklichen Größe dargestellt, er würde »komprimiert« (minimiert, verkürzt) statt in vollem Ausmaß entfaltet zu werden (»*I do extend him, sir, within himself, Crush him together rather than unfold His measure duly*«).

Auffällig eingehend wird Posthumus in seinen frühen Lebensjahren geschildert, als Kind, das der Hof nach seiner Geburt aufgenommen und zu seinem Schutz Posthumus Leonatus genannt habe *(»As he was born. The king he takes the babe, To his protection, calls him Posthumus Leonatus«)*, das er erziehen ließ und zu einem Pagen machte (»*Breeds him and makes him of his bed-chamber*«). Hier wird ein biografischer Hinweis auf Marlowe, dass er in frühen Jahren zum Hof kam, erkennbar.

Zu jeder Wissenschaft, für die er reif war, habe der Hof ihm Zugang geschaffen. Wissen sauge er ein wie andere die Luft, jeden Zusammenhang augenblicklich voll begreifend[26] (»*Puts to him all the learnings that his time, Could make him the receiver of; which he took, As we do air, fast as 'twas minister'd*«). Schon in seiner frühen Zeit, als er noch am Hof lebte, habe er Erfolge geerntet (»*And in's spring became a harvest, lived in court*«).

Auch Posthumus' weitere Entwicklung wird sehr plastisch geschildert. Man erfährt unter anderem, dass er einer der wenigen Menschen sei, die au-

---

[26] Hier werden klare Charakteristika eines Genies beschrieben wie extreme Auffassungs- und Assoziationsfähigkeit, extremes Gedächtnis etc., wie sie bei Marlowe/Shakespeare zu postulieren sind, nicht aber bei Shakspere.

ßerordentlich geschätzt und verehrt würden (»*Which rare it is to do – most praised, most loved*«) und sowohl den Jüngsten als auch den Älteren als ein Beispiel für Vollendung gelten (»*A sample to the youngest to the more mature*«). Er sei trotz seiner Jugend dem Alter Vorbild (»*A child that guided dotards*«); auch seine Ehefrau Imogen schätze seinen Wert und seine Tugend. In ihrer Wahl sei am besten abzulesen, welcher Art Mensch er sei (»*By her election may be truly read what kind of man he is*«).

Man erfährt von Posthumus geistigem Reifungsprozess und davon, dass er früher weniger »ausgestattet« gewesen sei als in der Zeit (des Stückes), in der ihn all die geistigen und körperlichen Gaben auszeichnen (*Philario:* »*You speak of him when he was less furnished than now he is with that which makes him both without and within*«).

Es wird erkennbar, dass sein Ansehen in England (vor der Verbannung) früh im Wachsen begriffen war und man jene Vortrefflichkeit von ihm erwartetete, die ihm später auch ausdrücklich zugestanden wurde *(»Iachimo: Believe it, sir, I have seen him in Britain: he was then of a crescent note, expected to prove so worthy as since he hath been allowed the name of*«). Auch ohne eine persönliche (subjektive) Bewunderung hätte man ihm damals (objektiv) das Ausmaß aller seiner Gaben ansehen können (»*but I could then have looked on him without the help of admiration, though the catalogue of his endowments had been tabled by his side and I to peruse him by items*«).

Posthumus besäße inzwischen die Reife, seine früheren Reisen[27], sein damaliges Sich-Verlassen auf die Erfahrungen anderer, als eine Phase von Unerfahrenheit zu betrachten (»*By your pardon, sir, I was then a young traveller; rather shunned to go even with what I heard than in my every action to be guided by others' experiences*«), auch wenn er mit seinem inzwischen reiferen Urteilsvermögen erkannt habe, dass seine »verletzenden« Dispute doch nicht ganz so unbedeutend gewesen seien (»*but upon my mended judgment – if I offend not to say it is mended--my quarrel was not altogether slight*«).

Ein Franzose bezeugte seine Aufenthalte in Frankreich (»*I have seen him in France: we had very many there could behold the sun with as firm eyes as he ... we have known together in Orleans*«).

Die Beschreibungen von Posthumus während seiner Zeit in Italien deuten darauf hin, dass er sich während seiner frühen Reisen (nach Frankreich, Italien und weitere Länder?) wohl gefühlt haben muss, sodass man ihn dort den »ausgelassenen Briten« nannte (»*Exceeding pleasant; none a stranger there. So*

---

[27] Hier wird deutlich, dass Marlowe (Shakespeare) bereits in sehr frühen Jahren weit gereist sein muss, z. B. als Page von Philip Sidney während dessen mehrjähriger Europareise, wie S. Blumenfeld annimmt (s. S. 51).

merry and so gamesome: he is call'd The Briton reveller«) oder den »lustigen Briten« (»*the jolly Briton*[28]«*)*, obwohl er, auch als er noch in England gewesen sei, oft zu unerklärlicher Schwermut neigte (»*When he was here, He did incline to sadness, and oft-times Not knowing why*«).

Anders als andere habe Posthumus keine Kritik, sondern des Himmels Huld und Dank verdient (»*Some men are much to blame, Not he: but yet, heaven's bounty towards him might Be used more thankfully*«). Aber auch wenn er alle an Talent übertroffen hätte, sei man gezwungen, ihn nicht nur zu bewundern, sondern auch zu bedauern (»*In you, which I account his beyond all talents, Whilst I am bound to wonder, I am bound To pity too*«).

Es müsse ein Fest gewesen sein, ihn zu erleben und zu hören (»*It is a recreation to be by and hear him*«). Posthumus wird als der Edelste bezeichnet, den je ein Land zu den Seinen gezählt habe *(»to the worthiest sir, that ever Country call'd his!*«). Er sei eine der reinsten Sitten, ein heiliger Zauberer, der alle in Scharen bei sich bannte, (mindestens) die Hälfte aller Herzen gehörte ihm sofort (»*He is one, the truest manner'd, such a wholy witch, that enchants societies into him. Half of men's hearts are his*«). Er säße wie ein herabgestiegener Gott im Kreis der Menschen und würde verehrt (»*He sits mongst' men like a descended god; he hath a kind of honour, sets him off, more than a mortal seeming*«).

Wie sehr sich der »verstoßene« Dichter hier heraushebend charakterisiert, wird erst plausibel angesichts seines vollständigen persönlichen Niedergangs. Es macht auch verständlich, dass Marlowes/Shakespeares Absturz in einem inneren Zusammenhang mit seiner überheblich wirkenden Selbsteinschätzung, mit seinem anmaßenden Stolz und seiner hohem Eigenliebe gestanden haben muss. Anders ist das Genie Shakspeare kaum denkbar. Er ist persönlich an seinem ureigensten Konflikt zerbrochen, dem er zugleich seine dramatische Größe verdankt. Man könnte auch sagen: Die Welt war seinem Genie nicht gewachsen.

Indiz 4: »For his fortunes all lie speechless«

Einen Monolog (Akt 1, Szene 6) der Königin und Schwiegermutter nimmt der Dichter zum Anlass, den eigenen Zustand und den Verlust (die Verbannung von Posthumus), tiefer gehend zu reflektieren. Ausmaß und Tiefgang dieser Reflektion machen unmittelbar einen biografischen Hintergrund deutlich, ohne den diese Szene und ihre hintergründige Psychologie nicht erklärbar ist.

Die Königin hofft, dass ihre Tochter Imogen über die von ihr eingeforderte

---

[28] Marlowe könnte diese Bezeichnung als Vorlage für sein bereits zu Lebzeiten verwendetes Pseudonym Nicholas Briton/Nicholas Breton/Nicholas Britain verwendet haben (siehe Kapitel 11, S. 527).

Trennung von ihrem Manne Posthumus hinwegkommen werde (»*in time she will not quench and let instruction enter where folly now possesses*«). Wenn diese Trennung eingetreten sei, würde sie nicht nur die Größe von Posthumus besitzen, sie würde darüber hinauswachsen (»*on the instant thou art then as great as is thy master, greater*«). Denn Posthumus' (Marlowes) zukünftiges Schicksal sei es, sich nie mehr äußern zu können (»*for his fortunes all lie speechless*«). Sein Name werde bald vergessen sein (»*and his name is at last gasp*«), er könne weder zurückkehren noch dort weitermachen, wo er sei (»*return he cannot, nor continue where he is*«). Denn den Ort zu wechseln, hieße nur, ein Elend mit einem anderen zu tauschen (»*to shift his beeing is to exchange one misery with another*«), und jeder neue Tag zerstöre ihm nur das Werk des alten Tages (»*And everyday that comes comes to decay a days work in him*«). Posthumus könne nichts mehr erhoffen (»*What shalt thou expect?*«). Eine weitere Anlehnung an Posthumus würde sie, Immogen, von »etwas« (»*thing*«) abhängig machen, das im Verfall begriffen sei, das nicht wieder werden könne, auch habe er keine Anhänger und Freunde mehr *(»To be depender on a thing that leans, who cannot be new built, nor has no friends, so much as but to prop him«).*

Hier wird die eindrückliche Fähigkeit von Marlowe/Shakespeare sichtbar, über sich selbst aus der Sicht eines Außenstehenden nachzudenken und sich und seine eigene Situation zu reflektieren.

Indiz 5: »Who is the key to unbar these locks«

Die tragische Situation der »inneren Gefangenschaft« kommt in der Klage gegen Schicksal und Götter überdeutlich zum Ausdruck.

In »Cymbeline« wird Posthumus bei einer Heimkehr nach London als »Fremder« von den britischen Soldaten gefangen genommen und vom König dem Kerkermeister übergeben, der ihn in Ketten legt.[29] Posthumus reflektiert daraufhin in einem Monolog über seine tragische Lebenssituation, die (s)eine reale komplexe Situation widerspiegelt beziehungsweise vermuten lässt. Posthumus begrüßt seine »angekettete« Situation als einen Weg, zur Freiheit zu gelangen (»*Most welcome, bondage! for thou art a way, I think, to liberty*«). Er scheint sich mit William Cecil zu vergleichen, der an einer nicht heilbaren Schilddrüsenerkrankung (Kropf – »*gout*«) litt. Dieser müsste seine Krankheit erdulden (»*Than one that's sick o' the gout since he had rather Groan so in perpetuity than be cured*«) bis zum Eintreffen das Arztes (des Todes), der seine Fesseln lösen konnte (»*who is the key to unbar these locks*«).

---

[29] Die Szene erinnert an Sir Tobie Matthews alias Marlowe, der nach der Rückkehr nach England inhaftiert wurde und durch Francis Bacon und Robert Cecils Fürsprache nach sieben Wochen freikam (s. S. 653).

In der Kerkerszene fleht Posthumus zu den Göttern (»*you good gods*«). Sein Gewissen fessele ihn mehr, seine wahre Geschichte preiszugeben, als seine Ketten an Füßen und Handgelenken (»*My conscience, thou art fetter'd more than my shanks and wrists*«). Nur die Götter könnten ihm das reuige Werkzeug geben, den Riegel seiner Gefangenschaft zu lösen (»*give me the penitent instrument to pick that bolt, Then, free for ever! Isn't enough I am sorry?*«) und ihn für immer zu befreien. Er fragt, ob es nicht genug sei, wenn er um Verzeihung bitte.

Posthumus ist sich bewusst, dass er auf diese Weise nur seine »irdischen« Eltern besänftigt (»*So children temporal fathers do appease*«), Götter könnten da gnädiger sein. Müsse er überhaupt bereuen? (»*Gods are more full of mercy. Must I repent?*«). Er richtete einen flehenden Apell an die ewigen Mächte (»*and so, great powers*«), dass sie Bilanz ziehen und seine Ketten lösen mögen (»*If you will take this audit, take this life, And cancel these cold bonds*«). Kurz vor dem Einschlafen signalisiert er Imogen, dass er jetzt (im Traum) zu ihr sprechen werde (»*I'll speak to thee in silence*«).

Die nachfolgende, eindrückliche Traumszene des schlafenden Posthumus offenbart zutiefst die Seelenlage von Marlowe. Seine Eltern und Geschwister treten als Geister auf und beschwören Jupiter.

Indiz 6: Traumszene – Anklage der Familie gegen die Gottheit

Posthumus (Shakspeare/alias Marlowe) beschreibt in einer Traumszene das Bemühen seiner gesamten Familie, ihn von seinem tragischen Schicksal zu befreien. Der Geist des Vaters (die Analogie zur Geistszene in »Hamlet«, in dem der Vater Hamlet beschwört, ist unverkennbar, s. S. 377 f.) bedrängt Jupiter (»*Thundermaster*«), nicht seinen Mut an der schwachen Kreatur seines Sohnes auszulassen (»*no more show thy spite on mortal flies*«). Er fragt Jupiter, ob sein Sohn (Posthumus) nicht stets recht getan habe (»*Hath my poor boy done aught but well*«) und warum er ihn nicht geschützt und gerettet habe vor dieser irdischen Pein (»*Thou shouldst have been, and shielded him From this earth-vexing smart*«). Die Natur habe Posthumus, den Vorfahren gleich, doch stark und männlich erschaffen, sodass er das Lob der Welt verdient habe (»*Great nature, like his ancestry, Moulded the stuff so fair, That he deserved the praise o' the world*«). Warum habe Jupiter ihn in solch einen eifersüchtigen Wahn verstrickt, dass ihm dies Bubenstück Hohn heraufbeschwor (»*to taint ... his brain with needless jealousy and to become the geck and scorn O' the other villany*«). Der Vater bittet Jupiter, sein »kristallenes« Fenster zu öffnen, sein Flehen zu erhören und seine Familie nicht mehr zu verletzen (»*Thy crystal window open; look out; No longer exercise, Upon a valiant race thy harsh And potent injuries*«). Er droht ihm, dass die Familie als Geister gegen ihn zum Götterrat schreien würden (»*or we poor ghosts will cry to the shining synod of the rest against thy deity*«).

Der Geist des ersten Bruders erläutert Jupiter noch einmal, welche Persönlichkeit Posthumus gewesen sei, als er im mächtigen England zum Manne reifte (»*When once he was mature for man, In Britain*«). Keiner sei ihm an Tugend gleich gewesen *(»where was he, That could stand up his parallel?«)*, was auch Imogen bemerkt habe, die seinen edlen Wert erkannt habe (»*Or fruitful object be In eye of Imogen, that best Could deem his dignity?«*). Posthumus habe mit gleichem Mut auch für den König gekämpft, warum also, fragt der Bruder Jupiter, gewähre er Posthumus nicht den verdienten Lohn, sondern habe das, was er würdig erworben hätte, in Leid und Schmerz verkehrt (»*Then Jupiter, thou king of gods, Why hast thou thus adjourn'd The graces for his merits due; Being all to dolours turn'd?*«).

Der Geist des zweiten Bruders erläutert Jupiter, warum sowohl Mutter und Vater als auch die für England gefallenen Brüder noch einmal aus dem Reich der Toten aufgestiegen seien (»*For this from stiller seats we came, Our parents and us twain, That striking in our country's cause Fell bravely and were slain*«), nämlich, um das Recht von Posthumus zu verfechten (»*Our fealty and Tenantius' right With honour to maintain*«).

Der Geist der Mutter beschwört Jupiter, dass ihr Sohn Posthumus gut sei und dass er, Jupiter, ihn von seinem Elend befreien solle (»*Since, Jupiter, our son is good, Take off his miseries*«).

Die Geister beider Brüder bitten noch einmal gemeinsam um Hilfe und drohen, Jupiter zu verklagen, wenn er nicht gerecht sein wolle (»*Help, Jupiter; or we appeal, And from thy justice fly*«).

Schließlich steigt Jupiter mit Donner und Blitz auf einem Adler herab und die Eltern und Geschwister fallen als Geister auf die Knie. Jupiter verbittet sich ihre Sorge, die nur den Göttern gebühre (»*No care of yours it is; you know 'tis ours*«).

An dieser Stelle lässt Jupiter den auffälligen Satz fallen: Den ich am meisten lieb, den kreuzige ich (»*Whom best I love I cross*«). Dieser Satz kann als das modifizierte Lebensmotto Marlowes erkannt werden, das auf seinem jugendlichen Gemälde eingeschrieben war (»*Quod me nutrit me destruit*« – Was mich ernährt, zerstört mich), in zahlreichen Abwandlungen in Shakespeares Stücken wie auch in den Sonetten (Sonett 73: »*Consum'd with that which it was nourish'd by*«) und posthum in »Polimanteia« (s. S. 542) auftaucht.

»Den ich am meisten lieb, den kreuzige ich«, sagt die Gottheit, »es werde sein Lohn sein (»*to make my gift*«), aber verspätet und süßer nur. Man möge seiner, Jupiters Macht vertrauen (»*The more delay'd, delighted. Be content*«). Er werde den tief gefallenen Sohn erheben, sein Glück werde erblühen, dann sei es vollbracht (»*Your low-laid son our godhead will uplift: His comforts thrive, his trials well are spent*«). Und durch sein Leid werde sein Glück begründet (»*He shall be lord of lady Imogen, And happier much by his affliction made*«).«

Diese dichterische Interpretation seines eigenen Schicksals hat etwas Visionäres: Marlowe/Shakesepares literarischer Gipfel wurde erst durch sein erlittenes Schicksal ermöglicht.

Indiz 7: »Posthumus end his miseries, Britain be fortunate«

Die Tragik von Marlowes Schicksal wird in der nachfolgenden Szene noch einmal gleichnishaft symbolisiert und verdichtet. Bevor der in seinem Kerker angekettete Posthumus von dem Kerkermeister aufgesucht wird, denkt er nach dem Aufwachen über den soeben erlebten Traum nach. Der Sinn (bzw. die Sinnlosigkeit) seines Schicksals (Marlowes Realität) kann letztlich nicht enträtselt werden (»*senseless speaking, or a speaking such as sense cannot untie*«).

Da das, was er träumte, nach dem Erwachen nicht mehr da ist, erkennt er, dass es keinen Sinn macht, sich auf die Gunst der Götter (Jupiter) oder des Schicksals zu verlassen (»*so I am awake poor wretches that depend on greatness' favour dream i have done. Wake and find nothing*«). Er liest einen Brief, der ihm die Erfüllung seiner Wünsche prophezeit (»*Posthumus end his miseries, Britain be fortunate and flourish in peace*«), und rätselt, ob es »geträumtes«, sinnentleertes Sprechen oder ein Sprechen war, dessen Sinn nicht enträtselt werden kann (»*tis still a dream, or else such stuff as madmen ... either both or nothing: Or senseless speaking, or a speaking such as sense cannot untie*«). Was immer es war, dem Irrsinn seines Lebens sei es egal (»*be what ist is, the action of my life is like it, which I'll keep*«).

Indiz 8: »A heavy reckoning the charity of a penny cord it sums up a thousands in a trice«

Die Äußerungen des Kerkermeisters zum bevorstehenden Tod von Posthumus (Marlowe) werden erst verständlich, wenn man die Lebensgefahr, in der Marlowe im Mai 1593 schwebte, berücksichtigt und erkennt, dass der Identitäts- und Namenswechsel die einzige Möglichkeit zur Rettung seines Lebens war. Sein angeblicher Tod wegen eines Streit um eine Rechnung war nur vorgetäuscht.

Der eintretende Kerkermeister fragt Posthumus, ob er bereit für den Tod sei (»*are you ready for death?*«). Als Todesart sei Hängen vorgesehen (»*Hanging ist the word, sir*«). Posthumus witzelt, dass das Gericht die Zeche zahle, falls er eine »gute Mahlzeit« für die Zuschauer sein sollte (»*if I prove a good repast to the spectators, the dish pays the shot*«), worauf der Kerkermeister eine erstaunliche Feststellung macht: Dies sei die letzte schwere Rechnung für ihn (»*a heavy reckoning for you, sir*«). Dies sei ein Trost, er würde zukünftig nicht mehr zu Zahlungen aufgefordert, er habe keine (Wirtshaus-)Rechungen mehr zu befürchten (»*but the comfort is, you shall be called to no more payments, feare no more tavern bills*«). Von diesem Widerspruch, dass ein Streit um eine triviale Rechnung als Vorwand für seine Auslöschung herhalten musste, sei er diesmal befreit (»*of this contradiction you shall noe be quit*«). Seine Lebensrettung, [damals] erfolgt durch ein billiges Erbarmen in einem einzigen Augenblick, mache eine große Menge aus (»*oh the charity of a penny cord it sums up a thousands in a trice*«). Es gebe ab jetzt keine Schuldner und Gläubiger mehr (»*You have no true debitor and creditor*«), sondern nur noch das, was vergangen sei, was jetzt sei und was kommen werde (»*but it; of what's past, is, and to come*«). Seine vermeintliche »Erhängung« (»*the neck*«) ließ ihm Schreibfeder, Buch und Kunden; auf diese Weise erfolgte seine Abfindung (»*Your neck, sir, is pen, book, and counters; so the acquittance follows*«).

Der Dichter weist hier in kaum überbietbarer Allegorik auf den Moment hin, in dem sein [Marlowes] tödlich bedrohtes Leben eine schicksalhafte Wendung erfuhr.

Indiz 9: »Quake in the present winter's state and wish that warmer days would come«

Marlowe muss darüber nachgedacht haben, auf welche Weise sich das Schicksal für ihn noch einmal wenden und wie er noch einmal als freier Mann in England leben könnte. Das ausgiebige Nachdenken von Posthumus darüber im Ausland (Rom?), aber auch die Hoffnungslosigkeit weisen augenfällig darauf hin. Die Oberflächenebene des Stücks mit Posthumus' Verbannung nach Italien, weil er es wagte, die Königstochter zu heiraten, macht seine komplexen Überlegungen nicht zufriedenstellend plausibel.

Posthumus denkt an seinem Verbannungsort darüber nach, wie er den König/die Königin in England für sich gewinnen könnte (»*I would I were so sure To win the king*«). Philario fragt ihn, welche Mittel er hierfür anwenden sollte (»*What means do you make to him?*«). Posthumus sieht im Moment keine Mittel, die »Wetterlage« zu verbessern (»*Not any*«). Man müsse den gegenwärtigen kalten Winterfrost durchstehen und darauf hoffen, dass wärmere Tage kämen (»*abide the change of time, Quake in the present winter's state and wish that warmer days would come*«). Sollte sich die Hoffnung auf eine Rückkehr nicht erfüllen, so müsse er ihm, zu Dank verpflichtet, Schuldner bleiben.

Indiz 10: »And gallant shall be false and perjured from thy great fail«

Imogen verzweifelt über den Brief ihres Posthumus aus Italien, der ihr unterstellt, dass sie ihn betrogen habe. Er beauftragt den Diener Pisanio, sie zu töten.

Shakespeare entwickelt anhand des Monologs von Imogen eine lange Klage gegen das Gift der Verleumdung, das Zungen mehr vergifte als giftige Schlangen des Nils (»*No, 'tis slander ... whose tongue Outvenoms all the worms of Nile*«), das sich rasend verbreite und jeden Fleck der Erde belüge (»*whose breath Rides on the posting winds and doth belie All corners of the world*«), das Könige, Königinnen, Staaten, Matronen, Jungfrauen betreffe und sogar in den Geheimnissen des Grabes wühle (»*kings, queens and states, Maids, matrons, nay, the secrets of the grave This viperous slander enters*«).

Sogar ihr edelster Mann sei zu seiner Zeit falsch verstanden (verleumdet) worden (»*True honest men being heard ... Were in his time thought false*«), ähnlich wie der trojanische Prinz Aeneas. Auch Sinons Jammern (Sinons ist der griechische Kämpfer, der die falsche Geschichte um das trojanische Pferd verbreitete) erzeugte bei vielen fromme Tränen (»*and Sinon's weeping Did scandal many a holy tear!*«), aber das echte Elend fände kein Erbarmen (»*took pity From most true wretchedness*«).

Imogen prophezeit Posthumus, dass er nun selbst ebenfalls alle ehrenwerten Menschen verleugnen werde (»*so thou, Posthumus, Wilt lay the leaven on all proper men*«), Edelmut und Ritterlichkeit hätten sich seit seinem großen Fall in Falschheit und Meineid verwandelt (»*Goodly and gallant shall be false and perjured From thy great fail*«).

Bei dem von Imogen angesprochenen großen Versagen von Posthumus (»*From thy great fail*«) handelt es sich zwar vordergründig um eine provozierte Eifersucht, auf der eigentlichen metaphorischen Tiefenebene aber um die zurückliegende, weit größere Katastrophe (»*Were in his time thought false*«), bei der es sich am ehesten um massive Verleumdungen gegenüber Marlowe handelte, die seine Gönner zu dem Komplott um seinen vorgetäuschten Tod zwangen.

Wer mag bei dieser Fülle der Aussagen bezweifeln, dass »Cymbeline« biografische Bezüge auf den Dichter Marlowe alias Shakespeare enthält?

Perikles, Prinz von Thyrus

Das Stück »Pericles, Prinz von Thyrus« ist vermutlich zwischen 1603 und 1608 entstanden. Die Urheberschaft Shakspsres ist aus verschiedenen Gründen umstritten. Eine Aufführung, bei der der französische und venetianische Botschafter anwesend waren, wird zwischen April 1607 und November 1608 datiert. Eine Novelle »The Painfull Aduentures of Pericles Prince of Tyre« eines gewissen George Wilkins wurde 1608 veröffentlicht. Sie kann – trotz anderer abwegiger Interpretationen – logischerweise nur als das romanhafte literarische Pendant des gleichen Autors aufgefasst werden, der auch Perikles schrieb (im Folgenden).

»Perikles« umgeben einige auffällige Probleme. Obwohl das Stück zu Lebzeiten Shakspeares populär war und bereits 1609 erstmals als Quarto unter dem Namen William Shakespeare erschien (weitere Drucklegungen erfolgten 1611, 1619, 1630 und 1635), taucht es auffälligerweise weder in der »First Folio« (1623) noch in der »Second Folio« (1632) auf, sondern wurde erst in der »Third Folio« (1664) eingefügt, also fast ein halbes Jahrhundert nach Shakspres Tod. Die Gründe dafür liegen eindeutig darin, dass das Stück auf historisch biografische Ereignisse eingeht, die Marlowes Verschwinden 1593 begleiteten, einflussreiche damals noch lebende Personen verstanden es, die Preisgabe bestimmter Informationen und die Aufdeckung verschiedener Hintergründe zu verhindern.

Die Titelseite des Quartos (1609) spricht davon, dass hier die wahre Geschichte[30] von Perikles dargestellt werde (»*With the true Relation of the whole Historie, adventures and fortunes of the said Prince*«). Auch über die nicht weniger seltsamen und ehrenwerten Ereignisse seiner Geburt und seines Lebens (»*As also, The no lesse strange, and worthy accidents, in the Birth and Life, of his daughter MARIANA*«) werde berichtet. Das Komma zwischen »Life« und »of his daughter« dürfte die verdeckte Bedeutung haben, dass primär nicht über die Ereignisse (»*accidents*«) der Geburt und aus dem Leben der Tochter, sondern vor allem über ihn selbst berichtet werden solle. In der »Perikles«-Fassung in der »Third Folio« wurde der zweite Untertitel der Erläuterung aus dem »Quarto« (»die nicht weniger seltsamen Ereignisse bei der Geburt und im Leben«[31]) weggelassen.

Die Figur des Perikles weist ähnlich wie bei Posthumus in »Cymbeline«, Autolicus in »Wintermärchen«, Christopher Sly in »Der Widerspenstigen Zähmung«, Touchstone in »Wie es euch gefällt« mächtige Parallelen zu Marlowe auf, die nicht zufällig sein können. Das Stück lässt sich als eine gleichnishafte Selbstdarstellung des Dichters interpretieren, die in Metaphern versucht, der Nachwelt sein Schicksal erkennbar zu machen.

Indiz 1: »Quod me alit, me extinguit«

Einen direkten auffälligen Hinweis auf eine Autorschaft Marlowes ergibt sich in Akt 2, Szene 2. Hier erscheinen nacheinander sechs Freier vor Prinzessin Thaisa, die alle ein Motto mit lateinischer Aufschrift vor sich her tragen. Der vierte trägt eine Öllampe mit der Aufschrift: »Quod me alit, me extinguit« (»Was mich erhellt, löscht mich aus«), die identisch ist mit Marlowes Lebensmaxime »Quod me nutrit me destruit«.

[30] Man kann annehmen, dass mit »true relation« die Hintergrundsebene des Stückes, also erneut Marlowes eigentliches Schicksal (»the whole historie, Adventures, and fortunes of the said Prince«) metaphorisch dargestellt wird.

[31] Wie allerdings bereits in der »First Folio« die übrigen Untertitel früherer Quarto-Ausgaben.

Der Köng erklärt diese Aufschrift auf seine Weise: Schönheit habe Macht, sowohl etwas anzuzünden als auch zu töten (»*which shewes that Beauty hath his power & will, Which can as well enflame, as it can kill*«). Es ist kaum vorstellbar, dass Shakspere sich hier die wiederkehrende Lebensphilosophie Marlowes in dieser Form zu eigen machte. Ungleich plausibler ist, dass sich hinter diesem wiederholenden Motto der Autor Christopher Marlowe selbst verbirgt (auch S. 217 ff, 241 und 542 f).

Auch der fünfte Freier mit der Aufschrift »Sic spectanda fides« und der Beschreibung des Emblems (»*the fifth, an hand environed with a cloud*«) trägt eindeutige Bezüge zu Shakespeares Touchstone in »Wie es euch gefällt!« und zu den moralischen Emblem-Gedichtbüchern von George Wither aus dem Jahr 1635 bzw. von Geoffrey Whitney (1586, s. S. 667 ff.).

Indiz 2: »Perikles« und Sidneys »Pyrocles«

»Perikles« basiert auf der Geschichte »Confessio Amantis[32]« von John Gower (ca. 1390). Das lässt sich damit begründen, dass ein gewisser Gower den Prolog eines jeden Aktes in Perikles spricht und der Dichter ihn zu Beginn des Stückes sagen lässt:

> »*To sing a song that old was sung,*
> *From ashes ancient Gower is come*
> *Assuming mans infirmities*
> *To glad your ear and please your eyes*«

Es dürfte einen Grund haben, warum Shakespeare die Hauptfigur Apollonius aus Gowers Stück in Perikles umbenannte. Vermutlich wählte er den Namen Perikles, um den stürmischen Charakter des Helden Pyrocles in Philip Sidneys »The Countess of Pembroke's Arcadia« mit dem abgeklärten griechischen Staatsmann und Rhetoriker Perikles zu verweben. In einem Brief vom 24. Mai 1619 an Sir Dudley Carleton erwähnt Sir Gerrard Herbert eine Aufführung eines Stückes »Pirrocles« am Hofe.

Philip Sidneys »Arcadia« wurde mehrfach einer Revision unterzogen. Ob das durch seine Schwester Mary Sidney (Herbert), Countess of Pembroke, geschah, die das Manuskript von erotischen Teilen säubern wollte, ist umstritten. Zwischen Mary Sidney und Marlowe lassen sich verschiedenste Verbindungen herstellen (siehe auch ihre Briefwechsel mit Sir Tobie Matthew, S. 663 f.).

---

[32] Reinhold Pauli (Hrsg.): Confessio Amantis of John Gower, London (1857). Onlineversion: http://www.archive.org/stream/confessioamantio5paulgoog#page/n4/mode/2up, aufgerufen am 19.1.2011.

Indiz 3: Symbol zwischen »William« und »Shakespeare« auf dem Titel der ersten Quarto

Auf der Titelseite der ersten Quarto von »Perikles« (1609) erscheinen Zeichen zwischen dem Vornamen »William« und dem Nachnamen »Shakespeare«, die auf keinem anderen Quarto repliziert wurden. Da – wie zu zeigen sein wird – »Perikles« als eine Parabel für die Lebenssituation von Marlowe aufgefasst werden muss, lässt sich vermuten, dass hier für eingeweihte Zeitgenossen bereits die Problematik einer Trennung von William und Shakespeare symbolisiert werden sollte.

By William ●﴾﴿● Shakeſpeare.

Trennung von »William« und »Shakespeare« auf der Titelseite der ersten Quarto-Ausgabe

Indiz 4: »accept my rhyme ... I bring my life ... I give my cause«

Der Prolog des ersten Aktes setzt unübersehbare Akzente, ähnlich einer Übersicht oder einer Programmatik. Er besagt, dass der Autor

a) sich an die Nachgeborenen (»*if you are borne in later times, when wit's more ripe, accept my rhimes*«) richtet,
b) sein Leben (»*may to your wishes pleasure, bring my life*«) darstellt und
c) das Urteil der Menschen über die Ursache seiner Lebenssituation wünscht (»*what now ensues, to the judgement of your eyes, I give my cause who best can justify*«).

Das dargestellte Leben lässt – wie im Folgenden gezeigt wird – eindeutige Parallelen zum Schicksal von Christopher Marlowe, nirgends aber zu Shakspere erkennen. Akt 1 kann ohne Schwierigkeiten als eine übertragene Darstellung der Abfolge von Marlowes Ereignissen um seine Katastrophe verstanden werden (»*I bring my life ... I give my cause*«).

Zum Schauplatz der Handlung heißt es: »*Dispersedly in various contries.*« Aus den Texten lässt sich erahnen, dass er Antiochien (hier wohl für England) verließ, um über Tyrus (Holland/Frankreich?) und Tarsus (Spanien?) bis nach Pentapolis (Italien?) zu fliehen. »Antiochien« erwähnt Marlowe bereits in seinem Frühwerk »Tamburlaine«.

Zur Erinnerung: Der Informant Richard Baines bezichtigte Christopher Marlowe wenige Tage vor seinem Tod unter anderem der Häresie und Blasphemie. Marlowe habe angeblich gesagt, dass die Anfänge der Religion nur dazu dagewesen seien, den Menschen in Angst zu halten (»*that the first beginning of religion was only to keep men in awe*«).

Zum Ende des Prologs wird dem Zuschauer erklärt, dass eine unrechtmäßige Tat von niemandem begangen werden sollte (»*To evil should be done by none*«), auch wenn man falsches Verhalten nicht mehr als Untat (Sünde) empfinde, wenn man es nur lang ausgeübt habe (»*was with long use account no sin*«). Da aber der Mensch zur schlechten Tat neige, habe die Obrigkeit, um dies zu verhindern, Gesetze erlassen (»*which to prevent, he made a law*«), um die Sünde aufzuhalten und die Menschen in Furcht und Schrecken zu halten (»*to keep her still, and men in awe*«). Wer diese »Botschaft« (»*this riddle*«) nicht verstand, wurde mit dem Tod bestraft (»*who so asked ... his riddle told not, lost his life*«). Deshalb mussten viele Menschen sterben (»*so for her many a wight did die*«), wie die auf der Bühne aufgestellten, »abgetrennten« Köpfe zeigen sollen (»*As yon grim looks do testify*«) und in diese Situation gelangte auch Perikles, der sich nicht an diese Regeln gehalten hatte. In Akt 1 wird der psychologische Aspekt dieser Entwicklung im Detail geschildert.

Indiz 5: »And with dead cheeks advise thee to desist«

Szene 1 in Akt 1 muss als entspechende metaphorische Darstellung des Schicksals von Marlowe gelesen werden: Perikles, Prinz von Tyrus (Marlowe), war mit den Gesetzen in Konflikt geraten und unter anderem des Hochverrats (der Volksaufwiegelung) angeklagt. Ihm wurde die Möglichkeit seiner Lebensrettung durch eine riskante auferlegte Aufgabe (»*The danger of the task*«) eröffnet. (»*Young prince of Tyre, you have at large received The danger of the task you undertake*«). Er akzeptiert den Rat, die Unternehmung zu wagen, und geht davon aus, dass dabei keine Gefahr für ihn entstehen werde (»*Embolden'd with the glory of her praise, Think death no hazard in this enterprise*«). Er werde als Diener und »Sohn« gehorchen (»*As I am son and servant to your will*«). Falls das Unternehmen misslinge, wolle er sich »den Tod geben«(»*Or die in the adventure, be my helps*«).

So etwa muss es Marlowe im Mai 1593 ergangen sein, als er vonseiten der Staatsmacht und der Kirche massivsten Anschuldigungen ausgesetzt war: Der Monarch erläutert Perikles, wie es zu Schicksalen wie dem seinen in der Vergangenheit kommen konnte. Angesehene Persönlichkeiten wie er, Perikles, seien von Berichten/Neuerungen und von dem Verlangen nach Wagnis oder Abenteuern angezogen worden (»*Yon sometimes famyous princes, like thyself, Drawn by report, adventurous by desire*«). Diese Berichte, die ihn umtrieben (atemlos machten und erschütterten), hätten ihm weisgemacht (»*Tell thee, with speechless tongues and semblance pale*«), dass er ohne »Schutz« das Firmament (die Welt) retten könnte (»*That without covering, save yon field of stars*«). So hätten auch andere gedacht und seien dafür als Märtyrer hingerichtet worden (»*Here they stand martyrs, slain in Cupid's wars*«). Ihre toten Gesichter mahnten, davon abzulassen (»*And with dead cheeks advise thee to desist*«). Ansonsten würde er unweigerlich in das Netz des Todes gelangen, dem niemand widerstehen könne (»*For going on death's net, whom none resist*«).

Indiz 6: »Thus ready for the way of life or death«

Die Botschaft des Monarchen/der Monarchin an Marlowe dürfte zu jener Zeit, als er der tödlichen Bedrohung im Mai 1593 ins Auge schauen musste, gelautet haben, seinen »umstößlerischen« Ideen zu widerstehen.

Er dürfte der Monarchie dankbar gewesen sein, dass sie ihm half, zu überleben und seine eigene zerbrechliche Endlichkeit zu begreifen *(»I thank thee, who hath taught, My frail mortality to know itself«)* und dass ihm durch den Anblick jener furchterregenden (abgetrennten) Köpfe (der »Märtyrer«) klar wurde, was zu tun war (»*And by those fearful objects to prepare This body, like to them, to hat I must*«). Den Tod vor Augen, der ihm wie ein Spiegel vorgehalten wurde (»*For death remember'd should be like a mirror*«), sei ihm der Unterschied zwischen Leben und Tod bewusst geworden (»*Who tells us life's but breath, to trust it error*«), so, wie es bei Erkrankten geschieht, die, sobald sie den Tod sehen, nur noch ihre Not empfinden.

Diese Passage kennzeichnet Marlowes unmittelbaren Entschluss, nicht den vorgezeigten Weg der Märtyrer zu gehen. Er entschied sich für den anderen Weg, der zugleich das Rätsel und Geheimnis darstellt. Er wurde damit zu einem gebrochenen Mann, der den Lauf der Notwendigkeiten verstanden hatte, der seine Not spürte (»*and, as sick men do Who know the world, see heaven, but, feeling woe*«) und der durch den Verlust seiner Identität und seines Namens auf irdische Freuden verzichtete (»*make my will ... gripe not at earthly joys*«).

So entsagte er, hinterließ als Vermächtnis einen glücklichen Frieden (»*So I bequeath a happy peace to you*«) und überließ den Menschen, nach Fürstenart, seinen Besitz (»*And all good men, as every prince should My riches to the earth from whence they came*«). Er weiß (da er das Rätsel verstanden hat), welchen Weg er zwischen Leben und Tod zu gehen habe *(»Thus ready for the way of life or death*«) und war sich auch seines kommenden harten Schicksals bewusst (»*I wait the sharpest blow*«).

Indiz 7: »How they may be, and yet in two!«

Auf der Oberflächenebene des Stücks muss das Rätsel des Königs gelöst werden, dass Vater und Liebhaber identisch sind. Perikles erkennt die Lösung, wenn er über Antiochus reflektiert: »*Few love to hear the sins they love to act*«, gibt aber die Lösung als Notwendigkeit zum Erhalt seines Lebens nicht preis; dadurch hat er sein Leben verwirkt.

Shakespeare versteht es meisterhaft, neben der vordergründigen Ebene des

Spiels tiefere, verdeckte »Ebenen« zu konstruieren. Deswegen ist davon auszugehen, dass er die »erotische Trivialität« vordergründig behandelte (möglicherweise ebenfalls mit einem realen Hintergrund), dass dies aber keinesfalls sein primäres Anliegen war.

Er weiß, dass seine Lebensrettung (sein Lebensrätsel!) nur durch die Spaltung seiner Person, durch Wechsel der Identität und Aufgabe des Namens möglich wurde. Dies wird deutlich durch den Satz, den er zum Ende des Rätsel sagt: »Wie geht das zu? Jetzt sind wir zwei.« Wie steht es mit dieser Zweiteilung seiner Persönlichkeit? Durch seine Lebensentscheidung erhielt er einerseits eine neue Identität und einen neuen Namen als Autor (Shakespeare), aber als Mensch musste er im Dunkeln und unbekannt bleiben. Diese Zweiteilung musste er, da er leben will, für sich selbst lösen (»*As you will live, resolve it you*«).

Riddle/Rätsel:

> *I am no viper, yet I feed*
> *On mother's flesh which did me breed.*
> *I sought a husband, in which labour*
> *I found that kindness in a father:*
> *He's father, son, and husband mild*
> *I mother, wife, and yet his child.*
> *How they may be, and yet in two,*
> *As you will live, resolve it you*

Wie sehr es bei dem Rätsel um eine Zweiteilung (»*How they may be, and yet in two?*«), um die Sichtbarmachung einer »folgerichtigen« (Identitätswechsel) oder einer falschen Wahrnehmung (Tod) in Hinblick auf Marlowes Schicksal gegangen sein dürfte, wird in Ausdrücken wie »*your exposition*«, »*misinterpreting*« oder »*if fit be true that I interprete false*« deutlich.

Indiz 8: »Twould braid yourself too near for me to tell it«

Vordergründig erkennt Perikles zusammen mit dem Zuschauer des Rätsels Lösung, nämlich dass Vater und Liebhaber identisch sind (»*Few love to hear the sins they love to act*«). Auf einer zweiten Ebene bringt der Autor das Rätsel seines eigenes Schicksal (»*my cause*«) unter. Er weiß, dass die Teilung, die Vortäuschung seines Todes nicht ohne die Unterstützung der Krone und Obrigkeit hätte gelingen können. Aber er versteht auch, dass die Krone nicht gerne ihre eigene Mittäterschaft preisgibt (»*Few love to hear the sins they love to act*«).

Der Autor weiß, dass er seinen Kopf nur wegen seines poetischen Sprachvermögens retten konnte (»*Then give my tongue like leave to love my head*«).

Er selbst war in die Entscheidungen, die ihn zum Schritt seines Identitäts- und Namenswechsel (und vorgetäuschen Tod) geführt hatten, zu stark involviert, um darüber sprechen zu können (»*Twould braid yourself too near for me to tell it*«). Über der Monarchie Untaten (ihr Mitwissen) zu reden, wäre gefährlich geworden(»*Who has a book of all that monarchs do, He's more secure to keep it shut than shown*«). Solche Untaten verbreiteten sich wie ein umherschweifender Wind (»*For vice repeated is like the wandering wind*«). Das Gerücht bezichtige andere und breite sich aus (»*Blows dust in other's eyes, to spread itself*«). Am Ende wäre (wenn er darüber redete) alles zu teuer erkauft (»*And yet the end of all is bought thus dear*«). Wenn der Wind sich gelegt habe und man erkenne (»*The breath is gone, and the sore eyes see clear*«), wie man das Gerede hätte verhindern können, würde man andere damit beschädigen (»*To stop the air would hurt them*«). Ein Informant hinterlasse immer Spuren (»*The blind mole casts Copp'd hills towards heaven*«), verrate sich so und müsse dafür sterben (»*to tell the earth is throng'd By man's oppression; and the poor worm doth die for't*«). Letztlich hätten die Monarchen das Sagen. Sie ordneten Gesetze ihrem Willen unter. Und wenn der Monarch sich irre, wage ihm niemand zu widerprechen (»*And if Jove stray, who dares say Jove doth ill*?«). Man könne und dürfe nicht darüber reden, es müsse genügen, wenn man es wüsste und wüsste, wie es hineinpasse (»*it is enough you know; and it is fit*«). Was (zu) vielen Menschen bekannt sei, verbreite sich schneller, man könne es dann nicht wieder einfangen (»*What being more known grows worse, to smother it*«).

Da er sein »Auf-die-Welt-gekommen-sein« im Rahmen seiner ersten Geburt (als Christopher Marlowe) so liebte (»*I love the womb that their first being bred*«), bliebe ihm nur, dass ihm seine zweite (Wieder-)Geburt (als William Shakespeare) wenigstens das Talent zur Formulierung auszuüben erlaube, sodass man ihn weiter schätzen könne (»*Then give my tongue like leave to love my head*«).

Indiz 9: »We might proceed to cancel of your days«

Marlowe muss die Lösung des Rätsels, das heißt seines Lebenskonflikts selbst erdacht haben (»*he has found the meaning*«). Der König bemerkt dies, denn er sagt: »*Heaven, that I had thy head!*«– »Himmel, hätte ich dein Gehirn!«. Der König dürfte Marlowes veränderte Lebenssituation durch Zureden beschönigt haben (»*But I will gloze with him*«), wenn er ihm erklärt, dass nach dem Tenor der strikten Satzung die Entscheidung über sein Leben auch anders hätte gefällt werden können (»*Though by the tenor of our strict edict Your exposition misinterpreting*«) und dass man auch damit hätte fortfahren können, seine Tage zu beenden (»*We might proceed to cancel of your days*«).

Doch er hofft, sich mit ihm abzustimmen, indem er einen so angemessenen Weg wie den seiner Ehrenhaftigkeit gehe (»*Yet hope, succeeding from so fair a tree, As your fair self, doth tune us otherwise*«). Er lässt letztendlich die Zukunft für 40 Tage offen (»*Forty days longer we do respite you*«). Sollte bis dahin das Geheimnis (»*secret*«) um das Komplott und den Identitätswechsel nicht gelüftet sein (»*If by which time our secret be undone*«), werde die Gnade seines Lebenserhalts zeigen, dass er Grund zur Freude hätte (»*This mercy shows we'll joy in such a son*«). Bis dahin werde seine Forderung darin bestehen (*And until then your entertain shall be*), dass er sich ihm gegenüber und seinem eigenen Talent entsprechend geziemend verhalte (»*As doth befit our honour and your worth*«).

Indiz 10: »And what was first but fear what might be done«

In Szene 2 des ersten Akts beschreibt der Autor im Detail Perikles' seelischen Zustand während seines Exils – und es ist kaum vorstellbar, dass er ihn so authentisch hätte darstellen können, wenn er nicht selbst diese Erfahrungen gemacht hätte. Für den dramatischen Fortgang des Stücks allein sind die folgenden langen Reflexionen kaum notwendig und zum Teil kontraproduktiv. Da Zeugnisse über Shake-speares (Marlowes) Leben im Exil kaum existieren, bieten »Perikles« Betrachtungen eine Möglichkeit, etwas über des Dichters damalige seelische Zustände und Gedanken zu erfahren. Hier ist der biografische Kontext so unverschleiert wie in kaum einem seiner anderen Stücke.

Perikles (Marlowe/Shake-speare) macht sich über die Konsequenzen seiner Flucht Gedanken und fühlt sich auch im Exil nicht sicher. Er erkennt, dass es bei ihm, seitdem er im Exil ist, zu einer starken Veränderung seiner Sicht gekommen sei und dass ihn eine starke Niedergeschlagenheit befallen habe (»*Why should this change of thoughts, The sad companion, dull-eyed melancholy*«). Die Melancholie sei sein stetiger Gast geworden (»*melancholy Be my so used a guest*«), die ihn keine Stunde des Tages (»*as not an hour In the day's glorious walk*«) oder der Nacht, die ansonsten seine Sorgen begrabe, zur Ruhe kommen lasse (»*or peaceful night, The tomb where grief should sleep, can breed me quiet*«). Obwohl er sich in seinem Exil an vielem erfreuen könne, meide er diese Freuden (»*Here pleasures court mine eyes, and mine eyes shun them*«). Er wüsste zwar, dass die Gefahren, die ihm zu Hause drohten und ängstigten (»*and danger, which I fear'd, is at Antioch*«), im Exil nicht treffen könnten (»*Whose arm seems far too short to hit me here*«), dennoch könne er sich weder an der Kunst erfreuen (»*Yet neither pleasure's art can joy my spirits*«) noch könne ihn die Entfernung von zu Hause beruhigen (»*Nor yet the other's distance comfort me*«).

Marlowe kommt an dieser Stelle zu einer beeindruckenden »sich outenden« Schlussfolgerung: Zum Zeitpunkt, als ihm der Tod drohte, habe er »nackte« Angst empfunden. Dieses Gefühl habe sich inzwischen verändert. Er erklärte sich dies folgendermaßen: Das Leiden seines Geistes, das seinen Ursprung primär in dem Grauen vor dem Tod gehabt hätte (»*the passions of the mind That have their first conception by mis-dread*«), werde jetzt genährt und am Leben erhalten durch einen »anderen« Kummer (»*have after-nourishment and life by care*«). Was ursprünglich für ihn einen Zustand reiner Angst darstellte, in dem er nicht gewusst hätte, wie er handeln müsse (»*And what was first but fear what might be done*«), habe sich allmählich in einen Zustand der Betrübnis darüber verwandelt, dass es doch nie passiert wäre (»*Grows elder now and cares it be not done*«). So also stehe es um ihn (»*And so with me*«), er sei zu unbedeutend, um sich mit dem mächtigen Monarch zu messen (»*the great Antiochus 'Gainst whom I am too little to contend*«). Dieser könne seinen Willen immer in die Tat umsetzen (»*Since he's so great can make his will his act*«). Der Monarch könne annehmen, dass er, Perikles/Marlowe/Shakespeare, ihrer beider gemeinsames Geheimnis ausplaudern werde, obwohl er geschworen habe, zu schweigen (»*Will think me speaking, though I swear to silence*«). Falls der Monarch dies argwöhnen sollte (»*If he suspect I may dishonour him*«), lohne es nicht, ihm zu versichern, dass er ihn verehre (»*Nor boots it me to say I honour him*«). Er grübelt darüber, was passieren würde, wenn etwas herauskäme und bekannt würde. Was könnte den Monarch erzürnen (erröten) lassen (»*And what may make him blush in being known*«)? Er würde sicher jenen Weg blockieren, über den es bekannt werden könnte (»*He'll stop the course by which it might be known*«), und er würde das Land mit unfreundlicher Gewalt überziehen (»*With hostile forces he'll o'erspread the land*«). Er würde durch drohende Signale so mächtig erscheinen (»*And with the ostent of war will look so huge*«), dass im Lande jeder Mut verscheucht würde (»*Amazement shall drive courage from the state*«). Die Menschen wären schon besiegt, ehe sie überhaupt Widerstand leisten könnten (»*Our men be vanquish'd ere they do resist*«), und es würden (unschuldige) Menschen bestraft, die niemals etwas Verletzendes gedacht hätten (»*And subjects punish'd that ne'er thought offence*«). Wer würde sich dann um diese Menschen kümmern, wer hätte Erbarmen mit ihm persönlich (»*Which care of them, not pity of myself*«), der er selbst nur die Baumkrone darstelle (»*Who am no more but as the tops of trees*«), die die Wurzeln bestimmten und schützten, aus denen sie wüchsen (»*Which fence the roots they grow by and defend them*«)? All diese Gedanken zehrten an seinem Körper, ließen seinen Geist dahinsiechen (»*Makes both my body pine and soul to languish*«) und bestraften im Voraus das, was ihn strafen sollte *(»And punish that before that he would punish*«).

Die Freunde (Helicanus, Lords) kann man als Shaksperes innere Gegenwehr zu seinen trüben Gedanken auffassen. Er werde bewundert, man wünsche seiner »geheiligten Brust« Freude und Trost (»*Joy and all comfort in your sacred breast!*«) und gebe ihm zu bedenken, dass er friedvoll und gelassen bleiben möge, bis er nach Hause zurückkehren könne (»*And keep your mind, till you return to us, Peaceful and comfortable!*«). Er solle unbedingt Ruhe bewahren (»*Peace, peace*«) und all seine Eloquenz in seine Worte (und Texte) packen (»*and give experience tongue*«). Seine Worte sollten den König beschäftigen, indem sie ihm schmeichelten (»*They do abuse the king that flatter him*«), denn sein Schmeicheln wirke wie ein sanfter Wind auf die Untat (»*For flattery is the bellows blows up sin*«). Der Gegenstand, mit dem er ihm schmeichle, brauche nur ein Funke zu sein (»*The thing which is flatter'd, but a spark*«), der beim König stärkere Hitze und Glut entfache (»*To which that blast gives heat and stronger glowing*«). Ein ergebener, geziemender Tadel passe den Königen, da auch sie Menschen seien, die irren könnten (»*Whereas reproof, obedient and in order Fits kings, as they are men, for they may err*«).

Indiz 11: »Such fear so grew in me, I hither fled«

Die Szenen 2 und 3 des ersten Aktes lassen erkennen, dass Perikles/Marlowe/Shake-speare auch im Exil hin- und hergerissen war und nicht wusste, wie er sich zukünftig entscheiden solle. Auf die Frage an seine Ratgeber, was sie an seiner Stelle täten (»*What wouldst thou have me do?*«), bekommt er stets den Rat, seine Sorgen, an denen er selbst schuld sei, mit Geduld zu ertragen (»*To bear with patience Such griefs as you yourself do lay upon yourself*«).

Er erklärt noch einmal, dass ihm zu Hause der Tod ins Angesicht geblickt habe (»*Attend me, then: I went to Antioch Where as thou know'st, against the face of death*«). Da der Monarch sanft und nicht grimmig mit ihm umgegangen sei, sei er misstrauisch geworden und habe Angst verspürt. Und als der Monarch ihn küsste, sei eine erhebliche Furcht entstanden (»*Tis time to fear when tyrants seem to kiss*«), was ihn veranlasst habe, zu fliehen und das Land zu verlassen (»*Such fear so grew in me, I hither fled*«).

Diese Stelle erweckt den Eindruck, dass Marlowe England nicht verlassen musste, sondern dass er dies aus freien Stücken und aus einer gewissen Furcht vor William Cecils Unberechenbarkeit tat. Im Exil angelangt (»*and, being here*«), habe er darüber nachgedacht, was eigentlich passiert war und was folgen könnte (»*Bethought me what was past, what might succeed*«). Er hätte den Monarchen tyrannisch erlebt (»*I knew him tyrannous*«) und gewusst, dass dies mit seinem Alter zunehmen würde (»*and tyrants' fears Decrease not, but grow faster than the years*«). Der Monarch würde sicher argwöhnen (»*and should he doubt it, as no doubt he doth*«), dass er, Perikles (Shake-speare/ Marlowe), Gerüchte ausstreuen könnte (»*That I should open to the listening air*«), wie viel edle Prinzen er »auf dem Gewissen« habe (»*How many worthy princes' bloods were shed*«), um sein Verhältnis zur Kirche als unbefleckt erscheinen zu lassen (»*To keep his bed of blackness unlaid open*«). Um all solche Zweifel zu kappen, werde der Monarch (wenn das Komplott herauskäme) das Land »aufrüsten« (»*To lop that doubt, he'll fill this land with arms*«) und vorgeben, dass Marlowe (Perikles) ihm übel mitgespielt habe (»*And make pretence of wrong that I have done him*«).

Er grübelt, hat tausend Zweifel (»*Musings into my mind, with thousand doubts*«), weiß nicht, wie er diesen Gedankensturm beenden könne, ehe er überhaupt komme (»*How I might stop this tempest ere it came*«), und findet wenig Trost, um seine Zweifel zu lindern (»*And finding little comfort to relieve them*«).

Seine Ratgeber glauben zu erkennen, dass er den Tyrannen mit Recht fürchten muss (»*Freely will I speak. Antiochus you fear And justly too, I think, you*«), der entweder öffentlich oder durch geheimen Verrat (»*Who either by public war or private treason*«) nach seinem Leben trachten könnte (»*Will take away your life*«). Sie raten ihm deshalb, erneut für längere Zeit an einen unbekannten Ort zu fliehen (»*Therefore, my lord, go travel for a while*«), bis Wut und Zorn des Regenten verraucht seien (»*Till that his rage and anger be forgot*«) oder bis das Schicksal das Leben des Regenten beendet habe (»*Or till the Destinies do cut his thread of life*«).

So beschließt Perikles, seinen momentanen Aufenthaltsort erneut zu verlassen und in ein anderes Land zu ziehen, nach Tarsus (»*I now look from thee then, and to Tarsus*«). Seine Reisepläne wolle er davon abhängig machen, was er von seinen Freunden erfahre (»*Intend my travel, where I'll hear from thee*«), und von diesen Nachrichten wolle er es abhängig machen, wie er sich zukünftig entscheide (»*And by whose letters I'll dispose myself*«).

Marlowe/Shakespeare muss ganz offensichtlich auch im europäischen Ausland Angst vor Nachspürungen und Verfolgungen der englischen Krone mit ihren Nachrichtendiensten gehabt haben.

Nach Lesen dieser Indizien werden die meisten begreifen, warum Pericles nicht in die First Folio aufgenommen werden durfte.

Indiz 12: Ankunft in Pentapolis

Welchen genauen Fluchtpunkt er letzlich mit »Pentapolis« meinte, bleibt offen, da es verschiedene Regionen mit diesem Namen gab. Möglicherweise meinte er das Exarchat von Ravenna auf der adriatischen Seite von Italien mit seinen fünf Küstenstädten.

Indiz 13: Zweigeteilte Identität – Marigold (Marlowe) und Violet (Shakespeare)
Auszug aus Akt 4, Szene 1:

> »*To strew thy green with flowers: the yellows, blues, The purple violets, and marigolds, Shall as a carpet hang upon thy grave, While summer-days do last. Ay me! poor maid, Born in a tempest, when my mother died, This world to me is like a lasting storm, Whirring me from my friends.*«

In der ersten Szene des vierten Akts schimmert die Zweigeteiltheit des Dichterlebens (Marlowe als Ringelblume und Shakespeare als Veilchen) durch, die sowohl auf dem Titelblatt John Bodenhams »Bel-vedere, The Garden of the Muses« (1600, s. S. 578) als auch auf William Warners »A Continuance of Albions England« (1606, s. S. 677) zu sehen ist. Das Emblem zeigt neben zwei von der Sonne beschienenen »Erhebungen« zwei Blumen, links eine Ringelblume (»Marigold«), rechts ein Veilchen (»Violet«), dazwischen einen einzelnen Baum (Einzelheiten zu der Symbolik auf S. 578).

Indiz 14: Übereinstimmungen auch von Shakespeares Pericles mit George Wither
In Pericles (Akt II/Szene 2) treten nacheinander sechs Ritter auf jeweils mit einer Tafel, die ein Emblem und ein Motto trägt. Thaisa, die Tochter des Königs von Pentapolis, Simonides, hat das Ehrenamt, die Bedeutung des Sinnbild jeder dieser Tafel zu deuten. Sehr auffällig ist, dass die Beschreibung von Bild und Text mancher dieser Tafeln exakt übereinstimmen mit denen in George Withers Emblem-Buch (s. Kapitel 11, S. 669). Dies kann unmöglich zufällig passiert sein.

Coriolanus

Die Tragödie »Coriolanus« zeigt den tragischen Sturz eines edlen, großen Kriegers, der siegreich im Krieg, aber unfähig im Frieden war, seine Überlegenheit gegenüber der Gesellschaft zu bezähmen. Shakespeare formt in »Coriolanus« die Persönlichkeit eines genialischen, herausragenden Mannes, der an seiner »antisozialen« Herausgehobenheit scheitert, in seinem eigenen Land verfemt und schließlich ins Exil verbannt wird, über diese Kränkung nicht hinwegkommt und sich an seinem Land rächen will. Hin- und hergerissen zwischen seinen eigenen individuellen Wertvorstellungen und komplementären »sozialen« Werten, vertreten durch seine Mutter, gelangt Coriolanus zu der Einsicht, dass der »äußere Sieg« nicht sein Weg sein kann.

Dieser motivische Hintergrund enthält nicht nur alle Ingredienzien für den eigentlichen Text, sondern auch für das Schicksal Marlowes/Shakespeares. Coriolanus erschien in der »First Folio« (1623, sieben Jahre nach Shaksperes

Tod) das erste Mal, und es gibt keine Hinweise, dass die Tragödie vorher jemals irgendwo aufgeführt wurde.

Von wem der Herausgeber der »First Folio«, Edward Blount (s. S. 94 f.), das Stück bekam, ist nicht bekannt, am ehesten von Marlowe/alias Shakespeare selbst, mit dem er als Verleger lange verbunden war, was gut dokumentiert ist. Es ist nicht anzunehmen, dass Shakspseres Geschäftspartner und Schauspielerkollegen John Heminges und Henry Condell über das Stück verfügten. Das Stück dürfte vor der Veröffentlichung in der »First Folio« nie die Schublade des Autors verlassen haben und muss als ein künstlerischer Versuch verstanden werden, Biografisches »dramatisch« zu verarbeiten.

Shake-speare bediente sich der Geschichte um Gnaeus Marcius Coriolanus (505–488 v. Chr.). Coriolanus war ein römischer Held und Feldherr. Sein Stolz und Starrsinn führte zu Auseinandersetzungen mit den Plebejern. Aus Rom verbannt, führte er einen Krieg gegen seine eigene Heimatstadt, den er erst auf Bitten seiner Mutter abbrach.

Man kann annehmen, dass Shakespeare diesen Stoff für eine dramatisierte Darstellung persönlicher Lebensmotive wählte. Ähnlich wie in »Perikles« oder in »Cymbeline« spielt, wie die Indizien im Folgenden zeigen sollen, die Auseinandersetzung mit dem eigenen biografischen Hintergrund eine kaum zu übersehende Rolle.

Indiz 1: »Who deserves greatness, deserves your hate«

In »Coriolanus« taucht, ähnlich wie in »Perikles«, in den Sonetten und in anderen Stücken, das »dialektische« Textmotiv auf, das sich Marlowe bereits während seines Studiums in Cambridge auf sein Porträt malen ließ (Details s. S. 217 f.): »Quod me nutrit, me destruit«. In »Coriolanus« sagt Marcius »*Who deserves greatness, deserves your hate.*«

Dieses dialektische Motto ist eines der beherrschenden Grundmotive des Stückes: Wer ein Genie genannt werden kann, hochbegabt, von überragendem Talent, läuft zugleich Gefahr, als überlegen, abgehoben und stolz zu gelten. Wer Größe verdient (»*Who derserves Greatness*«), kommt in den Konflikt mit der Masse (»*deserves your hate*«) (siehe dazu später).

Indiz 2: »to keep in awe«

Richard Baines bezichtigte Christopher Marlowe wenige Tage vor seinem Tod, gesagt zu haben, die Anfänge der Religion hätten die Funktion gehabt, den Menschen in Angst zu halten (»*that the first beginning of religion was only to keep men in awe*«).

Auch in der ersten Szene des ersten Aktes kommt dieses Motiv (ähnlich wie in »Perikles«) vor, hier allerdings in der positiven Umkehrung, dass sich die Machthaber der Götter bedienen müssen, um die Menschen in Furcht zu halten, wer sonst würde für sie sorgen (»*under the gods, keep you in awe, Which else would feed on one another?*«).

Indiz 3: »Gargantuan minde, the highest minde ever«

Das wesentliche Thema der Tragödie ist – ähnlich wie in Goethes »Torquato Tasso« – der Gegensatz zwischen künstlerischer Einmaligkeit, Glauben an eigene Größe und Unersetzbarkeit auf der einen Seite (»Erlaubt ist, was gefällt«) und den Interessen der Gesellschaft auf der anderen Seite (»Erlaubt ist, was sich ziemt«). Shakespeare/Marlowe legt in »Coriolanus« seine eigene Lebensproblematik als Parabel nieder. Es ist der tragische und unauflösbare Konflikt zwischen individueller Größe und dem »Mittelmaß« (Durchschnitt) einer Gesellschaft, zwischen Individuum und Masse, an dem Marlowe scheiterte. Entsprechend ist die Beschreibung des Charakters von Coriolanus ein »psychologisches« Selbstportrait von Shakespeare, das allein für den Fortgang des Stückes selbst und insbesondere für einen Feld- und Kriegsherrn allein keinen Sinn machen würde.

Die außergewöhnlichen Charaktereigenschaften des Genies, das seiner Zeit um Welten voraus war, sind für Christopher Marlowe erkennbar und belegbar und passen recht genau zu seiner anzunehmenden Persönlichkeit. Nichts dergleichen ist für Shakspere erkennbar, bekannt oder denkbar.

Gabriel Harveys zeitgenössische Beschreibung von Marlowes außergewöhnlichen Charakter- und Persönlichkeitseigenschaften ist in diesem Zusammenhang wohl die bezeichnendste und treffendste. Er schrieb sie im September 1593 anlässlich des ihm berichteten Todes von Marlowe, das für ihn das wichtigste Ereignis des Jahres 1593 zu sein schien (»*The mightiest miracle of Ninety Three*«), in seinem Gedicht »GORGON, or the wonderfull yeare« (s. S. 210) nieder. Er vermutete, dass die damals wütende Pest Marlowe dahingerafft habe (»*That plague themselves: for faint harts plague themselves ... The graund Dissease disdain'd his toade Conceit, And smiling at his tamberlaine contempt*«).

Einerseits beschreibt Harvey in diesem »Nachruf« Marlowe (damals in seinem 30. Lebensjahr) als höchsten Geist, der je die Literatur beherrschte (»*Magnifique minds ... Bred of gargantuan race, [nach Rabelais' berühmten Riesen Gargantua] ... whose mind triumph'd on Kent ... that gargantuan minde, the highest minde that ever haunted Powles*«[33]), als jemanden, der den »Himmel

---

[33] Mit »Powles« ist der Kirchhof der St. Paul's Kathedrale, das literarische Zentrum Londons, gemeint.

überwand« (»*sky-surmounting*«), als unbeirrbar und mutig (»*He that nor feared God, nor dreaded Div'll breath*«). Andererseits sei er mit einem abscheulichen Dünkel behaftet (»*his toade conceite*«), stolz und arrogant (»*The haughty*[34] *man extolled his hideous thoughts, and gloriously insultes upon poor soules*«), ein »überhebliches Ich« (»*He that nor feared God, nor dreaded Div'll, Nor ought admired, but his wondrous selfe*«) und eitel wie ein Pfau (»*Like Junos gawdy Bird* [Pfau] *prowdly stares On glittring fan of his triumphant taile*«) gewesen.

Der Dichter beschreibt die Charaktereigenschaften von Coriolanus (also auch seine eigenen!) sehr facettenreich und sowohl aus der Sicht der Bewunderer als auch der Gegner, wobei er den Kritikern naturgemäß niedere Motive unterstellt. Er konnte Coriolanus in solch einer überhöhten Weise darstellen, da niemand die Figur mit einer realen Person in Verbindung gebracht hätte.

Einige Beispiele für die Darstellung von Coriolanus' geistiger Überlegenheit:

Marcus:	*He has no equal*	
	(Er hat nicht Seinesgleichen)	
Marcus:	*Being moved, he will not spare to gird the gods.*	
	(Wenn gereizt, schont sein Spott selbst die Götter nicht.)	
Sicinius:	*Be-mock the modest moon*	
	(Auch den bescheidenen Mond würde er lästern)	
Sicinius:	*Such a nature, Tickled with good success, disdains the shadow.*	
	(Solch ein vom Erfolg gekitzelter Charakter verschmäht selbst den Schatten, auf den er Mittags trifft.)	
Brutus:	*Fame ... in whom already he 's well graced.*	
	(Ruhm, der reich ihn schmückt.)	
Brutus:	*Better be held nor more attained, than by a place below the first.*	
	(Ruhm kann nicht besser gehalten oder erreicht werden als mit einem Platz unter den Ersten.)	
Cominius:	*He has the stamp of Marcius*	
	(Er trägt des Marcius Bildung.)	
Cominius:	*Knows not thunder from a tabor, More than I know the sound of Marcius tongue.*	
	(Wie ich jedes niederen Manns Stimme unterscheide von Marcius.)	
Valerius:	*In troth ther's wondrous things spoke of him.*	
	(Es werden wunderbare Dinge von ihm erzählt.)	

[34] SOED: haughty: 1) high in one's own estimation, proud arrogant, Imposing in aspect; 2) of exalted character, style or rank, high-mided aspiring of exalted courage; 3) High in literal sense (1623).

Menenius:	*Wondrous Ay, I warrant you and not without his true purchasing* (Wunderbar? Ja, ich garantiere dafür, nicht ohne sein wahres Verdienst.)
Sicinius:	*At some time when his soaring insolence shall touch the people* (Wenn einst seine zunehmende Anmaßung das Volk berührt)
Sicinius:	*If he be put upon't; and that's as easy as to set dogs on sheep – will be his fire to kindle their drys rubble; and their blaze shall darken him forever.* (Bringt man ihn auf, und das ist leichter, als Hunde auf Schafe zu hetzen, dann erhitzt er sich derart, dass er ihre trockene Füllung anzündet, dessen Dampf ihn für immer schwärzen wird.)
Brutus:	*(...) as he pass'd: the nobles bended As to Ioues Statue, and the Commons made A Shower, and Thunder, with their Caps, and Showts: I neuer saw the like.* (Als er vorbeiging, neigten sich die Patrizier wie vor Jupiters Bild. Das Volk erregte mit Schreien und Mützenwerfen Donnerschauer, ich habe nie etwas Ähnliches gesehen.)
Cominius:	*He is their god, he leads them as a thing Made by some other deity than nature; that shapes man better.* (Er ist ihr all, er führt sie als ein Wesen, das nicht Natur erschuf, nein, eine Gottheit, die höher ihn begabt.)

In der dritten Szene des dritten Akts wissen die Gegner und Widersacher, dass man Coriolanus nur zum Zorn zu reizen brauche, da er gewohnt sei zu siegen und sein Widerspruch ihm Geltung verschaffe (*»put him to scholer straight, He hath been us'd ever to conquer, and to have his worth of contradiction«*). Sei er einmal aufgebracht, fände er nicht mehr zur Mäßigung zurück. Dann spräche er aus, was er auf dem Herzen habe (*»being once chaf'd, he cannot be rein'd again to temperance; then he speaks, what is in his heart«*). Da gäbe es genug, womit man sein Genick brechen könne (*»and that's is there which looks with us to break his neck«*).

Diese »machiavellistische« Überlegenheit hat Marlowe letztendlich realiter sein tragisches Schicksal beschert.

Indiz 4: »He has deserved worthily of his country, and his ascent is not by such easy degrees«

Ein Ratsdiener (2nd Officer) bringt zum Ausdruck, dass Coriolanus seinem Land ehrenhaft gedient habe und er seinen Aufstieg nicht leicht errungenen (Universitäts-)Graden verdanke (*»He has deserved worthily of his country, and his ascent is not by such easy degrees as those«*), die andere ohne Achtung und Ruhm bekämen (*»having curteous to the people, bonneted without* *any further deed to have them«).* Diese Beschreibung »seiner Verdienste« um das Vaterland entspricht einer kaum verdeckten Anspielung auf den Brief des Kronrats an die Universität Cambridge im Jahr 1587, der zum Ausdruck brachte, dass man Marlowe den Master's Degree nicht verwehren dürfe. Marlowe verbrachte ein sechsjähriges Stipendium an der Universität Cambridge. Wie anders soll man diese Passage verstehen?

Ausschnitt aus dem Brief des Kronrats an die Universität Cambridge:

> *»Whereas it was reported that »Christopher Morley ... wherebie he had done her Majestie good service, & deserved to be rewarded for his fathfull dealinge: ... and that he should be furthered in the degree he was to take this next Commencement ...«*

Indiz 5: »concealment, to hide your doings«

Die Anspielungen auf seine notwendig gewordene Verborgenheit weisen eindeutig auf die Situation von Christopher Marlowe/Shake-speare hin und können nicht rein zufällig entstanden sein. Als Cajus Marcus (Coriolanus) in Szene 9 des 1. Aktes sein eigenes Tun herunterspielt (»*I have done, as you have done, thats what I can ... that's for my country«*), versucht Cominius, ihn zu überzeugen, dass er selbst nicht zum Grab seiner Verdienste werden dürfe (»*You shall not be The grave of your deserving«*). Die Stadt müsse ihren eigenen Nutzen darin erkennen (»*Rome must know The value of her own«*), seine Verdienste dürften nicht im Verborgenen, nicht geheim bleiben, sonst wäre es ein Versteck, schlimmer als ein Diebstahl, nichts weniger als eine Verleumdung, wenn man seine Werke verheimlichen und zum Schweigen bringen würde (»*'twere a concealment Worse than a theft, no less than a traducement, To hide your doings; and to silence that«*), was zum Höchsten seines Lobes für ihn bürge. Dies wäre zu anspruchslos (»*Which, to the spire and top of praises vouch'd, Would seem but modest«*).

Die Geschichte eines römischen Feldherrn passt nicht recht zu diesem augenfälligen Bild eines Verborgenen, dessen Werke verheimlicht werden. Erst wenn man hinter der Geschichte das Schicksal von Shakespeare/Marlowe erkennt, wird die Analogie verständlich.

Indiz 6: »Only that name remains«

Die psychologische Auseindersetzung des Cajus Marcius mit seinem neuen Namen Coriolanus (der am Ende allein übrig bleibt – »*Only that name remains«*) ist eine eindeutige Analogie zu Christopher Marlowes Namens- und Identititätsverlust.

Herold verkündet, dass C̲ajus M̲arcus (man beachte die Initialen CM) einen neuen Namen bekomme: Coriolanus (»*with fame a name to Cajus Marcius, these in honour follows Coriolanus«*). Er werde nunmehr in Rom als berühmter Coriolanus begrüßt (»*Welcome to Rome renowned Coriolanus*«). Der Tatsache, dass Coriolanus über seine »Umbenennung« nicht erfreut ist, muss eine Bedeutung beigemessen werden. Der neue Name schmerze ihn (»*No more, it does offend my heart! Pray now, no more*«), da er durch ihn seine ursprüngliche Identität verloren habe. Die Betrübnis und der Schmerz des römischen Feldherrn über seinen Namen erschließt sich vordergründig nicht. Erst in Bezug auf Marlowe, der seine Identität und seinen Namen für einen neuen Name Shake-speare aufgeben musste, ergibt das Ganze einen hintergründigen (biografischen) Sinn.

Auch die Mutter Volumnia, die eine korpulente Frau gewesen sein dürfte, stellt fest, dass er einen neuen Namen trage, und hat damit ihre Schwierigkeiten (»*gentle Marcius, worthy Cajus and by deed-achieving honour newly named, What is it? Coriolanus must I call thee*«). Auf die Bemerkung, er möge den neuen Namen allzeit edel führen (»*Bear the addition nobly ever*«), sagt Coriolanus, dass man glücklicherweise wegen seines schmutzigen Gesichts, das er waschen werde, nicht erkennen könne, dass der neue Name ihm die Schamröte ins Gesicht treibe (»*I will go wash, and when my face is fair, you shall perceive, wether I blush or no*«). Er werde sich überwinden und glaube, die Hürde (das Ross) übersteigen zu können (»*I mean to stride your steed*«), um ab jetzt für alle Zeit diesen neuen Namen [Shakespeare] aushalten zu müssen (»*and at all times, To undercrest your good addition Name Coriolanus To the fairness of my power*«)!

Während seiner Verbannung[35] besucht Coriolanus seinen edlen Widersacher Aufidius (»*Rival poet?*«), der ihn zuerst nicht erkennt. Coriolanus erklärt, dass er ihm (leider) Verletzungen beigebracht habe. Dies komme auch in seinem neuen Namen Coriolanus zum Ausdruck. Damit sei er als Gegenleistung für einen schmerzvollen Dienst mit extremen Gefahren für sein undankbares Land belohnt worden (»*My name is Cajus Marcius, who hat done to thee … great hurt and mischief; thereto witness may my surname, Coriolanus: the painful service, the extreme dangers, and the drops of blood shed for my thank less country, are requited but with that surname*«).

Den Namen (Coriolanus/Shake-speare) könne man sich leicht merken, da er auf Arglist, Tücke und Missfallen hinweise, Aufidius müsse diesen Namen ertragen, (denn) nur dieser Name werde bleiben (»*a good memory and that witness of the malice and displeasure Which you shouldst bear me: <u>only that name remains</u>*«). Härte und Neid der Menschen, zugelassen von dem feigen

---

[35] Marlowe, nimmt man Tobias Matthew als seinen Inkognito-Namen in England, kehrte mehrfach aus seinem Exil vom Festland nach England zurück (s. S. 649 ff.).

Adel (»*the cruelty and envy of the people, permitted by our dastard nobles*«), hätten dazu geführt, dass ihn alle im Stich gelassen hätten, das habe (ihm) den Rest gegeben (»*who have all forsook me, hath devour'd the rest*«). Der Adel duldete es, dass er durch die Stimmen des Volkes ausgegrenzt wurde (»*and suffered me by the voice of slaves to be Hoop'd out of Rome*«) – diese äußerste Not hätte ihn zu ihm geführt (»*Now this extremity has brought me to thy hearth*«).

Wenn Coriolanus in der ersten Szene des fünften Akts erklärt, dass er sich jeden neuen Namen verbäte, da er dann ein Nichts sei, ein namenloses Wesen (»*forbade all names; He was a kind of nothing, titleless*«), erinnert dies in hohem Maße an die Situation Marlowes, der sich gegen den Zwang von oben, seine Identität und Namen aufzugeben, gewehrt haben dürfte, bis er auf die Idee mit dem Namen Shakespeare kam (»*til he forged himself a name over the fire*« – man assoziiert den geschmiedeten Speer – »*Speare*«). Er dürfte sich zu jener Zeit im Rahmen seiner »literarischen« Tätigkeiten (Entststehung von Venus und Adonis) in London regelmäßig bei dem Drucker und ehemaligen Stratforder Bürger Richard Field aufgehalten haben, bei dem er William Shakspere aus Straford traf, der auf Arbeitssuche weilte oder bei Field beschäftigt war, wie auf Seite 45 ff. spekuliert.

Indiz 7: »A playmaker, and a Poet of scurrilitie«

Shakespeare setzt sich in »Coriolanus« intensiv mit dem Vorwurf anderer auseinander, er sei stolz und arrogant. Begriffe wie »*proud*« (neun Mal), »*pride*« (vierzehn Mal), »*insolence*« (fünf Mal), »*disdain*« (vier Mal), »*proudly*« (vierzehn Mal) etc. durchziehen die Tragödie wie ein roter Faden.

Jene Abwehr gegenüber außergewöhnlichen Menschen wird nicht nur in dem genannten Zeitzeugnis von Gabriel Harvey deutlich (»*The haughty man extolled his hideous thoughts, and gloriously insultes upon poor soules*«), sondern auch in anderen zeitgenössischen Quellen, so in »The Theatre of God's Judgements« des puritanischen Autors Thomas Beard (1568–1632). Er bezeichnete 1597 Marlowes Tod als ein warnendes Signal der Rache Gottes (»*the admirable Judgements of god upon the transgressors of his commandments, a playmaker, and a Poet of scurrilitie whose manner of death was terrible ... for hee even cursed and blasphemed to his last gaspe, and togwether with his breath an oath flew out of his mouth*«).

Thomas Beard repräsentiert die traditionalistische Abwehr gegenüber einem Genie, das in dem Konflikt von Coriolanus dargestellt wird. Es gibt keine Quellen, die belegen, dass bei Shakspere aus Stratford solche Persönlichkeitsextreme zu erkennen waren.

Coriolanus offenbart, dass der Dichter erkannte, dass sein überragendes

Talent unweigerlich die Gefahr mit sich brachte, von anderen als stolz und hochmütig wahrgenommen zu werden.

Einzelaussagen (aus unterschiedlichen Szenen):

Marcus:	*Was a man ever this proud?*
Marcus:	*He is grown to proud to be valiant*
Sicinius:	*But I do wonder His insolence can brook to be commended*
Brutus:	*He is poor in no one fault but stored with all especially in pride*
Brutus:	*… and topping all others in boasting*
Menenius	*You blame Marcus for being proud*
Menenius.	*Yet you must be saying, Marcus is proud; who, in a cheap estimation, is worth all your predecessors since Deucalion.*
Sicinius	*At some time when his soaring insolence shall touch the people*
Sicinius:	*He cannot temperately transport his honours*
First officer:	*Thats a brave fellow, but he's vengeance proud and loves not the common people*
Volumnia:	*The valiantness was mine, thou suck'dst it from me But owe thy pride yourself*
Volumnia:	*Yo are too absolute, though therein you can never be too noble.*

Indiz 8: »banishment … exile«

Die Themen »Verbannung« und »Exil«, die Kränkung über den Verlust des Lebensentwurfes kommen in so vielen dramatischen Äußerungen, in so vielen psychologischen Schattierungen zum Ausdruck und durchziehen »Coriolanus« wie ein roter Faden, dass es unwahrscheinlich erscheint, dass das Stück ohne biografischen Hintergrund entstanden sein kann. Zum Beispiel taucht das Wort »Verbannung« in unterschiedlichen Formen 21 Mal auf (vier Mal als »banish«, 13 Mal als »banished«, vier Mal als »banishment«), das Wort »exile« vier Mal.

Coriolanus' Entwicklung, seine Verfemung, Verurteilung und Verbannung und die Folgen, die das auf einen Menschen hat, füllen einen erheblichen Teil der Tragödie. Die Aussage des ersten Patrizier, dass Coriolanus sein eigenes Glück zerstört habe (»*This man has marred his fortunes*«), ergänzt Menenius komplementär damit, dass seine Natur zu edel für diese Welt sei (»*his nature is too noble for this world*«).

Wenn Coriolanus in seinem Haus im Hinblick auf seine Verurteilung formuliert, dass sie ihm jetzt alles um die Ohren hauen und ihn mit dem Tod durch das Rad bedrohen würden (»*let them pull all about mine ears; present me death on the wheel*«), so erinnert dies an die realen mittelalterlichen Inquisitionsmethoden, die auch bei Marlowe angewendet worden wären.

Indiz 9: »When he might act the woman in the scene, he proved best man i' the field«

»Coriolanus« stellt vordergründig einen (Kriegs-)Helden dar, lässt aber auf einer tieferen Ebene unschwer einen »künstlerischen Helden«, den Dramatiker beziehungsweise Theatermenschen erkennen. Brutus beschreibt in der ersten Szene des zweiten Akts die gewaltige Außenwirkung von Coriolanus. Dabei wird deutlich, dass er nicht einen Feldherrn, sondern einen Dichter und Dramatiker beschreibt, der viele, hier besonders weibliche Personen, in seinen Bann schlägt: Jeder Mund spräche von ihm, das getrübte Auge (die Älteren) trügen Brillen, um ihn zu sehen (»*All tongues speake of him, and the bleared sights Are spectacled to see him*«). Die Amme rede von ihm (von seinen Stücken) (»*Your prattling Nurse Into a rapture, While she chats him*«). Die Küchenmagd erklettere die Bänke des Hauses, die bis zum Dach gefüllt seien (»*Clambring the Walls to eye him: Stalls, Bulkes, Windowes, are smother'd vp, Leades fill'd ... With variable Complexions; all agreeing In earnestnesse to see him*«). Nie gesehene Leute wollten noch Platz finden (»*Doe presse among the popular Throngs, and puffeTo winne a vulgar station*«), um in diesem Wirrwar Phoebus' Küsse zu sehen (»*Of Phoebus burning Kisses: such a poother*«).

All dies passt primär nicht zu einem Feldherrn. Phoebus (Beiname des Apollon) steht hier für den Gott der Künste, insbesondere der Dichtkunst und der Musik, keinesfalls für einen Krieger. Hier wird unzweifelhaft ein Dichter beschrieben, der sich – einem fremden Gott gleich – in einen Menschen verwandelt und ihm Anmut verleiht (»*Were slyly crept into his humane powers, And gave him gracefull posture*«). In der Kunst geht es in der Regel um Anmut (»*graceful postures*«), nicht aber bei Feldherren.

Auch in Szene 2 des 2. Aktes, in der man über Coriolanus' Jugend erfährt, wird deutlich, dass Shakespeare die Analogie zu einem Dichter im Hinterkopf haben muss. Cominius spricht über Coriolanus' Taten, über die man nicht geringschätzig reden solle (»*The deeds of Coriolanus should not be utter'd feebly*«). Den Mann, von dem er spräche, wiege in aller Welt kein andrer auf (»*if it be, The man I speak of cannot in the world be singly counterpoised*«). Wenn er auf der Bühne eine Frau spielte, sei er der Beste in seinem Bereich (»*When he might act the woman in the scene, He proved best man i' the field*«).

Shakespeare sucht die Entsprechung des mutigen Feldherrn in dem Dichter, die Ähnlichkeit des Dichters zu Coriolanus kann hier ungehemmt durchscheinen.

Indiz 10: Coriolanus, Tarquin und Marlowe

Warum das Versepos »Lucretia« (1594) Marlowes erstes unter seinem Pseudonym »Shakespeare« »neu« konzipierte Werk gewesen sein muss, wurde an anderer Stelle ausführlicher erläutert (s. S. 356). In »Lucretia« verarbeitete

Marlowe in der Figur des Tarquins seinen Sturz anhand der Metapher von der Schändung der Lucretia.

Die Einbeziehung von Tarquin in den Monolog des Cominius in der zweiten Szene des zweiten Aktes, in dem dieser die Vorzüge und den Werdegang des Feldherrn Coriolanus schildert, erfüllt ohne Zweifel eine Absicht: Der Dichter signalisiert einen personale Identität zwischen Tarquin und Coriolanus (»*beyond the mark of others ... The man I speak of cannot in the world be singly counterpoised. At sixteen years, when Tarquin made a head*[36] *for Rome, he fought beyond the mark of others*«).

Coriolanus ist Tarquins zweites Selbst, beide repräsentieren hier sich begegnende Identitäten von Marlowe (»*Tarquin's self he met. And struck him on his knee: in that day's feats, When he might act the woman in the scene, He proved best man i' the field*«). In jenen jugendlichen Tagen verkörperte Marlowe offensichtlich weibliche Rollen am Theater

Indiz 11: Jugend als Page

Die Mutter (Volumnia) berichtet über ein einschneidendes Erlebnis ihres Sohnes aus der Jugendzeit. Diese Schilderung hat mit großer Plausibilität eine spezifische biografische Bedeutung, die für das Stück vordergründig nicht wichtig wäre.

Als sie einen Tag lang, während das Flehens des Königs, ihren Sohn abzugeben, nicht eine Stunde ihren Blick von ihm abwenden konnte (»*When for a day of kings' entreaties a mother should not sell him an hour from her beholding*«), da bedachte sie, wie bedeutend ihr Sohn werden würde (»*I, considering how honour would become such a person*«). Er wäre nicht besser als ein Gemälde, das an der Wand hängt, wenn Ruhm ihn nicht berühmt machen würde *(»that it was no better than picture-like to hang by the wall, if renown made it not stir*«). Sie sei erfreut gewesen, ihren Sohn zukünftig dort Gefahren suchen zu sehen, wo er wahrscheinlich Ruhm finden könnte (»*was pleased to let him seek danger where he was like to find fame*«).

Sie dürfte den Höchstbegabten früh in die Obhut der Hocharistokratie (als Page?) gegeben haben. Diese Vermutung stimmt mit der Spekulation von Samuel Blumenfeld und eigenen Erkenntnissen (s. S. 496, 590) überein, dass Marlowe den Staatsmann und Dichter Philip Sidney ab dem siebten/achten Lebensjahr als Page auf seiner Europareise begleitet haben dürfte, die den Aufenthalt in Paris während der Bartholomäusnacht einschloss und Marlowe den Anlass zum Schreiben des »Massakers von Paris« gab (mehr dazu auf S. 620).

---

[36] SOED: »head«: Put the person for himself (1535).

Heinrich VIII.

Das Historiendrama »Heinrich VIII., The Famous History of the Life of King Henry the Eighth« ist circa 1612/13 entstanden. Gedruckt erschien es erstmals in der »First Folio« (1623). Bis dahin hatte das Stück den Namen »All is True« getragen. Experten diskutieren, ob es deutlich früher geschrieben, aber zurückgestellt wurde, da es die Scheidung von Katharina von Aragon und Heinrich VIII., den Eltern von Königin Elisabeth, behandelt.

In »Heinrich VIII.« taucht eine Figur namens »Capucius« auf, hinter der der Autor selbst (Marlowe/Shake-speare) zu vermuten ist. Folgende Argumente lassen sich dafür anführen:

1) Der Name »Capucius« steht unzweifelhaft für eine Figur, die sich verbergen musste, unter einem Mantel beziehungsweise einer »Kapuze«.

2) Der sehr späte, kurze Auftritt der Figur in dem Stück ergibt für den Handlungsablauf selbst keinen erkennbaren oder zielführenden Sinn, da Capucius nur folgende Sätze zu sprechen hat.
   1 »Madame the same your servant.«
   2 »First mine own service to your grace; the next
      The kings request that I would visit you
      Who grieves much for your weakness, and by me
      Sends you his princely commendations
      And heartily entreats you take good comfort.«
   3 »Madam in good health.«
      »Most willing, madam.«
   4 »By heaven, I will, or let me lose the fashion of a man.«

3) Dieser späte Kurzauftritt (Messenger: »*There is staying a gentleman to see you*«) mit einem einzigen längeren Satz ergibt rein dramaturgisch keinen Sinn. Er erreicht seine Signifikanz erst, wenn man ihn als einen autobiografischen Einschub Marlowes/Shakespeares begreift, als späte Ehrenerklärung, Entlastung, Entschuldigung gegenüber Königin Elisabeth, der er seine dauerhafte Ungnade verdankt.

4) Wenn die Königin (hier als Königinmutter) auf dem Totenbett einen Gentleman einlässt, der um Gehör bittet und als »*ambassador*« bezeichnet wird (was Marlowe/Shakespeare posthum dauerhaft am besten kennzeichnet), so hat dies eine spezifische Bedeutung.

5) Wenn Shakespeare die Königin ausrufen lässt, dass sich die Zeiten und Ansprüche während ihrer Regentschaft sehr verändert hätten (»*The times and titles now are alter'd strangely*«), seit sie zum ersten Mal von ihm erfuhr

(»*since first you knew me*«), macht er deutlich, dass er vor langer Zeit mit ihr in Berührung gekommen ist.

6) Und wenn die Königin auf dem Totenbett Capucius (Marlowe) fragt, was ihn jetzt herführe, so nennt er zwei Gründe: sein »(Dienst-)Verhältnis« zu ihr und Ihrer Gnaden (»*first, mine own service to your grace*«) und seinen inständigen Wunsch, dass sie Trost finde (»*and heartily entriets you take good comfort*«). Wie die Unterlagen ausweisen, stand Marlowe in Diensten der Königin.

7) Shakespeare/Marlowe lässt die Königin zum Abschied aussprechen, was er denkt: Der Trost komme jetzt, so kurz vor dem Sterben, zu spät (»*the comfort comes too late*«). Denn jetzt erschiene es wie eine Begnadigung nach dem Tod (»*T'is like a pardon after execution*«).

Der tiefere metaphorische Sinn dieses außergewöhnlichen Satzes ist nur mit Marlowes biografischem Hintergrund in Einklang zu bringen. Hätte die Königin ihn rechtzeitig begnadigt (»*given at time*«), dann wäre er gerettet worden (»*had cur'd me*«). Aber jetzt sei es zu spät, er könne nicht mehr getröstet werden (»*the comfort comes too late*«).

8) Die sterbende Königin wünscht Capucius zum Schluss (Akt 4, Szene 2) Wohlergehen (»*So may he ever do and ever flourish*«) und beendet diesen Wunsch erstaunlicherweise mit zwei Zeilen des Sonetts 71, das wie kaum ein anderes Sonett Marlowes Schicksal, seine Verbannung und Flucht und den Verlust seines Namens, darstellt (s. S. 268 f).

Sie sagt:

> »*So may he ever do and ever flourish*
> *When I shall <u>dwell with worms</u>*
> *And <u>my poor name</u> banish'd the kingdom.*«

Zum Vergleich die Zeilen aus Sonett 71:

    3   »*Give warning to the world that I am fled*
    4   »*From this vile world, <u>with vilest worms to dwell</u>*«
   10 »*When I perhaps compounded am with clay*«
   11 »*Do not so much as my <u>poor name</u> rehearse.*«

Timon von Athen

Das Stück »Timon von Athen« wurde vor seiner Veröffentlichung in der »First Folio« (1623) nie gedruckt oder öffentlich aufgeführt. Die historische Gestalt des griechischen Misanthropen Timon von Athen dürfte Shakespeare als Vorlage gedient haben. Die zentralen Themen des an Metaphern und einfachen Handlungssträngen reichen, zwischen Satire und Tragödie angesiedelten Werks sind Opportunismus, Einsamkeit und Launen des Schicksals. Manche Experten vermuteten zwei Autoren hinter dem Stück.[37]

Berücksichtigt man die bittere Grundthematik des Stücks und nicht nur den letzten Akt, in dem sich Timon mit seiner eigenen Grabinschrift beschäftigt (*»dont't seek my name!«*) (siehe auch Seite 498 ff.), kann man ohne größere Schwierigkeiten nachvollziehen, dass Shakespeare/Marlowe mit »Timon« sein eigenes tragisches Schicksal gleichnishaft darstellen wollte.[38] Wie in allen in diesem Kapitel aufgeführten Stücken muss Shakespeare versucht haben, Schlüsselhinweise auf seine Biografie zu integrieren, von denen er hoffte, dass spätere Generationen sie verstehen würden.

In »Timon von Athen« stehen die fünf Akte symbolisch für die Lebensstationen Shakespeares/Marlowes. Akt 1 kann als sein künstlerischer Aufstieg, Akt 2 als die Krise, Akt 3 als der Absturz, Akt 4 als sein Rückzug in Einsamkeit und Verbannung und Akt 5 als endgültige Resignation und Tod interpretiert werden. Es ist, bei Kenntnis aller dargestellten historischen Umstände und Berücksichtigung des bis zur Vollendung entwickelten Sprachvermögens des Dichters, nicht vorstellbar, dass »Timon von Athen« nicht als Parabel auf Shakespeares/Marlowes eigenes Leben zu begreifen ist.

Nach näherer Analyse des 5. Akts mit der Problematik von Grabvortäuschung und dem enigmatischem Epitaph (s. S. 70 ff.) muss man annehmen, dass der noch lebende Marlowe/Shakespeare an »Timon von Athen« noch *nach* 1616 (dem Tod von Shakspere aus Stratford) »geschrieben« haben muss, da sich dieser mit der Grabinschrift in Stratford und der Vollendung des Komplotts um Marlowe/Shakspere eindrucksvoll auseinandersetzt.

Erster Akt: Timons Aufstieg – »one do I personate of lord Timons frame«

In Akt 1 werden Timons (Marlowes/Shakespeares) Aufstieg und sein Ansehen geschildert. Zu Beginn treten gehobene, einflussreiche Bürger (»*Poet*«, »*Painter*«, »*Leweller*«, »*Merchant*«, »*Mercer*«) auf, die schildern, wie sie Timon bewerten. Ein Dichter zum Beispiel berichtet, dass er in seinem Buchentwurf schreibe, wie er diese Welt bereichert habe (»*I have, in this rough work, shaped out a man, whom this beneath world doth embrace and hug with amplest entertainement*«) und mit seinem großen inneren Reichtum, seinem edlen Sinn

---

[37] Ernest Hunter Wright: The Authorship of Timon of Athens, New York 1910; Onlineversion: http://www.archive.org/stream/authorshiptimon00wriggoog#page/n8/mode/2up, aufgerufen am 18.10.2010.

[38] Vgl. u. a. Anne Lancashire: »Timon of Athens: Shakespeare's Dr. Faustus«, in: Shakespeare Quarterly 21 (1970), S. 35–44.

umkleidete (»*his large fortune, upon his good and gracious nature hanging*«). Der Aufstieg von Timon/Shakespeare (»*I personate Lord Timon*«) erfolgte unter der Regentschaft Königin Elisabeths (»*amongst them all, whose eyes are on this sovereign lady fix'd, one do I personate of lord Timons frame*«), die mit ihrer »elfenbeinernen Hand« sein Schicksal zu sich winkte (»*whom fortune with her ivory hand wafts to her*«). Der Dichter lässt durchblicken, wie sehr Königin Elisabeth mit ihren »Günstlingen« spielte. Ihre Gnade bestehe stets darin, ihre dienstbaren Männer gegen Rivalen auszutauschen (»*whose present grace to present slaves and servants translates his rivals*«).

Als einziger von allen »Niederen« sei er, Timon, von dem Schicksal zum Thron hinaufgewinkt worden (»*This throne, this fortune methinks with one man beckon'd from the rest below*«).

Zweiter und dritter Akt: Krise und Absturz: – »now Lord Timons happy hours are done«

Timons Güte und Edelmut konnten nicht dauern (»*it cannot hold, it will not!*«). Seine Zeit ging dahin (»*his days and times are past*«). Timon blieb zurück als eine nackte Möwe (»*Lord Timon will be left a naked gull*«). Er konnte diesen Niedergang erst verstehen, als er ihn »am eigenen Leib« spürte (»*He will not hear till feel*«). Seinen Reichtum, mit dem er all sein Lob erwarb, schwand ebenso dahin wie seine Eloquenz, seine Sprache, von der dieses Lob herrührte (»*the means are gone that by this praise, the breath is gone where of this praise is made*«).

Ein einziger kalter Wintertag[39] und tot waren diese Fliegen (»*one cloud of winter showers, these flies are couched*«). In gewisser Weise kann Timon seinen Entbehrungen etwas abgewinnen (»*and, in some sort, these want's of mine are crowned*«). Er erkennt, dass seine Ehrenhaftigkeit als sein Fehler gewertet wurde (»*every man has his fault, and honesty is his*«). Seine glücklichen Tage waren vergangen (»*now Lord Timons happy hours are done and past Timon is shrunk indeed*«).

Wie tugendhaft sich Timon auch bemühte, er erschien anderen doch niederträchtig und wurde mit denen verglichen, die mit religiösem Eifer ganze Königreiche in Brand stecken wollten (»*how fairly this lord strives to appear foul, takes virtuous copies to be wicked, like those under hot ardent zeal would setwhole realms on fire*«). Hier wird die ganze Wucht der »verleumderischen« Anklage gegenüber Marlowe deutlich, die zu seinem Sturz führte. So ging der Lauf seiner freien Jahre zu Ende (»*and this is all a liberal course allows*«).

[39] Siehe »Wintermärchen«, Seite 461 ff.

Vierter Akt: Vereinsamung und Rückzug – »his wits are drowned and lost in his calamities«

Schließlich musste er sich verbittert in die Isolation und ins Exil zurückziehen. Nichts konnte er mehr von der Gesellschaft erwarten (»*that their society as their friendship be mereley poison*«), er hatte alles verloren und war verarmt (»*so noble a master falln, all gon and not one friend to take his fortune by the arm and go along with him*«). Sein armes »Selbst« entsprach dem eines Bettlers (»*his poor self, a dedicated beggar to the air*«), sein großes Glück war plötzlich sein tiefes Leid geworden (»*thy great fortunes are made thy chief afflictions*«). Sein Verstand und Geist gingen unter und verloren sich in seinem Elend (»*his wits are drowned and lost in his calamities*«). Die Stadt, in der er lebte, hatte seinen Wert, seine großen Taten vergessen (»*How cursed Athens [London] mindless of my worth forgetting thy great deeds*«).

Von ihm selbst, an dem zahllose Menschen hingen (»wie Blätter am Eichbaum«), hätten sich die Menschen durch einen einzigen Winterfrost gelöst (»*but my self ... that numberless upon me stuck as leaves do on the oak, have with one winters brush fell from their boughs*«). Den Vergleich seines tiefen Sturzes mit der Loslösung der Bätter in einer (einzigen) kalten Nacht verwendet Shakespeare in fast identischer Weise in »Cymbeline« (s. auch S. 463) und in Sonett 73 (s. S. 271).

Cymbeline (Akt 3, Szene 3):

> »*then was I as a tree*
> *Whose boughs did bend with fruit: but in one night,*
> *A storm or robbery, call it what you will,*
> *Shook down my mellow hangings, nay, my leaves*«

Sonett 73:

> »*When yellow leaves, or none, or few, do hang*
> *Upon those boughs which shake against the cold,*
> *Bare ruin'd choirs, where late the sweet birds sang*«

Akt V: Resignation und Tod: »Here lies a wretched corse, of a wretched soul bereft ... Seek not my name.«

Im letzten Akt denkt Timon über sich selbst und die letzten Dinge nach. Ein Dichterkollege spricht ihn auf seine Vereinsamung, auf seinen Rückzug, auf den Abfall seiner Freunde (»*Hearing you were retired, our friends having fall'n off*«) und auf die undankbare Menschheit an (»*thankless natures*«). Mit Worten sei die riesige Menge von Undank nicht zuzudecken (»*and cannot cover the monstrous bulk of this ingratitude with any size of words«*). Timon antwortet dem Dichterkollegen resigniert und sarkastisch: Dann solle er halt unbekleidet gehen, man könne dann ohnehin besser erkennen, wer der andere sei (»*let it go naked, men may see't better you are honest, by beeing what you are«*).

Die Senatoren stellen fest, dass Timon nicht immer so war. Die Zeit und sein Kummer hätten ihn so werden lassen (»*it was time and griefs that framed him thus«*). Er könne auch wieder zu dem früheren Menschen werden, wenn das Glück früherer Tage ihm wieder hold sei (»*time, with fairer hand, offering the fortunes of former days, the former man may make him«*).

Die Bitte der Senatoren, dass Timon aus seiner inneren Verbannung zurückkehre, ist vergebens, ebenso wie ihr Eingeständnis, dass sie ihn gröblich vergaßen (»*they confess toward the forgetfulness too general, groß«*) und dass sogar der Staat (»*public body«*) den seltenen Fehler zugebe (»*which does seldom play the recanter«*), dass er versagt habe und es Timon an Unterstützung habe fehlen lassen (»feeling *in itself a lack of Timon's aid, had sense withal of ist own fail«*).

Timon erwartet seinen Tod, er hat bereits seinen Grabspruch (»*I was writing of my epitaph«*) konzipiert, den man demnächst (»*to-morrow«*) zu sehen bekommen werde (»*it will be seen to-morrow«*). Sein langes Leiden am Leben beginne sich aufzulösen (»*my long sickness Of health and living now begins zu mend«*) und der Tod (das Nichts – »*and nothing«*) werde ihm alles bringen (»*brings me all the things«*).

Man solle ihn nicht mehr stören (Flavius: »*Trouble him no further«*). Timon bekennt, dass man nicht mehr zu ihm kommen, sondern seiner Stadt vermitteln solle, er habe seinen »ewigen« Landsitz, sein letzte Ruhestätte gebaut (»*Timon has made his everlasting mansion«*), die auf dem umspülten Strand der salzigen Flut liege (am/im Meer?), dahin solle man kommen, um seiner zu gedenken (»*the turbulence surge shall cover: thither come!«*).

Sein Grabstein [inStratford] solle den Menschen als Orakel dienen (»*let my grave-stone be your oracle«*). Dort werde man an unpassenden Worten vorbeigehen und den Text (»*language«*) werde man nicht verstehen können (»*Lips, let sour word go by and language end«*). Man werde das Orakel nicht deuten, und was falsch oder irrtümlich sei, würden Pest und Infektion lindern (»*What is amiss plage and infection mend«*). Man möge jedoch bedenken: Grabstätten seien nur das Werk von Menschen und sein eigner Tod werde der Menschen Gewinn sein *(»graves only be men's work and death their gain«).*

Ein Soldat glaubt nach aller Beschreibung, Timons Grab gefunden zu haben (»*by all description this should be the place«*). Er ruft: »He da, wer ist hier?«, und fragt sich, warum keine Antwort kommt (»*No answer! what is* tis?«). Die fehlende Antwort aus dem Grabe bedeutet metaphorisch, dass hier nicht der wahre Dichter liegt.

Timon ist zwar »offiziell« tot, ablesbar an dem Epitaph, aber jemand muss seine »wahre« Lebensspanne ausgedehnt haben (»*who has outstrechted his span*«). Einige Rohlinge mögen das Epitaph folgendermaßen lesen: Hier liegt (lebt!) kein Mensch (»*some beast red this; there does not live a man*«). Tot, gewiss, (»*dead, sure*«), hier ist ja sein Grab (»*and this his grave*«). Was auf seinem Grab stünde, sei aber nicht zu enträtseln (»*Whats on his tomb, I cannot read*«). Der Soldat macht sich einen »Wachsabzug« des Grabspruches (»*the character I'll take with wax*«), um die Zeichen und Worte des Epitaphs seinem Vorgesetzten zu bringen, der in der Entzifferung jeder Zeichen »erfahren« (»*aged*«), an Jahren aber noch jung ist (*our captain hath in every figure skill; an aged interpreter, though young in days*).

Am Ende des letzten Aktes wiederholt der Soldat explizit, dass Timon gestorben sei (»*Timon is dead*«) und dass er sich die Inschrift des Grabsteines kopiert habe (»*And on his grave-stone this insculpture which With wax I brought away*«), weil er den Inhalt aus Unkenntnis nicht verstehen könne (»*whose soft impression Interprets for my poor ignorance*«). Alcibiades interpretiert schließlich den kopierten Inhalt des Grabsteines:

> »*Here lies a wretched corse, of a wretched soul bereft*
> *Seek not my name: a plague consume you wicked caitiffs left!*
> *Here lie I, Timon; who, alive, all living man did hate:*
> *Pass by and curse thy fill; but pass and stay not her thy gait.*«

Die Sätze auf dem Grabstein, dass an dieser Stätte der Leichnam eines Schurken liege, der nun von seiner schurkenhaften Seele beraubt sei (»*Here lies a wretched corse, of a wretched soul bereft*«), und dass man an dieser Stelle nicht seinen Namen (seine Identität) suchen solle (»*Seek not my name*«) und beim Vorbeigehen über den Inhalt des Grabes fluchen (»*Pass by and curse thy fill*«) möge, sind überaus bezeichnend und nur autobiografisch zu verstehen.

Die dramatische Auseinandersetzung Timons mit seinem Epitaph lassen keinen Zweifel, dass Shake-speare (Marlowe) an das Stratford-Epitaph erinnert, in dem nicht der wahre Shake-speare, sondern die arme Seele Shakspere (wretched soul) begraben liegt.

Die ähnliche Diktion von Timons Epitaph (»*Pass by, curse the fill … but pass and stay not here your gait … Seek not my name*«) und dem Stratforder Epitaph (»*passengers go by … read if thou canst*«) macht deutlich, dass

a) Shake-speare/Marlowe 1616, zum Todeszeitpunkt von Shakspere, noch lebte und agierte,

b) Shake-speare/Marlowe an der Abfassung der rätselhaften Inschrift unter Shakspperes Grabbüste in Stratford und damit auch an der Vorbereitung der »First Folio« und der Vollendung des jahrzehntelang aufrechterhaltenen Komplotts beteiligt gewesen sein muss und

c) »Timon von Athen« ein nach 1616 fertig gestelltes Spätwerk sein muss.

Verlorene Liebesmüh

Zahlreiche eindrückliche biografische Hinweise lassen sich auch in »Verlorene Liebesmüh« erkennen. Shakespeare (Marlowe) bringt sich erkennbar sowohl in der Figur des Clowns »Costard«, als auch in der Figur des Schulmeisters »Holofernes« ein. Beide Namen wurden nicht von ungefähr gewählt, Holofernes repräsent den isolierten (abgetrennten) Kopf und Geist eines Menschen, der keine personale Identität und Eigenständigkeit mehr hat, wie dies bei Marlowe der Fall war.

»Verlorene Liebesmüh« entstand vermutlich um 1595/96. Die erste erhaltene Veröffentlichung ist die in der Quarto-Ausgabe von 1598, herausgegeben von dem Buchhändler Cuthbert Burby. Danach erschien es 1623 in der »First Folio« und in einer späteren Quarto-Ausgabe 1631. Da auf der Titelseite festgestellt wird: »Newly corrected and augmented by W. Shakespere«, wird angenommen, dass bereits eine frühere Version vorgelegen haben muss.

Es seien einige signifikante Indizien aufgeführt, die einen kleinen Ausschnitt einer überbordenden Vielfalt von Metaphern repräsentieren, mit denen sich Marlowe/alias Shakespeare autobiografisch in das Stück einbrachte:

Indiz 1: Costard alias Marlowe – »if ever I do see the merry days of desolation that I have seen«

Es muss einen Grund gehabt haben, warum Shakespeare dem Clown (der den Dichter repräsentiert) den Namen Costard gab. Costard (engl.: ein großer Apfel) ist eine Metapher für den Kopf eines Menschen (Marlowe/Shakespeare?), der vom Körper (Shakspere?) getrennt erscheint. Wie zwingend der Begriff »Costard« auf Marlowe hinweist, lässt sich in Shakespeares »Die lustigen Weiber von Windsor« (Akt 3, Szene 1) erkennen, in der Sir Hugh Evans über den Kopf (»*costard*«) eines Knaben spricht und in diesem Zusammenhang den Originaltext von Marlowes »The Passionate Shepherd to His Love« zu singen beginnt:

»*... about his knave's costard when I have*
good opportunities for the ork. 'Pless my soul!
To shallow rivers, to whose falls

Melodious birds sings madrigals;
There will we make our peds of roses,
And a thousand fragrant posies.«

Auch ein kurzer Wortaustausch zwischen Costard und dem Pagen Moth kann nur als ein Hinweis auf Marlowes Leben verstanden werden. Als Costard feststellt, dass er bereit sei, zu darben, solange er frei sei *(»I will fast, being loose«)*, gibt Moth zu bedenken, dass er nun ins Gefängnis müsse (*»No sir, that were fast and loose: thou shalt to prison«*). Die äußerst ironische und bezeichnende Antwort von Costard (Shakespeare/Marlowe) daraufhin ist: Wenn er noch einmal die »fröhlichen« Tage seiner Verzweiflung, die er erlebt habe, wiedersähe, dann würde er über gewisse Leute auspacken und dann würden sie »schon sehen« (*»Well, if ever I do see the merry days of desolation that I have seen, some shall see«*). Als Costard an dieser Stelle abricht, fragt der Page neugierig nach, was denn dann gewisse Leute sehen sollten (*»What shall some see?«*). Durch den abrupten Abbruch von Costards Rede will Shakespeare ausdrücken, dass seine »entlarvenden« Äußerungen ihn verraten könnten, deshalb antwortet er: »Nichts, gar nichts ... nur das, was sie erblicken können« (*»Nay, nothing, Master Moth, but what they look upon«*). Es schicke sich nicht für »Gefangene«, keine Aussagen zu machen, deswegen woller er nichts sagen. (Man bemerke die »dialektische« Logik). Er lässt seine Lebenssituation durchblicken, in der er sich als ein Gefangener sieht (*»It is not for prisoners to be silent in their words, and therefore I will say nothing«*). In Fortsetzung dieser scheinbaren doppelten Verdrehung der Wortbedeutung erläutert er seinen Satz und dankt Gott, dass er nicht mehr Geduld habe als andere Leute, und er darum ruhig sein könne (*»I thank God I have as little patience as another man, and therefore can be quiet«*).

Indiz 2: Auftritt von Marlowes Dr. Faustus

E. C. Brown hat signifikante thematische Verbindungen (wie zum Beispiel die häufige ironische Suche nach Wissen, die Frustrationen und Ablenkungen durch die Liebe, der drohende Tod) zu Marlowes »Dr. Faustus« herausgearbeitet. In merkwürdiger Weise wird der Name Faustus beschworen. Eine höchst seltsame, schwierig zu interpretierende Stelle sind Holofernes' Gedanken und die Anrufung von Faustus (Marlowe):

»Fauste, precor geliada quando pecus omne sub umbra ruminat.«
(»Oh Faustus, ich erbitte Abkühlung, wenn alle Landtiere im Schatten wiederkäuen!«)

Holofernes scheint an seinen Faustus zu apellieren, er möge sich beruhigen (abkühlen), wenn alle Menschen ihn zitierten, das heißt wiederkäuten.

Indiz 3: Holofernes-Szene: einzigartige Gegenüberstellung von Shakspere und Shakespeare/Marlowe

Die schwierig zu interpretierende Holofernes-Szene in der zweiten Szene des 4. Aktes lässt sich in großen Teilen nur als eine dramatische Metapher für das Schicksal Marlowes/Shakespeares deuten, eines erlegten edlen Hirschs, an dessen Stelle ein ignorantes Monster (Shakspere) gestellt wurde.

Bereits der Name »Holofernes«, der im Alten Testament im Buch Judith erscheint, dürfte gezielt gewählt worden sein. Judith kehrt mit dem enthaupteten Kopf von Holofernes zurück. Holofernes repräsentiert sozusagen nur noch die Gedanken, Sprache und den Geist einer Person, nicht aber deren Körper. Bereits in »Edward III.« ging Shakespeare in der ersten Szene des zweiten Aktes auf Judith und den enthaupteten Kopf ein:

> Lodowick: *Than Judith was.*
> King Edward: *O monstrous line! Put in the next a sword,*
>   *And I shall woo her to cut of my head.*
>   *Blot, blot, good LODOWICK! Let us hear the next.*

Nathaniel, Holofernes und Dull, ein Dorfpfarrer, ein Schulmeister und ein Constabel sprechen über einen erlegten Hirschen[40], den die Prinzessin von der Jagd zurückbrachte. Die Jagd (auf den angeklagten Marlowe), so stellt Nathaniel anfangs fest, sei »mit dem Zeugnis eines guten Gewissens durchgeführt« worden (»*very reverend sport, truly: and done in the testimony of a good science*«).

Über den erlegten Hirsch wird berichtet, dass er, bevor er starb, in vollem Geblüt gewesen sei (»*the deer was, as you know, sanguis, in blood*«), reif wie ein saftiger Apfel (»*ripe as a pomewater*«). Jetzt (da er tot sei) hänge er wie ein Juwel am Ohr des »coelo«, des Himmels, der Luft, des Firmaments (»*who now hangeth like a jewel in the ear of coelo – the sky, the welkin, the heaven*«). Das heißt: Bevor der Hirsch erlegt wurde, war er Marlowe. Aber sogleich nach dessen Tod sei er wie eine Krabbe auf das Gesicht der Erde gefallen (»*and anon falleth like a crab on the face of terra, the soil, the land the earth*«). Ein erstes, ursprüngliches »Wesen« nahe dem »Ohr des Himmels« (*ear of coelo = sky, heaven*) und ein zweites Wesen, das mit seinem »Gesicht« zurück auf die »Erde« fiel (*face of terra = soil, land, earth*). Das Gesicht des Hirsches habe sich also von einem überirdischen in ein irdisches verwandelt. Nathaniel versichert, dass der erlegte Hisch das »erste« Gesicht (Marlowe/Shakespeare)

---

[40] Das analoge Bild eines innerhalb einer Minute gewendeten Schicksals beziehungsweise eines erlegten Hirsches findet sich auch in der Eingangsszene von Shakespeares »Die zwölfte Nacht« (s. S. 511 f.), später in H.W. »Willobie His Avisa« (1594) und in George Withers »Collection of Emblems« (1635) (s. Kapitel II, S. 531, 667 f.).

gewesen sei (»*but sir, I assure ye, it was a buck of the first head*«). Holofernes versichert (in lateinisch) hingegen, dass er das nicht glaube (»*haud credo*«). Dull unterstützt ihn, der Hirsch sei ein Spießer (»*pricket*« = Shakspere). Holofernes stimmt wütend Dulls Einsicht bei, welch schlimme Andeutung (»*what barbarous intimation!*«), welche Art einer Anspielung (»*yet a kind of insinuation*«) als Erklärung (»*as it were in via, in way of explication*«) der Doppelgesichtigkeit (Shakspere – Shakespeare) des Hirschen hier vermutet würden.

Hier sei eine Verdoppelung, eine Replikation »gemacht« worden (»*facere, as it were, replication*«) oder es wurde zu zeigen versucht, dass die zweite Erscheinung talentiert sei (»*or rather ostentare, to show, as it were, his inclination*«). Holofernes lässt in einer Schimpfkanonade keinen Zweifel an den Eigenschaften der »zweiten« Erscheinung als (Auf-)Spießer (»*pricket*« – hier kann nur der Strohmann Shakspere gemeint sein), der ungesittet, relativ unbelesen (»*rather unlettered*«) unkultiviert etc. sei (»*undressed, unpolished, uneducated, unpruned, untrained, or rather unlettered, or ratherest unconfirmed fashion*«). An dieser Stelle wird endgültig die Metapher für einen Menschen, der seine Identität verloren hat (Marlowe) und durch einen ungebildeten Menschen (»*rather unlettered*«) ersetzt wurde, offensichtlich.

Auch Constabel Dull wiederholt, dass der Hirsch kein »glaube ich nicht« (»*haud credo*«), sondern ein Spießer (= Shakspere) war (»*'twas a pricket*«[41]) Holofernes verstärkt dies noch: Er sei eine aufgekochte Einfalt! Zwei Mal gekocht! (»*bis coctus*«). Eine monströse, missgestaltete Ignoranz (»*O thou monster Ignorance, how deformed dost thou look*«).

Nathaniel erläutert daraufhin im Detail, wie diese monströse ignorante »verdoppelte« Person vorzustellen sei (mit der nur Shakspere aus Stratford gemeint sein kann): Sie habe sich nie literarisch betätigt (»*he hath never fed of the dainties that are bred in a book*«), sie habe sozusagen weder das Papier gegessen noch die Tinte getrunken (»*He has not eat paper, as it were; he has not drunk ink*«). Sein Intellekt sei nicht angeregt worden (»*his intellect is not replenished*«), er sei nur ein Tier, empfänglich nur für die niederen Dinge (»*he is only a animal, only sensible in the duller parts*«).

Und solche unfruchtbaren Gewächse (Shakspere) würden vor ihn (Marlowe/Shakespeare) hingestellt, auf dass er dankbar sein sollte (»*and such barren plants are set before us, that we thankful should be*«). Dankbar seien sie, die Geschmack und Gefühl hätten, für die Dinge, die sie stimulierten und anregten viel stärker als er (Shakspere) (»*Which we (of) taste and feeling are, for those parts that do fructify in us more than he*«).

---

[41] SOED: »pricket«, a spike on which to stick a candle (Spießer).

Indiz 4: Sore(Shakspere) und Sorel (Shakespeare): Der Unterschied eines einzigen Buchstabens

Ähnlich wie bereits an einem Monolog im »Wintermärchen« (s. S. 447 ff.) gezeigt, bekommt die bizarre Szene um ein Epitaph, das Holofernes extemporiert, erst einen deutbaren Sinn, wenn man erkennt, dass Marlowe/alias Shakespeare sein Schicksal als Parabel mit der Eintauschung seiner Identität für Shakspere einbringt.

Holofernes extemporiert einen Grabspruch um den Tod eines Hirschen, den die Königin zur Strecke brachte und den Holofernes zur Erheiterung der Unwissenden einen »*Pricket*« (Kerzenhalter/Spießer) nennt. Das Epitaph (Original-Faksimile der »First Folio«) lautete:

> The prayfull Princeſſe pearſt and prickt
> a prettie pleaſing Pricket,
> Some ſay a Sore, but not a ſore,
> till now made ſore with ſhooting.
> The Dogges did yell, put ell to Sore,
> then Sorell iumps from thicket:
> Or Pricket-ſore, or elſe Sorell,
> the people fall a hooting.
> If Sore be ſore, then ell to Sore,
> makes fiftie ſores O ſorell:
> Of one ſore I an hundred make
> by adding but one more L.

Metaphorisches Epitaph auf den erlegten Hirschen aus dem Originaltext von Loves Labour's lost der »First Folio«

Solange diesem Epitaph keine deutbare Hypothese zugrunde gelegt werden konnte, solange wurde es zwangsläufig sehr bizarr und unverständlich übersetzt, beispielsweise von von Schlegel/Tieck:

> »Straff spannt die Schöne, schnellt und schießt
> ein Spießtier schlank und mächtig
> Man nannt' es Spießhirsch, denn am Spieß
> spießt ihn der Speisemeister
> Hierauf verspeist mit Gabeln wird's
> ein Gabelhirsch, so dächt ich,
> Und weil die Schützin Kronen trägt,

mit Recht ein Kronhirsch heißt er.
Hell gellt die Jagd: nehmt vom Gebell
zu Hirsch eins von den Llen,
Sinds fünfzig Hirschel: noch ein L,
so tät sie hundert fällen.«

Der Dichter (in der Person des Holofernes alias Marlowe/Shakespeare) macht sich einen Spaß, indem er auf den von der Prinzessin erlegten edlen Hirsch (auf sich selbst!) einen Grabspruch extemporiert (»*Will you hear an extemporal epitaph on the death of the deer?*«), der zweifellos als eine Metapher für seine »Erle(di)gung« aufgefasst werden kann.

Den edlen Hirsch, den die Prinzessin (Königin) zur Strecke brachte, nennt Holofernes zu Beginn seines Epitaphs einen »pricket« und verwendet dafür eine Alliteration (»*The prayful princess pierst and prickt a prettie pleasing pricket*«). Also etwa: Die andächtige Königin durchstach und spießte einen hübsch gefälligen Leuchter auf. Hier kommt Shakespeares ganzer Spaß an der dialektischen Doppeldeutigkeit des Wortes »pricket« zum Ausdruck: Im Englischen ist »pricket«, ein Kerzenhalter oder Leuchter, der eine Spitze hat, auf die man eine Kerze aufspießt. Er ist also sowohl ein edler dekorativer Gegenstand als auch eine derbe Waffe, mit der man verwunden kann.

So wurde Marlowe, der »Leuchter«, aufgespießt, das heißt erledigt. Einige werden behaupten, es wurde damit ein Problem gelöst (»*Some say a Sore*«) und keine Wunde geschlagen (»*but not a sore*«), denn bis jetzt wurden Wunden durch Schießen bewirkt (»*Till now made sore with shooting*«). Die Jagd auf Marlowe begann, das heißt die Hunde jaulten (»*The Dogges did jell*«). Das Problem (Marlowe = Sore) wurde dadurch gelöst, dass man dem Wort »Sore« (Wunde = Shakspere) noch einen Buchstaben (L) zufügte (»*put ell to Sore*«), und schon entsprang dem Dickicht ein Fuchswallach (»*and sorell* [Shak*e*speare] *jumps from thicket*«). Also entweder eine Spießwunde (ein Spießer) oder ein Fuchswallach (»*Or Pricket-sore, or else Sorell*«). So einfach sei die Lösung eines Problem (»*If Sores be sore*«), man füge einen Buchstaben hinzu (»*then ell to Sore*«), das mache dann 50 Wunden, oh nein, natürlich 50 Wallache (»*Makes fiftie, O sorell*«), aus einer Wunde ließen sich auch leicht 100 Pferde machen (»*Of one sore I an hundred make*«), indem man ein weiteres L hinzufüge (»*By adding but one more L.*«)

Marlowe/Shakespeare bringt mit den Zeilen des Epitaphs als Wortspiel zum Ausdruck, wie einfach es ist, durch die Veränderung eines einzigen Buchstabens (l) oder einer Zahl (L) urplötzlich eine grundlegend veränderte Situation zu erschaffen: Aus dem Wort »Sore« (wunder Punkt, Wunde, Sorge, Ängste) wird das Wort »Sorel« (junges Pferd). Diese Metapher kann auf den

Wechsel des Namens Shakspere zu Shakespeare bezogen werden. Die historisch notwendige Täuschung bezüglich der Urheberschaft wurde durch einen einfachen orthografischen »Taschenspielertrick« erreicht, der dazu diente, des Dichters Unvergänglichkeit posthum mit dem Epitaph und der Büste in Stratford und der »First Folio« zu besiegeln.

In wortnaher Übersetzung lautet das gesamte Epitaph:

>»Die andächtige Königin durchstach und spießte (löste)
>Einen hübsch gefälligen Leuchter auf,
>Einige sagen eine Sorge[42] [Marlowe, ein Problem], aber keine Wunde,
>[denn] bis jetzt wurden Wunden durch Schießen erzeugt.
>Als die Jagd eröffnet, [die Hunde jaulten] füge ein »L« zu dem Wort »Sore«
>entspringt ein sorel [= Fuchswallach] dem Dickicht:
>Entweder Spießwunde, [Problem] oder sonst Wallach
>Die Leute begannen ihn auszugrenzen [hooting]
>Falls eine Sorge zu schmerzhaft [ein Problem nicht lösbar], dann füge ein L zu sore
>Das macht 50 Wunden, oh [natürlich] Fuchswallache:
>Aus einer Wunde mach ich [auch] hundert [Pferde]
>Indem ich ein weiteres L zufüge [sorell].«

Indiz 5: Holofernes' (Marlowes/Shakespeares) extremes Sprachtalent

Als Nathaniel und Dull an diesem Wortspiel feststellen, was für ein seltenes Sprachtalent (»*a rare talent*«) Holofernes besitzt, denkt Holofernes über seine ungewöhnliche Begabung nach. Diese sei eine Gabe, die ihm verliehen worden sei (»*That's a gift, that I have, simple simple*«), ein verrückt überhöhter Geist, erfüllt von Formen, Figuren, Gegenständen, Wahrnehmungen, Ideen, Wendungen und Drehungen (»*a foolish extravagant spirit, full of forms, figures, shapes, objects, ideas, apprehensions, motions, revolutions*«). Shakespeare versucht zu erklären, woher seine extreme Sprachbegabung komme: Sie sei möglich geworden dank seines überragenden Gedächtnisses, dank des (unermesslichen) Schoßes seines Gehirns und dank sich ihm gebotener Gelegenheiten (»*They are begot in the ventricle of the memory, nourished in the womb oft he pia mater and delivered upon the mellowing oft he mellowing of occasion*«).

Es ist kaum vorstellbar, dass Shakespeare/Marlowe mit der Figur des Holofernes eine andere Person als sich selbst darstellen wollte.

---

[42] SOED: Sore: mental suffering, pain or trouble, grief, sorrow or anxiety or the cause of this (1575).

Was ihr wollt

Die Komödie »Was ihr wollt« wurde erstaunlicherweise nicht zu Lebzeiten Shakspere veröffentlicht, sondern erst »posthum« in der »First Folio«. Die Unterdrückung der zeitgenössischen Drucklegung muss, ähnlich wie bei »Wie es euch gefällt«, das 1600 bereits ins Druckerregister eingetragen war, ihren Grund gehabt haben. Vermutlich ließen zu eindeutige Anspielungen auf das Komplott um Marlowe/Shakespeare und beteiligte Zeitgenossen eine Veröffentlichung nicht zu (siehe unten).

Der Originaltitel »Twelfth Night« spielt auf die Epiphaniasnacht als Abschluss der Zwölf Weihnachtstage zwischen 24. Dezember und 6. Januar an. Zu Shakespeares Zeiten wurde dieser Beginn der Karnevalszeit bereits mit Maskenspielen gefeiert. Leslie Hotson entdeckte anhand der »Northumberland Papers«[43], dass das Stück »Twelfth Night« am 6. Januar 1601/2 erstmals am Hofe im Beisein der Königin und aus Anlass des Besuches des »Florentiner Medici-Fürsten« Don Virginio of Orsini, Duke of Bracciano (als Auftragsstück?) aufgeführt wurde. Anwesend war auch der russische Botschafter Mikulin (von Zar Boris Godunow), der dies nach Russland berichtete.

In verschiedenen Rollen des Stücks bringt der Dichter erkennbar Aspekte seiner Biografie und seiner Zeit ein (ähnlich wie Touchstone in »Wie es euch gefällt«). Er schlüpft in die Rolle des Clowns oder des Sir Toby, daneben erscheinen die Königin als Olivia und Mary Sidney Herbert als Viola/Maria und andere (siehe unten).

Die wenigen hier aufgeführten Indizien repräsentieren einen kleinen Ausschnitt einer überbordenden Vielfalt von Metaphern.

Indiz 1: »No darkness but ignorance«

Dass sich Shakespeare/Marlowe hinter dem Clown verbirgt, wird an verschiedenen seiner Aussagen beziehungsweise an denen von Sir Toby eindrucksvoll erkennbar: Es kann keinswegs zufällig und bedeutungslos sein, wenn Marlowes berühmt gewordenes Credo im Prolog des »Juden von Malta« – »*I count religion but a childish toy And hold there is no sin but ignorance*« – aus dem Mund des Clowns in Szene 2 des 4. Aktes von »Die zwölfte Nacht« wieder auftaucht: »*Madman thou errest: I say there is no darknesse but ignorance.*« Malvolio fügt dem hinzu: »*Say this house is as darke as Ignorance, thogh Ignorance were as darke as hell.*«

---

[43] E. W. Smithson: The Northumberland Manuscript, in E. W. Smithson: Baconian Essays, London 1922, S. 185–222; Onlineversion: http://www.archive.org/stream/baconianessaysoosmit#page/184/mode/2up, aufgerufen am 19.1.2011.

Der Begriff »Sünde« wird hier in »Dunkelheit« abgewandelt, um den religiösen Bezug zu »verschleiern«. Der strenge Puritaner Malvolio pflichtet dem Clown allerdings bei, wenn er die Dunkelheit der Hölle, entsprechend der Sünde, mit Ignoranz in Verbindung bringt.

Aus Ben Jonsons Eloge an Shakespeare in der »First Folio« (1623):

> »*In each of which, he seemes to* shake a Lance [speare]
> *As brandish't at the eyes of Ignorance*«

Ben Jonson spricht von Shakespeares hin und her gewendeten und »genau gefeilten« Zeilen, wobei er in jeder von ihnen den »Speer zu schütteln scheint«, gerichtet gegen die Augen der Ahnungslosigkeit. Es sei dem Leser überlassen, zu beurteilen, ob Jonsons vier aufeinderfolgende Begriffe innerhalb dieser zwei Zeilen (»*he seemes*«, »*shake a Lance*«, »*as brandish'td*«, » *at the eyes of Ignorance*«) wirklich ein zufälliges Zusammentreffen sind oder ob sich nicht dahinter ein gebündeltes metaphorische Wortspiel verbirgt, das auf die Urheberschaftsproblematik hinweist.

Indiz 2: »I will prove it legitimate sir«

Sir Andrew glaubt, Olivia[44] (Elisabeth I.) mit dem Diener des Grafen im Garten gesehen zu haben. Auf die Frage von Sir Toby, ob Olivia »umgekehrt« dabei auch ihn gesehen habe (»*Did she see the while, old boy, tell me that*«), bekräftigt er dies (»*as plaine as I see you now*«). Fabio interpretiert dies als Beweis ihrer Zuneigung. Als Andrew Angst hat, hier »verarscht« zu werden *(»will you make an ass of me*«), entgegnet Fabio, er könne das auf seinen Eid für ein Urteil (»*judgment*«) rechtmäßig begründen, eine Vorgehensweise, die sich seit eh und je als Beweis verwenden ließe (»*I will proue it legitimate sir, vpon the Oathes of iudgement, and reason, they haue beene grand Iurie men, since Noah*«).

Marlowe/Shake-speare zeigt hier unmissverständlich, dass man die größte »Täuschung« mit Menschen anstellen kann, wenn man ihnen etwas nur als rechtmäßig und begründet, das heißt, mit dem Eid eines Urteils und einer Begründung belegt. Dieses Szenario lässt unmittelbar Marlowes Schicksal erkennen: Sein vermeintlicher Leichnam wurde nach der Todesvortäuschung in Deptford einer Grand Jury von 16 Personen und einem Untersuchungsrichter gezeigt, ehe ein Urteil ausgesprochen wurde.[45] (siehe auch S. 454 – Indiz 11)

---

[44] Leslie Hotson: The First Night of Twelfth Night, New York 1954. (Nach Leslie Hotson wird mit Olivia aus zahlreichen Gründen metaphorisch auf die Königin Elisabeth angespielt.)

[45] Leslie Hotson: The Death of Christopher Marlowe, London 1925; Onlineversion: http://www.archive.org/stream/deathofchristoph00807zmbp#page/n9/mode/2up, aufgerufen am 19.1.2011.

Wie hier Sir Andrew würden die Menschen generell bis heute irregeführt und im Shakespeareschen Sinne »verarscht« (»*made an ass of you all*«), weil sie das, was sie sehen wollten, auch sehen. In dieser Weise versucht der Clown alias Marlowe/Shakespeare, die komplexe Urheberschaftsthematik als eine Metapher zu erklären.

Indiz 3: »One ... makes him a fool; the second mads him; and a third drowns him«

In der fünften Szene von Akt eins fragt Olivia den Clown, wie denn ein Getöteter, ein »zugrunde gegangener« (»*drowned*«) Mensch (Marlowe) aussehe. Der Clown erklärte ihr, er sehe aus wie ein ertrunkener Mann, wie ein Narr und wie ein Verrückter (»*Like a drowned man, a fool and a mad man*«). Der erste Schritt (»*draught*«) in der Hitze (der Gefahr) mache ihn zum Narr, der zweite mache ihn verrückt und ein dritter ließe ihn untergehen (»*One draught above heat makes him a fool; the second mads him; and a third drowns him*«).

Darauf antwortet die Königin: »[Und dann] gehe Du und such den Untersuchungsrichter.« (»*Go thou and seek the crowner*«). Die Aufforderung der Königin, nach dieser Prozedur einen Untersuchungsrichter (»*Coroner*«) zu suchen, der einen rechtmäßigen Tod bescheinigen soll, ist eine schlicht unglaubliche Metapher auf den vorgetäuschten Tod Marlowes nach seinem Untergang. Sie allein hätte genügt, die Aufführung des Stücks dauerhaft zu verbieten. Laut dem Clown, hinter dem sich der Dichter verbirgt, verlief Marlowes Untergang in drei Phasen. Zuerst habe er sich mit seinen (häretischen und volksaufwieglerischen) Ansichten zum Gespött der Menschen, das heißt zum Narren (»*fool*«) gemacht, in der zweiten Phase seien seine Überzeugungen als verrückt erklärt worden (»*mad man*«– jemand der außerhalb der Normen existierte), in der dritten Phase sei er schließlich dem Untergang geweiht gewesen (»*drowned man*«). Zum Abschluss, damit alles seine Ordnung hatte, musste dieser dreistufige, prozesshafte Verlauf seines Todes durch einen Richter (Coroner) legitimiert werden.

Diese verdeckte Darstellung des stufenweisen Untergangs von Christopher Marlowe scheint zugleich zu beweisen, dass die Königin in diesen Prozess nicht nur eingeweiht war, sondern dass sie auch die Legalisierung seines »Todes« anordnete.

Indiz 4: »How quickly the wrong side may be turn'd outward!«

Am häufigsten »outet« sich der Clown als Marlowe in Szenen, in denen er sich allein oder nur mit nur einer Person auf der Bühne befindet. In Szene 1 des 3. Aktes kommt es in Olivias Garten zu einem längeren Gespräch zwischen Viola und dem Clown, der eine Schellentrommel (Tamburin) mit sich trägt.

Die als Mann verkleidete Viola fragt den Clown, wie er es mit der Musik halte (»*Thy music! Dost thou live by thy tabor?*«). Der Clown deutet an, dass er es mehr mit der Kirche habe (»*No sir, I live by the church*«). Viola will daraufhin – fast an Gretchen erinnernd – wissen, ob er ein religiöser Mensch, ein Mensch der Kirche sei (»*art thou a churchman?*«– »Wie hast du's mit der Religion?«).

Der Clown/Marlowe macht sich einen allegorischen Scherz: Nein, er wohne nur neben der Kirche (»*I live by the church*«), er lebe in seinem eigenen Haus, aber sein Haus [Grab] stehe neben der Kirche (»*for i do live at my house, and my house doth stand by the church*«).

Dann könne man, meint Viola, ja genauso gut sagen, der König halte sich ruhig bei einem Bettler auf (»*So thou maest say, the king lies by*[46] *the beggar*«), wenn er nahe bei diesem wohnte (»*if a beggar dwell near him*«), oder die Kirche ruhe bei der Musik, wenn die Trommel nahe der Kirche sei. Diese Sicht der Dinge bekräftigt der Clown – »Du sagst es« (»*you have said*«) – und fährt nun hochmetaphorisch fort: »Schaut euch dieses [sein eigenes] Zeitalter an!« (»*To see this age!*«). Ein Satz, eine Redensart (»*a sentence*«[47]) sei doch für einen ansehnlichen Geist nur ein dehnbarer Handschuh. Wie rasch könne man dessen verkehrte Seite herauswenden (»*a sentence is but a cheveril glove to a good wit: how quickly the wrong side may be turn'd outward*«).

Der Dichter (Marlowe) beschreibt seine Lebenssituation in akrobatischer verbaler Manier. Ein doppeldeutiger Ausspruch (»*sentence*« – »*I live by the church*«) oder eine Verurteilung (»*sentence*« – »ich liege am Kirchhof begraben«, wie bei Marlowe) gleiche doch bei einem großen Geist nur einem elastischen Handschuh (Shakespeare entstammte der Familie eines »*glover*«, eines Handschuhmachers), bei dem man eiligst (»*quickly*«) die ursprüngliche Seite (Marlowe) verborgen nach innen gekehrt und rasch die falsche Seite des Handschuhs (Shakspere) nach außen gekehrt habe.

Indiz 5: »I would therefore my sister [Shakspere] had had no name, sir ... her name's a word«

Viola bestätigt des Clowns Weisheit (»*Nay that's certain*«) und fügt hinzu, dass diejenigen, die wie Marlowe so schöne Wortspiele machten (»*they that dally nicely with words*«), andere unvermittelt übermütig machten (»*may quickely make them wanton*«). Deshalb gesteht der Clown, er hätte es am liebsten gehabt, seine [Namens-]Schwester hätte keinen Namen bekommen (»*I would therefore my sister had had no name, sir*«). Da der Clown (Marlowe) hier eine Schwester mit Namen hat, ist zu vermuten, dass er von seinem Namensverwandten Shakspere spricht. Viola, die den Grund hierfür wissen will (»*Why sir?*«), anwortet der Clown, dass der (gleiche) Name seiner Schwester ja nur

---

[46] SOED: »To lie by«: to remain unused, be laid up in a store, to keep quiet, to remain inactive.
[47] »Sentence« auch als juristisches Urteil oder Verurteilung.

ein Wort sei (»*her name's a word*«), dass aber das Tändeln mit diesem Wort seine Schwester übermütig machen könnte (»*and to dallie with that word, might make my sister wanton*«), denn in Wahrheit könnten Worte (Namen) rechte Lumpen und Schlitzohren sein (»*But indeede, words are very Rascals*«), seit diese Fesseln sie entehrten (»*since bonds disgrac'd them*«).

Schließlich will Viola wissen, warum der Name seiner Schwester ihn entehrte (»*thy reason, man?*«). Der Clown (Marlowe) kann ihr den Grund nicht sagen, ohne Worte (oder Namen) zu enthüllen (»*I can yeeld you none without wordes*«). Worte hätten sich so falsch entwickelt, dass er dies ungern begründen möchte (»*and wordes are growne so false, I am loath to proue reason with them*«).

Ähnlich wie in »Coriolanus« (s. S. 486 ff.), in dem sich der Gefeierte gegen seinen neuen Namen »Coriolanus« wehrte, der den alten Caius Maximus (C. M.!) ersetzte, wird auch hier deutlich, dass Marlowe seinen neuen Namen »Shakespeare« nicht schätzte. Er weiß aber, dass er nicht darüber sprechen kann, da sonst Personen genannt und enthüllt werden müssten. Es kann wenig Zweifel daran bestehen, dass der Dichter sich hier mit dem Verlust seiner Identität und seinem neuen Namen auseinandersetzt, der einer realen Person (Shakspere) gehört.

Indiz 6: »I am indeed not her fool, but her corrupter of words«

In Szene 1 von Akt 3 will Viola von dem Clown wissen, ob er nicht der Narr von Olivia (der Königin?) sei. Er erklärt ihr, die Königin sei doch nicht verrückt (»*No, indeed, sir; the Lady Olivia has no folly*«) sie werde erst einen Narren haben, wenn sie verheiratet sei (»*she will keep no fool, sir, till she be married*«). Denn Narren verhielten sich zu Ehegatten wie Sardellen zu Heringen (»*fools are as like husbands as pilchards are to herrings*«); die Ehegatten seien dabei die größeren Fische (»*the husband's the bigger*«). Er selbst, der Clown, sei nicht der Narr der Königin, sondern ihr (Wort-)Verdreher (»*and: I am indeed not her fool, but her corrupter of words*«). Der Wortverdreher erinnert an Oliver Mar-Text in »Wie es euch gefällt« (s. S. 385 f.).

Der Clown beobachtet aus der Ferne die zu einer Vermählung nicht willige Königin. Er scheint an dem Wortspiel seinen Spaß zu haben, dass die unverheiratete Königin erst ihren Narren bekäme, wenn sie denn einmal verheiratet sein sollte (was nie passiert ist).

Indiz 7: »and you are now sayld into the North of my Ladies opinion ... vnlesse you do redeeme it«

In Szene zwei des ersten Aktes wird Sir Andrew suggeriert, dass beweisbar sei, dass die Königin ihm zugeneigt sei, obwohl er sie mit einem Jüngeren sah. Die Königin (Olivia) habe ihn nur reizen wollen (»*Shee did shew fauour to the youth in your sight, onely to exasperate you«).* Hier hätte er etwas unternehmen müssen (»*you should then haue accosted her«*) und die Jugend sprachlos machen müssen (»*you should haue bangd the youth into dumbenesse«*). Das wäre von ihm erwartet worden (»*this was look'd for at your hand«*), aber das habe er versäumt, davor habe er sich gescheut (»*and this was baulkt«*). Er habe diese »doppelte« Möglichkeit verinnen lassen (»*the double gilt [guilt?] of this opportunitie you let time wash off«*), und nun sei er in die Kälte (»*the North«*) des Ansehens der Königin geraten (»*and you are now sayld into the North of my Ladies opinion«*), dort werde er hängen wie ein Eiszapfen am Barte eines Holländers *(»where you will hang like an ysickle on a Dutchmans beard«*), so lange, bis er nicht rehabilitiert sei durch irgendwelche lobenswerte, tapfere oder politische Unternehmungen (»*vnlesse you do redeeme it, by some laudable attempt, either of valour or policie«*).

Obwohl hier nicht entschieden werden soll, welche spezifische Person sich hinter Sir Andrew verbirgt, so ist doch unzweifelhaft ein Bezug zum zeitgenössischen Ringen verschiedener Personen um die Gunst der Königin zu erkennen sowie ihre Macht, in Ungnade gefallene Günstlinge zu verbannen. Sir Andrew dürfte zweifellos eine männliche Person im Umfeld der Königin gewesen sein.

Indiz 8: »my Lady will hang thee for thy absence?«

In Szene 5 des 1. Aktes will die neugierige Maria[48] (Vertraute von Olivia, der Königin) vom Clown (alias Marlowe/Shakespeare) wissen, wo er während seiner langen Abwesenheit gewesen sei. Nur wenn sie das »erfahre« (»*either tell me where thou hast bin«*), werde sie ihn bei der Königin entschuldigen (»*or I will not open my lippes so wide as a brissle may enter, in way of thy excuse«*). Es könne sein, dass die Königin ihn für seine lange Abwesenheit hängen lasse (»*my Lady will hang thee for thy absence«*). Marlowe/Shakespeare lässt erkennen, dass ihm das egal sei (»*Let her hang me«*). Derjenige, der auf dieser Welt – wie Marlowe – gut beseitigt worden sei (»*he that is well hanged in this world«*), brauche den Krieg (das Regiment) nicht mehr zu fürchten (»*needs to fear no colours«*).

Maria ermahnt ihn, seine Situation zu verbessern (»*Make that good«*). Der Clown gibt zu erkennen dass er ja niemanden mehr zu fürchten habe, da er niemanden mehr sehe (»*He shall see none to fear«*).

Maria bekräftigt erneut, dass er aber dafür gehängt werden könne, dass er so lange abwesend gewesen sei (»*Yet you will be hanged for being so long absent«*) – oder sich entfernt habe. Für ihn sei das nicht ebenso schlimm wie hängen (»*to be turned away, is not that as good as a hanging to you?«*). Für

---

[48] Vieles spricht hier dafür, dass mit der Rolle der Maria »Mary Sidney« gemeint ist, da zuvor mehrfach erwähnt wird, dass sie über den Tod ihres Bruders (Philip Sidney) nicht hinwegkomme und dass der Vater (Henry Sidney) nur knapp ein Jahr vor ihrem Bruder gestorben sei.

viele sei gut aufgehängt besser als eine schlechte Ehe (»*Many a good hanging prevents a bad marriage*«).

Und was die Alternative zur Abwesenheit (auf dem europäischen Festland) beträfe, solle der Sommer das bestätigen (»*turning away, let summer bear it out*«). Maria bemerkt, dass er in dieser Sache sehr entschieden wirke (»*You are resolute, then?*«). Der Clown erwidert, dass das zwar nicht der Fall sei (»*Not so, neither*«), dass er aber in zwei Punkten fest entschlossen sei (»*but I am resolved on two points*«). Maria schlussfolgert: Wenn der eine Punkt scheitere, hätte er noch den anderen, aber wenn beide Punkte misslängen, falle seine Absicherung zusammen (»*That if one break, the other will hold; or, if both break, your gaskins fall*«).

Als Olivia eintritt (»*Here comes my lady*, die Königin«), ermahnt Maria den Clown zur Verschwiegenheit (»*Peace, you rogue, no more o' that*«) und sagt ihm erneut, dass es das Beste wäre, wenn er sich bei der Königin klug entschuldige (»*make your excuse wisely, you were best*«).

Wer nur die vordergründige Spielebene dieser Szene und nicht die metaphorische Komposition einer zweiten Ebene zwischen dem Clown (alias Marlowe/Shakespeare) und Maria (alias Mary Sidney) akzeptiert, kann die Szene nicht interpretieren. Es wird dann nicht verständlich, warum Olivia jemanden wegen seiner langen Abwesenheit mit »Erhängen« bestrafen will und kann.

Die Szene ergibt erst dann einen Sinn, wenn man davon ausgeht, dass Marlowe sich zwar im Exil aufhielt, aber über seine Aktivitäten zu berichten hatte. Er kann kaum noch Angst davor haben, umgebracht zu werden, da das irgendwie schon passiert war. Die Angst von Mary Sidney, er könne immer noch ums Leben kommen, da er sich nicht an gewisse Abmachungen gehalten habe, macht Marlowe nichts mehr aus. Da Marlowe die Öffentlichkeit meiden muss, sieht er ohnehin niemanden mehr, den er noch fürchten muss. Offenbar konnte Mary Sidney durch ihre Verbindungen zur Königin Marlowe wesentliche Informationen überbringen.

Indiz 9: Sprachliche Tricks in »Was ihr wollt« und in »Polimanteia«

Marlowe/Shakespeare war sich zutiefst bewusst, wie man Zweifel an einem Namen (z. B. eines Autors) hervorrufen konnte und wie leicht man durch Veränderungen von Buchstaben oder Worten die Menschen hinsichtlich von Namen dauerhaft täuschen, verunsichern und in die Irre führen konnte.

Während er dies in »Polimanteia« theoretisch ausbreitet, taucht der gleiche Ansatz ähnlich auch in der 5. Szene von Akt 2 in »Was ihr wollt« auf. In beiden Texten wird bei einem Wort mit vier Buchstaben (»Was Ihr wollt«: M, O, A, I; »Polimanteia«: Θ. E. O. Δ.) die Aufgabe gestellt, einen Namen oder Zusammenhang zu enträtseln.

Aus »Polimanteia«:

> »... by the doubt of that name which those foure letters might portend: for not knowing the trueth, he talketh by circumstances and darke signes, sometimes telling the trueth to gaine credit to his false lyes, seeing by a malicious instinct he striveth to obscure the trueth, to the great dammage of mortall men. For his delight is in falshood, and his ioy is in our fall.«

Hier zeigt sich, mit welch vielschichtigen listigen Mitteln Marlowe/Shakspeare es nach dem Verlust von Name und Identität erreichte, mit verschiedensten vorgetäuschten, zum Teil echten Namen anonym durch sein Leben zu gehen – bis zum heutigen Tag. Dies wird in dem nachfolgenden Kapitel massiv zum Tragen kommen.

Schlussfolgerung

Kapitel 10 für sich allein ergibt eine überzufällig hohe Anzahl plausibler, nicht zu widerlegender Argumente, dass Shakespeares Stücke autobiografischer Natur sind.

Im April 2010 erschien James Shapiros Buch *»Contested Will. Who Wrote Shakespeare?«*, mit dem er beabsichtige – wie im Klappentext formuliert –, ein und für allemal die lästige Debatte um die Urheberschaft Shakspeares zu beenden und das Identitätspadigma (Shakspere = Shakespeare) als entschieden anzuerkennen.

Falls ihm das nicht gelingen sollte, würde sein Buch unwiderruflich die Natur oder Richtung der Debatte verändern, indem sie die Leser mit der eigentlichen und wesentlichsten Frage konfrontiere, nämlich ob die Werke Shakespeares autobiografisch seien (wovon Shapiro nicht ausgeht) und wenn ja, ob die Frage beantwortet werden könne, wer die Werke geschrieben habe.

> *»... are the plays and poems of Shakespeare autobiographical, and if so, do they hold the key to the question of who wrote them?«*

Shapiros Buch setzt sich mit Shakespeare, Bacon, und Oxford auseinander. Er hat dabei Christopher Marlowe erstaunlicherweise nicht auf seiner Rechnung. Das dürfte der Grund dafür sein, warum er niemals zu der Schlussfolgerung dieses Kapitels hätte gelangen können, dass das Identitätspadigma (Shakspere = Shakespeare) in unausweichlicher Konsequenz aufgegeben werden muss. Shakespeares Stücke sind eminent autobiografisch: Marlowe ist Shakespeare!

11. Marlowes »zweites« Leben nach seinem Tod

Wenn Christopher Marlowe/Shakespeare am 30. Mai 1593 nicht zu Tode kam, sondern unter verschiedenen fremden Namen weiterlebte und schrieb, so fragen die Skeptiker, wie kann es dann sein, dass ein derart überragender und dominierender Geist und Poet mit solch einer Eloquenz, Ausstrahlung und solch einem Wissen mehrere Jahrzehnte[1] unsichtbar blieb und mit niemandem kommunizierte? Müsste ein verborgener Dichter vom Schlage Shakespeares nicht unausbleiblich zeitgenössische Quellen, Indizien oder Hinweise hinterlassen haben? Hier beißt sich die Katze in den Schwanz: Marlowe musste sich einerseits in seinen Texten und als Person vollständig verbergen (in Bezug auf seine Bühnenwerke sogar mithilfe eines maskierenden Strohmanns) und andererseits trotzdem für die Nachwelt sichtbar bleiben.

Müsste nicht, vergleichbar mit Wolfgang Amadeus Mozart, der in seinen knapp 36 Jahren mehr als 600 Kompositionen, davon allein 40 Symphonien, hervorbrachte, ein überlebendes Genie Marlowe (alias Shakespeare) als eine nie versiegende Quelle einfallsreicher Schöpfungen über Jahrzehnte Werk um Werk hervorgebracht haben? Soll davon wirklich kein einziges erhalten geblieben sein?

Diese Paradoxie lässt sich erstaunlicherweise auflösen und dechiffrieren, wenn man jene Tarnungen, die seine Person haben unsichtbar werden lassen, erkennt und richtig interpretiert.

Die obige Frage der Skeptiker müsste im Grunde in Bezug auf Shakspere aus Stratford gestellt werden: Ist es, da dieser sich niemals tarnen und verbergen musste, nicht völlig unwahrscheinlich, dass er zeitlebens unsichtbar blieb und keine Zeugnisse hinterließ?

Experten haben sich diese Frage entweder nie gestellt oder notgedrungen mit »Nein« beantwortet, obwohl dies keine befriedigende Anwort sein kann. Marlowes Tod war in der Lage, alle Fragen und Ungelöstheiten gleichsam »in einem schwarzen Loch« verschwinden zu lassen.

Marlowes »posthume«, zweite Existenz ab Juni 1593

Dieses Kapitel will aufzeigen, dass Marlowe nach seinem vermeintlichen Tod in der Tat erhebliche Spuren hinterließ. Während für eine posthume Überdauerung der Theaterstücke (mittels des maskierenden Strohmanns Shakspere inklusive

---

[1] Mindestens drei Jahrzehnte von 1593 bis 1623 (ca 1640?).

Grabstätte) früh gesorgt wurde, war dies für die übrige literarische Aktivitität (Gedichte, Versepen, Essays, Diskurse, Übersetzungen, Almanache, Anleitungen, Korrespondenzen, Eulogien usw.) nicht der Fall. Dass Shakespeare aber außer seinen Dramen über viele Jahrzehnte nichts geschaffen hat, ist nicht plausibel und vorstellbar. Unter einem einzigen Tarnnamen oder Pseudonym hätte – wie dieses Kapitel zeigt – die Veröffentlichung seiner gewaltigen literarischen Aktivitäten nur schwer unerkannt gelingen können. Bei der Menge an literarischen Zeugnissen, die er an verschiedensten Orten hinterließ, wäre das Risiko, als Person identifiziert und aufgespürt zu werden, zu groß gewesen. Die Lösung konnte nur darin bestehen, sein nicht-dramatisches Werk unter verschiedensten »fiktiven Autornamen« aufzuteilen. Sie garantierte dem Dichter seine Anonymität und damit seine Sicherheit. Nur damit konnte er sein gegebenes Versprechen einlösen, seine verborgene Identität dauerhaft geheim zu halten.

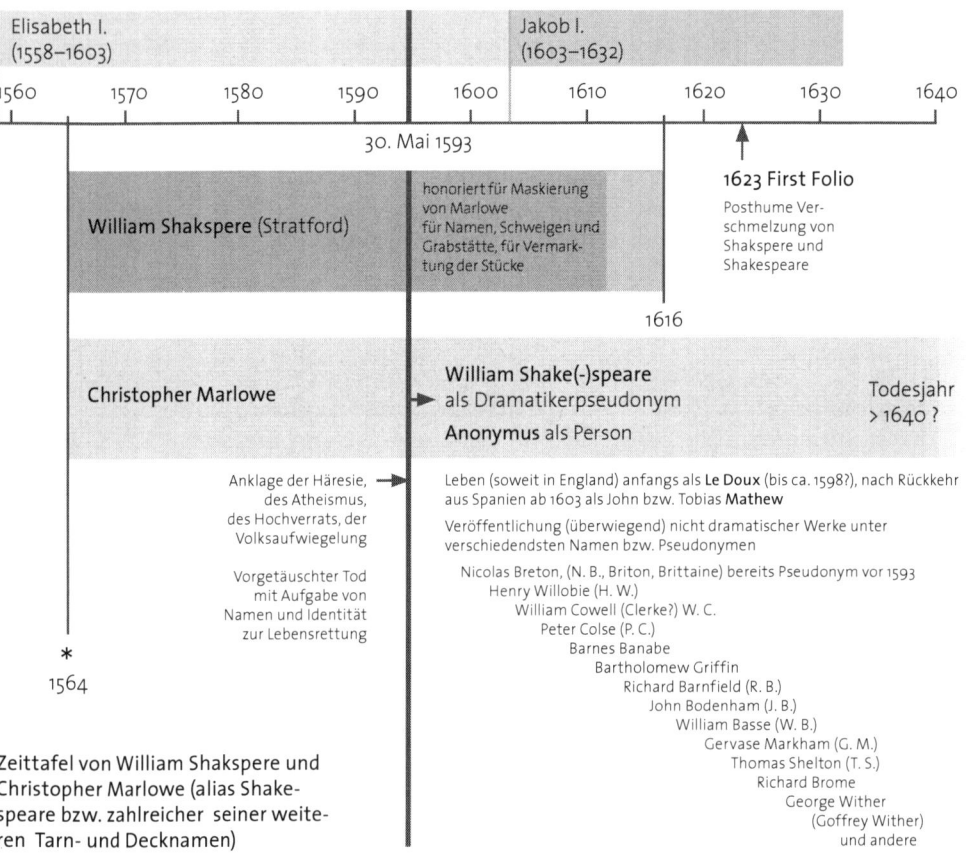

Zeittafel von William Shakspere und Christopher Marlowe (alias Shakespeare bzw. zahlreicher seiner weiteren Tarn- und Decknamen)

Tarnnamen oder Pseudonyme

Wichtige Tarnnamen oder Pseudonyme, unter denen Marlowe/alias Shakespeare in der Anonymität gelebt und geschrieben hat, werden in diesem Kapitel durch eindeutige Indizien gestützt und in der Zeittafel zusammengefasst. Eine Vollständigkeit signifikanter Hinweise konnte allerdings nicht angestrebt werden.

Das Ziel dieses Kapitels wäre erreicht, wenn es dazu beitrüge, dass sich die Fachwelt den zwar noch lückenhaften und damit teilweise spekulativen, aber dennoch signifikanten Indizien beziehungsweise Argumenten annähern würde, ohne sich sofort von ihnen mit vorgefassten Meinungen abzuwenden. Die Fachwelt sollte die hier dargestellten Befunde so lange als plausible Annahmen anerkennen, solange sie nicht durch bessere und eindeutigere widerlegt werden können, was schwer gelingen dürfte.

Der Leser möge dabei berücksichtigen, dass die in diesem Kapitel vorgestellten Einsichten und Hinweise für eine »posthume« Existenz Marlowes (alias Shakespeare) lediglich ein Anfangsstadium darstellen. Die bisherige »detektivische Analyse« ist noch unvollständig und möglicherweise an manchen Stellen korrekturbedürftig. Sie trägt damit gewisse Unsicherheiten in sich. Dennoch sind bereits so tragfähige signifikante Ansätze vorhanden, dass es sinnvoll erschien, ihnen zur Vervollständigung dieses Buches ein größeres Kapitel zu widmen.

Wichtigste Prämisse für den Leser dieses Kapitels

Vorbedingung für den Leser dieses Kapitels muss es sein, die Fehleinschätzungen und Irrtümer der Vergangenheit zu vermeiden, die darin bestanden, bei zeitgenössischen Namen oder Initialen stets von real existierenden Personen auszugehen im Sinne einer nicht mehr zu hinterfragenden Wahrheit, ähnlich wie bei dem Shakespeare-Urheberschaftsproblem selbst. Dies führte dazu, dass (auto-)biografische, literarische und zeithistorische Zusammenhänge in vielen Werken des posthumen Marlowe unter fremden Namen nicht erkannt oder betrachtet wurden, weil zu ihren Inhalten kein plausibler Sinnzusammenhang herzustellen war.

Jedem, der heute behaupten würde, dass Autoren von Werken wie zum Beispiel »The Arte of English Poesie« (1589, George Puttenham), »Polimanteia« (1595, William Clerke), »Palladis Tamia« (1598, Francis Meres), oder »Fidelia« (1615, George Wither) keine realen, sondern Decknamen verborgener Autoren darstellten, dem würde von einer Mehrheit sogenannter Shakespeare-Experten »Unwissen« bescheinigt, obwohl dafür erhebliche Argumente anführbar sind. Ausgewiesene Shakespeare-Urheberschaftsexperten, die sich mit eminenten ungeklärten Fragen der Autorschaft wissenschaftlich auseinandergesetzt haben, habe ich im deutschsprachigen Raum nicht finden können.

Gleichwohl: Das frühere Dogma, dass nicht sein kann, was nicht sein darf, muss heute ersetzt werden durch die Formel: »Was gewesen sein kann, dafür muss es eine Lösung geben, wie es gewesen sein darf.«

Über die meisten der im Folgenden beschriebenen, oft seltsam kurzlebig produktiven Autoren weiß man so wenig, dass es ungleich wahrscheinlicher ist, dass ihre Namen ein Deckname oder Pseudonym waren und – bei Berücksichtigung des Inhalts und des Niveaus der Werke – wohl eher dazu dienten, die wahre Identität des Urhebers zu verschleiern.

Lucretia, Avisa, Penelope, Fidessa, Cynthia und andere

Viele äußerst eloquent und geistreich geschriebene Bücher, darunter die schon erwähnten »Willobie His Avisa« (1594), »Polimanteia« (1595), »Penelope's Complaint« (1596), »Fidessa« (1596) und »Cynthia« (1598), können beziehungsweise müssen – wie im Folgenden dargestellt – vom untergetauchten Christopher Marlowe (alias Shake-speare) stammen und stellen somit frühe, unerkannte Bindeglieder der »posthumen« Beweiskette für seine Weiterexistenz in der Anonymität dar.

»Willobie his Avisa« und »Polimanteia« werden in den meisten Shakespeare-Biografien mit einigen Sätzen erwähnt, weil sich in ihnen die ersten literarischen Hinweise überhaupt auf einen Dichter »Shake-speare« (und sein Versepos »Lucretia« aus dem Jahr 1594) fanden. Aus der Fachliteratur erfährt der Leser, dass »Henry Willoughby« und »William Clerke (zum Teil auch »William Cowell«) die Autoren der beiden Bücher waren. In beiden Werken werden aber nicht diese Autoren, sondern nur die Initialen »W. C.« (»Polimanteia«) beziehungsweise »W. H.« (»Willobie His Avisa«) genannt. Die Literatur hat die Autorschaft dieser Werke als gelöst erklärt, ohne auch nur im Ansatz den Versuch unternommen zu haben, die Inhalte der Texte zu den vermeintlichen Personen in einen kohärenten Abgleich zu bringen.

»Willobie His Avisa« von H. W.[2]

Der mit wenigen Prosatexten durchsetzte satirische Gedichtband »Willobie His Avisa« wurde 1594, nur einige Monate nach »Lucretia«, gedruckt. Er ist – wie erwähnt – zeithistorisch von herausgehobenem Interesse, da in ihm zum

---

[2] Willobie his Avisa. With an essay by Charles Hughes, London/Manchester 1904; Onlineversion: http://www.archive.org/stream/willobiehisavisa00will#page/n5/mode/2up, aufgerufen am 19.1.2011.

allerersten Mal überhaupt der literarische Name »Shake-speare« erwähnt wird, im Zusamenhang mit dem Versepos »Lucretia«.

Yet Tarquyne *pluckt his glistering grape,*
And Shake-speare, *paints poore* Lucrece *rape.*

Früheste zeitgenössische literarische Erwähnung Shake-speares überhaupt, in »Willobie His Avisa« (1594)

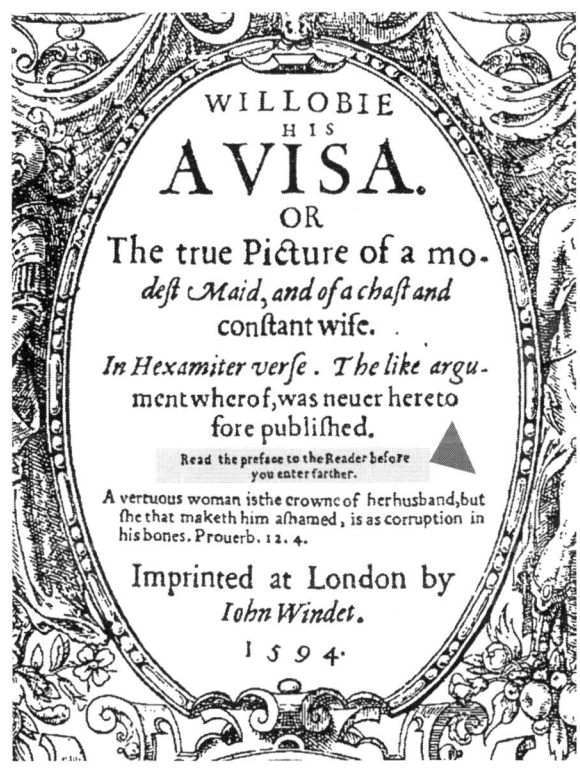

Titelblatt (zentraler Ausschnitt) von »Willobie His Avisa« (1594)

In dem Anfangsgedicht von »Avisa« skizziert der Dichter den Inhalt von »Lucretia«: Ein Tarquinius pflückt seine funkelnde Traube, während parallel dazu ein Shake-speare das Bild einer bedauernswerten Vergewaltigung der

Lucretia zeichnet. Tarquin und Shakespeare stehen in diesem Satz seltsam »dialektisch« nebeneinander.

Wer außer dem Autor selbst könnte in dieser sehr frühen Zeit um den Zusammenhang zwischen dem noch unbekannten Dichter Shake-speare mit »Lucretia« gewusst und ein Motiv für die erstmals geteilte Schreibweise von »Shake-speare« gehabt haben?

»Avisa« symbolisiert, wie bereits die Titelseite kenntlich macht, eine Tugend, »*a vertuos woman, she ... that makes him ashamed, is as corruption in his bones*«. Sie entspricht – wie bei »Lucretia« – metaphorisch seinem »Verführt-worden-sein« oder seiner Korrumpierung.

Dass in der Geschichte von »Willobie His Avisa« hinter einem »eindeutig moralischen Komplott« (»*plaine morall plot*«) etwas verborgen wird (»*there is something of truth hidden under this shadow*«) wird ohne jeden Zweifel bereits durch zahlreiche Andeutungen der anfänglichen »Epistle« (»*To the gentle and courteous Reader*«) deutlich:

> »(...) me to thinke it altogether a <u>fained matter, both for the names and the substance, and a plaine morall plot, secretly to insinuate,</u>
> (...) I doe more deeply consider of it and more narrowly weigh every particular part, I am driven to thinke that <u>there is something of truth hidden under this shadow</u>.
> (...) mee thinkes it is a matter almost impossible <u>that any man could invent all this without some ground or foundation to build on</u>.
> (...) inforceth me to coniecture, that though the <u>matter be handled poetically</u>, yet there is <u>something under these fayned names and showes, that haue been done truly</u> (...).«

Der in seiner Zeit erfolgreiche und rätselhafte[3] Gedichtband mit fünf Wiederauflagen (1594, 1596, 1599[4], 1609, 1635) handelt von der Auseinandersetzung des Autors mit seiner Tugend (hier als tugendhafte Avisa) und ihrer diversen Verehrer. Die Kürzel (Nob., Nob. Furens, Cavaleiro, Dan. Ben., Dy.Har., Hen. Will., H. W., Henrico Willebago und W. S.) stehen für reale Personen[5] oder Gruppen (»*Nobility*« beziehungsweise »*furious Nobility*«).

[3] Auffällige Textähnlichkeiten zwischen Cantus 47 aus »Willobie His Avisa« und Gedicht 18 in »The Passionate Pilgrim« von Shakespeare (?) konnten nie erklärt werden. Vgl. John Roe: Willobie his Avisa and The Passionate Pilgrim: Precedence, Parody, and Development. Yearbook of English Studies (1993). London 1993.
[4] Die Auflagen 1596 und 1599 wurden vermutlich verbrannt, da kein Exemplar dieser Auflagen erhalten blieb.
[5] Nob. = der Adel, Nob. Furens = Der wütende Adel, Dan. Ben. = Samuel Daniel (?), Ben = Ben Jonson (?), Dy = Drayton?, Har. = Harvey (?), H. W. bzw. Hen. Will. = Henry Willobie alias Christopher Marlowe/Shakespeare (?), W. S. = Shakspere?

Dass sich hinter dem Autor von »Willobie His Avisa« Marlowe/Shakespeare verbirgt, soll beispielhaft anhand einiger Indizien untermauert werden.

Indiz 1) »*The author names himself* « (Cantus 68–74)

Der metaphorischen Tiefenebene lässt sich entnehmen, dass sich hinter dem Autor »H. W.« Christopher Marlowe alias Shakespeare samt dem maskierenden Strohmann W. S. alias Harry (William Shakspere) verbirgt: Denn damit der Leser die Zusammenhänge überhaupt verstehe, rät der Autor bereits auf dem Titelblatt, zuerst das Vorwort zu lesen, bevor er in das Werk einsteige (»*Read the preface to the Reader before you enter farther*«). In diesem Vorwort (»*Epistle to the Reader*«) erläutert ein »uninformierter« Hadrian Dorell (H. D.), um wen es sich bei den angesprochenen Personen in dem Gedichtepos handele und insbesondere, dass sich ab dem Cantus 44 der Autor selbst zu erkennen gebe (»*from the forty foure Canto to the end of the booke. It seemes that in this last example the author names himself*«). Der Dichter beschreibe hier seinen eigenen »Aufschrei« (»*and so describeth his owne hue*«[6]).

H. D. muss eine ganz und gar erdachte Person des Autors gewesen sein, die berichtet, dass der Autor ihm während dessen Reisen im Dienst der Königin (»*beeing desirious to see the fashions of other countries for a time, departed voluntary to her Majesties service*«) seine Wohnung, seine Bücher und Schriften überlassen habe, und dabei sei es ihm (H. D.) gelungen, das aufgefundene Buch »unautorisiert« zu drucken (was in Wahrheit so niemals passiert sein kann).

> »*One [book] among the rest I fancied so much, that I haue ventured so fare upon his friendship, as to publish it without his consent.*«

Die Beschreibung des Autors passt gut zu Marlowe, der schon zu Studienzeiten im Auftrag ihrer Majestät auf dem Kontinent (zum Beispiel Reims, Vlissingen [Flushing], Leyden, u. a.) monatelang unterwegs war (s. S. 188). In »Willobie« ist der Dichter – genauso wie in »Lucretia« (das nur Monate zuvor gedruckt wurde), in »Fidessa« und anderen Gedichten – noch ganz damit beschäftigt, die fatale Wendung in seinem Leben literarisch darzustellen und zu verarbeiten, um in »Polimanteia« in eine massive Anklage und Verteidigung überzugehen (s. S. 547 ff.).

Indiz 2) »*Vigilantius Dormitanus*« … »*far surmounts all other fame*«

Was unter des Autors eigenem Aufschrei (»*and so he describeth his own hue*«, s. Cantus 65) zu verstehen sei, weiß »Hadrian Dorell«, der Vorwortschreiber, angeblich nicht und er will es auch nicht wissen (»*describeth his own hue, who*

---

[6] SOED: »Hue«: trans. assail, drive, guide with shouts, 1590.

that was, I know not, and I will not be curious«). Dies unterstützt die Annahme, dass der in dem Gedicht zu Anfang (*»In prayse of Willoby his Avisa, Hex-ametron to the Author«*) unterzeichnende »Vigilantius Dormitanus« der Autor von »Willobie his Avisa« ist.

Der vieldeutige Lobgesang von »Vigilantius:Dormitanus« könnte nicht bezeichnender sein:

>»Yet Tarquyne[7] pluckt his glistering grape, [aus Strophe 1]
> And Shake-speare, paints poore Lucrece rape.
> (…)
> Then Avi-Susan joyne in one, [Strophe 5]
> Let Lucres-Avis be thy name
> This English Eagle sores alone,
> And far surmounts all others [de]fame
> Where high or low, where great or small
> This Briton Byrd out-flies[8] them all
>
>> Contraria Contrariis,
>> Vigilantius: Dormitanus (…)«

Die widersprüchliche Selbstkennzeichnung (»*Contraria Contrariis, Vigilantius: Dormitanus*«) erinnert an die Signatur eines Briefes (»*The Fortunate-Unhappy*«), den Malvolio in Shakespeares »Was ihr wollt« (Akt 2, Szene 5) enträtseln will und in dem ihm empfohlen wird, wie er sich verhalten solle:

> (liest in einem Brief) »*Put thyself in the trick of singularity. She thus advise thee that [she] sighs for thee.*
>
>> *The Fortunate-Unhappy*«

Marlowe/Shakespeare folgt in »Willobie his Avisa« in höchster Präzision exakt dieser »Philosophie«, der er auch in anderen in diesem Kapitel dargestellten Werken folgte. In ihnen setzt sich der Autor mit all seinen Tugenden in Form von weiblichen Figuren (Lucretia, Avisa, Penelope, Fidessa, Cynthia) auseinander.

Der Autor gibt sich durch die Vieldeutigkeiten von Avisa (»*then Avi-Susan joyne … Lucres[9] Avis[10] be thy name*«) und durch das Wortspiel »*Vigilantius Dormitanus*« zu erkennen, nämlich als eine existente und zugleich nicht existente Person beziehungsweise einer »*Contraria Contrariis*«, die Gegensätzliches vereint. Diese Dialektik entstpricht in starkem Maße Marlowes dialektischer Lebensdevise »*Quod me nutrit me destruit*« (s. S. 217 f.).

[7] Tarquin (alias Marlowe), die männliche Hauptfigur in Shakespeares Versepos »Lucretia« (s. S. 356 ff.).
[8] To surpass, to fly past.
[9] SOED: lucre: ertragreich.
[10] SOED: Avis (e): obs für Advice, Advise etc.

Für niemand außer Marlowe ist es 1594 unmittelbar vorstellbar, dass er, obwohl am Leben (»Vigilantius«), dennoch nicht mehr vorhanden war (»*Dormitanus*«). Contraria Contrariis.

Welche andere Person außer Marlowe könnte sich 1594 zugleich als ein Lebender (»*Vigilantius*«) als auch als ein Schlafender (»*Dormitanus*«) dargestellt haben? Welche andere Persönlichkeit könnte ansonsten mit dem doppeldeutigen Namen eines »Englischen Adlers« (»*English Eagle*«), der den Ruhm aller überrage (»*far surmounts all others fame*«), bezeichnet werden? Oder mit dem Namen eines englischen Dichters (»*this Briton Byrd*«), der alle überfliegt (»*out-flies them all*«)?

Wenn man für das Wort »*fame*«, im Mittelenglischen die Kurzform »*(de) fame*« liest, lässt sich der Englische Adler in absolutem Gegensatz (»Contraria Contrariis«) auch als derjenige kennzeichnen, den allein es schmerzt (»*Eagle sores alone*«), dass seine Diffamierung die aller anderen bei Weitem übertrifft (»*and far surmount all other [de]fame*«), wie hoch und groß oder klein und niedrig sie gewesen sein möge (»*Where high or low, where great or small*«), sie übertreffe alle anderen Verleumdungen (»*out-flies them all*«).

Das Wort »*sore*« erinnert an Holofernes Gedicht in »Verlorene Liebesmüh«, mit seinem Bedeutungswechsel »*sore*« zu »*sorel*« (s. S. 508 f.).

Marlowe war zugleich ein Wacher, ein Lebender (»*Vigilantius*«) als auch ein nicht existierender, »schlafender« Dichter (»*Dormitanus*«), dessen Ruhm größer war als der aller anderen, der aber zugleich auch eine größere Diffamierung und Verwundung (»*sore*«) als alle anderen erlitten hatte. Keine andere Person kann damit gemeint sein. Hier ist nicht der Platz, alle metaphorischen Beziehungssetzungen zu Marlowe alias Shakespeare darzustellen. Es sind so viele, als dass es Zufall sein kann. Im Folgenden müssen einige wenige genügen.

Indiz 3) »*I haue shewed the Authors device, and his reason for the fiction*«

In einer Entschuldigung am Ende von »Willobie, his Avisa« (»*Apologie*«, sie erschien erstmals in der zweiten Auflage 1596) räumt der Autor W. H. klipp und klar ein, dass die zentrale Figur des Stücks eine erdachte (»*insinuated*«) weibliche Figur sei, die es nie gegeben habe. »A̲« stehe für »Non«, »Non Visus, Non Visa, Non Visum«, was so viel bedeutet wie: Avisa wurde niemals gesehen. Avisa war also eindeutig ein fiktiver weiblicher Name *(»the fained name of A V I S A«)*, ein Kunstgriff, eine Metapher des Autors (»*the Authors device, and his reason for the fiction*«), die alle anderen Täuschungen zum verstummen bringen sollte (»*which I thought would haue quailed all other fictions whatsoeuer*«). Hier wird deutlich, dass auch die übrigen abgekürzten Namen, einschließlich W. H., Vortäuschungen waren, die nicht erkannt werden oder in die Irre führen sollten. Auf wen könnte 1594 eine solche geistreiche Irreführung in annähernd gleichem Maße zugetroffen haben? Doch keinesfalls auf einen unbekannten W. H.!

Die eigentliche Metapher in »Willobie his Avisa« wird in dem Wortspiel »*Will obey his advise*« erkennbar, was so viel bedeutet wie, dass der Autor dem Rat (Avisa/advice/wise) gehorchen würde, seinen lebensrettenden Wechsel in die Anonymität zu akzeptieren:

Es lassen sich auch weitere Metaphern denken, zum Beispiel: 1) WILLs Argwohn (†OB. ME für Objection) betrachtet (EYES) sein (HIS) Verschwinden (A VISA) – oder: 2) WILL erlag (OB. ME †. =für Obiit?) den Anblicken (EYES) seines (HIS) Verlöschens (A – VISA).

> »(...) *the fained name of A V I S A I haue shewed the Authors device, and his reason for the fiction (...) which I thought would have quailed all other fictions whatsoeuer. But yet if farder yeewill haue my conceit, the order, words, and frame of the whole discourse, force me to think that which I am vnwilling to say. That this name insinuateth, that there was never such a woman seene, as heere is described. For the word A' VISA is compounded, (after the Greeke manner) of the privative particle A, which signifieth Non: (...) So that A'visa should signifie (by this) as much as Non visa, that is: Such a woman as was never seene. Which if it bee true, then Avisa is yet vnborne, that must reioyce in this prayse. (...)*«

Indiz 4) Cantus 44: »*A fantasticall fit*« [Shakspere = Shakespeare]

Ab Cantus 44, so wurde dem Leser in der Einleitung des Buches erklärt, spreche der Autor über sich selbst. Dort spricht er von seiner persönlichen Schicksalswende, die mit dem Identitäts- und Namenswechsel begann. Zunächst sei er plötzlich infiziert worden (»*H. W. being sodenly infected*«). Die Ansteckung (das heißt, die Übertragung einer anderen Identität und eines Namens auf ihn) führte zu einer fantastischen Übereinstimmung (»*with the contagion of a fantasticall fit*« – Shakspere = Shakespeare). Das erstmalige Erkennen dieses Abgrundes (»*at the first sight of A*«) verzehrte ihn eine Weile in geheimem Kummer (»*pineth a while in secret griefe*«). Die unangenehme Ausstrahlung (»*the burning heate*«) des bei diesem Komplott eingesetzten, so aberwitzigen Erfüllungsgehilfen (»*of so servent a humour*« = Shakspere) konnte er schließlich nicht mehr ertragen (»*at length not able any longer to indure*«), es entstellte (oder übertrug) das Geheimnis seines Leidens auf den ihm vertrauten W. S. (»*bewrayeth the secrecy of his disease vnto his familiar friend W. S.*« = William Shakspere).

> »*H. W. being sodenly infected with the contagion of a fantasticall fit, at the first sight of A, pineth a- while in secret griefe, at length not able any longer to indure the burning heate of so servent a humour, bewrayeth the secrecy of his disease vnto his familiar friend W. S.*«

Diese Passage dürfte zeigen, wie der Dichter H. W. (Henry Willobie = Marlowe) seinen Sturz in die Anonymität, in das Nichts (»A«), die Übertragung seines Namens auf eine andere Person (W. S.) erlebte. Der Shakespeare-Experte Charles Hughes war 1904 zumindest überzeugt, dass mit der Person W. S. (Harry) in »Willobie« William Shakespeare gemeint war.

> »*The cumulative Evidence makes it almost certain that the W. S. of the poem stands for William Shakespeare.*«[11]

Indiz 5) »*Not able by reason to rule the raging fume of his phantasticall furie*«

Nachdem sich des Dichters Tugend Avisa am Ende des Cantus 66 in Prosa (!) von dem völlig verzweifelten Autor, der an seinem seelischen Tiefpunkt angelangt war, schweigend abgewandt hat (»*not to answer a foole in his fooly, lest he grow too foolish, returned quite from him and left him alone*«), wirft dieser sich zu Hause in starkem Erregungszustand auf sein Bett, nicht fähig seinen Verstand gegenüber seinen Emotionen zu beherrschen *(»But he departing home, & not able by reason to rule the raging fume of his phantasticall furie, cast himselfe upon his bed«)*, verweigert für viele Tage jede Nahrung (»*and refusing both foode and comfort for many dayes together, fell at length into such extremity of passionate affections*«), sodass die meisten an seiner Gesundheit und seinem Geisteszustand zweifelten (»*that as many as saw him, had great doubt of his health*«). Erst nach längerer Zeit, in der sein Kummer nachgelassen hatte (»*yet after a long space, absence having procured some respite from sorrowes*«), nahm er seine Schreibfeder wieder zur Hand und schrieb das nachfolgende Gedicht (Cantus 68) nieder (»*he takes his penne and writes as followeth*«). Fast unverhüllt stellt Marlowe darin den Schmerz eines Menschen dar, den seine »Tugend« (sein Wert, seine Vorzüge, seine Kraft, seine Wirkung) im Stich gelassen hat.

Indiz 6) Cantus 68: »*They do but show their maisters fall*«

In den ergreifenden letzten Gedichten (ab 68) offenbart der Autor in verzweifelter Offenheit sein eingetretenes Schicksal. Die Gedichte 68, 69, 70, 71, 72, 73 (74 ist Avisas letztmalige Antwort) können nur als erschütternde Metapher für Marlowes Untergang, für den Verlust seiner Identität und seines Namens verstanden werden. In Cantus 69 bringt er es auf den Punkt: Man möge erkennen, was die Zeilen aussagen (»*and marke it well what they [the lines] shall say*«), sie könnten nicht verletzen, man möge sie alle lesen (»*they cannot hurt,*

---

[11] Willobie his Avisa. With an essay by Charles Hughes, London/Manchester 1904; Onlineversion: http://www.archive.org/stream/willobiehisavisa00will#page/n5/mode/2up, aufgerufen am 19.1.2011.

then read them all«), sie zeigten nur seinen »vollständigen« Absturz (»*They do but show their maisters fall«*).

Solange nicht stichhaltig erklärt werden kann, wessen Biografie hier durchscheint, bleibt die Annahme, dass hier der Absturz Marlowes dargestellt wird, die mit Abstand plausibelste Hypothese: Vordergründig wird der von Avisa verlassene H. W., beschrieben, in Wirklichkeit aber Marlowes bedrückendes Schicksal.

Die einzelnen Stanze des Cantus 68 sollen im Folgenden etwas näher betrachtet werden.

Indiz 7) Stanze I: »*My death shal be your gain*«

Der Autor beschreibt sich als einen verwundeten Hirsch[12] (»*Like wounded deer*«), dessen empfindsame Seite (»*sides*«) in Blut ertränkt wurde (»*whose tender s (f)ides*[13] *are bath'd in blood*«) durch eine tödliche Wunde, die ihm durch eine verhängnisvolle *Hand und einen gegabelten Stiel zugefügt wurde* (»*From deadly wound by fatal hand & forked shaft*«). Sein aufgespießtes Herz blutete (»*So bleeds my pierced heart*«), obwohl andere das als seine Rettung betrachteten (»*for so you think it good*«). Er wurde grausam beseitigt (»*With cruelty to kill*«), was andere als eine geschickte List ansahen (»*that which you got by craft*«): Freunde sprangen ein, was ihm sein Leben verleidete (»*You fill did loth my life*«), sein Tod werde anderer Gewinn sein (»*my death shal be your gain*«), er musste weichen, um anderen zu nutzen (»*To die to do you good*«), er selbst solle sich dabei nicht einbilden, seine Rettung sei für ihn schmerzhaft (»*I shal not thinke it paine*«).

> »Hen.Will:
> Like wounded deer whose tender fides are bath'd in blood
> From deadly wound by fatal hand & forked shaft:
> So bleeds my pierced heart, for so you think it good.
> With cruelty to kill, that which you got by craft:
> You fill did loth my life, my death shal be your gain
> To die to do you good, I shal not thinke it paine.«

Die erste Strophe lässt unzweifelhaft erkennen, dass H. W. ausgelöscht wurde (»*deadly wound by fatal hand & forked shaft*«) beziehungsweise sich als tot wahrnimmt (und wahrnehmen sollte), während andere seinen vermeintlichen Tod, seinen Identitätswechel als Wohltat und Rettung ihm gegenüber empfanden (»*you think it good ... which you got by craft ... you fill ... your gaine ...*

---

[12] Vergleichbare Szene mit dem erlegten Hirsch in Shakespeares »Verlorene Liebesmüh« (s. S. 504 ff.).
[13] Wahrscheinlich Wortspiel, »fides« – lat., Glaube, Wahrhaftigkeit, Redlichkeit. Die Bezugnahme zu »Fidessa« wird hier erkennbar.

to do you good«). Die vordergründige poetische Analogie zum Liebeskummer eines Mannes, der von seiner Geliebten (Avisa) verlassen wurde, ist hier nirgends mehr herstellbar.

Aus George Withers »Collection of emblemes«, 1634

Die Metapher des erlegten Hirschen taucht sowohl in der Holofernes-Szene von »Verlorene Liebesmüh« (s. S. 508 f.) als auch 1596 in Bartholomew Griffins »Fidessa« (»*Compare me to the weeping wounded hart, Moaning with tears the period of his life*«, s. S. 559) als auch in Georg Withers »A collection of emblemes[14]« (1633, siehe Bild) in inhaltlich und sprachlich enger Verwandschaft auf, mit dem bezeichnenden Satz »*here, me thinkes, I'm taught to looke upon Mine owne condition*« und mit dem unverkennbaren Marlowe-Motto (*Quod me nutrit me destruit*), hier: »*while thou toyl'st, an outward ease to win. Thou draw'st thine owne destruction further in*«.

Buch 4, Emblem VI (George Wither, Ausschnitt)

Poore Hart, why dost thou run so faste,
(...)
And while thou toyl'st, an outward ease to win.
Thou draw'st thine owne destruction further in;
Making that Arrow, which but prickes thy hide.
To pierce thy tender entrailes, through thy side.
And, well I may this wounded Hart bemoane;
For, here, me thinkes, I'm taught to looke upon
Mine owne condition; and, in him, to see
Those deadly wounds, my Sinnes have made in mee.
I greatly feare the World, may unawares

---

[14] A collection of emblemes, ancient and moderne, London 1635; Onlineversion: http://www.archive.org/stream/collectionofembloowith#page/214/mode/1up, aufgerufen am 19.1.2011.

Dass nicht nur diese bildhafte Metapher des erlegten Hirsches dem Schicksal Marlowes/Shakespeares entspricht, sondern dass auch dieser Kupferstich (neben anderen) der künstlerischen Hand des Dichters entstammt sein dürfte, wird für die meisten Menschen noch eine absurde Vorstellung sein – Shakespeare als Zeichner! *(»To the reader... those Motto's came to my hand twenty years past* [ca 1615] *and in those Illustrations which for mine owne pleasure, I had made upon some few of them ... and the Copper-Prints which are now gotten, could not be procured out of Holland upon any reasonable condition«*[15]*.)*

Indiz 8) Stanze II: »*My person could not please, my talke was out of frame*«

Der Dichter ist sich bewusst, dass seine Person zu vielen Menschen missfiel (»*My person could not please*«). Er weiß, dass seine Fähigkeiten, seine Reden, seine Eloquenz den gewöhnlichen Rahmen sprengten (»*my talke was out of frame*«). Sein Herz und Verstand konnten nie seine abscheuliche Perspektive (Folter der Inquisition) ertragen (»*Though hart & eye could neuer brook my loathed sight*«). Seine Freundschaft zu bestimmten Personen sage ihm jedoch (»*Yet love doth make me say*«), nicht Betroffene aus der Angelenheit herauszuhalten (»*to keepe you out of blame*), es sei einzig sein Verschulden gewesen (»*The fault was onely mine*«), seine Freunde hätten dabei keine Fehler gemacht *(»that you did but right«)*. Wenn er (einmal endgültig) tot sei, dann werde, so hoffe er, sein »Genius« dies klar zu erkennen geben (»*When I am gone, I hope my ghost shal shew you plain*«), dass er wahrhaft liebe (»*That I did truely love*«) und nichts vorgetäuscht habe (»*and that I did not faine*«):

> *My person could not please, my talke was out of frame*
> *Though hart & eye could never brook* [dulden] *my loathed sight*
> *Yet love doth make me say, to keepe you out of blame,*
> *The fault was onely mine, and that you did but right,*
> *When I am gone, I hope my ghost shal shew you plain*
> *That I did truely love, and that I did not faine.*

Indiz 9): Stanze III: »*Now must I find the way to waile while life doth last*«

Er weiß, dass er ab jetzt den (poetischen) Weg zur Trauerarbeit finden müsse (»*Now must I find the way to waile*«), während sein Leben weitergehe (»*while life doth last*«). Er hoffe dennoch, dass er bald das Ende jener schmerzlichen Tage erblicken werde (»*Yet hope I soone to see the end of dolefull daies*«) und

---

[15] Hier dürfte es sich am ehesten um das in Paris gedruckte Buch »Le Theatre des bon Engins« von Guillaume de la Perriere handeln, das 100 Embleme samt französischen Gedichten (ababbccdcd) enthält, die von Thomas Combe in »The Theater of Fine devices, containing an hundred morall Emblemes« (London 1614) ins Englische übersetzt wurden.

die Flut seiner umherströmenden Ängste und schleichenden Sorgen vergangen sein werde (»*When floods of flowing feares, & creeping cares are past*«). Dann werde er weggehen, um (»*Then shal I leaue to sing*«) über diese schmerzhaften Niederungen/Lügen schreiben (»*and write these doleful laies*«). Im Moment verabscheue er Essen und Atmen, das er zum Leben brauche (»*For now I loath the food & blood that lends me breath*«):

> *Now must I find the way to waile while life doth last,*
> *Yet hope I soone to see the end of dolefull daies;*
> *When floods of flowing feares, & creeping cares are past*
> *Then shal I leaue to sing, and write these doleful laies*
> *For now I loath the food & blood that lends me breath*
> *I count all pleasures paine that keepe me from my death.*

Die Situation ist recht eindeutig: Der Dichter ist einerseits gestorben (»*deadly wound by fatal hand with cruelty to kill*«), während andererseits sein Leben doch weitergeht (»*while life doth last*«). Ist eine solch spezifische Situation für eine andere Person als Marlowe/Shakespeare, zum Beispiel für einen Henry Willoughbie, im Jahre 1594 vorstellbar?

Indiz 10) Stanze IV: »*neither tongue, nor eye shall tell or see my fall*«

Der Dichter scheint beschlossen zu haben, wegen der tiefen und schweren Schatten (»*darke and heauy shades*«) jetzt dorthin zu fliehen *(»I now will take my flight*«), wo weder über seinen Sturz geredet noch wo man etwas über ihn wisse (»*Where neither tongue, nor eye shall tell or see my fall*«), damit er diese Verachtung überwinden (»*That there I may disgest these dregges of thy despight*«) und seine Verwundung (»*And purg the clotted blood*«), die gegenwärtig sein Herz verbittere (»*that now my hart doth gal*«), reinigen könne. In geheimem Schweigen *(»in secret silence*«) würden ab jetzt die »Unentrinnbarkeiten« seine Dichtung bestimmen (»*Perforce shall be my song*«), bis andere sich die Wahrheit eingestehen würden, dass ihm Unrecht zugefügt worden sei (»*Till truth make you confesse that you haue done me wrong*«).

> *To darke and heauy shades, I now will take my flight,*
> *Where neither tongue, nor eye shall tell or see my fall,*
> *That there I may disgest these dregges of thy despight,*
> *And purg the clotted blood, that now my hart doth gal*
> *In secret silence so, Perforce, shall be my song.*
> *Till truth make you confesse that you haue done me wrong.*
>
> *Gia speme spenta,*
> H. W.

Ist es reiner Zufall, dass die Abschiedsformel dieses Gedichts (»Gia speme spenta« – die »nun erloschene Hoffnung«) auch in »The Shepheardes Calendar¹⁶« (1579) des später »identifizierten« Autors Edmund Spenser am Ende der Eloge für den Kalendermonat Juni auftaucht?

Indiz 11) »A contented minde«

Im Schlussgedicht von »Willobie« (»*The prayse of a contented minde*«) gibt der Autor anhand von mythologischen Beispielen zu verstehen, dass er sich in einem speziellen »Geisteszustand« (»*contented minde*«) befände – das »contented« ist dabei wohl mehrdeutig.¹⁷

Dabei ist kaum zu übersehen, in welchem Ausmaß die in diesem letzten Gedicht vorkommenden Figuren Shakespeare-Stücken entstammen, die 1594 großenteils noch nicht geschrieben waren, zum Beispiel »Troilus« und »Cressida« (»Troilus und Cressida«, »Wie es euch gefällt«, »Viel Lärm um nichts«, »Der Widerspenstige Zähmung«/TTS, »Was ihr wollt«) sowie »Ulysses« (»Troilus und Cressida«), Penelope (»Coriolanus«), »Troja« (»Troilus und Cressida«, »Titus«, »Heinrich VI./3«, »Heinrich IV./2«, »Ende gut, alles gut«, »Julius Caesar«, »Verlorene Liebesmüh«, »Der Kaufmann von Venedig«, »Die lustigen Weiber von Windsor«), »Diomede«, (»Troilus und Cressida«, »Heinrich VI./3)«, »Hellen« (»Troilus und Cressida«, »Ende gut, alles gut«, »Wie es euch gefällt«, »Mittsommernachtstraum«).

Dies alles bedeutet, dass der Autor von »Willobie« nur Marlowe/ alias Shakespeare gewesen sein kann.

Indiz 12) »*Willobie*« und »*The Passionate Pilgrim*«

Stanze 47, in dem »W. S.« (William Shakspere) einen Ratschlag an H. W. erteilt, entspricht in Metrik und Tonfall durchgehend dem Gedicht »The Passionate Pilgrim« (1599), das viele als Jugendwerk Shakespeares auffassen (s. S. 564 f.).

Stanze 47 aus »Willobie his Avisa«:

> *Apply her still, with divers things,*
> *(For gifts the wisest will deceive)*
> *Sometimes with gold, sometimes with rings,*
> *No time nor fit occasion leave*
> *Though coy at first she seem, and wield*
> *These toys in time will make her yield*

»The Passionate Pilgrim« (Shakespeare/Marlowe?):

> *And to her will frame all thy ways*
> *Spare not to spend, and chiefly there*

---

¹⁶ Edmund Spenser: The Shepheardes Calender, London 1890; Onlineversion: http://www.archive.org/stream/cu31924013125418#page/n91/mode/2up, aufgerufen am 19.1.2011

¹⁷ SOED: content: 1) kämpferisch: to compete, to strive earnestly, to struggle, to endeav

Where thy desert may merit praise,
By ringing in thy lady's ear.
The strongest castle, tower, and towne,
The golden bullet beats it downe.

Auf diese verblüffende Analogie hat Hughes 1904 aufmerksam gemacht, ohne daraus zu folgern, dass es sich um den selben Autor gehandelt haben müsste.

»Polimanteia« von W. C.[18]

Das 1595 gedruckte »Polimanteia« wäre heute wahrscheinlich längst vergessen, wenn es nicht ebenso wie »Willobie his Avisa« sehr früh auf »Shakespeare« und »Lucretia« hingewiesen hätte und somit von historischem Interesse geblieben wäre.

Im 19. Jahrhundert erkannten Experten hinter dem Autor W. C. wegen seines Studiums in Cambridge einen Graduierten der Universität namens »William Cowell«. Später favorisierte man »William Clerke«. Denn Clerke, der ungleich plausiblere Autor veröffentlichte im Jahr zuvor, 1594, »The Triall of Bastardie: That Part of the second part of Policie, or maner of Government of the Realme of England: so termed, Spirituall, or Ecclesiasticall« in London. William Clerkes Grundthema, die uneheliche Abstammung (s. a. S. 424 f.), wie auch das Epigramm-Buch »Chrestoleros Seven bookes of epigrames written by T.B.« (1598) eines gewissen Thomas Bastard unterstützen die Annahme dieses Subkapitels, dass sich hinter W. C. und T. B. Marlowe alias Shakespeare verborgen haben muss.

»Polimanteia« kann eigentlich – wie im Folgenden zu zeigen sein wird – nur von Christopher Marlowe (alias Shakespeare) geschrieben worden sein. Hinter W. C. verbirgt sich ein nicht mit gewöhnlichen Maßstäben zu messender »Universalgelehrter«, zugleich eine künstlerisch außerordentlich begabte, von sich eingenommene Person. Dass dies Marlowe (alias Shakespeare) gewesen sein dürfte, konnte offenbar zu keiner Zeit postuliert oder auch nur in Ansätzen in Erwägung gezogen werden, da Marlowe 1595 schließlich zwei Jahre zuvor getötet worden war und Shakspere nie mit Cambridge hätte in Verbindung gebracht werden können.

---

our, to engage in conflict 2) den Inhalt erkennend, matter of cognition; 3) gefügig, zufrieden, acceptance of condition, satisfactory.

[18] In: A. B. Grosart: Elisabethan England in Gentle and Simple Life, Manchester 1881; Onlineversion: http://www.archive.org/stream/cu31924013117035#page/n29/mode/2up, aufgerufen am 19.1.2011.

POLIMANTEIA,

OR,

The meanes lawfull and vnlawfull, to
IVDGE OF THE FALL OF A
COMMON-WEALTH, AGAINST
the friuolous and foolish conic-
ctures of this age.

Whereunto is added,

A letter from England *to her three daughters,* Cambridge, Oxford, *Innes of Court,* and to all the rest of her inhabitants: perswading them to a constant vnitie of what religion soeuer they are, for the defence of our dread soueraigne, and natiue cuntry: most requisite for this time wherein wee now liue.

Inuide, quod nequeas imitari carpere noli :
Nil nisi cum sumptu mentem oculosq́; iuuat.

Printed by Iohn Legate, *Printer to the Vniuersitie of Cambridge.* 1595.

And are to be sold at the signe of the Sunne in Pauls Church-yard in London.

»Polimanteia« von W. C., 1595

Und dennoch muss es logischerweise so gewesen sein: »Polimanteia« war der literarische Versuch des offiziell nicht mehr existenten Dichtergenies Marlowe, sein persönliches Schicksal einer gebildeten Schicht zu vermitteln, indem er es kunstvoll in einen philosophisch-historischen Essay einflocht. Im Vorwort (»*Preface to the Reader*«) heißt es:

> »*And yet least thou desire to knewe what thou oughtest not, I have laboured to make knowne what thou shouldest desire.*«

»Polimanteia« kritisiert die Umstände, die den Autor zu Fall gebracht hätten, und ist eine Anklage gegen Personen und Instanzen, die seinen Sturz bewirkten. Zugleich kann es als ein Plädoyer gegen seine Behandlung als Dichter erkannt werden. Im Vorwort steht:

> »*... that I never yet in the least syllable of the so tearmed loosest line meant either to modestie, piette, chastitie, time, the Muses, or kindness to doe wrong; ... suspect in me but the least shadow of supposed iniurie: for I neither ment to make loose poetry a true historie.*«

Die aufgrund der Textinhalte plausible Annahme, dass Marlowe alias Shakespeare das Werk verfasst haben muss, soll hier kurz erläutert werden. Der ganz erstaunliche Essay »Polimanteia« ist so strukturiert, dass der Autor W. C. in der ersten Hälfte das allgemeine Thema umreißt und wesentliche Begriffe und historische Vorbedingungen erläutert, die das Handeln der Menschen in ihren historischen Zeitläuften und sein eigenes im Speziellen bestimmten. Er setzt sich mit zaleichen Themen auseinander wie z. B. mit Prophezeiungen und Weissagungen (»*divinity*«), mit der Bedeutung von Astronomie und Astrologie, mit Religion und Göttlichkeit, von Puritanismus und Atheismus, von Recht und Unrecht, von Gut (»*God*«) und Böse (»*Satan*«, »*Devil*«), von Wissen und Unwissen (»*Ignorance*«), von Musik und Harmonie, von psychischen Zuständen (»*discord*«, »*sympathie*«, »*dreames*« und andere), von Staatsformen (»*Monarchies*«, »*Democraties*«, »*Tyrannies*«) etc.

Im zweiten Teil tritt er dann mit diesen Voraussetzungen in drei Unterabschnitten in einen Diskurs ein mit:

a) der geistigen Elite Englands (*Oxford, Cambridge, London's Court of Innes*): In dramatischer Shakespeare-Manier schlüpft der Autor in die Rolle von »Mutter England«, die sich an ihre drei Töchter in Gestalt der Universitäten Cambridge, Oxford sowie der Court of Innes, der »Gerichtshöfe« in London, wendet,
b) den Bewohnern Englands (»*inhabitants*«) und
c) den kommenden Generationen (»*children*«).

Dabei gelingt es ihm, sein eigenes Schicksal und dessen Ursachen parabelhaft in diesen Diskurs hineinzuweben.

Eine ausführliche, geschweige denn vollständige Analyse von »Polimanteia« übersteigt meine eigenen Fähigkeiten sowie auch den Rahmen dieses Buches bei Weitem. Wem in der Zukunft der Paradigmenwechsel von Shakspere = Shake-speare« zu »Marlowe = Shake-speare« gelingen sollte, dem dürften sich neue Möglichkeiten eröffnen, Shakespeares Persönlichkeit anhand seiner Weltsicht und seiner Empfindungen unmittelbar verstehen zu lernen und nicht nur hinter den Figuren seiner Theaterstücke.

Indiz 1) »*The Fall of A Common-wealth*«

Der auffällige Titel lässt die metaphorische Tiefenebene des Essays bereits unmittelbar erkennen. Der Begriff »Poli-Manteia«[19] besagt, dass das Buch mehrere Bedeutungsebenen enthält. Der lateinische Zweizeiler auf dem Titelblatt (»*Invide, quod neqeas imitari carpere noli: Nil nisi cum sumptu mentem oculosqs iuvat*«) erklärt dem Leser »frei übersetzt«, dass er den Text nur mit einer gewissen Anstrengung werde verstehen können (»Begnüge Dich, ein solches Werk und seinen wahren Autor zu beneiden, wenn Du es nicht mit deinem Verstand [Geist und Augen] nachvollziehen kannst«).

Es wird deutlich, dass der Autor in die Rolle der »Mutter Englands« schlüpft und sich an die Nachkommen (»*children*«) wendet. Seine Aussagen entsprächen dem, so schreibt er in seiner Zueignung an Robert Devereux, worüber das Land gegenwärtig rede.

> »*I take upon me Englands person and speake like a Common wealth*
> [...]
> *yet (honourable Lorde) take them as your cuntries talke,*«

Der Essay steht auf einem hohen künstlerischen und Wissensniveau und kann eigentlich nur von einem universellen Genie verfasst worden sein. Marlowe/alias Shakespeare (alias W. C.) lässt an zahlreichen Stellen unverkennbar zum Teil recht spezifische Einzelheiten eines Lebens, eines Schicksals und einer von sich überzeugten Persönlichkeit einfließen, die hoch spezifisch nur auf ihn zutreffen können.

Indiz 2) »*That since the day of my first birth called (as I am) by Religious name*«

Zu Beginn seines religiösen Diskurses mit der jungen Generation gibt der Autor zu verstehen, dass es seit den Tagen seiner »ersten« (!) Geburt (»*that since the day of my first birth*«), als er noch einen religiösen Namen besaß (»*since the time I was called (as I am) by Religious name*«), nie Veranlassung dazu gegeben hätte, dass sich Königtümer (»*kingdomes*«), Fürsten (»*prin-*

---

[19] Griech. »Poli«: viel; »Manteia«: Deutung, Betrachtung.

ces«), Menschen (»*people*«) oder Personen (»*any private persons*«) über ihn beklagten:

> »... *that since the day of my first birth, since I first shined weekely in these coastes, since the time I was called (as I am) by Religious name I never caused, either Kingdome to be desolate, Prince to bee distressed, people to despaire: or any private person to be malecontent.*«

Wenn er von einem Leben nach seiner »ersten« Geburt (als Marlowe) spricht, so ergibt dies nur Sinn, wenn er sein jetziges Leben als das nach seiner »zweiten« Geburt (mit Pseudonym Shake-speare und anderen Namen) begreift.

Zugleich lässt er erkennen, dass er in seinem »ersten« Leben einen religiösen, christlichen Vornamen (Christopher) trug, der aber jetzt nicht mehr seiner ist. Dies lässt sich auf Christopher Marlowe beziehen, nicht aber auf William Clerke.

Indiz 3) »*Rhemes their margent: proudest of them all*«

Er spricht davon, dass in seiner Studienzeit in Cambridge Studenten tapfer den Lehren ihrer Lehrer widerstanden hätten (»*thy children have often since so valiantly withstoode their learned foes*«), da die damals lebenden religiösen Neuerer wie Robert Belarmine in Rom, Thomas Stapleton in Douai, später Leuven, ebenso wie er selbst in Reims, das Supremat des Papstes nicht unterstützten (er nicht von Rechts wegen), er der stolzeste:

> »*and thy children have often since so valiantly withstoode their learned foes, as Rome can neither aduance her Bellarmin: Louan her Stapleton, (nay mine by right) Rhemes their margent: proudest of them all*«.

Das Wortspiel (»*(nay mine by right) Rhemes their margent: proudest of them all*«) könnte zugleich bedeuten, dass er Reims für Aufträge eher selten besucht habe, dass es in dieser Hinsicht »Randgebiet« für ihn gewesen sei. Er assoziiert dies damit, dass er selbst als »Marginalie« am Buchrand (»*their margent*«) erkennbar worden sei (»*Shake-speare. Eloquent Gaveston*«, s. später und Abb. S. 110). Die Metapher »*margent*« hatte mit der Buchkunst der Zeit zu tun, in der Textinhalte am Seitenrand als eine Art zusammenfassender Titel gedruckt wurden. In Szene 2 des 1. Aktes von »Romeo und Julia« heißt es:

> »*And what obscur'd in this fair volume lies,*
> *Find written in the margent of his eyes.*«

1587 hatte die Universität Cambridge Marlowe dadurch herausgefordert (»*they have dared mee*«), dass sie ihm nicht seinen M. D. (»Master's Degree«) verlieh, da er zu lange von Cambridge abwesend gewesen war. Während seiner Abwesenheit (er wurde in Reims vermutet) ließ er nichts von sich hören (»*and I have not answered*«). Sein Master's Degree wurde ihm erst nach der berühmten brieflichen Aufforderung der Königin (s. S. 188) verliehen. Diese persönliche Kränkung durch die Universität Cambridge habe er noch nicht verwunden (»*as the woundes shee* [Tochter Cambridge] *made, are not yet cure*«). Er vergleicht sich mit einem Bauern (»*And if at home any base pesant, not valewing thy worth*«), dem man in England seinen Namen aberkannt habe (*denying them their names*), indem man seinen Besitz unterschlagen (»*defrauding them of their land*«) und ihn verunglimpft habe (»*detracting from their fame*«).

> »(...) *they have dared mee, and I have not answered:: nay thy other sister[oxford] hath been so forward in that kinde, as the woundes (shee made, are not yet cured)). And if at home any base pesant, not valewing thy worth, vpon England to her vpon presumption shall do you wrong either hardly intreating your children, denying them their names of defrauding them of their land: detracting from their fame* (...)«

Die Informationen in dieser spezifischen Textpassagen lassen kaum einen Zweifel daran, dass hier Christopher Marlowe gemeint gewesen sein muss.

Indiz 4) »*Atheisme hath perswaded the world of my death*«

Marlowe wurde von verschiedenen seiner Zeitgenossen (Thomas Nashe, Robert Greene, Gabriel Harvey) und von sich selbst (siehe zum Beispiel Prolog von »Massaker von Paris«, S. 333 f.) als Machiavell (Machevil, Machivel) bezeichnet.[20] In »Polimanteia« erkennt der Autor die Gefahren, die durch seine Gleichsetzung mit Machiavell entstanden sind und sieht in dieser Gleichsetzung einen Grund für sein schicksalhaftes Verhängnis (»*Machivell hath obtained so much credit amongst the greatest states men of all Europe, Atheisme hath perswaded the world of my death*«). Keine andere vergleichende Gegenüberstellung hätte schädlicher für ihn sein können (»*Cann any counsel be more pernicious to a Common wealth?*«). Er selbst habe in Wahrheit nie die Absicht verfolgt, Machiavells Weisheiten zu huldigen (»*which he never meaneth to imbrace in trueth*«).

> »(...) *yet I must say thus much in the true defence of my selfe, that since prophane Machiuell hath obtained so much credit amongst the greatest states men of all Europe, Atheisme hath perswaded the world of my death, & tolde Princes that there was no religion. Cann any counsel be more pernicious to a Common wealth? more dangerous to a Countrie? more fatall to a Prince? then onely to relie in causes of greatest importance vpon his owne wisedome? to seeme to have that religion in shew, which he never meaneth to imbrace in trueth? to preferre Heathens before me? to ascribe felicitie to fortune, and not to vertue and true religion?*«

---

[20] Vgl. Irving Ribner: Marlowe and Machiavel, in: Comparative Literature. VI (1954), S. 349–356, sowie: George Watson: Machiavel and Machiavelli, in: The Sewanee Review 84 (1976), S. 630–648.

Marlowe weiß, dass die Papisten²¹ seine »Wahrhaftigkeit« verurteilten (»*but the Papists began scoffingly, to contemne my trueth*«), sie ließen über die gotteslästerlichen Atheisten verbreiten, sie glaubten an überhaupt nichts (»*and the Atheist prophanely to thinke there was their none at all*«).

Marlowe lässt durchblicken, dass er inzwischen nur noch ungern in der längst verglühten Asche eines angeschwärzten Machiavell stochern würde (»*But I am loath to rake in the dead cinders of polluted Machiuell*«), den man mittels des Teufels instrumentalisiert habe, um damit ihn (Marlowe) selbst persönlich zu verunglimpfen (»*whom though Satan made an instrument to disgrace me*«).

> »(...) *that decencie was a matter of ceremonie; which was no sooner bruted in the worlds eare, but the Papists began scoffingly, to contemne my truth, and the Atheist prophanely to thinke there was their none at all. But I am loath to rake in the dead cinders of polluted Machiuell, whom though Satan made an instrument to disgrace me, and with his dregges dangerouslie.*«

Dieser Text allein genügt bereits, in dem Autor »Polimanteias« Christopher Marlowe zu erkennen. Wer sonst hätte 1594 Grund gehabt, Machiavell als die Ursache seines »vordergründigen« Todes in dieser Form in Polimanteia einzubetten?

Indiz 5) »*A murther written in Tymes forhead, by the pen of aeternitie to astonish all posteritie*«

In »Polimanteia« bringt der Autor das im Sommer 1594 vielfach mit großem Erfolg aufgeführte Marlowe-Stück »The Guise« ein, das erst Jahre später in »The Massacre at Paris« umbenannt wurde. Verschiedene der Figuren darin stehen in einem spezifischem Zusammenhang mit Marlowes Schicksal. In einer un(v)erkennbaren Selbsteinschätzung hebt der Autor hervor, dass ein unsterblicher Dichter zur rechten Zeit einen Mord dramatisch verarbeitet (»*a murther written in Tymes forhead, by the pen of aeternitie*«) und dadurch die gesamte Nachwelt in Erstaunen versetzt habe (»*to astonish all posteritie*«).

»The Guise«/»Das Massaker« wurde erstmals am 26. Januar 1592 von den Lord Strange's Men gespielt und nach der Pest im Sommer 1594 mit Erfolg vielfach wieder aufgeführt.

> »*... the Duke of Guyse, his brother, the Cardinall, the King of 'France last slayne by that false Jacobin, (a murther written in Tymes forhead, by the pen of aeternitie*

---

²¹ Der Begriff eines »Papisten« wurde während der englischen Reformation geprägt, um abwertend zum Ausdruck zu bringen, dass diese Christen loyaler zum Papst als zur englischen Kirche standen.

to astonish all posteritie) these all happened from December to August: and therefore mee thinkes September hath small vertue to induce vs to respect it. But of all rules which I knowe worth the marking to iudge by of the falles of kingdomes, & Common wealth.«

Marlowe konnte seine eigene dichterische Bedeutung in »Das Massaker von Paris« gefahrlos herausstellen, da ihn niemand mehr unter den Lebenden vermutete. Etwas Ähnliches tat er auch in »Hamlet«, wo er Einzelheiten aus seinem Drama »Dido, Königin von Karthago« und seine frühe Aufführung lobend und in extenso zitiert (s. S. 375 f.).

Indiz 6: »*...certaine flowers open and shut after the approaching & departing of the Sunne*«:

Es fällt auf, dass die Metapher mit der Ringelblume (»*Marigold*«), die in Marlowes »Hero und Leander« (s. S. 244) und in Shakespeares Sonett 25 (s. S. 243 f.) auftaucht und das nicht mehr von der Sonne beschienene Genie Marlowe beschreibt, in »Polimanteia« erneut verwendet wird, was als ein Indiz für die Autorschaft Marlowes/Shakespeares gewertet werden kann:

»*a Likewise we see that certaine flowers open and shut after the approaching & departing of the Sunne.*«

Indiz 7: »*and make me nourish them to my owne destruction*«

Es wurde bereits an anderer Stelle eingehend dargelegt, dass die für Marlowe so charakteristische dialektische Lebensphilosophie oder Lebensdevise, die er 1585 auf sein Porträt im Corpus Christi College in Cambridge schreiben ließ (»*Quod me nutrit me destruit*«), in verschiedenen Werken Shakespeares auftaucht, was dafür spricht, dass Shakespeare und Marlowe dieselbe Person gewesen sein müssen (s. S. 217 f.). Auch in »Polimanteia« kommt diese Lebensdevise mehrfach vor. Dies kann unmöglich rein zufällig passiert sein und weist unmissverständlich auf Marlowe als Urheber von »Polimanteia« hin:

»*(...) and make me nourish them to my owne destruction (...)*«
»*(...) and to nourish that flame which consumed Greece (...)*«
»*(...) and have made me blow it till I burne to ashes (...)*«

Auch unter dem Pseudonym George Wither (1635) und Goffrey Withney (1586) taucht das Motto als Emblem und als Gedicht in identischer Form wieder auf (Details s. S. 220):

»A Collection of Emblems«[22] (George Wither, 1635):

[22] George Wither: A Collection of emblemes, ancient and moderne, London 1635, S. 56; Onlineversion: http://www.archive.org/stream/collectionofembloowith#page/68/mode/1up, aufgerufen am 19.1.2011.

»Qui me alit, me extinguit« [Rundtext um Emblem]

»A choice of Emblemes and other devises«[23] (Geffrey Whitney, 1586):

»Qui me alit me extinguit«

Indiz 8: *»the Tartar: in the meane time England for my sake hath found a peace«*

Bei einem Diskurs über Zwietracht zwischen Völkern kommt der Autor W. C. bei Erwähnung von *»The Tartar«* (»Tamburlaine«) unvermittelt und doppeldeutig auf England und sich selbst zu sprechen: England habe mittlerweile um seinetwillen (!) Frieden gefunden (*»in the meane time England for my sake hath found a peace«*) – man beachte die phonetische Ähnlichkeit von »*peace*« (Frieden) und »*piece*« (Theaterstück) (mehr dazu auch auf Seite 582).

Er sitze hier sicher und habe Muße, seinen Untergang (Von Tamburlaine? Von sich selbst?) zu betrachten,

»(...) and had leasure to looke at their falls (...)«

Dies weist unmissverständlich auf Marlowe als Urheber hin.

Indiz 9: *»Who falsely haue expected to see mee fall«*

Eine Passage aus »Polimanteia« (dritter Teil: *»Religious Speech to England's Children«*) soll etwas ausführlicher interpretiert werden, um Folgendes zu verdeutlichen:

a) Volksaufwiegelung (*»sedition«*) und Hochverrat (*»treason«*) waren wohl die schwersten Anklagepunkte gegen Marlowe, die – wie bei Penry, Greenwood, Barrowe, Lopez[24] und anderen geschehen – mit dem Tod bestraft wurden, sodass er sich erkennbar speziell gegenüber diesen Vorwürfen zu rechtfertigen suchte. Dabei dürfte sich die Krone wahrscheinlich »großmütig« vorgekommen sein, ihn aufgrund seiner literarischen Verdienste vor dem Tode gerettet und aus dem Verkehr gezogen zu haben.

b) Nur Shakespeare/Marlowe kann in der Lage gewesen sein, sein persönliches Schicksal so meisterhaft mit den historischen Betrachtungen in »Polimanteia« zu verweben, dass ihn niemand unmittelbar hätte erkennen und angreifen können. Er hätte sich stets schützen können, indem er behauptet hätte, er habe nicht sich selbst, sondern eine historische Situation analysiert.

---

[23] Geffrey Whitney: A choice of Emblemes and other devises, London 1586, S. 183; Onlineversion: http://www.archive.org/stream/choiceofemblemes00whituoft#page/183/mode/1up, aufgerufen am 19.1.2011.

[24] In »Polimanteia« wird als Seiten-Marginalie die Hinrichtung von Rodrigo Lopez am 7. Juni 1594 erwähnt – Marlowes Faust erwähnt in der A-Fassung (1604) einen »Dr. Lopus«.

Diese verdeckte zweite Ebene war bereits damals nur für wenige augenfällig; sie ist heute umso mehr für den Unwissenden nicht mehr erschließbar, doch man beginnt beim Lesen dieser Passage zu ahnen, was sich in jener Zeit hinter den politischen Kulissen abgespielt haben muss.

c) Es erscheint aus verschiedenen Gründen unmöglich, dass der unbekannt gebliebene William Cowell/William Clerke einen solch komplexen Text konzipiert hat. Er hatte kein erkennbares oder nachvollziehbares Motiv (und wohl auch nicht die geistige Kompetenz), im Jahr 1594/95 ein Werk mit derartigen Bedeutungsebenen und solch einem Hintergrundwissen zu schreiben – für Marlowe/Shakespeare dagegen läge das Motiv unmittelbar auf der Hand.

Marlowe argumentiert, er sei bisweilen (vonseiten der Oberen) verletzt worden (»*Thus have I some times tasted of their harmes*«). Aber er habe in diesen 36 (30[25]) Jahren in Sicherheit gelebt (»*and though I have liued in the days safe this 36 yeares*«). Kein Feind von außen sei in der Lage gewesen (»*that no forraine enemie was able*«), ihn von dem Land seiner Väter zu vertreiben (»*to roote*[26] *mee from the land of mine inheritance*«). Er habe sich dabei immer mit seiner gefürchteten Herrscherin verbunden gefühlt (»*yet I have bin stil so vnited to your dread soueraigne*«) und sei in der Gunst eines tapferen »Champions« gestanden (»*so in fauour with my valiant champions*«). Die Marginalie[27] nennt hier Beispiele: Essex, Willowbie[28], (Sir Thomas) Norris, Sir Francis Vere etc.

Niemand habe es gewagt, sich gegen ihn zu stellen (»*that none opposed themselves against mee*«). Stets beging jemand zunächst gegenüber der Königin Verrat (»*but first: committed treason against her*«). Und obwohl (in seinem Fall) die Königin angesichts seiner inständigen Bitten bereit gewesen sei (»*and though at my intreatie she was content*«), ihm seinen Fehler zu verzeihen (»*to pardon them my fault*«), würden Recht und Gewissen dennoch gebieten (»*yet Iustice and conscience both would*«), dass all die sterben sollten, die ihr Übles wünschten (»*that they all should perish that wish her evill*«). In der Marginalie am Seitenrand spezifiziert er den Punkt: Unwahre Verleumdungen machten

---

[25] Eigentlich müsste es »30« statt »36« Jahre heißen, am ehesten täuschte hier Marlowe eine »0« durch eine oft ähnlich erscheinende »6« vor, wie das an anderer Stelle ebenfalls vorkam. William Covell wäre 1594 noch ein Kind gewesen.

[26] SOED: to root: to search out, to hunt up, 1592.

[27] Elizabethan England in gentle and simple life. Being I. England's address to her three daughters, the Universities of Cambridge and Oxford, and Lincoln's Inn: from Polimanteia, 1595, Manchester 1881, S. 97; Onlineversion: http://www.archive.org/stream/cu31924013117035#page/n126/mode/1up, aufgerufen am 19.1.2011.

[28] Dass »Willowbie« in dieser Schreibweise und in dieser illustren Gruppierung von Champions auftaucht, könnte als ein Hinweis Marlowes auf sein soeben erschienenes Werk »Willowbie his Avisa« angesehen werden.

aus Verrätern Märtyrer (»*False slander to make traytors a martyr*«). Denn erst dadurch würden sie, um einer falschen Religion gegenüber gefälliger zu sein (»*Then howsoever thereby (to bee dearer to false religion)*«), die Welt glauben machen, sie wären für seine Sache gestorben *(»they make the worlde beleeve, that they dye for my cause«)*. Dies könne er nicht akzeptieren *(»yet I cannot chuse but I must needes renownce them«)*, denn niemals wurde ein Märtyrer zum Verräter (»*Never martyer was a traytor*«). Märtyrer, die er kannte und die durch ihren Disput starben (»*Martyrs I have had, that haue dyed in my quarrel*«), hätten sich nie darin verfangen, ihre Fürsten zu zerstören (»*yet never any that intangled himselfe to destroye a Prince*«).

Während er darüber geweint habe, dass Tyrannen seine junge Generation ermordeten (»*I haue wept while tyrants haue slaine my children*«), konnte er Märtyrer nie als aufrührerisch erkennen (»*yet I never saw them to be found rebellious*«). Er verachte hingegen Verräter und Aufrührer offen (»*give mee leave then openly to disclaime those out of my favour*«), er möchte sie aus jedem Buch der Ehre streichen (»*to cancel them out of honors booke*«), ihnen jede Gefolgschaft verweigern (»*to renounce them from being my followers*«), denjenigen, die verräterisch mit seinen eingeschworenen Feinden konspiriert hätten (»*who haue traitorously conspired with my sworne enemies*«), die heimtückisch die Absicht verfolgten, ihre Fürsten zu töten (»*who treacrouslie haue intended their Pinces death*«), die in aufrührerischer Absicht gegenüber seiner Haltung zu den Waffen gegriffen hätten (»*who rebelliouslie have taken armes against my sides*«), die fälschlicherweise seinen Sturz erwartet hatten (»*who falsely haue expected to see mee fall*«).

Marlowe versucht sich gegenüber den offenkundig gegen ihn gerichteten Vorwürfen von »*treason*«, »*sedition*« und »*rebellion*« zu verteidigen – er habe nie gegen die Krone agiert und konspiriert.

Indiz 10) Jonson: »*Blame me of too blind affection*«

Ben Jonson hat – wie bereits eingehend dargestellt – mit Sicherheit um all die Irreführungen hinsichtlich der Autorschaft Marlowes/Shakespeares gewusst (s. S. 87 ff. und 120 ff.). Er ist der Kronzeuge par excellence. Man kann annehmen, dass er, als er aufgefordert wurde, in der »First Folio« die Laudatio auf Shakespeare zu schreiben, »Polimanteia« (das in seinem Besitz gewesen sein dürfte) zur Kennzeichnung des Autors Shakespeare/Marlowe heranzog:

»Polimanteia« (Selbstkennzeichnung des Autors Marlowe/alias Shakespeare):

»... *and if either there be folly in me for to love so much ...*
let then blame me of <u>too blind affection</u>.«

Versepos »Peirs Gaveston« (1594)

Bei Jonson in der »First Folio« lautet das:

»*Or blinde affection, which doth ne'er advance
The truth, but gropes, and urgeth all by chance.*«

Indiz 11) »*All praise worthy. Lucrecia Sweet Shak-speare. Eloquent Gaveston*«

Es wurde bereits früher erwähnt, dass die Quelle »Polimanteia« unter anderem deshalb überlebt hat, weil sie zu den frühesten Zeitzeugnissen gehört, in denen ein Dichter Shake-speare und sein Frühwerk »Lucretia« erwähnt wird. Die ominöse Verknüpfung zwischen dem Werk und seinem Verfasser »*Lucrecia Sweet Shak-speare*« einerseits und dem »*Eloquent Gaveston*« andererseits ist merkwürdigerweise in Shakespeare-Biografien nie befriedigend interpretiert worden. Sie hätte unweigerlich zu der Einsicht führen müssen, dass mit dem eloquenten Gaveston Marlowe gemeint war, wie er sich in seinem Stück »Edward II.« zu erkennen gibt (s. S. 348 ff.), und dass »Polimanteia« damit verdeckt auf Marlowe/alias Shakespeare hinweisen wollte.

Wem damals das bereits kurz vor »Polimanteia« (1595) erschienene Versepos mit 288 Gedichten (ababcc) über Gaveston »Peirs Gaveston Earle of Cornwall. His life, death and fortune« (1594) bekannt war (s. Bild), der dürfte keine

Schwierigkeiten gehabt haben, die Zusammenhänge zwischen Shakespeare, dem Autor von »Lucretia«, und dem eloquenten Gaveston herzustellen. Denn niemand dürfte sich damals der Einsicht verschlossen haben können, dass mit dem Versepos über Gaveston eine der eindrucksvollsten, frühesten und vollständigsten poetischen Abhandlungen des Dichters Marlowes über seine Schicksalswende, seinen Sturz und seine formale Auslöschung (Tod) (»*his life, death and fortune*«) vorlag.

Der lateinische Spruch auf der Titelseite (»*effugiunt* [Original: defugiunt] *avidos carmina sola rogos*«) entstammt Ovids »Amores« (III, 9) und bringt zum Ausdruck, dass der Dichter allein (»*sola*«) wegen seiner Gedichte (»*carmina*«) dem gierigen (»*avidos*«) Scheiterhaufen (»*rogos*«) entkam (»*effugiunt*«).

Auch der Mercur – oder Caduceusstab, der auf verschiedenen Werken mit Tarnnamen von Marlowes/Shakespeares Werken steht (S. 600, z.B. Bodenhams »England's Helicon« (1600), Shakespeares »König Lear«, George Withers »A collection of emblemes« (1635), spricht eindeutig für den Autor Christopher Marlowe und nicht für Michael Drayton, wie das Versepos »Peirs Gaveston« vorgibt, es sei denn, Drayton war ein weiterer Deckname von Marlowe/alias Shakespeare, wofür nicht wenig spricht (s. a. S. 602 und 676).

Indiz 12) »*mine owne inhabitants did worke my ouerthrowe ... banish without cause*«

Im zweiten Teil von »Polimanteia« (»*Letters to ...*«) hadert der Autor fast durchgehend mit seinem Schicksal. An vielen Stellen zeigen sich unverkennbare Parallelen zu Marlowe/Shakespeare. Der Autor wird als eine hochsensitive, selbstbewusste und künstlerische Persönlichkeit erkennbar. Die Stimmung erinnert in vielen Passagen an die shakespearschen Sonette.

Mancher Leser dürfte sich beim Lesen der nachfolgenden Textausschnitte mit einer gewissen Fassungslosigkeit fragen, wie Expertengenerationen über Jahrhunderte eine solch persönliche Anprangerung einer maßlosen und ungerechtfertigten Behandlung dem unbekannt gebliebenen William Clerke zuschreiben konnten und sie sich anderen, plausibleren Hypothesen gänzlich verschlossen:

Einige Auszüge:

> »(...) *my unsufferable & unpitied griefe, Modestie & Sobrietie are changed into all manner of dissolution.*«

> »(...) *of the land, hath such as being displeased with mee, (...) it must needes happen that my joynts being racked with so great a torment, I live feeble, & confesse that mine owne inhabitants did worke my ouerthrowe (...)*«

> »(...) *did I banish without cause, (...) to live distressed in a forraine countrie? did I hide nigardly the benefites of my peace, and plentie from them?*«

> »(...) *When you shall finde they slander me but of inconstancie, your brethren of*

heresie, themselves of pitie and only to this end, the more easily to spoyle mee and the more deadly«

»(...) *then seeing her [Elizabeth] to have such prerogative, finding to rule over so many subjects and fearing shee would banish me to haven, from whence I first came.«*

»(...) *Judge now, if ever creature of my innocencie and I may boldly stand to justifie my own integrity) hath had greater cause to complaine of wrong: more iust reason to suspect violence: & more true grounds of undoubted feare then I, that have sued?«*

»(...) *give me leave womanlike to complain (though hopelesse without reliefe) of wrongs offered to my person; instead of offering, I have suffered; instead of doing, I have receiued such manifest violence, such apparant wrongs, such secret disgraces, such open iniuries: as when I shall make report what I have indured for my names sake«*

»(...) *without houses, lands, or other obsessions, not retaining so much as the shadowe of a Common wealth since that I cruelly was banished from amongst them«*

»(...) *let the world iudge, if ever any receiued greater wrong, then I have suffered. (...) and to make me perish if it had been possible; (for vndoubtedly I had dyed but that I was immortall).«*

»(...) *from hence proceeded the fatall calamitie of my fortune: Councels against Councels: Confessions against Confessions; Accusations, Defences.«*

»*Banishments, and cruell Martyrdomes, Doe you heare and credit me, and yet for all this take me to have offered wrong & suffered none? Nay, when I (scarfull) had taken my selfe into the inner inner parts of Europe for feare of harme, then had I (in all likelihood) been banished from this Iland«*

»(...) *not to bee branded with so foule a shame; not to be noted with so blacke a marke; not to be called by so bad a name, have endavoured to signify their sinister practices by a good pretence, and have imployed such for the no idlenes, because all did labour: and are not the same banished from our land, howsoever procured by a better cause?«*

Indiz 13: »*Hatred after death living*«

Den Autor beschäftigt die Ursache seines Hasses auf die Tatsache, dass er nach einem Tod weiterleben muss (»*that (hatred) after death living*«). Das ist extrem auffällig und außergewöhnlich. De facto ist hier niemand außer Marlowe denkbar, wer könnte 1594/95 hier ansonsten gemeint gewesen sein?

Indiz 14: »*A thing often attempted. Lybels*«

An vielen Stellen in »Polimanteia« wird deutlich, dass die Wirkung der staatsgefährdenden Aktionen von Christopher Marlowe (sogenanntes Dutch Church Libel, s. S. 142) höher eingeschätzt wurde als die seiner atheistischen und häretischen Schriften. Dies kann daraus gefolgert werden, dass sich der Autor in »Polimanteia« in ungleich höherem Maß gegen den Vorwurf von Hochverrat und Volksaufwiegelung verteidigt als gegen den von Häresie und Atheismus. Teilweise kommen auf zehn aufeinanderfolgenden Seiten jeweils die drei Begriffe »treason«, »rebellion« und »sedition« vor.

Er stellt »rethorisch« verschiedene Fragen, unter anderem, ob die Vortäuschung (eines Todes?) im Geringsten ein von ihm ausgelöstes Fehlverhalten gewesen sei (»*if pretence were given of the least wrong by my meanes*«), ob denn er es gewesen sei, der andere wegen ihres Reichtums korrumpiert habe (»*did I spoyle them of their wealth*«), ob denn er es gewesen sei, der jemanden grundlos verbannt habe *(»did I banish without cause«)*, der jetzt in Verzweiflung in einem fremden Land leben müsse (»*to live distressed in a forraine countrie?*«). Sollte etwa er seine Königin mit Hochverrat überrascht (»*that I should have my princesse surprised by treason?*«), den Adelsstand (oder doppeldeutig: seine Vornehmheit) durch Rufmord diffamiert (»*My nobilitie defamed by slander«*) und seine prächtigen Werke (die aufrührerischen Plakate – »libels« – waren mit »Tamburlaine unterzeichnet«) durch Tyrannei untergraben haben (»*my statelie buildings vndermined by tyrannie?*«)?

> »...nor could that (hatred) after death living hatred, (...) if pretence were given of the least wrong by my meanes: did I spoyle them of their wealth (...)? did I baniſh without cauſe, (...) to live distressed in a forraine countrie? did I hide nigardly the benefites of my peace, and plentie from them? Let him answer me that is most vnthankeful, hath iust cause been offered on my part, why discorde distracting my inhabitants, shoulde lay me open to the spoile of mine enemies? could their cause proceed from a poore Iland, that I should have my princesse surprised by treason? My nobilitie defamed by slander? my statelie buildings vndermined by tyrannie?«

Diesen Zustand beschreibt er seitlich am Buchrand in einer Marginalie[29] als »häufig vorkommend« und stellt einen Zusammenhang zu den Plakaten her (»*A thing often attempted. Lybels*«), die ihm zum Verhängnis wurden.

Indiz 15) »*I have made lawes*« – Shakespeare und das Recht

In »Polimanteia« wird erkennbar, dass W. C. [Marlowe] nicht nur seiner Universität Cambridge, sondern auch Oxford und Londoner Anwaltskammern (»*Lincolnes Innes by the Chancery lane*«) verbunden war.

Den Anwaltskammern spricht er zwar nicht die Bedeutung von Cambridge und Oxford zu (»*Neither can it be (...) that (sweete daughters) she [Court of Innes] alone could be sufficient to comfort me*«), dennoch muss Lincoln's Inn

---

[29] Ebd., S. 57; Onlineversion: http://www.archive.org/stream/cu31924013117035#page/n86/mode/1up, aufgerufen am 19.1.2011.

in London für ihn eine Bedeutung besessen haben, wenn man die herausstellende Bedeutung in Form der Marginalie³⁰ seitlich am Buchrand berücksichtigt. Er dürfte während einer bestimmten Zeit vor 1595 dort gearbeitet beziehungsweise eine Anstellung gehabt haben und an Gesetzgebungsaktivitäten beteiligt gewesen sein.

> »I have made lawes to augment your revenewes by your rent come: I provided lately for my souldiers, when they were in want: credit mee children, my care is of you onely.«

Dies würde mit einer Quelle vom 12. März 1592 übereinstimmen, als die Engländer Rouen belagerten. Damals empfing der englische Botschafter Sir Henry Unton einen Vermittler namens »Mr Marlin« mit einer Delegation der Königin. Die Matrosen, die im Hafen von Dieppe lagen, meuterten über massiven Verpflegungsmangel und forderten bessere Versorgung sowie die Erlaubnis zur Rückkehr.

Von Dieppe wurde Marlowe (»Mr. Marlin«) zu William Cecil Lord Burghley mit einem Brief zurückgesandt, der die Aufschrift trug:

> »To the Lord Treasurer; by Mr. Marlin (...) this bearrer also they send, (hath sitten at safe, and had leasure to looke at their falles...), by whom I thought good to write to your Lordship to crave your furder directions in that behalfe, beinge sorry to see ther wants.«³¹

In längeren Abhandlungen kommt immer wieder zum Ausdruck, wie wesentlich er die Bedeutung der Legislative einschätzte.

> »Grave and wise Counsellors hath England still had. The strength of a kingdom are Lawes, and other execution to expell feare from her subjects. England may justly glory her three daughters: 1. Cambridge. 2. Oxford. 3. Innes of court.«

All dies würde unmittelbar erklären, warum in Shakespeares/Marlowes Stücken immenses juristisches Wissen zutage tritt, das Shakspere aus Stratford keinesfalls besessen haben kann (Details s. S. 53 ff.).

Indiz 16: Marlowes/Shakespeares Figuren sind überall!

Wenn man alle in »Polimanteia« erwähnten historischen und zeitgenössischen Personen, alle mythischen Figuren, alle Wissensgebiete, alle Ereignisse und Auseinandersetzungen aufzählt, die zu Shakespeare-Werken einen wie auch immer gearteten Bezug haben, würde man zu der Überzeugung gelangen, dass

---

[30] Ebd., S. 33; Onlineversion: http://www.archive.org/stream/cu31924013117035#page/n62/mode/1up, aufgerufen am 19.1.2011.
[31] Ethel Seaton: Robert Poley's Ciphers. In: The Review of English Studies, 1931, S. 137–150.

der Autor von »Polimanteia« und Shakespeare/Marlowe eine Person gewesen sein müssen.

Aber auch wenn man allein die Namen der Personen herausgreift, die Bezüge zu (damals zum Teil noch nicht geschriebenen) Shakespeare-Stücken (wie zum Beispiel »Caesar«, »Perikles«, »Heinrich VIII.«, »Antonius und Cleopatra«, »König Lear«, »Richard III.«, »Der Sturm«, »Lucretia«) oder zu Marlowe-Stücken (wie zum Beispiel »Edward III.«, »Massaker von Paris«, »Tamerlan« [Parthian], »Dido« [Carthago]) erkennen lassen, so ist eine zufällige Koinzidenz ausgeschlossen. Indiz 16 allein würde erneut genügen, eine hochsignifikante Verbindung zwischen W. C. und Shakespeare/Marlowe herzustellen

Indiz 17) Marlowe und Robert Devereux, Earl of Essex – Form der Ansprache ungewöhnlich

Robert Devereux (Earl of Essex) gehörte ebenso wie Henry Wriothesley (Earl of Southampton) und Edward de Vere (Earl of Oxford) zu den Ziehsöhnen (»*Ward of Court*«) von William Cecil. Zu ihnen, wie auch zu den Sidneys und Herberts, hatte Marlowe – anders als Shakspere – nachweislich Beziehungen. Marlowe und Essex waren fast gleich alt und studierten von 1580 bis 1581 zeitgleich in Cambridge. Essex galt 1590 als Günstling bei Königin Elisabeth. Marlowes Verbindungen zu Francis und Thomas Walsinghams und Essex' Heirat mit Sir Francis' Tochter Frances Walsingham lassen es ausgeschlossen erscheinen, dass sie sich nicht kannten.

Robert Devereux, Earl of Essex

Zum Zeitpunkt von Marlowes Verhören durch den Kronrat (Privy Council) vor seinem endgültigen Untertauchen im Juni 1593 saßen Robert Devereux, Earl of Essex, und Robert Cecil in diesem Gremium. Devereux muss definitiv über alle Entscheidungen hinsichtlich Marlowes Schicksal informiert gewesen sein und dürfte, urteilt man aufgrund des Zueignungstextes, für seine Lebensrettung votiert haben (»*Marlowe: to be your favorite*«). Marlowes Worte, mit denen er Robert Devereux sein Werk »Polimanteia« zueignete, sprechen dafür, dass er sich – bereits geächtet – von ihm Fürsprache bei Königin Elisabeth erhoffte.

> »(...) The worthy and kinde passionate Courtier deemes (and worthily) this his honour, to be your favorite. The sober and devout student, that dispised does walked melancholy, takes himselfe (and not without cause) fortunate to be tearmd your schollar.«

Indiz 18) Exkurs: Charles Gibbon

Wenn dem Dichter Christopher Marlowe/Shakespeare, dem in Schrift, Sprache und Wissen so übermächtigen Universalgenie, 1593 Identität und Name genommen wurden, ist es kaum vorstellbar, dass diese selbstsichere »majestätische« Persönlichkeit sich nicht in der ihm eigenen »literarischen« Weise gegen den Verlust seines Namens aufgelehnt hätte. Diese Auflehnung wird nach meiner Einschätzung in dem Essay eines gewissen C. G. (Experten haben »Charles Gibbon« identifiziert) überdeutlich: *»The praise of a good name The reproch of an ill name, Wherin euery one may see the fame that followeth laudable actions, and the infamy that cometh by the contrary. With certaine pithy apothegues, very profitable for this ager, by C.G.«*, London: Imprinted by Iohn Windet, for Thomas Gosson, 1594. Der Dichter setzt sich – ähnlich wie in »Polimanteia« – auf metaphorische Weise in dem Prosa-Essay mit der in Religion und Geschichte vorkommenden Bedeutung des Namens und der Schande des Verlusts auseinander und verfügt dabei über einen nahezu grenzenlosen Assoziations- und Einfallsreichtum.

Wer anders kann 1594 so kurz nach Marlowes Namenswechsel eine solch geistreiche, »Bibelzitat«-gestützte Abhandlung über Wert und Schande eines Namens geschrieben haben? Ein zeitgleich existierender unbekannt gebliebener »C. G.« ist de facto nicht vorstellbar, wenn man die Inhalte seiner anderen Werke (*The remedie of reason* (1589), *Not so new as true* (1590), *The order of equality* (1604) u.a. einbezieht.

Peter Colse (P. C.)

Nach »Willobie his Avisa« (1594) und »Polimanteia« (1595) erschien im Jahr 1596 unter dem Autornamen »P. C.« beziehungsweise »Peter Colse« der 64-seitige Gedichtband *»Penelopes complaint: or, A mirrour for wanton minions. Taken out of Homers Odissea, and written in English verse, by Peter Colse«*[32], der aufgrund verschiedener Indizien mit dem Autor, der auch »Wil-

---

[32] Peter Colse: Penelope's Complaint or a Mirrour for wanton, London 1596; Onlineversion:

lobie His Avisa« schrieb, identisch gewesen sein muss, also mit Christopher Marlowe/Shake-speare (siehe nachfolgend).

Von Bedeutung hierbei ist, dass in der zweiten Auflage von »Williobie his Avisa« (1596) drei neue Texte – 1. »*The Apologie, showing the true meaning of Willoby his Avisa*«; 2. »*The Victorie of English Chastitie, under the fained name of Avisa*« und 3. »*The resolution of a Chast and a Constant wife*« – hinzugefügt wurden, in denen der Autor in artistisch-dialektischer Weise »Penelope« mit »Avisa« in Beziehung setzt. Dieser Zusammenhang ist keinesfalls zufällig und spricht nicht für zwei Autoren, sondern für einen einzigen.

Indiz 1) Einen »Peter Colse« gab es nicht

»Penelopes Complaint« ist thematisch eine Fortsetzung der vorausgehenden Gedichte »Lucretia«, »Avisa« und »Cynthia«. In allen Werken werden weibliche Tugenden als Metaphern oder Parabeln verwendet, die das Schicksal Marlowes/Shakespeares, seine Unbescholtenheit, seine verlorene Ehre, seine Aufrichtigkeit, Ehrenhaftigkeit, Treue etc. darstellen.

Es ist kaum vorstellbar, dass sich mehrere Autoren zur selben Zeit in diese künstlerische Höhe und Vorstellungswelt begeben haben könnten, zumal ein Peter Colse (P. C.) in England nie als Dichter oder Person identifiziert werden konnte. Dies ist ein nicht zu übersehendes Indiz dafür, dass Marlowe/alias Shakespeare wechselnde Pseudonyme verwendete.

Indiz 2) Lucretia, Avisa und Penelope

Marlowe hatte seine persönliche Situation in der Parabel seiner selbst erfundenen Avisa erdacht (vordergründig als Symbol für Unbescholtenheit und Ehrenhaftigkeit, hintergründig als die unsichtbare gewordene Tugend, A-VISA). Die zweite Auflage von Avisa mit einer Entschuldigung (*Apologie*[33]) lässt erkennen, dass er sich gegen zeitgenössische Angriffe zur Wehr setzte, die sich gegen seine Einstellung richteten, offenbar weil er in »Willobie, his Avisa« zu erkennbar (s)eine subjektive Problematik dargestellt hatte, sodass er wahrscheinlich mit »Penelopes Complaint« zurückruderte.

Seiner »privaten« Avisa stellte er – in Analogie – nun die antike Penelope gegenüber, die allgemein für Treue, Standhaftigkeit etc. steht, da sie während der langen Irrfahrten ihres Mannes Odysseus ihre Freier vertröstete.

http://www.archive.org/stream/willobiehisavisa00will#page/158/mode/2up/search/penelop, aufgerufen am 19.1.2011.

[33] Willobie his Avisa: with an essay towards its interpretation, London 1904, S. 141; Onlineversion: http://www.archive.org/stream/willobiehisavisa00will#page/140/mode/2up, aufgerufen am 19.1.2011.

Seine persönliche Situation suchte er in der Parabel mit seiner neu erschaffenen Avisa (Symbol für Unbescholtenheit und Ehrenhaftigkeit) darzustellen, während die antike Penelope für alte Tugenden wie Treue, Keuschheit etc. steht. Bereits im Anfangsgedicht von »Willobie his Avisa« (»*In Praise of Willobie his Avisa, Hexametron to the Author*«, 1594) wurde unverkennbar die gedankliche Brücke zwischen den weiblichen Schöpfungen Penelope, Lucretia und Avisa und dem Dichter H. W. sichtbar. Bei ihm kann es sich um niemand anderen als um Marlowe/Shakespeare gehandelt haben: »*This English Eagle*« beziehungsweise »*This Britan Byrd*«, der alle übertrifft (»*And farre surmounts all other fames …This Brytan Bird out-flies them all*«). Wer sonst hätte 1594 so bezeichnet werden können?

Aus »In Praise of Willobie his Avisa«:

> »*Penelop's fame though Greekes do raise.*
> *Of faithful wives to make up three.*
> *To thinke the Truth and say no lesse,*
> *Our Avisa shall make a messe.*«

Indiz 3) Penelope in »Willobie his Avisa«

Bereits in »Willobie his Avisa« wurde wiederholt der Zusammenhang bzw. Unterschied zwischen den sie repräsentierenden Tugenden Avisa und Penelope herausgestellt.

Cantus 40:

> *Renowned chaste Penelope,*
> *With all her wordes could not redryve*
> *Her sutors, till she set a day.*
> *In which she would them answere give.*
> *When threedy spindle full was grow'n.*
> *Then would she chuse one for her ow'n.*

Abschlussgedicht (Edition 1594):

> *As do the wits and wanton wils, of such as love to range.*
> *The rangling rage that held from home Ulisses all too long.*
> *Made chast Penelope complaine of him that did her wrong.*
> *The lothsome daies, and lingering nights, her time in spinning spent:*
> *She would not yeeld to change her choice, because she was content.*

Indiz 4) »*Vertue in a fained name*«

In der zweiten Auflage von »Willobie his Avisa« (1596) fügte der Autor einige neue Texte beziehungsweise Gedichte, zum Beispiel »The Victorie of English Chastity, under the fained name of Avisa« hinzu. Hier versuchte er explizit zu erklären, warum er die Differenzierung und den Vergleich zwischen seiner modernen Neuschöpfung »Avisa« und der antiken »Penelope« unternahm.

Dass Avisa eine reine »Kunstfigur« ist, hebt der Autor in einer Marginalie explizit hervor (»*Willoby described no particular woman, but only Chastity & faith in it selfe under the name of Avisa«*). Penelopes Tugend, ihre Treue und Keuschheit stehe im Wettbewerb mit Avisas Ehrenhaftigkeit (»*Penelope must now contend for chaste renowne with poor Avisas new upstart*«). Er, der Autor, wolle sich in diesen Disput um den Wert verschiedener Tugenden eigentlich nicht einmischen *(»I scorne to speake much in this case«).*

Wenn Avisa »Tugend und Unbescholtenheit« unter einem schwachen Namen verkörpere (»*If this Avisa represent Chast Vertue in a fained name*«) und wenn hier stattdessen die Keuschheut selbst gemeint sei, die dauerhaft gepriesen werden solle, wie könne dann Penelope (beziehungsweise Juno) es wagen, sich mit Avisa zu vergleichen (»*can Juno dare, with this Avisa to compare?*«)

Der Dichter versucht hier, anhand des Vergleichs zwischen Avisa und Penelope den generellen Unterschied zwischen dem Wert von Unbescholtenheit/Ehrenhaftigkeit und von Keuschheit/ehelicher Treue darzustellen, wobei – ähnlich wie bei »Lucretia« – Avisa das schöpferische »Über-Ich« von Marlowe/Shakespeare repräsentiert.

Indiz 5: »*Avisa came downe from above, his Sir is mighty Jove*«

Penelope, die standhafte Frau von Odysseus (»*wise Ulysses constant mate*«), rühmte sich zu sehr ihrer hohen Geburt und ihres Reichtums (»*vaunt noble birth her richest boast*«) – deswegen kam ihre Anfechtung zu spät (»*yet will her challenge come too late*«). Deshalb kam Avisa (als Eingebung), deren Herr der mächtige Jupiter war, von oben herab (»*For this Avisa from above came downde, whose Syre, is mighty Jove*«).

Dies bedeutet, dass Marlowe (alias Shakespeare) seine Eingebung »*faith in itselfe*« (siehe oben: Synonym für Avisa) direkt von »oben« (»*mighty Jove*«) erhielt.

Indiz 6) »*Weying with myself, the shipwracke that noble vertue chastitie is subject unto*«

In dem einleitenden Prosatext zu Peter Colses »Penelopes Complaint« erklärt der Dichter, dass er in Homers »Odysee« vom zwanzigjährigen »keuschen« Leben der Penelope erfahren *(»nothing therein, the chast life of the Ladie Penelope in the twentie yeers of absence of her loving lord Ulysses«)* und die Geschichte mit englischen Versen nachgeahmt habe, die er »Penelopes Complaint« genannt habe *(»I counterfeited a discourse, in English verses, terming it her complaint«).* Von dieser Abhandlung hätten gewisse Freunde erfahren und ihn bewogen, sie zu veröffentlichen (»*which treatise, comming to the view, of certaine my special friends, I was by them often times encited to publish it«).*

Nach längerem persönlichem Abwägen des Themas, jenes Schiffsunglücks, das mit der edlen Tugend der Keuschheit (beziehungsweise Ehrenhaftigkeit) zu tun habe *(»at length weying with myself, the shipwracke that noble vertue chastitie is subject unto«),* und nachdem ein unbekannter Autor (!) kurz zuvor ein Pamphlet »Avisa« veröffentlicht habe *(»and seeing un unknowne Author, hath of late published a pamphlet called Avisa«),* das so viele ehrenwerte Frauen »überzeichnete« (*»overslipping so many praiseworthy matrons«*), habe er, Colse, sich erdreistet, »Penelopes Complaint«, obwohl ungenau beschrieben, zu veröffentlichen (*»I have presumed ... to commit my Penelopes complaint (Though unperfectly portraied) to the presse«*). Er biete ihrer Ladyschaft sein Erstlingswerk, geschrieben zur Befriedigung seines Übermuts (*»thus offering unto your Ladiship the firstlings of my scholers crop for a satisfaction of my presumption«*).

Niemand wird hier auch nur im Entferntesten annehmen können, dass jenem Peter Colse der Autor von »Avisa« unbekannt gewesen sein kann. Die Zueignung – unterzeichnet mit »P. C.« – an eine fiktive Lady Edith (*»To the vertuous and chaste Ladie, the Lady Edith«*) und der übrige Inhalt lassen es schlicht ausgeschlossen erscheinen, dass es das Erstlingswerk (und einzige Werk) eines unbekannt gebliebenen Peter Colse gewesen ist.

Peter Colse steht paradigmatisch für den allumfassenden Irrtum und unüberwindlichen Denkfehler, davon auszugehen, dass hinter jeglichen Namen und Initialen grundsätzlich eine reale Person anzunehmen ist, die sich aufspüren lasse.

Auffallend ist der Vergleich mit einem Schiffsunglück (*»weighing with myselfe, the shipwracke that noble vertue chastitie is subject onto«*), siehe zum Beispiel »Der Sturm« (s. S. 361 f., »Lucretia«, s. S. 356, »Polimanteia«, s. S. 535). Das Schiffsunglück entspricht seinem Versagen gegenüber den Ansprüchen an seine Tugenden.

Die Art der Zueignung Peter Colses (*»offering the firstling of my schollar«*) erinnert unmittelbar an »Venus und Adonis« (*»first heire of my invention«*), das Erstlingswerk eines bis dato unbekannten Dichters (Shakespeare), das auf dem höchsten vorstellbaren dichterischen Niveau geschrieben war (s. S. 552 ff.). Nachdem Name, Identität, Werkreihenfolge und anderes bei Marlowe wegen seiner Anonymität irrelevant und bedeutungslos geworden waren, hatte er nicht nur keinerlei Scheu, Merkmale von Persönlichkeiten und Namen ein Leben lang zu fingieren, im Gegenteil, diese Handlungsweise scheint er als eine notwendige Überlebensstrategie angesehen und zur vollen Meisterschaft entwickelt zu haben.

Indiz 7) »*Happy my Muses, but vnhappy master ... obscurely lying in hopes graue buried himselfe*«

Zeilen des achtstrophigen Lobpreisungsgedichts von Peter Colse (»*An Encomion vpon the right worshipful sir Rafe Horsey knight, and the Lady Edith in Saphic verse*«) lassen Parallelen zum Leben von Marlowe/Shakespeare, keinesfalls aber zu dem unbekannten Peter Colse erkennen:

> »*Whose diuine deedes and tried hearts true meaning* [5. Strophe]
> *Duely commented manifest sequences,*
> *Happy doubtlesse, worthy no doubt the titles*
>   *of their aliance.*«

Der Dichter gibt zu verstehen, dass die edlen Taten und die wahre Bedeutung der »leidgeprüften« Penelope und Avisa (»*whose divine deedes and tried hearts true meaning*), die er als im Wettstreit stehend beschrieb (»*duely commented*«) die Schlussfolgerung erlaubten, (»*manifest sequences*«), dass beide zufrieden (»*Happy doubtlesse*«) und einer gedanklichen Assoziation wert waren (»*worthy no doubt the titles of their aliance*«). Avisa und Penelope stiegen von weit her herab (»*from farre apart those lovely doves did ascend*«) und beflügelten sein Gehirn. Die eine (Penelope) erhob sich von Osten mit Phoebus zu seinem Wohle (»*Th'one fro th'east with Phoebus arose for our good*«), die andere (Avisa) erhob sich von Westen, wo Coranaeus[34], abgehärtet in alter Zeit, ruhte (»*TH'other of west where Coronaeus hardy camped in old time*«).

> »*Whose honours vnburied I will entombe,* [6. Strophe]
> *For euerlasting ages to looke vpon,*
> *Cleare of obscurenesse, free of enuies outrage*
>   *will I defend them.*«

Beider Ehrenhaftigkeit will er unbegraben bestatten (»*Whose honours vnburied I will entombe*«), damit alle Zeiten auf beide schauen könnten (»*For euerlasting ages to looke vpon*«). Er werde sie verteidigen, da sie an den Verheimlichungen nicht schuld (»*Cleare of obscurenesse*«) und frei von empörendem Neid seien (»*Cleare of obscurenesse, free of enuies outrage will I defend them*«).

Man bemerke den hier ganz bewusst eingesetzten dialektischen Gegensatz zu dem Autor (Marlowe), der »unehrenhaft begraben« wurde, mit Verheimlichung (»*obscureness*«) und missgünstiger Empörung lebte, ohne sich verteidigen zu können.

---

[34] »Phoebus«, Beiname von Apollon, dem Gott des Lichtes und der Reinheit. »Coronaeus« war in der griechischen Mythologie der Vater von Coronis, die von Athenae in eine Krähe verwandelt wurde, als sie vor Poseidon floh.

>*Happy my Muses, but vnhappy master,* [7. Strophe]
That can aduance encomions renowmed
Of others, obscurely lying in hopes graue
                                                    buried himselfe.«

Glückhaft sei zwar seine Kunst, aber traurig sein schöpferischer Meister (der Künstler), der zwar berühmte Lobpreisungen über andere verfertigen könne (»*That can advance encomions renowned of others*«), aber selbst im unbekannten Grab seiner (einstigen) Hoffnungen (»*obscurely lying in hopes graue buried himselfe*«) liege.

Der Gegensatz zwischen Marlowes/Shakspeares künstlerischen Schöpfungen und seiner eigenen (Nicht-)Existenz ist massiv und unübersehbar. Ein real existierender »Peter Colse« lässt sich hier nicht einfügen.

>*Yet dying, and dead wil I sing due trophees,* [8. Strophe]
Then triumphs shall stately records eternize,
My Muse shall euer erect monuments to their praise
                                                    vnto the worldes end.
P. C.
FINIS.«

Er sei noch nicht gestorben. Aber wenn er einmal (endgültig) gestorben sei, werde er durch seine Werke erklingen (»*Yet dying, and dead wil I sing due trophees*«), dann würden Triumphe seine stattlichen, höchsten Leistungen verewigen (»*Then triumphs shall stately records eternize*«) und seine Kunst werde für immer Monumente zu seinem Lobe errichten bis zum Ende aller Tage.

Bartholomew Griffin (B. G.)

Kein anderes zeitgenössisches Werk kommt der Klage eines Dichters über sein Schicksal, über seine Verbannung, über den Verlust seiner Identität und seines Namens in Shakespeares Sonetten (s. S. 239 ff.) inhaltlich und stilistisch so nahe wie Bartholomew Griffins »Fidessa«[35], das die Sonette an vielen Stellen in poetischer Hinsicht noch übertrifft.

Außergewöhnliche biografische Hinweise in diesem 1596 gedruckten Gedichtband lassen keinen anderen Schluss zu, als dass Bartholomew Griffin[36] ein von Christopher Marlowe/Shake-speare verwendetetes Pseudonym sein

---

[35] Bartholomew Griffin: Fideassa, London 1887; Onlineversion: http://www.archive.org/stream/ideavolumeoosmitgoog#page/n81/mode/1up/search/fidessa, aufgerufen am 19.1.2011.

[36] SOED: »griffin«: ein Fabeltier, das den Kopf und die Schwingen eines Adlers und den Körper eines Löwen trägt.

muss. Unter dem Namen Bartholomew Griffin ist während der elisabethanischen Zeit ansonsten kein anderes Werk erschienen. Das Versepos »Fidessa, more chaste then kinde« mit seinen 62 Sonetten enthält unübersehbare biografische Hinweise auf Marlowe. Dies sei an einigen Sonetten (Nr. 13, 27, 49 und 53) verdeutlicht:

Indiz 1) Sonett 13: »*These live, to dye, I dye, to live*«

In Sonett 13 vergleicht der Dichter sich und sein tragisches Schicksal eindrücklich mit entprechenden Bildern aus dem realen Leben, um dann den Unterschied zu seiner eigenen Situation klar herauszustellen. Er vergleicht sich:

- mit einem Kind, das mit dem Feuer spielte (»*Compare me to the child that plaies with fire*«),
- mit einer Fliege, die in der Flamme verbrannte (»*to the flye that dyeth in the flame*«) [s. Emblem I/40, George Wither],
- mit einem törichten Jungen, der himmlischen Ruhm erstrebte (»*to the foolish boy that did aspire, To touch the glorie of high heauens frame*«),
- mit »seinem« Leander, der das rettende Ufer nicht erreichte (»*to Leander struggling in the waves, not able to attaine his safeties shore*«),
- mit Kranken, die ihren Tod erwarten (»*to the sicke that doe expect their graues*«),
- mit dem Gefangenen, der aufgrund seiner Gefangenschaft immer mehr verbitterte (»*to the captive crying euer-more*«),
- mit dem verwundeten und blutenden Hirschen, der diese Periode seines Lebens weinend beklagt (»*to the weeping wounded Hart Moning with teares the period of his life*«),
- mit dem Eber, der seinen Schmerz nicht fühlt, wenn ihn des Schlachters Messer trifft.

All diese tragischen Vergleiche passten aber nicht zu oder entsprächen nicht seiner eigenen Situation (»*No man to these can fitly me compare*«), denn: In diesen Beispielen lebten die Geschöpfe, um zu sterben. Er aber stürbe, um (geschützt) zu leben (»*These live to dye: I dye to live in care*«).

Sonett 13:

Compare me to the child that plays with fire,
Or to the fly that dieth in the flame, [siehe Bild]
Or to the foolish boy that did aspire
To touch the glory of high heaven's frame;
Compare me to Leander struggling in the waves,

Not able to attain his safety's shore,
Or to the sick that do expect their graves,
Or to the captive crying evermore;
Compare me to the weeping wounded hart,
Moaning with tears the period of his life,
Or to the boar that will not feel his smart
When he is stricken with the butcher's knife:
No man to these can fitly me compare;
These live to die, I die to live in care.

Georg Withers Embleme, Buch 1 Embl. XL

Diese Beschreibung von Marlowes Situation ist einzigartig autobiografisch und wird durch die auffallenden Textparallelen zu dem Bild des erlegten Hirschen in »Verlorene Liebesmüh« (s. S. 509 f.), zu Marlowes »Hero und Leander« zu Withers Fliege, die in die Flamme fliegt, und anderen Bildern so verstärkt, dass ein Zweifel an der Autorschaft Christopher Marlowe allein durch dieses Sonett ausgeschlossen erscheint.

Indiz 2) Sonett 27: »*Hyde thy head*«

Der Dichter beschreibt seinen tiefen Sturz mit weiteren eindrücklichen Bildern: Er vergleicht sich mit einem armen, dummen Wurm (»*poore silly worme (alas poore beast)*«), der seinen Kopf unter der Erde verbergen müsse (»*Feare makes thee hide thy head within the ground*«). Er sieht sich unter den »kriechenden« Geschöpfen als das niedrigste (»*Because of creeping things thou art the least*«), jeder Fuß(-tritt) verpasse ihm eine tödliche Wunde (»*Yet every foote gives thee thy mortall wound*«), er befinde sich – anders als die anderen Würmer – in einem schlimmeren Zustand (»*But I thy fellow worme am in worse state*«): Während die anderen an das Licht gelangen könnten (»*For thou thy Sunne enioye but I want mine*«), müsse er in belastender Dunkelheit leben, was ein grausames Schicksal sei (»*I live in irksome night: oh cruel! fate!*«). Seine Sonne werde niemals wieder aufgehen, niemals wieder scheinen (»*My Sunne will never rise, nor ever shine*«). Solcherart erblindet, würden seine Augen seinen Weg nicht mehr leiten können (»*Thus blind of light, mine eyes misguide my feete*«), die elende Dunkelheit lasse ihn stets besorgt sein (»*And balefull darknes makes me still afraide*«). Die Menschen verspotteten ihn, wenn er auf der Straße stolpere (»*Men mocke me when I stumble in the streete*«), und wunderten sich, wie sein jugendlicher Anblick verfalle (»*And wonder how my yong sight to decaide*«).

Aber sogar nach diesem tiefen Fall empfinde er noch Freude darüber (»*Yet doe I ioy in this (even when I fall)*«), dass er (irgendwann) wieder – und dann alles – werde sehen können (»*That I shall see againe and then see all*«).

Sonett 27:

> *Poore worme, poore silly worme (alas poore beast)*
> *Feare makes thee hide thy head within the ground,*
> *Because of creeping things thou art the least*
> *Yet every foote gives thee thy mortall wound.*
> *But I thy fellow worme am in worse state,*
> *For thou thy Sunne enioye but I want mine:*
> *I live in irksome night: oh cruel! fate!*
> *My Sunne will never rise, nor ever shine.*
> *Thus blind of light, mine eyes misguide my feete.*
> *And balefull darknes makes me still afraide:*
> *Men mocke me when I stumble in the streete,*
> *And wonder how my yong sight to decaide.*
> *Yet doe I ioy in this (even when I fall)*
> *That I shall see againe and then see all.*

Marlowe alias Shakespeare war dank seines ausgeprägt »dialektischen« Wahrnehmungsvermögens (»Quod me nutrit me destruit«) stets in der Lage (siehe auch seine Sonette), aus einer negativen Begebenheit eine positive Schlussfolgerung (und umgekehrt!) komplementär abzuleiten.

Indiz 3) Sonett 53: *»Yet am I still the same: but made another«*

In Sonett 53 wird Marlowes zweigeteiltes Schicksal wohl am treffendsten und in unüberbietbarer Prägnanz gezeichnet: Er sei der König des literarischen Wettbewerbs gewesen *(»I Was a king of sweet content at least«)*, aber jetzt sei er aus seinem Königreich verbannt worden (*»But now from out my kingdome banished«*). Er sei Hauptteilnehmer bei höfischen Festen gewesen (*»I was chiefe guest at faire Dame pleasures feast«*), aber jetzt benötige er unterstützenden Beistand (*»But now I am for want of succour famished«*). Er sei ein Heiliger gewesen und habe im Himmel geruht (*»I was a Saint and heauen was my rest«*), aber jetzt sei er in die tiefste Hölle geworfen worden (*»But now cast downe into the lowest hell«*). Weder könne er noch als (öffentlich verfehmter) Schuft bei vom Glück Verwöhnten verweilen (*»Vile caytifes may not live amongst the blest«*), noch könnten bevorzugte Menschen unter verfluchten Gefangenen leben (*»Nor blessed men mongst cursed caytifes dwell«*). So sei er zu einem ausgestoßenen König geworden (*»Thus am I made an exile of a king«*). Überfluss verwandelte sich in Mangel (*»Thus choice of meates to want of food is«*), seine eigene Kreuzigung entfremdete ihn von sich selbst (*»Selfe crosses make me from my selfe estranged«*). Er sei zwar noch immer derselbe, aber er wurde zu einem anderen »gemacht« (*»Yet am I still the same: but made another«*). Also sei er nicht derselbe, aber trotzdem kein anderer (*»Then not the same: alas I am no other«*),

Sonett 53

> *I Was a king of sweet content at least,*
> *But now from out my kingdome banished:*
> *I was chiefe guest at faire Dame pleasures feast,*
> *But now I am for want of succour famished.*
> *I was a Saint and heauen was my rest,*
> *But now cast downe into the lowest hell:*
> *Vile caytifes may not live amongst the blest,*
> *Nor blessed men mongst cursed caytifes dwell.*
> *Thus am I made an exile of a king.*
> *Thus choice of meates to want of food is changed:*
> *Thus heavens losse doth hellish torments bring.*
> *Selfe crosses make me from my selfe estranged.*
> *Yet am I still the same: but made another,*
> *Then not the same: alas I am no other.*

Wer kann angesichts dieses Inhalts und des hohen poetischen Niveaus daran zweifeln, dass sich hinter Bartholomew Griffin Marlowe/alias Shakespere verbirgt? Es ist schlicht nicht möglich, dass der unbekannt gebliebene Dichter Griffin 1596 in seinem einzigen von ihm überlieferten oder existierenden Epos seine Biografie in solch authentischer Weise »geoutet« hat.

Indiz 4) Übrige Sonette

Ich muss es hier mit der Betrachtung von wenigen Sonetten aus »Fidessa« bewenden lassen, auch wenn andere der 62 Sonete zahlreiche weitere, unverkennbare Anspielungen auf Marlowe/Shakespeare enthalten, wie zum Beispiel: »*Poore outcast of the worlds exiled room*« (Sonett 49), »*Banisht from all that blisse*« (Sonett 6), »*In such unseen disgrace*«; »*And climbeth, the greater is his fall*« (Sonett 21), »*Approach my sunne too neere And then (alast) untimely was it blasted*« (Sonett 35) und so weiter.

Indiz 5) Beziehung zu den Londoner Gerichtshöfen

Es muss eine tiefere Bedeutung besitzen, dass der Autor von »Fidessa« seine Sonette den Gerichtshöfen in London (»*To The Gentlemen of the Innes of Court*«) zueignete. Auf Marlowes Beziehungen zu den Londoner Gerichtshöfen wird an verschiedenen Stellen hingewiesen (s. S. 549 f.).

Indiz 6) Erkennbare Irreführungen mit »Erstlingswerken«

In »Fidessas« Zueignung bringt Bartholomew Griffin zum Ausdruck, dass er damit sein Opus 1, (»first fruite *of any my writings*«) vorlege. Ähnlich wie in »Venus und Adonis« (»*first* heir *of my invention*«) fällt bei Griffin auf, dass er das auf höchstem Niveau stehende Versepos »Fidessa« als sein erstes (und darüberhinaus einziges je erschienenes) Werk ausgegeben zu haben scheint. Dies ist nicht plausibel.

Diese Vorgehensweise erinnert an Peter Colses ebenfalls 1596 erschienenes »Penelopes Complaint« (»*offering unto your Ladiship the firstlings of my scholers crop*«), an Richard Barnfields »Sword and Buckler« (1602) (»*For, by my faith, 'tis first that ere*[37] *I writ.*«), an John Florios[38] »His firste fruites« (1578), an George Withers »Abuses Stript and Whipt« (1613) (»*these first fruites of my infant Muses*«) und manche andere (siehe später).

Diese Vorgehensweise steht paradigmatisch für Marlowe/Shakespeares systematische Irreführung der Leser (und Experten): er schaffte es, hochwertige Dichtungen neuen, unbekannten Dichtern mit unbekannten Initialen als Erstlingswerke unterzuschieben.

Richard Barnfield (R. B.)[39]

Richard Barnfield war bis in die Siebzigerjahre des 19. Jahrhunderts so gut wie unbekannt und erlangte erst mit der aufkommenden Shakespeare-Forschung einen gewissen Bekanntheitsgrad als »Elisabethan poet[40]«, insbesondere, weil vermutet wurde, dass die Gedichte 8 und 20 in Shakespeares »The Passionate Pilgrime« (1599) von ihm stammten. Weitaus logischer als diese Vermutung ist jedoch die These, dass Richard Barnfield ein Deckname von Marlowe/Shakespeare war, der seine wahre Identität mit dieser Person verschleierte. Dass diese Schlussfolgerung keineswegs aus der Luft gegriffen ist, soll hier mit wenigen (von zahlreichen) Indizien aus den Barnfield zugeschriebenen Werken der Jahre 1594–99 begründet werden (siehe auch Monografie über Barnfield[41]):

---

[37] »Ere« für »ever«.
[38] Der Literaturexperte L. Lamberto Tassinari, Professor an der Universität Montreal, wie auch andere gehen mit nicht ignorierbaren Argumenten davon aus, dass John Florio und Shakespeare (alias Marlowe) identische Personen waren, siehe auch: http://www.john-florio-is-shakespeare.com/florio1.html, aufgerufen auf 19.1.2011.
[39] Vollständige Ausgabe seiner Gedichte (Onlineversion): http://www.archive.org/stream/completepoemsofr00barnrich#page/n8/mode/1up, aufgerufen am 19.1.2011.
[40] Vgl. Alexander B. Grosart (Hg.): The Complete Poems of Richard Barnfield, London 1876; Onlineversion: http://www.archive.org/stream/completepoemsofr00barnrich#page/n7/mode/2up, aufgerufen am 19. 7. 2010.
[41] Richard Barnfield, Kenneth Borris, George Klawitter: The Affectionate Shepherd. Celebrating Richard Barnfield, London 2001.

Indiz 1) The Passionate Pilgrim [42]

Dass Marlowe nach seinem vermeintlichen Tod 1593 unter verschiedenen Tarn- und Decknamen einschließlich Shakespeare schrieb, wurde im Verlauf dieses Buches zu zeigen versucht. Die Entstehungsgeschichte von »The Passionate Pilgrim« (1599) dürfte eng mit diesem Umstand zusammenhängen. Die 21 Gedichte des kleinen Büchleins (siehe Bild), das unter dem Autornamen W. Shakespeare erschien, werden bis heute merkwürdiger Weise nicht Shakespeare allein zugeschrieben sondern als ein Gemeinschaftswerk mehrerer Autoren in einer kaum einfühlbaren Zusammenstellung aufgefasst. Dies ist höchst unplausibel. Das Motiv erscheint zunächst schwer verstehbar, warum Dichter wie Christopher Marlowe, Richard Barnfield oder der bereits zuvor erwähnte Bartholomew Griffin (»Fidessa«) Gedichte von Shakespeare ohne Namensnennung begleiten.

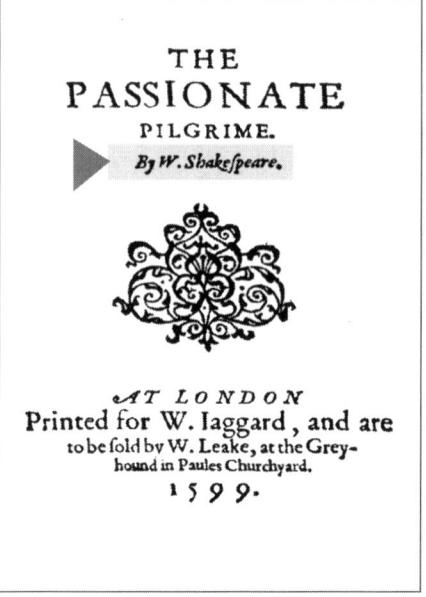

»The Passionate Pilgrim«, 1599

Die Autorschaft der einzelnen Gedichte in »The Passionate Pilgrim« gliedert sich nach den gegenwärtigen Erkenntnissen folgendermaßen:
- Die Gedichte 1, 2, 3, 5, 16 stammen aus Shakespeares Feder (Gedichte 1 und 2 entsprechen den zehn Jahre später veröffentlichten Sonetten 138 and 144. Die Gedichte 3, 5 und 16 stammen aus »Verlorene Liebesmüh«.)
- Gedicht 6 behandelt das Thema von »Venus und Adonis«.
- Gedicht 11 erschien in Bartholomew Griffins »Fidessa« (1596).
- Gedicht 17 und 20 erschienen 1600 in »England's Helicon« unter »Ignoto«[43], Gedicht 20 als von Barnfield identifiziert.
- Gedicht 18 ähnelt stark dem Canto 44 in »Willobie his Avisa« und stammt am ehesten von dem Autor, der »Willobies his Avisa« schrieb.

[42] The Passionate Pilgrim by Shakspere, Marlowe, Barnfield, Griffin, and other writers unknown (The first Quarto 1599), London 1883; Onlineversion: http://www.archive.org/details/passionatepilgri00shakuoft, aufgerufen am 19.1.2011.

[43] England's Helicon, London 1600; Onlineversion: http://www.archive.org/stream/englandshelicon00ounkngoog#page/n7/mode/1up, aufgerufen am 19.1.2011.

- Gedicht 19 stammt aus Christopher Marlowes Gedicht »The Passionate Shepherd to His Love«. Ihm folgen noch vier Zeilen der Antwort Sir Walter Raleighs.
- Gedichte 8 und 20 entstammen Richard Barnfields Gedicht »Poems in divers Humors«.

Diese überaus mysteriöse Zusammenstellung von so unterschiedlichen Autoren in einem so kleinen Gedichtband lässt sich unmittelbar und umweglos erklären, wenn man erkennt, dass es sich in Wirklichkeit immer um ein- und denselben Dichter (Marlowe, mit seinen verschiedenen Tarnnamen) gehandelt hat, der – wie bereits zuvor gezeigt – unter den Decknamen William Shakespeare (W. S.), Henry Willobie (W. B), Bartolomew Griffin (B. G.) und auch unter Richard Barnfield (R. B.), schreiben musste und geschrieben hat. Die wenigen eingefügten Anfangszeilen aus einem Antwortgedicht von Walter Raleigh dürften den Stolz des Autors zum Ausdruck bringen, dass er ihm antwortete.

Indiz 2) »*Old Maltaes Poet passé*«

Die 14 Sonette in »Greenes Funeralls«[44], die als Nachruf auf Robert Greene geschrieben wurden, werden seltsamerweise dem Autor Richard Barnfield 1594 (»*By R. B. Gent*«) zugeschrieben. Hinter R. B. kann aber nur Marlowe/ alias Shakespeare verborgen sein: Denn der Autor und Laudator eröffnet in Sonett 9, dass Robert Greene es gewesen sei, der den Boden für all das ebnete, was er selbst schrieb (»*gave the ground, to all that wrote upon him*«). Mehr noch, jener Mann (Shakspere), der seinen Ruhm so verdunkelte (»*Nay more the men, that so Eclipst his fame* [the upstart crow]«), stahl ihm seine Feder, könne das jemand leugnen (»*Purloynde his Plumes, can they deny the same?*«)? Dass hier nur der wahre Dichter (Marlowe alias Shakespeare) gemeint gewesen sein kann, ergibt sich schließlich zwingend aus den nachfolgenden zwei Zeilen, in dem er sich als Autor noch genauer zu erkennen gibt. Er beschreibt sich mit dem Satz: »*Ah could my Muse, Old Maltaes Poet passe*«. Mit diesem Poeten, der über Malta schrieb, kann nur Marlowe und sein Theaterstück »The Jude von Malta« (s. S. 330 ff.) gemeint sein, zumal der in der folgenden Zeile von sich überzeugte Dichter die rhetorische Frage stellt, ob die Kunst dieses Poeten überhaupt (je) vergehen könne *(»If any Muse could passe, old Maltaes Poet«)*.

Man kann Richard Barnfield als Autor von »Greenes Funeralls« nur akzeptieren, wenn man seinen Namen (»*R. B. Gent*«) als einen der vielen Tarnnamen Marlowes begreift.

---

[44] Greenes Funeralls. By R. B. Gent (London 1594), London 1911; Onlineversion: http://www.archive.org/stream/greenesnewesbothoorich#page/66/mode/2up, aufgerufen am 19.1.2011.

Indiz 3) »*The outcast sense of a sinner*«

Sonett 11 aus »Greenes Funeralls« besteht aus einem einzigen tragischen Aufschrei des Autors und einer Beschreibung seines eigenen Schicksals:

> *When my loathed life had, had lost the life of Olimpus,*
> *And descended downe, to the cursed caves of Avernus,*
> *Never more I had thought, of men to be inlie molested,*
> *But now alas, I see my hope is vaine:*
> *my pleasure turned, to eternall paine.*
> *For such foolish men, as I had never abused:*
> *Never abused, yet alas, had ever abused:*
> *Ever abused so, because never abused.*
> *Not onely seeke to quenche my kindled glorie,*
> *But also to merry my vertues storie.*
> *And though my life were lewd, Oh how it grieves me to thinke it.*
> *Lewd as a life might be, from all counsell abandond:*
> *And given over up, to the out cast sense of a sinner.*
> *Yet might my end, have moud them to remorce.*
> *And not to reake their teene, on fillie corse.*

Diese Anspielungen ergeben nur Sinn, wenn man sie auf Marlowe bezieht. Wer hinter diesen Texten nur deshalb Richard Barnfield vermutet, weil die Signatur R. B. verwendet wird, muss sich fragen, ob Namen und Signaturen nicht mehr zur Verschleierung der Personen beitrugen und beitragen sollten und eine realistische Einordnung des Autors nur mittels der Inhalte seiner Texte gelingen kann.

Indiz 4) Sonett 33: »*Glorious Morning*«

Als erstes Werk Richard Barnfields gilt heute unwiderfragt das anonym erschienene »The Affectionate Shepherd, Containing the Complaint of Daphnis for the Love of Ganymed« (1594)[45]. Dass er dieses Werk schrieb, konnte dabei aus seinem Folgewerk »Cynthia«, das im Januar 1596 erschien, gefolgert werden.

»The Affectionate Shepherd« hat eine sehr ähnliche Diktion wie Shakespeares Sonett 33, das – wie bereits dargestellt (s. S. 256 f.) – beschreibt, auf welch ruhmreicher Höhe der Dichter Marlowe/Shakespeare bereits angekommen war, welch ruhmreichen »Morgen unter Fürsten« er erleben durfte (»*Full many a glorious morning have I seene, Flatter the mountaine tops with soveraine eie*«), ein Morgen, an dem sein Antlitz erstrahlte und an dem ihm

---

[45] Alexander. B. Grosart (Hg.): The complete Poems of Richard Barnfield, London 1876; http://www.archive.org/stream/completepoemsofr00barnrich#page/n7/mode/2up, aufgerufen am 19.1.2011.

alles gelang, an dem er blasse Ströme in himmlische Alchemie vergoldete (»*Guilding pale streames with heauenly alcumy*«) – bis ihn sein tragisches Schicksal ereilte (»*Anon permit the basest cloudes to ride*«).

In Barnfields »The Affectionate Shepherd« greift der Dichter das Bild des Morgens beziehungsweise eines Frühlings/Sommers einer glorreichen Zeit ohne Ertrag auf, die vergangen ist, das Bild einer ruhmreichen Sonne, die allein auf ihn schien. Jetzt sei dieser Frühling vorbei (»*Springtime past (...) Summer season almost done*«) und er verloren (»*yet I am forlorne*«):

> *Next Morning when the golden Sunne was risen,*
> *And new had bid good morrow to the Mountaines;*
> *When Night her siluer light had lockt in prison,*
> *Which gaue a glimmering on the christall Fountaines:*
> *Then ended sleepe: and then my cares began,*
> *Eu'n with the vprising of the siluer Swan.*
>
> *O glorious Sunne quoth I, (viewing the Sunne)*
> *That lightenst euerie thing but me alone:*
> *Why is my Summer season almost done?*
> *My Springtime past, and Ages Autumne gone?*
> *My Haruest's come, and yet I reapt no corne:*
> *My loue is great, and yet I am forlorne.*
>
> *Witnes these watrie eyes* [s. S. 306] *my sad lament*
> *(Receauing cisternes of my ceaseles teares),*
> *Witnes my bleeding hart my soules intent,*
> *Witnes the weight distressed Daphnis beares:*
>
> *Sweet Loue, come ease me of thy burthens paine.*

Wer kann diese inhaltlichen und poetischen Übereinstimmungen zwischen Shakespeare Sonett 33 und »The Passionate Shepherd«, im gleichen Zeitraum entstanden, wirklich noch als Zufall beschreiben?

Indiz Nr 5) »*Outcast creature*«

Das letzte Gedicht in »The Affectionate Shepherd« verdichtet noch einmal einen Zustand, hinter dem Marlowe unmittelbar erkennbar wird. Die Rede ist von einem armen und verlassenen Menschen (»*poore forlorn*«), einer ausgestoßenen Kreatur (»*outcast creature*«), die sich (noch) im Mondlicht verstecken müsse (»*I hy'd me homeward by the moone-shine light*«), es fallen die Worte hoffnungslos (»*despairing*«), verachtet (»*despised*«), unzufrieden (»*malecontent*«), verschmäht (»*scorning*«), gering geschätzt (»*disdained*«):

> »*When I, poore forlorn man and outcast creature,*
> *(Despairing of my love, despisde of beautie),*
> *Grew malecontent, scorning his lovely feature,*

> *That had disdaind my ever zealous dutie:*
> *I hy'd me homeward by the moone-shine light,*
> *Foreswaring love, and all his fond delight.«*

All dies passt eindrücklich zu Charles Crawfords Analyse[46] in seinem Beitrag »Richard Barnfield, Marlowe, and Shakespeare«, wenn er bezüglich des »Affectionate Shepheard « zu Überzeugungen gelangt, wie

> »*It is a remarkable fact that whole passages of the Affectionate Shepheard are written in seeming imitation of isolated passages of Marlowes tragedy of Dido* (...)
> *In any case he* [Barnfield] *borrowed from somebody portions of the material he uses in The Affectionate Shepheard, and in doing so he exactly repeats Marlowes plays*«

Indiz 6) »*in shepheards gray coate masked*«

Die Widmung der 20 Gedichte in Barnfields »Cynthia. With certaine sonnets, and the Legend of Cassandra« an William Stanley, Earl of Derby, verrät eine engere Beziehung des Dichters zu den Stanleys. Eine Wertschätzung der 1593 verstorbenen Familienmitglieder Henry (Vater) und Ferdinando (Sohn) durch H. W. (Marlowe/Shakespeare, s. S. 195) wurde bereits in »Polimanteia« erkennbar. Die 20 Sonette stehen in ihrer Art Shakespeares Sonetten (14 Jahre später gedruckt) näher als alle anderen Sonette des elisabethanischen Zeitalters.

Es erstaunt zutiefst, dass der Verleger Thomas Thorpe im Vorspann der Sonette die Werke des Autors empfiehlt (»*T. T. in commendation of the Author his worke*«). Er, der spätere Verleger der Shake-speareschen Sonette, die 1609 erschienen, hatte bereits in Marlowes Lucanus-Übersetzung »Pharsaliae« (eingereicht 1594, gedruckt erst 1600) eine Zueignung an Edward Blount (Verleger der »First Folio«, 1623) geschrieben.

In »Cynthia« wird die Verbindung zwischen T. T. und dem verborgen lebenden Marlowe deutlich (»*in shepheards gray coate masked*«), sodass die dargestellte verborgene Zuneigung (»*masked love*«) zu Cynthia (sie steht für Elisabeth) eine Metapher für die Nichterkennbarkeit seiner literarischen Fähigkeiten sein dürfte (»*the nonage of his skill*«):

Dieser »*shepherd*« (Dichter) richte in dieser Gedichtesammlung seine (Schreib-)Feder, Adlerschwingen gleich, auf (»*reares now his Eagles-winged pen*«), um seine Dichtkunst auszubreiten (»*Dropping sweet Nectar poesie from his quill*«).

Hiermit kann nur das bereits anerkannte Dichtergenie Marlowe und kaum ein unbekannter Richard Barnfield gemeint gewesen sein.

---

[46] Charles Crawford: Collectanea, Stratford-on-Avon, 1906; Onlineversion: http://www.archive.org/stream/collectaneao1craw#page/n15/mode/2up, aufgerufen am 19.1.2011.

Indiz 7) »Death, herein be only fained«

1598 schrieb Richard Barnfield unter anderem die Gedichte »The Complaint of Poetrie for the Death of Liberalitie«[47] (45 sechszeilige Verse mit dem Reimschema ababcc). Diese spiegeln in durchgehender und unverkennbarer Weise Marlowes Schicksal wider.

Bereits die Zueignung der Verse an einen »wel-willer[48], Maister Edward Leigh, of Grayes Inne« stellt personale Verbindungen zu den Londoner »Courts of Innes« her, die für Marlowe abgeleitet wurden (s. S. 549). In dieser Zueignung erklärt der Autor zugleich, was die Verse »The Complaint of Poetrie« beinhalten, nämlich die Illustrierung einer Person, deren Verlust hier beklagt werde (»*image of that, whose losse is here lamented*«) und die über viele Tugenden verfügte (»*In whom, so many vertues are contained*«). Der Leser möge verschmähen, was hier (von diesen Tugenden) präsentiert werde (»*Daine to accept, what I haue now presented*«), obwohl darin doch der Tod seiner Tugend (also von Unbescholtenheit und Rechtschaffenheit, Güte, Großzügigkeit etc.) nur vorgetäuscht sei (»*Though Bounties death, herein be only fained*«). Wenn diese Tugenden in seiner Vorstellung nicht rasch wiederbelebbar würden, dann – das wolle er schwören – seien sie (all diese Werte) in der Tat gestorben (»*Then will I sweare, that shee is dead indeed*«).

Es zieht sich wie ein roter Faden durch all die frühen »posthumen« Werke Marlowes/Shakespeares: Marlowe rechtfertigt sich und setzt sich metaphorisch stets von Neuem mit den von ihm beschworenen Tugenden, seiner Unbescholtenheit und Ehrenhaftigkeit (»*Chastitiy*« bei Lucretia, Avisa, Penelope, Cynthia, Fidessa etc.) auseinander.

Indiz 8) »The cleere is turnd to clouds; the day to night«

Das gesamte Barnfield zugeschriebene Gedicht »The Complainte of Poetrie« ist Autobiografie pur und schildert ein tragisches Schicksal in solch einer Eindrücklichkeit und mit solcher Authentizität, dass es nur von Marlowe selbst (hier mit dem tarnenden Pseudonym Richhard Barnfield) stammen kann. Dies sei im Folgenden an den ersten vier Strophen exemplifiziert:

Der Himmel weine, da er nicht mehr leuchte (»*Weepe Heavens now, for you haue lost your light*«), Sonne und Mond seien Zeugen seiner Klage *(»Sunne and Moone, beare witnesse of my mone«)*. Der klare Himmel habe sich mit Wolken verdüstert, der Tag sei zur Nacht geworden (»*The cleere is turnd to clouds; the day to night*«). All seine Hoffnung und seine Freude seien vergan-

---

[47] The Complaint of Poetrie, in: The Complete Poems of Richard Barnfield, London 1876; Onlineversion: http://www.archive.org/stream/completepoemsofroobarnrich#page/154/mode/2up/search/complaint, aufgerufen am 19.1.2011.
[48] Entspricht dem »Benvolio«.

gen (»*And all my hope, and all my ioy is gone*«). Seine Unbescholtenheit sei zugrunde gegangen, was der Grund für seine Verstimmung sei (»*Bounty is dead, the cause of my annoy*«), mit ihr sei seine Freude gestorben (»*Bounty is dead, and with her dide my ioy*«).

Strophe 1:

> *Weepe Heavens now, for you haue lost your light;*
> *Ye Sunne and Moone, beare witnesse of my mone:*
> *The cleere is turnd to clouds; the day to night;*
> *And all my hope, and all my ioy is gone:*
> *Bounty is dead, the cause of my annoy;*
> *Bounty is dead, and with her dide my ioy.*

Indiz 9) »*When Bounty dide, my credit did decay*«

Niemand könne seine getroffene Seele trösten (»*O who can comfort my afflicted soule*«) oder etwas zur Beendigung seiner wachsenden Sorgen beitragen (»*Or adde some ende to my increasing sorrowes?*«). Niemand könne ihn von seiner endlosen Betrübnis befreien *(»Who can deliuer me from endlesse dole«),* die seinem Herzen ewige Höllenqualen bereite (»*Which from my hart eternall torment borrowes*«). Als seine Unbescholtenheit noch existierte, da gingen die Türen auf (»*When Bounty liu'd, I bore the Bell away?*«), als sie starb, verfiel das Vertrauen in ihn (»*When Bounty dide, my credit did decay*«).

Strophe 2:

> *O who can comfort my afflicted soule?*
> *Or adde some ende to my increasing sorrowes?*
> *Who can deliuer me from endlesse dole?*
> *(Which from my hart eternall torment borrowes.)*
>   *When Bounty liu'd, I bore the Bell away;*
>   *When Bounty dide, my credit did decay.*

Indiz 10) »*But now Good wordes ... her glorie to disgrace*«

Er habe nie einen Vers umsonst geschrieben (»*I neuer then, did write one verse in vaine*«), nie blieben seine Verse unbeachtet *(»Nor euer went my Poems unregarded«)*: Jeder Adelige habe sich mit einer Unterhaltung mit ihm gebrüstet (»*Then did each Noble breast me intertaine*«) und er sei für seine Werke gut honoriert worden (»*And for my Labours I was well rewarded*«) – jetzt aber stünden anstatt seiner Unbescholtenheit nur noch seine edlen Worte (»*But now Good wordes, are stept in Bounties place*«) und machten ihn glauben, dass seine Worte ihn entehren (»*Thinking thereby, her glorie to disgrace*«).

Strophe 3:
> *I neuer then, did write one verse in vaine;*
> *Nor euer went my Poems unregarded:*
> *Then did each Noble breast me intertaine,*
> *And for my Labours I was well rewarded:*
> > *But now Good wordes, are stept in Bounties place,*
> > *Thinking thereby, her glorie to disgrace.*

Wenn man diese Strophe auf Marlowe bezieht, lässt sich hier sofort und unverkennbar seine herausragende literarische Bedeutung und sein Sturz ins Bodenlose zu Lebzeiten herauslesen. In Bezug auf Richard Barnfield ist nichts dergleichen bekannt geworden.

Indiz 11) »But who can live with words, in these hard tymes?«

In solch harten Zeiten könne er nur noch von seinen Worten (und Zeilen) leben (»*But who can live with words, in these hard tymes?*«), auch wenn sie von Jupiter direkt kämen (»*Although they came from Iupiter himselfe*«)? Wer könne für seine Verse solch eine Abgeltung nehmen (»*Or who can take such Paiment, for his Rymes?*«), wenn gegenwärtig nichts so geschätzt werde wie »Bares« (»*When nothing now, is so esteem'd as Pelfe?*«). dann seien es nicht göttliche Worte, die einen Mann am Leben erhalten (»*Tis not Good wordes, that can a man maintaine*«), Worte seien wie Winde, und Winde verwehen (»*Wordes are but winde; and winde is all but vaine*«).

Strophe 4:
> *But who can live with words, in these hard tymes?*
> *(Although they came from Iupiter himselfe?)*
> *Or who can take such Paiment, for his Rymes?*
> *(When nothing now, is so esteem'd as Pelfe?)*
> > *Tis not Good wordes, that can a man maintaine;*
> > *Wordes are but winde; and winde is all but vaine.*

Das Gedicht gibt uns gewisse Einblicke in die verschlechterte finanzielle Situation des Dichters seit seinem Sturz.

Indiz 12) Das Kernproblem der Ursünde

Weitere kleine, wunderbare Gedichtminiaturen von Richard Barnfield, zum Beispiel »The Combat betweene Conscience and Covetousnesse, in the minde of Man«[49] oder »Poems, In divers humors«[50], können aufgrund ihrer höchst

---

[49] The Combat, betweene Conscience and Covetousnesse, in the minde of Man, London 1598, Onlineversion: http://www.archive.org/stream/poems15941598edi00barnuoft#page/107/mode/1up, aufgerufen am 19.1.2011.

[50] Poems, In divers humors, London 1598; Onlineversion: http://www.archive.org/stream/poems15941598edi00barnuoft#page/115/mode/1up, aufgerufen am 19.1.2011.

kunstvollen Gehalte nur von Marlowe/Shakespeare stammen. Die für Marlowe/Shakespeare so typische dialektische innere Auseinandersetzung zwischen Gewissen (»*Conscience*«) und Begehren (»*Covetousnesse*«), zwischen Verstand und Trieb, Ratio und Emotion, Kopf und Bauch, zwischen Gott und Teufel (oder wie immer man dieses duale Prinzip umschreiben möge) ist das zentrale Thema vieler seiner Werle (»Avisa«, »Penelope«; »Fidessa«, »Cynthia« etc.).

> *Man had a <u>Conscience, to obey his will.</u>* [Will obey his ... conscience]
> *And neuer would be tempted thereunto,*
> *Vntill the Woeman, shee, did worke man woe.*
> *And made him breake, the Lords Commaundement,*
> *Which all Mankinde, did afterward repent:*

Das Gedicht symbolisiert die Trennung des Dichters von Gott, also den durch die Ursünde begründeten Unheilszustand, in den jeder Mensch als Nachkomme Adams »hineingeboren« wird und durch den er in seinen eigenen Handlungen belastet ist.

Indiz 13) Richard Barnfield, ein Pseudonym von Marlowe

Auf der ersten Seite eines Manuskripts mit 18 Blättern (aus dem Besitz eines Sir Charles H. Isham, Northampton. The Isham MS) stehen sechs auffallende lateinische Zeilen über Tarquin und Lucretia. Das letzte unbetitelte Gedicht dieses Manuscripts[51], das John Spencer zugeeignet und mit »Barnfilde« signiert ist, charakterisiert in dialektischer Manier das Schicksal Marlowes/Shakespeares in höchster poetischer Vollendung, und zwar sowohl aus der subjektiven Sicht des Betroffen (links, erste Person) als auch aus der »Sicht« der Betrachtenden, der Allgemeinheit (rechts, dritte Person) mit Verwendung gleicher Reimendungen.

Wer außer Marlowe/Shakespeare könnte solch eine überaus kunstvolle »dialektische« Poesie verfasst haben (die in ihrer artistischen Konstruktion an eine Bach'sche Fuge erinnert), hinter der sich nicht nur Marlowes Biografie verbirgt, sondern auch die Fähigkeit, sein Schicksal gleichzeitig aus verschiedenen Blickwinkeln zu betrachten.

Aus der Sicht der Allgemeinheit (Answer, sog. dritte Person-Perspektive) beschreibt Marlowe sein Schicksal als Folge seiner Ungläubigkeit (»*thou hadste faithless beene*«) und seiner jugendlichen Verrücktheit (»*Thine ill spent youth*«),

---

[51] The Complete Poems of Richard Barnfield, London 1876; Onlineversion: http://www.archive.org/stream/completepoemsri00clubgoog#page/n288/mode/1up/search/isham, aufgerufen am 19.1.2011.

ANSWER

My prime of youth is but a froste of cares.	*Thy prime of youth is frozen wth thy faultes*
My feaste of Joy is but a dish of paine.	*Thy feaste of Joy is finisht wth thy fall.*
My cropp of corne is but a feild of tares.	*Thy cropp of corne is tares a vayling naughtes*
and all my good is but vayne hope of gayne	*Thy good god knowes thy hope, thy happ and all.*
The day is paste and yet I saw no sonne	*Short were thy dales and shadow was thy sonne*
And now I liue and now my life is donn	*T' obscure thy light vnluckely begunne.*
My tale was harde, and yet it was not told	*Time trieth truth and truth, hath treason tript*
my frute is falne, and yet my leaues are greene	*Thy faith bare fruite, as thou hadste faithlesse beene.*
My youth is spent and yet I am not old.	*Thine ill spent youth, thyne after yeares haue impte.*
I saw ye world and yet I was not seene	*and god y^t sawe thee, hath preserud our Queene*
My thread is cut, and yet it is not sponne	*Her thride still holdes thine perisht thowth vnspune.*
And now I liue and now my lief is donne.	*And she shall liue when trayters lines are donne.*
I sought my death and found it in my wombe.	*Thou soughtst thy death, and found it in deserte*
I lookt for life and saw it was a shade.	*Thou lookst for lief yet lewdly forcd it fade*
I trod ye yearth and knewe it was my tombe	*Thou trodst the earth and now in earth thou arte*
And now I die, and now I was but made	*As men may wish you neuver hadst bin made*
My glasse is full and now my glasse is runn	*Thy glory and thy glasse are tymeles runne*
And now I liue and now my lief is donne.	*And this (O Tuchbourne) hath thy Treason donne*

die die Königin aufschreien ließ wegen der Zeilen seines Verrats (»*... our Queene, Her thride still holdes thine perisht thowth vnspune And she shall liue when trayters lines are donne*«), sodass er seine Verurteilung zum Tode selbst herausforderte und er sich in der Einöde wiederfand (»*Thou soughtst thy death, and found it in deserte*«), sein Ruhm und seine Zeit seien für immer abgelaufen (»*Thy glory and thy glasse are tymeles runne*«), und all das habe sein Verrat bewirkt (»*And this (o Tuchbourne) hath thy Treason donne*«).

Es macht nur Sinn, das sog. Isham-Manuskript dem Autor Richard Barnfield zuzuschreiben, wenn man seinen Namen als ein Pseudonym von Christopher Marlowe erkennt: Alle Zeilen dieses Manuskripts bis hin zum letzten »Epitaphium« (»*... yeeres numbred scarce thirteene, when the destiniees turn'd cruell*«) weisen auf ihn als den Autor der Zeilen hin.

John Bodenham (J. B.)

Auch als Autor mit Namen John Bodenham muss sich Christopher Marlowe/ alias Shakespeare getarnt haben. Erstaunlicherweise erschien kurz nach »Polimanteia« (»The Fall of A Common-wealth«) ein Buch mit ähnlichem Titel: »Politeuphuia, Wits Common-wealth » (1597) von einem gewissen John Bodenham. Darin stellt sich dieser Autor erneut als ein »Common wealth« dar. Dies kann keinesfalls reiner Zufall gewesen sein. Beide Bücher müssen aufgrund ih-

 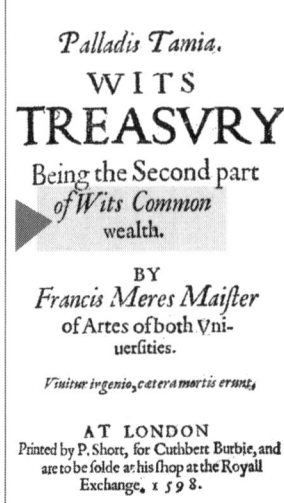 

»Wits Commonwealth« in »Politeuphuia« von John Bodenham (1597), in »Palladis Tamia« von Francis Meres (1598) und in »Wisedoms Pallace« von einem unbekannten Autor (1604)

rer Titel und ihrer massiven inhaltlichen Überschneidungen vom gleichen Autor verfasst worden sein, am ehesten von Marlowe/alias Shakespeare.

»Politeuphuia, Wits Common-wealth«, gemessen an der großen Zahl seiner Wiederauflagen, muss so erfolgreich gewesen sein, dass der Autor ein Jahr später (1598) einen zweiten Teil (»Beeing the Second Part of Wits Common wealth«) mit dem Titel: »Palladis Tamia. Wits Treasury« folgen ließ. Der Autor heißt jetzt aber merkwürdigerweise nicht mehr John Bodenham, sondern »Francis Meres, Maister of Artes of both Universities«. Nur ein kleiner Abschnitt (»*Poetrie*«) dieses Werks ist Shakespeare-Experten bekannt, da dieser Teil wesentlich zur Datierung der Entstehung von Shakespeares frühen Stücken herangezogen wurde.

Hier kann eindeutig etwas nicht stimmen, insbesondere, wenn man bedenkt, dass der Autor in der Epistel »To the Reader« hervorhebt, dass die früheren Werke eines »Common-wealth« von ihm stammten. Danach kann Francis Meres nach John Bodenham nur ein weiterer Deckname gewesen sein, hinter dem sich Marlowe/Shakespeare verbarg. Vorwort und Text von Francis Meres scheinen dafür zu sprechen. Hier ein Auszug:

> »*I judge him of a happy wit, who is is profound and substantiall in Sentences; eloquence and ingenious in Similituds; and rich and copious in Examples.*«

Die lateinischen Zeilen auf beiden Buchtiteln vermitteln eine ähnlich unmissverständliche, allegorische Aussage, dass von dem Dichter nicht seine Gestalt (formam natura), nicht sein Übriges (caetera mortis), sondern nur sein Genius (ingenio) verblieben ist:

John Bodenham, »Politeuphuia« (1597):

»Si tibi difficilis formam natura negavit, ingenio formae damna repende tuae.«
(freie Übersetzung: Wenn dir die Natur deine Gestalt verneint, ersetze den Verlust deiner Gestalt durch den Reichtum des Geistes.)

Francis Meres, »Palladis Tamia« (1598):

»Vivitur ingenio, caetera mortis erunt.«
(freie Übersetzung: Der Geistreichtum ist unsterblich [wird überleben], das Übrige wird vergehen.)

Die vielen abwegig erscheinende Spur, dass der Autor, der sich bereits in »Polimanteia (1595)« als »Common-wealth« bezeichnete, sich auch in »Politeuphuia«, in »Palladis Tamia (1598) und schließlich in »Palladis Palatium« (1604) so nennt, kann bei Berückichtigung von Stil und Inhalt eigentlich nur bedeuten, dass hier nicht vier verschiedene Autoren am Werk waren, sondern stets derselbe: Marlowe/Shakespeare.

Aus Francis Meres' »Paladis Tamia«:

»(…) If this second part of mine, called Wits Common-wealth containing similitudes, being a stalke of the same stemme, shall have the like footmanship, and find the same successe, then with Permenio I shall be the second in Philips joy. And then Philips joy willest-soones be full, for his Alexander, whom, not Olympia, but a worthy Scholler is conceiving, who wil fill the third part of Wits Common-wealth with more glorious exemples, then great Alexander did the world with valiant & heroicall exploits.

(…) so I judge him, of an happy Wit, who is profound and substantiall in Sentences; eloquence and ingenious in Similituds; and rich and copious in Examples.

The first part being published some years ago hath had the worlds favour and favour and furtherance. which hath made him so cranke, young and fresh, that thrice in one year he hath renued his age, a spring more then is in fruitfull Saba.«

Auffällige Hinweise darauf, wer sich hinter dem Namen Francis Meres verborgen haben dürfte, können in diesem Buch nicht im Detail verfolgt werden. Es ist nicht bekannt, ob Francis Meres – ganz im Gegensatz zu Marlowe/Shakespeare (s. S. 612 f.) – die spanische Sprache beherrschte. Die Diktion in Francis Meres' »Granados Devotion« (1598) and »The Sinners Guide« (1614) (gedruckt von Richard Field für (!) Edward Blount) »vermeintlich« aus dem Spanischen ins Englische übersetzt, hat vieles mit Marlowe/Shakespeare gemein. Es ist nichts darüber bekannt, dass Meres in Spanien war und die spanische Sprache beherrschte, ganz im Gegensatz zu Marlowe.

Nicht nur die eben erwähnten Bücher, sondern auch die nachfolgenden »Wits Theater of the little World« (1598) und »Bel-vedere or, The Garden of the Muses«[52] (1600) lassen unzweifelhaft die Handschrift des gleichen, universal gebildeten, geistreichen und souveränen Autors erkennen, zu dessen Ehren und unter dessen Federführung (?) schließlich 1600 die eindrucksvollste Lyrikanthologie des elisabethanischen Zeitalters, »England's Helicon«[53], erschien.

Experten gehen bis heute seltsamerweise davon aus, dass die in diesen Werken vorkommenden Widmungen einen John Bodenham (oder J. B.) als Autor all dieser Werke kennzeichnen, ohne dass von einem realen »*Maister John Bodenham*«[54] je irgendwelche überzeugenden Quellen in England aufgefunden worden wären. Bereits 1905 schrieb Walter Begley[55], dass niemand je die Identität oder irgendwelche Lebensdaten von John Bodenham entdeckt habe. Es ist für mich als »Fachfremder« kaum zu verstehen, warum sich eine Fachwelt über die Jahrhunderte mit den signifikanten Inhalten dieser in jeder Hinsicht eindrucksvollen Bücher speziell im Zusammenhang mit dem zeitgleich lebenden Shakespeare so gut wie nicht auseinandergesetzt hat.

Das Zueignungssonett am Anfang von »England's Helicon« (1600), verfasst von einem gewissen A. B. in Shakespeare-typischer Sonett-Form (»*To his loving kinde Friend, Maister John Bodenham*«), weist darauf hin, dass diese Lyrikanthologie John Bodenham gewidmet sei. A. B. dürfte Anthony Bacon gewesen sein – denn 1603 beklagt Francis Bacon in einem Brief an Tobie Matthew den Verlust seiner beiden wertvollsten Menschen, seinen kürzlich verstorbenen Bruder Anthony Bacon (»*mine A. B. ... him by death 1602*«) und den an einem unbekanntem Ort weilenden Tobie Matthew (»*you by absence*«).

Starke Indizien (s. S. 573 ff.) sprechen dafür, dass es sich bei Bodenham um Marlowe/Shakespeare gehandelt haben muss. Warum er den fiktiven Namen John Bodenham wählte, kann man aus »Polimanteia« herleiten. Dort setzt sich der Autor an verschiedenen Stellen mit dem von ihm hochgeschätzten

---

[52] Vgl. Bodenham's Bel-vedere or, The Garden of the Muses. Reprinted from the original edition 1600 (= Publications of the Spenser Society Issue Nr. 17), Manchester 1875; Onlineversion: http://www.archive.org/stream/cu31924013294248#page/n29/mode/2up, aufgerufen am 19.1.2011.
[53] A. H. Bullen (Hg.): Egland's Helicon, a collection of lyrical and pastoral poems (published in 1600), London 1899; Onlineversion: http://www.archive.org/stream/englandshelicoobulliala#page/n45/mode/2up, aufgerufen am 19.1.2011.
[54] Vgl. Franklin. B. Williams: John Bodenham: Art's Lover, Learning's Friend, in: Studies in Philology, Vol. 31, Nr. 2, (April 1934), Seite 198–214.
[55] Walter Begley: Bacon's Nova Resuscitatio, London 1905; Onlineversion: http://www.archive.org/stream/baconsnovaresusco1begl#page/108/mode/2up, aufgerufen am 19.1.2011.

Master John Bodin (Jean Bodin, 1530–1596, französischer Philosoph) auseinander, der für ihn die Definition von Harmonie und Toleranz (zum Beispiel hinsichtlich der Religionen) gefunden zu haben schien:

> »(...) for the true vnderstanding of Plato his mind, and chiefly of the word Harmonie. Master John Bodin is of that minde, that this Harmonie is to bee understood of tunes & melodious sounds. For the better interpretation whereof, and the more to confirme his opinion, in the fourth booke of his Politicks he hath made the forme of a Triangle with certaine numbers there upon, to ground a musicall harmonie, and so apply it to Plato his opinion.«

Im Zueignungssonett von »Helicon«[56] lobt A. B. die einzelnen Werke von John Bodenham. Die Werke über einen »Common-wealth« seien die ersten Früchte nach/infolge seines schmerzlichen Schicksals (*»first fruits of thy paines«*) gewesen, denen *»Wits Theater of the little Word«* gefolgt sei (*»drew on Wits Theater: the second sonne«*), ein für seine Zeit grandioser Abriss von Geschichte mit den sie tragenden Personen und Eigenschaften *(»a wondrous profit that the world hass wonne«*).

Die zweite Strophe kennzeichne das Buch »Bel-vedere, or the Garden of the Muses« und lässt durch ein Wortspiel mit Blumen den größten zeitgenössischen Dichter erkennen (*»the greatest princes«*). In der letzten Strophe verleiht Anthony Bacons seinem Kummer darüber Ausdruck (*»My paines herein, what so ever... take love and paines«*), dass der Dichter sich in unbekannter Ferne aufhalte, und er beteuert, dass sein Herz immer mit ihm sei, wo immer er sich auch aufhalte (*»and where thou art my hart still lives with thee«*). Marlowe dürfte sich zwischen 1599 und 1603 zweifelsohne im Exil, auf dem europäischen Festland, wahrscheinlich überwiegend in Spanien (s. S. 612 f.), aufgehalten haben.

Es würde den Rahmen dieses Buches sprengen, die zahllosen, zum Teil unglaublichen Zusammenhänge zwischen den genannten Büchern und Marlowe/Shakespeare darzustellen. Beispielhaft möge noch auf das Titelemblem von »Belvedere, The Garden of the Muses« hingewiesen werden, das eine Sonne zeigt, die auf zwei seltsame Erhebungen leuchtet, zwischen denen ein Baum wächst.

Am Fuß der linken, weiter rückwärts stehenden Erhebung wächst eine Ringelblume (»*marigold*«), die für Marlowe steht (s. S. 578), am Fuß der vorderen rechten Erhebung ein Veilchen (»*violet*«), das für Shakespeare steht. Der Holzschnitt steht symbolisch für die Zweigeteiltheit des Autors, der sein erstes Leben unter dem Namen Marlowe, sein zweites unter dem Namen Shakespeare führte. In Akt vier, Szene eins von »Perikles« heißt es:

---

[56] England's Helicon, London 1600; Onlineversion: http://www.archive.org/stream/englandsheliconooounkngoog#page/n13/mode/2up, aufgerufen am 19.1.2011.

Titelemblem von John Bodenhams »Bel-vedere, The Garden of the Muses« (1600). Es symbolisiert die Zweigeteiltheit des Dichters.

> »*The purple violets, and marigolds,*
> *Shall as a carpet hang upon thy grave*«.

Die tiefere Bedeutung des Baums zwischen den beiden Erhebungen wird im Vorwort (»*To the reader*«) von »Polyteuphuia« (griechisch, etwa »Wohlgewachsenheit«) erkennbar: Der Baum steht symbolisch für einen einzigen Menschen. Seine Äste sind die Gedanken dieses Menschen, seine Zweige und Blätter seine Worte, die ausreichen, die gewähltesten Sätze und Gleichnisse beziehungsweise Parabeln zu bilden:

> »*I holde ominous and as under which, Politeuphuia was so gracious. Very fitly is man compared to a tree, whose rootes are his thoughts, whose branches and leaves his words (which are sufficiently set forth in choicest Sentences & and Similitudes.*«

Die Worte, die das Emblem des Buches umkreisen – »Digna Parnasso et Apolline« –, signalisieren, dass der Autor der heiligen Höhe (Parnassus) der Musen und des Apollo würdig sei. Die genannten Werke tragen erheblich zur Beantwortung der Frage bei, warum eines der größten Genies aller Zeiten keinerlei Korrespondenzen, keine Prosatexte, keine Essays etc. hinterlassen hat. Diese sind unbestreibar vorhanden. Sie werden allerdings erst auffindbar, wenn man akzeptiert, dass sie unter fremden Namen erschienen sind.

Es wird Aufgabe der kommenden Generationen sein, die hier beschriebenen Schriften mit Shakespeares Dramen in Verbindung zu bringen.

Das zeitgenössische Titelemblem von »Belvedere, The Garden of the Muses«, das – neben dem Marigold-Emblem auf Hero und Leander (s. S. 244) – bildhaft wohl am eindrucksvollsten überhaupt das zweigeteilte Schicksal Marlowe/Shakespeares darstellt, schmückt erstaunlicherweise auch die siebte Auflage (1603) von William Warners heroischem Historiengedicht »England's Albion«. Es gibt stichhaltige Gründe (vor allem in Hinblick auf den Inhalt), auch in William Warner einen Decknamen von Marlowe zu erkennen (s. S. 676 f.).

William Basse (W. B.)[57]

Der Name William Basse[58] war recht eindeutig ein Pseudonym von Marlowe/Shakespeare. In allen nachfolgenden Werken von »William Bas.«, »William Basse« oder »W. B.« gibt es erhebliche Indizen, die die in sich plausible These stützen, dass sich hinter seinem Namen die Person Marlowe verborgen haben muss. Praktisch alles, was wir de facto an substantiell Biografischem über William Basse wissen, wurde aus seinen Werken geschlossen, auch wenn Enzyklopädien dies anders vermitteln.

Hier sollen folgende Werke etwas näher betrachtet werden (bis auf Nr. 7 chronologisch):

1. »Sword and Buckler, or, Serving Man's Defence« (1602): Versepos mit 75 Gedichten.
2. »Pastoral Elegies of Anander, Anetor, and Muridella« (1602): drei Elegien mit 110 Gedichten,
3. »The Philosophers Banquet« (1609): eine Art von Almanach,
4. »Great Brittaines; Sunnes-set, bewailed with a Shower of Teares« (1613): Epos mit 21 Gedichten anlässlich des Todes des 18-jährigen englischen Thronfolgers Henry Frederick,

[57] R. Warwick Bond (Hg.): The poetical works of William Basse, London 1893; Onlineversion: http://www.archive.org/stream/poeticalworksofwoobass#page/n7/mode/2up, aufgerufen am 19.1.2011.
[58] SOED: ME: Bass, Basse, Bas für Base, Fundament, der tiefste Grund.

5. »A helpe to discourse. Or, A miscelany of merriment« (1619): ein Almanach aus Fragen und Antworten,
6. »On Mr. Wm. Shakespeare«, Basse's Elegie (verfasst zwischen 1616 und 1623?, gedruckt erstmals 1631),
7. »Ludis Sacchiae, A Chesse Play« (1597) und »Tom a Bedlam« (ca 1600?).

Sword and Buckler, or, Serving Man's Defence[59]

Das 1602 unter dem Autornamen »William Bas.« erschienene Buch »Sword and Buckler, or, Serving Man's Defence« (Schwert und Schild, oder, des Dieners Verteidigung) ist ein Versepos mit 75 sechszeiligen Strophen, das die Tätigkeit eines Dichters als Untergebener und Dienender (»*Serving Man*«) eines Prinzen poetisch beschreibt. Die Gedichte bieten einen tief greifenden, transformierten Einblick in das Außen- und Innenleben des Dichters Marlowe/Shakespeare im Dienste eines Prinzen (vergleiche dazu Akt 4, Szene 2 im »Wintermärchen«):

> Autolicus:
>
> »*I have served a Prince and in my time wore three-pile, but now I am out of service*«.

Man muss die 75 Gedichte mehrmals gelesen haben, um allmählich anhand des poetischen Reichtums, anhand des Stils und anhand detaillierter Metaphern (Beispiele S. 583 f.) zu begreifen, wer die Persönlichkeit war, die sich hier in einem inneren Disput mit ihrer Existenz auseinandersetzt. Eines ist sicher: Hinter dem Autornamen muss sich ein Dichter vom einzigartigen Format eines Marlowes/Shakespeare verborgen haben!

Indiz 1) Die Begriffe »sword and buckler« und »a serving man« bei Shakespeare

Es dürfte bereits ein Indiz sein, dass die Titelbegriffe – »sword«, »buckler« beziehungsweise »serving man« – bei Shakespeare einen spezifischen Stellenwert besitzen (wie auch die Personen in Stücken, die diese Worte verwenden, wie Edgar, Hugh Evans, Fallstaff, Hotspur etc.).

»Heinrich IV.«, Teil 1, I/3:

> Hotspur: *And that same sword-and-buckler Prince of Wales ...*

»Viel Lärm um nichts«, V/3:

> Margaret: *Give us the swords; we have bucklers of our own ...*

---

[59] Sword and Buckler, or, Serving Man's Defence, in: The poetical works of William Basse (1602–1653), London 1893; Onlineversion: http://www.archive.org/stream/poeticalworksofwoobass#page/3/mode/1up, aufgerufen am 19.1.2011.

»Heinrich IV.«, Teil 1, II/4:
    Falstaff: *my buckler cut through and through; my sword hacked like a hand-saw.*

»Heinrich IV.«, Teil 2, I/2 (Szenen-Anweisung):
    Enter SIR John Fallstaff, with his Page bearing his sword and buckler.

»Romeo und Julia« I/1 (Szenenanweisung):
    Enter Sampson and Gregory of the house of Capulet, armed with swords and bucklers

»Heinrich IV.«, Teil 2, V/1:
    Falstaff: *Turned into a justice-like serving-man*:

»Heinrich IV.«, Teil 2, V/3:
    Fallstaff: *This Davy serves you for good uses; he is your serving-man.*

»König Johann«, V/2:
    Lewis: *Or useful serving-man and instrument«*

»König Lear«, III/4
    Edgar: *A serving-man, proud in heart and mind*

»Die lustigen Weiber von Windsor«, III/1
    Sir Hugh Evans: *I pray you now, good master Slender's serving-man.*

»Was ihr wollt«, III/2:
    Sir Andrew: *Count's serving-man than ever she bestowed upon me.*

Indiz 2) »My Muse my buckler, my pen my sword«

Mit dem Einleitungsgedicht (»The Epistle«) »To the honest and faithful brotherhood of True-hearts« (signiert mit »Will. Bas«[60]) beschreibt der Dichter die Absichten, die er mit diesem Epos verfolgt. Sie lassen ohne Zweifel den biografischen Hintergrund des Autors erkennen. Der Text (s. S. 584) spricht für sich! Es ist kaum vorstellbar, dass sich hinter dem spezifischen Inhalt und Stil des Einleitungsgedichtes ein unbekannter William Basse verbirgt.

Der Dichter verbrämt in diesem Epos seine eigene Person dadurch, dass er in der Wir-Form schreibt und sich an alle »Dienenden« Englands wendet (»*all the old and young Serving-men of England health and happines«*). In der folgenden Beleuchtung einiger Gedichte wurde deshalb in eckigen Klammern die »Ich«-Form zugefügt, in der der Autor in Wahrheit spricht.

---

[60] SOED: Bass [ME *bas, base*]: low in Sound, soft. Man kann das Wortspiel »William der Niedrige« (base) oder »William mit der sanften tiefen Stimme« (bass) vermuten.

Indiz 3) Strophe 1 der Einleitung: »Yet am for you the Champion of good will«

Er wolle mit der Beschreibung seines Zustands seine inneren Gefühle und Wünsche beruhigen (»*might well content my humble hart ... and mine owne desart*«[61]). Er wolle offenlegen, dass er für die Öffentlichkeit noch immer der »Meister« sei – oder der eigentliche Will(iam!) – (»*Yet am for you the Champion of good will*«), weil er das »Unbehagen« (den Zweifel) der anderen zu spüren glaube (»*Because I feelingly conceive your ill*«).

Der Begriff »*I am for you the Champion of good will*« hat zweifellos eine metaphorische Doppeldeutigkeit.

Indiz 4) Strophe 2: »Publike multitude that do's us [me] wrong«

Die Öffentlichkeit habe ihm Unrecht angetan (»*The publike multitude that do's us* [me] *wrong*«) und nur dieses Unrecht müsse er hier hauptsächlich ansprechen (»*And none but them, my vaine must chiefly touch*«). In der üblen Meinung der Öffentlichkeit werde seine Jugend so betrüblich gesehen (»*In whose rude thoughts my youth is griev'd to see*«), dass Dienende (wie er selbst) für so »unbedeutend« gehalten werden (»*That Serving-men so slightly reckon'd bee*«).

Indiz 5) Strophe 3: »long stood we [I] mute ... ourselves [myself] defam'd«

Lange habe er geschwiegen und sich in dieser Zeit durch jeden launischen Scherz und nutzlosen Streit verleumdet empfunden (»*Long stood we mute and heard ourselves defam'd ... In every moodie jest and idle braul*«). Aber in diesem Gedicht werde er seine Bedeutung ernsthaft offenbaren (»*But now our* [my] *prize is seriously proclaim'd*«) und er wolle hier stellvertretend für alle der Herausforderer werden (»*And I become the chalenger for all*«). Seine Bühne seien seine Stücke beziehungsweise die Bühne gebe ihm seine innere Ruhe (»*My stage is peace*«, siehe auch Autolicus im »Wintermärchen«, s. S. 543), er führe seine Auseinandersetzung mit dem Wort, seine Muse sei sein Schild und seine Feder sein Schwert (»*My stage is peace, my combat is a word, My muse my buckler, and my pen my sword*«).

Der Dichter lässt erkennen, wie lange er aufgrund von Verleumdungen stumm, das heißt unerkennbar, bleiben musste und dass er ein Dichter des Theaters sei. Auf William Basse lässt sich das alles nicht beziehen, auf Marlowe in jeder Hinsicht.

Indiz 6 Strophe 4: »Who treads my stage«

Der Autor formuliert in eindrucksvoll allegorischer Weise, was ihm andere »realiter« angetan hätten, was er selbst aber nie getan hätte (»*yet not*

---

[61] Wortspiel: »desert« (Verdienst vs. Strafe).

tride ... No weapon ... not defied ... never beaten«). Er selbst habe sich stets nur als Dichter gesehen, seine Muse sei es gewesen, mit der Feder schöpferisch zu sein. Der Dichter macht sich eindeutig als Bühnenautor kenntlich – und es gibt keinerlei Hinweise darauf, dass William Basse für die Bühne schrieb.

Wer seine, des Dichters, Bühne betrat, wurde herausgefordert, aber nicht (wie bei ihm persönlich) vor Gericht gestellt (*»Who treads my stage is chaleng'd, yet not tride«*). Wer mit ihm zu kämpfen/streiten suchte, der sah (wie bei ihm selbst) keine Bedrohung (*»Who tries my combat fights, yet feels no weapon«*). Wer seines Schildes Abwehr erkannte, wurde nicht verhöhnt (*»Who sees my buckler's dar'd, but not defide«*), wer in Berührung mit seinem Schwert kam, wurde zwar getroffen, aber nicht (wie Marlowe) geschlagen (*»Who touch my sword is hit, but neuer beaten«*), denn friedlicher Wettkampf (Frieden) bringe den Menschen (wie bei ihm selbst) nicht vor Gericht, Worte könnten nicht kämpfen (*»For peace tries no man, words can make no fight«*). Die Muse sei nur schöpferisch und Federkiele schrieben nur (*»Muses doe but invent, and pens but write«*).

Hier schreibt ein von seiner Größe überzeugter Dichter, dem Schlimmes widerfuhr. Über William Basse ist in dieser Hinsicht nichts bekannt.

Indiz 7) Strophe 5: »*deprived of deserved reputation*«

Wenn ihm die Offenlegung seines Schicksals poetisch gelänge (*»Now if my actions prosper«*), würden seine (des Dichters) Werke mehr gewürdigt und geschätzt (*»Your titles grac'd with greater estimation«*) und er würde nicht länger seiner verdienten Anerkennung beraubt werden (*»Or at the least we shall no longer bee deprived of deserved reputation«*).

Dieses Einleitungsgedicht trägt durchgehend biografische Züge und entspricht in großem Umfang der Situation Christopher Marlowes. Noch einmal die fünf markantesten Zitate/Indizien:

1. The Champion of good will,
2. In whose rude thoughts my youth is griev'd to see.
3. My stage is peace, my combat is a word. My Muse my buckler, and my pen my sword words.
4. Muses doe but invent, and pens but write.
5. No longer bee deprived of deserved reputation.

Einführungsgedicht aus »Sword and Buckler« in voller Länge:

   1 *I THAT in service yet haue never knowne*
      More than might well content my humble hart:

> *(I thank the God of heavens mightie Throne,*
> *My masters favour, and mine owne desart)*
> *Yet am for you the Champion of good will*
> *Because I feelingly conceive your ill;*
>
> 2 *To taxe their minds to whom we doe belong*
> *I neither purpose nor desier much:*
> *The publike multitude that do's us wrong,*
> *And none but them, my vaine must chiefly touch,*
> *In whose rude thoughts my youth is griev'd to see*
> *That Serving-men so slightly reckon'd bee.*
>
> 3 *Long stood we mute, and heard ourselves defam'd*
> *In every moodie jest, and idle braul;*
> *But now our prize is seriously proclaim'd,*
> *And I become the chalenger for all:*
> *My stage is peace, my combat is a word.*
> *My Muse my buckler, and my pen my sword.*
>
> 4 *Who treads my stage is chaleng'd, yet not tride:*
> *Who tries my combat fights, yet feels no weapon:*
> *Who sees my buckler's dar'd, but not defide:*
> *Who touch my sword is hit, but neuer beaten:*
> *For peace tries no man, words can make no fight.*
> *Muses doe but invent, and pens but write.*
>
> 5 *Now if my actions prosper, you shall see*
> *Your titles grac'd with greater estimation;*
> *Or at the least we shall no longer bee*
> *Deprived of deserved reputation.*
> *But if my first attempts have no prevailing,*
> *I will supplie them still in never failing*
>   *To be your faithfull brother*
>   *Will. Bas.*

Indiz 8) »*I pray commend my wit*«

In einem separaten, einleitenden Gedicht (»*To The Reader*«), signiert mit »William Bas.«, wird die souveräne, überlegene Persönlichkeit von Marlowe/Shakespeare erkennbar, der (1602!) darum bittet, dass man seinen Esprit, den Reichtum seines Geistes weiterempfehlen möge (»*I pray commend my wit*«). Er versichert bei seinem Glauben (»*faith*«), dass dies sein erstes Werk sei, das er geschrieben habe (»*For, by my faith, 'tis first that ere*[62] *I writ*«). Man bemerke, dass der Dichter von »*faith*« spricht und nicht – wie zumeist – von »*truth*«. Da der Begriff »*faith*« zu jener Zeit vorherrschend »religiös« geprägt

---
[62] »Ere« für »ever«.

war, entspricht diese Versicherung »bei meinem Glauben« einer Form der Wahrheit. Hier liegt wahrheitsgemäß das erste geschriebene Werk vor, aber eben das erste Werk unter einem neuen Namen »W. B.« oder auch »William Bas« (William das Fundament?, der Niedere?). Unter anderen bereits verwendeten Tarnnamen wäre es nicht das erste Werk gewesen.

Der Dichter kann aufgrund der Inhalte des Gedichts kaum ein »Anfänger« gewesen sein und auch kein Erstlingswerk geschrieben haben.

Das Vorwort in ganzer Länge:

> *Reade if you will: And if you will not chuse,*
> *My booke (Sir) shall be read though you refuse:*
> *But if you doe, I pray commend my wit,*
> *For, by my faith, 'tis first that ere I writ.*
> *Who reades and not commends, it is a rule*
> *To hold him very wise, or very foole.*
>
> *But whosoere commends, and doth not reede,*
> *What ere the other is, he's a foole indeede:*
> *But who doth neither reade nor yet commend,*
> *God speed him well; his labour's at an end.*
>
> *But reade, or praise, or not, or how it pas,*
> *I rest your honest, carelesse friend*
> *Will. Bas.*

Indiz 9: »*An unlawfull deed that might deprive an ancient reputation*«

Die 75 Gedichte (ababcc) des Versepos enthalten in fast jeder Strophe einen deutlichen Hinweis darauf, dass William Bas. ein Tarnname von Marlowe/Shakespeare gewesen sein muss. Es seien einige Strophen als Beispiel angeführt: Zu Anfang erklärt der Dichter dem Leser, aus welchen Gründen er ein Untergebener, ein Dienender, ein »*Serving Man*« wurde und war. Er reflektiert, ob sein Schicksal durch die harten Auflagen eingetretener Notwendigkeiten gegen ihn bewirkt wurde (»*Whether it be by hard constraint of need*«), durch seine Neigung, sich in guter Sitte zu vollenden (»*Or love to be made perfect in good fashion*«), oder durch die Verhältnisse irgendwelcher ungesetzmäßiger Taten (»*Or by the meanes of some unlawfull deed*«), wodurch er sein ehemalig hohes Ansehen verlor (»*That might deprive an ancient reputation*«). Für Basse ist nirgends in irgendeiner Form belegt, dass er einer ungesetzmäßigen Tat bezichtigt und sein Renommee vollständig verloren hatte. Für Marlowe stehen diese Sätze in absolutem biografischen Kontext. Wer – wie er selbst – sich diesem Ablauf ergab (»*Who-euer to this course himself doth give*«), werde hier »Dienstmann« genannt, und deswegen lebe er (noch) (»*Is call'd a Serving-man. And thus doth live*«).

Vers Nr. 2:
> *Whether it be by hard constraint of need*
> *Or love to be made perfect in good fashion,*
> *Or by the meanes of some unlawfull deed.*
> *That might deprive an ancient reputation;*
> *Who-euer to this course himself doth give.*
> *Is call'd a Serving-man. And thus doth live*

Indiz 10: »*To vilefie our* [my] *name and place*«

Aber man möge erkennen, wie sehr er zuletzt die unheilvolle Bezeichnung »Dienender« gehasst habe (»*But see, how hatefull is but lately growne, This fatall title of a Serving-man*«), ebenso wie die Tatsache, dass jeder Mistkerl und Faulenzer ohne innere Weisheit (»*That euery dunghill clowne and every Drone, Nor wise in nature nor condition*«) ihn nicht davor verschonte, seinen Namen zu verunglimpfen (»*Spares not to vilefie our* [my] *name and place*«).

Vers Nr. 18:
> *But see, how hatefull is but lately growne*
> *This fatall title of a Serving-man,*
> *That euery dunghill clowne and every Drone,*
> *Nor wise in nature nor condition.*
> *Spares not to vilefie our name and place.*
> *In Dunsical reproch, and blackish phrase.*

Marlowes Name war zu jener Zeit verfehmt und verunglimpft, man wagte nicht einmal, ihn öffentlich auszusprechen. Es ist nichts darüber bekannt, dass dies für einen gewissen William Basse auch galt.

Indiz 11) »*Up Starts his sire, as bedlim or possest, asks his sonne, and if he will be hangd?*«

Er bezeichnet sich als jemand, der von Natur aus sanftmütiger sei als die Übrigen (»*one, more native gentle than the rest*«), der, auch wenn er »Dienender« sei, wie verrückt und besessen anstrebte, seine Schöpfungen himmelwärts zu erheben (»*To be a Serving-man doth now demaund, Up Starts his sire*[63], *as bedlim or possest*«), der seinen »Gott« befragte, ob er dafür nicht gehängt würde (»*And asks his sonne, and if he will be hangd?*«). Seine »Sonne« antwortete ihm, eher solle er (sein Gott) ein Henker und Schuft sein, was ihn veranlasste, (sarkastisch) zu sagen: Amen. Dann sei Gott nichts für ihn (»*Amen (say I) so he be none for me*«).

Vers Nr. 20:
> *If one, more native gentle than the rest.*
> *To be a Serving-man doth now demaund,*

---

[63] SOED: »Sire«: 1) Lord, Master, Soveraign; 2) trans., to beget, to procreate.

> *Up Starts his sire, as bedlim or possest.*
> *And asks his sonne, and if he will be hangd?*
>> *Shalt be a hangman, villaine, first (quoth he):*
>> *Amen (say I) so he be none for me.*

Hier zeichnet der Dichter metaphorisch den Moment seiner Schicksalswende, den drohenden Tod *(»if he will be hanged?«)*, den er abwendete *(»so he be none to me«)*.

Indiz 12) »*Not in so harsh manner as the clowne ... I have but two sonnes*«

Er erklärt, dass die Menschen – wenn auch nicht in der scharfen Art des Clowns – sich überall darüber ausließen (»*Through rotten teeth will giggle out the same*«), dass er zwei verschiedene Identitäten (two »*sonnes*«) habe. Hier lässt der Dichter deutlich erkennen, dass man um den Wechsel seiner Identität und seines Namens wusste. Er verdeutlicht zugleich seine Philosophie, dass der Bühnenclown (in dessen Rolle der Autor Shakespeare stets schlüpfte) die Dinge schärfer beim Namen nennen könne als der einfache Mensch.

Vers Nr. 21:

> *The Pearking citizen, and minsing Dame*
> *Of any paltrie beggerd Market towne,*
> *Through rotten teeth will giggle out the same.*
> *Though not in so harsh manner as the clowne:*
>> *I have but two sonnes, but if I had ten,*
>> *The worst of them should be no Serving-men.*

Indiz 13: »*[My] lives were justly never disclosde*«

Gegenüber diesem Mistrauen offenbare er deshalb seine Unschuld all den Menschen (»*Thus is our servile innocence exposde To the reprochfull censures of all sorts*«), denen bisher sein(e) Leben (Plural!) niemals richtig enthüllt worden seien (»*To whom our lives [my lives] were justly ne'r disclosed*«) als nur durch unwissendes Gerede und gefälschte Berichte (»*But by uncertaine larums, false reports*«): Die Menschen, die stets über wahr und unwahr richteten, würden vorschnell sprechen, bevor sie überhaupt die Wahrheit kennen würden (»*But by uncertaine larums, false reports Whereof, men apt to judge (be't truth or no) Doe rashly speake, before they rightly know*«).

Vers Nr. 22:

> *Thus is our servile innocence exposde*
> *To the reprochfull censures of all sorts.*
> *To whom our lives were justly ne'r disclosde*
> *But by uncertaine larums, false reports*

> *Whereof, men apt to judge (be't truth or no)*
> *Doe rashly speake, before they rightly know.*

Marlowe/Shakespeare möchte seine Unschuld kundtun und den üblen Gerüchten über sein Schicksal, das niemals wahrheitsgemäß enthüllt wurde, entgegentreten.

Indiz 14: »*Every rotten hamlet's fild*«

Deshalb wende er sich an die »rohe« Mehrheit (»*Thus speake I to the barbrous multitude*«), in der sich jeder Heruntergekommene obendrein mit (seinem) Hamlet beschäftige (»*That every rotten hamlet's fild withal*«), das heißt, jene giftigen Feinde der Unterwürfigkeit (»*Or to the viprous foes of servitude*«). Dass hier Hamlet (der niemals unterwürfig war) erwähnt wird, ist für William Basse wenig plausibel, für Marlowe/Shakespeare aber umso mehr.

Vers Nr. 45:

> *Thus speake I to the barbrous multitude*
> *That every rotten hamlet's fild withal*
> *Or to the viprous foes of servitude.*

Indiz 15) »*Ordain'd to leade his daies, Not as himselfe, but as another*«

Seine Tage als armer Dienender seien dazu bestimmt (»*Poore Serving-man, ordain'd to leade his daies*«), sein Leben nicht als er selbst (der er einmal war) zu führen, sondern als ein anderer, als jemand von einer anderen (Namens-)Liste (»*Not as himselfe, but as another list*«).

Vers Nr. 66:

> *Poore Serving-man, ordain'd to leade his daies,*
> *Not as himselfe, but as another list.*
> *Whose hoped wealth depends upon delaies.*
> *Whose priviledges upon doubts consist.*
>   *Whose pleasures still ore-cast*[64] *with sorrowes spight.*
>   *As swarfie vapours doe a twinkling night!*

Welch eindrucksvolle poetische Schilderung der biografischen Situation Marlowes (»*ordained to leade his daies not as himself but as another ...*«). Welche andere Interpretation ist hier denkbar als diejenige, dass er nur unter einen anderen Identität weiterleben konnte?

---

[64] Ore-cast = overcast.

Drei Elegien über Anander, Anetor und Muridella[65]

1602 erschienen unter dem Autornamen William Basse die drei »pastoralen« Elegien von Anander, Anetor und Muridella. Die 109 überaus kunstvollen achtzeiligen Gedichte (abababcc) schildern in hoher autobiografischer Authentizität die unerwiderte Liebe des Dichters zu einer weiblichen Person (Muridella), die der Hocharistokratie entstammt und enge Verbindungen zur Königin hat. Der Dichter betrachtet diese Liebe aus zwei Perspektiven, einmal aus der Sicht des 17-jährigen Anander, einmal aus der Sicht des gereiften 31-jährigen Anetors.

Verschiedenste Allegorien, Metaphern und Indizien sprechen dafür, dass es sich bei der angebeteten Muridella um Mary Sidney (Herbert), Countess of Pembroke, gehandelt haben muss. Wenn man die Altersangaben der bedichteten Personen (17 und 31) in dem Gedicht auf Marlowe/Shakespeare bezieht (Geburtsjahr 1564), so muss sich seine jugendliche Liebe auf das Jahr 1581 und die Wiederbegegnung unter veränderten Bedingungen auf das Jahr 1595/96 bezogen haben. Dies stimmt mit den historischen Datierungen gut überein (siehe auch Briefwechsel zwischen Tobie Matthews und Mary Sidney, s. S. 663 f.).

Auf zahlreiche weitere Indizien, die darauf hinweisen, dass es sich hier um Marlowe und Mary Sidney (Herbert) gehandelt haben muss, kann aus Platzgründen nicht eingegangen werden. Stellvertretend soll ein augenfälliges Indiz angeführt werden:

Indiz 16) »*I am not the same*«

In der vorletzen Strophe (36) der Elegie I wird der Dichter von einem Herren (Ehemann von Muridella?) gefragt, wer er sei (»*O first enrich me with thy name*«). Der Autor antwortet, dass er »Anetor vom Lande« sei (»*Anetor of the Field, (Sir), did I say*«), obwohl er nicht mehr derselbe sei (»*Though ... I am not the same*«) und von seiner verstörenden »Größe« nichts mehr übrig sei (»*that in amend all of the wooloues annoy*«).

Beide Personen heißen Anetor, der eine war er früher, als er von einer großen Reise mit Peleus zurückkam, Anetor (»*That mighty voyage vnto Peleus came*«), der Peleus diente (»*But he serv'd Peleus ... Anetor he*«), und er sei jetzt der andere (»*and I Anetor am*«), [nur noch] ein anständiger Mensch (»*I as good a man*«).

Elegie 1, Strophe 36:

> *So hie thee to thy sheep (good Shepheard boy:)*

[65] William Bas.: Three pastoral Elegies Anander, Anetor, and Muridella, London 1601; Onlineversion: http://www.archive.org/stream/poeticalworksofwoobass#page/33/mode/1up, aufgerufen am 19.1.2011.

> *But stay, (O) first enrich me with thy name;*
> *Anetor of the Field, (Sir), did I say.*
> *Though (vnderstand yee)* <u>*I am not the same*</u>
> *That in amendall of the woolues annoy*
> *That* <u>*mighty voyage vnto Peleus*</u> *came:*
> *Anetor he, and I Anetor am;*
> *But he serv'd Peleus I as good a man.*

Bei der mächtigen Reise zu Peleus (»*mighty voyage unto Peleus*«) muss es sich um die mehrjährige Europareise Philip Sidneys, dem Bruder von Mary Sidney (Herbert), gehandelt haben, an der Marlowe (nach Samuel L. Blumenfeld) als junger Page teilgenommen haben dürfte. Mit »Peleus« macht der Autor (Marlowe) auf eine spezifische Textstelle des lateinischen Gedichts »Nereus«[66] von Scipio Gentili (1586) aufmerksam, das der Autor anlässlich der Geburt von Philip Sidneys Tochter Elisabeth während seines Aufenthaltes in London schrieb. In diesem Gedicht wird ein Bub als große Hoffnung bezeichnet (»*Peleus' boy himself, promised by the Fates, Achilles, created such great hope*«). Nereus muss den frühreifen Pagen (»*Peleus' boy*« = *Marlowe*) während Philip Sidneys Italienreise beobachtet haben, und Marlowe muss sich in diesem Text von Nereus wiedererkannt haben.

Auszug aus Scipio Gentilis »Nereus«:

> »*Nor will they rejoice in vain: for not even* <u>*Peleus' boy himself*</u>*, promised by the Fates, Achilles, created such great hope for his grandfather Neptune, and for the king of the gods.*«

The Philosopher's Banquet

Der Autor W. B. des 1609 erstmals gedruckten Prosatexts »The Philosopher's Banquet« trägt alle Züge von Marlowe/Shakespeare. W. B. lässt einzelne Sonette von so hohem poetischen Format einfließen, dass man sich fragt, warum er seine Dichtkunst nicht früher zu Papier gebracht hat. Das Buch zeigt außerordentliche Verwandtschaften zu »Polimanteia«, »A Helpe to Discourse« (siehe unten) und anderen. Es ist ein Almanach aus Weisheiten, Sprüchen, Rätseln, das ein Kaleidoskop Shakespearescher Überzeugungen, Gedanken- und Sprachwelten erkennen lässt.

Dass sich hinter »W. B.« Marlowe verbirgt, soll an einem auffälligen Indiz verdeutlicht werden:

---

[66] Scipio Gentilis: Nereus, or a Poem about the birth of Elizabeth; Onlineversion: http://www.philological.bham.ac.uk/nereus/trans.html, aufgerufen am 19.1.2011.

Indiz 17) »*Their errors and corruption ... as with their Authour*«

Der zweite Teil des Buches »The Philospher's Banquet« (»Second Booke«) behandelt verschiedene Personengruppen (zum Beispiel »*Emperours*«, »*Kings*«, »*Princes*«, »*Bishops*« usw.). In dem Kapitel über die Prinzen liest der Dichter ihnen die Leviten und schreibt ihnen zornig, sie mögen sich mehr dem Studium der Weisheit und Tugend widmen (»*Princes should wholly addict themselves to the study of Wisedome, and practise Vertue*«). Denn sie hätten nicht den geringsten Zweifel an ihren eigenen Verdiensten (»*For as the least sparke of scruple of merite in them, is more spread and blowne by the breath of Rumour*«), anders als andere große leidenschaftliche (einstmalige) Personen von geringerer Herausgehobenheit (»*then whole flames, whole*[67] *ounces*[68]*, in per-*

Seite 103
William Basses
Philosophers Banquet

Hier gibt sich W. B. als der Autor von Lucretia (Shakespeare) mit einem vollständigen Sonett zu erkennen
(1009–1015)

Hinzufügung von zwei Zeilen aus einem anderen Sonett aus Lucretia
(615–616)

Kommentierte Seite 103 aus William Basses »The Philosopher's Banquet« (1614)

[67] SOED: »whole«: unhurt, unwounded – hier wohl als »noch lebender«.
[68] SOED: »ounce« (ME): »once«, lonce represents an earlier. lonce = ital. Lonza.

sons of lesser eminence«). Hier bringt sich der Autor augenscheinlich selbst ein. Prinzen gingen mit ihren eigenen Fehlern und Fälschungen so um, wie sie auch mit ihm als ihrem Autor umgegangen seien (»*So likewise their errors and corruptions: To which effect these seem to accord, as with their Authour*«).

Mit ihm als Autor! Da der Leser hier nachfragen dürfte, welcher Autor gemeint sei, gibt sich der Dichter – zumindest für den Wissenden oder Eingeweihten – durch die textliche Anfügung eines vollständigen Sonetts (1009-1015) aus »Lucretia« eindeutig als dessen Autor »Shake-speare« (!) zu erkennen. Auch dass er dieses spezielle Sonett wählte, ist überaus bezeichnend. Darin beschreibt er den Prinzen als eine kohlschwarze Krähe, die im Morast (»*myre*«) badet. Sobald sich der schneeweiße Schwan (der Dichter) zu ihr herabbeuge, hafteten Schmutzflecken an ihm. Oder: Der Stallknecht bleibe im Dunkel, während der Prinz hell erstrahle. Oder: Er werde als kleine Mücke nicht wahrgenommen, alle Blicke ruhten auf dem Adler.

Der Dichter fügt diesem Sonett aus Lucretia zwei zusätzliche »moralische« Zeilen hinzu, die er einem anderen Sonett aus »Lucretia« entnahm. Er möchte ausdrücken, dass Prinzen eigentlich eine Vorbildfunktion hätten:

> »*And princes are the Glasse, the Schoole, the Booke;*
> *Where Subjects eyes doe learne, do reade, do looke.*«

Deutlicher kann kaum gezeigt werden, dass es sich bei dem Autor W. B. um den Autor von »Lucretia«, also um Marlowe/Shakespeare, gehandelt haben muss.

»A helpe to discourse«

Das 1619 erstmals gedruckte »A helpe to discourse, or a miscelany of merriment« muss ein gewaltiger Erfolg gewesen sein. Es wurde im 17. Jahrhundert dreizehn Mal wieder aufgelegt. Genau wie bei »The Philosopher's Banquet« wird als Verfasser ein W. B. angegeben (hier zusammen mit einem E. P.). Das Buch ist in einer Art Frage-Antwort-Form verfasst. Viele sehr unterschiedliche, interessante Themengebiete der Zeit werden mit Epigrammen, Rätseln und Späßen dargestellt (voller subtiler wortgewandter Argumente und Skurrilitäten des genialen Sprachkünstlers Shakespeare). Danach folgt mit »The Countryman's Counsellar« ein Almanach mit astronomischen, meteorologischen, anthropologischen und anderen Regeln. Dass dieser Abschnitt, wie der Titel weiszumachen sucht, nicht von »E. P. Philomathem« geschrieben worden sein kann, macht eigentlich die ganze Farce mit den vorgetäuschen Autornamen beziehungsweise Initialen evident. »E. P. Philomathem«, ein Freund der Mathemathik, passt gut zu den Ratschlägen des Landsmanns Shakespeare (»The Country-Man's Counsellar«), der viel um den Kosmos, die Sterne, Planetenbahnen, Mondbahnen, Berechnungen von Ebbe und Flut usw. wusste und als Tobie Matthew mit Galileo korrespondierte (s. S. 662).

Indiz 18) »*One that knowes, when he againe begins to leave to be so*«

Das Einführungsgedicht dieser kaleidoskopischen Enzyklopädie (»*In praise of this helpe*«) kann nur von Marlowe/Shakespeare sein: Es gibt – wie so viele der anderen angeführten Werke auch – dem Leser ein Rätsel auf über den Autor dieses Buches (»*A Sphinx, proposing Riddle*«).

Er, der Autor, sei ein verständnisvoller Mensch (»*an understanding man*«), er sei ein Mensch, der erfahren habe, was der Mensch dann sei (»*a man that knowes what man is then*«), wenn er wie ein Tier auf allen Vieren gehen müsse (»*when like a beast he goes upon all foure*«), wenn er nur noch jammern und kriechen könne (»*when he but cries and crawles*«). Er ziehe dann aus seinen vielen Niederlagen eine Lehre (»*making a morall, from his many falls*«), von seinen Anfängen als Mann (»*from infancy in manhood*«), wenn die Gunst den Menschen oft verlässt (»*when from grace mans fals so often*«), in diesem joch-ähnlichen Rennen von Geburt bis zum Tod (»*in this span-like race run, from birth to death*«).

Er sei (aber auch) einer, der wisse, was der Mensch sei, wenn er auf zwei Beinen gehe (»*one that knowes, what man is, man, when he on two legs goe*«), wie jemand mit Weitblick (»*with circumspection walking*«), der die Welt gesehen habe (»*read) when he has read this world all over*«). Von diesem Weitblick werde er geleitet (»*and from hence is led*«) bis zum Ende seiner Tage (»*to th'end of his creation*«), von daher tendiere er zu einer göttlichen Macht (»*to th'power had nere beginning never ends*«).

Er sei jemand, der wisse, wie man von Neuem beginne (»*one that knowes, when he againe begins*«), und der aufgebe, was (zuvor) war (»*to leave to be so*«). Er sei jemand, der die Zeiten seines Doppellebens verabscheue (»*when Times loathed Twins*«), dessen Zeit und Gebrechen ihn schüttelten (»*age and diseases shake him*«), als er den Frühling seiner Jugend verlor (»*when h'as lost the spring of youth*«) und an seinem Kopf und Bart eine grauhaarige Kälte (»*wearing a hoarie frost*«) und in seinem Blut eine eisige Kälte ertrug (»*upon his head and beard, and in his blood an icie coldnesse*«), als er vielen Wintern widerstand (»*when as having stood out many winters*«). Jetzt sei er, wie im Winter, völlig verwelkt (»*he's like a winter now witherd all over*«), seine Zweige beugten sich zu Boden (»*to the ground would bow*«). Nur seine »Anhänger« würden ihn unterstützten (»*but that his staffe supports him*«).

Er sei also jemand, der deshalb wisse, was es bedeute, auf vier Beinen, auf drei Beinen oder auf zwei Beinen zu gehen (»*one thus knowes what t'is one foure, one two, one three legs goes*«). Davon könne der Leser profitieren. Er fände hier in einem einzigen Buch versammelt (»*here -i say- thou hast in one, collected*«), was früher in vielen Büchern stand (»*what once lay in many volumes*«).

Die Selbstcharakterisierung des Autors ist überaus prägnant: Da ist jemand, der noch einmal von vorne anfangen musste, der nicht mehr der ist, der er war, der ein Doppelleben führen muss, der am Tiefpunkt seines Lebens auf allen Vieren kriechen musste, der den Frühling seiner Jugend verlor und so weiter. Damit kann streng genommen nur Christopher Marlowe alias Shakespeare gemeint gewesen sein. Aufgrund unserer völlig fehlenden Kenntnisse der Biografie von W. B. ließe sich kein einziger dieser Inhalte auf ihn beziehen, auf Marlowe hingegen jeder einzelne.

»*Great Brittaines Sunnes-set, bewailed with a Shower of Teares*[69]«

1613 erschien eine Elegie auf den im November 1612 verstorbenen 18-jährigen Thronfolger Henry Frederick, Prince of Wales. Die Elegie mit 21 Sonetten zu acht Zeilen (abababcc) trug den Titel »*Great Brittaines Sunnes-set, bewailed with a Shower of Teares, by William Basse*«. Die Parallellen zwischen dem so früh verstorbenen Prince of Wales und der Person des Dichters, der wieder nur Marlowe gewesen sein kann, sind darin nicht zu übersehen.

Sein persönliches Leid mit den quälenden Besonderheiten will der Autor der Sichtweise über den Verstorbenen und Betrauerten gegenüberstellen (»*My waightier sorrow now (Deare Sir) present these her afflicted features to your view*«).

Indiz 20) »*(in his sleepes) become rob'd of his sexe, by some prodigious cause*«

Der Dichter erläutert in Sonett 5, dass er das Leid des verstorbenen Thronfolgers anhand seines eigenen Leides darstellen werde (»*I shew the image of your teares in mine; That mine (by shewing your teares) may be show'n*«).

> »*(...)*
> *I shew the image of your teares in mine;*
> *That mine (by shewing your teares) may be show'n*
> *To be like yours, so faithfull so divine*
> *Such, as more make the publique woe their owne,*
> *Then their woe publique such as not confine.*«

Er sei (Sonett 7) nichts ahnend, wie ein untergeschobenes Kind im Schlaf durch einen ungeheuerlichen Vorgang seiner Identität (seines Geschlechtes/ seiner wahren Identität) beraubt worden (»*Like to a changeling (in his sleepes)*

---

[69] William Basse: Great Brittaines Svnnes-set, Bewailed with a Shower of Teares, Oxford 1872; Onlineversion: http://www.archive.org/stream/greatbrittaines01bassgoog#page/n7/mode/2up, aufgerufen am 19.1.2011.

become rob'd of his sexe, by some prodigious cause«), indem ihm sein Übereifer, seine »Erhitzung« (durch seine Ängste mit Tränen betäubt) »weibisch« gemacht hätten. Seine Männlichkeit sei zu Tränen geschmolzen *(»I am turn'd woman: wat'rish feares benumbe My Heate: my Masculine existence thawes«*), sodass er in der Flut der Tränen sein Grab noch einmal bestatten könne. Aber warum solle er doppelt begraben werden (»*I twice entomb him*«)?

Sonett 7:
> *Like to a changeling (in his sleepes) become*
> *Rob'd of his sexe, by some prodigious cause;*
> *I am turn'd woman: wat'rish feares benumbe*
> *My Heate: my Masculine existence thawes*
> *To teares, wherein I could againe entombe*
> *His tombe, or penetrate hir marble jawes:*
> *But,O why should <u>I twice entomb him</u>! O what folly*
> *E'Were it to pierce (with sighes) a monument so holy!*

Er sei (Sonett 10) in seiner Jugend mehr als alle anderen mit Schönem gesegnet (»*Beauty his youth beyond all others blest*«) und von den Tugenden geschmückt worden (»*Vertues did him beyond his youth adorne*«). Seine Muse, seine Stimme (Sprache), seine Feder hätten ihm alle seine Leistungen ermöglicht (»*What Muse, what voice, what pen, can give thee all thy duties*«).

Sonett 10:
> *Beauty his youth beyond all others blest,*
> *Vertues did him beyond his youth adorne.*
> *What Muse, what voice, what pen, can give thee all thy duties*
> *Oh Prince of princes, men:youth, wisdom, deeds, and beauties*

Dies ist ein mächtiges Bild. Durch einen ungeheuerlichen Vorgang (»*prodigious cause*«), durch seinen (dauerhaften) Schlaf wurde er seiner Identität (seines Geschlechts) beraubt. Das Bild des Schlafes als Metapher für einen todesähnlichen Zustand (Wechsel in die Anonymität) wird in den folgenden Gedichten wiederholt und noch verstärkt. Man denke auch an Christopher Slye im Prolog von »Der Widerspenstigen Zähmung«, an »Dormitanus« in Willobie his Avisa, an »Morphorius« in Pasquils Fooles Cap (Nicholas Breton) und andere.

Indiz 21) »*his lively texture did divide*«

Die Sonette 11 und 12 verdichten Marlowes Schicksal noch stärker und unübersehbarer. In beiden »Strophen« behandelt er drei Grundmotive seines Lebens: »*fate*«, »*death*« und »*time*«.

Das <u>Schicksal</u>, das so früh seinen »eingetragenen« Ruhm zurückbehielt (»*Fates, that so soone beheld his Fame enrould*«), fügte seinem goldenen Lauf einen »neidischen« Abgrund hinzu (»*Put to his golden thred their envious* sheeres«). Der Tod fürchtete sich (offensichtlich) davor, des Dichters Großherzigkeit anzuschauen (»*Death fear'd his magnanimitie to behold*«), und rächte niederträchtig seine Furcht, indem er ihn in einen Schlaf (statt in den Tod) versetzte (»*And (in his sleepe) basely reveng'd his feares*«). Die »Zeit« (Lebenszeit) erkannte ihn in seiner Weisheit als zu fortgeschritten (»*Time, looking on his wisdom, thought him old!*«) und legte übereilt die Sense an seine frühen Jahre (»*And laid his rash Sythe to his Primests years*«).

Sonett 11:

> *Fates, that so soone beheld his Fame enrould,*
> *Put to his golden thred their envious sheeres:*
> *Death fear'd his magnanimitie to behold,*
> *And (in his sleepe) basely reveng'd his feares.*
> *Time, looking on his wisdom, thought him old,*
> *And laid his rash Sythe to his Primests years*

Er seufzt über den Dreibund von Schicksal, Zeit und Tod und erklärt ihnen (»*O Fates, O Time, O Death, But you must all*«), sie alle müssten das Angstauslösende ihrer Bilder erfüllen oder – man bemerke das Wortspiel – den furchtsamen Will als ihren unvergänglichen Führer behandeln (»*Act the dread will of your Immortall GUIDE*«). Er befragt einzeln

a) zunächst das Schicksal. Wie viele andere Lebende es schon auf diese Weise erschreckt habe (»*O Fates How much more life did you appaule*«), als es seine, des Dichters eigene (leibliche) Beschaffenheit zerteilte (»*when you his lively texture did divide?*«);

b) dann die Zeit. Wie viele Tausende sie schon so verwundet habe liegen lassen (»*How many thousands did'st thou wound beside?*«), als sie des Dichters Blüte abschnitt (»*O Time, when by thy sythe*[70] *this Flow'r did fall*«) beziehungsweise, als – man bemerke das Wortspiel – er durch seinen Skythen (Tamerlan) zu Fall kam?[71] Die Plakate der »Dutch Church Libels«, die im den Vorwurf des Hochverrats einbrachten, waren mit Tamerlan unterschrieben(!);

c) schließlich den Tod. Wie viele Tote er aus dem Leben genommen habe (»*O Death, how many deathes, is of that life compacted*«), dass er von all diesen ihn (den Dichter) verschone (»*That from all living breathes, his only death extracted*«).

Sonett 12:

[70] Im Original »sythe«.
[71] Die Plakate, die ihm den Hochverrat einbrachten, waren mit »Tamburlaine« unterzeichnet« (s. S. 142); Onlineversion: http://www2.prestel.co.uk/rey/libell.htm, aufgerufen am 19.1.2011.

> O *Fates,* O *Time,* O *Death, (But you must all*
> *Act the dread will of your Immortall GUIDE)*
> O *Fates,* How much more life did you appaule
> When you his lively texture did divide?
> O *Time,* when by thy sythe this Flow'r did fall
> How many thousands did'st thou wound beside?
> O *Death,* how many deathes, is of that life compacted,
> That from all living breathes, his only death extracted?

Wer mag hier angesichts der Aussage, dass das Schicksal seine leibliche Entität zerteilte (»*you [fate] his lively texture did divide*«) und dass der Skythe [Tamburlaine] ihn zu Fall brachte, daran zweifeln, dass es sich bei William Basse um den Dichter Marlowe/alias Shakespeare gehandelt hat?

Indiz 22) Time, Fate and Death

William Basses Sonette 11 und 12 klingen in dem zentralen Holzschnitt, der jeweils die Titelseite der vier Emblembücher[72] von George Wither (s. S. 667 ff.)

Titelemblem auf den vier Büchern von George Withers »Collection of emblemes«, 1634

[72] George Wither: A Collection of emblemes, ancent and moderne, London 1635; Onlineversion: http://www.archive.org/stream/collectionofembloowith#page/n9/mode/2up, aufgerufen am 24.11.2020.

schmückt, deutlich an, mit einer allegorischen Darstellung des Dichters (»Eagle-winged«) und den Symbolen von Schicksal (»*fate*« – Waage), Zeit (»*time*« – Sanduhr) und Tod (»death« – Schädel, Knochen, Sense). Dies muss als ein starkes Indiz gewertet werden, dass neben William Basse auch George Wither ein Deck- oder Tarnname für Marlowe/Shakespeare) war.

»Timon von Athen« in Kapitel 10 wurde bereits als eine durchgehende Metapher für Marlowes tragisches Schicksal anaylsiert (s. S. 498 ff.). Timons Verteidigung durch Alcibiades (Monolog in Akt 3, Szene 5) scheint diese zentralen Aspekte wiederzugeben:

> »It pleases time and fortune to lie heavy
> Upon a friend of mine, who, in hot blood,
> Hath stepp'd into the law, which is past depth
> To those that, without heed, do plunge into 't.
> He is a man, setting his fate aside,
> Of comely virtues:
> Nor did he soil the fact with cowardice --
> An honour in him which buys out his fault--
> But with a noble fury and fair spirit,
> Seeing his reputation touch'd to death,
> He did oppose his foe:«

Indiz 23) »*Not Tennant to thy grave*«

Als erste zeitgenössische poetische Reaktion auf den Tod von Shakespeare überhaupt wird William Basses Elegie »Epitaph on Shakespeare« angesehen.

Basse weist verschiedenen Poeten (Chaucer, Spencer, Beaumont) ein gemeinsames Grab, Shakespeare (sich selbst) jedoch ein eigenes Grab zu (»*Sleep rare Tragædian, Shakespeare sleep alone Thy unmolested Peace, unshared Cave*«).

> *Renowned Spenser, lye a thought more nye*
> *To learned Chaucer, and rare Beaumont lye*
> *A little neerer Spencer, to make roome*
> *For Shakespeare in your threefold, fourfold tombe*
> *To lodge all four in one bedd make a shifte/*
> *Untill Doomesday; for hardly will a fifte*
> *Betwixt this day and that, by fate be slaine*
> *For whome your Curtaines may be drawne againe.*
> *If your precedency in Death doth barr*
> *A fourth place in your sacred Sepulchre*
> *In this Under this carved marble of thyne owne*
> *Sleep rare Tragædian, Shakespeare sleep alone*
> *Thy unmolested Peace, unshared Cave*
> *Possesse as Lord, not Tennant to thy grave.*

That unto us and others it may counted bee
Honor heereafter to be layed by Thee.

Mr. Willm Bass

Da auch in den »First Folio« die Einzelgrabzuweisung an Shakespeare auftaucht, kann man sich fragen, ob Ben Jonson durch dieses Gedicht zu seinem Text in der »First Folio« angeregt wurde. Der entscheidende Ausdruck dieses Gedichts ist aber ohne Zweifel:

»*not Tennant to thy grave that unto us and others it may counted bee*«.

Hier wird unverblümt festgestellt, dass der Dichter nicht in diesem Grabe liege – Marlowe/Shakespeare wird nicht als der Halter, Eigentümer (»*Tennant*«) dieses Grabes betrachtet.

Indiz 24) Schachspiel zwischen Phoebus und Mercur

1597 erschien eine von G. B. (Griffin Bartholomew?) aus dem Italienischen ins Englische übersetzte Anleitung zum Schachspiel (»Damiano da Odenara: Libro da imparare giocare a scacchi«). Die Darstellung des Schachspiels (»*Rules and Manners of playing*«) beendet der Autor, indem er den Leser auf sein nachfolgendes Gedicht (»*the following verses which I haue written for thy more delight, of a whole game played out at Chesse*«) aufmerksam macht:

»*Thus hast thou here (gentle Reader) for thy better instruction a few short precepts, onely for a taste, because I would not haue thee ingorged at the first, lest thou feeling thyself cloyed with the tediousnesse of the precepts in prose thou mightest also loathe the following verses which I haue written for thy more delight, of a whole game played out at Chesse. And thus briefly I bid thee farewell, til better opportunitie shall cause me to set it downe hereafter more at large.*«

Dieses überaus eindrucksvolle 23-seitige Gedicht über ein dramatisiertes Schachspiel (»*containing also herein: A prety and pleasant Poeme of a whole Game played at Chesse*«) ist merkwürdigerweise nicht, wie der Titel und die Schachanleitung, mit G. B., sondern mit W. B. (William Basse?) signiert).

Der Dichter erklärt eingangs, dass er in diesem Gedicht von etwas spräche, was seine Feder noch nie zuvor berührt habe (»*to speake of that, which Poets Pen did never touch before*«). Schwierig sei dieser Weg, aber er wolle zeigen, wie ihn die Furie in der Hitze seiner Jugend geleitet habe (»*Hard is the way yet will I prove As Furie doeth me lead*«), um die Spur seiner Schritte zu verfolgen, an die er, nie gegangen, glaubte.

Dem Dichter gelingt es, sein Schicksal als Gedicht in die poetische Mythologie eines »Schachspiels« metaphorisch einzuweben (Text siehe unten). Er war in dem »Schachspiel des Lebens« zuerst Phoebus (Beiname des Apollo, Gott des Lichts, der sittlichen Reinheit der Dichtkunst etc.), der aber dieses Spiel verlor. Aus dem »Spiel« ging Merkur als Sieger hervor (römischer Gott Mercur, der mit Hermes gleichgesetzt wird. Er gilt als der »Götterbote«, Gott der Händler und Diebe). Marlowe, zuerst Phoebus, wurde zu einer anderen Person, zu Merkur. Merkur erhielt von der höchsten Gottheit Jupiter als Belohnung für das, was er tat, den Hermesstab (Caduceusstab), der als Zauberstab, später als Symbol des Herolds und als Friedenssymbol galt.

Der Legende nach fand Hermes einst zwei Schlangen in heftigem Kampf ineinander verschlungen (Metapher für die zwei miteinander kämpfenden Seelen oder Identitäten) und trennte sie mit einem Olivenzweig. Aus Dank umschlangen die Schlangen den Stab fortan

Ludus Scacchiæ: Chesse-play.

A Game, both pleasant, wittie, and politicke : with certain briefe instructions therevnto belonging; Translated out of the Italian into the English tongue.

Containing also therein, A prety and pleasant Poeme of a whole Game played at Chesse.

Written by G. B.

Printed at London by H. Iackson, dwelling beneath the Conduite in Fleetstreet. 1597.

Titelblatt des Schachbüchleins von G. B. (1597)

   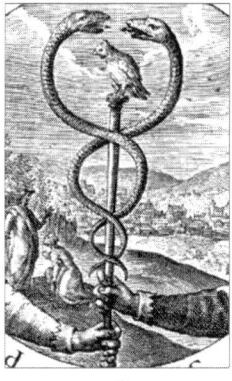

A B C D

(A): Hermesstab (Merkurstab) mit zwei Schlangen als Titelemblem (A) bei der Q1-Fassung von King John (1591) und Marlowes »Dido, Queen of Carthage« (1594). (B): bei Michael Draytons »Idea of shepeards garland Fashioned in nine eglogs« (1594), John Bodenhams »Helicon« (1600), Gervase Markhams »Maria Magdalens Lamentations« (1604). (C): bei Shakespeares »König Lear Q1« (1608) und »Othello« (1622). (D): Emblem aus Georg Withers »A Collection of Emblemes« (1635)

friedlich und wandten sich in Liebe einander zu. Hermes galt fortan als Friedensstifter – als solcher hat sich auch Marlowe/Shakespeare stets gesehen.

Ein Ausschnitt aus dem Gedicht über ein »metaphorisches Schachspiel«:

> *»(...) The Gods and all the Godesses that stoode them round about,*
> *At Poebus losse and overthrow began to give a shoute.*
> *And Mercury the conquerour thus having wonne the Field,*
> *Beganne to scoffe Apollo faire, who now of force muste yeelde.*
> *Phoebus was greev'd that all the Gods so ill did him regard:*
> *And Mercury Joves messenger did look for his rewarde.*
> *Whom mighty Ioves the king of Gods, doth call unto him soone*
> *And gives to him a just reward for what which he had done*
> *The gift was strange, a coniuring rod, which Caducee men call*
> *Whose vertue was of great effect to raise the dead withall.*
> *To cast a men into sleepe, and wake him up againe,*
> *To raise the man from Limbo[73] lake, and rid them of their paine*
> *To make men living dead, and send their quicke soules downe to hell,*
> *Which caused him in Magick artes all other to excel.*
> *Nor wanted Phoebus his rewarde, though Mercury had wonne,*
> *For Jove did give leave to rule the chariot of the sunne*
> *This donne, the Gods and Godesses that saw this pleasant game,*
> *Went every one unto the place from wence at first they came.*
> *And Mercury long afterward, in travel, as I gesse*
> *Did teach the man of Italie to play this game at chesse (...).«*

Die Bedeutung des Hermesstabes muss für Marlowe/alias Shakespeareare von erheblicher Bedeutung gewesen sein. An verschiedenen Stellen wird in diesem Buch aufgezeigt, dass sich Marlowe/alias Shakespeare mit Mercur identifizierte.

»Troilus und Cressida«, Akt 2, Szene 3:

> »Thersites: *Forget that thou art Jove, the king of gods and,*
> *Mercury, lose all the serpentine craft of thy*
> *caduceus, if ye take not that little, little less«*

Die gehäuft vorkommenden Titelembleme mit dem Merkur- oder Caduceusstab, die sowohl Marlowes Dido, Shakespeares »König Lear« (Q1) und »Othello« (Q1) als auch John Bodenhams »Helicon«, Gervase Markhams »Maria Magdalens Lamentations« oder George Withers »A collection of emblemes« zieren, müssen fraglos als ein signifikantes Indiz dafür gewertet werden, dass sich hinter all diesen Decknamen Christopher Marlowe verbarg, der sich in seinem zweiten Leben in der Anonymität mit Mercur identifizierte.

---

[73] »Limbo«: der Vorraum der Hölle. Er gilt als der leidarme Aufenthaltsort für Seelen, die ohne eigenes Verschulden vom Himmel ausgeschlossen wurden.

In George Withers »The Great Assisses holden in Parnassus by Apollo and his Assessours« (s. S. 670) lässt der Dichter Appollo ein Gerichtsverfahren gegen ihn (Marlowe) abhalten, wobei er sich als Angeklagten allegorisch aufteilt in zwölf Sub-Identitäten, dabei allein dreimal als Mercur, als Mercurius Britannicus (s.a. Richard Brathwaites »Mercurius Britanicus«, 1649), als Mercurius Aulicus (an ihn selbst) und als Mercurius Civicus (an den Bürger des Common wealth).

Die Tatsache, dass die frühen Werke von Michael Drayton, »Idea the Shepheards Garland« (1593), »Ideas Mirrour« (1594) und »Peirs Gaveston, Earl of Cornwall, His life, death and fortune« (1594), ebenfalls identische Titelcover-Embleme mit Caduceus-Stab zeigen, sollte einen in Verbindung mit den Inhalten dieser Versepen vertieft über die Identität des Autors Drayton nachdenken lassen, der zusammen mit Ben Jonson kurz vor Shakspperes Tode in Stratford weilte (s. S. 58). Was hatte Drayton 1616 mit Ben Jonson in Stratford zu suchen? Läge hier nicht eine verdeckte Identität anderer Personen (z.B. Marlowe) näher?

Der Dichter und die Kunst des Schachspiels

Ein kontrovers diskutiertes Gemälde, das lange dem holländischen Maler Karel van Mander (1548–1606) zugeschrieben wurde, zeigt zwei idealisierte Dichter, hinter denen lange Zeit Ben Johnson und William Shakespeare vermutet wurden. Diese Deutung könnte angesichts der hier dargestellten Zusammenhänge von William Basses Wissen und Dichtung um das Schachspiel Sinn

Gemälde eines unbekannten holländischen Malers aus dem 17. Jahrhundert (Jonson und Marlowe?)

ergeben,[74] allerdings nur, wenn Marlowe (alias Shakespeare) hier mit Ben Jonson gemalt wurde. Marlowe hat sich bereits in den 1580er-Jahren in Holland (z. B. Leyden) aufgehalten.

Indiz 25) William Basses Ballade »Tom a Bedlam«[75]

Die Schilderung in William Basses kurzer Ballade »Tom a Bedlam – For a Bass alone« kann kaum einen Zweifel daran lassen, dass hier die gleiche Person literarisch gezeichnet und gemeint ist wie Tom of Bedlam in Shakespeares »König Lear«. Da bereits in Kapitel 9 eindeutige biografische Parallen zwischen Edgar/ Tom of Bedlam und Marlowe erkannt und dargestellt wurden, reiht sich diese Erkenntnis nahtlos in die in diesem Abschnitt vertretene Einsicht ein, dass William Basse ein Pseudonym von Marlowe/alias Shakespeare gewesen sein muss.

Gervase Markham (G. M.)

Auf die Analyse der Werke des heute kaum noch bekannten Dichters Gervase Markham (oder Iarvis Markam, G. M., J. M. etc.) soll hier aus Platzgründen nicht im Detail eingegangen werden.

Dass sich auch hinter diesem Namen Marlowe/Shakespeare verborgen haben muss, ließe sich – in der gleichen Form wie zuvor bei H. W., W. C., P. C., B. G., W. B., R. B. und anderen – aufgrund überaus zahlreicher Indizien problemlos darstellen.

Die anstehende und notwendige detaillierte literarhistorische Arbeit wird zukünftig allerdings erst dann erfolgen, wenn kommende Generationen bereit sein werden, das Urheberschaftsdogma (Shakespeare = Shaksper) zugunsten des Paradigmas (Marlowe = Shakespeare) aufzugeben. Es verwundert, dass die Literaturwissenschaft die Texte dieser weitgehend vergessenen Dichtergröße nie mit denen ihres Zeitgenossen Shakespeare verglichen hat. Der Wert jener Werke eines G. M. wurde erst spät und kaum gewürdigt. Sie konnten (und durften?) denen eines zeitgleich lebenden Shakespeare niemals ebenbürtig werden. Im Gegensatz zu den vielen unbekannt gebliebenen Dichtern wie G. M. hat der alle überragende Shakespeare merkwürdigerweise keine Prosa, sondern nur Theaterstücke und Lyrik geschrieben – warum eigentlich?

---

[74] Bryan Loughrey, Neil Taylor: Jonson and Shakespeare At Chess?, in: Shakespeare Quarterly, Vol. 34, Nr. 4 (Winter 1983), S.434–440.
[75] R. Warwick Bond. The Poetical Works of William Basse, London 1893; Onlineversion: http://www.archive.org/stream/poeticalworkswi01bassgoog#page/n188/mode/2up/ search/Bedlam, aufgerufen am 19.1.2011.

1595

The Gentlemans Academie.
OR,
The Booke of S. Albans:

Containing three most exact and excellent Bookes; the first of Hawking, the second of all the proper termes of Hunting, and the last of Armorie: all compiled by Iuliana Barnes, in the yere from the incarnation of Christ 1486.

And now reduced into a better method, by G. M.

LONDON
Printed for Humfrey Lownes, and are to be sold at his shop in Paules church-yard. 1595.

1595

THE Most Honorable Tragedie of Sir Richard Grinuile, Knight.

Bramo assai, poco spero, nulla chieggio.

At London, Printed by I. Roberts for Richard Smith. 1595.

1596

THE Poem of Poems.
OR,
SIONS MUSE,

Contayning the diuine Song of King Salomon, deuided into eight Eclogues.

Bramo assai, poco spero, nulla chieggio.

AT LONDON, Printed by Iames Roberts for Mathew Lownes, and are to be solde at his shop in Saint Dunstones Church.

1597

DEUOREUX.
Vertues teares for the losse of the most christian King Henry, third of that name, King of Fraunce: and the vntimely death, of the most noble & heroicall Gentleman, Walter Deuereux, who was slaine before Roan in Fraunce.

First written in French, by the most excellent and learned Gentlewoman, Madam Geneureue, Petau Maulette.
And paraphrastically translated into English, by Iames Markham.

Bramo assai, poco spero, nulla chieggio.

AT LONDON, Printed by I. Roberts, for Thomas Millington, and are to be sold at his shop in Corn-hill, vnder Saint Peters Church. 1597.

1598

A Health to the Gentlemanly profession of Seruingmen; or, The Seruingmans Comfort:

With other thinges not impertinent to the Premisses, as well pleasant as profitable to the courteous Reader.

Felix qui sacy nauim periisse procellis cum videt, in tutum flectit sua carbasa portum.

Imprinted at London by W. W. 1598.

1600

THE TEARES OF THE BELOVED:
Or,
THE LAMENTATION OF Saint Iohn.

Concerning the death and passion of Christ Iesus our Sauiour.

By I. M.

Imprinted at London by Simon Stafford: And are to be sold by Iohn Browne, at the signe of the Bible in Fleete-streete. 1600.

1604

MARY MAG-dalens Lamentations for the losse of her Maister IESVS.

AT LONDON, Printed by I. R. for Thomas Clarke, and are to be sold in Paules Church-yard at the signe of the Angell. 1604.

1607

RODOMONTHS INFERNALL, OR
The Diuell conquered.

Ariostos Conclusions.
Of the Marriage of Rogero with Bradamanth his Loue, & the fell fought Battell betweene Rogero and Rodomonth the neuer-conquered Pagan.

Written in French by Phillip de Portes, and Paraphrastically translated by G. M.

AT LONDON Printed by V. S. for Nicholas Ling, 1607.

1607

THE ENGLISH ARCADIA,

Alluding his beginning from Sir Philip Sydneys ending.

By Iaruis Markham.

LONDON. Printed by Edward Alde, and are to bee solde by Hearne Rocket, at his shop vnder Saint Mildreds Church in the Poultrie 1607.

1608

The dumbe Knight.

A historicall Comedy, acted sundry times by the children of his Maiesties Reuells.

LONDON, Printed by Nicholas Okes, for Iohn Bache, and are to be sold at his shop in Popes-head Palace, neere to the Royall Exchange. 1608.

1609

Ariostos SATYRES, IN SEVEN FAMOVS DIScourses, shewing the State,

1 Of the Court, and Courtiers.
2 Of Libertie, and the Clergie in generall.
3 Of the Romane Clergie.
4 Of Marriage.
5 Of Soldiers, Musitians, and Louers.
6 Of Schoolmasters and Schollers.
7 Of Honour, and the happiest Life.

In English, by Geruis Markham.

LONDON, Printed by Nicholas Okes, for Roger Iackson, dwelling in Fleet-street, neere the great Conduit. 1609.

1610

MARKHAMS MAISTER-PEECE
OR,
What doth a Horse-man lacke.

Containing all possible knowledge whatsoever which doth belong to any Smith, Farrier or Horseleech, touching the curing of all maner of diseases or sorrances in horses, drawne with great paine and most approved experience from the publique professors of all the forsaide Horse-Marshals of Christendome, and from the prime practises of the best farriers of this kingdome.

Being divided into two Bookes.
The first containing all cures Physicall. The Second whatsoever belongeth to Chirurgerie, with an addition of 130 most principall Chapters, and 340 most excellent medicines, receits and secrets worthy every mans knowledge, neuer written of, nor mentioned in any booke before whatsoever.

Together with the true nature, vse, and qualitie of euerie Simple spoken of through the whole worke.

Reade me, peruse me, and admire me.

Written by Geruase Markham Gentleman.

Pro.12.ver.10.
A iust man hath pity on his beast: but the mercies of the wicked are cruell.

LONDON, Printed by Nicholas Okes, and are to be sold by William Welby, dwelling at the signe of the white Swan in S. Pauls Church-yard. 1610.

Titelseiten von Gervase Markhams Werken

G. M. schrieb Werke zu außerordentlich unterschiedlichen Themen:

- 1595 erschien sein »The Gentlemens Academie, or the Booke of St. Albans«, ein fundiertes Werk über Falkenzucht, Jagen, Edelsteine, Titel, Wappen, Waffen. Vergleiche dazu den Satz des Boten in »Heinrich VI.«, Teil 2, Akt 1, Szene 2: *»You do prepare to ride unto Saint Alban's, Where as the king and queen do mean to hawk.«*
- 1595 erschien anlässlich des Todes Sir Richard Grenvilles das große Trauerepos »The Most Honorable Tragedie od Sir Richard Grinville« mit einem Zueignungsgedicht an Henry Wriothesley, Earl of Southhampton, dem John Clapham 1591 »Narcissus« und Shakespeare 1593 und 1594 die Werke »Venus und Adonis« beziehungsweise »Lucretia« zueignete.
- 1596 erschien »The Poem of Poems, or Sions Muse« mit einem Zueignungsgedicht an Elisabeth Sidney, die Tochter von Philip Sidney, Marlowes Dichtervorbild, mit dem er als Page eine lange Europareise gemacht haben dürfte (s. S. 185 und 590).
- 1597 erschien das Gedichtepos »Vertues Teares for the losse of the most christian King Henry« auf Walter Devereux (Vater von Robert, Earl of Essex), Penelope (Lady Rich) und Dorothee Percy, Countess of Northumberland). Das Werk zeigt verschiedene Parallelen zum Leben von Marlowe/Shakespeare, nicht aber zu dem von zu Markham.
- 1598 erscheint Markhams (G. F.) »A Health to The Gentlemanly Profession of a Servingman«. Darin gibt es ein zwölfstrophiges Gedicht mit dem Refrain »Death of Liberality«, das eine exakte thematische Fortsetzung des 45-strophigen Gedichtepos von Barnfields »The complaint of poetry, for the death of Liberality« (s. S. 566, Fußnote 45) darstellt. Der wiederkehrende Refrain des Liedes bei Markham hieß:

*»I say come wayle with mit
The death of liberalitie.«*

Dass sich auch hinter Gervase Markham (G. M.) Marlowe/Shakespeare versteckt, lässt bereits die Ähnlichkeit der Strophe *»come wayle with me«* mit dem berühmten Gedicht Marlowes: »Come live mith me and be my love« (s. S. 193) erahnen.

Die Aufzählung und inhaltliche Beschreibung der Werke Markhams (s. Abb.) soll hier nicht in ermüdender Weise durchgearbeitet und für jedes weitere Werk Markhams systematisch die zahllosen Indizien ausgebreitet werden, die für seine Identität mit Marlowe/alias Shakespeare sprechen.

Welch ein unbekannt gebliebenes »Universalgenie« wie Markham kann de facto – zeitgleich zu Shakespeare (!) – über solch ein beispielloses Spektrum von

Themen, Wissen und Dichtkunst verfügt haben? Welch eine zeitgenössische Person kann im Gegensatz zu dem jenseits der Theaterstücke literarisch so stumm gebliebenen Shakespeare über solch ein Spektrum von poetischen Fähigkeiten, von Gelehrtheit, Weitsicht, Lebenserfahrung verfügt und Verbindungen zu all den zeitgenössischen Personen gehabt haben? Warum gab es dergleichen nicht in eigenen (Prosa-)Werken Shakespeares, sondern muss aus seinen Theaterwerken erschlossen werden? – All dies bedarf einer Erklärung. Es lässt sich auflösen, allerdings nur, wenn einem das bislang Unvorstellbare gelingt, Gervase Markham erneut als ein Deckname und Dichterpseudonym von Marlowe/alias Shakespeare zu begreifen. Shakespeare war also keineswegs der einzige Tarnname Marlowes, er war nur der Deckname Marlowes für den Autor der Theaterstücke.

Landkarte aus Gervases Markhams »The Enrichment of the Weald of Kent« (1625). Zur besseren Orientierung wurden die Orte Feversham, Canterbury und Dover hervorgehoben.

Es bedarf kommender Generationen mit einer erweiterten Shakespeare-Expertise, denen der Paradigenwechsel leichter fallen dürfte und die die Werke von Gervase Markham (ebenso wie die von Breton, Barnfield, Basse usw.) anders wahrgenommen, gelesen und in ein literarhistorisch kohärentes Gesamtbild integriert haben, als dies bis heute möglich ist.

Es soll stellvertretend und zu einer gewissen Belustigung nur noch kurz auf den letzten hier abgebildeten späten Essay Markhams, »The Enrichment of the Weald of Kent« (1625), hingewiesen werden.

1625 erschien Markhams Essayband »The Enrichment of the Weald of Kent«, in dem er vordergründig die besondere Bedeutung des Gesteins des Mergel (engl. »Marle«) in Marlowes Heimat in Kent mit einer beigefügten Landkarte darstellt, aber auf einer tieferen metaphorischen Ebene einer Parabel die Bedeutung des »marle« mit seiner eigenen Bedeutung sowohl im Titel (»*Painfully gathered for the good of this Iland, by a man of great eminence and worth*«) als auch im Text verquickt (»*the very true art of inriching the ground by Marle, seemeth to lye hidden in part*«), indem er auf einige seiner Werke zu sprechen kommt (Edward II., Heinrich VI.) Dieser Zusammenhang ist kaum zu übersehen.

Textbeispiel:

> »*(...) as by the innumerable Marle-pits digged and spent so many yeeres past, that trees of 200. or 300. yeeres old, doe now grow vpon them, it may most euidently appeare, besides the which we haue mention of Marle in bookes of gainage or husbandry, that were written in the dayes of King Edward the 2. or before, howbeit the same manner of tillage, by meanes of the ciuill warres, maintained many yeeres as well in the time of the Barons warres, as of the warres betweene the house of Yorke and the Family of Lancaster, was so giuen ouer, and gone out of vse, vntill these 30. or 40. yeeres, that it may be said to haue beene then newly 5 borne and reuiued, rather then restored, because the very true art of inriching the ground by Marle, seemeth to lye hidden in part ...*«

Le Doux

Der Inhalt eines Koffers mit Dokumenten[76] (heute in der Lambeth Palace Bibliothek) aus dem Besitz von Anthony Bacon (1558–1601), die von seinem Bruder Francis Bacon (1561–1626) aufbewahrt wurden, weisen auf einen Monsieur Le Doux hin, der in den Jahren 1595/1596 in einer Wechselbeziehung zu Anthony Bacon und Robert Devereux stand und bei dem es sich mit

---

[76] Vgl. http://www2.prestel.co.uk/rey/appx1a.htm, aufgerufen am 19.1.2011.

großer Wahrscheinlichkeit um Christopher Marlowe (Shakespeare) gehandelt hat. Der »Agent« Le Doux war kein Franzose, sondern ein hochgebildeter Engländer mit einer ganz außerordentlichen Breite intellektueller Interessen, die kongruent zu den Interessen von Marlowe/Shakespeare sind. Der Inhalt der erhalten gebliebenen Buchlisten[77] und handschriftlichen Aufzeichnungen und Briefe von Le Doux spricht dafür, dass er Marlowe/Shakespeare[78] gewesen sein dürfte. Der letzte Brief (aus Mittelburg) von Le Doux an Bacon stammt vom 22. Juni 1596. Die Spur von Le Doux lässt sich durch die Korrespondenzen von Lord Buzenval noch etwas weiterverfolgen. Buzenval war französischer Botschafter unter Heinrich IV., zunächst in England (1585–89) und später in Holland (1591–2001) (s. S. 611 f.).

Anthony Bacon arbeitete ab 1579 für William Cecil und Francis Walsingham auf dem Festland, hauptsächlich in Frankreich. Er hielt sich zuerst im katholischen Bourges, ab 1581 im protestantischen Genf auf. Nach Aufenthalten in Lyon, Montpellier, Toulouse und Marseille ging er 1583 nach Bordeaux. Später war er für Robert Devereux als inoffizieller Kontaktmann zu Heinrich von Navarra, dem Anführer der Hugenotten, tätig. Nach seiner endgültigen Rückkehr 1592 nach England gelang es ihm, ein ausgeklügeltes Netzwerk von Verbindungsmännern und Informanten aufzubauen. Als einer der Sekretäre von Robert Devereux war er während zwölf Jahre für die Übermittlung und den Empfang von Berichten, Dossiers und Informationen in verschieden Teilen des Kontinents zuständig. Als Devereux am 25. Februar 1601 nach einem versuchten Staatsstreich wegen Verrats im Tower von London hingerichtet wurde, verließ Anthony Bacon sein Haus und tauchte unter. Er starb im Haus von Frances Walsinghams, der einzigen Tochter Francis Walsinghams, Witwe Philip Sidneys und später des Earl of Essex.

Die aufschlussreichen Dokumente des Monsieur Le Doux aus der Hinterlassenschaft Anthony Bacons (insbesondere eine Buchliste) machen – wie erwähnt – die Annahme wahrscheinlich, dass Le Doux ein Pseudonym des überlebenden Christopher Marlowe/Shakespeare gewesen ist. Mehr als zwei Drittel der Titel auf der Liste von Le Doux kann man als Grundlage für Shakespeare-Stücke ansehen. Dies kann nicht rein zufällig passiert sein.

Weiterhin finden sich verschiedene Bücher, die – auch wenn sie nicht spezifisch als Quellen genannt werden – einen wichtigen Beitrag zu Shakespeare-Werken dargestellt haben dürften, so beispielsweise »Wecker's Medicinae«. R. R. Simpson hat in seinem Buch »Shakespeare and Medicine«[79] mehr als 450

---

[77] Ebd.
[78] Vgl. A. D Wraight: Shakespeare: New Evidence, London 1996.
[79] R. R. Simpson: Shakespeare and Medicine, Edinburgh 1959.

wichtige medizinische Referenzen bei Shakespeare festgestellt, die ein außerordentliches Wissen zeigen sowie das Vermögen, den Einsatz medizinischer Maßnahmen korrekt wiederzugeben.

Le Doux muss sich ab Oktober 1595 zeitweise auf dem Landsitz von Sir John Harrington in Rutland aufgehalten haben. Man vermutet, dass die Tutorentätigkeit für den jungen Sohn von Harrington ein Deckmantel des untergetauchten Marlowe alias Le Doux war, der von Anthony Bacon und Robert Devereux seine Instruktionen bekam, die Aufschluss über die Aufgaben (Sammlung von Informationen) von Le Doux auf seinen Reisen in Europa, insbesondere in Italien, geben (zum Beispiel Eskortierung und Unterstützung höchster europäischer Adelsbesuche, wie den des Baron Zerotin).

Anthony Bacon und Antonio Perez in Frankreich (Navarra)

Historische Quellen[80] belegen, dass Anthony Bacon und der Spanier Antonio Perez langjährige Freunde und Protegés von König Heinrich IV. waren und dass Anthony Bacon Lord Buzenval (Korrespondenz mit Le Doux, s. S. 612) kannte. Perez floh 1591 aus Spanien, lebte zunächst in Pau am Hof von Navarra (1591–593) und war mehrfach länger in England (1593–1594, Mai 1596, Februar 1604).

Ein Brief von Le Doux vom 20. April 1596 erwähnt sowohl Sir Antonio Perez als auch Edward Walsingham (Bruder von Marlowes Patron und Freund Thomas Walsingham), der kurz zuvor verstorben war. Im Besitz von Le Doux befanden sich sowohl eine Kopie von Antonio Perez' spanischem Buch »Pedacos de Historia: O Relaciones, Assy Llamadas Por Sus Auctores Los Peregrinos (1594)« als auch Kopien der Korrespondenz zwischen Perez und anderen. Hier wird eine Verbindung zu dem »*fantastical Spaniard*« Don Adriano de Armado in »Verlorene Liebesmüh« (s. S. 504 ff.) vermutbar, hinter dem sich offensichtlich der exzentrische Antonio Perez verborgen hat. Diese Schlussfolgerung ist allein deshalb plausibel, weil das Buch »Pedacos de Historia« Robert Devereux gewidmet und unter dem Pseudonym »Raphael Peregrino« veröffentlicht wurde, der exakt zu dem Gebrauch des ungewöhnlichen Wortes »peregrinate« in »Verlorene Liebesmüh« (V/1 12–14) passt. In Perez' verbliebenen Briefen wird das Wort »perigrinate« regelmäßig und ironisch verwendet, wenn er sein unglückliches Schicksal beschreibt und sich als »el peregrino« bezeichnet. In »Wits Theater of the little world« von John Bodenham (alias Marlowe/Shakespeare) wird der Begriff »Of Peregrination« verwendet.

Die zwei Briefe von Don Armado (in Akt 1, Szene 1 und Akt 4, Szene 1) sind

---

[80] Gustav Ungerer: A Spaniard in Elizabethan England: the Correspondence of Antonio Perez's Exile. Vol. 1. u. 2, London 1976, Vol. II, S. 388, Vol. II., S. 241.

in der Tat genaue Parodien auf Perez' literarischen Stil, der dem Senecas sehr ähnelt. Beide, Armado und Perez, waren offensichtlich Anhänger Senecas.

Le Doux in den Briefen von Paul Choart, Lord Buzenval[81] (1598/1599)

Der Weg von Le Doux lässt sich aufgrund der Korrespondenz von Paul Choart, Lord Buzenval, in den folgenden Jahren noch etwas weiterverfolgen. In seiner Funktion als französischer Botschafter begegnete Lord Buzenval in London sowohl Königin Elisabeth als auch den wichtigsten Ministern des Kronrats, wie William Cecil, und prominenten Personen des Hofes (unter anderem den Earls of Leicester, Essex, Northumberland, Pembroke und Derby sowie Thomas Walsingham und Frances Walsingham, die Witwe von Sir Philip Sidney, die 1590 Essex heiratete). Buzenval kannte Francis Bacon und scheint ein enger Freund von Anthony Bacon und König Heinrich von Navarra gewesen zu sein.

In den erhalten gebliebenen Korrespondenzen[82] zwischen Lord Buzenval und Heinrich IV. beziehungsweise seinem Staatssekretär Villeroy (1598/99) taucht etwa 20 Mal die Person Le Doux auf (als Überbringer von Briefen, Botschaften, großen Geldsummen, Gold und anderem). Die Briefe von Buzenval lassen ein herausragendes Maß an Wertschätzung und Vertrauen in die Person Le Doux erkennen.

In einem Brief vom 26. November 1598 von Buzenval an Villeroy (Staatssekretär von Heinrich IV.) heißt es (Original in Französisch):

> »*There was never such diligence as Le Doux has performed, nor anything more pleasing than what he has achieved in this voyage, having arrived in this place on the 16th [of November] with your Majesty's dispatch.*«

Verschiedene Stellen in den Briefen zeigen inhaltliche Bezüge zu Shakespeares Stücken. Es herscht gewisse Übereinstimmung, dass Shakespeares Stücke »Heinrich V.«, »Viel Lärm um Nichts«, »Was Ihr wollt« (s. S. 511 ff.) und »Julius Caesar« (s. S. 396 ff.) 1599 geschrieben wurden (»Viel Lärm um nichts« und »Heinrich IV.«, Teil 2 möglicherweise 1598).

Auch dass drei dieser Stücke eine Veröffentlichung versagt wurde (»sta-

---

[81] Christopher Gamble: The French Connection. New Leads on Monsieur Le Doux, in: The Marlowe Society, Research Journal, Vol. 6/2009; Onlineversion: http://www.marlowe-society.org/pubs/journal/downloads/rj06articles/jl06_05_gamble_ledoux.pdf, aufgerufen am 19.1.2011

[82] George Willem Vreede: Lettres et Negociations de Paul Choart, Seigneur de Buzenval, et de Francois d'Aerssen 1598–1599, Leiden 1846 ; Onlineversion : http://www.archive.org/stream/lettresetngociao1aersgoog#page/n6/mode/1up, aufgerufen am 19.1.2011.

yed«), muss eine Bedeutung gehabt haben. Die Entstehung von »Hamlet« (s. S. 375 ff.) wird üblicherweise um 1600 angesetzt, möglicherweise wurde das Stück aber schon früher, 1599/98, geschrieben. In den Briefen Buzenvals finden sich bemerkenswerte Hinweise auf LeDoux und den König von Dänemark, die eine plausible Verbindung zwischen Marlowe/Shakespeare, Dänemark und Hamlet herstellen.

In einem Brief Buzenvals an Villeroy vom 17. Mai 1599 heißt es:

> »*These gentlemen are sending an embassy to the King of Denmark, who has urgently requested of them certain munitions of war, which they have allowed him to purchase: I believe that the said embassy may possibly pass through Sweden. Thus the world gets mixed up, and the waves carry things now to the North, now to the South ... It would be desirable that Le Doux had arrived* [»might arrive« or »would arrive«?] *to sustain our credit a little, and to remove the dislikes* [»misapprehensions«] *that they have towards us.*«

Marlowes Aufenthalt in Spanien

Zwei Jahre, nachdem der Schriftsteller William Vaughan seine Notizen über Marlowes Ermordung (s. S. 163) in seinem Hauptwerk »The Golden Grove«[83] (1600), einem Leitfaden über Moral, Politik und Literatur, abgefasst hatte, reiste er nach Frankreich und Italien. Seine »Pflichttreue« gegenüber Königin Elisabeth und England ließ ihn am 14. Juli 1602 aus Pisa einen Brief an den Kronrat schreiben, in dem er vor gewissen Jesuiten warnte.

Vaughan schreibt, dass er über zwei Mittelsmänner (»*who, as I am credibly informed by two several men, whose names, under your pardon, according to promise, instantly I conceal*«) von einer Person von kleiner Statur erfahren habe, die sich mit Vornamen Christopher (»*his name is for certainty*«) und mit Nachnamen Marlor nenne (»*as he will be called*«). Er besitze einen Master aus Cambridge (»*master in arts of Trinity College in Cambridge*«) und trage einen schwarzen Bart. Er lebe derzeit am Englischen Seminar in Valladolid im Königreich von Kastilien, als eine verpuppte Raupe (»*certain caterpillar*«), als Jesuit und Seminarpriester. Er, Vaughan, habe sich zuvor bereits genötigt gefühlt, von Calais aus über deren Handlungen zu berichten. Nach Leslie Hotson handelt es sich bei diesem »Christopher Marlor« zweifelsohne um den Dichter Marlowe.

---

[83] William Vaughan: The Golden Grove, London 1608.

Auszug eines Briefs[84] aus Pisa (14. Juli 1602) von William Vaughan an Sir Thomas Egerton, Erzbischoff von Canterbury, an Sir Robert Cecil und den sonstigen Kronrat:

> »(...) *I thought it the part of her Majesty's loyal subject in these my travels to forewarn the Council of certain caterpillars, I mean Jesuits and seminary priests, who, as I am credibly informed by two several men, whose names, under your pardon, according to promise, instantly I conceal, are to be sent from the English seminary at Valladolid, in the kingdom of Castile in Spain, to pervert and withdraw her Majesty's loyal subjects from their due obedience to her. I have therefore sent notice to some of you from Calais in France of some such persons, and of their dealing, the one of whom, George Askew, as he then termed himself, being made priest at Douay in Flanders, is taken, as I understand, and lies prisoner in the Clink ...*
>
> *In the said seminary there is (...) one Christopher »Marlor (as he will be called), but yet for certainty his name is Christopher, sometime master in arts of Trinity College in Cambridge, of very low stature, well set, of a black round beard? not yet priest? but to come over in the mission of the next year ensuing (...).*«

Die Entdeckung dieses Briefes durch Leslie Hotson führte zur Aufdeckung eines Jo. Matheus, der 1599 im Register (»Liber Alumnorum«) des Englischen College von Valladolid in Spanien eingetragen war. Das Frappierende hierbei ist, dass am rechten Rand geschrieben steht: »al[ias] *Christopherus Marlerus* [Christopher Marler – or Marlowe?] *Cantabrigiensis* est in *admissus hoc Collegium die 30 Maii an. 1599*«.

Der Aufnahmeeintrag für einen John Matthew (»Liber Primis Examinis«) für das Englische College ergibt, dass er zu Protokoll gab, dass er in Cambridge geboren sei, dass er 27 Jahre alt sei, sieben Jahre an der Universität Cambridge studiert und den B. A. und M. A. erworben habe. Marlowe war 1599 allerdings nicht 27, sondern 35 Jahre alt. Er dürfte sich als jünger ausgegeben haben.

Berührungspunkte mit einem John Mathew aus London lassen es plausibel erscheinen, dass Marlowe in Spanien den Namen Matthew annahm. Unterlagen belegen, dass Matthew im Frühjahr 1603 von Spanien zurückkehrte und etwa ein Jahr in London unbehelligt lebte, bevor er sieben Wochen (3. August bis 23. September 1604) in Gatehouse inhaftiert wurde.[85]

> »*Committed by my Lo: Chief Justice Christopher Marlowe, alias Mathews, a seminarie preist oweth for 7 weeks and 2 daies being close prisoner at rate of 14s the week 5li 2s. For washing 2s 4d. -- 5li 4s 4d.*«

[84] J. Leslie Hotson: The Death of Christopher Marlowe, Edinburgh 1925; Onlineversion: http://www.archive.org/stream/deathofchristoph008072mbp#page/n71/mode/2up/search/caterpillar, aufgerufen am 19.1.2011.

[85] Godfrey Anstrother: The Seminary Priests: A Dictionary of the Secular Clergy of England and Wales, 1558–1850, Vol 1/1968.

Dass Marlowe 1604 dem Lord Chief Justice (dem bereits hochbetagten Sir John Popham) seine Identität preisgab, hat möglicherweise mit Francis Bacon zu tun, der John Popham als Solicitor General of England (1579–1581) gekannt haben dürfte und ihm später in diesem Amt (1607–1613) gefolgt war.

Der Marlowe-Spezialist Peter Farey[86] geht merkwürdigerweise davon aus, dass – in absoluter Umkehrung – ein unabhängiger John Matthew in Spanien das Pseudonym des »verstorbenen« Christopher Marlowes annahm. Warum Marlowe sich Ende des 16. Jahrhunderts in Spanien John Matthew nannte und – wie später postuliert wird – in England den Vornamen Tobias Matthew verwendete, dürfte ein Motiv gehabt haben und bedarf weiterer Forschung.

Nicholas Breton[87]

Marlowes (alias Shakespeare) Genius muss jenseits der frühen ihm zuschreibbaren dramatischen Werke[88] lange vor seinem Verschwinden im 30. Lebensjahr (also *vor* 1593, etwa in der Zeit zwischen 1575 und 1593) seine literarische Produktivität erprobt und entwickelt haben. Man bedenke, dass kein Werk Marlowes zu seinen Lebzeiten unter seinem Namen gedruckt wurde.

Hier kommt man nicht umhin, in den Werken und Prosaschriften von Nicholas Breton (24 poetische[89] und 22 Prosawerke[90], die zwischen 1575 und 1622 häufig als kleine Kompositionen erschienen sind), die Biografie und Autorschaft Marlowes/alias Shakespeare zu erkennen. Bretons Prosawerke (zum Beispiel religiöse und politische Abhandlungen, Essays, Erzählungen, Romane, Anekdoten, Briefsammlungen, Sittenschilderungen und Stimmungsbilder, Aphorismen und andere) wurden spät, erst 1879, von Alexander B. Grosart Grosart in zwei Bänden (1. Gedichte, 2. Prosaschriften) erstmals zusammengestellt.

Es wäre ein Leichtes, anhand logischer, literarischer und biografischer Bezüge Hunderte von Indizien und Argumenten zu entwickeln, die es zwingend und außerhalb jeder Zufälligkeit erscheinen lassen, dass Marlowe/Shakespeare und Breton identische Personen gewesen sein müssen. Marlowe

---

[86] Peter Farey: John Matthew alias Christopher Marlowe, siehe: http://marlowe-shakespeare.blogspot.com/2010/07/john-matthew-alias-christopher-marlowe.html, aufgerufen am 28.7.2010.

[87] The works in verse and prose of Nicholas Breton, New York 1966; Onlineversion: http://www.archive.org/stream/worksinverseandoogrosgoog#page/n10/mode/2up, aufgerufen am 19.1.2011.

[88] »Heinrich VI.« (Teil 1–3), »Titus Andronicus«, »Richard III.« u. a.

[89] Alexander B. Grosart (Hg.): The Works in Verse and Prose of Nicholas Breton, Edinburgh 1879; Onlineversion: http://www.archive.org/stream/worksinverseandoogrosgoog#page/n10/mode/2up, aufgerufen am 11.9.2010.

[90] Ebd.

muss bereits in seiner »offiziellen« Lebenszeit unter dem Pseudononym (»Nicholas Breton«, »Britton«, Brittaine«) geschrieben haben.

Theodor Kuskop hat in seiner Dissertation (1902)[91] Persönlichkeit, Charakter und Gesamtwerk Bretons eingehend analysiert. Seine Schlussfolgerungen, nicht ahnend, dass es sich um Shakespeare/Marlowe handeln könnte, passen wie Schlüsselindizien zum Schloss der in diesem Buche dargestellten Merkmale von Marlowe und der in diesem Kapitel genannten Inhalte und Pseudonyme. Beispielhaft seien einige Indizien aus seinen Schlussfolgerungen hervorgehoben:

Indiz 1) Bretons Schicksal und Biografie

Kuskop kommt zu der Erkenntnis, dass sich die Lebensverhältnisse Bretons in der zweiten Hälfte seines Lebens, vor 1600 (ganz in Analogie zu Marlowe), stark verändert haben müssen, was er sich angesichts seiner vielen hochgestellten Gönner nicht zu erklären weiß. Während im ausgehenden 16. Jahrhundert seine Schriften noch für die vornehmen Kreise bestimmt gewesen seien, habe er sich ab Beginn des 17. Jahrhunderts plötzlich bewusst an ein breiteres Publikum gewandt. Ab dieser Zeit habe der Dichter sich in »seine neue Lage [welche?] schon völlig hineingefunden«. Er habe nach 1600 augenscheinlich »den persönlichen Kontakt mit den tonangebenden Kreisen verloren«. Dies würde damit in etwa übereinstimmen, dass Marlowe ab 1593 zunächst ca. sechs bis sieben Jahre im Schutz seiner Gönner völlig aus der Öffentlichkeit verschwand, bevor er nach William Cecils Tod allmählich in der Anonymität wieder Fuß fasste.

Indiz 2) Bretons Persönlichkeit

Nach Kuskops Analyse habe man sich Breton vom jugendlichen bis ins mittlere Alter als vornehmen Weltmann vorzustellen, der aber ab 1597 der Welt müde und ihren Lockungen entrückt sei. Er habe eine Vorliebe für selbst gewählte Einsamkeit, verbunden mit einem ängstlichen Sichabschließen vor Welt und Menschen, gehabt. In einem Gedicht, das er seinen »Divine Considerations« voranschickt, spreche er geradezu von Welthass.

Er müsse eine feinfühlende, fast weibliche Natur gewesen sein und besonders darunter gelitten haben, was er als »*the greatest torment*« (wohl Marlowes Verlust von Name und Identität) bezeichnet habe. Hinter einem öffentlichen Mahner und manchmal etwas eiferndem Moralisten erkenne man einen durch und durch ehrenwerten, lauteren Charakter. Ihn zeichne die Makellosigkeit, die Lauterkeit und Wahrhaftigkeit eines moralischen Menschen aus.

---

[91] Theodor Kuskop: Nicholas Bretons Prosaschriften. Inaugural-Diss., Leipzig 1902; Onlineversion: http://www.archive.org/stream/nicholasbretonu00kuskgoog#page/n4/mode/1up, aufgerufen am 3.9.2010.

Indiz 3) Bretons literarisches Genie

Breton müsse – so Kuskop – eine Universitätsbildung genossen und große schriftstellerische Erfolge erlebt haben. Er sei ausgestattet gewesen mit einem »unerschöpflichen Gedankenschatz und einer schöpferischen Phantasiekraft, die ihm eine seltene Fülle nicht nur aus der Antike oder aus der Fremde geholter, sondern der Natur und dem umgebenden täglichen Leben entnommener Bilder und Vergleiche an die Hand gaben«.

Man staune über die Mühelosigkeit, gewissermaßen über das Improvisatorische, das sein Schaffen charakterisiert, über die Leichtigkeit, mit welcher ein Gedanke aus dem anderen sich entwickele, und wie eine einzige Bemerkung oft eine neue Reihe von Ideen und Vorstellungen entstehen ließe. Beinahe sämtliche Literaturgattungen, seien in der grosartschen Ausgabe (1879) enthalten.

Der Dichter trete in immer neuen Gewändern als Erzieher und Verteidiger der Weisheit vor seine Leser. Von seinen Prosaschriften gelte dies umso mehr, als deren Entstehung mit vielleicht nur einer Ausnahme in die späteren Jahrzehnte seines vermutlich über 70-jährigen Lebens falle. Man könne, um seine Werke insgesamt zu charakterisieren, sie eine Lebensphilosophie nennen. Sein Werk sei die Summe der Gedanken und Erfahrungen, die ein reifer, weltgewandter Mann, der durch eingehendes Studium von Menschen und Büchern, durch Reisen, Schicksal und Umgang gelehrt und weise geworden sei, zum Nutzen seiner Zeitgenossen niedergeschrieben habe. Und obwohl Breton bereits im vorgerückten Alter stand, als er seine Prosawerke schrieb, seien seine Gedanken doch jung und jugendkräftig, als Schriftsteller erscheine er bis zu seinem letzten Werke jung geblieben. Seine Werke seien erkennbar unter dem Druck der Not, in der Unrast einer sorgenerfüllten Existenz zustande gekommen, dafür zeugten nicht allein die in den Widmungen erkennbaren sondern auch sonst noch mannigfach wiederkehrenden Klagen über Geldmangel und Hoffnungen auf den finanziellen Erfolg seiner Schriften.

Indiz 4) Reisen und Sprachen

Kuskop extrahiert aus dem Gesamtwerk, dass Breton ein polyglotter Mensch gewesen sein müsse. Seinen Aufenthalten in Frankreich und in Italien verdanke er nicht wenig. Am meisten habe es ihm Italien angetan. in »An olde man's lesson« (1605) schreibt Breton: »*Italie: for there I found the Marchant rich, the Souldier valiant, The Courtier affable, the Lawyer learned and the Craftsmen cunning, the Women faire and the Children toward*«.

In »A Dialogue vpon the Dignitie or Indignitie of Man« (1603) werde deutlich, dass er die Sprachen Latein, Französisch, Italienisch und Spanisch beherrschte (»*I find in Latin, French, Italian and Spanish Books of Epistles*«).

Soweit Theodor Kuskops Persönlichkeitsanalyse von Nicholas Breton, die er aus seinen Werken ableitete und die – weil völlig unbeeinflusst von irgendwelchen Ideologien oder Theorien – zu einer außerordentlich stimmigen und in sich plausiblen Beschreibung des Lebens von Marlowe alias Shakespeare vor und nach seiner Schicksalswende führt.

Indiz 5) Morphorius

In »Pasqvils Fooles Cap« schlüpft Breton in die Rolle Pasquills, der eine Narrenkappe trägt und sich selbst verspottet. Der Dichter gibt auf dem Titelblatt zu erkennen, dass er selbst das Werk begonnen habe, dass es aber von seinem Freund Morphorius zu Ende geschrieben wurde (»*Begun by himselfe, and finished by his Friend MORPHORIVS*«).

Hier erkennt man ein Wortspiel, einerseits zu Ma̱rphurius/Marforio/Marphurius/Marforius *(stets mit »a« geschrieben)*, eine der »sprechenden« Statuen Roms, an denen im 15. und 16. Jahrhundert Schmäh- oder Spottschriften (sogenannte Pasquinaden) veröffentlicht wurden, andererseits zu Mo̱rphorius (mit »o« geschrieben), den Schlafenden, den Abgetauchten. Shakespeare/Marlowe hat sich in »Der Widerspenstigen Zähmung« im Prolog in der Rolle des jahrzehntelang Schlafenden Christopher Sly dargestellt (s. S. XX). Auch in »Willobie his Avisa« kennzeichnet er sich im Einleitungsgedicht mit »Vigilantius-Dormitanus« (s. S. 525 f.). Der Schlafende stand metaphorisch für den Dichter (alias Pasquill), der sich nicht mehr (öffentlich) äußern konnte.

Auch in Thomas Overburys »His Wife« (1616) wird sein Leben mit einem endlosen Schlaf verglichen (»*… that poore Over-buries bloude was made … Which did hie life to endlesse sleep convay*«).

Indiz 6) Mary Sidney, Countess of Pembroke

Beziehungen Marlowes zu Mary Sidney wurden bereits an verschiedenen Stellen in diesem Buch erwähnt (s. S. 367, 432, 589, 663 f.). In Bretons Werken spielen sie eine erhebliche Rolle, zum Beispiel in »The Pilgrimage to Paradise, Ioyned with the Countesse of Pembroke« (1592), in »Auspicante Jehova. Maries Exercise« (1597), in »In Wits Trenchmour« (1597) und anderen.

Kuskop kommt zu dem Schluss, dass Breton am Hof von Mary Sidney (Herbert), Countess of Pembroke, eine besondere Stellung eingenommen haben müsse. In den Lady Pembroke vor 1602 gewidmeten Gebetsammlungen und Novellen machten sich die Fähigkeit zu moralisierenden Allegorien und stärkere euphuistische[92] Einflüsse bemerkbar.

---

[92] Schwulstige.

In dem Bestreben nach Vergeistigung jener verzehrenden Leidenschaft, die Breton an Mary Sidney gefesselt haben müsse, so Kuskop, äußere sich weniger die an die platonische Seelenlehre anlehnende Liebesauffassung seiner Zeit als Bretons Bewusstsein über die Unrechtmäßigkeit seiner Verbindung. Allerdings ließe sich Bretons Melancholie nicht so sehr durch den Abbruch seines Verhältnisses zu Lady Pembroke als durch seine biografische Misere erklären.

Wodurch Breton schließlich die Gunst der Gräfin einbüßte, so Grosart in der Einleitung zu der Gesamtwerkausgabe, sei nicht klar auszumachen (»*not looking well to his way, (he) fell so deep down into a saw-pitte, that he shall repent the fall while he liues*«). Breton müsse sich zu Worten oder Handlungen habe hinreißen lassen, die es Mary Sidney zur Pflicht machten, ihren Günstling fallen zu lassen. Man könne aber mit noch größerer Wahrscheinlichkeit vermuten – namentlich wenn man die Beziehungen Bretons zu seiner Gönnerin nicht als rein platonisch annimmt –, er habe durch einen Akt der Untreue sich ihre Neigung verscherzt. Die Worte »*for never since to presume but in prayers to think on his faire Princesse*« ergeben Hinweise in diese Richtung. Samuel Blumenfeld vermutet, dass einer der Söhne Mary Sidneys der Beziehung zu Marlowe 1579 entstammt sein könnte (William Herbert, geb. 8. April 1580; ihm wurde später zusammen mit seinem Bruder die »First Folio« zugeeignet).

Indiz 7) »The Phoenix Nest«[93]

Die früheste poetische Verarbeitung und Dokumentation von Marlowes Sturz überhaupt, nur Wochen nach seinem endgültigen Abgang und Monate vor »Willobie His Avisa«, hat sich wohl in dem Gedichtband »The Phoenix Nest« (1593) niedergeschlagen. Dass es sich bei seinem anonymen Verfasser mit großer Plausibilität um Nicholas Breton (alias Marlowe/Shakspeare) handelt, lässt sich aus Bretons »The Pilgrimage to Paradise« schließen, das nur ein Jahr zuvor (1592) gedruckt wurde (s. S. 462) und häufig Phoenix und Phoenix Nest behandelt, ebenso wie auch andere Werke Bretons:

> *OH let my soule, beseech her sacred rest*
> *But in the ashes of the Phoenix nest*
> *Nor was the laboure fort o clime*
> *The fiere ashes, as of Phoenix nest;*
> *While only fools do clime the phoenix nest*
> *Like a bird within a Phoenix nest.*«

[93] Renascence Editions: The Phoenix Nest, siehe: http://www.luminarium.org/renascence-editions/phoenix.html, aufgerufen am 19.1.2011. Original bei EEBO (Early English Books online): http://eebo.chadwyck.com/home.

Alle 14 poetischen Abhandlungen in »The Phoenix Nest« dürften von ein und demselben Autor (Marlowe) stammen. Sie lassen auf hohem metaphorischen Niveau die Auseinandersetzung mit seinem tragisch veränderten Schicksal erkennen – man denke nur an »The dead mans Right«, in dem er geschickt verbrämt anhand des Schicksals Robert Dudleys, Earl of Leicester, seinen eigenen Untergang durch Verleumdung darstellt (»*the capitall and cardinall Libellor of them all hath cunninglie infected the ignorant that knew not the state of his honors*«), der bereits stark die Vorwürfe in »Polimanteia« (1695) vorwegnimmt.

> »*Did he euer assume vnto himselfe anie vaine or vnlawfull tytle, or was vnsatiate of rule? Did he purchase his honors otherwise than by his vertues, or were they so extraordinarie, as nowe or in times past they haue not beene equaled in others inferior vnto him in condition of birth, and more in desart? If not? I maruell the father of this pestilent invention blush not as red as his cap, and his children be not ashamedof his falsehood.*«

»The Phoenix Nest« lässt erkennen, dass die Königin (»*dame of state*«) um das Komplott wusste und dass Marlowe »formal« (»*mortal life as death*«) starb, um weiterzuleben (»*This mortal life as death is tride, and death gives life, and so he di'de*«).

> »*A Secret murder hath bene done of late,*
> *Vnkindnes founde, to be the bloudie knife,*
> *And shee that did the deede a dame of state,*
> *Faire, gracious, wise, as any beareth life.*
> *To quite hir selfe, this answere did she make,*
> *Mistrust (quoth she) hath brought him to his end,*
> *Which makes the man so much himselfe mistake,*
> *To lay the guilt vnto his guiltles frend.*
> *Ladie not so, not feard I found my death,*
> *For no desart thus murdered is my minde,*
> *And yet before I yeeld my fainting breath,*
> *I quite the killer, tho I blame the kinde.*
> *You kill vnkinde, I die, and yet am true,*
> *For at your sight, my wound doth bleede anew.*«

Indiz 8) Francis Bacon

In Bretons späteren Jahren habe, so Kuskop, Francis Bacon ganz entschieden auf ihn eingewirkt. In Anlehnung an Bacons »Essays« schrieb Breton seine »Characters upon Essaies«[94]. Die Anregung dazu verdanke er ganz eindeutig

---

[94] Nicolas Breton: Characters upon Essaies, in: The works in verse and prose of Nicholas Breton, NewYork 1966; Onlineversion: http://www.archive.org/stream/

Francis Bacon, dem er das Werk auch zugeeignete. Über das Verhältnis dieses Werkes zu den baconschen Essays, die ihm in einer der 1612, 1613 und 1614 erschienenen Ausgaben vorgelegen haben müssen, spricht er sich in seiner Widmung näher aus. »Breton sei offenbar bestrebt gewesen, dem Werke Bacons nur den Geist zwangloser, unmethodischer Reflektion, nicht aber irgendwelche Gedanken und Einfälle zu entlehnen.« In der näheren Ausführung seines »Characters« weiche Breton insofern von seinem Vorbild ab, als er sich aller Gelehrsamkeit enthalte und auf alles Zitieren verzichte und sich überhaupt möglichste Einfachheit und Verständlichkeit auferlegt habe.

Diese Erkenntnisse passen gut zu den Einblicken in die tiefe Freundschaft zwischen Tobie Matthew und Francis Bacon (s. S. 649 ff.), die sich aus dem Briefwechsel ableiten ließ. Ein Briefwechsel mit einem Dichter Breton ist in der ausgedehnten Korrespondenz Bacons nicht auffindbar. Warum eigentlich nicht?

Indiz 9) Massaker von Paris

In Bretons Dialog »Wits Trenchmour« spricht der Studierte (»*Scholler*«) davon, dass er einst Zeuge eines Blutvergießens war, worauf sein Diskussionspartner (»*Angler*«) erwidert, dass er die sogenannte Bartholomäusnacht (1572) als Zeuge für das Argument jener Wahrheit ja anführen könne, bei der der Teufel und der Papst den Herzog von Guise zum Mörder werden ließen.

> »*In another Country quoth the Scholler, I saw one yeere such bloodshed, that there hath been warres there euer since. Alas quoth the Angler, the massacre in Paris can be your witnesse for that truth: where the deuill and the Pope made the Duke of Guise the chiefe murtherer.*«

Es wurde bereits früher dargestellt, dass Marlowe, der das Stück »Das Massaker von Paris« schrieb, als junger Page im Gefolge der Europareise von Philip Sidney, dem Bruder von Mary Sidney, in der englischen Botschaft während der Bartholomäusnacht am 24. August 1572 in Paris verweilt haben dürfte (s. S. 496).

Indiz 10) Macchiavell

In auffallend vielen Werken Bretons (zum Beispiel »Pasqvils Fooles-Cap«, »Pasqvils Mad-cap«, »The hate of treason«, »A dialogue full of pithe and pleasure«, »Grimellos fortunes«, »Fantasticks«, »Machivells Dogge«, »The uncasing of Machivils instructions to his sonne«, »Grandsire graybeard. Or Machiauell displayed« u. a.) geht Breton mit Machiavell streng und zum Teil persönlich ins Gericht mit dem Vorwurf, dass er ihm seinen Untergang verdanke. Eine ähnliche scharfe Anklage wurde in »Polimanteia« beschrieben (s. S. 540 ff.).

worksinverseando1grosgoog#page/n358/mode/1up, aufgerufen am 19.1.2011.

Diese Geißelung Machiavells in so zahlreichen Werken lässt unzweifelhaft erkennen, dass Breton sich in der Gleichsetzung mit Machiavell als ein Prügelknabe der Gesellschaft empfunden hat. Es ist – anders als bei Marlowe – im Hinblick auf Breton nicht bekannt, dass er mit Macchiavell gleichgesetzt und so genannt wurde (s. S. 614 ff.). Es sei ein Beispiel aufgeführt aus »Pasqvils Fooles-Cap« (1600):

> »Hee [Pasqvil, Breton] *that of Machavill doth take instruction*
> *To manage all the matters of his thought;*
> *And treades the way but to his owne destruction.*
> *Till late Repentance be too dearely bought,*
> *Shall finde it true, that hath beene often taught:*
> *As good be Idle as to goe to schoole,*
> *To come away with nothing but the Foole.*«

Indiz 11) »The Will of Wit«[95]

An Bretons »The Will of Wit«[96] (1597) kann beispielhaft demonstriert werden, dass es schlichtweg nicht denkbar ist, dass die fünf Diskurse zufällig und unabhängig von Marlowe alias Shakespeare geschrieben worden sein können.

In merkwürdiger und bezeichnender Weise klärt die nur mit Initialen gekennzeichnete Person W. S.[97] (William Shakespeare) in einem der Eingangsgedichte den Leser über den Autor auf. Beide Gedichte tragen die Überschrift »*ad lectorem de authore*«.

W. S. fragt den Leser, was ein Will(iam) sei ohne einen angesehenen Geist und Verstand (»*what is a Will without a good Wit?*«) oder was ein Verstand (»Wit«) ohne den rechten Will(iam) sei (»*or what is Wit, without good Will?*«). Das Wortspiel um »Will« (mit Groß- oder Kleinschreibung) erinnert stark an Shakespeares Sonett 135 (s. S. 232). Dass William Shakespeare sich selbst wie auch andere (zum Beispiel John Davies, s. S. 104) mit »*good Will*« umschrieb, lässt sich an verschiedenen Stellen nachweisen.

Der Dichter betreibt hier fraglos ein Doppelspiel zwischen »*good Wit*« und »*without good Wit*«, (das heißt, zwischen Shakspere und Shakespeare), wenn er fortfährt mit der Feststellung, der eine (Shakespeare) stimme mit dem an-

---

[95] Nicolas Breton: The Will of Wit; Onlineversion, in: The works in verse and prose of Nicholas Breton, NewYork 1966; Onlineversion: http://www.archive.org/stream/worksinverseando1grosgoog#page/n47/mode/1up, aufgerufen am 19.1.2011.

[96] U.a. mit folgenden Diskursen: 1) A pretie and wittie discourse betwixt Wit and Will, 2) The Authors Dreame, 3) The Scholler and the Souldiour, 4) The Praise of virtous Ladies (the praise of a woman). 5) A dialogue between Anger and Patience..

[97] Experten gehen irrigerweise davon aus, dass W. S. (William Shakespeare) Breton eine Zueignung schrieb. Dies ist im Kontext mit dem anderen Gedicht nicht logisch und akzeptabel. Plausibel ist, dass der Autor W. S. als ein irreführendes Pseudonym verwendete.

deren (Shakspere) so überein (»*The one the other doth so fit*«) dass eigentlich beide (Namen) nur von Übel seien könnten (»*as each one can be but ill*«).

Zum Beweis solle man mithilfe seines Verstandes (»*by helpe of Wit*«) Bretons Wert betrachten (»*für proofe, behold good Bretons will*«) und was er geschrieben habe (»*by the helpe of Wit, what it hat writ*«). Dies sei ein Werk, das nicht von einem einfachen Verstand kommen könne (»a *worke not ... such as shewes a simple Wit*«). Solch ein Verstand und solch ein William hätten Erfolgreiches geleistet und seien nicht von Übel (»*ill*«).

Pasqvills Narrenkappe (»*Fooles-Cap*«)

Dass Nicholas Breton der Deckname von Marlowe/Shakespeare gewesen sein muss, konnte naturgemäß ohne das Wissen von der »Einheit« beider Personen zu keiner Zeit erwogen werden.

In Bretons »Pasquinaden« (»Pasquils Fooles-Cap«, »Pasquils Mad-Cap«, »Pasqvils Passe, and passeth not« u. a.) sprechen aber die Textinhalte recht eindeutig für diese Annahme. Wenn der Autor in »Pasquils Fooles-Cap« (Narrenkappe) über den Tor (»fool«), die Narreteien und Verrücktheiten dichtet (er beginnt die Mehrheit der Sonette mit »*Hee that ...*«), meint er sich fraglos damit selbst (Marlowe/Shakespeare).

Wenn er über Pasquils »Irrsinn« (»*Mad-cappe*«) reimt, muss er sein wahn-

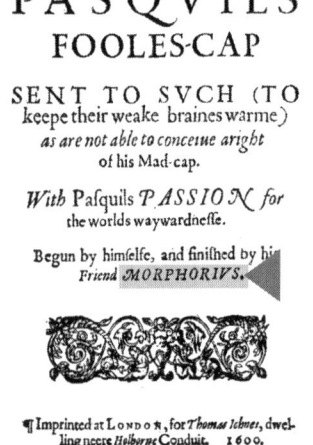

Verssatiren von Nicholas Breton (1600)

witziges »Double« (Shakspere) gemeint haben. Und wenn er die Stanzen mit »Shee that ...« beginnt, meint er in aller Regel die Königin. Es seien beispielhaft einige Gedichte aus »Pasquils Fooles-Cap« und aus »Pasquils Mad-Cap« angeführt.

Indiz 12) »Hee that in Libels takes delight to write«

Marlowe muss an der textlichen Konzeption der für ihn verhängnisvollen »Dutch Church Libels« (s. S. 142), die in Gedichtform gehalten waren und mit Tamburlaine unterzeichnet waren, federführend (?) beteiligt gewesen sein (*»Hee that in Libels takes delight to write«*). Diese Beteiligung kann als ein außerordentlicher Erkenntniszuwachs gewertet werden, da hierin die Grundlage seiner »gesetzeskonformen« Verurteilung wegen Hochverrats (Volksaufwiegelung) begründet war. Er habe nicht ausreichend bedacht, wen er damit verleumdete (*»And cares not whom hee wickedly defame ... the Honour of an Honest Name«*). Die Vorwürfe zeigten ihm in London im April 1593 in verdrießlicher Weise die Fratze der Verachtung (*»but pievishly will shewe a baggage spite«*) und brachten ihn zugleich die Anklage der Todesstrafe wegen Volksverhetzung (*»Sedition«*), des Hochverrats (*»Treason«*) und der Aufruhr (*»Rebellion«*) ein und bewirkten wahrscheinlich ungleich mehr als der Vorwurf der Häresie seine akute todesbedrohliche Lage. Er gibt sich dafür die Schuld (*»What shall I say, that hee is much to blame?«*), ebenso wie für seine nutzlosen Einbildungen (*»Yea and so much, as for his idle vaines«*). Als seine Strafe verdiene er mit Recht ein Narrenkappe (*»Hee well deserves the Foolescappe for his paines«*).

> »Hee that in <u>Libels</u> takes delight to write,
> And cares not whom hee wickedly defame;
> But pievishly will shewe a baggage spite.
> To touch the Honour of an Honest Name:
> What shall I say, that hee is much to blame?
> Yea and so much, as for his idle vaines
> Hee well deserves the Fooles-cappe for his paines.«

Indiz 13) »When from the Gallowes it is but a skippe«

Marlowe, der »nebenher« Jurisprudenz studiert hatte (*»Hee that doth take the lawe but as a least«*) und der, als anerkannter Stipendiat, gehängt werden sollte (*»And will be hangd but for good fellowshippe«*), der nicht darüber nachdachte, dass der Strick nicht beneidenswert sei (*»And thinkes it nothing to be halter blest«*), und von dem der Galgen nur einen (Katzen-)Sprung entfernt war (*»When from the Gallowes it is but a skippe«*). Man könne ihn aus Wut oder Zorn aber doch nicht [einfach] hängen (*»Oh, let him not in anger hang* *the lippe*«). Er war ein Tor, den man der Zeitläufe wegen hängte (»*He was a Foole, that hangd for fashion sake*«).

> »*Hee that doth take the lawe, but as a least.*
> *And will be hangd but for good fellowshippe.*
> *And thinkes it nothing to be halter blest,*
> *When from the Gallowes it is but a skippe:*
> *Oh, let him not in anger hang the lippe.*
> *If by desert thus due reward hee take;*
> *He was a Foole, that hangd for fashion sake.*«

Indiz 14) »*Thieves are hangd before they come to age*«

Marlowe, den seine Zeitgenossen verdeckt als »Terence« (Terentius) bezeichneten (s. S. 104), war sich bewusst, dass seine Theaterstücke wegen all der darin vorkommenden Gauner, Narren, Aufschneider, Huren (»*The Knaue, the Foole, the Swaggerer, and the Whore*«) sehr beliebt und gefragt waren (»*Terence his Plaies are too much in request*«). Er verschleiert dies hier, indem er sie den Figuren Gnato, Thraso, Lais und all den anderen von Terentius[98], zum Beispiel im Stück »Eunuchen« (zum Beispiel Akt 4, Szene 7) hinzufügte, worüber er sich nur so weit auslassen will, als dass dies Wächter am Eingang der Hölle seien (»*But ware the dogges that keepe the Divels dore*«), die alle ihren Teil auf der Weltbühne spielten (»*So play their parts vpon the worldly Stage*«). Das seien Diebe, die man früh hängte (»*That thieves are hangd before they come to age*«). Hier muss eindeutig Marlowe/Shakespeare gemeint sein, für einen unabhängigen Breton kann dieses Gedicht keine Grundlage abgeben, weder als Dramatiker noch biografisch. Man erinnere sich auch an den mythischen Dieb »Autolicus« im »Wintermärchen«, mit dem sich der Dichter selbst darstellte (s. S. 447 ff.):

> »*Terence his Plaies are too much in request.*
> *The Knaue, the Foole, the Swaggerer, and the Whore,*
> *Thraso and Gnato, Lais and the rest*
> *Of all the crue*[99] *(that I dare say no more;*
> *But ware the dogges that keepe the Divels dore)*
> *So play their parts vpon the worldly Stage,*
> *That thieves are hangd before they come to age.*«

Indiz 15) »*Silver Cuppes disgraced by a Canne*«

Der stolze, von sich so überzeugte Marlowe/Shakespeare dürfte seine Be-

---

[98] Siehe: http://tudigit.ulb.tu-darmstadt.de/show/inc-iv-78/0126/image?sid=5164672c623 a405adc1f847f62071b3e, aufgerufen am 19.1.2011.
[99] Ist »*Crue*« ein Druckfehler? Müsste es »*Cruel*« oder »*Crude*« heißen?

handlung als »Tor« nur schwer ertragen haben (»*To see a Wise man handled like a Foole*«) ebenso wie die Tatsache, dass man sein »Pendant«, den Emporkömmling Shakspere, als einen anständigen Mann überhöhte (»*An Asse exalted like a proper man*«). Er vergleicht ihn mit sich selbst und seiner Situation, hier würde eine kleine »Pfütze« wie ein großes »Bassin« gewürdigt (»*To see a Puddle honour'd like a Poole*«), eine alte blinde Gans schwämme mit einem Schwan um die Wette (»*An old blinde Goose swimme wagers with a Swan*«) oder ein silberner Becher werde durch Gebrauch einer Büchse entehrt (»*Or Silver Cuppes disgraced by a Canne*«), wer würde sich über einen solchen Lauf der Dinge nicht grämen (»*Who wold not grieue that so the world, should go?*«)? Wer könne da noch behilflich sein, wo alles so sei, wie es sei (»*But who can helpe it, if it will be so?*«)?

Man erinnere sich, dass Shakespeare in »Wie es euch gefällt« dasselbe Bild gebrauchte, wenn Touchstone gegenüber William erklärt, wer der wahre Dichter sei (s. S. 383: »*that drink being powr'd* out of a cup into a glasse, *by filling the one, doth empty the other. For all your Writers do consent, that ipse is hee: now you are not ipse, for I am he*«).

> »*To see a Wise man handled like a Foole*
> *An Asse exalted like a proper man:*
> *To see a Puddle honour'd like a Poole*
> *An old blinde Goose swimme wagers with a Swan,*
> *Or Silver Cuppes disgraced by a Canne:*
> *Who wold not grieue that so the world should go?*
> *But who can helpe it, if it will be so?*«

Indiz 16) »An Owle will neuer haue an Eagles flight«

Der Dichter muss erkennen, dass alles vergebens sein wird (»*No, no, alas it is in vaine for mee*«), seine Augen könnten ihm nicht mehr dazu verhelfen, dass sie sich am (Tages-)Licht erfreuten (»*To helpe the eyes, that ioy not in the light*«). Er, der darauf eingeschworen wurde, niemals wieder auf seine alte Identität zu schauen (»*Hee that is sworne that hee will neuer see*«). Er dürfe zwar ein Bussard sein mit verblendeter Sicht (»*Let him play Buzzard, with his blinded sight*«), oder ein Nachtvogel (»*an owle*«), der niemals mehr den Flug eines Adlers erleben werde (»*An Owle will neuer haue an Eagles flight*«). Er, der einst von seinem Verstand und Geist so überzeugt gewesen sei (»*Hee, that is once conceited of his Wit*«), müsse an seiner Torheit zugrunde gehen, dafür gäbe es keine Hilfe mehr (»*Must die of folly: ther's no helpe for it*«).

> »*No, no, alas it is in vaine for mee.*
> *To helpe the eyes, that ioy not in the light:*
> *Hee that is sworne that hee will neuer see.*

Let him play Buzzard, with his blinded sight.
An Owle will neuer haue an Eagles flight;
Hee, that is once conceited of his Wit,
Must die of folly: ther's no helpe for it«

Marlowe muss sich in der Dunkelheit seiner Anonymität zeitlebens mit dem Bild der Eule identifiziert haben. Das Versepos »The Owle« (1604) samt Titelemblem, das identisch zu einem der drei Gedicht-Embleme der Eule bei George Withers »A Collection of Emblems« – Buch I/9, Buch II/9 + 17 (1635) ist, unterstützt – neben zahlreichen anderen Indizien – meine Überzeugung, dass Wither und Drayton keine realen Personen, sondern Tarnnamen Marlowes gewesen sein dürften.

Indiz 17) »*Who neuer learned any other arte*« (Shakspere)

Wenn der Autor unter Pasquils »Mad-Cap« über Dummheit und Idiotie dichtet (»*Hee that ...*«), meint er sich damit nicht selbst, sondern sein Double, seine Attrappe (Shakspere), die ihn nach außen maskiert. Man brauche neuerdings einfach nur einen armen Bauern von dem Karren zu nehmen (»*Take but a peasant newly from the Cart*«), der nur von Pudding, Bohnen und Erbsen lebe (»*That only lives by Puddings, Beanes, and Pease*«), der nie eine andere Kunst erlernte (»*Who neuer learned any other arte*«). Wie sollte der sein Vieh auf die Weide bringen (»*But how to driue his cattle to the Leas*«)? Nach der Arbeit säße er (nur) und ruhte sich aus (»*And after worke, to sit and take his ease*«). Steckte man seinen Hintern jedoch in eine goldene Haut (»*Yet put this Asse into a golden hide*«), würde er zu einem stattlichen Gemahl aufgeputzt (»*He shall be Groome unto a handsome Bride*«).

Hier wird auf metaphorische Weise ohne Zweifel von dem unbedarften Shakspere gesprochen, der die goldene Leiter hinauffiel, obwohl er von jeglicher Kunst unbeleckt war. Die Bezeichnung »*never learned any other arte*« erinnert an die Kennzeichnung von Shakspere durch Ben Jonsons (»*that Shakespeare wanted arte*«, s. S. 126).

> »*Take but a peasant newly from the Cart,*
> *That only lives by Puddings, Beanes, and Pease.*
> *Who neuer learned any other arte.*
> *But how to driue his cattle to the Leas,*
> *And after worke, to sit and take his ease:*
> *Yet put this Asse into a golden hide,*
> *He shall be Groome unto a handsome Bride.*«

Indiz 18) »*If he can cleerely cover his deceite*«

Der Dichter lässt unumwunden erkennen, dass man (statt seiner) ein Schlitzohr mit einem gaunerhaften Haupt nahm (»*Take but a Rascall with a rogish pate*«), der aber realiter nur seine Einnahmen verwalten könne (»*Who can but onely keepe a counting-booke*«), die so stark gewachsen seien (»*Yet if his reckning grow to such a rate*«), dass er damit den goldenen Fang gemacht habe (»*That he can angle for the golden hooke*«). So wurde die Angelegenheit (die Vereinbarung, ihn [Marlowe/Shakespeare] zu maskieren) von ihm missverstanden (»*How euer so the matter be mistooke*«). Würde es ihm (Shakspere) gelingen, seine Täuschung offenkundig unaufgedeckt zu halten (»*If he can cleerely cover his deceite*«), so werde er (später) für einen Mann von hoher (Ein-)Bildung gehalten (»*He may be held a man of deepe conceite*«).

In diesem Gedicht verbirgt sich die ganze Verärgerung Marlowes darüber, wie man eine unbedarfte, leibhaftige »Attrappe« (Shakspere) vor ihn setzen konnte, von der er ahnte, dass man sie später einmal für ihn, den Dichter, halten würde.

> »*Take but a Rascall with a rogish pate.*
> *Who can but onely keepe a counting-booke,*
> *Yet if his reckning grow to such a rate.*
> *That he can angle for the golden hooke.*
> *How euer so the matter be mistooke.*
> *If he can cleerely cover his deceite,*
> *He may be held a man of deepe conceite.*«

Indiz 19) »*His word may passe yet for an honest man*«

Jeder solle (selbst) herausfinden, wer jener Gauner sei, der als Schurke geboren und hervorgebracht wurde (»*Finde out a Villaine, borne and bred a knaue*«), der niemals je wusste, was sich für einen Aufrichtigen geziemt (»*That neuer knew where Honesty became*«), ein versoffener Lump und ein hündischer Sklave (»*A drunken rascall and a dogged slaue*«), der seinen Verstand nur für seine Verruchtheit gebrauche (»*That all his wittes to wickednesse doth frame*«) und der unverschämt und schandhaft lebe (»*And onely lives in infamy and shame*«). Sobald dieser aber an die vergoldete (ertragreiche) »Schreibfeder« denke (»*Yet let him tincke vpon the golden Pen*«), ließe man sein Wort für einen ehrenwerten Mann durchgehen (»*His word may passe yet for an honest man*«).

> »*Finde out a Villaine, borne and bred a knaue.*
> *That neuer knew where Honesty became,*
> *A drunken rascall and a dogged slaue.*
> *That all his wittes to wickednesse doth frame,*
> *And onely lives in infamy and shame;*
> *Yet let him tincke vpon the golden Pan.*
> *His word may passe yet for an honest man.*«

Indiz 20) »*The difference twixt the bodie* [Shakspere] *and the minde*« [Shakespeare])

Der Dichter deutet an, dass ein Maler gegen Entgelt ein (passables) Gesicht eines Menschen zustande bringen könne (»*Say, Coyne can make a Painter draw a face*«), aber was immer er auch tue, er könne dem Kopf kein Leben geben (»*He cannot giue it life, doe what he can*«). Auch wenn dem Maler äußerlich eine anmutige Gestalt gelänge (»*And though that Coyne can giue an outward grace*«), so könnte das Bild aus einem Schurken doch keinen anständigen Menschen machen (»*It cannot make a knave an honest man*«), es (»*it*«, das Bild) könne so etwas nicht vortäuschen (»*It cannot turne the cat so in the pan*«[100]), aber derjenige, der Bescheid wisse, werde leicht den Unterschied zwischen dem Körper und dem Geist oder Esprit herausfinden (»*But he that hath his eyes may easily finde The difference twixt the bodie* [Shakspere] *and the minde* [Shakespeare]«).

Das ist ohne Zweifel eine der vielen Metaphern, mit der Breton (alias Marlowe/Shakespeare) die Menschen auf die Spaltung seiner Identität aufmerksam macht. Wie ließe sich »*the difference twixt the body and the minde*« um 1600 für einen eigenständigen Breton begründen?

> »*Say, Coyne can make a Painter draw a face,*
> *He cannot giue it life, doe what he can:*
> *And though that Coyne can giue an outward grace.*
> *It cannot make a knave an honest man.*
> *It cannot turne the cat so in the pan:*
> *But he that hath his eyes may easily finde*
> *The difference twixt the bodie and the minde.*«

Indiz 21) »*not wealth can make an ape a man ... one that is for money solde*« (Shakspere)

Shakspere, der reich gewordene »Schurke« (»*The wealthy Beggar with his golden bagges*«), werde trotz all seines Geldes dennoch ein Schurke bleiben (»*Is yet a Beggar, maugre all his golde*«). Ein erhabener, tugendhafter Mensch hingegen, wenn auch schlecht gekleidet (»*And noble Vertue, though it be in ragges*«), verdiente, einen ehrenhaften Platz einzunehmen (»*May well deserve a better place to holde*«), als einer der vielen, die für Geld gekauft wurden (»*Then many a one that is for money solde*«). Es sei nicht der Reichtum, der aus einem Affen einen Mensch machen könne (»*And tis not wealth can make an ape a man*«). Man brauche ihn ja nur nackt auszuziehen (»*Cut out his coate the best way that you can*«).

---

[100] »*To turn a cat in the pan*« bedeutet »*to be a traitor or a tumcoat*«. In seinem Essay über die List (»*cunnings*«) sagt Francis Bacon: »*There is a cunning which we in England call the turning of a cat in the pan which is, when that which a man says to another, he lays it as if another had said it to him.*«

> *»The wealthy Beggar with his golden bagges.*
> *Is yet a Beggar, maugre all his golde;*
> *And noble Vertue, though it be in ragges.*
> *May well deserve a better place to holde*
> *Then many a one that is for money solde:*
> *And tis not wealth can make an ape a man.*
> *Cut out his coate the best way that you can.«*

Das Gedicht unterstreicht die plausible Annahme, dass Shakspere für seine Mitwirkung an dem Komplott zeitlebens honoriert wurde. Nur auf diese Weise wird der Wohlstand, den er in Stratford entwickeln konnte, verständlich.

Indiz 22) Ben Jonson über den Autor Nicholas Breton

Es wurde an anderer Stelle die Verwunderung ausgedrückt, warum der »Kronzeuge« und »First-Folio«-Laureat Ben Jonson zu Lebzeiten Shakespeare niemals erwähnt und sich positiv über ihn geäußert hat. Dies erstaunt umso mehr, als Ben Jonson in »Melancholike Humours« (1600)[101] Nicholas Breton einleitend eine Zueignung widmet, in dem er seinen Namen nennt und dessen Werk in höchsten Tönen als Meisterwerk lobt und sich über die Perfektion des Meisters auslässt. Dieser Gegensatz kann nur damit erklärt werden, dass er wusste, wer mit Breton und wer mit Shakspere gemeint war.

Wenn manches ironisch (»*wry*«) erscheine, dichtet Jonson, solle man darüber zwinkern. Das Verschulden liege nicht in dem Gegenstand, sondern aufseiten des Betrachters. Denn bei Betrachtung der listigen Verse aus einer gewissen Distanz lasse die verwendete Perspektive keine Zensur zu. Die Ironie des Texts lässt erkennen, dass Jonson um die Identität Bretons wusste.

> *»In Authorem*
> *(…)*
> *Looke here on <u>BRETONS</u> Worke, the master print:*
> *Where, such perfections to the life doe rise;*
> *If they seeme wry, to such as looke asquint.*
> *The faults not in the object, but their eyes.*
>
> *For, as one comming with a laterall viewe*
> *Unto a cunning piece wrought perspective,*
> *Wants facultie to make a censure true:*
> *So with this Authors readers will it thrive:*

---

[101] The works in verse and prose of Nicholas Breton, New York 1966, S. 5, Onlineversion: http://www.archive.org/stream/worksinverseandoogrosgoog#page/n248/mode/2up/search/jonson, aufgerufen am 19.1.2011.

Which, being eyed directly, I divine
His proofe their praise, will meet, as in this line.
Ben: Iohnson.«

Indiz 23) »*I resolved to shake of my Shake-ragges*«

In Bretons Essay »I pray you be not angry«[102] (1605) geht es in einem Dialog zweier Reisender (Fabio und Fernuro) darum, wie man es im Leben anstellen müsse, um nicht in Zorn, Wut oder Ärger zu verfallen.

Fabio erzählt aus seinem Leben:

> »(…) *some few pitty mee, and few comfort mee, I resolved to shake of my Shake-ragges, and to retire my selfe unto some solitary place; …I betooke mée to a travelling life, rather to heare then to speake how the world went:*«

Hier wird ganz offensichtlich ein Bezug zu der dichterischen Kunstfigur Shakespeares hergestellt. Breton/Marlowe konnte bei seinen langen Auslandsaufenthalten den Namen Shakespeare abstreifen.

Man erinnere sich, welch falscher, aber tausendfacher Beweis mit dem Begriff »Shake-scene« in allen Shakespeare-Biografien bis heute darüber geführt wird (s. S. 97 ff.), dass Shakespeare bereits 1592, also vor Marlowes Tod, als Dichter existiert habe. Über den Satz »*I resolved to shake of my Shake-ragges*« existiert keine Abhandlung. Warum eigentlich nicht?

Thomas Shelton

Irgendwann nach seinem längeren Spanienaufenthalt (1599–1603?) und vorübergehender Rückkehr nach England (1603/4) dürfte Marlowe den Tarnnamen Thomas Shelton (1604/05?) verwendet haben.[103]

Eine Liste von nachweisbaren finanziellen Bezügen in England weist aus, dass ein Thomas Shelton von 1609 bis 1611 regelmäßig »in diplomatischer Mission« für seine Tätigkeit als Überbringer von Briefen und Botschaften in die Niederlande honoriert wurde und auch mit dem Botschafter der Vereinigten Niederlande, Sir Ralph Winwood, in Den Haag in Verbindung stand.

Über die Zeit zwischen 1613 und 1614 lassen sich aus einem persönlichen

---

[102] Nicholas Breton: In pray you be not angry, in:, The works in Verse and Prose of Nicholas Breton, New York 1966, S. 38ff; Onlineversion: http://www.archive.org/stream/worksi nverseandoigrosgoog#page/n296/mode/2up/search/angry, aufgerufen am 19.1.2011.

[103] Je länger man sich mit den literarischen Erträgen (Übersetzungen, Gedichten, Briefen, Prosatexten) von Thomas Shelton (T. S.) auseinandersetzt, umso mehr gewinnt man den Eindruck, dass er nie als reale Person, sondern nur als maskierendes Pseudonym existiert hat.

Briefwechsel zwischen einem Thomas Shelton und dem englischen »Botschafter« in Brüssel, William Trumbull[104], dem Älteren, verschiedene Zusammenhänge aufklären. Zwischen 1598 und 1621 waren die »Spanischen Niederlande« (entsprechend dem heutigen Holland, Belgien und Luxemburg) unter dem kunstsinnigen Regentenpaar Isabella Clara Eugenia, Tochter von Phillip II. und deren Gemahl Albrecht VII. von Österreich, vorübergehend selbstständig. Thomas Shelton hielt sich in der Zeit zwischen 1612 und 1614 zumeist in Holland und Belgien auf. Im Sommer 1613 verließ er Brüssel, um Paris aufzusuchen. Es gelang ihm, William Trumbull zu überzeugen, für ihn ein Empfehlungs- beziehungsweise ein Einführungsschreiben an Sir Thomas Edmondes, den englischen Botschafter in Paris, zu schreiben:

> »(...) This gentleman, one Thomas Shelton, euer since your L; departure out of these countryes, hath frequented my company; and for that only cause, and the respect he hath shewed, towards his Majestie, and the State of England, ... In religion he is otherwise then I coulde wish, but in aSection a good subject to his Majestie. The parte wherewith he is condemned, is his learning, the Spanish tongue, (wherein he excelleth) the French, and his experyence in the world, the affairs of Ireland; do make him recommendable in all places among men of the best qualitye ... he nowe repaireth into France, with a purpose in Paris, or some other university, of that kingdome, ... And his humble desyer of seruing your L: as his Majestie Ambr there, in any thing he may: hath kindled a zeal in him to be made knowne to your L: and to liue there in your L: fauor and good opinion. Your L: in granting this suit shall therby doe a deed of charity; and oblige him by all honest means to acknowledge your goodness towards him. I am sure his carriage shall be as such as may free him from all imputation of oSence. And he for his owne sake, and I for that grace; shalbe obliged to retribute our harte and thanckfullest acknowledgemente (...).«

Am 16. Oktober 1613, nach seiner Ankunft in Paris, bedankte sich Thomas Shelton mit einem Brief bei Trumbull:

> »I am not able to express the fauourable countenance that my lord shewed mee upon the receipte of your letter: let it suffice, it was as much as I could expect from so worthie a person, & upon the commendacions of so deere a frende.. I haue not shown my selfe to my ladie [Lady Edmondes], the wante of cloathes is a backward frend to mee, & keepes mee pittiously under. I was forced to come a foote from Arras hither, & indured greate paynes & wants by the way.. are in the Shire Library.«

Der Brief Thomas Sheltons vom 23. Oktober 1613 (Auszug) lässt eine Persönlichkeit vom Format des Dichters Shakespeare erkennen, wie man sie sich mit all ihren Alltagsverpflichtungen und diplomatischen Aufgaben, als Über-

---

[104] Imran Uddin: William Trumbull, A Jacobean diplomat at the court of the Archdukes in Brussels, 1605/9-1625 Dissertationschrift, Leuven 2006; Onlineversion: https://lirias.kuleuven.be/bitstream/1979/796/1/DefDoctmetindex.pdf, aufgerufen am 19.1.2011.

bringer von Botschaften zwischen England und europäischen Königshäusern vorzustellen hat, und der die spanische Sprache beherrscht:

> »(...) now it onely occurs, that I informe you, wth my successe since that tyme: I haue by meanes of my cosen Henry Stanihurst fownd meanes to occomodate my selfe wth a gentleman, whr I haue my diet, & chamber gratis, <u>and I do teach hyme the Spanishe tongue</u> whilst I do expect a better fortune, I haue presented none of my letters yet, by reason I am so naked, I do entreate you most ernestly to write to Mr de Bealeau [ein Freund und regulärer Korrespondent von Trumbull] *two or three words, to giue mee a 25. or 30tie florins to buy ablacke plaine sute, & wth wch I hope to haue that successe, that I shall neuer neede to trowble you any more, & withall I request you to get a fauour for mee, from Mr de Aguy, mayster of the accademy ther, to his brother Monsr de Beniomine, to informe hime, <u>how I speake the Spanishe tongue</u>, for he can gaine mee many schollers, & great acquaintance.«*

Ein Passus aus dem Brief vom 6. März 1613 zeigt Thomas Shelton recht eindeutig als den Übersetzer von »Don Quixote«, da er sich hier von Lord Walden, dem er 1612 die Übersetzung von »Don Quichote« zueignete, (»*Theophilus, Lord Howard de Walden, his most affectionate servitor*«) Versprechungen macht. Ein Auszug:

> »*I praye you haue a care to send mee my papers when you haue taken a coppie of them; & burne the bundle of letters that I lefte of mine in your custodie. As for mine owne affayres heere, I could neuer do any thing since I came to Paris, I neuer in my lyfe mette with a nacion of so omnipotent promises, & so impotent performance as the Frenche, they be all blathers, yielding nothing but winde, & therefore I am resolued yf I can get any means to enter into the trayne of any nobleman that traucyles towards Spaine or Italie, to take that occasion of benefiting myself, seeing there is no hope for any stranger euer to rise ... or <u>yf you thinke fit, that I expect a pardon from England</u>, I will drive of tyme untill it may bee had, for I haue a greate hope, by my Lord of Walden meanes, to get some aduancement yf I were there.*«

Thomas Shelton vermittelt in einem seiner Briefe eindeutig seine persönliche Situation, die es ihm nicht erlaubt, mit ausreichender Sicherheit und Schutz nach England zurückzukehren:

> »(...) *half* <u>*desperate if I know any means how (to re)turn to England, I would go home if it might be done safely*</u> *... I have told you already what were* <u>*the things that might be objected in England against me*</u>*, and you know how desirous I was on all occasions since our acquaintance* <u>*to show myself a true friend and subject to that crown*</u>*. Bethink you* <u>*how I may go home safely*</u> *and soon. I only expect your answer to take a last resolution; and if I must go home accompany me with such letters as you think may do me good.*«

Auch wenn aus diesem Brief nicht eindeutig hervorgeht, welches der spezifische Grund war, warum Thomas Shelton nicht nach England zurückkehren konnte, so wird doch deutlich, dass ihm »von England und der Krone« Gefahren (Verhaftung?) drohten *(»desperate if I know any means how turn to England, I would go home if it might be done safely«)*, solange ihm keine offizielle Begnadigung gewährt wurde. Wenn bis heute Thomas Shelton nur als ein unbekannt gebliebener Übersetzer von Cervantes »Don Quichote« überliefert wird, so mögen diese wenigen Beispiele zeigen, dass eine tiefere Problematik einer hochgebildeten genialen englischen Persönlichkeit deutlich wird, mit erkennbaren engen Bezügen zur Marlowe-Shakespeare-Situation.

Thomas Shelton als Dichter und Diplomat im Exil

Die Spur des »mysteriösen« Thomas Shelton, eines in seiner Zeit niemals sicher identifizierten Erstübersetzers von Cervantes »Don Quichote« (ins Englische), muss mit der Identität Marlowes/Shakespeares in dessen Lebensphase (1608–1614) aus verschiedenen Gründen in Verbindung gebracht werden.

Erkennbare Parallelitäten gehen so weit, dass Francis Carr mit zahlreichen Argumenten[105], die nicht so abwegig sind, wie sie auf Anhieb erscheinen, sogar davon ausgeht, dass nicht Miguel Cervantes, sondern der Dichter mit Pseudonym Shakespeare der eigentliche Autor von »Don Quichote« war oder gewesen sein könnte. So wird zum Beispiel in »Don Quichote« ein arabischer Historiker »Cid Hamet Benengeli«, was mit Graf Hamlet, Sohn von England übersetzt werden kann, als der wahre Autor 34 Mal genannt. Reiner Zufall? Erst Ende des 19. Jahrhunderts begannen die ersten Literaturwissenschaftler (Watts 1878, Duffield 1886) nach der Identität des Übersetzers Thomas Shelton zu fahnden.

Die erste englische Übersetzung von »Don Quichote« ins Englische (Teil 1, London 1612) stammte von einem »Thomas Shelton«, der wohl nicht den spanischen Erstdruck (1605) übersetzte, sondern eine spanische Folgeauflage aus dem Jahre 1607, die in Brüssel gedruckt wurde (Fitzmaurice-Kelly). Die Eintragung des englischen »Don Quichote« im Druckerregister erfolgte durch Edward Blount (der auch Marlowes »Hero and Leander« und Shakespeares »First Folio druckte«!). Das Werk (Teil 1) erschien 1612 als kleines Quarto. Teil 2, ebenfalls herausgegeben von Edward Blount, erschien 1620 zusammen mit einer Revision des ersten Teils. Erstaunlicherweise folgten Teil 2 und Neuauflage des Teil 1 ohne erneute Nennung des Namens von Thomas Shelton (!), obwohl man unter anderem wegen weitgehender stilistischer Identität

---

[105] Francis Carr: Who wrote Don Quixote, siehe: http://www.sirbacon.org/whowrotedqwalkerreview.htm, aufgerufen am 19.1.2011.

davon ausgehen muss, dass auch der zweite Teil von Thomas Shelton übersetzt wurde (in der Literatur wird Leonard Digges diskutiert) und dass Edward Blount »Thomas« Shelton gekannt haben muss.

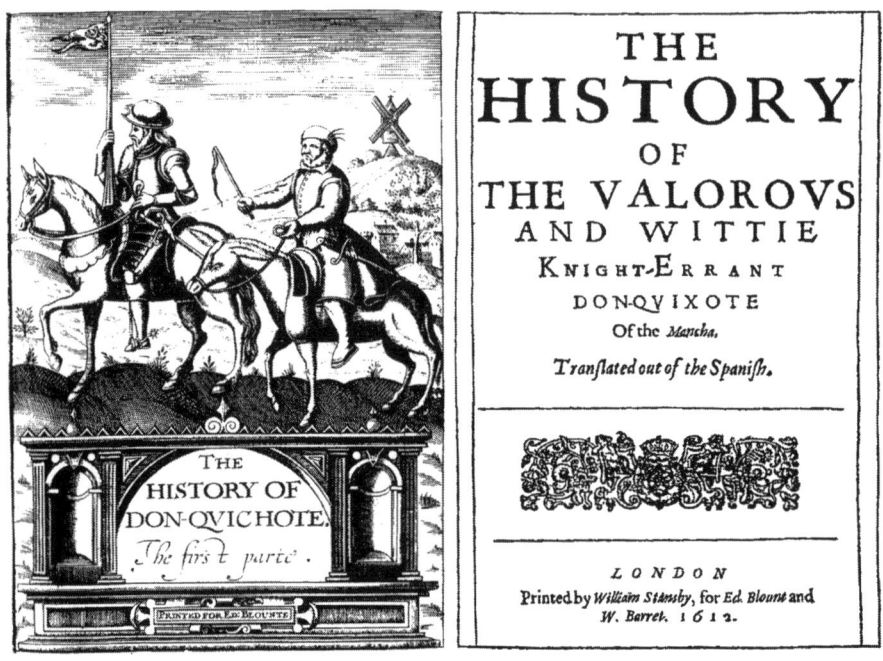

Titel der Erstübersetzung von Cervantes' »Don Quichote« ins Englische durch Thomas Shelton, 1612

Aus dem begleitenden Zueignungstext von Thomas Shelton an den damals 28-jährigen Theophilus Howard Walden (Baron von Walden, der seinem Vater als Earl of Suffolk folgte, 1626) ist zu entnehmen, dass Shelton »Don Quichote« bereits fünf oder sechs Jahre zuvor (1606/07) innerhalb von 40 Tagen für einen lieben Freund (*»deere friend, that was desirous to vnderstand the subiect«*) aus dem Spanischen übersetzt habe und dass danach der englische Text lange vernachlässigt herumlag *(»I cast it aside, where it lay long time neglected in a corner«)*. Unter dem »*deare friend*« kann mit gewisser Plausibilität Richard Verstegen (Richard Rowland) vermutet werden, dem Thomas Shelton in dessen bekanntestem Werk »The Restitution of Decayed Intelligence« (1605) ein Sonett (*»To His Deare Friend, Tho. Shelton«*, siehe unten) mit vier siebenzeiligen Versen widmete.

Richard Rowland (Verstegen) und Thomas Shelton müssen sich bereits aus London gekannt haben. Zugleich las Verstegen über Jahre spanische Korrespondenz. Er musste England dauerhaft verlassen, nachdem er ein verbotenes Buch über den Tod des hingerichteten englischen Märtyrers Edmund Campion gedruckt hatte und seine Druckerpresse in Smithfield entdeckt worden war. Er nahm in den Niederlanden seinen ursprünglichen Namen Verstegen wieder an. Kurzfristige Verhaftungen in Paris und Aufenthalte in Rom sind belegt, er lebte die längste Zeit in Antwerpen als Dichter, Schriftsteller, Verleger, Drucker, Agent und Schmuggler von Büchern und Personen. Dies und vieles mehr legt enge Bezüge zu Marlowe nahe.

Das Verstegen gewidmete Sonett ist bemerkenswert, da Thomas Sheltons literarische Qualitäten nicht, wie bisher dargestellt, nur die eines Übersetzers waren, sondern dass hier eine außergewöhnliche Persönlichkeit, ein Künstler, Dichter, Sprachartist, Botschafter, Agent (im Auftrag von Robert Cecil), Politiker, Reisender (Irland, Schottland, Spanien, Dänemark, Frankreich, Spanische Niederlande etc.) sichtbar wird, dessen Identität in England nie lokalisiert werden konnte, der im Exil lebte und leben musste und der die Gefahr als zu groß ansah, ohne Pardon vonseiten des Königs Jakob I. nach England zurückzukehren. Alle diese Fakten legen die Assoziation Shelton als eines Decknamens zu Marlowe/Shakespeare nahe.

Aus Korrespondenzen mit Lord Salisbury geht hervor, dass er in Robert Cecils Auftrag als Überbringer von Botschaften unter anderem in Schottland unterwegs war.

Das 28-zeilige, vierstrophige Sonett Thomas Sheltons an Richard Verstegen (1605) lautete (Zeilennummern nicht im Original):

> *To his deare friend*
> *1 THy curious Nation hitherto did range*
> *2 Throughout the World to search antiquities.*
> *3 And in knowne notes all that was rare or strange*
> *4 In forraine Lands, at home did modellize*
> *5 T et whilies on externe things they fixt their eyes.*
> *6 Their sence to them they did apply so much,*
> *7 As their owne worths they did but sleightely touch.*
> *8 But thou VERSTEGAN carefully didst note.*
> *9 The ancient records of thy native Ile,*
> *10 Where fame such acts, and monuments did cote*
> *11 As few their like are found in forraine soile.*
> *12 These thou hast gathered with exceeding toile.*
> *13 And since affection made thee take such paine*
> *14 As kind acceptance rightly is thy gaine.*

15 Thy labours shew thy will to dignifie,
16 The first dilaters of thy famous Nation,
17 And whilest thy lines their glory signifie
18 They likewise do increase thy reputation
19 And England fill with double admiration.
20 To see so rich a treasure was her owne,
21 And that it lurckt so long from her unknowne.

22 The envious abortive imps of skill
23 Perhaps will these th'yngenious labours bite,
24 And carpe the travels of thy learned quill
25 But since such fondling in their harmes delight,
26 Rather deplore than heed their over sight::
27 For if they not did not their utility hate
28 Where they do envy, they would imitate.

Tho. Shelton

Wenn man dieses Gedicht etwas weitergehend analysiert, so ist nicht übersehbar, dass zwischen den 28 Verszeilen Sheltons (linke Spalte) und Texten Shakespeares (rechte Spalte) hinsichtlich des Sprachduktus und Inhalts auffällige Parallelen bestehen, die die Annahme stützen, dass Shelton und Marlowe/Shakespeare eine Person waren.

ZUEIGNUNGSGEDICHT SHELTONS AN VERSTEGEN	WERK VON SHAKESPEARE
	KÖNIG LEAR (AKT 3, SZENE 1)
1 *THy curious Nation hitherto did range*	*The curiosity of nations to deprive me*
	HAMLET (AKT 4, SZENE 5)
2 *Throughout the World to search antiquities.*	*And, as the world were now but to begin, Antiquity forgot, custom not known,*
	DER KAUFMANN VON VENEDIG (AKT 1, SZENE 1)
3 *And in knowne notes all that was rare or strange*	*Some rare note-worthy object in thy travel:*
	RICHARD II. (AKT 4, SZENE 3)
4 *In forraine Lands, at home did modellize*	*Leads discontented steps in foreign soil, This fair alliance quickly shall call home*
	TITUS ANDRONICUS (AKT 5, SZENE 1)
5 *Tet whilies on externe things they fixt their eyes.*	*To gaze upon. as I earnestly did fix mine eye*
	CYMBELINE (AKT 1, SZENE 5)
6 *Their sence to them they did apply so much,*	*try the vigour of them and apply*

	VERLORENE LIEBESMÜH (AKT 2, SZENE 2)
7 As their owne worths they did but sleightely touch.	Methought all his senses were lock'd in his eye, Who, tendering their own worth from where
	HEINRICH VI. (AKT 2, SZENE 4)
8 But thou VERSTEGAN carefully didst note.	and you yourself, I'll note you in my book of memory
	HEINRICH VI. (TEIL 2, AKT 4, SZENE 7)
9 The ancient records of thy native Ile,	all the records of the realm: my mouth shall be the parliament of England.
	HEINRICH VI. (AKT 3, SZENE 3)
10 Where fame such acts, and monuments did cote	Where fame, late entering at his heedful ears,
	RICHARD III. (AKT 4, SZENE 4)
11 As few their like are found in forraine soile.	Leads discontented steps in foreign soil
	HEINRICH VI. (AKT 1, SZENE 3)
12 These thou hast gathered with exceeding toile.	When I was dry with rage and extreme toil
	ANTONIUS UND CLEOPATRA (AKT 3, SZENE 11)
13 And since affection made thee take such paine	My sword, made weak by my affection, would
	RICHARD II. (AKT 5, SZENE 6)
14 As kind acceptance rightly is thy gaine.	And to thy worth will add right worthy gains
	TROILUS UND CRESSIDA (AKT 4, SZENE 5)
15 Thy labours shew thy will to dignifie,	what thinks he shows Nor dignifies an impure thought with breath;
	HEINRICH V. (AKT 3, SZENE 2)
16 The first dilaters of thy famous Nation,	Of my nation! What ish my nation? Ish a villain (…) my nation? Who talks of my nation?
	TIMON VON ATHEN (AKT 1, SZENE 1)
17 And whilest thy lines their glory signifie	It stains the glory in that happy verse Timon
	OTHELLO (AKT 2, SZENE 3)
18 They likewise do increase thy reputation	my reputation! I have lost the immortal part of myself

	HEINRICH IV. (AKT 4, SZENE 2)
19 And *England* fill with double admiration	England shall double gild his treble guilt,
	TIMON VON ATHEN (AKT 4, SZENE 3)
20 To see so *rich* a *treasure* was *her owne*,	Have sent thee treasure. Go, live rich and happy;
	THE TAMING OF THE SHREW (AKT 3, SZENE 4)
21 And that it lurckt so *long from her* unknown	Hath all so long detain'd you from your wife
	HEINRICH IV. (AKT 5, SZENE 5)
22 The envious abortive *imps of skill*	imp of fame;
	CYMBELINE (AKT 5, SZENE 5)
23 Perhaps will these th'*yngenious labours bite*,	Thou, king, send out. For *torturers ingenious*
	VIEL LÄRM UM NICHTS (AKT 3, SZENE 5)
24 And carpe the travels of thy *learned quill*	get the learned writer to set down our (...)
	HEINRICH VI. (AKT 5, SZENE 4)
25 But since such fondling in *their harmes* delight,	But cheerly seek how to redress their harms
	MITTSOMMERNACHTSTRAUM (AKT 2, SZENE 1)
26 Rather deplore than *heed* their over *sight*:	Take heed the queen come not within his sight;
	HEINRICH V., AKT 5, SZENE 2
27 For if they not did not their *utility hate*	But hateful docks (...) Losing both beauty and utility
	TIMON VON ATHEN, AKT 4, SZENE 3
28 *Where* they do envy, they *would imitate*	Whom I would imitate: consumption catch thee

Es ist wissenschaftlich (aufgrund mathematischer Wahrscheinlichkeitsbetrachtungen) nicht haltbar, diese sprachverwandtschaftlichen Auffälligkeiten noch als zufällig zu bewerten, insbesondere wenn man sie auch bei anderen erhalten gebliebenen Versen von Thomas Shelton, wie bei dem elfzeiligen Madrigal (s. S. 639) beobachten kann, das die Antwort Sheltons auf Verse eines gewissen Richard Nugents (»*Maister Thomas Sheltons answer to the 4. Madrigall of the first part*«) darstellt. In jeder Zeile des Madrigals findet sich Gedankengut wieder, das auch in Shakespeare-Stücken vorkommt. Erstaunlich sind nicht einzelne Zeilen, sondern dass alle aufeinanderfolgende Zeilen gedanklichen Idiomen des Gehirns Shakespeares entsprechen.

Madrigal von Thomas Shelton	Werk von Shakespeare
	Richard III. (Akt 4, Szene 3)
1 What wight saw captive stile so comfortable	Grossly grew captive to his honey words
	Zwei Herren aus Verona (Akt 4, Szene 2)
2 As that, which thou didst send to me this morne,	Send to me in the morning and I'll send it:
	Heinrich VI. (Akt 3, Szene 3)
3 Stile, that t'enchant the gods them selves were able,	Speak, Pucelle, and enchant him with thy words.
	Der Widerspenstigen Zähmung (Akt 4, Szene 4)
4 O that such rare conceipt, should maske in sable,	O, sir, the conceit is deeper than you think for
	Der Kaufmann von Venedig (Akt 2, Szene 2)
	as God has any ground. O rare fortune!
	Cymbelin (Akt 5, Szene 4)
	O rare instinct!
	Richard II. (Akt 3, Szene 3)
5 which ought with glorie crownd, to be upborne,	And threat the glory of my precious crown
	Richard III. (Akt IV, Szene 4)
	The crown, usurp'd, disgraced his kingly glory.
	Heinrich V. (Teil 2, Akt 2, Szene 3)
6 Unto the heavens, and plac'd at Ioves high table:	For yours, the God of heaven brighten it!
	Richard I. (Akt 2, Szene 3)
7 Fortune, which evermore hath been unstable.	Evermore thanks (...) Which, till my infant fortune comes to years,
	Sonett 86
8 Envi'd thy vertues, and thy great perfection,	And maiden virtue rudely strumpeted and right perfection
	Perikles (Akt 2, Szene 5)
9 When she inchain'd thy heart, in such subjection	with all my heart (...); I'll bring you in subjection.
	König Johann (Akt 3, Szene 3)
10 Of one, that is to pay thy love unable,	And with advantage means to pay thy love:
	Heinrich IV. (Teil 2, Akt 5, Szene 5)
11 With other things, then dumbe shewes of affection.	It shows my earnestness of affection,

Der unsichtbar gebliebene und nie identifizierte Thomas Shelton trug ohne Zweifel genialische Züge. Niemand weiß, was er vor und nach der Übersetzung der zwei Teile von »Don Quichote« gemacht hat. Bereits das lässt es möglich erscheinen, dass er und Marlowe dieselbe Person waren. Wenn man dann noch Teile seiner »Don Quichote«-Übersetzung (s. S. 643 ff.) mit Texten von Shakespeare vergleicht, so wird unumstößlich, dass sich hinter Shelton Marlowe/Shakespeare verborgen haben muss.

Mit einer gewissen Sicherheit lässt sich sagen: Der mysteriöse Thomas Shelton war ein Engländer in einer hochoffiziellen Position und beauftragt, Briefe und Botschaften nach England zu überbringen. Er stand in Diensten von Robert Cecil. 1599 muss Shelton von Lord Deputy Fitzwilliam im Schloss in Dublin Aufträge erhalten haben, er scheint im Auftrag von Florence McCarthy gehandelt und seine Dienste dem König von Spanien angeboten zu haben. Bei diesem Auftrag dürften ihm seine spanischen Sprachkenntnisse dienlich gewesen sein. Die Ehefrau seines Patrons Baron Howard de Walden, Lady Suffolk, erhielt vom spanischen König im Geheimauftrag jährlich 1000 Pfund, wobei Shelton ihr Helfer gewesen sein könnte.

Der Vorname »Thomas« und der Nachname »Shelton« sind erstaunlich, weil die Frau von Marlowes langjährigem Patron »Thomas« Walsingham ursprünglich Audrey »Shelton« (»Lady Shelton«) hieß.

Aus einer Zusammenstellung biografischer Daten, zerstreut über halb Europa, lässt sich erkennen: Thomas Shelton war eine polyglotte Person mit herausragender Bildung. Nach James Fitzmaurice-Kelly war er »*a man of letters*«. Acht Briefe aus dem Briefwechsel zwischen Thomas Shelton und dem »Botschafter« Englands in Brüssel, William Trumbull, aus den Jahren 1612 und 1614 sind erhalten geblieben. Trumbulls Einstellung gegenüber Shelton geht aus einem Brief vom 13. Februar 1612 hervor, in dem er seinem Vorgesetzten in England, Robert Cecil (State secretary) berichtete: (Cecil starb wenige Monate später):

> »*Some of the Irish living in these parts who pretend to be much devoted to his Majesties service, especially one Tho. Shelton and Captain RathEert have dealt with me very earnestly to make an overture to your L. for the reconciliation of the Earl of Tyrone [Irland] to his Majesties favour, as authorised thereunto by letters from himself … Neither am I so presumptuous at this present (being altogether ignorant of his Majesties pleasure in that behalf and the present estate of the affairs of Ireland) as to entertain it, being a matter for which I have no charge, but only by way of discourse to keep them in their devotion to his Majesties and to understand by their means as much as may be how practices do pass between them and the Spaniards (…) Mr. Shelton hath entreated me to give conveyance to a letter of his to your L (…) and because I could [not] conveniently refuse him so small a courtesy I make bold for the causes above mentioned, to send it herewithal, to be read or suppressed as to your L wisdom it shall seem convenient.*«

Den folgenden – »zerlegten« – Brief[106] von Thomas Shelton an Robert Cecil (1612) kann man als die Äußerung eines Mannes mit hohen moralischen Prinzipien auffassen. Er lässt den mächtigen Robert Cecil in England wissen, dass er nicht bereit sei, die Position eines Untergebenen einzunehmen.

Ein Vergleich aufeinanderfolgender Teilsätze dieses Shelton-Briefes (linke Spalte) mit Texten aus Shakespeare-Stücken (rechte Spalte) soll zeigen, welche engen gedanklichen Verbindungen zwischen beiden Personen bestanden haben müssen. Sie legen nahe, in beiden Autoren die gleiche Person anzunehmen.

BRIEF SHELTONS AN ROBERT CECIL	WERK VON MARLOWE/SHAKESPEARE
	MACBETH (AKT 4, SZENE 1)
this *act wilbee an ornament and crowne*	To *crown my thoughts with acts*
	MACBETH III/5
to all the *others* which you have *done*	and, wish is worse, all *have you done* ... who, *as others do*
	HEINRICH V. (AKT 4, SZENE 3)
will make yor name to *bee remembred in tymes*	But he'll remember with advantages What feats he did that day: then shall *our names.* Be in their flowing cups freshly *remember'd.* (...) But we in it shall *be remember'd;*
	KÖNIG LEAR (AKT 4, SZENE 7)
to come with *teares* and *blissings.*	Thou art a soul in *bliss;* but I am bound Upon a wheel of fire, that mine *own tears*
[Mr. Cusacke President of all the Irish Seminaries]	HEINRICH VI. (TEIL 3, AKT 1, SZENE 1)
of these parts *intreated* mee to *write* to yor Lords	I'll *write* unto them and *entreat* them fair.
	WIE ES EUCH GEFÄLLT (AKT 2, SZENE 5)
humbly *requesting* that it would *please* you to deale	More at your *request* than to *please* myself.
	HEINRICH VI. (TEIL 3, AKT 3, SZENE 2)
with his *Majestie* to tollerate *as muche*	I told your *majesty as much before*:
	ENDE GUT, ALLES GUT (AKT 1, SZENE 1)
as is possible wth religion in Irelande,	or *whether he thinks it were not possible, with* ... sums of gold
	WAS IHR WOLLT (AKT 3, SZENE 2)

[106] Edwin B. Knowles: Thomas Shelton, Translator of Don Quixote, in: Sudies in the Renaissance, Vol. V (1958), Chicago 1958., S. 160–175.

yielding certaine very waightie and urgent *reasons*	You must needs *yield* your *reason*, Sir Andrew.
	TROILUS UND CRESSIDA (AKT 3, SZENE 3)
for the same (of wich I thinke Mr Trumbul) (...) will *treate* more extensly and *promiseth* in *liewe*	in *promise*, Which, you say, *live* to come
	HEINRICH VI. (AKT 4, SZENE 7)
thereof to undertake, to *bring* all the religious *men*,	he bruit *thereof* will *bring* you *many friends*.
	CAESAR (AKT 2, SZENE 1)
and *priests* of that kingdome, to take theyr corporall *oathes*	and what other *oath* ... That this shall be, or we will fall for it? Swear *priests*
	DER KAUFMANN VON VENEDIG (AKT 4, SZENE 1)
to bee trewe unto his Matie and never to concur *directly or indirectly* to any thing	That *indirectly and directly too* Thou hast contrived
	KAUFMANNN VON VENEDIG (AKT 4, SZENE 1)
that may *alter* or alienate the *people*	no power in the tongue of *man to alter* me
	RICHARD II (AKT 4, SZENE 2)
from theyr *dewtyes to the crowne*.	I give away my *crown*, release all *duty's* rites
	HEINRICH VI. (TEIL 1, AKT 5, SZENE 5)
The man is one, who for his integritie of lyfe, *alliance* wth the *nobilitie*, and *authoritie* at home and abroade	her father is a *king*, (...) And of such great *authority* in France As his *alliance* (...)
	HEINRICH VI. (TEIL 2, AKT 1, SZENE 3)
can doe most of any churchman *of* the nation.	And he of these that *can do most of all*
	HEINRICH IV.
Beesydes wchs wee *bee* all so well *schooled* in forraine proceedings	Well, I am *school'd*: good manners be your speed!
	HEINRICH VI.
as *yf* the *king* will but wincke at religion	bears the title of *a king,* As if a channel should be call'd the sea
	KÖNIG JOHANN (AKT 3, SZENE 3)
the *nation* wilbee *never againe abused by strangers*	Wherin we step after a *stranger* oh *nation*, that thou *couldst remove*
	OTHELLO (AKT 3, SZENE 4)
This is all that the present *state of matters* permits mee to write;	Pray heaven it be *state-matters*, as you think

desyreng that yr Lo; will excuse my bowldnes,	TROILUS UND CRESSIDA (AKT 3, SZENE 3) *he desires you, that, you will make his excuse*
	DER WIDERSPENSTIGEN ZÄHMUNG (AKT 2, SZENE 1) *Pardon me, sir, the boldness is mine own, and receiue it from one that neither does it for interest*
and receive it from one that neither does it for interest	OTHELLO (AKT 3, SZENE 3) *Receive it from me. I speak not yet of proof*
or is any way interressable more then honour and reason	TROILUS UND CRESSIDA (AKT 2, SZENE 2) *if we talk of reason, … manhood and honour shall leade hime.*
I humbly take leaue.	MACBETH (AKT 1, SZENE 4) *So humbly take my leave*
	HAMLET (AKT 1, SZENE 3) Most humbly do I take my leave, my lord
	CYMBELINE (AKT 1, SZENE 5) *Most humbly do I take my leave, my lord*
	HEINRICH VI. (TEIL 3, AKT 1, SZENE 2) *humbly I do take my leave.*

Sheltons »Don Quichote«-Übersetzung

Sheltons englische Übersetzung von »Don Quichote« ist voll von mitleidvollen Äußerungen und Beschreibungen, von Epigrammen und spöttischen Sprichwörtern, wie sie in auffallend ähnlicher und weit überzufälliger Form in Shakespeare-Stücken wiederzufinden sind. Es ist weder verstehbar, dass über eine Persönlichkeit vom literarischen und politischen Format eines Thomas Shelton so wenig bekannt ist, noch, dass Shelton und Shakespeare in keinem wie auch immer gearteten Zusammenhang stehen. Es seien einige frappante Textparallelen miteinander verglichen:

SHELTONS DON QUICHOTE-ÜBERSETZUNG	WERK VON SHAKESPEARE
TEIL 1, SONETTE *I have held fortune prostrate at my feet,*	HEINRICH IV. (TEIL 2, AKT 4, SZENE 5) *I will fall prostrate at his feet,*
	ROMEO UND JULIA (AKT 4, SZENE 2) *By holy Laurence to fall prostate here*

TEIL 2, KAPITEL 64 *God and St. George!*	HEINRICH VI./1 (AKT 4, SZENE 2) HEINRICH VI./3. (AKT 2, SZENE 1) HEINRICH VI./3 (AKT 4, SZENE 2) *God and St. George!*
	RICHARD III. AKT 5 SZENE 3) *God and St. George*
TEIL 3, KAPITEL 52 *Ingratitude is the daughter of pride, and one of the greatest sins.*	KÖNIG LEAR (AKT 1, SZENE 4) *Ingratitude, thou marble-hearted fiend!*
TEIL 2, KAPITEL 58 *fuller of anger than revenge*	HAMLET (AKT 1, SZENE 2) *more in sorrow than in anger*
TEIL 2, KAPITEL 33 *At night all cats are grey*	KÖNIG LEAR (AKT 3, SZENE 6) *The cat is gray*
TEIL 2, KAPITEL 12 *A bird in the hand is worth two in the bush.*	HEINRICH VI. (AKT 5, SZENE 6) *The bird that has been limed in a bush misdoubteth every bush.*
TEIL 2, KAPITEL 37 *The weakest go to the walls*	ROMEO UND JULIA (AKT 1, SZENE 1) *The weakest goes to the wall*
TEIL 2, KAPITEL 38 *It is such, as is able to make make marble relent*	VENUS UND ADONIS 1/200 *for stone at rain relenteth*
Teil 2, Kapitel 23 *All comparisons are odious*	MUCH ADO ABOUT NOTHING *Comparisons are odorous: palabras* (palabras: span. Worte)
TEIL 2, KAPITEL 72 *the Rampire or fortresse of Widdowes*	TIMON VON ATHEN (AKT 5, SZENE 4) *our rampired gates.*
TEIL 2, KAPITEL 2 *the naked truth*	VERLORENE LIEBESMÜH (AKT 4, SZENE 2) *the naked truth*
TEIL 2, KAPITEL 4 *Honours change manners*	EIN WINTERMÄRCHEN (AKT 1, SZENE 2) *What is breeding that changeth thus his manners*
TEIL 2, KAPITEL 60 *the labyrinth of confusions.*	TROILUS UND CRESSIDA (AKT 2, SZENE 2) *lost in the labyrinth of thy fury*
TEIL 2, KAPITEL 60 *I know not what desires of revenge, that have power to trouble the most quiet hearts.*	TITUS ANDRONICUS (AKT 2, SZENE 3) *Vengeance is in my heart death in my hand, blood and revenge are hammering in my head.*
TEIL 2, KAPITEL 13 *If the blinde guide the blinde, both will*	HEINRICH V. (AKT 3, SZENE 6) *Fortune is painted blind.*

be in danger to fall into the pit.

TEIL 2, KAPITEL 66
Fortune is a drunken, longing woman, and withall blinde, so shee sees not. what she doth; neither knowes whom she casts down, or whom she raiseth up

TEIL 1, KAPITEL 47
Everyone is the sonne of his own workes
TEIL 2, KAPITEL 66
Every man is the Artificer of his own fortune.

TEIL 2, KAPITEL 19
Between a woman's aye and no, I would be loth to put a pins point.

TEIL 1, KAPITEL 42
this marvailous success, hath been such, as it may be paragons to the novelty and the strangenesse of the event itself.

TEIL 2, KAPITEL 48
She pulled out a great Pin, or rather, a little Bodkin.

TEIL 1, KAPITEL 14
I was born free

TEIL 2, KAPITEL 25
And the Devill, raising brabbles in the air

TEIL 2, KAPITEL 25
She hath a good broken-mouth'd pot at her left side, that holds a pretty scantling of wine.

TEIL 2, KAPITEL 48
walls have ears.

TEIL 2, KAPITEL 38
And it more tormenteth me That I feele, yet must conceale.

TEIL 2, KAPITEL 38
Come death, hidden, without paine Let me not thy comming know.

TEIL 2, KAPITEL 49
I desired my Brother that he would cloath me

DER KAUFMANN VON VENEDIG (AKT 2, SZENE
But love is blind, and lovers cannot see.

HAMLET (AKT 2, SZENE 2)
For 'tis a question left us yet to prove, whether love lead fortune, or else fortune

KÖNIG LEAR (AKT 1, SZENE 2)
when we are sick in Fortune – often the surfeit of our own behaviour.

VIEL LÄRM UM NICHTS (AKT 2, SZENE 3)
Yea, just so much as you may take upon a knife's point

OTHELLO (AKT 2, SZENE 1)
He hath achieved a maid that paragons description and wild fame.

HAMLET (AKT 3, TEIL 1)
when he himself might his quietus make with a bare bodkin?

JULIUS CAESAR (AKT 1, SZENE 2)
I was born free.

TITUS ANDONICUS (AKT 2, SZENE 1)
This petty brabble will undo us all.

TROILUS UND CRESSIA (AKT 1, SZENE 1)
The success, although particular, hall give a scantling of good or bad unto the general.

SOMMERNACHTSTRAUM (AKT 5, SZENE 1)
No remedy when walls hear without warning.

HAMLET (AKT 1, SZENE 2)
But break, my heart: for I must hold my tongue.

WAS IHR WOLLT (AKT 2, SZENE 4)
Come away, come away, death ...

WIE ES EUCH GEFÄLLT (AKT 1, SZENE 3)
Were it not better

in mans apparell, in one of his suits.	*that I did suit me all points like a man, a boar-spear in my hand.*
TEIL 2, KAPITEL 49 *When the sun shines, he shines upon all.*	RICHARD II. (AKT 1, SZENE 3) *This must my comfort be The sun that warms you here shall shine on me.*
TEIL 2, KAPITEL 34 *The night came on, it being about Mid-summer.*	MITTSOMMERNACHTSTRAUM (AKT 1, SZENE 1) *Four nights will quickly dream away the tim*
TEIL 2, KAPITEL 63 *The Boat-Swaine gave warning with his whistle to the Slaves, to dis-robe themselves: which was done in a instant*	DER STURM (AKT 1, SZENE 1) *Boat-Swaine: Heigh, my hearts! Take in the topsail. Tend to the master's whistle*
TEIL 1, KAPITEL 1 *Time out of mind*	ROMEO UND JULIA (AKT 1, SZENE 1) *Time out of mind*
PROLOG *I was so free with him as not to mince the matter.*	OTHELLO (AKT 2, SZENE 3) *Thy honesty and love doth mince this matter.*
TEIL 2, KAPITEL 4 *Without a wink of sleep*	CYMBELINE (AKT 3, SZENE 4) *have not slept one wink*
TEIL 1, KAPITEL 5 *What put you in this pickle?*	DER STURM (AKT 5, SZENE 1) *How cam'st thou in this pickle?*
TEIL 1, KAPITEL 2 *They can expect nothing but their labour for their pains.*	TROILUS UND CRESSIDA (AKT 1. SZENE 1) *I had my labour for my travail.*
TEIL 2, KAPITEL 6 *Ill luck seldom comes alone.*	HAMLET (AKT 4, SZENE 5) *When sorrows come, they come not single spies, but in battalions.*
TEIL 2, KAPITEL 33 *A good name is better than riches.*	OTHELLO (AKT 3, SZENE 3) *He that filches from me my good name robs me of that which not enriches him and makes me poor indeed.*
TEIL, KAPITEL 4 *Murder will out*	HAMLET (AKT 2, SZENE 2) *Murder will speak*
TEIL 2, KAPITEL 14 *As one egg is like another*	WINTERMÄRCHEN (TEIL 1, SZENE 2) *We are almost as like as eggs.*
TEIL 2, KAPITEL 10, 65 *Sweet meat must have sowre sauce.*	SONETT 118 *Being full of your nere cloying sweetnesse To bitter sawces did I frame my feeding.*

TEIL 1, KAPITEL 38 (EDITION 1687) *Sorbonicoficabilitudinistally*	VERLORENE LIEBESMÜH (AKT 5, SZENE 1) *honorificabilitudinitatibus*
TEIL 2, KAPITEL 71 *Strike while the iron is hot.*	KÖNIG JOHANN (AKT 4 *Heat me these irons hot.*
TEIL 1, KAPITEL 33 *And their very Wills, like the different Motions of a well regulated Watch, were always subservient to their Unity, and still kept time with one another.*	SONETT 135 *Whoever hat her wish, thou hast thy Will Let no unkinde, no faire beseechers kill, Thinke all but one, and me in that one Will.*
TEIL 1, SONETTE (A DIALOGUE) *Or how shall I my woful plaints repeat?*	ROMEO UND JULIA (AKT 1, SZENE 5) *O woe! O woful, woful, woful day Most lamentable day, most woful day*
TEIL 1, SONETTE (AMADIS) *Thy name shall be renowned, near and fur; And as, 'mongst countries, thine is best alone*	HEINRICH IV. (TEIL 2, AKT 1, SZENE 1) *Blotting your names from books of memory, Razing the characters of your renown,*
TEIL 1, SONETTE (DON BELIANIS) *In love I courteous and so peerless was: Giants, as if but dwarfs, I did despise;*	VERLORENE LIEBESMÜH (AKT 3, SZENE 1) *This senior-junior, giant-dwarf, Dan Cupid; regent of love-rhymes, lord of folded arms,*
TEIL 1, SONETTE (DON BELIANIS) *Have thousand wrongs reveng'd, millions undone.*	HEINRICH VI. (AKT 3, SZENE 3) *I will revenge his wrong to Lady Bona,*
TEIL 1, SONETTE (THE KNIGHT OF THE SUN) *I left, that I the sovereign face might see*	RICHARD II. (AKT 2, SZENE 1) *Or bend one wrinkle on my sovereign's face*
TEIL 2, KAPITEL 74 *the sad remembrance of his being vanquished caused in him I*	RICHARD III. (AKT 4, SZENE 4) *Thou drown the sad remembrance of those wrongs*

Das Ausmaß dieser Textparallelen ist nach wissenschaftlich-statistischen Kriterien nicht mehr zufällig und damit ein nicht ignorierbares Indiz dafür, dass Shelton und Marlowe eine Person waren. Zu dieser Einsicht konnte die Mehrheit bisher nicht gelangen, da solche Beobachtungen nur Einzelbeobachtungen waren. Stellvertretend sei hier Nick Cooper[107] genannt, dem wie so vielen die Parallelen aufgefallen waren. In »Don Quichote« heißt es:

---

[107] Nick Cooper: Don Qichote and The Knight of The Mirrors, siehe: http://www.nickcooper.com/donqthesis.htm, aufgerufen am 19.1.2011.

> »*But then Camilla answered, Why then belike all that which inamoured Poets say is true? In as much as Poets, quoth Lothario, they say not truth; but as they are inamoured, they remaine as short as they are true.*«

Cooper verglich hiermit die Stelle in »Was ihr wollt«, in der Audrey sagt:

> »*I do not know what poetical is: is it honest in deed and word? is it a true thing? Touchstone: No, truly: the truest poetry is the most feigning; and lovers are given to poetry; and what they swear in poetry may be said, as lovers, they do feign.*«

»A Centurie of Similies«

Wer bisher nicht akzeptieren konnte, dass sich hinter Thomas Shelton Marlowe/Shakespeare verbirgt, möge sein fast nie erwähntes Buch »A Centurie of Similies«[108] (gedruckt 1640) lesen, in dem er 100 Gleichnisse poetisch entwickelt (Titelseite: »*I will open my mouth in a parable*«). Diese »Philosophie« erinnert unmittelbar an Launces Ausspruch in Shakespeares »Zwei Herren aus Verona« (Akt 2, Szene 5): »*Thou shalt never get such a secret from me but by a parable*« (s. S. 418 f.).

An drei Parabeln Sheltons kann beispielhaft veranschaulicht werden, dass sich hinter Shelton Marlowe/Shakespeare verbirgt. Wer außer Marlowe hätte in dieser Form auf ein »unzeitgemäßes »Abhängen« eines Apfels (Costard, s. S. 504 f.) anspielen wollen, auf ein Wiederaufwachen nach dem Tode?

Parabel Nr. 3: »*Death of a wicked men*«

Wie ein Verrückter nach dem Schlaf empört ist, wenn ein bösartiger Scherz ausgeheckt wurde (»*As a mad-man after sleepe is more outragious, when the malicious humour is concocted*«), so wacht ein schelmischer Mann nach seinem Tode [Marlowe] auf mit ewigem Schrecken (»*So after death a wicked man awakes with eternall horror*«). Welches gleichnishafte Geschehen mag Shelton mit einem Verstorbenen gemeint haben, der dennoch weiterlebte?

Parabel Nr. 15: »*Death of a wicked men untimely*«

Hier vergleicht Thomas Shelton den unzeitgemäßen Tod eines Schelms mit einem lange am Baum gehangenen, zur unrechten Zeit gepflückten Apfel. Der Tod des Schelms (»*wicked man*«) trat ein, als er – wie ein Apfel – abgenommen wurde, zur Unzeit [Marlowe], bevor die Zeit des Todes passte (»*So a wicked man though he live a long time, yet his death is untimely, because is taken away before he is fitted for death*«).

---

[108] Thomas Shelton, A centurie of similies, printed by John Dawson, London, 1640.

Parabel Nr. 35: »*Difference of Men after death*«

Shelton denkt in dieser Parabel über die Veränderung der Menschen nach ihrem Tod nach. Der Tod des hochfliegenden Adlers (»*The hawk flies high*« – Marlowe) diente nur dem Misthaufen (»*is good for nothing but the dunghill*«). Wenn die Henne im Dreck nach Futter kratze, lebe sie (»*the hen scrapes in the dust when she is alive*«). Wenn sie tot sei, diene sie ihrem Meister als Braten. In diesem Leben würden schelmische Menschen gedeihen, aber gute Menschen erniedrigt (»*wicked men prosper, and good man are abased in this life*«). Nach dem Tod gerate der eine [Marlowe] auf den Misthaufen (»*the one i cast into the dungeon*«), der andere [Shakspere] in den Palast (»*the other advanced to the pallace*«)

Tobie Matthew

Experten hat es nie erstaunt, dass von Shakespeare kein einziger Brief, geschweige denn eine Korrespondenz überlebt hat. Dass das Universalgenie mit seinem immensen Arbeitspensum, seiner Eloquenz und seinem Umgang in höchsten höfischen und diplomatischen Kreisen über Jahrzehnte eine bedeutungsvolle Korrespondenz geführt und auch andere literarische Gattungen als das Theater behandelt haben dürfte und dass sich all dies später nicht vollkommen in Luft aufgelöst haben kann, kann niemand infrage stellen. Es muss absolut zwingende Gründe für das Fehlen jeglicher Korrespondenz geben. Klar ist: Solange man nach Briefen und Werken sucht, die unter dem Namen Shakespeare verfasst wurden, wird man nicht fündig. Erst mit der Akzeptanz eines Autorschaftsproblems, also mit der Anerkenntnis einer Korrespondenz unter unbekannten Namen, wird dies möglich. Erst hierdurch lässt sich der so verhängnisvolle gedankliche »Circulus vitiosus«, der einem Erklärungsfortschritt über Jahrhunderte im Wege stand, aufbrechen. An zahlreichen Beispielen wurde dies bereits in diesem Kapitel dargestellt.

Dieser Abschnitt behandelt das Schicksal eines weltgewandten, außerordentlich gebildeten und in höchsten Kreisen verkehrenden Tobie Matthew, der 1623 zum Ritter (»Sir«) geschlagen wurde und über dessen Person und Leben wir im Wesentlichen durch seine Korrespondenzen Kenntnisse gewonnen haben.[109] Für die Fachwelt stand es wegen der Namensgleichheit (ähnlich wie bei der Shakespeare-Urheberschaft) nie infrage, dass es sich bei Tobie

---

[109] The Works of Francis Bacon in ten Volums, Vol. 5, London 1819; Onlineversion:http://www.archive.org/stream/worksfrancisbac10bacogoog#page/n4/mode/2up, aufgerufen am 19.1.2011.

Matthew um den Bischofssohn Tobias Matthew (1577–1655) handeln muss, doch gibt es gewichtige Indizien dafür, dass Marlowe in seinen späteren Jahren unter dem Namen Matthew gelebt haben dürfte.

Wer davon ausgeht, dass Tobias Matthew, der Sohn des gleichnamigen Bischofs von Durham (später Erzbischof von York), den Briefwechsel mit Francis Bacon, Mary Sidney und vielen anderen illustren Persönlichkeiten in London und auf dem Kontinent geführt hat, kann Tobie Matthews Korrespondenz[110] und sein darin erkennbar werdendes Schicksal eigentlich nicht gelesen haben.

Indiz 1) Hoffnungslose Nervenkrankheit des Bischofssohns

Es gibt Quellen, die erkennen lassen, dass der Bischofsohn Tobias Matthew 1598 an einer Nervenerkrankung litt. So schreibt Dudley Carleton vermutlich im Januar 1598 an seinen Freund Francis Hickes:[111]

> »I have not been here, had not the sickness of Mr. Tobie Matthew staied me (...)
> Yf the recovery of Mr. Matthew be not speedie, I must be enforced to leave him in that state which I would be loath (...) If I should leave him, in this state, (...). needs I must leave him, who God knows can as ill spare a frend (...).
> The desperate sickness he was in, is, by help of physick, allaied, though not quite taken away, but his minde is desperately sick, broken with inward vexations, and with the violence of his disease, being knowen to me, and oneley to me, makes me fear, that in him, with others cannot doubt. If his father (knowing him to be his own sonn) do yet persist in his opinion, that these are but shewes and Hypocritical dissimulations (...)
> Who, besides he, that did it [Vater Tobias Matthew] would lay errors of youth, rather than committed by indiscretions, than by the default of a good nature, to anie man for capital crimes.«

Dudley Carleton beschrieb Matthews Vater, den Bischof, als »grausam« (»barbarous«):

> »He [der Vater] hath at last returned him (...) he had rather have heard of his sonne's death, than his sickness (...) he to undertake nothing for him, nor to be deceaved, with his hypocriticall shewes, and melanchollie sickness.«

Es erscheint schwer vorstellbar, in diesem Tobias Matthew aus dem Jahr 1598 den genialen Menschen Tobie Matthew aus der Korrespondenz mit Francis

---

[110] Tobie Matthew: A collection of letters, in: Early English Books Online (EBBO) A centurie of similies, London: Printed 1640.
[111] Arnold Harris Mathew: The Life of Sir Tobie Matthew: Bacon's Alter Ego, London 1907, Seite 18; Onlineversion: http://www.archive.org/stream/lifesirtobiemat01caltgoog#page/n39/mode/2up, aufgerufen am 19.1.2011.

Bacon, Robert Cecil, Mary Sidney (Countess of Pembroke) und zahlreichen anderen Hochgestellten wiederzuerkennen.

Nimmt man an, Tobias wäre an den Folgen seiner ausweglosen Krankheit (»*desperate sickness*«) gestorben, so wäre es plausibel, dass Marlowe den »Allerweltsnamen« der ihm bekannten Familie wählte oder wählen durfte. Die Mutter von Tobias Matthew war in erster Ehe mit einem der Söhne des Erzbischofs von Canterbury, Matthew Parker (1504–1575), verheiratet. Der Erzbischof hatte die Vergabe eines Cambridge-Stipendiums an einen herausragenden Schüler Canterburys ausgelobt, das 1579/80 von einem seiner Söhne an Christopher Marlowe vergeben wurde.

Indiz 2) Tobie Matthews Leben entspricht dem anzunehmenden »posthumen« Leben Marlowes/alias Shakespeare

Aus den Briefen von Tobie Matthew lassen sich Ereignisse und Stationen eines außergewöhnlichen und beeindruckenden Lebens (s. S. 649 ff.) ableiten, die bei einem unbekannten Bischofssohn kaum vorstellbar sind, sondern nur im Hinblick auf Marlowe/Shakespeare Sinn ergeben.

Tobie Matthews Spuren in England zeigen sich im ersten Jahrzehnt des 17. Jahrhunderts, werden deutlicher im zweiten und Anfang des dritten Jahrzehnts und könnten bis zum Ende des dritten Jahrzehnts gedauert haben.

Hätte Marlowe/Shakespeare im Jahr 1640 noch gelebt, wäre er 76 Jahre alt gewesen, was keineswegs völlig utopisch ist.

Marlowe hat – wie bereits erwähnt – in Spanien nachweislich den realen »Alias«-Namen Matthew verwendet. Unterlagen belegen darüber hinaus, dass Matthew im Frühjahr 1603 von Spanien nach England zurückkehrte und etwa ein Jahr unbehelligt in London lebte, bevor er sieben Wochen (3. August bis 23. September 1604) inhaftiert wurde:[112]

> »*Committed by my Lo: Chief Justice Christopher Marlowe, alias Mathews, a seminarie preist oweth for 7 weeks and 2 daies being close prisoner at rate of 14s the week 5li 2s. For washing 2s 4d. -- 5li 4s 4d.*«

Dass Ben Jonson in seiner Satire »Every Man in his Humour« (1598) Christopher Marlowe als Master Matthew mit äußerst beziehungsreichen Zeilen kennzeichnet, wird an verschiedenen Stellen evident. Ein erstaunliches Indiz: In Szene eins des vierten Akts in »Every Man in his Humour« zitiert Matthew

---

[112] Godfrey Anstrother: The Seminary Priests: A Dictionary of the Secular Clergy of England and Wales, 1558–1850, Vol I/1968.

Verse aus »Hero und Leander«[113] (1598) und erklärt, er habe sie diesen Morgen »ex tempore »gedichtet«, anderfalls wäre er gehängt worden, was so viel bedeutet wie: Er verdanke seinen Lebenserhalt seiner Dichtkunst.

»Hero und Leander« (Akt 4, Szene 1):

> »Fair <u>creature, let me speak without offence</u>.
> I <u>would my rude words had the influence</u>
> <u>To</u> lead <u>thy thoughts as thy fair looks do mine</u>,
> <u>Then shouldst thou be his prisoner, who is thine</u>.
> (...)
> Dutiful service may thy love procure.
> And I <u>in duty will excel all other</u>,
> <u>As thou in beauty dost</u> exceed <u>Love's mother</u>.«

»Every Man in his Humour«[114] (1598) (Akt 4, Szene 1, 1598):

Matthew:	Rare <u>Creature, let me speak without offence</u>,
	Would God my rude words had the influence,
	~~To~~ rule thy thoughts, as thy fair looks do mine,
	Then should'st thou be his Prisoner, who is thine.
Kno' Well:	This is in Hero and Leander.
	(...)
Matthew:	But observe the Catastrophe, now:
	And I in duty will exceed all other,
	As you in Beauty do excel Loves Mother.
E. Kn.:	Well, I'll have him free of the Wit-brokers, for he utters nothing but stol'n Remnants
Wel.:	O, forgive it him.
E. Kn.:	A filching Rogue, hang him. And from the dead? it's worse than Sacriledge.
Wel:	Sister, what ha' you here? Verses? pray you let's see: Who made these Verses? they are excellent good!
Matthew:	O, Master Well-bred, 'tis your disposition to say so, Sir. They were good i'the Morning; I made 'em, ex tempore, this Morning.
Wel.:	How? ex tempore? Mattew. I, would I might be hang'd else: ask Captain Bobadill: He saw me write them, at the – (Pox on it) the Star, yonder.

[113] Christopher Marlowe: Hero und Leander, siehe: http://www2.prestel.co.uk/rey/hero.htm, aufgerufen am 19.1.2011.
[114] Ben Jonson: Every Man in his Humour, siehe: http://hollowaypages.com/jonson1692humour.htm, aufgerufen am 19.1.2011.

Tobie Matthew erhielt ab 1604 eine dreijährige Erlaubnis, England zu verlassen. Er brach im Juli 1604 nach Frankreich auf und hielt sich ausweislich eines Briefes auch in Paris auf. Er dürfte eine »finanzielle Unterstützung« des Königs (für spezielle Dienste?, s. S. 168, Fußnote 47) erhalten haben. Von Februar bis April 1605 kehrte er »inkognito« nach London zurück und brach am 1. Mai 1605 über Frankreich (Lyon) nach Italien auf. Er hielt sich von August 1605 bis August 1606 vor allem in Florenz, aber auch an anderen Orten Italiens (Venedig, Rom, Pistoia, Perugia?) auf.

Robert U. Ayres[115] geht aufgrund verschiedener Quellen und Indizien davon aus, dass Marlowe unter dem Namen »Gregorio de Monti« als Sekretär des neu in Venedig akkreditierten englischen Botschafters »Sir Henry Wotton« tätig war.

Über Frankreich (unter anderem Aufenthalt in Saint-Omer am englischen Jesuiten-College), Calais (16. Juni 1607), Dover und Canterbury kehrte er Mitte 1607 nach London zurück. Er wohnte zwei Monate im Haus von Francis Bacon. Auf Veranlassung des Erzbischofs von Canterbury wurde er verhaftet und verbrachte mehr als ein halbes Jahr in Haft in London, da er sich weigerte, den Treueeid (»*Oath of Allegiance*«) gegenüber der Kirche abzulegen. Im Gefängnis besuchte ihn eine Reihe hochgestellter Personen. Er selbst schrieb am 29. August 1607 an Robert Cecil:

> *»(...) And therefore, since my case is come to so ill an issue. I most humbly desyre the liberty of withdrawinge my selfe out of this realme, till such time as his Majestie will license my returne (...)«*

Francis Bacon und Robert Cecil erreichten schließlich nach mehr als sechs Monaten seine Freilassung mit der Auflage, England binnen sechs Wochen zu verlassen.

Aus dem Urteil vom 14. Februar 1609:

> *»Toby Matthewe, by Act of Council, banished upon direction from his Majestie, not to return till his Majestie's pleasure be known. Opinion of the Comittees that a warrant from hence – The judgement wether to be removed.«*

Matthew verbrachte daraufhin viele Jahre auf dem europäischen Kontinent, seine Aufenthalte lassen sich nur annähernd bestimmen. Es wäre plausibel, wenn er inkognito in dieser Zeit England wiederholt aufgesucht hätte. Zuerst ging er wahrscheinlich nach Brüssel, dann nach Frankreich (Paris), Spanien (Madrid, Salamanca), Flandern/Brabant (Antwerpen, Spa, Brüssel etc.).

---

[115] Robert U. Ayres: Evidence that Marlowe was Gregorio, in: The Marlowe Society, Research Journal, Vol. 7/2010; Onlineversion: http://www.marlowe-society.org/pubs/journal/downloads/rj07articles/jl07_03_ayres_gregorio.pdf, aufgerufen am 19.1.2011.

Ca 1616 schreibt er in einem Brief (Datum und Adressat gelöscht):[116]

> »Some nine years since, I was not banished but absented only with this clause, that I was not to returne till his Majesties pleasure were first knowne. The Lords of the Councell were pleased to promise to this effect (as appeares by the order itself), that they would move his Majesty, for my returne upon notice had of my dutifull behaviour abroade. I have lived so, these nine years, without any touche of disloyaltie. I have never accepted from any Prince or Prelate, one penny worth of interteynmente or pension. I have, vpon all occasions, published myself, for the instance of his Majesties great clemencie and goodnes towardes me, in suffering me to injoy my poore fortune; I have lived abroad, with much satisfaction of the great persons of my Nation, and his Majesties Ambassadours and Agents, whom I have had the honour to converse with all (wherein I remitt my selfe to their testimony) (…)«

Dieser Brief weist eindrücklich (ähnlich wie bei Thomas Shelton, s. S. 630 ff.) auf seine Verbindungen, Bekanntschaften und Gespräche mit zahlreichen Botschaftern und Beauftragten Englands in Europa hin.

Matthew versucht, das geht aus einem Brief vom 31. Juli 1616, den er aus Spa schrieb, hervor, über verschiedene Kanäle eine sichere Rückkehrerlaubnis vonseiten des Königs zu erhalten:

> »I had written to the master of the horse, that he would be pleased to move his majestie form y return into England.«

Am 1. September 1616 schreibt er aus Antwerpen:

> »(…) When his Majesty shall be moved, if he chance to make difficulty about my return, and offer to impose any condition, which, it is known, I cannot draw myself to digest; …that, my case is not common with many since I have lived so long abroad with disgrace at home; and yet have ever been free not only from suspicion of practice, but from the least dependence upon foreign princes. My king is wise; and I hope, that he hath this just mercy in store for me (…)«

1617 erhielt er die Erlaubnis zur Rückkehr nach England und betrat im Juli 1617 wieder englischen Boden, was ihn sofort zu seinem hoch geschätzten Freund Francis Bacon, »*Lord keeper of the Great Seals*«, führte.

Sein Aufenthalt in England war nicht von langer Dauer. Matthews erneute Weigerung, den Treueeid zu leisten, missfiel dem König. Matthew erschien ihm erst als zu unsicher, dann als zu gefährlich, sodass er ihn im Oktober 1618 erneut aufforderte, England zu verlassen (Matthew an Lord Buckingham im Oktober 1618: »(…) *surprised at the Message from the King, by Secretary Naunton, to depart the Kingdom in 20 Dayes* (…).«)

---

[116] Arnold Harris Mathew: The life of Sir Tobie Matthew: Bacon's Alter Ego, London 1907; S.140; Onlineversion: http://www.archive.org/stream/lifesirtobiema01caltgoog#page/n161/mode/2up, aufgerufen am 18.2.2010.

In den folgenden Jahren lebte Matthew hauptsächlich in Flandern (Brüssel, Antwerpen). Aus einem Brief an Francis Bacon aus Brüssel (Februar 1619) geht hervor, dass er sich mit der spanischen Thronfolge (»*Spanisch affair*«) und mit »*Padre Lerma*« beschäftigte und er Bacon ein Textbuch über den »Duke of Lerma« zusandte. Es ist bei Kenntnis von Stil und Inhalt des Stücks kaum glaubhaft, dass Matthew das Stück nur aus dem Spanischen übersetzte und nicht auch selbst schrieb (»*I have out of a ragged hand in Spanish translated it*«). Er konnte – wie so häufig – einen Fremden als Urheber seines Stücks vortäuschen, da seine wahre Identität ohnehin unbekannt war.

> »*(...) I have out of a ragged hand in Spanish translated it, & accompanied it with some marginal notes for your Lordships. greater ease (...) Before the departure of the Duke of Lerma, there was written upon the gate, a pasquinade that the house was governed Per il Padre y el Hijo, y un Santo (...).*«

Tobie Matthew muss in jenen Jahren seiner Verbannung großen künstlerischen Einfluss am englischen Hof besessen haben. Im Herbst 1620 wurde er durch William Trumbulls Vermittlung von Dudley Carleton beauftragt, für den Sohn des Königs, Charles, Prince of Wales, über den Erwerb von Gemälden von Rubens zu verhandeln.

Wiliam Trumbull im Juli 1621 an Carleton:

> »*(...) Mr.Tob:Matthew is here. He may take it unkyndely that your Lordship hath not yet made answer to hist last, with the picture he did visit in the hands of Rubens.*«

Ende 1621 wurde Matthew nach London zurückgerufen, da man seine »diplomatische und sprachliche« Kompetenz in Sachen spanische Thronfolge (»*Spanish Match*«) benötigte. Er wurde von König Jakob freundlich am Hof empfangen und als »Bevollmächtigter« beauftragt, die Heirat von Prinz Charles mit der spanischen Infanta zu unterstützen. Jakob sandte ihn im Frühjahr 1623 mit einer Delegation unter Kronprinz Charles und George Villiers, Lord Buckingham, nach Madrid. Nach seiner Rückkehr von dieser desaströsen Mission nach England wurde er am 20. Oktober 1623 geadelt.

Indiz 3) Höchste gegenseitige Wertschätzung zwischen Bacon und Matthew

Francis Bacons darf zu den mächtigen Geistesgrößen der Neuzeit gezählt werden. Aus dem Briefwechsel mit Tobie Matthew wird an zahlreichen Stellen deutlich, dass Bacon Matthew wegen seines intellektuellen Potenzials und seiner Persönlichkeit überaus schätzte, dass er ihn in philosophischen, literarischen und sprachlichen Dingen auf eine Stufe mit sich stellte und ihn als sein »Alter Ego« bezeichnete.

So schreib er einmal zum Beispiel:

> »(...) yet upon the repair of Mr.matthew, a gentleman. So much your lordships servant, and to me, another myself, as your Lordship best knoweth, you would not thought me a man alive, except I had put a letter into his hand, and withal be so faithful and approved (...).«

In ganz wesentlichen Dingen war Bacon von seinem Rat und von seinen Übersetzungen in andere Sprachen (zum Beispiel ins Italienische und Lateinisch) abhängig.

Im Hinblick auf den Bischofssohn Tobias Matthew gibt es – lässt man den Briefwechsel mit Francis Bacon unberücksichtigt – keine Quelle, die erkennen lässt, was ihn dazu befähigt haben könnte, eine solch überragende Position einzunehmen. Der gleiche Name allein kann nicht befriedigend erklären, wie aus dem hoffnungslos erkrankten Bischofssohn Sir Tobias Matthew ein wichtiger »geistesverwandter« Freund des Universalgenies Francis Bacons wurde.

Indiz 4) Matthews Postskriptum: Verborgene Hauptsache

In seinem Essay über die List/Schlauheit (»*Cunning*«) des Menschen[117] kommt Bacon auf eine Person zu sprechen, die beim Schreiben von Briefen die Eigenart hätte, die wichtigste Botschaft im Postskriptum/Anhang unterzubringen, als ob es eine Nebensache sei (»*I knew one that, when he wrote a letter, he would put that, which was most material in the Postscript. As if it had been a byematte*«).

Folgende Anhänge in Briefen[118] von Tobie Matthew an Francis Bacon sprechen mit erheblicher Plausibilität dafür, dass Bacon auf sie anspielte (und nicht auf sich selbst, wie die »Baconianer« stets annahmen).

Ausschnitt aus dem Brief von Sir Tobie Matthew an Bacon (Datum gelöscht):

> »(...) It doth me good at the hart, to find that although I be not where I was in place, yet I am, in the fortune of your Lordships favour; if I may call that fortune which I observe to be so unchaungeable ... ...; and who can tell, but as fortis imaginatio generat casum[119], so stronge desyres may do as much. Sure I am that mine are ever wayting on your Lordship and wishing yow as much happines as is due to your incomparable vertue. I humbly do your Lordship reverence.

---

[117] Mary Augusta Scott (Hg.): The Essays of Francis Bacon, New York 1908; Onlineversion: http://www.archive.org/stream/essaysfrancisba01scotgoog#page/n212/mode/2up, aufgerufen am 19.1.2011.

[118] The Works of Francis Bacon in 10 Volumes, Vol. 6, London 1819, Seite 396/397; Onlineversion http://www.archive.org/stream/worksfrancisbac15bacogoog#page/n428/mode/2up/search/matthew, aufgerufen am 19.1.2011.

[119] Übersetzung: »Eine mächtige (innere) Vorstellung erzeugt ihr (äußeres) Ereignis«.

Yours Lordships most obliged humble servaunt, Tobie Matthew

Postsc.: The most prodigious witt that ever I knew of my nation and of this side of the sea, is of your Lordships name, though he be known by another.«

Matthew lässt durchblicken, dass er nicht mehr diejenige Position innehabe, die er einmal besessen hätte (»*I be not where I was in place*«), obwohl er naturgemäß noch der sei, der er immer war (»*Sure I am that mine are ever*«). Im Postskriptum spricht er [sarkastisch] von dem »enormen Geist« (Shakespeare), den er aus seinem eigenen Land kannte, der ähnliches Ansehen[120] (»*name*«) wie Lord Francis Bacon besäße (»*is of your Lordships name*«), obwohl er heute als ein anderer bekannt sei (»*though he be known by another*«). Diese Selbstbeschreibung im Anhang war ein Leichtes für Matthew, da er seine frühere Identität nur noch »ironisch« dem wissenden Francis Bacon zu erkennen gab. Mathew spricht recht eindeutig als eine Person, die »durch die Blume« sein zurückliegendes Schicksal anklingen lässt und einen Identitätswechsel durchleben musste.

Der zitierte lateinische Spruch »fortis imaginatio generat casum«[121] (Titel eines Essay von Montaignes[122]) könnte in diesem Zusammenhang bedeuten: Wenn wir uns eine Person mit einem [neuen] Namen nur stark genug vorstellen, dann schaffen wir damit eine neue innere Wirklichkeit, ähnlich wie bei einem Mann mit Namen Matthew, der eigentlich einmal unter einem anderen Namen (Marlowe/Shakespeare) bekannt war (»*though he be known by another*«).

Ein anderes Postskriptum (16. Juli 1616 aus Spa) an Francis Bacon zeigt in ähnlicher Weise, dass Matthew sich seines Ansehens, seiner nationalen »Autorität« und »Macht« als großer englischer Dichter Shakespeare bewusst war:

Postcript. *It is no small penance that I am forced to apparel my mind in my man's hand, when it speaks to your honour. But God Almighty will have it so, through the shaking I have in my right hand; and I do little less than want the use of my fore finger.*

[120] »SOED: »Name«: The reputation of some character or attribute (Middle English).
[121] The Essays of Montaigne, Buch 1 Kap. XX, übersetzt von C. Cotton, 1877.
[122] Peter Coste: The Essays of Michaell de Montaigne, London1811, Onlineversion: http://www.archive.org/stream/essaysmichaeldeo1montgoog#page/n132/mode/2up/search/generat+casum, aufgerufen am 19.1.2011.

Indiz 5) Matthews Ruf und Ruhm

Aus den Briefwechseln von Tobie Matthew wie auch von Fancis Bacon[123] geht hervor, dass sich Matthew auf hohem diplomatischem Parkett in England und Europa bewegt haben muss.

Er korrespondierte mit Königen und Hochadel (König von Spanien, Königin von Böhmen, König James I., Countess of Pembroke, Don Cosimo de Medici, Grand Duke of Tuscany, Florence, Robert Cecil, Lord Buckingham und anderen), mit hochgestellten politischen und diplomatischen Persönlichkeiten Englands und des Festlands (wie zum Beispiel Dudley Carleton, Sir Ralph Winwood, Conde de Gondomar, Lord William Compton, Sir John Digby, William Trumbull, Sir Robert Cotton, Sir Edward Parham, Sir George Petre, Sir Thomas Edmondes, Lord Roos, Sir Henry Wotton), mit Wissenschaftlern (zum Beispiel Galileo) und Künstlern beziehungsweise Kunstkennern (zum Beispiel Rubens, van Dyck).

Es wird durch keine Quelle einleuchtend, wie der unbekannt gebliebene Bischofssohn Tobias Matthew aus Durham oder York, der ohne erkennbare politische, künstlerische oder höfische Ambitionen war, in eine solche Position gelangt sein sollte. Hingegen sind die Parallelen zwischen Sir Tobie Matthew und Marlowe/Shakespeare zu offensichtlich, als dass sie reinen Zufallscharakter haben könnten.

Indiz 6) »Concealed Poet«

1603 wandte sich Francis Bacon in einem Brief an Mr John Davies[124] und bat ihn um Unterstützung beim König. Sowohl Königin Elisabeth als auch der nachfolgende Jakob I. schätzten John Davies als Dichter und belohnten ihn mit dem Ritterschlag wie auch mit der Ernennung zum »Solicitor General« und später zum »Attorney General«. Am Ende seines Briefes an Davies (als Poet) fügte Bacon den persönlichen Wunsch hinzu, dass Davies seinen Einfluss am Hof geltend mache und gut zu verborgenen Dichtern sei:

»*So desiring you to be good to concealed poets.*«

Dass Davies Marlowe gekannt haben muss, ist anzunehmen, da er vor 1599 gemeinsam mit Marlowe in Holland ein Buch herausgebracht hatte. Da für jene Zeit kein anderer »verborgener« Poet aus dem Umfeld von Bacon bekannt ist, kann sich Bacons Bitte (»*be good to concealed poets*«) eigentlich nur auf den

---

[123] The Works of Francis Bacon in 10 Voumes, Vol. 6, London 1819; Onlineversion: http://www.archive.org/stream/worksfrancisbac15bacogoog#page/n14/mode/2up, aufgerufen am 12.7.2010.

[124] Ebd., S. 287f.; Onlineversion: http://www.archive.org/stream/worksfrancis bac10 baco goog#page/n298/mode/2up/search/concealed, aufgerufen am 12.7.2010.

anonym lebenden Tobie Matthew (alias Marlowe/Shakespeare) bezogen haben, keinesfalls aber auf den Bischofsohn Tobias Matthew aus Durham/York.

Indiz 7) Anthony Bacon

Ein undatierter Brief von Francis Bacon an Tobie Matthew ergibt verschiedene Hinweise darauf, dass es sich bei Matthew um Marlowe/Shakespeare gehandelt hat. Bacon erklärt Matthew, warum er selbst wegen seines Kummers so lange nichts habe von sich hören lassen (»*of a letter, that which by grief may, for a time, efface all the former contents*«). Schuld daran sei der Tod seines Bruders Anthony Bacon gewesen, ein Freund Matthews aus früheren Tagen (»*the death of your good friend and mine A. B.*«). Über seinen Bruder pflegte er seine Briefe an Matthew zu senden *(»to whom because I used to send my letters for conveyance to you«)*, was nach dessen Tod nicht mehr möglich war.

Anthony Bacon, Neffe von William Cecil, war von 1580 bis 1592 hochrangiger Mitarbeiter beim Nachrichtendienst von Francis Walsingham in Europa, hauptsächlich in Frankreich. Nach Anthonys Rückkehr nach England schloss er sich 1595 dem Earl of Essex und dessen Nachrichtendienst an, der es seinem Bruder Francis Bacon erleichterte, Nachrichten an den im Ausland lebenden Tobie Matthews zu übermitteln (»*it made me so much the more unready in the dispatch of them*«). Francis Bacon empfand sich ohne seine wertvollsten Freunde, seinen Bruder Anthony (»*him by death*«) und Tobie Matthew (»*you by absence*«), mit denen er offen und sicher kommunizieren konnte, als einen unglücklichen Mann (»*as with whom I might both freely and safely communicate, him by death, and you by absence*«).

Erneut wird deutlich, wie wichtig für Francis Bacon die Geistesverwandtschaft und Freundschaft zu Tobie Matthew und dessen Urteil waren (»*As for my other writings, you make me very glad of your approbation; the rather, because you add a concurrence in opinion with others; for else I might have conceived, that affection would, perhaps, have prevailed with you, beyond that, which, if your judgment had been neat and free, you could have esteemed*«).

Bacon wusste, dass Matthew es tunlichst vermeiden wollte, in irgendeiner Form mit den kirchlichen Würdenträgern in Konflikt zu geraten (»*And as for your caution, touching the dignity of ecclesiastical persons*«). Er selbst – so schrieb er – habe dieses Problem nicht, es sei denn, irgendein Lehrer treibe die Ehrfurcht vor Aristoteles zu weit *(»I shall not have cause to meet with them any otherwise, than in that some schoolmen have, with excess, advanced the authority of Aristotle«).*

Bereits die »Gibson Papers«[125] oder die »Le-Doux Unterlagen«, die man in

---

[125] Benannt nach Edmund Gibson, enthalten Papiere und Korrespondenzen von Francis und

einem Koffer Anthony Bacons entdeckt hatte, hatten eine Verbindung zwischen Marlowe und Anthony Bacon in den Jahren 1595/96 sichtbar werden lassen (s. S. 609). Robert Devereux, Anthony Bacon und Marlowe müssen sich seit dieser Zeit, wenn nicht schon früher, gekannt haben.

Indiz 8) Tobie Matthew: »When I was alive«

In einem Brief an Francis Bacon schreibt Tobie Matthew, dass sein Bruder Anthony (A. B.) ihm früher zu erzählen pflegte, dass er zu Gott bete, aus ihm (Marlowe) einen ehrenwerten Mann zu machen:

> »A. B. was wont to tell me still (when I was alive) that he prayed God, to make me an honest man, but you must desire him now, to alter his prayer (...) And yet (which would perhaps grieve some other) I know not how to work my selfe, to turn over that leafe ...)«

Sir Tobie Matthew spricht hier unzweifelhaft von einer früheren Zeit, von seinem früherem Leben, von einer anderen Existenz (»when I was alive«). Dieser Mensch (Marlowe) existiere nicht mehr. Jetzt sei er Tobie Matthew. Ein Lebender beschreibt seine frühere Existenz mit einer Zeit, als er »noch am Leben war« – einen stärkeren Hinweis auf Marlowe kann es kaum geben.

Indiz Nr 9) Edgar, TOM of Bedlam aus »König Lear«

Es wurde bereits eingehend analysiert (s. S. 405), dass die Figur des Edgar in »König Lear«, der als »Tom of Bedlam« (TOM (B) of Bedlam) in Verbannung leben muss, starke Parallelen zu Marlowe zeigt. Tobie Matthhews Vergleich seiner Situation mit dem Leben in einem Irrenhaus (»no other place then Bedlam«) in einem Brief an Bacon lässt unmittelbar an »König Lear« denken.

In diesem Brief an Francis Bacon (Datum gelöscht) geht Tobie Matthew auf seinen gegenwärtigen inneren Zustand nach seiner Rückkehr vom Festland nach England ein (»You shall first therefore understand, that now I am returned home to London from abroad«). Er gibt Bacon zu verstehen, dass er fürchte, den (seinen geänderten) Namen zu verwechseln (»if yet indeed I may not be thought to miststake the names«). Er müsse sich insgeheim immer noch klarmachen, dass er nicht mehr im Ausland, sondern »zu Hause« sei (»and if I may not more discretelie account myself to be still abroad«).

Obwohl er eigentlich doch zu Hause sei, erinnere ihn sein Zustand an keinen anderen Platz als an ein Irrenhaus (»Bedlam«), in dem die Menschen gepeitscht und im Dunkeln angekettet würden.

Anthony Bacon, siehe: http://www.lambethpalacelibrary.org/content/gibson, aufgerufen am 19.1.2011.

> *»(...) You shall first therefore understand, that now I am returned home to London from abroad; if yet indeed I may not be thought to mistake the names, and if I may not more discretelie account myself to be still abroad, when I am thus come home; and esteem that I was then best at home, when I was so abroad.*
>
> *For reallie, they may goe for a kind of mad-man, who, forgetting their own houses, where they use to be at ease, and carefully accommodated and well treated, would yet think of no other place for themselves, then Bedlam, where they were to be whipped, and chained-up in the dark. And what other thing am I wont to be, all the year long, in this place, where the disorder of strong passion threatens me, with the distemper and danger of sinne (...).«*

Indiz 10) »*Weight for weight but Measure for Measure*«

In einem Brief an Bacon geht Tobie Matthew auf einige Arbeiten beziehungsweise Bücher ein, die er von Bacon erhalten habe und die er nicht so schnell zurücksenden würde:

> *»I will not return you weight for weight but Measure for Measure.«*

Dieses Wortspiel (Großschreibung von »Measure for Measure«) kann man ohne Schwierigkeit als eine verdeckte Anspielung auf den Titel eines seiner eigenen Werke begreifen.

Indiz 11) Julius Caesar

In einem anderen Brief an Francis Bacon (1608) kommt Tobie Matthew an einer Stelle auf Shakespares Stück »Julius Caesar« zu sprechen, dem er lieber »zuhörte«, als die Königin dies empfahl:

> *»At that time methought, you were more willing to hear Julius Caesar than Elizabeth commended«*

Damit spielt er wohl auch auf Bacons Schrift »*In felicem memoriam Elizabethae*« an.

Shakespeare zeigt in »Caesar« politische Parallelen zwischen Elisabeths England und dem alten Rom. Die verdeckte Anspielung auf das Stück dürfte nicht ohne Bedeutung sein. In Bacons Werken spielt die Figur des antiken Caesars eine erhebliche Rolle.

Indiz 12) Shakespeares »Sir Toby« in »Was ihr wollt«

Es ist an verschiedenen Stellen darauf hingewiesen worden (s. S. 511), dass die Figur des Sir Toby in »Was ihr wollt« (»Twelfth Night«) offensichtlich auf Tobie Matthew anspielt. Er war in dem Stück nicht nur Tobie, sondern »Sir Toby«. Tobie Matthew wurde aber erst im Oktober 1623 von König Jakob I. zum Ritter geschlagen. Von »Was ihr wollt« gab es keinerlei Quarto, das Stück erschien erstmals in der »First Folio« (1623). Daraus lässt sich folgern, dass die Zufügung des Titels »Sir« in der »First Folio« im Sommer/Herbst 1623 erfolgt sein dürfte, was sowohl dafür sprechen würde, das Marlowe/Shakespeare zu dieser Zeit noch lebte, als auch dafür, dass er sich unter dem Namen Sir Toby in das Stück einbrachte.

Indiz 13) Matthews Universalbildung

Tobie Matthew schrieb in der italienischen Übersetzung von Bacons »Essays and Wisdom of Ancients (1617)«[126] einen zueignenden Brief in italienischer Sprache. Er versorgte Francis Bacon mit den neuesten Beweisen Galileos für die Gültigkeit des kopernikanischen Systems und mit Erklärungen Galileos zur Entstehung von Ebbe und Flut.

> »He [Richard White] tells me, that Galileo has answered your [Bacon] discourse concerning the flux and reflux of the sea, and was sending it unto me ... Brüssel, 21.4.1616«

Indiz 14) Francis Bacon erwähnte den Namen seines Zeitgenossen Shakespeare zeitlebens nie

Francis Bacon schrieb viel und eindrücklich über die Bedeutung und Wichtigkeit des Theaters als »Bildungsanstalt«[127]. Es ist schlicht nicht erklärbar, warum er Willliam Shakespeare, den größten Dichter seiner Zeit, kein einziges Mal an irgendeiner Stelle in seinen Briefen oder Werken je erwähnte – es sei denn, es muss hierfür triftige Gründe gegeben haben.

Andererseits findet sich der Name »William Shakespeare«, »Shak«, »Sh.«, »Shakespeare«, »Willi«, »William« auf der Frontseite von Bacons »Northumberland Manuscript«[128], hingekritzelt von seinem Schreiber oder Sekretär.[129] Dies ist das einzige Mal, dass die Namen Francis Bacon und William Shakespeare in einer zeitgenössischen Quelle gemeinsam auftreten.

Der einzig plausible Grund dafür können nur die außergewöhnlichen Umstände von Marlowes »Auslöschung« gewesen sein. Bacon dürfte ohne jeden Zweifel davon gewusst haben, dass Marlowe zu seiner eigenen Sicherheit verborgen leben musste, dass sein ursprünglicher Name keinesfalls je

---

[126] B. Montagu (Hg.): The Essays of Counsels Civil and Moral of The Ancients by Francis Lord Verulam, London 1845; Onlineversion: http://www.archive.org/stream/1845essaysorcoun00baco#page/n7/mode/2up, aufgerufen am 19.1.2011.

[127] Francis Bacon: The advancement of Learning. Second Book, siehe auch: http://hiwaay.net/~paul/bacon/advancement/book2ch13.html, aufgerufen am 19.1.2011.

[128] Francis Bacon: The Northumberland Manuscript; siehe auch: http://www.sirbacon.org/links/northumberland.html, aufgerufen am 19.1.2011.

[129] Handschriftliche Kritzeleien (Faksimile transkribiert in moderne Schreibweise) auf der Frontseite der Northumberland Manuskripte, siehe auch: http://www.sirbacon.org/northumberlandmanuscriptfa.htm, aufgerufen am 19.1.2011.

wieder genannt werden durfte, dass er offiziell als tot zu gelten hatte. Bacon respektierte diese ihm sicher bekannte Regelung. Den »neuen« Autornamen »Shakespeare« dagegen akzeptierte Francis Bacon offensichtlich schon deshalb nicht, da der Dichter in der Öffentlichkeit so nicht genannt und erkannt wurde und der maskierende Shakspere für ihn eine Unperson war.

Indiz 15) Tobie Matthew kennt – ebenso wie Francis Bacon – Shakespeare nicht

In einem Brief an Francis Bacon setzt sich Tobie Matthew/Marlowe mit den vier größten englischen Geistesgrößen seiner Zeit auseinander.

> »(...) nation of Europe, to muster out, in any age the four men, who, in so many respects,. should excell four such as we are able to shew, viz. Cardinall Wolsey, Sir Thomas More, Sir Philip Sidney, and Sir Francis Bacon; for they were all kinds of monsters in their severall ways.«

Es ist außerordentlich bemerkenswert, dass der Name Shakespeare in dieser Auflistung nicht erscheint. Grund dafür kann nur sein, dass sich Tobie Matthew/Marlowe als noch lebende Person nicht in die Reihe der berühmten Verstorbenen einreihen wollte. Unter welchem bekannten Namen hätte er dies tun sollen? ...

Indiz 16) Tobie Matthew – nicht tot, aber verbannt

In einem Brief aus Italien (1606, Florenz?) an John Donne spielt Tobie Matthew einmal auf sein Schicksal an. Er schreibt, dass es hart sei, wenn ein Mensch nur zwischen den Alternativen »tot« (»undone«) und »verbannt« (»damn'd«) zu wählen hätte.

> »(...) Most glad, you had it not. It is an hard choice, when a man must either be undone or damn'd (...).«

Es ist nicht bekannt, dass der Bischofssohn Matthew eine derartige Wahl zu treffen hatte – dass Marlowe/Shakespeare sie dagegen treffen *musste*, ist in diesem Buch bereits eingehend gezeigt worden.

Indiz 17) Mary Sidney Korrespondenz[130] mit Tobie Matthew

John Donne veröffentlichte 1660 in seiner Sammlung von Briefen (»A Collection of Letters«) mehrere Briefe von Mary Sidney an Tobie Matthews. Sie lassen sich nicht exakt datieren, da Datum und Signaturen entfernt wurden, sie müssen aber vor September 1621 (Tod von Mary Sidney) geschrieben worden sein. Ihren beiden Söhnen wurde 1623 die »First Folio« zugeeignet.

---

[130] Sir Tobie Matthew: A Collection of Letters, London 1559, siehe: Early English Books Online (EBBO): http://eebo.chadwyck.com/home.

In einem der drei abgedruckten Briefe an Matthews macht sich Mary Sidney Vorwürfe wegen ihres unentschuldbares Verhalten, im vorausgehenden Brief vergessen zu haben, auf Matthews Vergangenheit (»*forgotten your Other-self*«) eingegangen zu sein:

> »*I have to doe, is to repair an inexcusable errour; for, my former Letter to you, was no sooner out of my hands, than I was ashamed of my ill fortune, in that I might seem to have forgotten your Other-self.*

Diese Bemerkung muss als ein klares Indiz dafür verstanden werden, dass Matthew in früherer Zeit eine andere Identität hatte. Aber Mary Sidney fand keine Worte, wie man eine längst vergangene Welt wiederbeleben könnte (»*But how to spur on a rustie, dull, old, torn world …?*«). Sie reflektierte über eine Lösung, wie man davon [von seinen zwei getrennten Existenzen] einst erführe. Dieses Wissens wäre wertvoll, damit die Geschichte überhaupt geglaubt würde (»*how, I say, to find out a receipt for this, were worth the knowing; and if it were once known, it would be verie well worth the buying*«).

Ausschnitt aus Briefen von Mary Sidney, Countess of Pembroke, an Tobie Matthew:

> »*(…) yet let me still receive commands from you by your Letters, for they all are extreamly welcome to me. (…). I send you herewith such parts of what you asked, as I have yet been able to procure; and though I cannot discreetly pray you to esteem them, yet cast your eyes kindly upon them, because they have parted from me to none but your self. (…) But, in what I am to your very worthie self, see you lessen me not by your own conceit, since you cannot therewith exceed, what I am indeed in my desires and purposes, to esteem highlie, and deserve perfectlie well of you (…) IT was but a Dream … I should not speak thus loud, nor thus far off, nor make so long a reach to you still, by the Arms of my ill-written Lines. But I thought once, that you were both nearer hand, anie comming to my little Lodge, to visit me; when, soon after, I found by one of yours, that you had frustrated that hope, and designed your self towards other ends (…).*«

Die Briefe lassen eine sehr persönliche und intime Beziehung zwischen Matthew und Mary Sidney (Herbert), Countess of Pembroke erkennen. Versteckte sich hinter Matthew der Dichter Marlowe/Shakespeare, wäre diese Verbindung einleuchtend, wäre Matthews dagegen ein Bischofssohn, wäre dieses Verhältnis nicht unmittelbar nachvollziehbar.

Indiz 18) »The Duke of Lerma«

Allein das Theaterstück »The Duke of Lerma« reicht aus, in Tobie Matthew den hochtalentierten Dichter und Theaterschriftsteller Marlowe/Shakespeare zu erkennen.

Einem Brief[131] vom 14. Februar 1619 aus Brüssel an Francis Bacon legte Matthew ein Textbuch namens »The Duke of Lerma« bei (»*to offer this inclosed paper (a) to your sight, concerning be Duke of Lerma, which ... will not, I think, be altogether unpleasing, because it is full of particular circumstances*«) und fügte in einer Fußnote hinzu, er habe es aus dem Spanischen übersetzt und zum besseren Verständnis mit einigen Ergänzungen versehen (»*I have, out of a ragged hand in Spanish, translated it, and accompanied it with some marginal notes, for your lordship's greater ease*«).

Warum das 1668 erstmals veröffentlichte und aufgeführte Theaterstück »The Great Favourite, or the Duke of Lerma« einem gewissen Sir Robert Howard zugeschrieben wurde, ist nicht begreiflich. Die Eintragung des Stücks im Stationer's Register erfolgte am 9. September 1653. Das Theatermanuskript

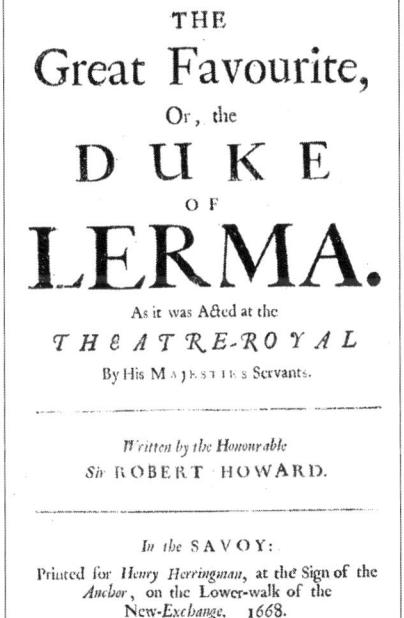
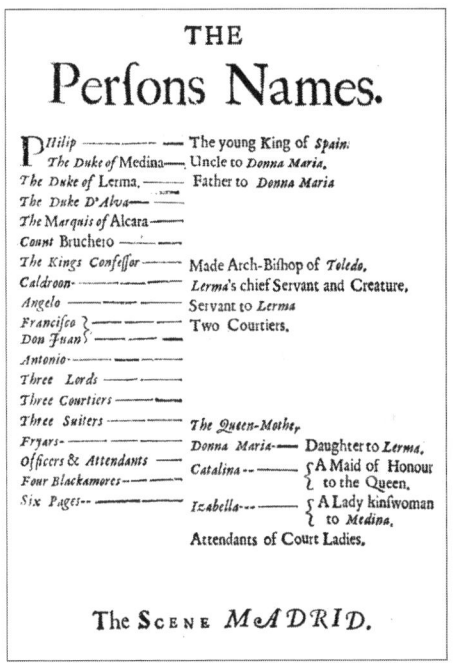

Das 1668 erstmals veröffentlichte und aufgeführte Theaterstück »The Great Favourite, or the Duke of Lerma«, das Tobie Mathew 1619 Francis Bacon überreichte

---

[131] Thomas Birch (Hg.): Letters, Speeches, Charges, Advices of Francis Bacon, London 1763, Seite 223; Onlineversion: http://www.archive.org/stream/letterspeeches coobaco#page/222/mode/2up/search/Lerma, aufgerufen am 19.1.2011.

mit dem Titel »The Duke of Lerma« zeigt eindeutig biografische Elemente aus Tobie Matthews (Marlowes/Shakespeares) Leben, seine Aufenthalte in Spanien, seine Beherrschung der spanischen Sprache, die Person Calderon und vieles mehr.

Robert Howard wurde früh der Vorwurf des Plagiats gemacht. Er behauptete daraufhin, das Stück nicht geschrieben, sondern es für das Theater angepasst zu haben (»*unfit to be presented by any that had a respect, not only to Princes, but indeed to either man or woman*«).

Das Stück ist – bezieht man es auf Marlowe/Shakespeare/Matthews – eindeutig autobiografisch. Der Herzog von Lerma hatte die Gunst des Hofes verloren, befand sich in schweren finanziellen Nöten und war davon bedroht, vom Hof verbannt zu werden. Seine Feinde, der König und die Königin von Spanien, sterben früh in dem Stück, dadurch konnte der leichtlebige, willensschwache Sohn Philip II. den Thron besteigen, was es Lerma ermöglichte, mittels seiner Tochter Maria die Gunst des Thronfolgers zu erringen.

Indiz 19) »Your Book« (»First Folio«?)

Eine hochrangige weibliche Person am Hof (John Donne: »A Letter from a Princesse«, Daten und Namen wurden gelöscht – frühestens Ende 1623) schrieb[132] anlässlich der Übersendung eines Werks an »Sir« Tobie Matthew (»*that work*«) von ihm und seinem Versprechen, ihr eine Aufwartung zu machen. Hier ist mit gewisser Plausibilität anzunehmen, dass Matthews ihr die soeben fertiggestellte »First Folio« überreichte, die zunächst dem Thronfolger Charles, Prince of Wales, übergeben worden war:

> »*It was the desire, which I had, to know more of you, than generall aprobation doth expresse; which made me ask to see that work, and that character also, which you found worthy to adorn with so good Language. To which, your Civilitie adds the promise of a fuller satisfaction, than I might justlie expect. But it obliges me to assure you. that your Book is, and your presence will ever be, most acceptable to your affectionate friend.*«

Indiz 20) Tobie Matthew im höheren Alter

Von einem höchst seltsamen Manuskript (1640),[133] das aus drei getrennten Abhandlungen bestanden haben muss und aus dem Besitz eines Pastors na-

---

[132] Sir Tobie Matthew: A Collection of Letters, London 1559, siehe: Early English Books Online (EBBO): http://eebo.chadwyck.com/home, aufgerufen am 19.1.2011.

[133] William Henry Smith: Bacon and Shakespeare, London 1856; Onlineversion: http://www.archive.org/stream/baconandshakespooneligoog#page/n170/mode/1up, aufgerufen am 19.1.2011.

mens Dr. Neligan stammte, existiert offenbar nur noch die Kurzform eines abschriftlichen Auszugs. Am Ende der ersten Abhandlung des Manuskripts hatten Tobie Matthews und einige Zeugen unterschrieben, die zweite, 21-seitige Abhandlung (»*Posthumus or the Survivor*«) war neben der Signatur mit einem roten Siegelwachsaufdruck versehen. Die dritte Abhandlung (»*Five and Twenty Considerations*«, datiert 1541) wurde von einem James Louth signiert.

Die erste historische Abhandlung, datiert 1640, beschreibt fortlaufend verschiedene Lebensereignisse (ohne exakte Datierung zwischen 1605 und 1625), die mit den Lebensdaten aus Tobie Matthews Korrespondenz in großen Teilen übereinstimmen.

Da dieser Lebensauszug viele Unrichtigkeiten oder Unstimmigkeiten enthält, entsteht die Frage, wie dieser erhaltene Auszug zustande kam. Das Ausmaß der Fakten, die mit Matthews Leben übereinstimmen, ist aber zu groß, als dass er hier nicht gemeint gewesen sein kann. Wenn man bereit ist, in Tobie Matthew Marlowe/Shakespeare zu erkennen, kommt man am ehesten zu dem Schluss, dass die Aufzeichnung von einem Schreiber stammen, der ein Gespräch mit dem betagten, über 70-jährigen Tobie Matthew in seinem Senium protokollierte.

Es wurde bereits gezeigt, dass die Figur des Posthumus in »Cymbeline« deutliche Züge von Marlowe trägt (s. S. 463 ff.). Es kann nicht ohne Bedeutung sein, dass Tobie Matthews am Ende seines Lebens in der zweiten Abhandlung mit »Posthumus or the Survivor« unterschreibt. Das würde bedeuten, dass Tobie Matthew alias Marlowe/Shakespeare ein für damalige Verhältnisse hohes Alter erreichte, was keineswegs ausgeschlossen ist.

George Wither[134]

Der Autor dieses Buches ist sich bewusst, dass die veröffentlichten Lebensdaten George Withers (1588–1667?) sowohl in Widerspruch stehen zu einem George Wither, der 1585 das Werk »An A. B. C for Laye-men, otherwise called, the Lay-mans Letters« schrieb, das er William Cecil zueignete (siehe Bild), als auch zu sehr späten Werken, die ein extremes Alter Withers oder andere unbekannte Gründe und Zusammenhänge (»*lately found by*«) vorrausetzen würden

---

[134] Frank Sidgwick: The Poetry of George Wither, London 1902, Onlineversion: http://www.archive.org/stream/poetrygeorgewit00sidggoog#page/n12/mode/2up, aufgerufen am 19.1.2011.

Zueignungstext in George Withers Buch »An A.B.C for Layemen« (1585) an William Cecil

Es steht aber außerhalb eines Zweifels, dass die Werke eines George Wither[135], ähnlich wie die übrigen in diesem Kapitel behandelten Schriftsteller und Poeten, zu zahlreiche und zu übermächtige Übereintimmungen mit Textinhalten, Stil, poetischer Qualität und Biografischem von Marlowe/Shakespeare aufweisen. Dies wurde bereits in vorausgehenden Kapiteln an verschiedenen Beispielen erkennbar (erlegter Hirsch, s. S. 531; Merkur und Caduceusstab, s. S. 600; »The Great Assises«, s. S. 139; Touchstone, s. S. 382; in Kerzenflamme stürzende Fliege, s. S. 560; »Shakespeare a Mimicke« s. S. 139; Maske, s. S. 76 ff.).

Die Inhalte in George Withers bebildertem Gedichtband »A Collection of Emblems«[136] (1635) können wegen der großen Übereinstimmung mit den Inhalten des moralischem Emblembuchs »A Choice of Emblems«[137] (gedruckt in Leyden 1586) von Goffrey Withney darüberhinaus keinen Zweifel daran lassen, dass beide, Wither und Withney, die gleiche Person gewesen sein müssen und dass sich andererseits hinter beiden der Dichter Marlowe/alias Shakespeare verborgen haben muss. Die Zusammenhänge lassen sich allerdings nur

[135] Zum Beispiel »Abuses stript, and whipt« (1613), »The Shepherd's Pipe« (1614), »Fidelia« (1615) – alle enthalten in »Juvenilia« (1622), »A Collection of emblemes« (1634/35), »The Great Assises holden in Parnassus by Apollo (1644) u. a., siehe auch: http://www.archive.org/stream/poetrygeorgewit00sidggoog#page/n12/mode/2up, und: http://www.archive.org/stream/juvenilia02withgoog#page/n10/mode/1up, aufgerufen am 19.1.2011.

[136] George Wither: A collection of emblemes, ancient and moderne, London 1635; Onlineversion http://www.archive.org/stream/collectionofembl00with#page/158/mode/2up/search/Lines, aufgrufen am 19.1.2011.

[137] Whitney's »Choice of Emblemes: A Fac-simile Reprint, London 1866; Onlineversion: http://www.archive.org/stream/whitneyschoiceeo00paragoog#page/n103/mode/1up, aufgerufen am 19.1.2011.

vollends ausbreiten und verstehen, wenn man Tarnnamen und Inhalte von Werken der in diesem Kapitel genannten Autoren einbezieht. So taucht das Titelemblem von John Claphams »Narcissus« aus dem Jahr 1591 (s. S. 308), ein Ritter mit einem schwarzen Raben auf dem Helm, schon identisch in Withneys Emblembuch aus dem Jahr 1586 auf. Dies unterstützt die zuvor postulierte Annahme (s. S. 309), dass John Clapham, der Sekretär von William Cecil, ein Pseudonym Marlowes bereits zu dessen Lebzeiten gewesen sein muss.

So erfahren wir über George Wither[138] aus seinem Emblem-Gedicht (siehe Buch 3, Gedicht 24), dass er als Dichter in seinem langen Leben (»*much it makes in threescore [60] Yeares, in sixtie, seventie, eightie yeare*«) buchstäblich jeden Tag konsequent geschrieben und gedichtet habe (»*by composing Each day a line, NULLA DIES SINE LINEA*«) und durch seine Kompositionen berühmte Werke geschaffen habe *(»famous works appeare«)* mit Hunderttausenden von Zeilen *(»to which ten hundred thousand have arrived«)*, obwohl wir von diesen mächtigen Autoren (»*Mightie Authors*«) nie Anzeichen gesehen haben, dass sie gelebt haben *(»Of whom, we see no signe that e'ver they lived«)*. Die dichterischen Anstrengungen *(»Those need full Works«)* würden oft fehlgedeutet *(»which often we neglect«)*, bis es irgendwann zu spät sei *(»until too late«)*.

Withers Kennzeichnung seines unermüdlichen und lebenslangen Schreibens unter Pseudonymen (Buch 3, Emblem 24)

---

[138] George Wither: A collection of emblemes, ancient and moderne, siehe: http://emblem.libraries.psu.edu/withetoc.htm, aufgerufen am 19.1.2011.

Ausschnitt aus Georg Withers »A Collection of emblemes« (Buch 3, Emblem 24):
>*»(In Callings, either Humane, or Divine)*
>*Who, by composing but each Day a Line*
>*Might Authors, of some famous Workes appeare,*
>*In sixtie, seventie, or in eightie yeare;*
>*To which, ten hundred thousand have arrived*
>*Of whom, we see no signe that ev'r they lived.*
>*And, with much pleasure, wee might all effect,*
>*Those need full Works, which often we neglect,*
>*(Until too late) If we but, now and then*
>*Did spare one houre to exercise the penn«*

Man kann dieses Gedicht als ein Indiz verstehen, dass George Wither

a) einer von mehreren Decknamen eines realen Dichters war,
b) unermüdlich über Jahrzehnte Tag für Tag produktiv war (man betrachte nur dieses Kapitel 11) und große Werke verfasste,
c) sehr alt geworden ist,
d) als Autor nie sichtbar wurde und
e) sich darüber bewusst war, dass später die Zusammenhänge nicht mehr verstehbar sein würden (»*until too late*«).

Es ergibt durchaus Sinn, hinter George Wither im Kontext dieses Buches den damals noch lebenden Marlowe/Shakespeare zu vermuten beziehungsweise zu erkennen.

Dass das anonyme, wahrscheinlich Jahrzehnte (?) zuvor geschriebene Versepos »The Great Assises holden in Parnassus by Apollo and his Assessoures«[139] (1644) George Wither zugeschrieben wurde (s. S. 139), wird nur dann verstehbar und akzeptabel, wenn Wither ein Anonymus oder Deckname für Marlowe/Shakespeare war. Es stellt in dramatisch »konstruierter«, artistischer Manier (Apollo mit zwölf Beisitzern, zwölf Juroren, zwölf Angeklagten) eine einzigartige poetisch-allegorische Verhandlung über seine Person und sein Lebensschicksal dar. Fast jede Zeile dieses Versepos lässt sich auf sein Leben, seine Person oder seine literarischen Werke beziehen, allerdings nur bei Akzeptanz und Kenntniss der Fakten und Inhalte der Werke auch der anderen Tarn- und Decknamen, die in diesem Kapitel behandelt werden. In einer poetischen Metapher unterwirft der Dichter und Erzähler sich selbst (Marlowe) als Angeklagter einer Verhandlung vor seinem »Über-ich«. Die Parabel besteht in einem Gerichtsverfahren unter Apollo (Phoebus) mit Bei-

---

[139] George Wither: The Great Assises holden in Parnassus by Apollo and his Assessoures, Manchester 1885; Onlineversion: http://www.archive.org/stream/greatassises holdoomanc#page/n7/mode/2up, aufgerufen am 19.1.2011.

sitzern wie Philip Sidney, Francis Bacon, Erasmus von Rotterdam, John Bodin, Guillaume Budé, Pico Della Mirandola, und anderen, die allesamt zu Marlowes Vorbildern gehörten. Dem Gericht steht eine zwölfköpfige »literarische« Jury (darunter Wither, Shakespeare, Massinger, Fletcher, Drayton, Davenant, Heywood,, Beaumont und andere) zur Seite, wobei allegorisch der Qualifikation mancher dieser Personen in der Folge widersprochen wird (bzgl. Shakespeare s. unten). Wither zum Beispiel habe überhaupt nicht die Befugnis, in der Jury zu sitzen (»*As one unfit with others to be mix'd*«).

Hier wird verbrämt zum Ausdruck gebracht, dass Juror (Wither) und Angeklagter (Marlowe) identisch sind. Die Anklage richtet sich gegen zwölf »Malefactours«, bei denen es sich um zwölf Beschuldigte handelt, die zwölf Wesensmerkmale (von Marlowe) darstellen (zum Beispiel Mercurius Brittanicus, Mercurius Aulicus [Autolicus?], Mercurius Civicus, dem Schreiber von »Occurences«, von »Perfect Passages«, von Journals [Barnabes Journal?], dem Informanten, dem Spion, dem Autor des wöchentlichen »The Scotish Dove« und anderen).

Die Qualität und Quantität aufzeigbarer Entsprechungen, Übereinstimmungen, Analogien zwischen Marlowe (alias Shakespeare) und Inhalten und Texten von Georg Wither und anderen Pseodonymen übersteigen in astronomischem Maß jede Zufallswahrscheinlichkeit.

Ausschnitt:

> »*Of twelve sufficient Poets, but entreated,*
> *To heare the Jurours names againe repeated:*
> *(Which done) hee on exceptions did insist,*
> *Asserted against divers of the list.*
> *On confident George Withers first he fix'd,*
> *As one unfit with others to be mix'd*
> *In his arraignmnent, for he did protest*
> *That Withers was a cruell Satyrist*
> *And guilty of the same offence and crime*
> *Whereof he was accused at this time*«

Auch Thomas Combe, der 1614, 20 Jahre vor George Wither, ein sehr ähnlich konzipiertes »moralisches Emblembuch« namens »*The Theater of Fine Devices, containing an hundred morall Emblemes first penned in French, by Guillaume de la Perriere, Printed by Richard Field, London*«[140] ins Englische übersetzte, muss der gleiche Autor wie George Wither gewesen sein.

---

[140] Guillaume de la Perriere Tolosain: Le theatre des bons engins, Paris 1545; Onlineversion: http://www.archive.org/stream/letheatredesbons00lape#page/n7/mode/2up, aufgerufen am 19.1.2011.

Das Schwein mit perlenbestücktem goldenem Nasenring von Guillaume de la Perriere/ Thomas Combe (1614) und George Wither (1634), beide am ehesten alias Marlowe/ Shakespeare

Beide, Wither und Combe, müssen Deck- oder Tarnnamen von Marlowe/ Shakespeare gewesen sein. Marlowe konnte nach Belieben Unbekannte als Urheber seiner Werkschöpfungen vorgeben, da er durch seine verloren gegangene wahre Identität (1593) ohnehin unbekannt war und bleiben musste und Namen für ihn eher allegorische als wahrheitsgetreue Bedeutung besaßen.

Die Zahl der Indizien sowie der Bild- und Gedankenparallelen ist statistisch zu signifikant (siehe Bildbeispiel von Schwein mit goldenem Nasenring). Es erscheint nicht vorstellbar, dass zu Lebzeiten Marlowes/Shakespeares in England drei Autoren – Goffrey Whitney (1586), Thomas Combe (1614) und George Wither (1634) – gänzlich unabhängig voneinander moralisierende Gedicht- und Emblembücher geschrieben haben sollen, bei denen sich Inhalte von Emblemen und allegorisch-moralischen Texten in solch einem Ausmaß überschneiden.

Weitere Pseudonyme oder Tarnnamen

Ähnlich ergeben die Komödien »The Court Begger« und »The City Witt« von einem gewissen Richard Brome[141] eine weit überzufällige Anzahl von Indizien,

---

[141] The dramatic works of Richard Brome, London/New York 1866; Onlineversion: http://www.archive.org/stream/dramaticworksof01brom#page/n5/mode/2up, aufgerufen am 19.1.2011.

die zeigen, dass auch hier Verbindungen zu dem anonymen Marlowe/alias Shakespeare (1630–40) bestanden haben müssen. Unter dem Kupferstich des Konterfeis von Brome auf der Gegenseite des Titelblatts »Five New Playes« wird auf eine Zweiteilung des Autors aufmerksam gemacht: »*Reader heere you will two faces finde, one of the body t'other of the minde.*«

Ähnliches gilt für verschiedene andere zeitgenössische englische »Schriftsteller«. Auf die reichlichen Indizien, die in ihren Werken für eine Identität mit Marlowe/Shakespeare sprechen, konnte in diesem Buch aus Platzgründen nicht mehr näher eingegangen werden.

Niemand mache mir weis, dass die folgenden literarischen Schöpfungen weit außerhalb jedes Zufalls liegende, eminente Bezüge (Indizien) zu Texten, Stil, poetischer Qualität, Inhalten oder Schicksal von Marlowe/Shakespeare erkennen lassen, welcher Art diese nie erwogenen Beziehungssetzungen oder

Richard Brome, vermuteter dichterischer Tarnname von Marlowe im vierten Jahrzehnt des 17. Jahrhunderts

Verbindungen im Einzelnen auch gewesen sein mögen. Eine tiefer greifende Analyse und eine systematische Einordnung dieser Texte kann erst dann sinnvoll und fruchtbar werden, wenn sich die Erkenntnis durchgesetzt hat, dass Marlowe neben dem Theater-Tarnnamen Shakespeare im Laufe von vier Dekaden hinreichend andere Decknamen verwendete.

Ich denke hier insbesondere an:

- Thomas Lupton: »Siuqila, To good to be true: Omen« (1587), »A thousand notable things«[142] (1579–1650, über zehn Auflagen)
- Charles Gibbon: »Not so new, as true« (1590), »The praise of a good name The reproch of an ill name.« (1594) (s. S. 552)
- Robert Wilson: »The Coblers Prophesie« (1594), »The Pedlers Prophecie« (1595)
- Barnes Barnabe (u.a. »Parthenophil und Parthenophe«, 1593; »A divine centurie of spirituall sonnets«, 1595[143])
- Robert Southwell: »St. Peters Complaint with other Poems« (1595)
- Henoch Clapham (u.a. »A briefe of the Bible drawne first into English poësy«, 1596[144])
- John Dickenson (u.a. »Arisbas, Euphues amidst his slumbers: or Cupids iourney to hell Decyphering a myrror of constancie, a Touch-stone of tried affection«, 1594[145])
- William Smith (W. S.) (u.a. »Chloris, or the complaint of the passionate despised shepheard«, 1596[146])
- Thomas Bastard (»Chrestoleros. Seven Books of Epigrams, written by T.B .«, 1598[147])

---

[142] Thoma Lupton: A Thousand notable things, on varoius subjects, Onlineversion: http://www.archive.org/stream/athousandnotableooedwagoog#page/n7/mode/1up, , aufgerufen am 19.1.2011

[143] Alexander B.Gosart (Hrsg): The Poems of Barnabe Barnes: Parthenophil and Pathenophe. A Divine Centurie of Spiritual Sonnets, Manchester 1875; Onlineversion: http://www.archive.org/stream/poemsbarnabebaroobarngoog#page/n7/mode/1up, aufgerufen am 19.1.2011.

[144] Henoch Clapham: A briefe of the Bibles historie drawne into English poesy, London 1596.

[145] John Dickenson: Prose and Verse, Oxford 1878; Onlineversion: http://www.archive.org/stream/proseandversereoodickgoog#page/n9/mode/1up, aufgerufen am 19.1.2011.

[146] William Smith: Chloris, or The complaint of the passionate despised shepheard, Oxford 1877; Onlineversion: http://www.archive.org/stream/chlorisorcomplaoosmitgoog#page/n11/mode/1up, aufgerufen am 19.1.2011.

[147] Thomas Bastard: Chrestoleros. Seven Bookes of Epigrams written by T. B.«, London 1598; Onlineversion: http://www.archive.org/stream/cu31924013117860#page/n34/mode/1up, aufgerufen am 19.1.2011.

- Robert Tofte (u. a. »Laura The toyes of a traueller«, 1597; »Alba The months minde of a melancholy louer, 1598[1])
- Samuel Brandon (»The Tragi-comœdi of the Virtuous Octvia«, 1598[2])
- Christopher Middleton (u. a. »The Legend of Humphrey Duke of Gloucester«, 1600[3])
- William Warner (u. a. »Menaecmi«, 1595; »A Continuance of Albions England«, 1606; siehe Bild S. 677)
- Thomas Overbury (»Sir Thomas Overburie His Wife with new Elegies upon his (now knowne) untimely death«, 1616)[4]
- John Andrews (u. a. »The Anatomie of baseness or the four quarters of a knave«, 1615[5])
- William Browne (»Brittannias Pastoral«, 1616[6])
- Richard Brathwaite (»A Strappado for the Divell«. 1625[7], »Natures Embassie«, 1616[8])
- Michael Drayton (»Ideas Mirrour«, 1594; »Piers Gaveston Earle of Cornwall. His life, death and fortune«, 1594; »Matilda«, 1594; »The first part of the true & honorable history of the life of Sir John Oldcastle, the good Lord Cobham. Written by William Shakespeare«, 1600; »The Owle«, 1604; »A Paen triumphal«, 1604; »The barons' wars«, 1603[9]; »The true Chronicle History of King Leir and his three daughters«, 1605)

---

[1] Robert Tofte: Alba. The month's minde of a melancholy lover, Manchester 1880; Onlineversion: http://www.archive.org/stream/cu31924013126309#page/n5/mode/2up, aufgerufen am 19.1.2011.
[2] Samuel Brandon: The Tragicomoedi oft he vertuous Octavia, London 1598.; Onlineversion: http://www.archive.org/stream/virtuousoctavia100branuoft#page/n10/mode/1up, aufgerufen am 19.1.2011.
[3] A continuance of Albion's England 1606, London 1866, siehe: Early English Books Online (EBBO): http://eebo.chadwyck.com/home, aufgerufen am 19.1.2011.
[4] http://www.archive.org/stream/miscellaneouswo00rimbgoog#page/n73/mode/1up
[5] John Andrews: The anatomie of basenesse, London 1871; Onlineversion: http://www.archive.org/stream/anatomieofbaseneooandrrich#page/n3/mode/2up, aufgerufen am 19.1.2011.
[6] The whole works of William Browne, London 1868; Onlineversion: http://www.archive.org/details/cu31924064950706, aufgerufen am 19.1.2011.
[7] Richard Brathwaite: A strappado for the Diuell, Boston 1878; Onlineversion: http://www.archive.org/stream/cu31924013117936#page/n5/mode/2up, aufgerufen am 19.1.2011.
[8] Richard Brathwaite: Natures embassie. Divine and morall satyres: Shepheards tales, both parts: Omphale: Odes, or Philomels tears, &c, Boston 1877, Onlineversion: http://www.archive.org/stream/cu31924102775677#page/n7/mode/2up, aufgerufen am 19.1.2011.
[9] Michael Drayton: The barons' wars, Nymphidia, and other poems.; New York 1887; Onlineversion: www.archive.org/stream/baronswarsnympho1draygoog#page/n13/mode/1up, aufgerufen am 19.1.2011.

Niemand, der das Michael Drayton zugeschriebene frühe Versepos »Peirs Gaveston Earle of Cornwall. His life, death and fortune« (1594) bzw. die veränderte Auflage »The Legend of Pier Gaveston« (1595) gelesen hat (288 Gedichte, ababcc), wird sich der Einsicht verschließen können, dass hier eines der eindrucksvollsten frühesten Dokumente Marlowes über seinen Sturz und seine Auslöschung (Tod) vorliegt, das der Dichter hinter der historischen Figur Gaveston (1284–1312) aus seinem Theaterstück »Edward II.« verbarg. Man kommt deshalb nicht umhin, auch in Michael Drayton einen poetischen Tarnnamen Marlowe/Shakespeares zu vermuten. Erst damit lassen sich zahllose bisher unerklärte Fragen in Bezug auf Drayton beantworten, wie zum Beispiel:

- Warum befindet sich das Mercuriusstab-Emblem sowohl auf Draytons »Ideas Mirrour« und »Piers Gaveston« als auch auf Bodenhams »Englands Helicon«, auf Shakespeares » König Lear« und auf Withers »A Collection of emblemes?« (siehe Bild S. 600)?
- Warum befindet sich das Marigold-Emblem (s. S. 244) von Marlowes »Hero und Leander« auch auf Draytons »A Paean Triumphall«?
- Warum schreibt Drayton ein Gedicht-Essay über die Rosenkriege (»The barons' wars«)?
- Was hat Drayton 1616 veranlasst, zusammen mit Ben Jonson Shakspere so kurz vor seinem Tod in dem fernen Stratford aufzusuchen (s. S. 58)?

Von William Warner sei das Werk »A Continuance of Albions England« herausgehoben, das 1586 erstmals erschien und in den Folgeauflagen (1589, 1592, 1596, 1997, 1602) stetig erweitert wurde. Auf dem Titel der siebten Erweiterung 1606 mit den neuen Kapiteln 14, 15 und 16 (siehe Bild) taucht das identische Emblem wie auf »Politeuphuia« des unbekannt gebliebenen »John Bodenham« wieder auf. Das dort analysierte Titelemblem (s. S. 578) wurde als eine zeitgenössisch verbrämte Darstellung der Zweiteilung des Lebens von Marlowe/Shakespeare interpretiert (»*Marigold*« und »*Violet*«). Dies kann nicht ohne Bedeutung sein.

Auch andere Titelembleme, wie »Anchora Spei« (bei »Lucretia« und »Venus und Adonis«) oder der Caduceus- oder Mercurstab (»Helicon«) und andere tauchen in auffälliger Weise bei verschieden Autoren , wieder auf, die wir als Pseusonyme Marlowes interpretierten.

In Warners ganz außerordentlichem und groß angelegtem Epos in 14-silbigem Versmaß (gewidmet Henry Carey, Baron Hunsdon) wird Englands Geschichte poetisch dargestellt. Sie beginnt bei Noah, endet in der Gegenwart und schließt sogar noch den Tod von Maria Stuart ein. Es ist nicht durchgehend chronologisch angeordnet und enthält verschiedene fiktive Abschnitte.

Meres reihte William Warner neben Spenser als wichtigsten heroischen Dichter ein. Dies lässt erkennen, wie sich Marlowe/Shakespeare zu Lebzeiten gesehen hat (»*Heroic Poet*«).

Titelemblem von William Warners »Albions England« entspricht Titelemblem von John Bodenhams »Polyteuphuia« (s. S. 578). Es symbolisiert die Zweigeteiltheit des Lebens des Dichters.

12. Schlussbetrachtungen

Dieses Buch zeigt anhand einer großen Zahl von plausiblen Indizien und Fakten, dass nur bei Annahme eines notwendigen historischen Komplotts das jahrhundertealte Shakespeare-Urheberschaftsproblem auflösbar wird:

Es gab nur ein Dichtergenie in seiner Zeit. Es hieß bis zu seinem 30. Lebensjahr (1593) Christopher Marlowe. Danach war es aufgrund der Anklage wegen Hochverrat und der Häresie zur Vortäuschung seines Todes und zur Teilung seiner Persönlichkeit gezwungen. Sein Weiterleben unter dem neuen Dichternamen Shakespeare und die Publikationserlaubnis seiner Theaterstücke war vonseiten der Krone an die dauerhafte Aufgabe seiner ursprünglichen Identität gekoppelt. Sein Pseudonym William Shakespeare wurde gewählt, da sich ein gleich alter William Shakspere bereitfand, als maskierende Peson zu agieren. Marlowe veröffentlichte in den nachfolgenden drei bis vier Jahrzehnten unter zahlreichen weiteren Tarnnamen beziehungsweise Pseudonymen. Diese in sich logische und massiv untermauerbare Hypothese kann die meisten Gründe für die jahrhundertealte bizarre Urheberschaftsproblematik aufspüren, sie übersteigt aber das Vorstellungsvermögen der meisten Menschen.

Nur wer die Komplexität der Vorgänge durchschaut und erkennt, dass das einzig existierende Genie eine Identitätsspaltung »durchleiden« musste, der wird die gezielt herbeigeführte Gleichsetzung von Shakespeare und Shakspere begreifen können.

Eine große Zahl von Shakespeare-Bewunderern kam früh zu der gefühlsmäßigen Einsicht, dass Shakspere aus Stratford nicht der Verfasser der Werke Shakespeares gewesen sein könne. Da diese Intuition allein aber nicht zu einer befriedigenden rationalen Auflösung führte, konnte sich das bis heute geltende Paradigma Shakspere = Shakespeare problemlos durchsetzen. Den wichtigsten postulierten Gegenkandidaten standen zu viele Argumente im Weg: Francis Bacon war ein begnadeter Philosoph, Politiker und Jurist, aber kein dramatischer Poet. Edward de Vere schrieb Verse und entstammte dem Hochadel – dessen Umfeld in verschiedenen Shakespeare-Stücken eine signifikante Rolle spielt –, aber er lebte zu früh und war ebenfalls kein dramatischer Poet und Genius. Marlowe war zwar das poetische und dramatische Genie schlechthin, aber er starb zu früh, erstochen, gescheitert an den Folgen seines dynamischen »ungestümen« Temperaments.

Letztere Annahme konnte bis zum heutigen Tage aufrechterhalten werden. Nicht aber die, dass er zu Tode kam und ihm erst nach seinem Tod ein gleich alter, noch genialerer Shakspere nahtlos folgte. Der schon zu Lebzeiten anerkannte Dichter, Dramatiker und Superstar Marlowe hatte ab Mai 1593 für alle Zeiten als gestorben und ausgelöscht zu gelten, nicht aber sein überragendes Talent, das weiterwirken sollte, weil im Rahmen einer einmaligen historischen Täuschungsaktion durch die Krone sein Pseudonym mit einem real existierenden Shakspere verknüpft wurde, wodurch eine dauerhafte, »posthume« Maskierung und Versiegelung des Komplotts um den wahren Autor der Theaterstücke erreichbar wurde.

Wenn Shakespeare (Marlowes Tarnname für den Theaterdichter) – wie dargestellt – in seinen Stücken Personen auftreten lässt, die sich Holofernes, Proteus und Launce, Christopher Sly, Autolicus, Touchstone, Posthumus, Capuzius, Sir Toby, Pericles, Timon von Athen und so weiter nennen, so können biografische Bezüge erst dann erkennbar werden, wenn man voraussetzt, dass Marlowe im Lauf seines »posthumen« Lebens von mehr als vier Jahrzehnten – allein aus Sicherheitsgründen – seinen Dichternamen Shakespeare als Dramatiker-Pseudonym verwendete und ansonsten seinen Namen häufig wechselte und sich zusätzlich mit Initialen und Abkürzungen tarnte (wie zum Beispiel Thomas Lupton, Charles Gibbon, Barnes Barnabe, Henry Willobie, W. C., W. H., Bartholomew Griffin, Peter Colse, Richard Barnfield, Gervase Markham, Le Doux, John Bodenham, Nicholas Breton, William Basse, Thomas Shelton, Tobie Matthew, Richard Brome, George Wither, Michael Drayton und anderen). Der verhängnisvolle Irrtum – analog zum gesamten Urheberschaftsproblem hat darin bestanden, dass man noch so unbedarften und unbekannten Namen und Initialen ungleich mehr Vertrauen schenkte als den geistigen Schöpfungen des jeweiligen Autors. Da man von Shakespeare nur die literarische Gattung des Dramas kannte, konnte man zu den andersartigen literarischen Gattungen keine entsprechenden Vergleichsmaßstäbe entwickeln.

Die Zahl der Personen, die sich heute als vermeintliche Shakespeare-Experten in den Medien (insbesondere in den Feuilletons) und an den Universitäten tummeln, ist beträchtlich. Von Laien werden sie nicht nur als Shakespeare-, sondern auch als Urheberschaftsexperten wahrgenommen. Dies sind sie in aller Regel aber nicht. Die Zahl kompetenter, wissenschaftlich ausgewiesener Urheberschaftsexperten ist äußerst gering. Dies dürfte damit zu tun haben, dass für die Wissenschaft das Problem der Shakespeare-Urheberschaft de facto nicht (mehr) existiert. Die Elite der Wissenschaftler hat sich seit Langem von diesem Thema (einem der größten Tabuthemen überhaupt) gänzlich abgewendet, da mit ihm keine Meriten mehr zu gewinnen sind. Sie hat das Thema seit Jahrzehnten gemieden oder längst ad acta gelegt. Dies führte zu einem Circulus vitiosus: Jemand, der keinen Zweifel mehr an einer Sache hegt, wird sie auch nicht zu seinem Thema machen. Wenn die gesamte Anglistik einem Fach wie der Medizin entspräche, so hätte die Shakespeare-Urheberschaft nicht, wie manche annehmen würden, die Bedeutung, wie sie zum Beispiel die Innere Medizin hat, sondern im Höchstfall die ihres kleinen Randunterfachs, zum Beispiel der Proktologie.

In den vorausgehenden Kapiteln dieses Buches wurde deutlich, dass gewisse Umstände um Shakespeare und Marlowe zwar theoretisch nicht ausgeschlossen werden können, dass sie aber doch extrem unwahrscheinlich und »irrational« sind. Dies soll hier noch einmal methodisch an wenigen Beispielen betrachtet werden:

1) NICHT-ÜBERLAPPUNG (Details s. S. 174 f.): Shakspere und Marlowe, beide 1564 geboren, sind sich in London nie begegnet. Marlowe, der eine 10- bis 15-jährige künstlerische Entwicklungsphase hinter sich hatte, wurde im Juni 1593 übergangslos von Shakspere, der sofort auf der Höhe seines Schaffens war, abgelöst – beide überlappten sich in ihrer schöpferischen Aktivität keinen Tag.

2) BILDUNG (Details s. S. 49 ff.): Das Universalgenie Shakespeare soll seine gigantische Bildung – er beherrschte Latein, Griechisch Italienisch, Spanisch, Französisch und Englisch – in dem 1500-Seelen-Ort Stratford, in einer Schule mit nur einem bis zwei Lehrern erworben haben.

3) ARISTOKRATIE (Details s. S. 59 ff.): Zu 95 Prozent spielen sich Shakespeares Stücke im Kreis des Hochadel, der Aristokratie ab. Sie bieten intime Einblicke in die englische und europäische höfische Oberschicht – obwohl sich Shakspere nach bisheriger Kenntnis keinen Tag dort aufgehalten hat.

4) TESTAMENT (Details s. S. 55 ff.): Shakspere verfasste ein dreiseitiges Testament und erwähnt darin kein einziges »literarisches« Zeugnis oder Vermächtnis.

Die kleine Liste möge hier beispielhaft als ein Ausgangspunkt folgender Gedanken dienen: Es ist wissenschaftlich einleuchtend, dass sich die Wahrscheinlichkeit des Eintretens von Ereignissen schwer mathematisch fassen und berechnen, sondern nur abschätzen lässt. Zentrale Gesichtspunkte können hier nur Wissen, Erfahrung und Intuition sein. Wissenschaftler sprechen von einer subjektivistischen Wahrscheinlichkeitsauffassung, von dem Bayesschen Wahrscheinlichkeitsbegriff.[10] Er interpretiert Wahrscheinlichkeit als Grad persönlicher Überzeugung (engl. *»degree of belief«*). Dieser Wahrscheinlichkeitsbegriff wird häufig verwendet, um die Plausibilität einer Aussage im Licht veränderter Erkenntnisse neu zu bemessen.

[10] Nach dem englischen Mathematiker Thomas Bayes (1702–1761).

Der Grundgedanke ist, eine »vernünftige Einschätzung« (»rational belief«) als eine Verallgemeinerung aufzufassen, wie man sie von Wettstrategien her kennt. Es wird – vorgegeben eine Menge von Fakten, Informationen und Daten – eine Antwort auf die Frage gesucht, wie hoch man auf die Korrektheit einer Einschätzung wetten, das heißt, welche »Odds« man geben würde. Solch ein Chancen- oder Quotenverhältnis, auch »Odds Ratio« genannt, ist eine statistische Maßzahl, die etwas über die Stärke eines Zusammenhangs von zwei Merkmalen aussagt, ein Assoziationsmaß also, bei dem zwei »Odds« miteinander verglichen werden.

Ist man bereit, Wahrscheinlichkeit als »Sicherheit in der persönlichen Einschätzung eines Sachverhaltes« zu interpretieren, stellt sich die Frage, welche logischen Eigenschaften diese Wahrscheinlichkeit haben muss, um nicht widersprüchlich zu sein. Wenn wir über die Richtigkeit von etwas eine Erwartung haben, dann haben wir implizit auch eine Erwartung über dessen Unrichtigkeit.

Bei dem jahrhundertealten Dogma Shakspere = Shakespeare geht es darum, abzuschätzen, wie weit die Theorie, dass Shakspere *nicht* Shakespeare war, die richtige Hypothese ist. Dies kann geschehen, indem man den Schätzungen singulärer Wahrscheinlichkeiten, die für eine Nicht-Identität sprechen, gewisse numerisch geschätzte Werte zuordnet und am Ende daraus eine Schätzung der Gesamtwahrscheinlichkeit aus allen Einzelwahrscheinlichkeiten vornimmt, indem man – mathematisch korrekt – die geschätzten Einzelwahrscheinlichkeiten miteinander multipliziert.

Betrachten wir entsprechend noch einmal die oben beispielhaft genannten vier Koinzidenzen auf der Basis einer eher niedrigen, konservativen Schätzung:

1) NICHTÜBERLAPPUNG: geschätzte Wahrscheinlichkeit einer Nicht-Identität: 1 : 100000[11]

2) BILDUNG: geschätzte Wahrscheinlichkeit einer Nicht-Identität: 1 : 100000

3) ARISTOKRATIE: geschätzte Wahrscheinlichkeit einer Nicht-Identität: 1 : 100000

4) TESTAMENT: Geschätzte Wahrscheinlichkeit einer Nicht-Identität: 1 : 100000

Anhand nur dieser vier Einzelwahrscheinlichkeiten ergäbe sich eine Gesamtwahrscheinlichkeit von

1 : 10000000000000000000 (10^{20}),

---

[11] Das heißt: Auf 100000 Ereignisse träfe dieses Ergebnis einmal zu.

dass Shakspere nicht mit Shakespeare identisch war, dass also eine andere Person die Werke Shakespeares geschrieben haben muss.

Hierbei ist aber noch nicht berücksichtigt, dass man viele Hunderte weitere mächtige Einzelwahrscheinlichkeiten, wie sie in allen Kapiteln dieses Buches zusammengetragen wurden, in die Gesamtrechnung integrieren müsste, sodass am Ende eine astronomische Gesamtwahrscheinlichkeit für die Theorie, dass Shakspere und Shakespeare nicht dieselbe Person waren, herauskäme, die das positive Ergebnis eines DNA-Tests überträfe. Aus wissenschaftstheoretischer Sicht kann danach die Nicht-Identitätshypothese als bewiesen betrachtet werden.

Dies ficht Literaturwissenschaftler allerdings selten an. Derartige »wissenschaftliche« Methoden und Verfahren werden von ihnen in aller Regel ignoriert. Es gibt aber kaum ein anderes wissenschaftliches Verfahren, um Wahrscheinlichkeiten als »Sicherheit in der persönlichen Einschätzung eines Sachverhaltes« »objektiv« zu interpretieren.

Aus wissenschaftlicher Sicht ist es nicht nachvollziehbar, warum der Annahme, dass Shakspere und Shakespeare nicht identisch gewesen sein können, kein größerer Raum eingeräumt wurde und wird.

Beispiel einer singulären Unwahrscheinlichkeit

In Marlowes »Hero und Leander« und in Shakespeares »Rape of Lucrece« gibt es zwei auffällig ähnliche Zeilen:

Bei Marlowe heißt es:

> »*For though the rising iv'ry mount he scaled*
> *Which is with azure circling lines empaled*
> *Much like a globe*«

Die Zeilen bei Shakespeare lauten:

> »*Her breasts as ivory globes circled with blue*
> *A pair of maiden worlds unconquered*«

George Bourbaki empfindet die Reihung dieser Zeilen mit Recht als höchst erstaunlich. Bei sorgfältigem Lesen wird evident, dass der eine Dichter keinesfalls von dem anderen abgeschrieben haben konnte, da zwar inhaltlich Ähnliches beschrieben wird, aber nicht mit identischen Begriffen: »azure«/»blue«, »female breast«/»ivory globe« oder »globe«/»world«.

Beide »Liebes-Epen« vermitteln, dass die weibliche Brust an zwei elfenbeinfarbene Kugeln/Globen erinnere und dass diese Globen (von Ferne betrachtet) von einer »überirdischen« Bläue umgeben sind.

Bourbaki erschien die Betrachtungsweise völlig neu, da weder Galileo,

Kepler oder Kopernikus je eine Vorstellung entwickelt hatten, wie die Erde aus der Ferne betrachtet aussehen könnte. Es sei schlicht unvorstellbar, dass zwischen einer Million Engländer zwei Menschen unabhängig voneinander eine so ähnliche »poetische Idee« entwickelten – sie könne nicht zwei verschiedenen Gehirnen (Shakspere und Marlowe) entstammen, sie repräsentiere das Phänomen eines singulären Gehirns (Marlowe = Shakespeare). Die geschätzte Einzelwahrscheinlichkeit wäre hier zweifellos extrem hoch.

Man könnte dies damit vergleichen, dass ein Musikstück (zum Beispiel die 7. Symphonie von Bruckner) nur dem singulären Gehirn Bruckners entstammt sein könnte, anders als zum Beispiel die Relativitätstheorie, die früher oder später auch von einem anderen Gehirn als dem Einsteins entdeckt worden wäre.

Notwendigkeit einer diametralen Umkehrung der Betrachtungsweise

Das Argument, dass Marlowe umgekommen sei und deshalb nicht der Autor von Shakespeares Werken gewesen sein könne, war im Rahmen der Urheberschaftsdebatte immer ein Totschlagargument, solange noch viele Fakten völlig unbekannt waren.

Als sich über die Jahrhunderte allmählich immer mehr Indizien herausschälten, die gegen Shakspere als Autor sprachen, hatte sich der Glauben an seine Autorschaft bereits so verfestigt, dass alles, was für Marlowe sprach, nicht mehr wahrgenommen wurde. Die Folge: Die riesige Zahl der Argumente contra Shakespeare galt als falsch, die stark zunehmenden Argumente pro Marlowe blieben entweder weitgehend unzugänglich oder wurden keiner weiteren Überprüfung unterzogen.

Diese heute nicht mehr haltbare Logik wird über kurz oder lang keinen Bestand mehr haben, insbesondere, wenn man berücksichtigt, dass mit dem Aufkommen des digitalen Zeitalters das Meinungsmonopol der Experten in Auflösung begriffen und der Zugang zu allen verfügbaren Quellen heute jedem möglich ist, wie dieses Buch zu zeigen versucht. Die Recherche für dieses Buch wurde ausschließlich vom eigenen Schreibtisch beziehungsweise mit dem eigenen Internetzugang betrieben.

Eine jüngere Generation wird, wie ich annehme, der alten Shakspere-Doktrin deshalb früher oder später nicht mehr folgen können. Den in diesem Buch zusammengetragenen Fakten und Indizien, die für Marlowes Weiterexistenz unter dem Namen Shakespeare sprechen, kann und darf das einzige, bisher unerschütterliche Gegenargument (nämlich das, er sei umgekommen) im 21. Jahrhundert nicht mehr im Weg stehen – und die bereits erwähnte stark abnehmende Zahl von sogenannten Urheberschaftsexperten wird ihren Teil dazu beitragen. Die Logik der Betrachtungsweise muss sich heute diametral umkehren.

Das singuläre Argument (Dogma), Marlowes Tod 1593 steht fest und ist als historischer Ausgangspunkt anzuerkennen, muss als unwahr und bewusst vorgetäuscht erkannt und aufgegeben werden zugunsten einer wissenschaftlich weitgehend widerspruchsfreien Kette von Argumenten: Marlowe lebte ab 1593 unter neuer Identität und mit wechselnden Namen in der Anonymität weiter. Sein Dramatikerpseudonym Shakespeare oder Shake-speare wurde mittels einer notwendigen realen Person Shakspere aus Stratford »namhaft« gemacht und maskiert. Das mächtige historische Komplott war im Grundsatz darauf angelegt, unaufgedeckt zu bleiben.

Die zahlreichen literarischen Namen und Initialen des Dichters

Nach dem Verschwinden Marlowes im Jahr 1593 erschienen seine Dramen anfangs anonym[12], später vermehrt[13] unter dem Pseudonym William Shakespeare. Sie sind vor allem dank der »First Folio« erhalten geblieben. Seine literarischen Publikationen jenseits der Theaterwerke, die er über etwa vier Jahrzehnte geschrieben hat, galten dagegen bisher merkwürdigerweise als nicht existent oder als verschollen. Dabei erschienen sie lediglich unter zahlreichen fiktiven Namen und Initialen und sorgten dafür, dass Marlowe nicht mehr erkannt wurde. Bei der gewaltigen Anhäufung von schriftlichen Zeugnissen nur eines genialen einzigen Autors hätte über kurz oder lang die Gefahr bestanden, dass die Öffentlichkeit ihn als Person identifiziert und begonnen hätte, nach ihm (der sich die längste Zeit im Exil aufhielt) zu suchen.

Man fasst sich allerdings an den Kopf, wie die Fachwelt die poetischen Werke so vieler heute weitestgehend unbekannter zeitgenössischer Dichter (William Clarke, William Covell, Henry Willobie, Bartholomew Griffin, William Basse, Peter Colse, John Bodenham, Richard Barnfield, Gervase Markham, Nicholas Breton, Richard Brome, George Wither und andere) so herabstufen konnte, dass das Genie Shakespeare darin nicht mehr erkannt wurde.

Einem Genie, dem man Identität und Namen aberkannt hatte, gereichte die literarische Diversifizierung und Aufsplitterung seiner Autorschaft jenseits des Theaterdichters nicht nur zur Erhöhung seiner Sicherheit, sondern wohl auch zu einer gewissen Genugtuung und »spöttischen Vendetta«.

Die Tragik liegt darin, dass ohne die Aufdeckung von Marlowes Überleben und Verlust seiner Identität der immense Anteil vorhandener Quellen

---

[12] Wenn auch längst nicht einheitlich – man denke an die Stücke Double Falsohood, Duke of Lerma, Some-Body No-body etc.

[13] Erst mit dem Tod William Cecils im August 1598.

gänzlich verschollen und verschlossen, fehl- oder uninterpretierbar bleiben musste.

Wenn allerdings Marlowe, wie dieses Buch nachzuweisen sucht, ab 1593 unter verschiedensten Tarn- und Decknamen (einschließlich Shakespeare) eine immense, schier unfassbare literarische Produktivität über Jahrzehnte an den Tag legte, so erscheint es de facto ausgeschlossen, dass er ein vergleichbares Aktivitätsniveau nicht bereits vor 1593 besaß. In seinem glanzvollen frühen Lebensabschnitt bis 1593 muss Marlowe ohne Zweifel bereits unter verschiedenen Pseudonymen (wie Thomas Lupton, Charles Gibbon, John Clapham, Nicholas Breton u.a.) geschrieben haben. Diese Phase bedarf zukünftig – bei allmählicher Akzeptanz der Sichtweise dieses Buches – einer intensiveren Forschung.

Fazit

Dieses Buch will zeigen, dass wir zu Beginn des 21. Jahrhunderts an einem Punkt angelangt sind, an dem wir das Dogma, dass »Shakspere« mit »Shakespeare« identisch war, aufgeben sollten zugunsten der Einsicht, dass in Shakespeare nur Christopher Marlowe erkannt werden kann.

Der tarnende Dichtername Shakespeare wurde auserkoren, weil zur richtigen Zeit ein William Shakspere aus Stratford in London zur Stelle war, der sich bereit erklärte, seinen »maskierenden« Namen für die Öffentlichkeit zur Verfügung zu stellen.

Der Paradigmenwechsel wird früher oder später kommen. Es ist nicht vorstellbar, dass sich die kommenden Generationen mit den Ungereimtheiten der Vergangenheit zufrieden geben werden.

Die Idee, einen lebenden, vom Tod bedrohten Dichter Marlowe unter dem Namen einer realen Person Shakspere weiterleben zu lassen, ist so fantastisch, dass sie eigentlich nur dem Gehirn eines Genies wie Shakespeare alias Marlowe entspringen konnte. Shakespeare hat seine Todesvortäuschung und Irreführung mittels falscher Leiche und Namen in einer Szene in »Maß für Maß« (»*death is a great disguiser*«) eindrucksvoll festgehalten. Sein einfache Erklärung lautete, dass einen dies nicht in Staunen versetzen müsse, alle Schwierigkeiten seien im Grunde leicht zu verstehen, wenn man nur ihre Hintergründe kennen würde:

> »*Looke, th' vnfolding Starre calles vp the Shepheard;*
> *put not your selfe into amazement, how these things should be;*
> *all difficulties are but easie when they are knowne.*«

Anhang

Literatur (Auswahl)

Adger, Robert: On the Date of King John, in: Law Studies in Philology 54 (1957), S. 119–27.

Akrigg, G. P. V: Shakespeare and the Earl of Southampton, Cambridge 1968.

Bakeless, John Edwin: The Tragicall History of Christopher Marlowe, Santa Barbara 1970.

Baker, Christopher: Reviewed Work: Marlowe's Counterfeit Profession: Ovid, Spenser, Counter-Nationhood by Patrick Cheney, in: Sixteenth Century Journal, Vol. X 1999.

Ballantine, Roberta: Marlowe Up Close: An Unconventional Biography with A Scrapbook of His Ciphers, Bloomington 2007.

Bartenschlager, K./Gabler, Hans Walter: Die zwei Fassungen von Shakespeares King Lear. Zum neuen Verhältnis von Textkritik und Literaturkritik, Jahrbuch der Shakespeare-Gesellschaft West 1988, S. 163–186.

Baxter, James Phinney: The Greatest of the Literary Problems: The Authorship of the Shakespeare Works. An Exposition of All Points at Issue, from Their Inception to the Present, Whitefish 2007.

Bertram, Paul/Cossa, Frank: »William Shakespeare 1609«. The Flower Portrait Revisited, in: Shakespeare Quarterly, XXXVII (1986), No1, S. 83–96. Bloom, Harold (Hg.): Christopher Marlowe, Broomall 2000.

Blumenfeld, Samuel L.: The Marlowe-Shakespeare Connection. A new Study of the Authorship Question, Jefferson 2008.

Bowers, Fredson: The Complete Works of Christopher Marlowe, in: The Review of English Studies, 19 (1943), S. 225–262.

Brink, J. R.: The Composition Date of Sir John Davies' »Nosce Teipsum«, in: The Huntington Library Quarterly, Vol. 37, Nr. 1 (1973), S. 19–32.

Brooke, C. F. Tucker: The Authorship of the Second and Third Parts of King Henry VI, in: Transactions of the Connecticut Academy of Arts and Sciences, New Haven 1912, S. 145–211.

Ebd.: Shakespeare's Moiety of the Stratford Tithes, in: Modern Language Notes, Vol. XL (December 1925), S. 462–469.

Ders.: The Life of Marlowe and »The Tragedy of Dido, Queen of Carthage«, London 1930.

Brown, E. C.: Shakespeare's anxious Epistemology: Love's Labor's Lost and Marlowe's Doctor Faustus, in: Texas Studies in Literature and Language, Vol. 45, Nr. 1 (Spring 2003), S. 20–41.

Brown, John Russell: Marlowe and the Actors, in: The Tulane Drama Review, Vol. 8, Nr. 4 (1964), S. 155–173.

Brown Kuriyama, Constance: Christopher Marlowe: A Renaissance Life, Ithaca 2002.
Ebd.: Hammer or Anvil: Psychological Patterns in Christopher Marlowe's Plays, Piscataway 1980.
Bullough, G.: The Works and Life of Christopher Marlowe, in: The Modern Language Review, Vol. 27 (1932), S. 328–329
Burton, John Hill/Spalding, William/Furnivall Frederick James: A Letter on Shakspere's Authorship of The Two Noble Kinsmen: And on the Characteristics of Shakspere, Charleston 2010.
Bush, Douglas: Reviewed work: Marlowe's Poems by L. C. Martin, Modern Language Notes, 1933 Marlowe's Vol. 48, Nr. 2 (1933), S. 118–119.
Campbell, Marion: »Desunt Nonnulla«: The Construction of Marlowe's Hero and Leander as an Unfinished Poem, in: English Literary History, Vol. 51, Nr. 2 (1984), S. 241–68.
Carringer, Robert L.: Collaboration and Concepts of Authorship, in: PMLA (Journal of the Modern Language Association of America), Vol. 116, Nr. 2 (2001), S. 370–79.
Chambers, Edward K.: William Shakespeare: A Study of Facts and Problems. Oxford 1930.
Cheney, Patrick: The Cambridge Companion to Christopher Marlowe, Cambridge 2004.
Cole, Douglas: Christopher Marlowe and the Renaissance of Tragedy, Santa Barbara 1995.
Cook, Albert S.: Marlowe, Doctor Faustus, in: Modern Language Notes 24 (1909), S. 166–167.
Cox, Jane: Shakespeare's Will and Signatures, in: Thomas David (Hg.): Shakespeare in the public records. Her Majesty's Stationery Office, for the Public Record Office, S. 24–35, London 1985.
Cox, John D.: Devils and Power in Marlowe and Shakespeare, in: The Yearbook of English Studies 23 (1993), S. 46–64.
Cribb, Tim: Bloomsbury and British Theatre: The Marlowe Story (Salt Studies in Contemporary Literature and Culture), Cambridge 2007.
Danson, L.: Continuity and Character in Shakespeare and Marlowe, in: Studies in English Literature, Vol. 26, Nr. 2 (1986), S. 217–234.
Dent, R. W.: Marlowe, Spenser, Donne, Shakespeare and Joseph Wybarne, in: Renaissance Quarterly, Vol. 22, Nr. 4 (1969), S. 360–362.Detobel, Robert: Wie aus William Shaxsper William Shakespeare wurde, Laugwitz 2005
Downie J. A./Parnell J. T. (Hg): Constructing Christopher Marlowe, Cambridge 2000.
Dutton, Richard: Shakespeare and Marlowe: Censorship and Construction, in: The Yearbook of English Studies 23 (1993), S. 1–29.
Eccles, Mark: Christopher Marlowe in London, Octagon 1967.
Farey, Peter: The Batillus, the Player, and the Upstart Crow, in: The Marlowe Research Journal, Vol. 6 (2009).
Feasey, Lynette und Eveline: Nashe's The Unfortunate Traveller: Some Marlovian Echos, in: English 7 (1948), S. 125–129.
Findlay, Alison: Illegitimate power: Bastards in Renaissance Drama, Manchester 1994.
Foakes R. A./Rickert R. T.: Henslowe's Diary. Second Edition, Cambridge 2002.
Friedenreich, Kenneth: Christopher Marlowe: An Annotated Bibliography of Criticism since 1950, Lanham 1979.

Foster, Donald W.: »Master W. H., R. I. P.«, in: PMLA 102 (1987), S. 42–54.
Ders.: Author Unknown: Tales of a Literary Detective, New York 2001.
Fuller, Harold DeW., The Sources of Titus Andronicus, in: PMLA, Vol. 16, Nr. 1 (1901), S. -65.
Freeman, Arthur: Marlowe, Kyd, and the Dutch Church Libel, in: English Literary Renaissance 3 (1973), S. 50–51.
Gamble, Christopher: The French Connection: New Leads on Monsieur Le Doux, in: The Marlowe Society Research Journal, Vol. 6 (2009), Article 5.
Gibson, H. N.: The Shakespeare Claimants, New York 1992.
Gill, Roma: Marlowe, Lucan, and Sulpitius, Marlowe, Lucan, and Sulpitius, in: The Review of English Studies, Vol. 24, Nr. 96 (1973), S. 401–413.
Gill, Roma/Krüger, Robert: The early editions of Marlowe's Elegies and Davies's Epigrams: Sequence and Authority, in: The Library 1971, Nr. 26, S. 242–249.
Gray, Austin K.: The Secret of Love's Labour's Lost, in: PMLA 39 (1924), S. 581–511.
Gray, Henry David: Did Shakespeare Write a Tragedy of »Dido«?, in: The Modern Language Review, Vol. 15, Nr. 3 (1920), S. 217–222.
Greenwood, Granville George: The Shakespeare Problem restated, London 1908.
Ders. Is There a Shakespeare Problem?, London 1916.
Ders.: Shakespeares Law, London 1920.Ebd.: Ben Jonson and Shakespeare, London 1921.
Greg, W. W.: Henslowe's Diary, London 1904/1908.
Ders.: The Shakespeare First Folio. Its Bibliographical and Textual History, Oxford 1955.
Grüninger, Hans Werner: Brecht und Marlowe, in: Comparative Literature 21 (1969), S. 232–244.
Gurr, Andrew: The Shakespearean Stage 1574–1642, Cambridge 1992.
Ders.: A Jibe at Shakespeare in 1606, in Notes and Queries 27 (2002), S. 245–247.
Hammer, Paul E. J.: The Polarisation of Elizabethan Politics. The Political Career of Robert Devereux, 2nd Earl of Essex, 1585–1597, Cambridge 1999.
Hammerschmidt-Hummel, Hildegard: William Shakespeare: *The Phoenix and the Turtle*. Notate zur Entstehung des Werks und zur Entschlüsselung seiner Figuren als historische Persönlichkeiten, in: Anglistik. Mitteilungen des Deutschen Anglistenverbandes (September 2003), S. 71–84.
Hart, Jonathan: Narratorial Strategies in The Rape of Lucrece, in: Studies in English Literature, 1500–1900, Vol. 32 (1992), S. 59–77.
Hoffman, Calvin: The Murder of the Man who was »Shakespeare«, New York 1955.
Holmes, Nathaniel: The Authorship of Shakespeare, New York 1977.
Honan, Park: Christopher Marlowe: Poet & Spy, Oxford 2006.
Honigmann, Ernst A. J.: The Lost Years. Manchester/New York 1985.
Hopkins, Lisa: Christopher Marlowe. A Literary Life, New York 2000.
Hotson, J. Leslie: Death of Christopher Marlowe, London 1925. Ur4 (1889), S. 380–399.
Isaac, H.: Die Sonett-Periode in Shakespeares Leben, in: Jahrbuch der Deutschen Shakespeare-Gesellschaft, Nr. X (1884).
Kalb, Eugénie de Kalb: Robert Poley's Movements as a Messenger at Court, in: Review of English Studies 4 (1933), S. 13–18.
Kay, Thomas: The Story of the Grafton Portrait of William Shakespeare, London 1914.

Kendall, Roy: Christopher Marlowe and Richard Baines. Journeys Through the Elizabethan Underworld, London 2004.
Kirkwood, A. E. M.: Richard Field, printer 1589–1624, in: The Libray 12 (1931), S. 1–35.
Kuhl, Ernest P.: The Authorship of the Taming of the Shrew, in: PMLA 40 (1925), S. 551–618.
Lang, Andrew: Shakespeare, Bacon and the great Unknown, London 1912.
Leech, Clifford: Christopher Marlowe: Poet for the Stage (= Ams Studies in the Renaissance), New York 1986.
Lee, Sidney: A Life of William Shakespeare, London 1896 (1916).
Levin, Harry: Marlowe Today, in: The Tulane Drama Review 8 (1964), S. 134–154.
Lewis, J. G.: Christopher Marlowe: Outlines of His Life and Works, London 1891.
Logan, R. A.: Shakespeares Marlowe. The Influence of Christopher Marlowe on Shakespeare's Artistry, Surrey 2007.
Lom, Herbert: Enter a Spy: The Double Life of Christopher Marlowe, San José 1978.
Maranon, Gregory: Antonio Perez: Spanish Traitor, London 1954.
Martin, L. C.: Lucan--Marlowe--? Chapman Lucan--Marlowe--? Chapman, in: The Review of English Studies, 1948
Mateer, David: New Sightings of Christopher Marlowe in London, in: Early Theatre, Vol. 11, Nr. 2 (2008), S. 13–38.
Maurier, Daphne du: Golden Lads: A Study of Anthony Bacon, Francis and Their Friends, London 1975.
McManaway, James G.: Authorship of Shakespeare, Washington 1974.
McMillin, Scott/MacLean, Sally-Beth: The Queen's Men and Their Plays, Cambridge 2006.
McMillin, Scott: The Elisabethan Theatre and The Book of Sir Thomas More, Ithaca 1987.
MacLure, Millar (Hg.): Christopher Marlowe: The Collected Critical Heritage, London 1995.
Merriam, Thomas: Tamburlaine Stalks in »Henry VI«, in: Computers and the Humanities 30 (1996). S. 267–280.
Ebd.: Edward III, in: Literary and Linguistic Computing, Vol. 15, Nr. 2 (2000), S. 157–186.
Michell, John: Who Wrote Shakespeare?, London 1999.
Moore, Hale: Gabriel Harvey's References to Marlowc, in: Studies in Philology 23, 1926, S. 337–357.
Moore Smith, G. C.: Marlowe at Cambridge, in: Modern Language Review 2 (1909), S. 167–177.
Morris, Harry: Marlowe's Poetry, in: The Tulane Drama Review 8 (1964), S. 134–154.
Mory, E.:, Marlowes Jude von Malta und Shakespeares Kaufmann von Venedig, Basel 1897.
Murphy, Andrew: Shakespeare in Print: A History and Chronology of Shakespeare Publishing, Cambridge 2007.
Nicholl, Charles: The Reckoning. The Murder of Christopher Marlowe, Chicago 1995.
Norman, Charles: The Muse's Darling. The Life of Christopher Marlowe, New York 1946.
Nosworthy, J. M.: The Publication of Marlowe's Elegies and Davies' Epigrams, in: Review of English Studies 15 (1953), S. 260–261.

Ders.: Marlowe's Ovid and Davies's Epigrams – A Postscript, in: The Review of English Studies 60 (1964), S. 397–398.
Nuttall, A. D.: The Alternative Trinity: Gnostic Heresy in Marlowe, Milton, and Blake, Oxford 1998.
Ogburn, Charlton jr.: The mysterious William Shakespeare the myth and the reality, McLean 1997.
Oliphant, E. H. C.: Problems of Authorship in Elizabethan Dramatic Literature, in: Modern Philology 8 (1911), S. 411–459.
Ornstein, Robert: Marlowe and God: The Tragic Theology of Dr. Faustus, in: PLMA, Vol. 83, Nr. 5 (1968), S. 1378–1385.
Owen G., Dyfnallt: Report on the Manuscripts of the Most Honourable The Marquess of Downshire formerly preserved at Easthampstead Park, Berkshire. Vol. V: Papers of William Trumbull the elder, September 1614–August 1616. Hist. Manuscripts Comm. 75. London: Her Majesty's Stationery Office, 1988.
Parrott, T. M.: Marlowe, Beaumont, and Julius Caesar, in: Modern Language Notes, Vol. 44 (1929), S. 69–77.
Parsons, J. D.: Boycotted Shakespeare, London 1920.
Pharr, Clyde: Ovid for Caesar, in: The Classical Journal, Vol 21, Nr. 1 (1925), S. 11–20.
Pierce, William: John Penry: His Life, Times and writings, London 1923.
Pinksen, Daryl: Was Robert Greene's »Upstart Crow« the actor Edward Alleyn?, in: The Marlowe Society, Research Journal, Vol. 6 (2009).
Ders.: Marlowe's Ghost. The Blacklisting of the Man Who Was Shakespeare, Bloomington 2008.
Powell, Jocelyn: Marlowe's Spectacle, in: The Tulane Drama Review 8 (1964), S. 195–210.
Price, Diana: Reconsidering Shakespeare's Monument, in: The Review of English Studies, Vol. 49, Nr. 190 (1997), S. 168–181.
Ders.: Shakespeares Unorthodox Biography New Evidence of An Authorship Problem, Santa Barbara 2001.
Ribner, Irving: The Tudor History Play: An Essay in Definition, in: PMLA, Vol 69, Nr. 3 (1954), S. 604–605.
Ders.: Marlowe and Machiavelli, in: Comparative Literature, Vol. 6, Nr. 4 (1954), S. 348–356.
Ders.: Marlowe and Shakespeare, in: Shakespeare Quarterly 5 (1964), S. 41–53.
Ders.: Marlowe and the Critics, in: The Tulane Drama Review, Vol. 8, Nr. 4 (1964), S. 211–224.
Robertson, John M.: The Authorship of »Titus Andronicus«, in: The Modern Language Review, Vol 2 (1906), S. 63–64.
Rowe, Kenneth T.: Elizabethan Morality and the Folio Revisions of Sidney's »Arcadia«, in: Modern Philology 37 (1939), S. 151–172.
Sales, Roger: Christopher Marlowe, New York 1991.
Sams, Eric: Shakespeare's Edward III: An Early Play Restored to the Canon. New Haven 1996.
Schoenbaum, Samuel: William Shakespeare: A Compact Documentary Life. Oxford 1987.
Schuster, Erika: Horst Oppel, Die Bankett-Szene in Marlowes Tamburlaine, in: Anglia – Zeitschrift für englische Philologie 77 (1959), S. 136–149.

Segal, Erich: Hero and Leander: Góngora and Marlowe, in: Comparative Literature, Vol. 15, Nr. 4 (1963), S. 338–356.
Sheavyn, Ph.: The library. Writers and the publishing Trade ca 1600, in: The Library 8 (1909), S. 1–29.
Simkin, Stevie: Marlowe: The Plays, New York 2001.
Simonton, D. K.: Origins of Genius, Darwinian Perspectives on Creativity, Oxford 1999.
Smith, Mary E.: Marlowe and Italian Dido Drama, in: Italica, Vol. 53, Nr. 2 (1976), S. 223–235.
Smith, Robert M.: Why a First Folio Shakespeare Remained in England, in: The Review of English Studies, Vol. 15, Nr. 59 (1939), S. 257–264.
Spence, Leslie: Tamburlaine and Marlowe, in: PMLA 42 (1927), S. 604–622.
Spielmann, M. H.: »The ›Grafton‹ and ›Sanders‹ Portraits of Shakespeare«, in: »The Connoisseur«, Vol. 23, (January–April 1909), S. 99–102.
Steane, J. B.: Marlowe: A Critical Study, Cambridge 1964.
Striar, Brian: Reviewed work(s): Marlowe's Counterfeit Profession: Ovid, Spenser, Counternationhood by Patrick Cheney, in: Renaissance Quarterly, Vol. 52, Nr. 1 (1999), S. 258–259.
Summers, Claude J.: Reviewed work: Marlowe's Counterfeit Profession: Ovid, Spenser, Counter-Nationhood by Patrick Cheney, in: Modern Philology 13 (2001), S. 154–159.
Swinburne, A. C.: Christopher Marlowe in Relation to Greene, Peele and Lodge, in: Fortnightly Review, 1916 (Mai), S. 764.
Tydeman, William/Thomas, Vivien: Christopher Marlowe: The Plays and Their Sources, London 1994.
Tromly, F. B.: Playing With Desire: Christopher Marlowe and the Art of Tantalization, Toronto 1998.
Ungerer, Gustav: A Spaniard in Elizabethan England: the Correspondence of Antonio Pérez's Exile, Vol. 1 u. 2, London 1974.
Ulrici, Hermann: Marlowe und Shakespeare's Verhältnis zu ihm. Jahrbuch der Deutschen Shakespeare-Gesellschaft 1865, Vol. 1, S. 57–85.
Urry, William: Christopher Marlowe and Canterbury, London1988.
Verity, A. W.: Marlowe's Influence on Shakespeare,Cambridge 1886.
Vreede, George Willem: Lettres et Negociations de Paul Choart, Seigneur de Buzenval, et de Francois d'Aerssen 1598–1599, Leiden 1846.
Wadsworth, Frank: The Poacher from Stratford: a partial Account of the Controversy over the Authorship of Shakespeare's Plays, Berkely 1969.
Waldo, T. R./Herbert, T. W.: Musical Terms in The Taming of the Shrew: Evidence of Single Authorship, in: Shakespeare Quarterly 10 (1959), S. 185–199.
Walsh, C. William P.: Sexual Discovery and Renaissance Morality in Marlowe's »Hero and Leander«, in: Studies in English Literature 12 (1972), S. 33–54.
Watkins, W. B. C.: The Plagiarist: Spenser or Marlowe?, in: English Literary History 11 (1944), S. 259–265.
Weill, Judith: Christopher Marlowe: Merlin's Prophet, Cambridge 1977.
Williams, B.: Mendenhall's Studies of Word-Length Distribution in the Works of Shakespeare and Bacon, in: Biometrika 62 (1975), S. 207–212.
Wills, M. M.: Marlowe's Role in Borrowed Lines, in: PMLA 52 (1937), S. 902–903.

Wilson, Ian: Shakespeare.The Evidence, London 1993.
Wilson, F. P.: Marlowe and the Early Shakespeare, Gloucestershire 1953.
Wilson, Richard: Christopher Marlowe, London 1999.
Whall, W. B.: Shakespeare's See Terms explained, London 1910.
Wraight, A. D./Stern, Virginia F.: In Search of Christopher Marlowe. A pictoria Biography, Toronto 1995.
Wraight A. D.: Shakespeare New Evidence, London 1996.
Ebd.: The Story That the Sonnets Tell, London 1995.
Yates, F. A.: Harriot and the School of Night, in: The Times Literary Supplement, 1936.

Personen- und Werkverzeichnis

A

Ackroyd, Peter 222
The Affectionate Shepherd (Barnfield) 563, 566–567
Alcilia (Clapham) 309–311
Alleyn, Edward 41–42, 65, 101–102, 123, 213, 374, 441, 453
Amery, Carl 23
Amores (Ovid) 177, 184
An A.B.C for Laye-men (Wither) 667
Andrews, John 122, 675
The Anatomie of Baseness (Andrews) 122, 675
Antonius und Cleopatra (Shakespeare) 8, 300, 302–303, 319, 323, 340, 424–426, 551, 637
Apollinaire, Guillaume 23
Archer, Francis 27
Arden, Mary 50
Aristoteles 659
Arnim, Achim von 23
The Arte of English Poesie (Puttenham) 45
The Arte of Fine devices containing an hundred Morall Emblemes (Combe) 77
Aubrey, John 43
Auden, W. Hugh 229
Autolicus/Autolykos (Das Wintermärchen) 144, 447–450, 451–459, 475, 679
Ayres, Robert U. 653

B

Bacon, Anthony 40, 158, 195, 610, 659
Bacon, Delia 28
Bacon, Francis 16, 26–27, 29, 40, 45, 62, 137–138, 158, 176, 195, 225, 518–619, 653, 655–657, 659–661, 671, 678
Baines, Richard 45, 149, 172, 446, 477, 487
Bakeless, John Edwin 294
Bancroft, John 145–147
Barnes, Barnabe 40, 520, 674, 679, 697
Barnfield, Richard 563–566, 568–569, 571–572, 679, 684
Baron, George 107
Barrowe, Henry 145, 151, 172
Basse, William 579, 581–583, 585, 588, 589, 594, 598–599, 602–603, 679, 684
Bastard, Thomas 40, 424, 535, 674
Bate, Jonathan 142, 349
Baxter, J. P. 29
Beard, Thomas 164, 210, 493
Beaumont, Francis 51, 61, 116–117, 126, 671
Beeston, William 43
Begley, Walter 45
Belarmine, Robert 539
Bel-vedere, The Garden of the Muses (Bodenham) 577
Benson, John 81, 83
Bernardt, Josef 23
Birde, William 337–338
Bismarck, Otto von 14
Bloom, Harold 142
Blount, Edward 16, 45, 93–96, 208, 303, 313, 392, 402, 416, 487, 568, 575, 633–634
Blumenfeld, Samuel 51, 169, 185, 618
Bodenham, John 45, 573–577, 610, 676, 679, 684
Bodin, John 577, 671
Bourbaki, George 682
Bowen, Marjorie 14
Brandon, Samuel 40, 675
Brathwaite, Richard 114–115, 675
Breton, Nicholas 216, 462, 595, 608, 614–622, 624, 628, 629, 630, 679, 684
Britannia (Camden) 62
Brittanias Pastorall (Browne) 203
Brome, Richard 673, 679, 684
Brooke, Tucker 198, 368
Broughton, James 198
Browne, William 116, 675
Bruckner, Anton 683
Budé, Guillaume 671
Bull, Eleanor/Eleanora 437, 152, 154, 418
Bull, John 153
Bull, Richard 153

693

Burbage, Cuthbert 67
Burbage, Richard 57, 65, 67, 119
Burbage, Winifred 67
Burton, Nicolas 442

C

Caeliano, Torquato 132
Caesar, Julius 8, 101, 303, 305, 326, 329, 330, 335–336, 355, 374–375, 396–397, 420, 425–426, 464, 534, 551, 611, 642, 645, 661, 690, 696
Caesar (Shakespeare) 305, 326, 329–330, 355, 396–397, 420, 426, 534, 611, 642, 645
Camden, William 40, 62, 94
Campion, Edmund 635
Cantor, Georg 14
Capucius/Capuzius (*Heinrich VIII.*) 144, 497–498, 679
Cardmaker, John 441
Carey, Henry (Baron Hunsdon) 676
Carleton, Dudley 650, 655, 658
Carleton, Dudley Sir 476
Carr, Francis 633
Cecil Robert (1st Earl of Salisbury) 40, 46, 59, 142, 145–148, 158, 167, 172, 185, 187, 190, 404, 613, 635, 640–641, 653, 658
Cecil, William (Lord Burghley) 45–46, 59, 95, 131, 142, 145, 147, 149, 153–155, 157, 158, 159, 166–167, 172, 177, 180, 185, 187, 189–191, 230, 307–308, 411, 550, 615, 659, 669
A Centurie of Similies (Shelton) 648
Cervantes, Miguel de 94
Chalmers, George 122
Chamberlin, Rollin 21
Chambers, E. K. 41
Chaplin, Charlie 14
Chapman, George 51, 61, 64, 91, 126, 129, 131, 177
Charles, Prince of Wales 655, 666
Cherbury, Herbert of 40
Chester, Robert 131
Chettle, Henry 64, 97, 129
Choart, Paul (Lord Buzenval) 611
A Choice of Emblemes (Whitney) 668
Cholmeley, Richard 148

Chrestoleros. Seven Bookes of Epigrams (Bastard) 674
Christie, Agatha 23
Cicero 186
City Witt (Brome) 672
Clapham, John 669
Clarke, William 684
Coke, Edward 40
A Collection of Emblemes (Wither) 78, 95, 531, 542, 668, 670
Colse, Peter 552–553, 556–558, 679, 684
Combe, Goffrey 672
Combe, Thomas 77–78, 671
The Complainte of Poetrie (Barnfield) 569
Condell, Henry 23, 33, 57, 65, 67, 92, 487
Conrad, Josef 23
A Continuance of Albions England (Warner) 676
Cooke, James 50
Cooper, Nick 647
Cooper, Tanya 220
The Copy of a Letter sent out of England to Don Bernadin Mendoza (Cecil) 44
Coriolanus (Shakespeare) 144, 216, 223, 434, 487, 489, 491, 493–495
Cornwallis, W. 94
Correggio, Antonio da 444
Costard (*Die lustigen Weiber von Windsor*) 504
Costard (*Verlorene Liebesmüh*) 504–505
Cotton, Sir Robert 658
The Court Begger (Brome) 672
Cowell, James Corton 26
Cowell, William 684
Crawford, Charles 568
Crinkley, Richmond 17, 122
Cuthbert Burbage 65
Cymbeline (Shakespeare) 434, 461, 463–465, 469, 474–475, 487, 501
Cynthia (Barnfield) 566

D

Danby, William 149, 151–152, 154–155, 168, 436, 454
Daniel, Samuel 51, 94, 126

Davenant, William 671
Davies of Hereford, John 42, 103, 108, 137, 658
Day, John 51, 64, 126
Death is a great disguiser (Mass für Mass) 685
Dekker, Thomas 64
Der widerspenstigen Zähmung (Shakespeare) 198, 320, 334, 340, 355, 391, 393, 434–435, 455, 475, 595, 617, 643
Detobel, Robert 68, 99, 129, 131, 174
Devereux, Robert (2nd Earl of Essex) 131, 143, 145, 154, 166, 444, 551, 606, 609, 659
Dickens, Charles 14, 27
Dido, Königin von Kartago (Marlowe) 175, 177, 185, 226, 256, 266, 296, 318–321, 371, 375–376, 398, 401, 416, 426, 432–433, 542, 551, 568, 686, 688, 691
Digges, Leonard 23, 36, 62, 86
Disraeli, Benjamin 14
Donne, John 40, 663, 666
Don Quichote (Cervantes) 632–633, 640, 643, 647
Drake, Francis 40
Drayton, Michael 40, 58, 61, 64, 115, 126, 129, 208, 671
Dr. Faustus (Marlowe) 26, 41, 152, 174, 175, 177, 183, 198, 223, 225, 249, 256, 310–311, 313, 336–348, 364–368, 376–377, 392, 412, 418, 431–433, 505, 686–687, 690
Droeshout, Martin 17, 74
Drummond of Hawthornden, William 58, 126–127
Drury, Thomas 148
Dugdale, William 34, 70
Dyck, Floris van 658

E

Eagle, Roderick L. 168
Earle, John 94
Edgar (*King Lear*/ König Lear) 404–409, 447
Edmondes, Thomas 658
Eduard II. (Marlowe) 111, 175, 177, 196, 223–224, 322, 348–349, 367–369, 371, 401, 546, 608
Edward III. (Marlowe) 101
Edward II. (Shakespeare) 198
Egerton, Thomas 613
Einstein, Albert 683
Eld, George 230, 337
Elisabeth I. 22, 25, 44, 59, 60, 146, 150, 152, 167, 180, 189, 190
Emerson, Ralph Waldo 14, 27
Ende gut, alles gut (Shakespeare) 411
England fs Helicon (Bodenham) 576
The Enrichment of the Weald of Kent (Markham) 608
Enzensberger, Hans Magnus 23
Essex Rebellion 44
Evans, Henry 65
Evans, Thomas 65
Every Man in his Humor (Jonson) 32, 63, 120, 125, 651, 652

F

Falconer, Alexander 54
Farey, Peter 34, 158, 200–201, 226, 232, 614
Fidelia (Wither) 521, 668
Fidessa (Griffin) 235, 380, 522, 525–526, 530–531, 558–559, 562–564, 569, 572
Field, Richard 44–46, 131, 133, 143, 575
First Folio (Shakespeare) 13, 31–33, 43, 57, 58, 61–63, 66, 67, 70, 74, 76, 81, 86–88, 90–93, 95–96, 101, 108, 122, 126–128, 174, 196–197, 208, 435–436, 440, 447–448, 463, 475, 486–487, 497–498, 504, 508, 510
The First Part of the Contention of the Two Famous Houses of York and Lancaster (Heinrich VI.) 197
The First Part of the Return from Parnassus (NN) 119
Fischer, Kuno 28
Fitzmaurice-Kelly, James 640
Fleay, Frederick G. 198
Fletcher, Giles 51, 671
Fletcher, John 51, 61, 116, 126
Fletcher, Phineas 51

695

Florio, John 94
Ford, John 51
Foster, Donald W. 231
Frazer, Robert 29
Freeman, Arthur 142
Freud, Sigmund 14
Friar Bacon and Friar Bongay (Greene) 101
Frizer, Ingram 150, 152–155, 159

G

Galileo, Galilei 658, 682
Galsworthy, John 14
Gaulle, Charles de 14
Gaywood, Richard 70
Gentili, Scipio 590
George, Stefan 233
Gibson Papers 659
Goethe, Johann Wolfgang 24, 25, 488
The Golden Grove (Vaughan) 612
Gorgon, or the Wonderfull yeare (Harvey) 161
Gorki, Maxim 23
Gortazar, Isabel 436–437, 446
Gosson, Stephen 40, 51
Gower, John 476
The Great Assises holden in Parnassus (Wither) 138, 670
Great Brittaines; Sunnes-set, bewailed with a Shower of Teares (Basse) 594
Greenblatt, Stephen J. 22, 30, 81
Greene, Robert 41, 51, 61, 64, 101–103, 122, 165, 366, 452
Greenwood, George 28, 54, 124
Greenwood, John 145, 151, 172,
Greg, Walter W. 41
Griffin, Bartholomew 558–559, 562, 564, 565, 679, 684
A Groatsworth of Wit Bought with a Million of Repentance (Greene) 113, 122, 197
Gurr, Andrew 116

H

Hacket, Marion 444
Hacket, William 444
Halliwell-Phillipps, James 68, 103, 176
Hall, John 50
Hall, Joseph 111, 112, 114
Hall, Susanna 50
Hamlet (Shakespeare) 41, 67, 138, 144, 338, 375–376, 377–378, 392, 397, 415
Hampden, John 40
Hart, Joseph C. 28
Harvey, Gabriel 40, 51, 161, 204, 206, 210, 488
Harveys, Gabriel 161
Hatcliffe, William 231
Hathaway, Anne 50
Have With You to Saffron Walden (Nashe) 41
Heinrich IV. (Shakespeare) 66, 138, 195, 198
Heinrich VI. (Shakespeare) 321, 637–639, 641–644, 647
Heinrich VI. (Shakespeare) 41, 80, 85, 96, 100, 102, 196–198, 222–224, 319, 355, 365, 366–368, 371–372, 534, 606, 608, 614
Heinrich V. (Shakespeare) 54, 66, 96, 198
Heminges, John 23, 33, 57, 92, 487
Henslowe, Philip 101, 213, 337, 392
Herbert, Henry (2nd Earl of Pembroke) 192, 366
Herbert, Philip (4th Earl of Pembroke) 67, 95
Herbert, William (3rd Earl of Pembroke) 67, 81, 231
Herder, Johann Gottfried 24
Hero und Leander (Marlowe) 95
Hero und Leander (Marlowe) 95, 125, 128, 177, 180, 184, 208, 223, 242, 266, 287–289, 296, 307, 309, 310, 312, 313–315, 317, 349, 371, 373, 379, 386, 401, 416–417, 542, 560, 652, 682
Herriot, Thomas 40
Heywood, John 51
Heywood, Thomas 61, 204, 209, 671
The History of Orlando Furioso (Greene) 101
Hobbes, Thomas 40
Hoffman, Calvin 168

Hofmannsthal, Hugo von 24
Holinshed, Raphael 365, 437
Holmes, Nathaniel 29
Holofernes (*Verlorene Liebesmüh*) 504–510, 679
Honigmann, Ernst A. J. 43
Hooker, Richard 40
Horaz 186
Hotson, Leslie 145, 156, 168
Huch, Ricarda 24
Hughes, Charles 529
Hunt, Violet 27

I

Imogen (*Cymbeline*) 464
Isaac, Hermann 165

J

Jaggard, William 16
Jakob I. (James I.) 44, 59, 190, 635
Jesus 73
Jodelle, Etienne 163
John Foxe's Book of Martyrs (Foxe) 440
Johnson, Gerard 78
Jonson, Ben 16–17, 23, 33, 57–58, 61, 64, 86, 88–91, 93, 101, 125, 210, 452, 545, 599, 602, 629
Joyce, James 14
Der Jude von Malta (Marlowe) 41, 146, 177, 183, 223, 256, 330–333, 401, 432
Julius Caesar (Shakespeare) 396

K

Karl I. (Charles I.) 88
Kathman, David 87
Der Kaufmann von Venedig (Shakespeare) 44, 52–53, 66, 223, 331–332, 636, 639, 642, 645
Keats, John 14
Keller, Helen 14
Kempe, William 119, 120
Kepler, Johannes 683
Key, Thomas 220
Keysar, Robert 65
Kind-Heart's Dream (Chettle) 97
König Johann (Shakespeare) 96, 138, 421

König Lear 8, 85, 87, 138, 223, 300, 302, 327, 401–404, 406–408, 410–411, 440, 455, 547, 551, 581, 600–601, 603, 636, 641, 644–645, 660, 676, 694, 699
Kopernikus, Nikolaus 683
Kreiler, Kurt 58, 166
Kuhl, Ernest P. 435
Kuskop, Theodor 615–619
Kyd, Thomas 45, 147–148, 150, 153, 210, 438

L

Labeo, Antistius 112, 114, 117–118
Lang, Andrew 29
Lang, Peter 122
Laud, William 40
Launce (*Zwei Herren aus Verona*) 397, 415, 418, 420
Laura The toyes of a traveller (Tofte) 675
Law, Thomas 337
Le Doux 195, 608, 610, 679
Lee, Sidney 111, 151
The Legend of Pier Gaveston (Drayton) 676
Leigh, Edward 569
Leonatus (*Cymbeline*) 463–466
Levin, Harry 144, 176
Locrine 194
Logan, Robert 48, 295
A Lover's Complaint (Shakespeare) 234–235, 696
Loves Martyr (Chester) 66, 131–133
Lucanus, Marcus Annaeus 303, 425
Lucretia (Shakespeare) 44, 59, 79, 81, 87, 110, 112–113, 129, 177, 186, 230–231, 310, 317, 356–358, 361, 370, 380, 495–496, 522, 524–526, 546, 551, 553–554, 556, 569, 572, 592, 606, 676, 682
Die lustigen Weiber von Windsor (Shakespeare) 54, 96, 223, 426
Lus'ts Dominion (Marlowe) 353
Lycophron 163
Lyly, John 51, 94

M

Mabbe, James 36

Macbeth (Macbeth) 223
Machiavelli, Niccolo 333–336, 540–541, 620–621
Maciente (*Every Man in his humour*) 125
Manningham, John 42
Manwood, Roger 184, 192, 297
Mariana (*Maß für Maß*) 475
Markham, Gervase 45, 126, 603, 607–608, 679, 684
Marshall, William 81
Marston, John 51, 62, 118, 126, 131
Martialis, Marcus Valerius (Mar.) 133, 136
Marti, Markus 233
Das Massaker von Paris/Massacre at Paris (Marlowe) 52, 146, 177, 185, 214, 329, 541, 620
Maß für Maß (Shakespeare) 44, 155, 685
Mathew, John 613
Matthew, Tobie 403, 476, 576, 593, 649–651, 653–655, 657–664, 666, 667, 679
Maunder, Henry 148
Maurier, Daphne du 14
McMillin, Scott 213
Melicertus 130
Menaecmi (Warner) 675
Menaphon (Greene) 41
Mendenhall, Thomas Corvin 225
Meres, Francis 151, 163, 197, 370, 372, 392, 397, 415, 422, 521
Merriam, Thomas 372
Metamorphosen (Ovid) 120, 180
Middleton, Christopher 40, 675
Middleton, Thomas 51, 64
Miranda (*Der Sturm*) 464
Mitchell, John 142
Mitsommernachtstraum (Shakespeare) 44, 60
Molière, Jean Baptiste 24
Montaigne, Michel de 657
Möricke, Eduard 24
Morus, Thomas 213
Mory, E. 330–331
Mozart, Wolfgang Amadeus 20, 51, 519
Munday, Anthony 61, 64
Musaios 177

N

Nabokov, Vladimir 14
Narcissus (Clapham) 311
Nashe, Thomas 41, 51, 99, 161, 189, 197, 206, 209, 296, 452
Natures Embassie (Brathwaite) 675
Nicholl, Charles 207
Nicholson, George 372
Nietzsche, Friedrich 14
No-Body, and Some-Body (NN) 105–106
No-Body his Complaint (Baron) 106
Norman, Charles 223
Northumberland Papers 511
Northumberland's Men 102
Nosce Teipsum (Davies) 137
Novalis, Friedrich 24

O

Ogburn, Charlton 74
Overbury, Thomas 40, 74–77, 135–136, 675
Ovid 26, 72, 120, 175, 181, 233, 445

P

A Paean Triumphall (Drayton) 417, 676
Palladis Tamia (Meres) 151, 392, 397
Palladis Tamia. Wits Treasury (Meres) 574
Parham, Sir Edward 658
Parker, John 184
Parker, Matthew 184, 651
Parnassus plays 119, 124
Parrot, T. M. 141, 294
Parsons, J. Denham 37
Pasquils Fooles Cap (Breton) 617, 622
Pasquils Mad-Cap (Breton) 622
Pasquils Passe, and passeth not (Breton) 622
The Passionate Pilgrim (Shakespeare) 564
The Passionate Shepherd to His Love (Marlowe) 115
Pastoral Elegies of Anander, Anetor, and Muridella (Basse) 579
Paul, Jean 24
Peele, George 40, 51, 208

Peirs Gaveston Earle of Cornwall. His life, death and fortune (Drayton) 546–676
Penry, John 149, 151–152, 155, 158–159, 172, 454
Pentapolis 477, 485–486
Perdita (*Das Wintermärchen*) 456–457, 464
Perez, Antonio 610
Pericles, Fürst von Tyrus (*Perikles*) 679
Perikles (Shakespeare) 434, 447, 475–477, 482, 487
Perriere, Guillaume 532, 671–672, 699
Petowe, Henry 204, 208
Petre, George 658
Pharsalia/Pharsaliae (Lucanus) 177, 303
The Philosopher's Banquet (Basse) 590
The Phoenix and the Turtle (Shakespeare) 66, 132
The Phoenix Nest (Breton) 461–462, 618–619
Pierce Penilesse (Nashe) 41, 374
The Pilgrimage to Parnassus (NN) 119
Pimpernell, Henry 445
Pinksen, Daryl 169, 227, 307
Plautus 186
Poley, Robert 153–155, 158
Polimanteia (W. C.) 110–111, 206, 442, 445, 452, 463, 471, 517–518, 525, 536–538, 540–543, 545–550, 556, 568, 573, 575, 576, 590, 619–620
Politeuphuia, Wits Common-wealth (Bodenham) 573, 575–676
Polixenes (*Das Wintermärchen*) 460
Ponsonby, William 94
Popham, John 614
Porter, Henry 64
Posthumus (*Cymbeline*) 144, 447, 463–475, 679
Procor, John 147
Proteus (*Zwei Herren aus Verona*) 415–420, 679
Puttenham, George 45, 521
Pym, John 40

R

Rabelais, Francois 488

Raleigh, Walter 40, 51, 102, 147, 193–194, 431
Randolph, Thomas 51
Rape of Helena/ Raub der Helena (Coluthus/Marlowe) 27, 185, 296
Remarque, Erich Maria 24
Ribner, Irving 176
Richard II. (Shakespeare) 44, 66, 85, 138, 349
Richard III. (Shakespeare) 42, 66, 85, 96, 138, 198, 223, 230, 321, 329, 365, 367, 368, 369, 437, 551, 614, 637, 639, 644, 647
Robertson, J. M 370
Roe, John 126
The Romance of Yachting (Hart) 28
Romeo und Julia (Shakespeare) 52, 66, 67, 86, 138, 198, 397
Rotterdam, Erasmus von 671
Rowe, Nicholas 70
Rowlands, Richard (alias Verstegen, Richard) 635
Rowley, Samuel 338
Rowse, Alfred Leslie 142, 222, 379
Rubbo, Michael 169
Rubens, Peter Paul 658

S

Sackville, Thomas 40
Schiller, Friedrich 24
The Scourge of Folly (Davies) 42, 108
Sejanus (Jonson) 32, 63
Selden, John 40
Selimus (Greene) 194
Sencca 41
Shakerley, Peter 207
Shakespeare, Hamnet 84
Shakespeare, John 46, 50
Shakespeare, Judith 57, 84
Shakespeare, Susanna 84
Shakespeare, William 519, 524–525, 528, 534–535, 538, 550–551, 564, 621–623, 625–629, 663
Shapiro, James 176
Shelton, Thomas 94, 630–635, 638, 640–641, 643, 648, 654, 679
Sidney (Herbert), Mary, Countess of

Pembroke 95, 131, 185, 191–192, 297, 476, 589, 590, 617, 618, 620, 650–651, 663, 664
Sidney, Philip 51, 130, 185, 191–192, 496, 620, 671
Sidney, Robert 191–192
The Silent Shakespeare (Frazer) 29
Simonton, Dean Keith 51
Sir Toby (Was Ihr wollt) 679
Skeres, Nicholas 152–155
Sly, Christopher (*Der Widerspenstigen Zähmung/The taming of the shrew*) 144, 679
Slye, William 436
Smith, William 28, 40, 309, 666, 674, 689, 691
Socrates 72
Sogliardo (Jonson) 120, 125
Sokal, B. J. 53
Sokal, Mary 53
Sonette (Basse) 594–596
Sonette (Griffin) 559, 561–562
Sonette (Shakespeare) 79, 85, 204, 219, 232, 241, 245, 247, 250–251, 253–254, 256, 259, 261–262, 265, 268, 270–271, 273, 275–276, 278, 280, 281, 283, 285, 287, 289, 291, 461, 498, 501
Spenser, Edmund 40, 51, 61, 192
Stanley, Ferdinando (5th Earl of Derby) 195
Stanley, William (6th Earl of Derby) 16, 60, 195, 568
Stapleton, Thomas 539
Stern, Virginia 168
Stevens, John Paul 23
Stevens, Paul 173
Stonely, Richard 177
Strange News (Nashe) 41
The Strappado for the Devill (Brathwaite) 114
Stuart, Arabella 188
Sturm (Shakespeare) 222, 285, 320, 355, 361, 363–364, 415, 439, 464, 551, 556, 646
Sword and Buckler, or, Serving Man's Defence (Basse) 449, 563, 579–580, 583

T

Talbot, Elisabeth 188
Tamburlaine/Tamerlan (Tamerlan) 146, 174–175, 177, 183
Tamerlan (Marlowe) 41, 146, 185, 198, 223–224, 226, 256, 321–322, 325–326, 328, 367, 368, 369, 371, 373, 392, 401, 410–411, 413, 422, 432–433, 441, 453, 551, 596
The Taming of a Shew 699
The Taming of the Shrew 152
Tarquin (*Lucretia*) 496
Tarsus 477, 485
Taylor of Norwich, William 26, 167
Terentius 104, 108, 624
The Theater of Fine Devices (Perriere) 671
The Theater of God's Judgments (Beard) 162
The Duke of Lerma (Howard/Matthew) 655, 664–666, 684
There is no sin but ignorance (Marlowe) 511
Third Folio 355, 475
Thomas (Anonym) 213
Sir Thomas Overburie His Wife with new Elegies upon his (now knowne) untimely death (Overbury) 675
Thorpe, Thomas 79, 208, 568
Threnos (Shakespeare) 132
Timon (*Timon von Athen*) 144, 223, 679
Timon von Athen (Shakespeare) 201, 434, 461, 498, 499
Titus Andronicus (Shakespeare) 66, 138, 198, 223, 369
Tofte, Robert 40, 675, 696
Tom of Bedlam (Basse) 404
Tom of Bedlam (King Lear) 660
Torpe, Thomas 79, 229, 232
Touchstone (Wie es euch gefällt) 447, 475, 679
Troilus und Cressida (Shakespeare) 88
The Troublesome Reign of John, King of England (Shakesperare) 421
The true Chronice History of King Leir and hs three daughters (Drayton) 675

The True History of George Scanderbeg (Marlowe) 184
The True Tragedy of Richard Duke of York and the Good King Henry the Sixth (Shakespeare) 100
The True Tragedy of Richard Duke of York and the Good King Henry the Sixth (Shakespeare) 198
Trumbull, William 631–632, 640, 655, 658
Twain, Mark 14, 24, 28
Tylney, Edmund 213

U

Ulrici, Hermann 165

V

Valladolid 612–613
Vaughan, William 163
Venus und Adonis (Ovid) 180
Venus und Adonis (Shakespeare) 44, 46, 50, 59, 79, 81, 87, 98, 108, 109, 112–114, 118, 131–132, 174, 177, 180–181, 186, 223, 230–231, 275, 297, 307–315, 345, 356–357, 366, 493, 556, 562, 606, 644, 676
Vere, Edward de Earl of Oxford 16, 74, 173–174, 176, 192, 308, 411, 518, 678
Verity, A. W. 294, 365, 370
Verlorene Liebesmüh (Shakespeare) 60, 87, 504
Verstegen, Richard (alias Richard Rowland) 634, 635
Viel Lärm um Nichts (Shakespeare) 379
Viliers, George Duke of Buckingham 654, 655
Virgidemiarum (Hall) 111
Virgil 72
Voltaire, Francois 24

W

Walden, Theophilus Howard 80–81
Walsingham, Francis 40, 609
Walden, Theophilus Howard 634
Walker-Wraight, Dolly 168
Walsingham, Frances 131, 551, 609
Walsingham, Francis 130–131, 153, 172, 187, 189, 191, 195, 551, 659
Walsingham, Thomas 46, 93, 95, 142, 148, 153, 158, 159, 160, 172, 191, 195, 551
Walton, Izaak 40
Ward, John 57–58
Warner, William 677
Was ihr wollt (Shakespeare) 44, 511, 517
Watson, Thomas 61
Watterson, Henry 167
Webster, Archie 168, 229
Webster, John 64
Wegener, Alfred 20
Welles, Orson 14
Wells, Stanley 20
Whall, W. B. 54
Whateley, Anne 84
White, Grant 198
Whitgift, John 93, 132, 145, 154, 156, 160, 187
Whitman, Walt 14
Whitney, Goffrey 672
Der Widerspenstigen Zähmung (Shakespeare) 435
Wie es euch gefällt (Shakespeare) 381
Willobie, Henry 679, 684
Willobie His Avisa (H. W.) 522, 524, 526, 529, 595, 617
Will of Wit (Breton) 621
Wilmot, James 26
Das Wintermärchen (Shakespeare) 88, 174
Winwood, Ralph 630, 658
Wither, George 51, 78, 95–96, 116, 138, 486, 521, 531, 542, 597, 598, 667–672, 679, 684
Witherperson, A. M. 371
Withney, Goffrey 668
Wits Bedlam (N. N.) 136–137
Wits Theater of the little Word (Bodenham) 577
Wits Trenchmour (Breton) 620
The Woman Hater (Beaumont) 116
The Workes of Ben Jonson (Jonson) 32
Wotton, Henry 40, 653, 658
Wraight, A. Dolly, (siehe Walker-Wraight) 19, 80

Wriothesley, Henry (3rd Earl of Southampton) 27, 44, 81, 118, 131, 174, 177, 189, 190, 230, 307

Z

Zeigler, William Gleason 167
Zwei Herren aus Verona (Shakespeare) 415, 648